북한 국가의 형성과 소련

기광서 지음

도서출판 선인

화보

▲ 소련군 진주를 기다리는 인파(1945.8)

▲ 소련군의 평양 입성에 나온 조만식(오른쪽 두 번째)(1945.8.24)

▲ 해방 직후 만경대 고향집을 찾은 김일성(1945.10)

▲ 한국문제를 결정한 미·영·소 모스크바 3상회의(1945.12)

▲ 북한의 토지개혁 당시 농촌 집회 모습(1946.3)

▲ 북조선도시군인민위원회 선거 광고(1946.10)

▲ 북조선인민회의 청사(1947)

◀ 제2차 미소공동위원회 평양회의
　당시 군중집회(1947.7)

◀ 슈티코프와 소련민정국장
　레베데프

◀ 제1차 미소공동위원회에
　서 하지 주한 미군사령
　관(왼쪽)과 담소하는 슈
　티코프(1946.3)

◀ 제2차 미소공동위원회에
　서 정당사회단체 대표들
　과 만나고 있는 슈티코
　프(1947.5)

▲ 조선인민군 창건식 전경(1948.2)

▲ 남북 제정당사회단체연석회의 포스터(1948.4)

▲수상 김일성

▲부수상 겸 외무상 박헌영

▲부수상 홍명희

▲부수상 겸 산업상 김책

▲ 국가계획위원회 위원장   ▲ 민족보위상 최용건   ▲ 국가검열상 김원봉   ▲ 내무상 박일우
정준택

▲ 농림상 박문규   ▲ 상업상 장시우   ▲ 교통상 주영하   ▲ 재정상 최창익

▲ 교육상 백남운   ▲ 체신상 김정주   ▲ 사법상 이승엽   ▲ 문화선전상 허정숙

▲ 로동상 허성택   ▲ 보건상 이병남   ▲ 도시경영상 이용   ▲ 무임소상 이극로

▲ 조선최고인민회의 상임위원장 김두봉이 초대 주북 소련대사 슈티코프로부터 신임장을 받고 있는 모습(1948.11)

▲ 북한에서 철수하는 소련군(1948.12)

머리말

남북 양쪽에 분단정부가 수립된 지 올해로 70년이 되었다. 오랜 단절의 세월은 분단의 영구 고착화의 위험을 높여 왔다. 다행히도 최근의 한반도 정세 움직임은 한반도 평화를 지향하고 있고, 이에 따라 분단시대의 종식을 향한 다소간의 희망이 싹트고 있는 것처럼 보인다. 바야흐로 70년 전 미·소와 남북의 좌우 세력이 합의하지 못해 전쟁의 비극과 오랜 냉전의 적대관계로 점철된 한반도에 평화와 통일에 대한 기대가 생겨나고 있는 것이다.

남북은 장기간의 분단을 통해 서로를 적대시하면서 스스로는 상대에 대한 무지와 왜곡의 대상이 되었다. 가장 가까이 붙어있는 한민족이지만 실제로는 어떠한 접촉과 교류도 허용되지 않은 가장 먼 이방인이었을 뿐이다. 오랜 단절의 시간은 서로에 대한 많은 지식의 공백을 낳았다. 이것이 메워지지 않는다면 그만큼 재결합의 시간은 지체되리란 것은 분명하다.

청년 시절 필자가 북한 국가 형성 과정에 관심을 갖게 된 동기는 분단된 한반도가 언젠가는 하나가 될 수밖에 없을 것이라는 다소 감성적인 생각에서 비롯되었다. 이에 따라 분단의 역사 인식에 대한 갈증이 생겨났고, 북한을 학문적 대상으로 삼아야겠다는 결심이 섰다.

1990년대 초 탈냉전 시대가 도래하면서 러시아 정부는 탈소비에트화의 일환으로 각 문서보관소에 소장된 소비에트 시대의 문서들을 공개하였다. 이와 함께 오랫동안 비밀 속에 묻혀 있던 해방 이후 한반도 관련 문서들이 빛을 보게 되었다. 그 당시 러시아에서 공부하던 필자는 고고학자가 처음 발견된 유물함을 열어볼 때 느꼈을 기분을 체험하였다. 처음으로 확인한 새로운 역사적 사실들을 확인했을 때 다가온 감흥은 지금도 표현하기 힘들다. 그 기분을 뒤로 하고 「북한 정치 체제의 형성과 소련의 역할(1945~1947년) Формирование политической системы в Северной Корее и роль СССР(1945-1947 гг.)」이라는 주제로 박사학위 논문을 쓸 수 있었던 것도 이들 문서가 준 자극 덕분이었다.

필자가 학위논문을 곧바로 단행본으로 발간하지 못한 것은 러시아어를 우리말로 옮기는 번거로움이 작용했지만 그보다는 과연 논문을 그대로 책으로 출판할 만큼 자신감이 있는가에 대한 반문이었다. 더구나 이 책의 주된 사료로 활용된 러시아 문서보관소 문건들을 비롯한 관련 자료들이 지속적으로 쏟아져 나온 터여서 보완 연구에 대한 자극을 더욱 받고 있었다. 특히 해방 후 발간된 국·한문 사료들이 다량으로 발굴되어 러시아자료와 교차 비교할 만한 내용을 담고 있는 경우가 적지 않았고, 결국 두 자료 간의 교차분석이 북한사 연구의 완성도를 높이는 길임을 인식할 수 있었다. 그 후 필자는 계속 축적되는 관련 자료들을 분석하고 북한정치사 주제를 세분화하여 개별 논문을 출간하였다. 나름대로 연구의 범위를 넓히고 더 깊게 하고자 했던 셈인데 필자의 개인적 사정으로 인해 단행본 출간이 지연되었다.

이 책은 북한 해방 3년사와 북·소관계에 관한 필자의 논문들을 기초로 하였지만, 단순히 개별 논문을 합체한 것이 아니라 주제와 시기적 범위에 맞게 재편하였다.* 필요에 따라 수정과 보충이 더해졌고, 단행본으로서의 완결성을 기하기 위해 전체의 1/3가량은 새롭게 작성하였다. 이에 따라 북한국가 수립의 전 과정을 아우르는 결과물이 나올 수 있게 되었다.

남북분단 상황의 지속은 북한을 적과 동포라는 이중적 인식의 대상으로 만들었다. 오랜 기간 북한에 대한 적대적인 분위기는 북한의 현상을 객관적으로 탐

---

* 이 책에서 활용된 필자 논문의 목록은 「출처」(647쪽)에 수록하였다.

구하는 것조차 조심스럽게 하였다. 그러한 현실은 관련 연구가 학문적 진실을 추구하면서도 이를 올바로 표현하는 데 정확한 자기 언어의 사용을 주저하는 습관을 갖도록 하지 않았나 생각된다. 필자 역시 그 울타리에 오랫동안 갇혀 지냈음을 인정하지 않을 수 없다.

분단이 지속되는 상황에서 남북 현대사의 통합은 통일이 이루어지는 순간에나 가능하리라고 본다. 남북 간에 한국현대사 인식의 간격을 좁히는 작업은 지난한 일이 될 것이지만, 이에 앞서 연구자 모두는 제약 없는 연구풍토를 만들고 객관적인 연구 성과를 확충해 나가야 한다고 생각한다.

필자는 학업에서 이 책의 출간에 이르기까지 수많은 선후배, 동료들의 도움을 받았다. 그 고마움을 표할 분들이 너무 많기 때문에 한 분 한 분 거명하기가 어렵다. 모두 이해해 주실 것으로 믿는다. 하지만 필자의 삶과 연구에 가장 큰 영향을 준 두 분을 그냥 지나칠 수는 없다. 생전에 민족분단의 아픔과 통일의 꿈을 어린 아들에게 일깨워 주고자 애쓰신 아버님과, 외국인 제자에게 늘 애정 어린 학문적 자극을 불어넣어 주신 유리 와닌 선생님, 두 분의 영전에 이 책을 바친다. 두 분이 살아 계셨다면 누구보다도 먼저 이 책의 출간을 기뻐하셨을 것이다.

마지막으로 이 책의 원고를 꼼꼼히 살피고 필자의 착오를 지적해 준 조선대 박사과정생 김차준 군과 장기간 책의 편집에 힘써준 선인출판사 편집부에 감사를 표한다.

차례

· 화보 / 5
· 머리말 / 17
· 일러두기 / 25

▪ 서론 ··· 29

1. 문제 제기 ·· 29

2. 연구의 관점과 구성 ··· 34

3. 2000년대 이후 연구 성과의 조망 ······································· 41

4. 주요 연구자료 ··· 47

▪ 제1장 해방 전 소련의 대한정책과 국내외 운동세력 ················· 55

1. 소련의 대한반도 정책 구상 ··· 55
   소련의 대한반도 시각과 이해관계 · 55 | 한반도 정책 구상의 구체화 · 60

2. 김일성과 빨치산그룹 ··· 70
   김일성그룹의 만주 활동과 소련 영내 이동 · 70 | 소련군 제88보병여단과
   조선인 대원 · 74 | 조선인대원의 참전 계획과 임무 · 83

3. 일제 말 국내외 운동세력 ··· 89

국내공산주의 세력 · 89 | 연안계의 성립 · 92 | 북조선 민족주의 세력 · 95
| 반일세력에 대한 소련의 인식 · 99

■ 제2장 해방과 정치체제의 태동 ··· 107

1. 소련군의 북한 진주와 정책 시동 ·································· 107

대일전 전야 · 107 | 소련군의 북한 진격과 대일전투 · 112 | 소련군의 진주
와 자치기관의 탄생 · 120 | '부르주아민주주의' 노선의 제기 · 131

2. 조선공산당의 재건과 북한 정치세력의 동향 ················ 137

남한 공산주의운동의 부활 · 137 | 김일성과 빨치산그룹의 등장 · 143 | 초
기의 주요 정치지도자들 · 151

3. 권력기관의 조직과 활동 ··· 158

소련 민정부와 좌우연립의 행정10국 설치 · 158 | 독자적인 지도 체제 형
성: 조선공산당 북부분국의 결성 · 169 | 통일전선과 '반체제운동' · 179 |
무력의 태동과 조직화 · 188

4. 남북 공산주의운동과 소련 ··· 192

조선공산당과 소련 · 192 | '조선인민공화국'의 딜레마 · 199 | 김일성의 공
식 부상과 소련의 정세 판단 · 206

⏹ 제3장 정책의 전환과 변화의 동력 ·· 219

1. 모스크바 결정과 북한 정세의 변화 ··· 219
   해방 직후 소련의 대한반도 정책 구상·219 | 모스크바 결정의 경로·223
   | 탁치 정국과 공산 측의 대응·232 | 민족주의자 조만식의 퇴장·240

2. 북조선 임시인민위원회와 토지개혁 ··· 243
   정치지형의 재편·243 | 첫 중앙권력기관: 북조선임시인민위원회·252 |
   토지개혁: 농촌 지배질서의 전환·262 | 새 질서에 대한 반발·273

⏹ 제4장 타협과 독자적 발전의 길 ·· 281

1. 소련의 대미 협상 전략 ··· 281
   회담의 전초전: 미소양군대표자회담·281 | 제1차 미소공동위원회 준비:
   소련의 전략·284 | 굴절된 공동위원회 사업·297

2. 제1차 미소공위 이후의 정책 변화 ··· 306
   소련의 후속 조치·306 | 개혁의 가속화·312 | 공위휴지기의 지침·317

3. 주도 세력의 연합과 강화: 북로당 결성 ··································· 324
   좌익정당의 통합 배경·324 | 합당 진행과 당 지도부 구성·331 | 북로당
   의 성격과 지향·339

4. 권력의 합법화: 도시군인민위원회 선거 ··································· 347
   선거 준비와 쟁점·347 | 선거 경과·354

5. 국가권력의 전 단계: 북조선인민위원회 ··································· 360
   북조선인민위원회대회와 임시인위의 개조·360 | 북조선인민위원회의 위
   상·365 | 면·리인민위원회 선거·370

┗ 제5장 내부 체계의 정비와 제2차 미·소 협상 ┄┄┄┄┄┄┄┄┄┄┄┄┄ 379

1. 내부 지도체계의 상호관계와 개편 ┄┄┄┄┄┄┄┄┄┄┄┄┄┄┄┄┄┄ 379
   남북 좌파세력의 상호작용 · 379 | 소련 민정 조직의 확장과 북 · 소 간 공
   조 · 386 | 권력관계의 개편 모색 · 399

2. 재개된 미 · 소의 협상 ┄┄┄┄┄┄┄┄┄┄┄┄┄┄┄┄┄┄┄┄┄┄┄┄ 406
   공위 재개 준비 · 406 | 공위 재개를 둘러싼 북한 내 정세 · 414 | 재개된
   미 · 소 협상: 연속된 굴절 · 420

┗ 제6장 정부 수립의 여정 ┄┄┄┄┄┄┄┄┄┄┄┄┄┄┄┄┄┄┄┄┄ 435

1. 정부 수립의 대비 ┄┄┄┄┄┄┄┄┄┄┄┄┄┄┄┄┄┄┄┄┄┄┄┄┄┄ 435
   분단과 통일에 대한 입장 · 435 | 인민군 창설과 무력 확대 · 442 | 북로당
   제2차대회: 분단의 대비와 당의 재편 · 452

2. 남북연석회의: 통일과 분단의 선택점 ┄┄┄┄┄┄┄┄┄┄┄┄┄┄┄┄ 458
   남북협상의 모색과 전략 · 458 | 연석회의의 경과 · 464

3. 헌법제정과 정부 형태 ┄┄┄┄┄┄┄┄┄┄┄┄┄┄┄┄┄┄┄┄┄┄┄┄ 472
   헌법제정 경로 · 472 | 정부의 성격과 헌법안 수정 · 476

4. 최고인민회의 선거 ┄┄┄┄┄┄┄┄┄┄┄┄┄┄┄┄┄┄┄┄┄┄┄┄┄ 485
   정부 수립의 조건과 남북 세력의 움직임 · 485 | 남한 '지하선거' · 493 | 최
   고인민회의 북측 선거 · 504

5. 북한 정부의 수립과 소련군 철수 ┄┄┄┄┄┄┄┄┄┄┄┄┄┄┄┄┄┄ 511
   북한 정부 구성 · 511 | 소련군 철수와 북 · 소관계 · 526

▮ 결론 ·· 537

▮ 보론: 소련의 대한반도―북한 정책 관련 기관 및 인적 구성 ············· 563

  1. 소련의 대한반도 정책 관련 조직 구조 ································ 563

  2. 당 중앙위원회 및 내각기관 ··· 568
     당 중앙위원회 기관 · 568 ｜ 외무성과 무력성 · 573

  3. 군지도 기관 ··· 580
     연해주군관구 · 580 ｜ 제25군사령부 및 민정부(민정국) · 585 ｜ 경무사령
     부 · 593

· 참고문헌 / 621
· 출처 / 647
· 인명 색인 / 651

1 남과 북의 명칭은 문맥과 내용에 따라 남·북한과 남·북조선, 남쪽과 북쪽으로 구분하여 사용하였다. 남북을 함께 지칭할 때도 한국, 조선, 한반도 등으로 구분하여 사용하였다.

2 공산 측이란 용어는 소련과 북한 지도부를 함께 일컬을 때 사용했으며, 각각을 분리할 때는 소련과 북한, 북조선으로 나누어 표기하였다.

3 북한을 지칭할 때는 북한 지도부, 북한 측, 김일성 지도부 등을 사용했고, 소련의 경우 본국 지도부는 소련 측, 소련 지도부, 소련 정부, 모스크바 지도부, 크렘린 등으로 썼다. 특별히 본국 지도부와 별개로 현지 지도부를 구별할 때는 소련군 지도부, 소련군 당국으로 불렀다.

4 북로당, 남로당과 같이 고유 명사는 그대로 동일하게 표기하였지만, 인명의 경우 해방 직후 남북이 공존하던 시기를 다루고 있는 만큼 두음법칙을 적용하였다.
예) 리기영 → 이기영.

5 참고문헌의 표기 방식은 다음과 같다.
1) 러시아 문서보관소 및 신문의 자료 제목은 한글로 번역하였다.
예) Постановление Временного народного комитета Северной Кореи. 14.09.46. ЦАМО, ф. УСГАСК, оп. 106546, д. 8, л. 67. → "북조선임시인민위원회 결정 (1946.9.14.)." ЦАМО, ф. УСГАСК, оп. 106546, д. 8, л. 67.
예) Пресс-коммюнике №5 Совместной советско-американской комиссии. Правда, 20.Ⅳ.1946. → "소미공동위원회 공동성명 제5호." Правда, 20.Ⅳ.1946.
2) 러시아어와 기타 외국어로 된 저서와 논문은 원문대로 표기하였다.

서론

1. 문제 제기

1945년 8·15해방은 미·소의 한반도 분할 점령과 동시에 찾아왔다. 일본 식민지권력을 대체한 미·소의 군당국은 새로운 질서를 구축하는 데 진력하였고, 남북한에서 미·소와 좌우세력은 각자에게 유리한 정치 지형을 만들기 위해 치열한 경쟁을 벌였다. 이 과정은 각자의 우호적인 정치세력과 연대를 통해 자기 지역에 유리한 체제 형성으로 표출되었다.

해방 3년간 북한 국가형성은 한국임시정부와 신탁통치를 놓고 미·소의 협상과 갈등, 좌·우의 대립이라는 환경에서 공산 지도부가 '북조선 근거지'를 강화하는 노력과 궤도를 같이 하였다. 공산 측은 한반도에 좌파 우위의 정부 수립을 도모했으나 그것이 여의치 않자 우선 북한을 정치·경제적으로 강화하여 전국적 헤게모니를 장악하는 방향으로 선회하였다. 기존 식민지적 질서의 구조적 변동을 통해 세력 우위를 확보하여 한반도 권력을 장악하겠다는 의도였다. 그러나 그들의 희망은 대미교섭의 실패로 어긋났고, 남북은 각자의 정치질서 구축으로 나아가게 되었다. 그 종착점은 남북한 각각의 분단정부 수립이었다.

해방 후 북한 체제의 형성 문제는 한국현대사의 큰 테마라고 말할 수 있으며, 이에 관한 적지 않은 연구 성과물이 존재한다. 다만 냉전 시대의 환경에서 이

분야의 연구는 이념과 정치의 그림자에서 자유로울 수 없었다. 그에 따라 북한사에 대한 체계적인 연구는 한국에서보다 미국 등 서방에서 시작되었다. 서대숙의 연구[1]와 로버트 스칼라피노·이정식의 연구[2]는 한국공산주의운동의 흐름 속에서 북한사에 접근한 초기의 역작들로 남아 있다. 서대숙은 그 후에도 김일성에 관한 실제적 접근을 시도하여 주목할 만한 성과를 내놓았다.[3] 이후 네덜란드학자 에릭 반 리는 북한체제의 수립 과정을 소련의 정책과 연결 지어 서술한 첫 단행본을 출간하였다.[4]

1990년대 탈냉전 이후 남한 내 북한 연구는 실증성이 강화되는 방향으로 진척되었다. 대표적으로 이종석은 북한의 원자료를 심도 있게 분석하여 북한정치사 연구의 새로운 활로를 열었다.[5] 박명림은 기왕의 연구 성과를 종합하여 북한사를 새로운 접근 방식으로 정리하였다.[6] 이후의 연구 성과는 사료적 기반의 확장에 따라 주제별 세분화하고 종합화하는 방향으로 이어졌다. 2000년대 이후 연구 성과는 뒤에서 별도로 살펴보겠다.

해방 후 북한 국가의 수립은 소련의 대한반도 정책[7]과 분리할 수는 없다. 거의 4년간에 걸친 소련군의 북한 주둔은 북한체제의 성격과 방향뿐 아니라 이후 한반도 전체의 상황에 지대한 영향을 끼쳤다. 이와 관련하여 기존의 주장은 크게 세 가지로 나누어진다.

[1] Dae-Sook Suh, *The Korean Communist Movement 1918-1948*, Princeton, N. J.: Princeton Univ. Press, 1967.

[2] Robert A. Scalapino, Chong-sik Lee, *Communism in Korea. Part I: The Movement; Part II: The Society*, Berkeley and Los Angeles: University of California Press, 1972(한홍구 옮김, 『한국공산주의 운동사』, 돌베개, 2015).

[3] Dae-Sook Suh, *Kim Il Sung: the North Korean Leader*, NY: Columbia Univ. Press, 1988(『북한의 지도자 김일성』, 서울: 청계연구소, 1989).

[4] Ree, Erik Van, *Socialism in one zone, Stalin's policy in Korea, 1945-1947*. Oxford: Berg Publishers, 1989.

[5] 이종석, 『조선노동당연구』, 역사비평사, 1995.

[6] 박명림, 『한국전쟁의 발발과 기원 II』, 서울: 나남출판, 1996.

[7] 본 글에서 정책의 개념은 거시적이고도 전략적인 의미뿐 아니라 개개의 구체적인 전술적 방책까지를 포괄하는 뜻으로 사용되었다.

첫째는 북한에 진주한 소련군이 주도가 되어 소비에트식 체제를 만들 목적으로 김일성을 비롯한 공산주의자들을 '하수인'으로 앞세웠다는 주장이다. 이러한 관점은 소련과 조선공산주의자들의 관계를 단순히 지도와 피지도, 강제와 종속의 틀로서 해석하는 것과 다르지 않다. 특히 외국학계에서는 소련이 주도권을 쥐고 북한 지도부를 이끌었기 때문에 사실상 소련이 북한체제 수립을 이끈 것으로 파악하는 시각을 견지한다.[8] 이 논리는 그간의 분단 상황에서 빚어진 극단적인 냉전 논리를 반영하면서 현재까지도 가장 광범위하게 통용되고 있는 것이 현실이다.

둘째는 주로 소련 측이 내세우는 논리로서 소련군의 역할에 대해 북한 권력기관의 사업을 통제하거나 간섭하지 않고 북한의 민족적 발전과 국가 건설을 위한 원조와 조력의 관점에서 접근하는 것이다. 이것은 흔히 약소민족의 자결권에 대한 레닌주의적 입장에 따른 주장이기도 하다. 그러나 소련의 대한반도 정책의 실제는 이러한 주장에 커다란 의문을 갖게 한다. 물론 소련의 대외정책을 설명하려면 그 결정적 동인으로서 이데올로기와 국가이익이라는 두 요소를 크게 고려해야 한다. 이데올로기 요소는 프롤레타리아트 국제주의와 식민지 민족해방론으로 대표되고 있으며 소련 지도부의 대외 정책결정에 있어서 무시할 수 없는 요인이 된 것도 사실이다. 하지만 소련이 노골적으로 드러내지 않은 국가이익 요소는 보다 큰 정책적 추동력을 가지고 있었다.

셋째, 진보학계는 '소련 주도설'에 대한 딱 부러진 해석 없이 북한 주도세력을 중심으로 한 체제 구축과 정치 과정을 다루어왔다. 소련에 대해서는 '보이는' 만큼 언급하고 넘어갈 뿐이었고, 정책을 둘러싼 소련과 조선공산주의자 사이의 상호작용에 대한 설명은 매우 빈곤하다고 할 수 있다. 그 이유는 '소련 주도설'이 제기하는 주장에 대한 불신을 가지고 있거나, 소련의 정책과 개입과 관련한 자료의 제약성이 큰 원인으로 작용했다고 볼 수 있다.

---

8) 대표적으로 그와 같은 시각은 앞의 Robert A. Scalapino, Chong-sik Lee와 Erik Van Ree의 저술을 비롯하여 Kathryn Weathersby의 학위논문인 Soviet Policy Toward Korea, 1944-1946 (Ph.D. Dissertation, Indiana University, 1990)에서 찾아볼 수 있다.

북한 국가 형성 과정을 서술하는 데 가장 큰 쟁점이 될 수 있는 문제는 소련과 북한 지도부의 관계일 것이다. 당시 김일성은 대소관계에서 자신이 객관적으로 투영되고 있다는 것을 인식하고 있었다. 가령, 〈슈티코프 일기〉에는 '삐라에는 이승만이 미국의 앞잡이며 김일성은 소련의 앞잡이라고 쓰여 있다'는 데 대해 김일성의 기분이 좋지 않다고 기록되어 있다.[9] 이것은 역으로 그가 의식적으로라도 소련으로부터 자율성을 추구하려는 의지를 갖게 하는 요소로도 읽힌다. 해방 후 북·소관계에서 소련의 지도적 역할을 부인하는 것은 더 이상 설득력을 갖지 못한다. 하지만 그 반대로 소련의 일방적 지도가 가능했다고 보는 것도 옳지 못하다. 대한반도—북한 관련 공산 측의 정책결정에는 합리적 판단과 이성이 매개되어 있었음은 물론이다. 결국 소련의 개입과 역할 문제를 명확히 정리하지 않고서는 북한사의 진면목이 제대로 드러나기는 어렵다고 볼 수 있다.

북한 국가 건설과 소련의 역할이라는 본고의 주제와 관련하여 그간의 많은 관련 연구는 북한 측의 관련 서술의 한계를 극복하고 다양한 접근법을 통해 주목할 만한 성과를 거두었다. 하지만 여전히 풀어야할 과제가 남아 있고, 학계의 심화된 연구를 요구하는 것도 사실이다. 본 연구의 가장 중요한 목적은 기존 연구가 축적한 성과의 토대 위에서 풀리지 않은 문제에 답변을 구하고, 새로운 자료를 바탕으로 역사적 사실을 확충함으로써 북한정치사에 대한 진실의 장에 한발자국 더 들어가 보는 일이다.

이 책은 필자가 오랫동안 이 주제와 관련하여 품어온 몇 가지 문제의식에 대한 답변을 시도한 결과물이기도 하다. 그것은 첫째, 북한 국가의 수립에 이르는 내외부적 요인이 무엇인지 구체적으로 살펴야 한다. 미·소관계의 요인이 북한 정부 수립에 가장 크게 작용한 것이라면 소련의 대한반도 정책만이 아니라 미·소의 한반도 분할 점령, 모스크바3상회의 결정, 미소공동위원회 등 한반도를 둘러싼 미·소의 협상을 정치체제의 형성과 발전과 관련지어 고찰해야 한다. 이와 동시에 내부적 요인으로서 정세의 변동에 따른 정치세력들의 동향과 관계를

---

[9] 〈슈티코프 일기〉 1946.12.25.

정확히 파악해야 할 것이다. 특히 공산 측 내부의 정치 논리와 정책 입안 과정을 실증적으로 보여 주는 접근이 필요하다.

둘째, 북한 국가의 형성은 북한 지도부와 소련의 주도적 행위뿐 아니라 한반도를 둘러싼 미·소의 이해관계와 정책, 공산 측 내부 및 여타 정치세력의 복잡한 상호작용의 산물이다. 해방 후 남북한 정치사를 비교할 때 남한사는 다양한 주도세력과 정치적 역동성, 상황의 복잡성을 유기적으로 풀어내는 것을 특징으로 하는 데 비해 북한사는 보다 단순한 정치구도 및 사건 중심의 구조로 이루어졌음을 확인 할 수 있다. 비록 공산 측의 주도로 전개된 정치 과정이 단선적이라 하더라도 상호관계 및 작용마저 그러한 것은 아니었다. 북한사 역시 복잡하고 중층적인 흐름과 상호작용이 존재한다는 사실을 공유하고 기존 서술의 한계틀을 극복하려는 시도가 절실히 요구된다 할 것이다.

셋째, 앞서 언급한 대로 해방 후 북한정치에서 조선인 지도세력과 소련과의 관계는 큰 호기심을 자극하는 주제이다. 그 관계의 본질과 양상은 북한 국가의 성격을 제대로 파악하는 초석이 될 것이다. 또한 북한 정치체제의 형성에 참여한 정치세력과 소련의 지도부를 추적하고 그들의 활동상을 세심히 살펴보는 것이 필요하다. 특히, 그 중심인물인 김일성의 정치적 성장 과정을 살펴보는 것은 북한체제의 본질을 규명하는 데 적지 않은 도움을 줄 것이다.

본 연구는 북한과 소련 지도부를 정책적 행위의 공동주체로 규정하는 것을 기본으로 한다. 물론 사안에 따라 북·소 간에는 정책적 차이와 독립적 영역, 그리고 소련의 지도적 역할이 존재하기도 하였다. 그러나 이 두 주체의 상호작용이 많은 점에서 공동주체로 표현이 가능할 만한 근거는 책의 본문에서 자세히 제시될 것이다.

본 연구에서 정책적 행위의 주체는 여러 가지 명칭으로 분리될 수 있다. 이를 구체적으로 구분하자면, 북한 지도부, 김일성 지도부, 북조선공산당(북로당), 소련 지도부, 모스크바 지도부, 소련군 지도부(당국) 등 매우 다양하게 불릴 수 있다. 이처럼 행위자 명칭 사용은 행위 주체에 따라 구분하였지만 행위의 공동주체인 북한과 소련 지도부를 동시에 지칭할 때는 '공산 측' 또는 '공산 지도부'

란 용어를 사용하였다. 북한 국가 형성의 주체로 남북공산당(로동당) 지도부와 소련을 같이 묶는 개념이라고 말할 수 있다.

이 책은 해방 후 3년간에 걸친 북한의 정세 변화 및 정치 과정을 다루면서 여전히 밝혀지지 않은 역사적 사실들을 추적하고 주체세력의 내적 논리를 탐구하며, 이들 간의 상호작용을 가능한 구체적으로 살펴볼 것이다. 이와 함께 북한과 소련 지도부라는 두 주체의 공동행위에 초점을 맞추어 이들의 행위를 규정짓는 소련의 전략과 미·소의 협상, 세력 간의 관계 등에 주목할 것이다. 또한 주요 정치적 국면과 사건을 분석하고 이를 배경으로 한 북한 국가의 구성체로서 당·정·군의 조직화 과정을 새롭게 조명하고자 한다.

2. 연구의 관점과 구성

이 책은 다음 세 가지 관점과 접근 방식에 따라 서술되었다.

1) **의도되지 않은 분단:** 해방 직후 미·소와 한반도 정치세력들은 자기 주도의 단일 국가 수립을 추구하였고, 남북한의 어떠한 정치세력도 처음부터 분단국가의 수립을 기도하지 않았다. 한반도 분단은 한국임시정부 수립을 위한 미·소의 협상이 난관에 부딪치고, 끝내 합의에 이르지 못함으로써 최종적으로 가시화되었다. 이에 따른 북한 국가의 탄생은 조선공산주의자들이 좌파 주도의 한반도 국가 수립이 좌절되면서 나타난 결과이다. 다만 그들은 단일 국가 수립 가능성이 점차 불투명해지면서 동시에 분단국가의 출현에 대비하였다.

분단국가 수립에 대한 최초의 암시는 1946년 6월 이승만의 정읍 발언을 통해 알려져 있지만 소련 측은 이미 그 이전에 미국이 분단국가 의도를 가지고 있다고 보았다. 실제 우파의 우위가 확보되지 않은 한반도의 세력관계에 불리함을 느낀 미국이 분단국가 수립에 대한 유혹을 더 느낀 것은 분명하다. 반면 북한에서 완전한 영향력을 유지하고 남한에서 여전히 좌익의 조직적 힘을 인지한 소련이 '반쪽 국가'에 만족했을 리가 없다는 추론 역시 정확하다.

미국과 소련, 좌와 우, 어느 쪽이 먼저 분단을 추구했느냐는 중요한 문제가 아닐는지 모른다. 처음에는 모든 당사자들이 자기 세력이 우위에 선 단일 국가 수립을 원했기 때문이다. 기왕의 연구들 가운데는 이러한 역사적 흐름을 간과하고 북한 국가 수립을 처음부터 독립된 과정으로 바라보는 경향이 있었다. 이 때문에 특정한 역사적 사실이 편향적으로 해석되거나 왜곡되기도 하였다. 이를테면, 적지 않은 저술에서는 북한에 부르주아 권력/정권 수립에 관한 1945년 9월 스탈린의 훈령을 북한 분단국가의 수립으로 정의하고, 이후의 정치 과정을 이 행보에 맞추어 서술·해석함으로써 북한정치사 연구의 기본 구성틀에 큰 영향을 끼쳤다. 결론적으로, 한반도 분단국가 출현은 자기 주도의 한반도 단일정부 수립을 위한 모든 세력의 기대가 2차례에 걸친 미소공위가 실패한 후 나타난 결과이며, 처음부터 독립된 분단국가의 흐름이 존재했다고 볼 수 없다.

2) 공동의 행위 주체: 해방 후 북한체제 형성 과정에서 행위 주체에 대한 새로운 규정이며, 앞서 밝혔듯이 북한과 소련 지도부를 공동의 행위주체로 설정하였다. 이는 연구의 전반적인 성격을 좌우하는 중요한 문제라고 할 수 있는데, 기왕의 연구들은 행위 주체에 대해 크게 두 가지 시각을 보여 주었다. 하나는 '소련의 주도적 역할과 북한 공산주의자의 종속성'에 접근한 모델이며, 다른 하나는 '조선(북한)공산주의자의 주도성'을 부각시키는 모델이다. 전자는 주로 냉전적 연구 풍토에 영향을 받아 북한의 '소비에트화'에 연구의 초점을 맞추었고, 후자는 그러한 도식에 대한 비판에서 출발하였으나 자신의 주장을 입증할 연구 자료의 뒷받침이 부족했다.

공동의 행위 주체는 상호 동등한 지위를 나타내는 것이 아니라 지도와 피지도를 구분 지을 수 있지만 상호의존도가 높은 관계를 의미한다. 지금까지 소련과 북한공산당 지도부의 상호관계를 서술한 북한사 저술은 대체로 양자의 관계를 단순한 주종관계식으로 파악하였다. 그러나 많은 관련 문서 가운데서 북한 지도부에 대한 소련의 요구사항이 관철되지 않은 다양한 사례들을 본다면 이러한 주장의 신빙성은 약할 수밖에 없다. 북한 체제 형성과 발전 과정에서 소련의 지도적 역할은 부인할 수 없는 요인이지만 그 역할을 규정지은 것은 소련과 남북 공산당(노동당)의 상호작용이었다. 몇 가지 대표적 실례를 살펴보자.

1946년 북한의 토지개혁안은 문서상으로 보면 소련 측이 주도권을 행사했다. 토지개혁안은 소련 국방성과 외무성안으로 나누어져 있다가 최종적으로는 국방성안이 채택되었다. 이 점만 보면 북한 지도부는 토지개혁과 관련한 정책 결정에서 수동적 위치에 있었음을 알 수 있다. 그러나 이 같은 판단은 '국방성안 = 북한 지도부안'이었음을 간과한 것이다.[10] 토지개혁 법령은 조선공산주의자들의 구상에 부합한 것이었고, 소련은 이를 수용한 것이다. '노동자 및 사무원에 대한 노동법령'의 경우도 그 초안은 북한에서 작성하였고, 이를 소련 외무성과 전연방직업동맹중앙회의(ВЦСПС)에서 수정 및 보충을 거쳐 공표되었다.[11]

북한 헌법제정의 경로 역시 비슷하다. 헌법 초안은 북한과 소련이 공동으로 작성하였고, 크렘린 지도부의 면밀한 검토를 거쳤다. 1948년 4월 북조선인민회의 특별회의에서는 소련공산당 정치국이 권고한 3가지 조항에 대한 수정이 관철되었지만, 그밖에 조항별 심의 과정에서 대의원들의 문제 제기에 따라 문구를 포함한 모두 25개 조항이 수정되었다.[12] 즉 헌법안 수정은 소련의 요구뿐 아니라 북한 측의 독자적인 의결을 거쳐서도 이루어진 것이다.

조선민주주의임시정부(1946년)와 북한 정부의 내각 구성안은 소련 측 문건만으로 보면, 슈티코프와 레베데프가 이끈 소련군 지도부가 전적으로 작성한 것으로 비춰진다. 그러나 실제는 김일성과 박헌영의 공동 '작품'이었다. 여기서 소련군 지도부는 관리 역할을 한 것에 그쳤다고 볼 수 있다.

위의 예시들은 다른 주요 정책 결정에서도 거의 동일하게 적용된다고 할 수 있다. 통상적으로 북한에서 주요 정책은 현지 소련군 지도부와 북한 지도부의 협의를 거쳐 입안되었다. 이를 토대로 현지 소련군 지도부에 의해 결정 초안이

---

[10] 토지개혁법령 가운데 소련의 입장이 관철된 것은 애초 토지국유화를 개인소유로 바꾼 것이 유일하다.

[11] "로조프스키가 몰로토프에게(1946.6.12.)." АВПР, ф. 018, оп. 8, п. 6, д. 81, л. 10-12.

[12] "조선임시헌법안 심의 및 승인에 대한 북조선인민회의 제5차 특별회의 결과 보고." ф. 142, оп. 432240c, д. 9, л. 81-83.

작성되어 모스크바 지도부가 이를 재가하는 것이 보통의 절차였다. 소련의 정책 결정 메커니즘은 대체로 일방향성보다는 현지의 상황과 입장을 중시하는 쌍방향성에 맞춰져 있었다.

북한 국가 형성 과정에서 소련의 주도권이나 조선공산주의자들의 대소 독립 또는 종속 따위로 나누는 연구모형은 근본적인 재검토가 필요하다고 본다. 모스크바 결정, 토지개혁, 군대 조직, 헌법 제정 등 북한 국가 수립 과정의 주요 국면들에 위와 같은 구조틀이 형성될 수 있는 것은 양측의 이해관계가 근본적으로 일치한 점에 있었다. 소련은 외세로서 북한에 들어온 세력이지만 이들은 조선공산주의자들과 공동으로 북한 체제의 근간을 구축하였다. 최소한 해방 이후 북한 정부 수립(경우에 따라서는 한국전쟁 정전까지도 해당될 수 있다)까지 소련과 북한 지도부는 단순한 물리적 협력관계 이상으로 내적인 결합을 달성하였다. 물론 소련과 북한 지도부 사이에는 상호모순과 이해의 불일치도 상존했으나 그것이 양측의 공동 목표를 뛰어넘을 수는 없었다.

3) 파벌투쟁적 접근 지양: 각 파벌 간의 권력투쟁으로 집약되는 서술 방식으로부터 탈피할 필요가 있다. 한 사회 내 정치 과정은 각 정치적 주체들의 정책 구상과 이를 집행하는 활동으로 이루어진다. 해방 후 북한의 정치세력은 공산주의와 민족주의로 대별되고, 양자 모두는 활동 지역과 정치 성향에 따라 세분화되었다. 전자는 빨치산계, 국내계, 연안계, 소련계로, 후자는 친공과 반공적 입장으로 나누어졌다. 북한 공산주의운동을 분석한 상당수 연구들은 이들의 분파적 활동에 주목하면서 '연안파', '국내파' 등 파벌을 지칭하는 용어를 사용해왔다. 파벌이라함은 한 정당 내에서 주도권 획득과 같은 특정한 이익을 위해 결합한 분파로 정의한다면 해방 후 북한 공산주의자들을 이 규정에 묶어세우는 것은 별로 합당하지 않다. 4개의 계열 간에 자기만의 이해관계는 뚜렷하지 않았고, 오히려 이들의 인적 관계는 상호 중첩되어 있었다. 이를 테면, 1946년 이후 수년간 빨치산계 출신인 김일성에 대해 다른 계열들이 그의 지위에 노골적으로 도전한 사례는 찾아보기 힘들다. 연안계는 신민당의 모태가 되지만 먼저 귀국한 일부 지도급 인사들은 공산당에 입당하였다. 즉, 당시의 정치적 관계는 이들

세력이 분화되어 파벌을 형성할 만한 조건이 갖추어지지 않았다. 따라서 이 글에서 이들 세력을 지칭할 때 사용하는 '계(系)'는 정치적 이익에 입각한 조직구성이라기보다는 출신에 따른 분류 기준으로 적용할 것이다.

　정치란 본질적으로 권력을 향한 세력 간 투쟁의 모습을 띠며, 서로 다른 계급·계층적 기반을 갖는 정당이나 세력 간에 권력투쟁은 더욱 치열하게 전개되는 경향이 있다. 반면 동일 정당 내에서도 파벌 간의 권력투쟁이 존재하지만 동일 이념을 공유하는 그룹들은 경쟁과 투쟁에 앞선 공동의 목표를 추구하고 이에 따른 공조와 협력을 꾀하기 마련이다. 다양한 좌우세력의 대립 속에서 정치적 역동성이 뚜렷했던 남한과는 달리 북한에서는 공산당(노동당)이라는 사실상의 독점적 정당 구조 내에서 대립보다는 협력과 노선 경쟁이 주요한 측면이 된다. 그런데 공산당 내 파벌 간의 권력투쟁이 서술 구조의 중심이 되어 결국 김일성의 빨치산계열의 승리로 귀결되는 단선적 구성에 집착할 경우 비빨치산계열의 인사들은 모두 배신자 이외의 평가를 받기가 어렵게 된다. 이는 곧 이분법적 역사 서술 구조에 갇히고, 역사에서 '승리자'의 기술을 추종하는 오류를 범하는 셈이다. 파벌 간 권력투쟁 모형에서 탈피하지 않는 한 북한사 서술의 모순 구조는 계속해서 재생산될 것이다.

　이와 같은 시각적 접근에 따라 이 책은 단선적인 체제 형성 과정을 논하는 방식을 탈피하는 데 힘쓸 것이다. 앞서 살폈듯이, 남북한 현대사는 동일한 시대와 한반도라는 공간을 공유한 사실에도 불구하고 그 서술 방법은 매우 다른 모습을 보여 왔다. 이러한 현상의 주된 요인은 남북한 정치 체계 구축 과정의 본질적 차이를 지적할 수 있다. 남북의 각기 다른 정치 환경에서 나타난 차이점이 글의 양식에 반영된 것인데, 가령 남한사는 정당과 개인 간의 치열한 경쟁과 대결이 가장 특징적인 정치 양상이었기 때문에 주제와 시각의 다원화를 추구하기가 용이하다. 반면 정치적 경쟁이 엄격한 이념적 규율에 의해 규제되고, 사실상의 단일한 정치구조 내에 위계적 질서에 의해 포위되는 북한의 상황에서 다양한 정치적 구도는 눈에 띄게 드러나기 쉽지 않다. 북한의 역사가 많은 부분 김일성의 언어를 통해 전달되는 편중성과 자료적 제약도 그와 같은 차이점에 크게 일조한다고 할 수 있다. 그 결과 북한사 서술은 틀에 잡힌 구조에 의해 한정되거나 단선적인 형태로 구성되는 특징을 지녔다. 이 서술 방식을 벗어나는 시도는 북한사 연구의 진일보를 위한 중요한 전제일 것이다.

이 책은 총 6개 장과 보론으로 구성되어 있다. 제1장에서는 해방 이전 소련의 대한반도 이해관계와 정책 구상을 분석하고, 빨치산그룹을 비롯한 조선 정치세력의 동향에 대해 살핀다. 대일전 참전이 결정된 얄타협약 이전에는 소련의 대한반도 정책은 사실상 존재하지 않았지만 소련의 전통적인 이해관계와 전후 극동정책 수행에서 한반도가 차지하는 중요성을 고려하면서 소련의 개입 의지를 확인하였다. 그리고 일본의 패망이 다가오면서 군대 투입 문제 등 소련의 대한반도 정책 구상이 어떻게 구체화되는지 분석하고자 한다. 한편 장차 북한의 정치세력으로 나설 김일성그룹을 위시하여 경성콤그룹, 연안계세력, 북한민족주의·종교세력 등 잠재적 정치세력들의 활동상을 정리할 것이다.

제2장에서는 해방 직후 소련군의 진주와 대민정책, 공산당을 위시한 각 정치세력의 활동과 정치·행정체계의 성립 과정을 다룬다. 소련군의 북한 내 전투작전과 진주 초기 정책을 자치기관인 인민위원회의 생성과 연관지어 살펴보며, 대북 정책의 기본 지침인 '부르주아민주주의 권력 수립' 노선의 실질적인 의미를 구체화한다. 장차 북한국가 수립의 주역이 되는 남북한 공산주의자들의 활동을 남과 북을 나누어 정리하고, 북한 내 김일성의 입지를 그의 귀국 후 활동과 다른 지도자들과의 비교를 통해 조명하였다. 또한 해방 초에 개시된 정권기관과 당, 그리고 무력의 조직화 과정을 북·소 간 상호작용을 통해 전개하고, 나아가 남북공산당에 대한 소련 측의 입장과 태도를 살피고자 한다.

제3장에서는 한반도 운명의 변곡점이 된 모스크바 3상회의 결정 과정과 그 직후 북한의 변화를 살펴본다. 모스크바 3상회의를 앞두고 소련이 제기한 결정문 초안들의 변화 과정을 추적하면서 소련 측 입장 변화와 그 원인에 대한 분석을 시도한다. 이어서 모스크바 결정 이후 탁치정국하에서 북한의 '민주근거지

론'이 제기되는 정치적 상황을 분석한다. 특히 조만식그룹의 이탈이 가져온 정국의 급변은 중앙정권기관인 북조선임시인민위원회의 출범으로 이어지는데, 그 경로와 이 기관의 구성을 살펴볼 것이다. 또한 북한의 사회경제 구조를 뒤바꾼 토지개혁에 대해 공산지도부의 구상으로부터 최종안의 도출을 위한 경로, 개혁의 실행 결과를 면밀히 고찰한다. 아울러 새 질서에 대한 반대세력의 저항에 대해서도 추적해 본다.

제4장에서는 모스크바 결정에 따른 미·소의 협상에서 소련의 전략과 정책을 검토하고, 제1차미소공위 결렬 이후 주요 정치적 국면의 검토를 통해 북한 정국의 변화를 살펴본다. 미소공위를 통해 소련 측이 추구한 (사전) 전략과 미·소 간 교섭 과정을 추적하고, 공위 사업의 결렬 후 시행된 북한 민주개혁 조치들과 일련의 정치적 변동을 관찰할 것이다. 북한의 변화 가운데 주도 세력의 통일성 확보 차원에서 북로당의 결성에 대한 배경과 조직 구조, 지도체계 등이 상세히 분석하고자 한다. 또한 공산 측이 권력기관의 임시성을 제거하고 적법성을 불어넣고자 실시한 도시군인민위원회 선거의 추진 과정 및 선거 상황을 전달하고, 임시인위가 북조선인민위원회로 개조되는 데 따른 조직적 변화와 이 기관의 독자적 권한 확대 등을 살펴볼 것이다.

제5장에서는 남북의 주도세력 간의 상호관계와 북한 내 권력구도, 소련 민정 체계의 개편, 그리고 제2차미소공위의 재개 준비와 전개 과정을 기술한다. 좌파 주도의 한반도정부 수립이라는 공통의 목표를 가진 남북 좌파세력들의 협력과 상호관계, 그리고 정치지형의 개편을 위한 지도세력의 입장을 정리한다. 아울러 소련 민정의 조직적 강화 속에서 북·소 간의 공조와 협력에 대해 주목할 것이다. 미소공위 재개에 즈음한 소련 측의 새로운 전략과 공위 과정에서 이의 실현을 위한 시도를 살펴보고, 공위 사업의 결렬 원인과 소련의 입장을 구체화한다.

제6장에서는 분단이 결정된 상황에서 정세에 대한 공산 측의 대처와 국가 수립의 과정을 살펴본다. 공산 측 내에서는 분단 상황을 어떻게 바라보았으며, 분단의 유지에 대한 견해는 없었는지 확인할 것이다. 계속해서 해방 직후 진행된 무력 조직이 국가 수립의 물리력을 확보하는 차원에서 최종적으로 인민군의 창

설로 이어지는 경로를 추적하고자 한다. 남북제정당사회단체연석회의가 분단의 저지를 목표로 소집된 것에 의미를 두고 고찰하는 경향성을 뛰어넘어 이것이 실패할 경우 공산 지도부가 그린 구체적 구상과 설계도가 제시될 것이다. 한편 헌법을 둘러싼 전체 과정은 밑에서부터 소련공산당 정치국에 이르기까지 입장을 개진할 만큼 복잡한 경로로 진행되었는데, 이 흐름을 상세히 살펴보고자 한다. 북한이 분단이 확정된 상황에서 분단정부가 아닌 '통일정부'를 표방한 데 대한 공산 측 내부의 논의를 점검할 것이다. 또 북한 국가 수립의 최종 단계로서 한반도 전역에서 실시된 조선최고인민회의 선거의 준비와 실행 과정을 구체적으로 분석하고, 특히 남쪽 '지하선거'의 실체를 조명해 본다. 이러한 과정을 거쳐 수립된 북한 정부의 조직적 구성과 성격을 고찰하는 것은 이 장의 핵심적 부분이다.

보론에서는 소련의 대한반도 정책의 집행구조와 관련 인물들에 대해 정리하였다.

3. 2000년대 이후 연구 성과의 조망

지금까지 북한사 연구는 정치사 분야에 크게 치중되어 왔다. 이 분야의 연구는 오랜 역사를 가지고 있으며, 2000년 이후 시대 상황의 변화와 새로운 자료 발굴 덕분에 질적 성장이 이루어졌다. 그중에 대표적인 저술을 살펴보겠다.

먼저 김성보가 지은 『남북한 경제구조의 기원과 전개: 북한농업체제의 형성을 중심으로』는[13] 북한 농업체제의 변화 과정에 대한 연구를 통해 북한의 토대적 질서의 형성과 변화를 추적하였다. 이 책은 남북 분단체제 형성사를 해명하는 일환으로 북한에서 분단 농업구조가 형성되는 과정을 분석하고 있다.

저자는 무상몰수 무상분배 방식에 의한 북한의 토지개혁을 통해 국가관리 소

---

[13] 『남북한 경제구조의 기원과 전개: 북한농업체제의 형성을 중심으로』, 서울: 역사비평사, 2000.

서론 41

농체계가 형성되는 과정을 고찰하였는데, 이는 소비에트 모델과는 구분되는 인민민주주의 모델에 따른 것으로 보았다. 다만 이 모델 형성에 소련이 미친 영향력은 제한적으로 보았으며, 그 근간은 토지를 쟁취하려는 농민의 의지와 점진적인 혁명을 추구하는 사회주의세력의 의사가 결합된 것으로 간주하였다. 이 점은 소련의 영향력에 관한 연구가 미진했던 연구 환경에서 내린 다소 성급한 결론으로 볼 수 있다. 하지만 이 책은 남북관계 및 정세 변동이 북한의 개혁 방향성과 내용을 규정짓는 요인으로 살펴본 최초의 저술이라 할 수 있다. 더욱이 저자는 전쟁을 거치고 남북 간 경쟁이 심화되면서 북한의 농업개혁은 급진적인 사회주의 농업협동화의 방향으로 귀결되고, 그 과정에서 인민민주주의 모델의 장기지속을 추구했던 비주류 세력은 도태되었음을 밝히고 있다.

김광운의 저서 『북한정치사연구 I : 건당·건국·건군의 역사』는[14] 한국 역사학계에서 북한정치사를 풍부한 사료 분석을 통해 체계화한 연구 성과로 꼽히며, 해방 5년의 북한사 전 과정을 공산주의자들이 가장 중요한 과업으로 삼은 건당·건국·건군 문제에 초점을 맞추어 검토하고 있다. 이 책의 특징은 일제시기 항일무장투쟁과 해방 후 인민정권 건설 과정을 연관시켜 분석함으로써 북한 현대사에 대해 '끊김과 굴절'이 아닌, 인물·정책·제도 등에서 연속성을 부여한 것을 들 수 있다.

저자는 또한 구체적 인물 분석을 통하여 북한 권력구조의 형성과 간부 충원 구조를 치밀하게 고찰하였고, 특별히 북한 권력의 핵심인 '항일유격대집단'의 초기 형성과 재생산체계 구축 문제를 밝혀냈다. 해방 후 북한 정치체제의 형성이 단순히 권력 분파들 간의 암투로 설명되거나 아니면 반대로 김일성그룹의 일방적 주도권 장악으로 묘사되는 연구 경향을 넘어서 그것의 역동적 과정을 생생하게 그려내고 있다. 다만 이 책은 북한 주도세력을 논의의 중심으로 삼으면서 소련의 정책과 역할을 초반부에만 주목함으로써 양자 간의 상호 관계를 제대로 설명에 담지 못했다. 이와 함께 주요 정치적 국면에서 여러 정파 간의 협력과 갈등이 상세히 묘사되지 못한 점도 지적된다.

---

[14] 김광운, 『북한정치사연구 I : 건당·건국·건군의 역사』, 서울: 선인, 2003.

서동만의『북조선사회주의 체제성립사 1945~1961』는[15] 해방 후부터 유일체제 설립 시기까지 북한 정치·경제사를 종합적으로 정리·분석한 책이다. 일본에서 저자 자신이 거의 10년에 걸쳐 쓴 박사논문에 새로운 성과를 흡수·보완하여 출간한 이 책은 1천 쪽이 넘는 방대한 분량뿐 아니라 집필 당시 국내에서는 접근이 어려웠던『근로자』,『인민』등 1차 공간(公刊) 자료를 섭렵한 저술로 높이 평가를 받을 만하다. 이 연구는 해방 후에서 1960년대 초에 이르는 사회주의화 과정을 정치 변동과 경제구조의 개조를 통해 접근하고 있으며, 경제 정책의 변화와 그에 따른 토대의 변동에 많은 주의를 돌리고 있다.

저자는 1956년 '8월 종파'사건을 기점으로 북한 체제는 내부 비판세력의 부재로 인해 정치적 탄력성을 상실하고 경직화되기 시작했다고 주장하면서 이것이 경제정책의 시행착오와 나아가 체제 운영의 장애를 야기하였음을 밝히고자 했다. 북한사 관련 일반 저술들이 그렇듯이 이 책 역시 북한의 공간 사료를 주로 활용한 까닭에 내부 정책적 논의 과정이나 세력관계의 역동성에 대한 기술이 부족한 것이 흠으로 지적된다.

북한 정치사가 주로 노동당을 중심으로 한 집권세력의 권력 행사에 관한 논제에 주목해왔다면 정작 노동당의 내부 조직과 교육 문제는 파악하기 쉽지 않았다. 이주철의『조선로동당 당원조직 연구 1945~1960』은[16] 북한정치사의 내적 구조 형성 문제를 다룬 책이다. 저자 자신의 박사학위논문을 수정·보충하여 내놓은 이 책은 1950년대까지 노동당 조직과 당·정 및 사회단체 관계 등을 고찰하고 있으며, 그 가운데 하급 간부 양성, 당원 교육이 이루어지는 과정을 구체적인 실례를 통해 살펴보고 있다. 당시 당회의록과 문건자료 등이 많이 활용되었기 때문에 당의 동적인 상황들이 생생하게 묘사되는 장점이 있다. 그리고 이와 같은 과정을 통해 로동당이 북한의 중심 세력으로 확고히 자리 잡는 모습이 그려져 있다.

정치학자 백학순이 쓴『북한 권력의 역사: 사상·정체성·구조』는[17] 현재까

15) 서동만,『북조선사회주의 체제성립사 1945~1961』, 서울: 선인, 2005.
16) 이주철,『조선로동당 당원조직 연구 1945~1960』, 서울: 선인, 2008.

지의 북한 역사를 다루고 있으며, 유일체제 확립 시기까지는 김일성이 다른 인물 및 파벌과 직접적인 대립과 투쟁을 통해 승리하는 과정을 구체적으로 묘사한 저술이다. 이 책은 제목에서 드러나듯 시간의 흐름 속에서 북한 권력의 공고화 과정을 이론적 틀에 입각하여 살피고 있다. 즉, 저자는 물질적 요인들보다 관념론적 요인들, 즉 이념·문화·역사 등에 더 비중을 두는 구성주의 이론을 기초로 북한의 권력투쟁과 김일성의 권력 확립을 설명한다.

이 책은 실증적 접근보다는 이론과 해석에 더 비중을 두는 저술의 특성상 어느 측면에서는 독창적인 분석이 드러나기도 하지만 다른 측면에서는 과잉 해석이 종종 나타나는 특징을 지니고 있다. 이를테면, 권력 경쟁에서 김일성 vs 오기섭·박헌영·조만식을 설정하는 것은 당시의 정치구조를 과도하게 권력투쟁 위주로 몰고 가는듯한 인상을 주고 있다.

해방 이후 북한 정치에 참여한 남한 인사들의 동향과 활동은 주요 연구 대상이지만 이 분야의 성과는 주로 관련 자료의 부족으로 인해 미미했다. 그런 가운데서도 이신철은 『북한 민족주의운동 연구: 1948~1961, 월북·납북인들과 통일운동』을[18] 통해 월북·납북 인사들의 북한 내 궤적과 활동을 고찰하였다. 이 책이 다루고 있는 범주는 남북협상과 북한 정부 수립 과정의 상호관계로부터 시작하여 조국전선 결성, 재북평화통일촉진협의회의 조직을 통한 입북자들의 활동 등이다. 저자는 그동안 학계에서 잘못 알려진 사실관계의 오류들을 수정하고, 입북한 임시정부 요인들을 비롯한 민족주의자들의 행적을 밝혀내고 있다. 그중 조소앙, 안재홍과 12명의 국회의원 등 거물급 정치인들의 행적은 큰 흥미를 끌고도 남음이 있다.

북한사 관련 저술 가운데는 증언과 회고를 기반으로 한 글들은 적지 않았는데 주관적인 경험이나 과장에 의해 학술적인 평가를 받지 못한 경우가 많았다. 그런데 해방 후부터 수십 년간 북한의 간부로 활동하다 1980년 초 서울에 온

---

17) 백학순, 『북한 권력의 역사: 사상·정체성·구조』, 서울: 한울, 2010.

18) 이신철, 『북한 민족주의운동 연구: 1948~1961, 월북·납북인들과 통일운동』, 서울: 역사비평사, 2008.

박병엽의 증언을 토대로 쓰인 『조선민주주의인민공화국의 탄생』은[19] 그와는 다른 평가를 받기에 충분하다. 해방에서 북한 정부 수립까지 3년간의 정치적 격동을 몸소 체험을 통해 얻은 지식으로 풀어낸 이 책은 어느 문헌 자료 못지않게 실증적이며, 문헌 연구가 묘사하지 못한 이면의 모습들을 풍부하게 엮어내고 있다. 해방기의 오래된 일임에도 불구하고 박병엽의 뛰어난 기억력과 지식은 놀라울 정도인데, 그렇기 때문에 이 책에 나타난 소소한 오류들을 바로 잡는 것도 그의 뒤를 잇는 연구자들의 몫이 될 것이다.

김국후의 『평양의 소련군정』은[20] 전통적 시각에 입각하여 새로 발굴된 해방 직후 자료와 레베데프를 비롯한 북한 체제 형성에 관여한 러시아 인사들의 증언, 그리고 러시아 문서보관소 관련 자료를 토대로 북한 정권 탄생 과정을 살피고 있다. 이전에 저자가 참여하여 북한사 연구에 풍부한 사실적 내용을 제공했던 『비록 조선민주주의인민공화국』의 속편이라고 할 수 있다. 그러나 이 책은 저널리즘적 기법의 글쓰기에서 나타나는 해석의 '과잉'이 군데군데 보이고 권력투쟁 중심의 전통주의적 시각이 바탕에 깔려 있다. 책의 전체 내용을 관통하는 이념적 이분화는 분명 방법론의 문제로 지적할 수 있음에도 풍부한 희귀 사료 활용이라는 장점은 결코 무시할 수 없다.

외국인의 시각에서 본다면, 분단 이데올로기는 북한사 서술에서 크게 작용하지 않을 수 있다. 국내 연구자들이 '자기 검열'의 마법에서 벗어나기 어려운 반면 이들은 상대적으로 여기에서 자유롭기 때문이다. 브루스 커밍스(Bruce Cumings)의 제자로서 그의 학풍의 영향을 받은 찰스 암스트롱(Charles K. Armstrong)이 쓴 『북조선 탄생』은[21] 미국의 북한 연구에서 나타나는 '냉전적 관점'을 지양한 저술로 간주된다. 저자는 북한 체제의 형성을 소련의 '혁명 수출'로 바라보는 전통적 연구에 비해 한반도의 토착성, 내부 역동성에 방점을 찍으면서 총체적인

19) 박병엽 구술, 유영구·정창현 엮음, 『조선민주주의인민공화국의 탄생』, 서울: 선인, 2010.
20) 김국후, 『평양의 소련군정』, 서울: 한울, 2008.
21) Charles K. Armstrong, The North Korean Revolution, 1945-1950, Ithaca: Cornell University Press, 2003(찰스 암스트롱, 『북조선 탄생』, 서울: 서해문집, 2006).

사회 혁명으로 북한 국가의 형성을 바라보고 있다. 이 과정은 토지개혁을 비롯한 민주개혁에 의해 주민들이 새로운 질서에 편입됨으로써 진행되었다. 이 책은 문학·예술·교육·여성 등 북한 문화의 형성에도 큰 관심을 나타낸다. 문화의 건설에서 나타난 소련의 영향을 적시하면서도 문화 정책상의 민족주의적 기반이 북한의 독자적 발전에 기초가 되었다는 것이다. 한편으로 저자는 국가 수립에서 소련의 역할에 대해 '외교 정책, 무역, 친소적인 리더십의 유지 등에만 통제를 가했다'(95쪽)는 식의 단순화된 논리로 정리하기도 하였다. 북한 국가 형성 과정이 소련과 북한 지도부의 합작의 결과임을 간과하고 북한 내부의 역동성에 주목한 나머지 소련의 역할을 지나치게 단순화시켰다고 볼 수 있다.

일본 역사학자 와다 하루끼(和田春樹)는 1990년대 이후 한국의 북한 연구에 큰 자극을 준 저자답게 학술적 측면에서 뿐 아니라 대중적 영향력에서도 주목할 만한 저술인 『와다 하루끼의 북한 현대사』를[22] 내놓았다. 일본에서 2012년에 『북조선현대사(北朝鮮現代史)』(2012, 이와나미출판사)로 출간된 후 '김정은 시대'를 추가해 2014년에 발간되었다. 얼핏 이 책은 통사적으로 서술되어 있어 일반 통사류나 교재처럼 보일 수 있으나 실제로는 저자 스스로 많은 내부 자료를 활용하여 치밀한 분석과 연구를 거친 것이다. 그가 북한 사회를 상징화시킨 개념은 널리 알려진 '유격대국가론'인데, 이는 이 저술이 다루고 있는 김일성의 항일무장투쟁, 북한 정부 수립, 한국전쟁, 사회주의화 과정의 결실로 나타난 것이다.

국내에서 발간된 해외 북한사 저작물 가운데서 러시아 자료를 적극적으로 활용하여 쓴 성과도 눈에 띈다. 시모토마이 노부오(下斗米伸夫)의 『모스크바와 김일성: 냉전기의 북한 1945~1961』은[23] 러시아 문서보관소 자료를 비롯해 일본과 러시아의 관련 연구 성과를 활용한 개설적 연구서이다. 자신의 이전 저서를 발전시킨 이 책은 저자 스스로 북한 연구가 아닌 소련 정치사 전문가로 칭한 만큼 비교정치학의 제도적 입장으로부터 북한 체제 형성에서 소련의 역할에 초점을

---

[22] 와다 하루끼 지음, 남기정 옮김, 『와다 하루끼의 북한 현대사』, 파주: 창비, 2014.

[23] 시모토마이 노부오 지음, 이종국 옮김, 『모스크바와 김일성: 냉전기의 북한 1945~1961』, 서울: 논형, 2012.

맞추고 있다. 이 방법론은 다른 사회주의 국가의 전형인 소련의 사회주의를 북한에 그대로 이식했다는 논리를 취하는 까닭에 북한 내부 세력들은 그것은 단순히 수용하는 객체로 전락하는 문제를 안게 된다. 다만 전후 시기 북한 정치 과정에서 나타난 세력 간의 관계를 실증적으로 보여 주는 점은 주목할 가치가 있다.

이와 같이 2000년대 이후 북한사와 관련하여 많은 자료를 바탕으로 한 뛰어난 저술들이 발간되었다. 게다가 주제의 세분화를 비롯한 연구의 범위와 깊이는 이전 시기보다 더욱 확대되었다.

4. 주요 연구자료

역사학 연구의 확장에서 가장 중요한 위치를 갖는 것은 사료 발굴임은 말할 것도 없다. 그간의 북한사 연구는 자료의 제약으로 인해 정치체제 구축 과정 과정을 역동적으로 묘사하는 데 어려움을 겪은 것이 사실이다. 1990년대 이후 북한사 연구는 NARA에 소장된 북한 노획문서에 주로 의존하였다. 노획문서는 해방 후 발간되거나 수기로 쓴 것들로서 자료의 빈곤에 시달리는 현대 북한 연구 분야와 비교해 보면 사료로서의 풍성함을 더해 주었으나 공산 측 내부 정책 문건 등 핵심 자료의 수요를 충족시켜 주지는 못했다.

북한 주둔 3년 동안 소련은 정치, 경제, 사회, 문화 등 모든 방면에 걸친 방대한 문서자료를 생산, 보존하였다. 러시아 문서자료는 북한사 연구를 질적으로 전환시키는 계기를 마련하였다. 해방 후 모스크바 지도부와 현지 군부 간의 교신 및 각종 보고, 정세 및 현황 보고 등으로 구성된 이들 문서자료는 해방 직후 북한사를 중층적으로 바라볼 수 있는 기회를 제공하였다.

이 책은 주로 러시아연방 국방성 문서보관소(ЦАМО), 외무성 문서보관소(АВПР), 현대역사문서 보존 및 연구센터(РГАСПИ)에 소장된 해방 전후 한국 관계 문서들을 기초로 하였다.[24] 본 책에서 활용한 러시아 문서보관소의 소장 주요 관련 자료 폰드(фонд. 문서군)를 소개하면 다음과 같다.

1. 러시아국립사회정치사문서보관소(РГАСПИ)

   ф. 17, оп. 128 소련공산당 중앙위원회(1898, 1903~1991) 국제정보부
   (1944~1950)

2. 러시아연방대외정책문서보관소(АВПР РФ)

   ф. 06 외무인민위원(외무상) 몰로토프 비서부(1939~1949)
   ф. 07 비신스키(외무 부인민위원/부상) 비서부(1940~1949)
   ф. 013 로조프스키(외무 부인민위원/부상) 비서부(1939~1946)
   ф. 018 말리크(외무 부인민위원/부상) 비서부(1946~1948)
   ф. 0102 조선 보고부
   ф. 0430 1945년 모스크바 외무상 회담
   ф. 0431 런던 외무상회의 제1차회기
   ф. 0480 북한주재 소련민정국(1945~1948)

3. 러시아연방국방성중앙문서보관소(ЦАМО РФ)

   ф. 2 - 방위인민위원부(국방부) 사무국
   ф. - 25а 제25군
   ф. 32 - 노농적군 총정치국
   ф. 127 - 서부특별군관구국
   ф. 142 - 연해주군관구 사령관 비서부
   ф. 172 - 연해주군관구 사령관 비서부
   ф. 379 - 제25군 사령관 비서부
   ф. УСГАСК - 북한주재 소련민정

   러시아문서 자료는 해방 전후 한반도－북한의 상황과 그에 대한 정책을 체계적으로 기록한 문서라는 점에서 가장 활용 가치가 높은 문헌 자료로 손꼽을 수 있다. 훗날 북한 내 관련 문서들이 공개되더라도 상호 간의 보완성을 갖출 수 있겠으나 정책적 성격만을 한정해 보면 러시아 자료의 가치를 뛰어넘기는 어려울 것으

---

24) 러시아문서보관소 자료는 1992년부터 본격적으로 공개되었다. 필자는 오랫동안 이들 자료의 조사발굴에 노력했지만 모두 독자적으로 발굴한 것은 아니다. 여기에는 경북대 전현수 교수의 기여가 매우 컸다. 특히 그는 이 책에서 기본 사료로 활용된 〈슈티코프 일기〉을 비롯하여 국방성문서보관소 Ф. 172(연해주군관구 사령관 비서부) 문서군과 외무성문서보관소 Ф. 480(북한 주재 소련민정국) 문서군의 발굴을 주도했다.

로 본다. 이들 자료들은 대부분 '비밀(секретно)' 또는 '절대비밀(совершенно секретно)' 등급으로 작성된 내부문건으로서 사건 및 정세 파악뿐 아니라 공산 측의 정책 입안·결정·집행 과정을 고찰하는 데 핵심적 구실을 한다고 말할 수 있다.

대한반도 정책의 집행 책임자인 슈티코프와 레베데프는 해당 시기 자신의 활동을 기록한 일기를 남겼다.[25] 비록 해당 기간 전체 일기 내용이 발굴·공개되지 못한 점은 있으나 이 두 인물이 남긴 기록은 정치적 관심과 정책 선호, 조선 측 인사들과의 관계와 교류 등 공식 문건에서 잘 드러나지 않은 사항들을 파악하는 데 매우 중요한 자료로 활용되었다.

북한현대사의 실증적 구성 수준을 높일 수 있게 된 것은 미국 국립문서보존소(NARA) 노획문서군(RG242)[26]과 러시아 국립도서관 및 과학원동방학연구소 등에 소장된 북한 문헌과 자료들이 대거 발굴되면서 가능하게 되었다. 이들 자료는 러시아문서자료의 사실을 입증하는 데 상당한 도움이 되었을 뿐 아니라 러시아문서 자료에 나타나는 국문 표기나 일부 사실 관계 오류 문제를 바로 잡는 데 매우 중요한 역할을 하였다.

당시 발간된 신문과 잡지는 역사적 사실을 보완하고 부정확한 사실을 확인하는 데 큰 도움을 주었다. 우선 조선공산당 북부분국 기관지인 『正路』와 북로당 기관지 『로동신문』은 주요 정치적 흐름의 맥락을 짚어주고, 상황과 사건에 대한 기본 줄기를 잡는 역할을 하였다. 마찬가지로 소련 공산당 기관지 『프라우다 Правда』는 해방 후 한반도와 관련한 수많은 기사와 정보를 게재하였다. 이들 기사는 소련의 대한반도─북한 정책의 흐름을 보여 주고, 북한 신문의 누락된 부분을 보충하였다. 그밖에 당시 발행된 남쪽 신문들도 유용한 자료를 제공해 주었다.

북한 지도부의 정책 결정은 조선로동당 중앙위원회가 발간한 두 권의 결정집에서 확인할 수 있다.[27] 이 자료는 당중앙위원회와 중앙상무위원회의 결정 내

25) 〈슈티코프 일기〉1946.9~1948.9(『쉬띠꼬프 일기 1946~1948』, 국사편찬위원회, 2004); 〈레베데프 일기〉1947.7~1948.12.

26) 이들 자료는 1982년부터 국사편찬위원회에서 『北韓關係史料集』시리즈로 발행되고 있다.

용이 담겨 있어 당 지도부 차원의 정책적 흐름을 파악하는 데 매우 긴요하다. 북한 정치의 핵심 행위자인 김일성의 연설과 입장 표명은 러시아문서 자료 이외에 가능한 당시 발간된 문헌을 활용하였다.[28] 나중에 발행된 『김일성 선집』이나 『김일성 전집』에 게재된 해방 직후의 내용이 각색이 된 실례가 적지 않은 점을 고려한 것이다. 다만 특정 자료가 부재한 경우 가능한 한 다른 자료와의 교차 검토를 통해 선집과 전집을 인용했음을 밝혀둔다. 또한 김일성의 회고록인 『세기와 더불어』는 출간 이후 내용의 사실 여부에 대한 문제 제기가 거의 없었음을 고려하여 자료로 이용하였다.

소련의 대일전 참전자 및 북한에 체류한 인사들의 회고집은 소련의 시각에서 당시의 상황과 사건을 잘 보여 주는 기록으로 남아 있다. 이들 회고집은 1960년대부터 러시아과학원 동방학연구소의 주도로 수차례 발간되었다.[29] 이와 함께 해방 후 외교관 남편과 함께 서울에서 주재하다 한국학 학자로 변신한 파냐 샤브쉬나의 회고록[30]과 소련외무성 관료로서 미소공동위원회 소련대표단 일원으로 활동한 페투호프의 저술[31]은 단순한 회고를 뛰어넘는 학술적 가치를 지니고 있다.

사료 활용의 문제는 연구 성과의 질을 규정한다. 지금까지 일부 북한사 연구

---

[27] 조선로동당 중앙위원회, 『결정집(1946.~1951.11 당중앙위원회)』; 『결정집(1946.9~1948.3 북조선로동당 중앙상무위원회)』.

[28] 대표적으로 다음을 들 수 있다. 김일성, 『인민공화국수립의 길: 중요보고집』, 평양: 북조선인민위원회 선전부, 1947; 『조국의 통일독립과 민주화를 위하여(1)』, 평양: 국립인민출판사, 1949; 『朝鮮民主主義人民共和國 樹立의 길』, 北朝鮮人民委員會 宣傳部, 1947.

[29] 다음의 저술들을 열거할 수 있다. Во имя дружбы с народом Кореи(조선인민과의 우의를 위하여). Воспоминания и статьи. М., 1965; Нерушимая дружба(불멸의 우의). М., 1971; Освобождение Кореи(조선의 해방). Воспоминания и статьи. М., 1976; За мир на земле Кореи(조선 땅에 평화를 위하여). Воспоминания и статьи. М., 1985.

[30] Шабшина Ф. И. Южная Корея 1945~1946. Записки очевидца. М., 1974(김명호 옮김, 『1945년 남한에서』, 서울: 한울, 1996); В колониальной Корее(1940~1945). Записки и размышления очевидца. М., 1992(김명호 옮김, 『식민지 조선에서』, 서울: 한울, 1996).

[31] Петухов В.И. У источников борьбы за единство и независимость Кореи. М., 1987.

는 북한 공간 자료, 노획문서와 러시아 자료를 필요에 따라 취사·선택하는 방향에서 이루어졌으며, 사료의 비판과 평가를 통해 전체 관련 사료를 통합적·유기적으로 활용하지 못한 것이 사실이다. 따라서 러시아 문건과 국문자료의 교차검토를 통해 역사적 사실의 검증도를 높일 필요가 있으며, 이는 북한사 연구의 진척을 위해서 유의해야 할 부분이라고 할 수 있다.

해방 전 소련의 대한정책과
국내외 운동세력

제1장 해방 전 소련의 대한정책과 국내외 운동세력

1. 소련의 대한반도 정책구상

<u>소련의 대한반도 시각과 이해관계</u>

볼셰비키 혁명으로 수립된 소비에트 정부는 일제로부터 조선의 해방을 지지하는 입장을 견지하면서 식민지 조선에 대해 꾸준한 관심을 보였다. 3·1운동 발발 시 소비에트 러시아 정부는 조선 인민에게 반일공동투쟁을 호소하기도 했다.[1] 1920년대 본격적으로 조선에 마르크스-레닌주의가 수용되면서 사회주의 운동이 적극적으로 전개되었고, 조선공산주의자들은 모스크바 소재 국제공산당인 코민테른(Comintern)의 직접적인 지도를 받아 활동하였다.[2] 하지만 식민지 조선과 소련은 국가 간의 공식 관계가 사라진 가운데 해방운동 세력에 대한 소련의 지원과 같은 비공식적인 관계만이 유지되었다.

1920년대 초반 소비에트 러시아의 두 주요 일간지 『프라우다』와 『이즈베스

---

[1] Известия. 15.08.1919.

[2] 1920년대 전반기 조선공산주의운동과 코민테른의 관계를 비밀 해제된 문건을 통해 새롭게 규명한 저술로는 Б. Д. Пак. СССР, Коминтерн и Корейское освободительное движение 1918~1925. М., 2006) 참조.

티야』는 주로 항일운동과 관련하여 적지 않은 기사를 실었다. 이를테면, '조선의 개혁과 한인사회당',[3] '조선의 독립을 위한 투쟁',[4] '조선의 비극'[5]은 이들 신문의 1면에 실린 기사 제목들이다. 그러나 1920년대 중반 이후 조선 관련 기사는 소련의 관심이 사라졌다고 느낄 만큼 빈도수에 있어서는 극히 미미한 수준에 머물렀다. 특히 빈번하게 보도되는 중국과 일본에 비할 바가 못 되었다. 식민지 상황이 오랫동안 지속된 데다가 보도할 만한 기사 소재도 적었을 것이었다. 다만 1930년대 후반에는 만주 빨치산 활동이나 반일투쟁에 관한 기사가 가끔씩 단신으로 채워졌다.[6]

제2차 세계대전 중 연합국의 승리가 거의 확실해지면서 전후 식민지와 종속국들의 처리 문제가 떠오르기 시작하였고 한반도는 소련의 관심 지역으로 다시 부상하였다. 1943년 11월 27일 미, 중, 영 지도자들이 처음으로 조선의 독립을 약속한 카이로회담에서는 그 일정에 대해 '적절한 시기(in due course)'로 못 박았을 뿐 구체적인 시점을 적시하지는 않았다.[7] 알려진 대로, 이 표현은 조선의 독립을 허용하기 이전에 모종의 절차를 시행하겠다는 의미로 해석되었다. 특히 1942년 중반부터 마련된 미국의 국제 신탁통치 구상을 조선에 적용시키려는 의도가 읽혀졌다.[8]

카이로회담이 끝난 직후 곧바로 11월 28일~12월 1일 이란 테헤란에서 미 대통령 프랭클린 D. 루즈벨트와 영국 수상 W. 처칠, 그리고 소련 내각수상 I. V. 스탈린이 참석한 미 · 영 · 소 정상회담이 개최되었다. 11월 30일 스탈린은 독일

---

[3] Известия. 12.02.1920.

[4] Известия. 31.10.1920.

[5] Правда. 03.02.1922.

[6] 예를 들면, 보천보 전투를 기사화한 "한만국경에서의 빨치산들"(Правда. 08.06.1937; 10.06.1937.)과 반일 조직들의 단결과 그 강령에 대해 보도한 "조선에서 반일혁명운동"(Правда. 30.01.1938.)이 있다.

[7] *FRUS, The Conference at Cairo and Teheran, 1943.* Washington, D. C.: U. S. Government Printing Office, 1961, pp. 448-449.

[8] 태평양 전쟁기 한반도에 대한 미국 내 신탁통치 구상과 논의에 대해서는 정용욱, 『해방 전후 미국의 대한정책』(서울: 서울대학교출판부, 2003), 19~62쪽 참조.

이 패망한 후에 '러시아가 일본과의 투쟁에 가담 할 것'을 약속함으로써 미국 측이 줄기차게 요구한 대일전 참전을 기정사실화하였다.[9] 같은 날 스탈린은 조찬 회동에서 루즈벨트와 처칠에게 카이로회담의 코뮈니케(카이로 선언)에 반대하지 않는다고 하면서 '특히 독립된 조선이 창설되고, 대만과 만주가 중국에 반환되는 데 동의한다'고 말하였다.[10] 이와 동시에 스탈린은 이 코뮈니케에 뭔가를 덧붙일 수 있지만 극동에서 군사작전에 참가한 이후에 하겠다고 부연하였다. 이것은 한반도 문제에 대한 자신의 독자적인 구상이나 의견이 있지만 아직 밝힐 때가 아니라는 점을 암시하고 있다. 물론 '덧붙일 것'이란 전후 한반도에 대한 자국의 개입 방식과 범위에 관한 것이 명백하다. 이와 함께 소련은 후일 얄타회담에서 구체화된 소련의 참전 조건과 극동에서의 이해관계에 대한 자신의 견해를 미·영 측에 전달하였다.

미국 측 자료에는 루즈벨트가 조선은 아직 독립국가를 유지할 수 없고 40년간 보호(tutelage) 아래 두어야 한다고 했을 때 스탈린이 이에 동의했다고 나와 있다.[11] 그런데 문제는 미국과 소련에서 발간된 테헤란 회담의 회담록에는 이에 대한 언급을 찾아볼 수 없다는 점이다. 더구나 루즈벨트의 위 발언은 회담록에서 나온 것이 아닌 태평양전쟁 위원회 회의석상에서 한 말이었다. 이로 볼 때 스탈린이 조선에 대한 40년간의 보호에 아무런 조건 없이 순순히 동의했을 것으로 보는 것은 전혀 믿기 어렵다. 만일 그것이 사실이라면 '독립된 조선의 창설'을 지지한다는 말과는 완전히 모순되기 때문이다. 그 시점에서 분명한 사실은 스탈린이 조선의 독립을 우선적으로 선호했다는 점이다. 그것이야말로 식민지 해방을 지지하는 레닌주의에 부합할 뿐 아니라 조선과 우호적인 관계 수

9) Советский Союз на Международных конференциях периода Великой Отечественной войны 1941-1945 гг. Тегеранская конференция. Т. 2. М., 1984, с. 122.

10) 위의 책, с. 127.

11) FRUS, The Conference at Cairo and Teheran, p. 869. 기존 연구들은 테헤란 회담에서 조선에 대한 40년간 신탁통치 실시 제안에 대해 스탈린이 동의했다는 것을 아무런 논평 없이 인용해왔다. 미·소의 회의록에 이 내용이 담기지 않은 것은 이 문제에 대한 소통이 정상적으로 이루어지지 않았다는 것을 반증한다.

립도 순조로울 수 있기 때문이었다.

그렇다면 전후 소련의 세계전략 구상은 어떠했을까. 매개 지역과 나라들에 대한 소련의 전략적 입장을 살펴보는 것은 소련의 대한반도 정책 구상의 틀을 이해하는 전제가 될 수 있다. 이에 대한 가장 흥미로운 자료는 1944년 1월 10일 역사학자 출신의 외무성 부상 I. M. 마이스키가 외무상 몰로토프에게 보고한 장문의 문건이다.[12] 여기에는 독일, 프랑스, 이탈리아, 폴란드 등을 비롯한 수십 개에 이르는 주요 국가 및 지역에 대한 소련의 이해관계가 서술되었다. 그의 구상이 모두 소련의 전략적 방침으로 채택된 것은 아니나 당시 소련의 기본적인 대외 정책의 관점이 그대로 투영되고 있다는 점에서 상세히 검토할 만한 가치가 있다. 마이스키에 따르면, 전후 질서의 형성 과정에서 소련의 목표는 '장기간 소련의 안전과 최소한 유럽과 아시아에서의 평화 유지가 보장될 그러한 상태의 형성'[13]이어야 한다고 하였다. 전후 질서 재편에서 유럽 못지않게 아시아의 전략적 가치를 고려한 언급이었다. '장기간'은 최소 30년, 최대 50년을 의미하였다.

마이스키는 전후 소련의 국경이 1941년 당시 소련의 국경이 기본이 되어야 한다고 하면서도 페트사모 지역, 1904~05년 노일전쟁 시기 일본에 빼앗긴 남사할린, 소련의 태평양 진출로인 쿠릴열도 등을 확보하기를 원했다. 특히 남사할린과 쿠릴열도에 관해서는 대일전 참전 조건과는 관계없다는 점을 분명히 했다. 그는 물론 동아시아에서 소련의 이해관계의 핵심국가들로 일본과 중국을 지목하였다. 소련은 일본과의 전쟁에 관심이 없지만 아시아에서의 장기간 평화를 위해 일본의 군사적 패배는 매우 중요한 사안이었다. 다만 마이스키는 소련의 인적, 물적 손실을 줄이기 위해 미국과 영국이 나서줄 것을 기대하였다. 남사할린과 쿠릴열도의 획득은 대일전 참전보다도 전후 세계지도를 획정하는 평

---

[12] "1944년 1월 미래 평화와 전후 구조 문제에 대해 나치 독일과 그 동맹이 소련에 끼친 손실 보상 담당 소련 외무인민위원부 위원회 책임자 I. M. 마이스키가 외무인민위원 V. M. 몰로토프에게 보낸 보고." Советский фактор в восточной Европе. 1944-1953. Т. 1, М., 1999, с. 23-48. 이하의 마이스키와 관련된 인용은 이 문건에 따른다.

[13] 위의 책, с. 23.

화회의와 국가 간의 책략 속에서 가능하다고 보았다.[14] 중소관계는 우호적인 관계의 확대와 강화에 초점을 맞추었다. 하지만 중국이 강대국으로 발전하는 데 소련이 도움을 줄 것인지 여부는 전후 집권할 정치세력의 성격에 달려 있는데, 그들이 소련에 우호적인 민주주의와 진보적 민족주의세력이라면 소련의 원조는 강화될 것이라고 하였다.[15]

마이스키의 위 문건에는 조선에 대한 언급이 존재하지 않는다. 그것은 소련의 세계전략 속에 조선의 가치와 비중이 낮아서라기보다는 개별 식민지 국가에 대한 언급을 하지 않은 것과 궤를 같이한다고 볼 수 있다. 다만 그는 전후 식민지에 대한 처리 문제를 독립적으로 다루고 있는데, 소련은 식민지 문제에 직접적인 관심은 없지만 평화회의와 여타 국제회의에서 식민지 문제 결정에 참여해야하며 이를 위해 신속하게 프로그램을 작성할 필요가 있다고 하였다.[16] 이 논리에 따르면, 식민지 조선의 문제 또한 소련의 참여하에 국제적 논의 속에서 해결되어야 한다는 논리로 귀결된다. 앞서 테헤란회담에서 스탈린이 '카이로회담의 코뮈니케'에 무엇인가를 덧붙이고자 한 것이 그와 같은 맥락이라고 말할 수 있다.

소련이 전후 조선의 신탁통치에 대해 자체 논의를 개시한 것은 1944년 중반 이후일 것으로 추측된다. 같은 해 7월 일본 주재 소련대사 Ya. A. 말리크는 외무인민위원부(외무성 전신)에 보낸 〈일 · 소관계에 대하여〉라는 보고에서 전후 극동 문제에 대해 열거하였다. 거기에서 그는 '조선에 대한 어떠한 동맹기관들이 후견 기간을 정하고, 조선의 미래 운명과 존속 및 발전에 소련의 정치 · 군사 · 경제적 영향의 형태와 동일하게 그러한 조치에 소련이 참여하는 한계가 필요한 것인지'[17]라는 문제를 제기하였다. 그의 견해에 따르면, 이것은 소련의 안

---

14) 앞의 책, c. 35.

15) 앞의 책, c. 35-36.

16) 앞의 책, c. 38.

17) Славинский Б. Н. Пакт о нейтралитете между СССР и Японией: Дипломатическая история 1941-1945 гг. М., 1995, с. 239-240.

보 및 극동지역의 침략 방지를 보장하는 차원에서 고려되어야 할 것이었다. 이 시기 소련 정부는 이미 조선에 대한 열강의 신탁통치 실시에 동의했을 뿐 만 아니라 전후 조선문제의 적극적 해결 방안의 하나로 간주하고 있었다. 다만 신 탁통치 실시에 소련이 어떠한 방식으로 참여할 것인지는 문제 제기 수준에 머 물러 있었다고 보아야 할 것이다.

그런데 주목해야 할 점은 신탁통치에 대한 소련의 견해이다. 아래에서 살 펴보겠지만, 1945년 2월 얄타회담 이후 미국과 소련이 조선에 대한 신탁통 치 실시를 기정사실화한 것은 결코 부인할 수 없지만 양국이 신탁통치를 이 해하는 방식은 처음부터 달랐음을 인식해야 한다. 애초 미국 측이 전후 식민 지 및 종속국에 대해 신탁통치(trusteeship) 실시를 제기했을 때 소련은 이 용 어를 попечительство(신탁통치) 혹은 протекторат(보호관제)가 아니라 опека(오페카, Guardianship/후견)으로 번역하여 사용하였다. 이것은 미국 측 이 제시하는 신탁통치 개념을 그대로 수용하지 않고, 이를 자기의 방식으로 재해석하였음을 보여준다. 이 시기에 소련이 후견이란 용어의 개념을 명확히 규정했다는 증거는 없지만 전후 식민지 처리 문제에서 미국 측과는 접근 방 식을 달리하겠다는 의도를 미리 드러냈다고 볼 수 있다.[18]

한반도 정책 구상의 구체화

전후 조선에서 신탁통치를 실시하려는 미국의 정책적 의도가 소련 측에 공식 적으로 전달된 것은 1945년 2월 얄타회담에서였다. 당시 미국은 소련의 입장을 고려하지 않고서는 전후 극동지역의 재편이 가능하지 않을 것으로 판단하였다. 조선에 대한 신탁통치도 전후 대소 협력의 일환으로 간주되었다. 물론 미국은

---

[18] 1945년 12월 모스크바 3상회의에서 미·소 합의에 의해 5년 이내의 신탁통치(후견) 실시 가 결정되었을 때 소련은 미국식의 신탁통치를 '식민화'로 규정지으면서 후견을 '국가적 독립의 확립을 위한 원조 및 협력 대책'으로 규정함으로써 신탁통치의 뜻과는 명백한 차별 성을 보여 주고자 하였다.

여기에 영국과 중국을 참여시켜 자신의 주도권을 확보할 의도를 가지고 있었다.

얄타회담의 주된 의제 중 하나는 소련의 대일전 가담 조건에 대한 논의였다. 미국은 이 전쟁에 소련을 참전시키고자 백방의 노력을 기울이고 있었다. 미국이 소련을 대일전에 끌어들이고자 한 것은 소련군의 참전 없이 최소 1946년 11월 15일 이전까지는 대일전 승리를 보장할 수 없다는 판단 때문이었다.[19] 미국은 자국의 전쟁 희생을 줄이기 위해서도 소련의 참전을 필요로 하였다.

소련은 테헤란 회담에서의 참전 약속에 이어 1944년 10월 모스크바에서 열린 미·영 대표단과의 회담을 통해 유럽 전선의 종전 3개월 후에 일정한 조건하에서 대일전 참전을 약속한 바 있었다.[20] 얄타회담에서 미·영·소 3국 정상은 소련의 대일전 참전 조건에 관해 합의하고 이를 문서로 서명하였다. 이른바 '얄타밀약'으로 알려진 소련의 참전 조건으로는 외몽고의 현상(現狀)유지, 사할린 남부 및 그 부속도서의 반환, 소련에 우선 이익을 보장하는 가운데 중국 교역항구인 대련(大連)항의 국제화, 소련의 해군기지로서 여순(旅順)항 조차(租借) 부활, 중국과 공동으로 중동·남만철도 이용 재개, 쿠릴열도의 소련 할양 등이었다.[21] 단 외몽고와 위의 항구들 및 철도에 대한 협정은 중국의 동의가 필요하다는 전제가 제시되었다. 이와 관련하여 미국 대통령 프랭클린 D. 루즈벨트는 중국 정부로부터 이 협정의 승인을 얻을 수 있도록 조치를 취하겠다고 약속하였다.[22] 이들 참전 조건은 소련이 빼앗긴 과거의 권리 회복과 함께 안보적으로 매우 긴요한 사항들에 대한 보장이었다.

얄타회담에서 루즈벨트는 전후 조선에 대해 미·소·중에 의한 20~30년간에

---

19) Harry S. Truman, Memoirs by Harry S. Truman, vol. I, New York: Doubleday, 1955, p. 382.

20) История дипломатии. Т. 4. М., 1975, с. 572.

21) Советский Союз на международных конференциях периода Великой отечественной войны 1941-1945 гг. Крымская конференция. Т. 4. М., 1984, с. 254-255.

22) Внешняя политика Советского Союза в период Отечественной войны. Т. 3. М., 1947, с. 111.

걸친 신탁통치 실시를 스탈린에게 제의하였다. 스탈린은 루즈벨트가 조선에 대한 피감독국으로 중국, 소련, 미국을 열거하자 '이건 프로텍토르트(protectorate; 보호관제)가 아닌가'라고 되물었다.[23] 앞서 언급했듯이, 이 말은 소련이 예상한 후견이 미국이 제의한 신탁통치 구상과는 차이가 있음을 내비친 것이다. 그러나 스탈린은 '후견의 기간은 짧으면 짧을수록 좋다'[24]고 함으로써 미국의 제의에 사실상 동의했다. 소련이 조선에 대한 어떠한 요구나 조건을 내놓지 않은 것은 위에서 열거한 요구보다 우선순위에서 밀린 것으로 볼 수 있지만 일찍이 미국 측이 조선에 대한 신탁통치 실시에 자국의 개입을 보장해 주었기 때문에 그 선에서 만족했다고 볼 수 있다. 그에 따라 소련은 신탁통치에 적극 참여함으로써 한반도 질서 재편에 적극 개입하겠다는 의사 표시를 한 것이다.

'얄타밀약'에서 문서화된 부분 이외에 다른 합의가 존재한다는 결정적인 확증은 존재하지 않는다. 그런데 1945년 6월 29일 주중 소련대리대사 T. F. 스크보르초프와 중국공산당 왕약비(王若飛)의 대담록에는 위 합의 내용과 함께 다른 항목도 구체적으로 담고 있다. 이에 따르면, 손문(孫文)의 아들이자 중국 국민당 고위인사인 손과(孫科)는 얄타회담 후 이 문제를 언급했는데, 얄타에서 루즈벨트와 스탈린은 참전 조건은 아니지만 위의 합의 이외에 한반도 문제를 포함해서 별도의 합의에 도달하였다고 한다. 특히 그들은 소련군과 미군이 조선에 진주하고, 조선에서 일본을 축출한 후 소련, 미국, 중국이 조선에 대해 신탁통치를 실시한다고 합의하였다는 것이다.[25] 여기서 손과가 언급한 합의 내용 전체는 다음과 같다.[26]

---

[23] Советский Союз на международных конференциях периода Великой отечественной войны 1941-1945 гг. Крымская конференция. Т. 4. М., 1984, с. 131.

[24] 위의 책.

[25] 1945 г., июня 29. - Запись беседы поверенного в делах СССР в Китайской Республике Т. Ф. Скворцова с представителем КПК в Чунцине т. Ван Жофэем по проблемам послевоенного политического переустройства Китая, политики СССР и США в Китае, вступления СССР в войну на Дальнем Востоке. Русско-китайские отношения в XX веке. Документы и материалы. Т. IV. М., 2000, с. 70.

[26] 위의 책.

얄타밀약

1. 소, 미, 영은 전시의 중국 수령으로 장개석을 인정한다.
2. 소, 미, 영은 중국 영토의 가치를 인정한다.
3. 소, 미, 영은 중국에 대한 '개방' 정책을 인정한다.
4. 소련은 대일전을 개시하고, 소련군이 만주에 진주한다. 만주는 해방 후 중앙정부에 이양된다.

〈부록〉
1) 대일전 종결 후 소련군은 만주에서 철수한다.
2) 외몽고의 현상(現狀)이 유지된다.
3) 만주에서 1904~05년 전쟁 전 제정러시아가 이용한 모든 권리와 이해관계가 소련에게 부여된다.
4) 남만철도와 중동철도는 소련과 중국이 공동으로 이용된다.
5) 여순항은 소련에 조차된다. 대련항은 국제항으로 선포된다.

〈기타 항목〉
1) **조선에 소련군과 미군이 진주한다. 조선에서 일본을 구축한 후 소, 미, 중 3국의 보호관제(protectorate)가 실시된다.**
2) **소련군은 일본 북부를 점령하고 미국은 남부를 점령한다.**
3) 사할린 남부는 소련에 반환된다.(강조는 인용자)

부록의 2), 4), 5), 기타 항목의 3)은 얄타협정의 합의문에 포함된 것이며, 기타 항목 1), 2)를 제외한 나머지 항목도 모두 실제 3국이 합의한 내용이다. 따라서 손과가 전한 위의 내용은 터무니없는 것으로 보기 어려우며 상당한 근거를 가지고 있다고 볼 수 있다. 그렇다면 기타 항목 1)과 2)의 미·소 군대의 한반도 투입과 보호관제 실시, 일본의 분할 점령이 나온 것은 어떠한 배경일까. 더구나 이것들이 합의사항에 포함되었다면 미·소 양국이 어쨌든 그에 동의하였다는 것이다. 여기서 한반도에 미·소 양군 진주와 보호관제 실시는 미국 측이, 미·소 양군에 의한 일본의 분할 점령은 소련 측이 각각 제안한 것이 확실하다. 전자는 소련이 반대했던 것이고, 후자는 소련이 간절히 원했던 것이기 때문이다. 이 합의의 실상은 향후 관련 사료의 추가 발굴과 더불어 더욱 면밀한 분석이 필요한 사안이다. 그럼에도 위의 두 가지 합의는 미·소가 자신들의 주장을 긴밀한 논의 없이 상호 간에 조건부로 인정한 것이 아닌가 한다. 말하자면, 합의는 하되

본 합의문에는 포함시키지 않은 것으로 남겨두었을 것이다. 결국 미국의 반대에 막혀 일본의 분할 점령에 참여할 수 없었던 소련은 이 합의를 기반으로 한반도에 군대 진주를 대안으로 가지게 되었다고 보는 것이 옳지 않을까 한다.

소련은 처음부터 대외관계에서 매개 민족의 자결권과 독립의 존중으로 요약되는 레닌주의의 원칙을 표명하였다. 하지만 대조선 신탁통치에 대한 동의는 비록 그것을 '후견'으로 해석하였더라도 일정 부분 이 원칙으로부터의 이탈을 용인하는 것이었다. 더욱이 여기에 자국의 적극적인 참여 의지를 표시함으로써 소련의 국가 이익이 이데올로기적 원칙의 실현보다 더 중요하는 것을 보여 주었다.

1945년 4월 25일~6월 26일 국제연합(UN)의 창설을 결정한 샌프란시스코 회의에서 소련은 구식민지 영토 등을 대상으로 한 국제신탁통치 체제의 창설에 원칙적으로 동의하였다.[27] 이는 소련이 신탁통치 실시에 가담할 것이란 점을 재차 확인하는 것이었고, 이제는 신탁통치의 내용과 성격을 합의하는 과정만이 남았다.

1945년 6월 30일~7월 12일 사이에 스탈린은 중국 국민당 정부 외교부장인 송자문(宋子文)을 맞이하여 최소 6차례, 그리고 8월에는 3차례 면담을 갖고 얄타회담에서 나온 소련의 대일전 참전 조건 및 중소관계에 관해 논의하였다.[28] 이 가운데 한반도 문제가 논의된 날은 7월 2일 두 번째 회담에서였다. 다른 회담에서 한반도 문제는 언급되지 않았고, 극동의 정세와 얄타회담에서 소련의 참전 조건으로 나온 외몽고, 남만철도와 중동철도, 여순항과 대련항 등 중국과 직접적인 이해관계를 가진 문제들이 집중 논의되었다.[29] 이 문제를 먼저 꺼낸 것은

---

[27] История дипломатии. Т. 4. М., 1974, с. 660-662 참조.

[28] 스탈린과 송자문의 회담 일자는 1945년 6월 30일, 7월 2일, 7일, 9일, 11일, 12일, 8월 7일, 10일, 13일 등 모두 아홉 번으로 기록되어 있다. И. Сталин. Сочинения 15(часть 3), Ноябрь 1944-Сентябрь 1945(М., 2010) 목차 참조. 스탈린이 외몽고, 남만철도와 중동철도, 여순항과 대련항 등에 대한 전후 관리 및 처리문제에 얼마나 신경을 썼는지 확인할 수 있는 대목이다.

[29] 이 회담의 전문은 다음 두 문헌에 실려 있다. 1945 г., июля 2. - Запись второй беседы И. В. Сталина с председателем Исполнительного юаня и министром иностранных дел Китайской Республики Сун Цзывзнем в ходе советско-китайских переговоров в Москве. Русско-китайские отношения в XX веке. Документы и материалы. Т. IV. М., 2000, с. 73-82; Беседа с Сун Цзывенем 2 июля 1945 года. И. Сталин. Сочинения 15(часть 3), Ноябрь 1944-Сентябрь 1945. М., 2010, с. 566-581.

송자문이었지만 소련에게도 중요한 의미가 더해지고 있었다. 다소 긴 인용이지만 그 중요성에 비추어 관련 대담 내용을 그대로 옮겨볼 필요가 있다.

조선 문제로 옮겨가서 송자문은 영토 후견에 관한 문제가 샌프란시스코에서 매우 활발히 논의되었다고 말하고, 스탈린 동지가 영토 후견 주장을 어떻게 생각하는지 묻는다.

스탈린 동지의 요청에 따라 이 문제에 대해 몰로토프 동지가 답변한다. 그는 송자문이 미국인들의 주도로 제기된 이 문제의 논의에 많이 참여했다고 말한다. 몰로토프 동지 자신은 후견이 개별 국가든지, 국가 집단에 의한 것이든지 후견이 수립된다는 식으로 이 구상을 이해했다. 조선에 대해 미국인들은 4대국(즉 중국, 영국, 미국, 소련)의 후견 수립을 제한했다. **몰로토프 동지는 4대국의 통합된 후견을 매우 복잡한 것으로 간주하며, 아마도 실제로는 이 문제의 해결 방도를 찾아야 한다. 소련 정부는 원칙적으로 조선에 대한 미국의 제의에 동의하였다.**

스탈린 동지는 그가 루즈벨트·처칠과 조선에 관해 대화를 나누었으며 후견 시행시 조선 영토에 군대 투입 없이도 해결되어야 한다는 자신의 견해를 표명했다고 말한다. 스탈린 동지는 조선에 대한 후견이 군대 투입을 의미하는 것이라면 자신은 동의하지 않을 것이라고 말한다. 루즈벨트는 조선으로 군대가 투입되지 않을 것이며, 조선의 정치 사태가 필요한 방향에서 전개되도록 감시하는 4개국 대표단이 조직되는 것에 찬동하였다. **스탈린 동지는 후견이 임시적 성격을 지니며 그것은 자결권과 독립 달성을 위한 조건을 준비해야 한다고 언급한다.** 조선에 대한 어떠한 결정도 채택되지 않았고, 단지 원칙적인 동의만이 있었을 뿐이다.

송자문은 누가 조선에서 질서를 유지할 것인지 묻고, 아마도 거기에 혼란이 있을 것이기 때문에 어떤 형태의 경찰을 조직해야 하는지 언급한다.

스탈린 동지는 조선인 스스로 질서를 유지할 것이라고 한다.

송자문은 조선이 현재 독립할 수 있을 것인지 의심스럽다고 말한다.

스탈린 동지는 그 때문에 영토 후견이 수립된다고 말한다. **스탈린 동지는 중국이 미래에 조선을 자신에게 합병시킬 의향이 있는지 묻는다.**

송자문은 조선 인민이 중국과 다르고 자신의 긴 역사를 가지고 있기 때문에 중국은 그런 의향이 없다고 답한다.

스탈린 동지는 자신은 조선의 영토에서 경찰의 조직과 군대 투입에 반대한다는 것을 다시 한 번 말하고, 이 문제는 또 논의될 것이라고 언급한다. 스탈린 동지가 말하기를, 우리는 영국·미국과 비교하여 후견에 대해 다르게 이해하고 있다. 우리의 관점에서 이것은 독립을 향한 단계이며, 영국인의 견지에서는 식민화를 위한 단계이다. 미국인들의 생각 특히 루즈벨트의 생각은 후견에 대한 우리의 이해와 가깝다. 트루만의 견해가 어떤 것인지는 자신(스탈린 동지)은 알지 못한다. 지금 미국인의 견해는 약간 영국인들과 가까워졌다.

몰로토프 동지는 영토 후견과 관련한 **중국과 우리의 계획에서만 영토 후견의 목적으로서 독립에 관해 지적되었고** 이것이 장시간 논쟁 끝에 채택되었다고 언급한다(강조는 인용자).[30]

위 인용문은 신탁통치 실시 및 이에 대한 해석, 조선에 군대 투입 문제 등에 관한 소련의 입장을 명확히 드러내고 있다. 소련은 신탁통치의 실시를 재차 확인하면서도 미국 측의 4대국에 의한 신탁통치에는 복잡성을 들어 주저하고 있음을 알 수 있다.[31] 스탈린은 '후견이 임시적 성격을 지니며 그것은 자결권과 독립 달성을 위한 조건을 준비해야 한다'거나 그것이 식민화가 아닌 '독립을 향한 단계'라고 함으로써 신탁통치에 대한 구상이 미·영과 다르다는 것을 분명히 하였다. 여기서 중요하게 살펴봐야 할 문제는 군대 투입 문제이다. 스탈린은 한반도에 군대 투입을 공식적으로는 반대했지만 앞서 밝힌 대로 얄타회담에서 이에 대해 미국과 은밀하게 합의 내지는 상호 교감을 가진 것은 틀림없어 보인다. 게다가 그는 경찰조직과 군대 투입에 반대한다고 재차 확인하면서도 '이 문제는 또 논의될 것'이라고 덧붙였다. 재논의한다는 것은 상황에 따라 군대 투입의 가능성을 시사한 것이라 말할 수 있다.[32]

한편 스탈린은 중국 국민당이 한반도 합병을 시도할 수 있을지 모른다는 우려를 내비치고 있다. 미국 못지않게 중국도 한반도 이해관계 당사자임을 의식한 것이다. 이 때문에 소련은 장개석 정부가 조선의 유일한 합법 정부로 해외에

---

30) 위의 두 책, c. 81-82; c. 578-580.

31) 그럼에도 소련은 1945년 12월 모스크바 3상회의에서 소련은 4대국에 의한 신탁통치 실시라는 미국 측 제의를 수용하였다.

32) 이와 관련해서 해리 S. 트루만의 회고록은 6월 30일 스탈린이 '조선에 외국군대를 끌어들이거나 어떠한 외국정책을 도입해서는 안 된다'고만 적시하고 그 다음 문구를 빠뜨림으로써 스탈린의 의도를 제대로 파악하지 못했다고 볼 수 있다. Truman, Harry S. Year of Decisions. vol. 1. New York: Doubleday, 1955, p. 317.

서 대표될 수 있는 정부 창설을 여러 차례 시도한 사실에 주목하기도 했다.[33] 또한 소련이 이전부터 중국 내 조선민족주의 세력의 동향에 관심을 보인 것도 단순히 우연이라 보기는 어렵다.[34]

한반도 북부가 대일작전 계획, 소련군의 작전 구획에 포함된 것은 포츠담 회담 기간인 1945년 7월 24일과 26일 양일간 미·소 참모총장 회의에서였다.[35] 이때 미국이나 소련 지상군이 가까운 장래에 조선에 투입될 것이라는 기대가 없었던 까닭에 한반도 내 지상 작전이나 점령에 대한 논의는 이루어지지 않았다.[36] 그에 따라 양국은 만주와 북조선에서 해·공군의 작전구획만을 획정하였다. 실제 군사작전을 맡은 소련 태평양함대의 임무 중 하나는 북조선 항구에 일본 함정의 정박을 방해하는 것이었는데, 정작 북조선 항구의 장악 임무는 전투작전 과정에서 부여받았다. 북조선에 진주한 제1극동전선군 예하 제25군도 처음에는 일본군의 북조선 퇴각로를 차단하고 조선 진격을 위한 조건을 조성하는 것을 임무로 삼았지 직접적인 진격을 명령받지 않았다.[37]

대일전 개전 및 이후 소련이 한반도에 더욱 관심을 높인 주된 요인은 미국과의 대일본 공동점령이 좌절된 데 있었다. 일본의 항복이 눈앞에 닥친 1945년 8월 11일 소련외무상 V. M. 몰로토프는 주소 미국대사 해리만(W. Averell Harriman)이 일본 점령군 총사령관으로 맥아더(Douglas MacArthur)가 임명될 것이라고 말하자 소련극동군 총사령관 A. M. 바실렙스키 원수를 공동 총사령관으로 임명

---

33) "조선의 국·내외 상황에 대하여." Бюллетень Бюро информации ЦК ВКП(б). вопросы внешней политики. No. 15, 1 августа 1945 г. РГАСПИ, ф. 17, оп. 128, д. 49, л. 162об.

34) 1930년 대 소련의 언론은 중국 관내의 한인 관련 소식에 간혹 관심을 보이곤 하였다. 예를 들면 1932년 5월 6일자『프라우다』는 "상하이에서 거주하는 한인의 항의"라는 제하의 기사를 1면에 크게 보도하였다.

35) 소련군의 대한반도 작전 계획에 대해서는 金基兆,『38線 分割의 歷史』, 서울: 東山出版社, 1994, 150~184쪽 참조.

36) Truman, Harry S. Years of Trial and Hope. vol. 2. Garden City NY: Doubleday, 1956, p. 317.

37) Внотченко, Л. Н. Победа на Дальнем Востоке. М., 1966, с. 53-54. 그러나 김기조는 한반도 진주 계획을 표시한 소련군최고총사령부 참모본부의 작전도를 근거로 작전 개시 이전에 이미 소련군의 서울 진격을 계획한 것으로 보고 있지만(金基兆, 위의 책, 173~177쪽) 여전히 의문이 남는다.

할 것을 제의하였다.[38] 그러나 미국 측은 이 제의뿐 아니라 일본 홋카이도 일부의 점령 요구조차도 냉정하게 거부하였다.

스탈린은 미국에 대한 이념적·도덕적 우월성을 시위하기 위해 한반도 내 군대 투입을 구두로는 반대하였지만, 그 가능성은 계속 열어놓고 있었다. 단적인 증거로는 개전과 함께 소련군은 '조선인민에 대한 바실렙스키 원수의 호소문' 49만 8,000장을 비롯해 한국어로 된 전단과 호소문 200만 장 이상을 살포하였다.[39] 그만한 수량의 전단 제작 준비 기간 등을 고려하면 한반도 내 군사작전이 갑자기 결정될 수 있는 것은 아니었다.

대일전이 시작되기 전 소련 정부는 이미 향후 한반도에서 자국의 이익을 실현시킬 가능한 대책을 마련하였다. 사실 소련이 한반도 문제에 대한 자국의 입장을 정하기 위해 얼마만큼 논의를 진행했는지는 아직도 불확실하다.[40] 그러나 이에 대한 정책적 논의는 한반도를 독립변수로 간주하기보다는 일본과 중국을 비롯한 극동 문제의 연장선 속에서 다루어졌다.

이와 관련하여 해방 직전인 1945년 6월 말 외무성 제2극동부장 D. A. 쥬코프와 부부장 E. G. 자브로딘은 조선에서 일본의 영구 축출, 소련에 우호적인 정부 수립, 소련의 신탁통치(후견) 참여를 주요 내용으로 하는 보고를 제출하였다.[41]

---

[38] "Запись беседы народного комиссара иностранных дел СССР В. М. Молотова с послом Великобритании в СССР А. К. Керром и послом США в СССР А. Гарриманом." Советско-американские отношения 1939-1945. Документы. М., 2004, с. 735.

[39] "조선에서 소련군 배치지역 상황에 대하여." ЦАМО, ф. 32, оп. 11306, д. 687, л. 293-294. 소련군 진주 시 뿌려진 전단 등 각종 선전물(한국어, 노어)은 "만주와 조선의 적군과 주민 대상의 삐라, 플래카드, 구호."(ЦАМО, ф. 32, оп. 11318, д. 196)에 나와 있다.

[40] 러시아 대외정책 문서보관소에 소장된 해방 이전 한반도 관련 자료의 수량은 매우 적다. 이것은 달리 말하면, 소련 정부 차원에서 독자적 영역으로서 한반도 문제가 취급되지 않았다는 것을 보여준다.

[41] "쥬코프·자브로딘. 조선/간략한 조회/(1945.6.29.)." АВПР, ф. 0430, оп. 2, п. 5, д. 18, л. 29-30. 이 문건은 정책 제안서에 불과한 것이지만 조선의 사정에 가장 밀접한 관계가 있는 외무성의 조선 담당 관리들이 작성한 것이다. 위 주장은 외무성의 담당 책임부서 차원에서 기본적인 원칙과 요구 사항으로 제기된 것이며 최고 지도부의 정책적 결정으로 나온 것이 아니었다. 다만 이 문건을 작성한 관리들이 소련 내 대한반도 관련 최고 외교 전문가들로서 이 제안은 당시 소련 지도부의 시각을 반영한 것으로 보아야 한다.

1904~1905년 노일전쟁 패배에 따라 일본에 대한반도 독점권을 허용한 상황을 반복하지 않겠다는 것이며, 소련의 대한반도 영향력 증대를 위해 우호적인 정부 수립에 개입할 것이라는 의미였다. 그리고 미국이 주도하는 신탁통치에 참여한 다는 것을 재확인하였다. 다시 말해서 후견 실시를 통해 조선과 밀착관계를 형성한 다음 정부 수립에도 소련의 이해관계가 반영되어야 함을 표현한 것이다. 소련에 우호적인 정부 수립을 위해 가장 중요한 것은 친소 정치세력을 확보하고 육성하는 일이었다. 아래에서 살펴보겠지만, 소련이 해방 전 잠재적인 조선 정치세력의 동향에 무관심하지 않았던 이유도 여기에 있었을 것이다.

소련이 한반도 문제에 독점적 주도권을 행사할 수 없다는 인식은 처음부터 일관된 입장이었다고 볼 수 있다. 즉, 한반도 내의 이해관계는 미·영·중 등 다른 강대국에게도 존재하며, 이는 관련 당사국 간의 경쟁과 투쟁을 예고하는 것이기도 했다. 전소연방공산당(볼) 중앙위원회 정보국이 발간한 「공보」(1945년 8월 1일자)에 게재된 〈조선의 국내 및 국제적 상황〉은 해방 직전 소련의 대한반도 이해관계를 잘 보여 주고 있다. 이 글은 결론을 대신하여 전후 조선의 운명에는 '미국의 조선에서의 커다란 이해관계와 조선에 우월한 영향력을 보장할 제도 수립 준비, 조선의 미래운명의 결정에 스스로 적극적인 역할을 보장하려는 중국 국민당의 지향, 미·영·중 지배집단에 완전 독립 이전 조선에 대한 국제 후견(신탁통치)수립안들의 존재'[42] 등의 현실이 가로놓여 있음을 지적하고 있다. 이러한 치열한 각축 속에서도 '소련의 참여 없이 조선 문제의 해결은 가능하지 않다'[43]고 결론 지을 만큼 해방 후 조선에서 소련의 역할에 의미를 부여하였다.

1945년 9월 이전 소련이 조선 정치체제의 형태와 조직에 대한 구체적인 구상을 가진 흔적을 찾기는 어렵다. 그 최초의 구상은 1945년 9월 20일자 스탈린의 훈령에 드러났을 뿐이다. 그러나 위의 「공보」에서 미국이 '조선에서의 커다란 이해관계와 조선에 우월한 영향력을 보장할 제도 수립 준비'를 하고 있다고 판

---

42) "조선의 국내외 상황에 대하여." Бюллетень Бюро Информации ЦК ВКП(б): Вопросы внешней политики №15. 01.08.1945. РГАСПИ, Ф. 17, оп. 128, д. 49, л. 163.
43) 위의 자료.

단했듯이 소련 역시 자신의 국익을 보장하는 측면에서 조선 문제의 적극적 해결에 참여할 준비를 하고 있었음은 물론이다. 소련은 미국과 중국이 한반도 문제 해결 과정에서 소련의 역할을 최대한 축소시키려 한다는 점을 잘 이해하고 있었다.[44] 따라서 소련 지도부가 그와 같은 문제를 극복하고 소련의 입지를 강화시키기 위한 방안을 찾으려 했다는 것은 분명한 일이며, 미국 역시 유사한 입장이었기에 전후 한반도의 운명이 복잡성을 띠게 되는 요인이 되었다. 그럼에도 소련은 다른 강대국의 공세에 맞서 수동적인 모습을 보였고, 특히 미국의 신탁통치안에 대한 범주에서 벗어나 다른 대안을 제시하지 못했다. 물론 조선의 즉시 독립을 주장하거나 심지어 소비에트형의 국가 수립을 강제하기에는 물리적으로 불가능해 보였다.

소련의 대한반도 정책에서 기본 목표는 어느 열강이든지 독점적인 지위를 배제하며, 독립된 조선과 반드시 '우호적인' 관계를 수립해야 하는 것이었다. 그 의미는 최소한 친미나 친중 일변도의 정부 수립을 막는 것이었고, 이를 위한 최선의 선택은 자국 군대의 주둔이었다고 말할 수 있다.

2. 김일성과 빨치산그룹

김일성그룹의 만주 활동과 소련 영내 이동

1931년 9월 일제의 만주 침략이 일어나자 중국공산당은 반일항전의 구체적 방법으로 반일유격대를 조직할 것을 결정하였다. 이후 만주 각지에서는 항일유격대와 유격근거지가 만들어졌다. 만주에서 전개된 항일 빨치산 투쟁에는 많은 조선인들도 참가하였고, 대다수는 반일구국의 기치 아래 중국공산당에 가담하였다. 1934년 3월에는 일부 유격대를 기반으로 주로 조선인들로 구성된 동북인

---

44) 앞의 자료, л. 163 об.

민혁명군 제2군 독립사가 조직되었다. 여기에는 김일성을 위시하여 안길, 최현, 김일 등이 지도부로 활약하였다. 북한에서는 이 부대를 '조선인민혁명군'으로 부르고 있다. 부대의 공식 명칭은 동북인민혁명군 제2군 독립사이지만 조선인 대원 내에서는 '조선인민혁명군'으로도 불렸을 것이다. 이후에도 여러 차례 김일성이 속한 부대의 명칭이 변하지만 이 명칭은 계속 사용되었다고 볼 수 있다.[45]

1935년 7월 코민테른 제7차대회에서 채택된 반파쇼인민전선 방침은 그간 만주에서 흩어져 싸우던 반일세력들을 반제통일전선의 테두리에서 단결할 것을 요구하였다. 이에 따라 각 지방의 항일무장대가 모두 결집하여 동북항일연군이 조직되었다. 1936년 3월 미혼진에서는 동만특위와 동북인민혁명군 제2군 영도간부회의가 열려 동북인민혁명군 제2군은 동북항일연군 제2군으로 개편하고, 그 휘하에 3개 사단을 둘 것을 결정하였다. 김일성이 이끈 제3사에게는 조선으로의 국내진공과 백두산 일대에 근거지 마련, 그리고 반일통일전선체인 조국광복회 건설의 임무가 맡겨졌다.[46] 이에 따라 제3사는 일련의 전투를 거치면서 백두산 일대로 진출하여 빨치산 근거지 마련에 박차를 가하였다. 1936년 7월 하리(河里)회의 결과 항일연군 제1, 2군이 통합되어 항일연군 제1로군으로 바뀌자 제3사도 제6사로 개칭되었다.

조선인 대중을 결집시키려는 노력은 1936년 5월 제3사의 주도하에 '조선항일단일전선의 당'으로서 재만조선인조국광복회의 결성으로 구체화되었다. 조국광복회는 장백현을 중심으로 만주 각지로 조직을 확대하였으며 국내에도 진출을 시작하면서 조국광복회의 국내조직인 조선민족해방동맹과 조광장백현위원회 등의 결성을 지원하였다.

---

[45] 부대 명칭에 대해 김일성은 다음과 같이 언급하였다. '우리는 훗날 동북항일연군을 조직한 다음에도 조중항일연군의 성격에 맞게 중국 동북지방에서 활동할 때에는 동북항일연군이라고 하였고 조선사람들이 많은 곳에 가거나 조선에 나와서는 조선인민혁명군이라고 정황에 맞게 이름을 바꾸어 가며 활동함으로써 이르는 곳마다에서 조중양국 인민의 사랑과 보호 속에 살며 싸울 수 있었다'(한글 맞춤법에 따라 맞춤법을 수정함). 김일성, 『세기와 더불어』 제3권, 평양: 조선로동당출판사 1992, 334쪽.

[46] 이종석, 「북한지도집단과 항일무장투쟁」, 『해방전후사의 인식 5』, 서울: 한길사, 1989, 82쪽.

1937년 6월 4일 김일성이 이끄는 제6사의 주력은 함경남도 보천보(普天堡)를 공격하여 면사무소, 주재소 등을 공격하는 등 최초의 국내 진공작전을 수행하였다. 조국광복회 국내조직과 연계하여 이루어진 이 작전은 제6사가 수행한 전투로는 큰 규모는 아니었지만 당시『동아일보』는 호외를 발간할 정도로 크게 보도하였다. 김일성 개인의 이름은 이로부터 국내에 널리 알려지게 되었는데, 이후로도『동아일보』는 1940년 6월 폐간 직전까지 김일성 부대의 활동에 대해 심심치 않게 보도를 지속하였다.[47] 한편 다른 명망 있는 조선인 빨치산들도 다른 지역에서 항일투쟁을 계속하였다. 최용건은 주보중(周保中)의 제2로군에서, 허형식(許亨植)과 김책은 제3로군에서 활동하였다. 이들은 모두 북만에 위치해 있었기 때문에 항일 투쟁 기간 동안 조선인 간부들 간의 연락관계는 사실상 존재하지 않았다.

일제의 무자비한 토벌이 계속되면서 항일연군은 절대적인 역량 손실을 겪었다. 1938년 3만여 명에 달하던 항일연군 병력은 1940년 5월에 이르러서는 1,400여 명으로 줄어들었고, 주요 지도자들도 많이 잃었다.[48] 항일 무장투쟁을 확대·강화시키는 것보다 남은 역량을 보존하는 일이 더욱 절실하게 되었다. 1940년 초 주보중, 풍중운(馮仲雲) 등 제2, 3로군 지도자들과 소련 대표가 하바롭스크에 모여 소련 측이 항일연군에 대해 임시적 지도와 원조를 해주고, 입소하는 항일연군에게 편의를 제공하기로 하였다(제1차 하바롭스크 회의). 이 회의에서는 동국항일연군 제1, 2, 3로군 산하의 각 군을 폐지, 소부대 전투를 수행할 수

---

[47] 김일성 일파에 대한『東亞日報』의 활동 보도는 보천 전투 직후인 1937년에 집중되었으나 폐간 시까지 관심은 줄어들지 않았다. 물론 보도는 비적단의 약탈과 내습과 같은 부정적인 시각에서 조명되었다. 한편 김일성의 경력과 활동에 대한 과장된 묘사가 이루어지기 이전 시기인 1952년에 발행된 북한 문헌은 1930년대 중후반 김일성부대의 주요 전투들을 다음과 같이 제시하고 있다. 1936년 무송현 전투, 1937년 13도구 전투, 1938년 3월 안도군용열차(일군 1개 연대)습격 전투와 안도현 영경구에서 일제 군대 및 만주괴뢰군대와의 대전투, 동년 여름 안도현 대사하에서 일제군대 2개 연대와의 격전, 1939년 3월 두만강 대안인 마르구 경찰본부 습격전투, 동년 5월 함남 대안인 반철구 진공 전투, 이후 안도현 이도구에서 일제군대와 만주 괴뢰군 대부대와 3일간 격전.『김일성장군의 략전』, 조선로동당중앙위원회 선전선동부, 1952, 23~24쪽.
[48] 신주백,『만주지역 한인의 민족운동사(1920~45)』, 서울: 아세아문화사, 1999, 428쪽.

있는 지대로 재편성하고, 조선인 문제에 대해서는 동북항일연군이 조선의 자치
와 자결권을 절대적으로 찬성한다는 것을 확인하였다.[49]

소련 측의 편의 제공 합의에 따라 만주 각지에서 활동하던 항일연군 부대들
은 소련령 극동으로 퇴각하기 시작하였다. 일·만토벌군의 맹렬한 추격 속에서
도 김일성이 지휘하는 1로군 제2방면군(제6사를 재편성) 주력부대는 3월 25일
안도현 대마록구 서쪽의 고지에서 화룡현 경방대대 마에다중대를 공격하여 145
명 가운데 120명을 사살하는 등 이 부대를 사실상 전멸시키는 전과를 올렸다.[50]

그렇다면 소련은 김일성그룹을 어떻게 인지하고 있었을까. 1930년대 이래로
만주 빨치산 운동은 소련 언론에 종종 등장하였다. 특히 1937년 6월 김일성 부
대의 보천보 진공은 국내는 물론 일본에서도 크게 기사화된 사건이었다. 흥미
롭게도 『프라우다』는 비록 단신이나마 2회에 걸쳐 '조선-만주 국경에서의 빨
치산'이란 동일한 제목으로 이 소식을 보도하였다.[51] 하지만 이 사건이 김일성
부대에 의해 수행되었다고 명기하지 않은 것으로 보아 소련 측이 김일성그룹을
곧바로 인지한 것 같지는 않다.[52] 반면 같은 해 소련의 한 잡지에 김일성을 포
함한 북조선 지역의 빨치산 활동에 관한 글이 게재되었다.[53] 이 글의 저자 V.
라포포르트는 조선접경 지역에서 빨치산의 항일투쟁에 대해 상세히 묘사하면서
300명 이상의 대원으로 함경도 일대에서 활동한 김일성부대가 특별히 두드러지
며, 가장 위험한 작전을 수행하고 있다고 긍정적으로 평가하였다.[54] 이것이 곧
바로 김일성과 소련의 관계를 곧바로 입증할 수 있는 근거는 아니지만 글쓴이

49) 위의 책, 430~431쪽.
50) 和田春樹, 『金日成と滿洲抗日戰爭』, 東京: 平凡社, 1992(이종석 옮김, 『김일성과 만주항일
    전쟁』, 창작과 비평사, 1992), 229~232쪽.
51) "Партизаны на корейско-манчжурской границе." Правда. 08.06.1937; 10.06. 1937.
52) 6월 8일자 기사에는 보천보를 공격한 주체를 최세림(Цуй Ся-нип) 부대로 나와 있는데,
    이는 오기로 보인다.
53) В. Раппопорт, "Партизанское движение в районах Северной Кореи." Тихий океан,
    No. 2, M., 1937, c. 161-174.
54) 위의 논문, c. 171-172. 이 논문에는 김일성의 이름이 '김니첸(Ким-Ни-чен)으로 표기되었다.
    라포포르트는 김일성부대뿐 아니라 이홍광(李紅光) 부대에 대해서도 높이 평가하였다.

는 김일성그룹의 활동을 소상히 파악하고 있었음을 알 수 있다. 소련과 김일성의 직접적인 연계는 1940년 10월 23일 김일성이 10여 명의 빨치산 대원을 이끌고 소·만 국경을 넘은 다음에 이루어졌다.

　김일성이 소련에 들어간 후 같은 해 11월과 12월 최용건(제2로군)과 김책(제3로군)도 각각 소속 대원들과 함께 국경을 넘어 입소하였다.[55] 김일성부대는 소련 월경 후 제1로군 책임자인 정치위원 위증민(魏拯民)과 그의 부대를 찾기 위해 1941년 4월 동만에 파견 나갔다가 그의 사망소식을 듣고 11월 12일 남야영으로 귀환하였다.[56] 1941년 하바롭스크에서 김일성은 김책, 최용건과 처음으로 상면하였다.[57] 이들 모두가 미래 북한 지도의 중핵이 된다는 점에서 이 만남은 매우 중요한 의미를 갖는다. 그들 간의 긴밀한 유대 관계는 이 시기를 기점으로 지속되었다.

　항일연군의 월경이 시작되자 소련 측은 이들의 생활과 활동 보장을 위한 주둔지의 마련에 나섰다. 이리하여 1940년 겨울부터 하바롭스크 근방 비야츠코에나 아무르(Вятское-на-Амур) 마을에 A야영(일명 북야영)과 보로실로프(현 우수리스크) 근처에 B야영(일명 남야영)이 설치되었다. A야영에는 주보중이 지휘하는 제2로군과 제3로군이 들어갔으며, B야영은 제1로군 제2, 3방면군과 제2로군 일부 병력들로 채워졌다.

소련군 제88보병여단과 조선인 대원

　1940년 12월 중순경부터 이듬해 3월까지 열린 만주빨치산과 소련군대표들이 모인 제2차 하바롭스크회의에서 소련 측은 항일연군을 자기의 지휘하에 두고자 시도하였다. 하지만 주보중을 비롯한 항일연군 지도부는 이를 소련 측의 내부

55) 「東北抗聯第二,三路軍越境人員統計表」『東北地區革命歷史文件匯集(1942~1945.7)』, 中央黨案館·遼寧省黨案館·吉林省黨案館·黑龍江省黨案館, 1992, 191쪽.

56) 이종석, 「국공내전시기 북한·중국 관계(1)」, 『전략연구』 제4권 3호, 1997, 281쪽.

57) 김일성, 『세기와 더불어』 4권, 평양: 조선로동당출판사, 1993, 172쪽.

간섭으로 보고 거세게 반발하였다.[58] 결국 주보중 등의 의견에 찬동한 코민테른의 입장이 전해지면서 항일연군은 독자성을 보존할 수 있었다. 이에 따라 야영의 지도부는 부대를 정돈하고 장비가 보충되면 다시 만주로 돌아갈 것이며, 항일연군의 독자성을 유지하는 가운데 소련군과 임시적인 관계를 유지할 것이라는 정치교육을 실시하였다.[59] 하바롭스크에서 김일성은 소련군 대표로서 만주 빨치산과 연계를 가진 소련극동군 정찰부장 류쉔코(왕신림王新林)에게 남만 당위원회 조직에 관한 보고서를 제출하였는데, 여기에는 빨치산 지도급 간부 명단과 당사업에 관한 사항 등 동북항일연군 제1로군의 현황에 관한 내용을 담았다.[60]

1941년 4월 13일 소련과 일본은 상호 간에 영토적 순수성과 불가침성을 강조한 중립조약을 체결하였다. 그러나 소련은 조약 체결만으로 일제의 위협이 제거된 것으로 보지 않았기 때문에 대규모 병력을 계속해서 극동에 주둔시켰다.[61] 소련군 당국은 이 조약의 조건을 고려하여 항일연군이 동북으로 되돌아가는 것을 일시적으로 중지하도록 하였다. 일·소중립조약에 따른 소련의 조치는 항일연군에게 당혹감을 불러일으켰으나, 당장 그들로서는 야영에서 부대를 정돈하고 당장 군사훈련에 몰두할 수밖에 없었다.[62] 만주 파견은 6월부터 재개되기는 하였지만 빨치산들은 이전의 무장투쟁과는 다른 방식의 활동에 대한 구속을 감내해야만 하였다.

항일연군 대원들은 두 야영에서 일련의 교육 과정과 전투준비 훈련을 거쳤

---

58) 이에 대해서는 와다 하루키/이종석 옮김, 앞의 책, 248~255쪽 참조.

59) 辛珠柏, 「滿洲抗日遊擊運動 勢力의 動向(1940~1945.10)과 韓人」, 『韓國史硏究』 제98호, 1997, 133쪽.

60) 보고서의 원문은 다음에 수록되어 있다. Доклад Цзин Жичена(Ким Ир Сена) и других представителей Наньманьского партийного комитета КПК. ВКП(б), Коминтерн и Корея 1918-1941. М., 2007, с. 739-743.

61) 1941년 12월부터 대독전쟁이 종결된 1945년 5월까지 극동에 배치된 소련군 병력은 1백만 명이 넘었다. История второй мировой войны 1939-1945. Т. 11, М., 1980, с. 184.

62) 彭施魯, 「在蘇聯北野營的五年」, 『黑龍江黨史資料』 第10輯, 1987, 63쪽.

다. 일부 대원들은 소련군 정찰기관의 지시에 따라 이미 국경지역에서의 정찰활동을 하였다. 소련군 지휘부는 간부 훈련에도 각별한 신경을 썼다. 빨치산 대원 가운데는 능력이 있다고 인정된 자들이 선발되어 하바롭스크 보병학교에서 단기 교육 과정에 들어갔다. 김일성과 그 외 간부급 대원들도 이 학교에서 교육 과정을 마치고 모두 소련군 장교로 임관되었다.[63] 그들의 재학 시기는 정확히 알려지지 않고 있으나 대략 1941년 말에서 88여단 결성(1942.7) 사이로 추측된다.

소련은 일찍이 소만 국경선을 두고 일본과의 대치 상황에서 입소한 동북항일연군을 활용할 방안을 강구하였다. 일본과의 중립조약으로 당장 전쟁의 위험은 벗어났지만 독일과 동맹을 맺은 일본의 군사적 위협은 어느 시점에서든지 예측하기 어려운 것이었다. 그간의 활동 경험으로 보아 조·중 빨치산들은 만주 주둔 일본군의 동향을 탐지해내는 데 적합한 위치에 있었다. 이들에 대한 활용 방안은 정부 수준에서 다루어졌다. 마침내 1941년 6월 중순 소련 정부는 항일연군이 주축이 된 여단 창설에 관한 결정을 채택하였다.[64] 이 결정이 있고서 1년이 지난 뒤인 1942년 7월 16일 극동전선군 사령관 I. R. 아파나셴코는 두 야영을 해소하고 A야영이 소재한 하바롭스크 근교 비야츠코예 나 아무르(Вятское-на-Амуре) 마을에 '88 중조여단'의 결성을 명령하였다. 여단 형성은 7월 28일에 시작되어 9월 15일에 마무리되었다.[65] 그 와중에 '88 중조여단'은 88독립보병여단으로 개칭되었다.[66] 조·중대원들 사이에서는 동북항일연군교도려(東北抗日聯軍敎導旅)로 불렸다.

[63] ЦАМО, Ким Ир Сен - причины выбора?, с. 2; Капица М.С. На разных параллелях. Записки дипломата. М., 1996, с. 215. 김일성은 스포츠에도 열성을 보여 재학 중에 축구부 주장을 맡았다고 한다. ЦАФСБ, "북조선 망명 前 농업성 고문 오기완의 보고." 출처 불명, л. 113. ЦАМО, Ким Ир Сен - причины выбора?(1995)과 Сталинский СПЕЦНАЗ - 88-я отдельная стрелковая бригада(1995)은 국방성 문서 보관소 산하 군사연구소(ИВИ) 소속 연구자들이 관련 비밀문서를 토대로 작성한 문건이다.

[64] ЦАМО, Сталинский СПЕЦНАЗ - 88-я отдельная стрелковая бригада, с. 3.

[65] "극동전선군 제88독립보병여단 일지." ЦАМО. ф. 1896, оп. 1 д. 1 л. 1.

[66] "글라지체프가 극동전선군 정찰부장에게(1942.8.3.)." ЦАМО, ф. 2, оп. 17582, д. 1, л. 1-2.

88여단은 극동전선군 군사회의에 의해 직접 지도를 받았고 참모부 정찰부가 관할하였다. 중국 문헌에 왕신림(王新林)으로 나오는 정찰부장 N. 소르킨 소장은 소련군 지도부 중 88여단의 결성과 존속에 관계한 핵심인물이었다.[67] 역시 왕신림으로 불린 류쉔코 후임으로 나선 그는 주보중이 이끄는 88여단 지휘부를 지도·감독하는 데 머물지 않고 여단 활동과 관련한 제반 사항을 최종적으로 관리하는 역할을 담당하였다.

〈그림 1-1〉 88독립보병여단의 지휘체계

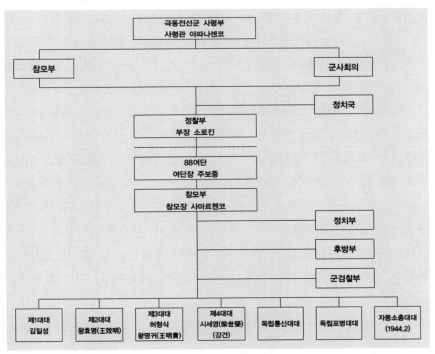

67) 중국문헌에 항일연군과 관계한 소련 측 대표는 항상 왕신림으로 표기되는데, 88여단 결성 전후로 왕신림은 N. 소르킨을 가리킨다. 1946~47년 연해주군관구 정치국장 소르킨(Соркин)과 동일 인물이다. 그의 이름이 표기된 문서들에는 모두 소로킨(Сорокин)으로 나와 있는데, 이는 정보기관 인물로서 가명을 썼기 때문이 아닌가 추측된다.

제1장 해방 전 소련의 대한정책과 국내외 운동세력 77

88여단은 〈그림 1-1〉에서 나타난 대로 참모부, 정치부, 후방부, 군검찰부, 4개의 보병대대, 통신중대, 포병중대를 계통으로 하는 편제를 가졌다. 각 보병 대대는 2개의 중대로 되어 있고 각 중대는 다시 3개의 소대로 나누어졌다. 얼마 후 통신중대와 포병중대는 각각 독립 통신대대와 독립 포병대대로 확대 개편되었고, 1944년 2월경에는 주로 소련 국적 대원들로 자동소총대대가 결성되었다.[68] 이후로도 독립 정찰중대, 독립 공병중대, 독립 수송 중대 등이 설치되었다.

88여단 각급부대의 지휘관과 정치담당부지휘관은 조·중빨치산 측이 맡았고 부지휘관은 소련군관이 담당하였다. 여단장은 주보중(소좌, 이후 중좌)이 맡았고, 정치담당부여단장은 이조린(李兆麟 일명 장수전張壽籛, 소좌), 참모장은 V. A. 사마르첸코 소좌(1943년 8월부터는 T. N. 쉬린스키 소좌), 부참모장은 최용건(대위)이 각각 임명되었다. 제1대대는 1로군의 조선인들을 기본 단위로 구성되었으며, 김일성(대위)이 대대장, 안길(安吉: 대위)이 정치담당 부대대장으로 배치되었다. 제1대대에는 최용건, 최현(崔賢), 김광협(金光俠), 강건(姜健: 강신태)의 부하들도 포함되었다. 조선인 가운데 주요 간부로는 아직 입소하지 않은 허형식과 김책이 각각 제3대대장과 정치담당 부대대장을 맡다.[69] 조선인들의 간부 비율이 높은 것은 중국인들에 비해 상대적으로 학력과 지적 수준이 높았기 때문이었다.

88여단의 민족별 구성에는 초기에는 조·중 빨치산들이 중심이 되었다. 그런데 입소한 항일연군 대원 모두가 88여단 구성원이 된 것은 아니었다. 1943년 2~3월 〈동북항연제1, 2, 3로군 월경인원 통계표〉에 따르면 입소한 항일연군 대원 수는 전부 590명가량 되었다.[70] 그중 보로실로프와 하바롭스크 소재 소련군

68) ЦАМО, Сталинский СПЕЦНАЗ - 88-я отдельная стрелковая бригада, c. 4; 胡淑英, 「東北抗日蘇軍教導旅始末」, 『黑龍江黨史資料』 第10輯, 1987, 175~176쪽. 정치부의 주요 부문과 후방부 전체도 소련군으로 구성되었다.

69) "부대 지휘구성 변화." ЦАМО ф. 1896, оп. 1, д. 1, л. 2; 彭施魯, 「在蘇聯北野營的五年」, 72쪽; 胡淑英, 「東北抗日蘇軍教導旅始末」, 175~76쪽. 1943년 1월 허형식은 전사했고 박길송은 체포되었다. 중국 측 간부로는 제2대대장 王效明, 제3대대장 王明貴(43년 7월 24일부터), 제4대대장 柴世榮, 정치담당부대대장 季靑 등이다.

70) 『東北地區革命歷史文件匯集(1942~1945.7)』, 115~137, 139~160, 182~199쪽. 조선인 여부를 분간하기 어려운 이름도 상당수 있다.

첩보기관으로 197명, 집단농장으로 60명, 휴양소와 병원으로 12명 등 도합 269명이 이전하였다.[71] 입소한 항일연군 590명 중 확인 가능한 조선인 대원 숫자는 최소 190여 명이다. 따라서 앞의 제외된 인원 270명을 빼면 320명이 남는다. 중국대원과의 비율로 따져보면 발족 당시 88여단 조선인 수는 100여 명 정도로 보인다. 얼마 후 일부 소련계 한인들도 여단에 합류하기 시작하였다.[72]

88여단의 결성으로 만주 각지에서 항일투쟁을 벌이던 동북항일연군, 특히 조선 빨치산들은 한 곳에 집결하여 통일된 세력으로 등장할 계기가 마련되었다. 그와 동시에 이들은 소련군 지휘체계에 소속됨으로써 중공당의 영향권에서 사실상 벗어나게 되었다. 실제로 중공 중앙과의 연계도 단절되었다.[73] 물론 여단 존속 기간 중공당 지부가 여단 내에 설치되고 조ㆍ중대원의 중공당적도 유지되는 등 독립적인 활동을 펼치기는 했지만[74] 항일연군의 입지는 소련의 대극동 정책에 의해 규정되었다. 이것은 소련으로의 퇴각은 일시적이며 여건이 갖추어진 대로 다시 만주로 돌아가 활동을 재개한다는 항일연군 측의 처음 계획이 불리한 만주의 정세 속에서 소련 측의 이해관계에 밀렸다고 볼 수 있다. 그럼에도 불구하고 88여단 지휘부는 파견대와 만주 잔류 빨치산을 통해 지속적으로 반일ㆍ대민 공작을 전개하였다.

88여단 활동의 주 목적은 소만 국경에서의 정찰 임무에 있었다. 부대원들이

---

71) 周保中, 『東北抗日遊擊日記』, 人民出版社, 1991, 659~660쪽.

72) 1940년 모스크바 근교의 군정찰학교에는 소련계 한인만을 대상으로 1년 교육 과정의 특수부가 조직되었는데, 1941~42년간 두 기수가 졸업했다. 나중에 바로 이들 대부분이 88여단에 배속된다. Ланьков А. Н. Северная Корея: вчера и сегодня. М., 1995, с. 160. 1943년 9월에 88여단에 배속된 이 학교 졸업생 유성철에 따르면, 1942년 12월 졸업한 고려인은 모두 16명인데, 이들은 우선 소련극동전선군 정찰대에 배치되어 첩보활동을 시작했다한다. 유성철, 「나의 증언」, 『證言 金日成을 말한다』, 한국일보사, 1991, 33~35쪽.

73) 주보중은 1943년 1월 단절된 중공 중앙과의 연결을 허가하도록 요청하는 편지를 소르킨에게 보내기도 했다. 「周保中給王新林的言(1943.1.10.)」, 『東北地區革命歷史文件滙集(1942~1945.7)』, 96~97쪽.

74) 88여단에는 소련공산당 위원회가 설치되었지만 항일연군에 대해서는 1942년 9월 13일 따로 중공동북당조직 특별지구국이 조직되어 상대적인 독립성을 보장받았다. 선출된 집행위원 중 조선인으로는 최석천(최용건), 김일성, 김경석, 김책, 안길, 심태산(후보위원) 등이다. 胡淑英, 「東北抗日蘇軍敎導旅始末」, 178쪽.

받은 일상의 전투훈련도 적 후방에서의 공작에 대비하여 소규모 정찰·교란부대를 양성하는 목적이 있었다. 빨치산 출신 대원들은 일본 관동군 주력이 배치된 만주지역의 사회·지리적 조건을 비교적 소상히 파악하고 있었던 까닭에 그 역할을 맡기에 적합했던 것이다. 1942년 8월 극동전선군 사령관 I. R. 아파나센코는 이미 군사작전의 개시와 더불어 88여단의 활용 계획을 확정하였다. 이때 88여단은 조·중 지역민들을 빨치산 투쟁으로 끌어들여 소규모 빨치산 부대들을 창설하며 그 활동을 지휘하는 것을 최종 과업으로 삼았다.[75] 88여단이 정찰 활동 이외에도 전쟁이 개시될 경우 직접적인 참전을 예정하고 있었음을 알 수 있다. 또한 전시에 대비해서 일반 전사와 하사관들을 소대 및 중대 지휘관으로 준비시키고 이들이 주민들 사이에서 정치공작을 실행하는 등의 훈련도 실시하였다.

88여단 대원들은 전투·기술훈련 이외에도 소련공산당사를 비롯한 소비에트 사회주의의 건설성과 등에 관한 정치학습을 받았고, 조선인 대원들은 조선의 해방에 대비하여 건국 계획과 관련한 토론도 진행하였다.[76] 입소 전인 1940년 봄까지만 해도 1로군에서는 신문과 한글로 된 잡지 『3·1월간』을 비롯하여 여러 소책자, 전단 등을 자체 교육과 대민선전에 활용한 바 있었다.[77] 생활면에서 소대장급 이상의 간부들에게는 군관 직함을 부여하였고 동급의 소련군관과 같은 급료도 지급하였다. 결혼한 대원들은 조건이 열악하긴 했으나 가정생활도 영위하였다.

이 기간 조·중부대원들은 만주와 소만·조소 국경 지역에서 군사 시설, 교통 및 수송의 현황 등에 대한 정찰을 위주로 활동을 전개하였다. 정찰활동은 파견된 소부대가 단위별로 분산하여 이루어졌고 대주민 공작과 병행되었다. 만주 파견 활동은 1941년 초부터 300명 내외의 대원들이 참가하였다.[78] 만주

---

[75] "군사작전 개시 극동전선군 제88독립보병여단 활용 계획." ЦАМО, ф. 2, оп. 17582, д. 1. л. 8-12.

[76] ЦАМО, Ким Ир Сен - причины выбора?, с. 4.

[77] "남만당위원회 대표 보고(1941.1)." РГАСПИ, ф. 514, оп. 1, д. 1041, л. 6.

의 대민공작에서 가장 중요한 과업은 주민 사이에서 비밀 조직을 만들어 파견대와의 밀접한 연계를 가지면서 일제의 내정을 정탐하는 것이었다. 그리하여 만주의 산업 지역과 농촌에서는 노동자와 농민을 대상으로 반일 선전·선동활동을 펼쳤으며79) 각지에 '반일회'와 같은 대중조직의 결성에도 힘썼다. 또한 만주에 남은 빨치산과 연결하는 임무도 주어졌다. 조선인 가운데는 강건, 안길, 김일, 최현 등 빨치산 주요 간부들이 자신의 소부대를 이끌고 각종 공작을 지휘하였다.

88여단 조·중대원들의 만주 파견 활동은 이전의 무력투쟁 방식에서 벗어난 것이기는 하지만 일본군으로 하여금 지속적인 경계와 긴장을 유지하도록 함으로써 항일의 기치를 지속시킬 수 있었다. 그러나 만주와 조선국경지역에서 88여단 파견대의 정찰·대민활동은 일제의 집요한 감시와 통제 상황하에서 대체로 큰 성과를 거두지 못했다. 적군과 교전도 간혹 있었지만 방어적인 수준에 머물렀고 규모나 빈도에서 과거와는 비할 바가 못 되었다. 게다가 활동 과정에서 희생된 대원 수도 적지 않았다. 이를테면, 1943년 여름 왕청 일대에서 활동한 소부대 8명이 적의 습격을 받아 7명이 전사하고 1명만이 도망하여 국경을 넘었으며, 같은 시기 훈춘(琿春) 남쪽 방면에서는 소부대 공작 중 모두 20여 명의 희생자가 발생하였다.80) 1943년 이후로 조·중대원들의 만주파견 횟수와 규모는 현저히 줄어들었고, 그것도 정찰 위주로만 진행되었다. 대독일전선에 총력을 기울인 소련이 일본을 자극하지 않으려는 의도가 반영되었다.

---

78) 1943년 2~3월자 〈동북항연제1, 2, 3로군 월경 인원 통계표〉를 계산하여 추산한 것인데, 이때까지 파견된 수는 260명 정도이다. 『東北地區革命歷史文件匯集(1942~1945.7)』, 115~137, 139~160, 182~199쪽. 이후에는 파견 자체가 급속히 줄어든 것을 감안한 것이다.

79) 구 소련에서 발간된 한 문헌에 따르면, 조·중부대원들은 각각 10~15명으로 구성된 18개의 정찰 및 선전 부대가 조직되어 정찰과 빨치산 근거지 마련, 주민 선동활동 등의 과업을 맡았다고 한다. История Северо-Восточного Китая XVII-XX вв. Т. 2, Владивосток, 1989, с. 227-228. 대원들의 정찰활동은 엄격한 비밀 속에 이루어졌기 때문에 부대 내에서는 불문율로 통했다. 彭施魯, 「在蘇聯北野營的五年」, 64쪽.

80) 「金日成給周保中的信(1943.12.24.)」, 앞의 책, 259~260쪽. 만주 파견 활동 중 희생된 조선인으로는 이치호, 김홍수, 곽지산, 방일용 등이 확인된다.

만주 항일연군 시절 김일성은 중간 간부로서 활동하였고 입소 시기에는 제1로군 제2방면군장의 직책을 지녔다. 조선인 빨치산 가운데는 그와 대등하거나 또는 앞선 인물들도 적지 않았지만 그들은 전사하거나 일본에 투항했다.[81] 최용건과 김책의 경우 김일성보다 경력이 앞서고 서열도 낮지 않았으나 김일성은 그들과는 달리 주로 동만을 근거지로 하여 조선 접경에서 활동했고, 1937년 조선 진격 전투인 보천보전투를 통해 이름을 널리 알렸다. 이러한 경력 덕분에 그는 입소 후 남야영의 책임자가 되었고 88여단의 주요 간부가 될 수 있었다. 김일성이 주로 조선인들로 구성된 제1대대의 지휘관이란 사실은 조선인 대원 내의 관계를 놓고 볼 때 매우 중요한 사항이다. 안길, 최현, 김경석(金京石), 김일 등 조선인 간부들이 제1대대에 포진하여 그를 중심으로 조직적 단결을 도모하였다.

김일성이 중국 측 지도부로부터 얻은 신뢰는 조선인 대표가 되는 기준이었다. 88여단장 주보중은 일찍이 김일성이 남야영의 책임자가 되기 이전 소련 극동전선군 지도부에 '가장 좋은 군사 간부이며 중공의 고려인동지 중 가장 우수한 분자'이고 만주 항일투쟁 시 '남부와 압록강 동쪽, 조선 북부지대에서 중요한 활동 작용을 했다'고 소개하였다.[82] 소련군 지휘부의 신임도 이어졌다. 군 지휘부는 그가 규율준수, 모범성 그리고 부하 통솔력에서 뛰어남을 보였다고 평가[83]하는 등 지휘관으로서의 뛰어난 능력을 인정하였다. 1944년 극동전선군 사령관 M. A. 푸르카예프도 88여단을 방문하여 김일성이 부대 내에서 '커다란 존경과 권위를 누리고 있음'을 알았다[84]고 한다.

소련군 지휘부는 사전에 조선인그룹을 전후 대한반도 정책의 집행을 위한 조력자의 역할을 맡길 계획을 가지고 있었다. 소련의 대한반도 정책 집행책임자

---

81) 그들 중에는 이홍광(李紅光: 제1군 부군장, 1935년 3월 사망), 이동광(李東光: 남만성위 서기, 1938년 1월 사망), 전광(全光, 일명 吳成崙: 제1로군 정치위원, 1941년 1월 투항), 허형식(許亨植: 제3군 참모장, 43년 1월 20일 사망) 등을 들 수 있다.

82) 「周保中致王新林的信(1941.7.1.)」, 『東北地區革命歷史文件匯集 甲(61)』, 中央黨案館·遼寧省黨案館·吉林省黨案館·黑龍江省黨案館, 1990, 296쪽.

83) ЦАМО, Ким Ир Сен - причины выбора? с. 3.

84) Восток. 1995, No. 3, с. 217.

로 나설 제1극동전선군 군사회의 위원 T. F. 슈티코프와 김일성의 인연은 여기서 시작되었다. 슈티코프는 제1극동전선군 사령관 K. A. 메레츠코프 원수와 함께 이 시기에 김일성과 여러 차례에 걸친 만남을 통해 전후 조선에서 협력적 역할에 대해 암시해 주었다. 슈티코프는 그와 여러 차례 만나 그의 자질과 능력을 살피기도 했다. 이와 더불어 대일작전을 앞두고 소련 지도부는 김일성을 포함한 88여단 지휘부를 모스크바로 초대하여 환대를 베풀었다.[85] 이때 김일성은 슈티코프와 함께 소련의 최고위급 간부 가운데 한 명인 소련공산당중앙위원회 이념문제 담당 서기 A. A. 쥬다노프를 면담하여 격려를 받았다. 장차 김일성의 귀국 후 활동에 유리한 조건이 일찍부터 마련되었다고 볼 수 있다.

조선인대원의 참전 계획과 임무

소련군의 본격적인 참전 준비가 진행되면서 88여단도 향후 진로에 대한 계획을 수립하였다. 독일이 항복한 1945년 5월 이후 88여단 지휘부는 대일전쟁에 대비하여 군사훈련과 작전연습을 밤낮으로 더욱 철저히 실시하였다. 7월 말 88여단 중공당위원회 회의가 열려 전투작전에서 조·중대원들은 각기 조선과 만주로 향하도록 결정되었다. 이에 따라 기존의 당조직은 주보중이 영도하는 신동북위원회와 조선공작단으로 분리하도록 하였다.[86] 조선공작단은 조선에서 당조직이 건립될 때까지는 중공당 소속으로 규정되었지만[87] 신동북위원회와의 분립으로 조선빨치산 출신 대원들은 제한적으로 남아 있던 중공의 지도와 영향에서 벗어나는 계기가 되었다.

88여단의 전투계획은 우선적으로 소련군의 진격에 다면적인 협력을 제공하

85) 『김일성 동지 회고록: 세기와 더불어』(계승본) 제8권, 평양: 조선로동당 출판사, 1998, 450~455쪽.

86) 喬樹貴, 「在艱苦的年代里」, 『延邊歷史研究』 1, 1986, 83쪽; 彭施魯, 「在蘇聯北野營的五年」, 77쪽.

87) 喬樹貴, 「在艱苦的年代里」, 83쪽.

는 데 있었다. 구체적으로는 ①현재 이미 만주전선에서 활동하는 소부대는 지정된 지점에서 적 후방에 대한 유격전쟁을 적극적으로 전개하는 동시에 적의 정보를 수집하여 소련군의 작전에 협력하고 ②무선기를 소지한 100명의 대원으로 낙하산 부대를 편성하여 지정된 적의 후방에 투입, 전방의 전투와 결합하도록 하였다.[88] 88여단의 주력은 소련군대와 더불어 만주로 진격하여 적을 궤멸시키고 교통을 보장하며 대중을 투쟁에로 궐기시키는 임무를 지녔다.[89] 이 계획은 주보중의 지휘하에 여단 사령부에 의해 작성되었으며 소련군 지도부의 재가를 받았다. 8월 9일 주보중은 동원대회를 갖고 부대원들은 개전 시 '도시와 읍을 점령하고 팔로군, 신사군(新四軍)과 협동작전을 하기로'[90] 하는 등의 방침을 제출하였다.

　전쟁 개시 이전 88여단 내에서 대부분 소련 국적 대원들로 제1극동전선군에 164명, 제2극동전선군에 80명, 자바이칼전선군에 100명 등 도합 344명이 각각의 군경무사령부에서 임무 수행을 위해 차출되었다.[91] 그 뒤를 이어 약 290명이 전쟁 전 만주지역 정찰 수행을 위해 파견되었다.[92] 8월 9일 소련극동군의 전면적인 대일 전투가 개시되자 88여단 주력은 참전의 기대를 품고 대기하였다. 11일 상부로부터 88여단 주력을 아무르강으로 이동하라는 명령이 있었고, 13일에는 이들을 수송할 배가 강가에 도착하였다. 그러나 소련군 지휘부는 갑자기 뚜렷한 이유도 제시하지 않은 채 대기 명령만을 내렸다.[93] 결국 8월 20일 사실상 대일전이 종결되자 88여단 조·중대원들은 참전의 기회를 놓치고 말았다.

---

88) 李鴻文/양필승 옮김, 『만주현대사: 항일무장투쟁기(1931~1945)』, 대륙연구소 출판부, 1992, 256쪽.

89) ЦАМО, Сталинский СПЕЦНАЗ - 88-я отдельная стрелковая бригада, с. 7-8.

90) 王一知, 「'八一五'前夜的東北抗日聯軍」, 『遼瀋決戰』上, 人民出版社, 1988, 161쪽.

91) "바실렙스키에게 보내는 추비린의 보고." ЦАМО, ф. 2, оп. 19121, д. 2, л. 5.

92) 王一知, 「'八一五'前夜的東北抗日聯軍」, 160쪽.

93) 이때 스탈린이 다음과 같은 명령을 내렸다 한다. '동북은 여러분 중국인민의 동북이다. 소련군의 임무는 동북을 해방하는 것이다. 동북을 건설하는 임무는 여러분의 몫이다. 명령을 기다려라'. 周保中, 『東北抗日遊擊日記』, 817쪽.

하지만 88여단 지휘부는 여단 주력이 직면한 모호한 상황을 타개하고자 하였다. 8월 24일 여단장 주보중은 소련 극동군 총사령관 바실렙스키에게 88여단의 참전 불발에 대해 불만을 표시하면서 다음과 같이 여단 활용을 요망하는 서신을 발송했다.

> (중략) 여단의 전사, 하사관, 장교들은 3년 동안 일본 침략자들과의 투쟁에 적극 참여할 수 있는 날을 기다려왔습니다. 이 날은 소련이 일본에 선전을 포고한 8월 9일에 다가왔습니다. 고상한 목적에 고무된 여단원 전체는 일본 사무라이에 반대하는 전투 명령을 고대하였습니다.
> 그러나 전투 작전이 개시된 지 4일 후 여단의 작전 계획은 취소되었고 만주 영토로의 배치 변경도 지연되는 등 현재까지 여단은 활용되지 않고 있습니다. (중략) 본인이 소르킨 소장과 그를 통한 극동전선군 사령관 푸르카예프에게 보낸 수차례에 걸친 여단 활용에 관한 조회는 오늘까지도 긍정적인 결말이 나지 않았습니다.[94]

계속해서 주보중은 '신속하게 질서 확립 및 유지에 붉은군대(赤軍)를 방조하고 향후 만주의 민주주의적 인민 권력의 기반이 돼야 하는 반일민주조직을 창설할 수 있도록 여단을 만주 장춘(長春)으로 재배치할 필요'가 있음을 밝혔다. 아울러서 그는 이 구상의 채택이 불가능하다면 여단의 중국인들과 일부 러시아인들을 중국공산당 중앙위원회나 팔로군 사령 주덕(朱德)에게 소속시켜줄 것을 요청하였다.[95] 주보중의 위 서신은 8월 24일의 시점에서 88여단의 진로에 관한 구체적인 지침이 아직 확정되지 않았음을 보여 주고 있다. 다만 중국과 조선인 부대원들을 만주와 북조선으로 파견하는 문제는 이미 결정된 상태였다.

그런데 소련군의 전투작전이 개시된 지 4일 후 88여단의 작전 계획이 취소된 것은 8월 14일 소련과 국민당 정부와 체결된 '중소 우호동맹조약'이 영향을 끼친 것으로 보인다. 조약에 따라 양국은 대일전에서 상호 간에 필요한 일체의 군사

---

94) ЦАМО, Сталинский СПЕЦНАЗ - 88-я отдельная стрелковая бригада, с. 9-10.
95) 위의 글, с. 10

및 여타의 지원을 제공하기로 하였다.[96] 같은 날 체결된 '소련군의 동북3성 진주 이후 소련군 총사령관과 중국 행정부 간의 관계에 관한 협정'에서는 회복된 영토에 대해 국민당 정부의 대표와 그 기관이 임명되어 행정부를 조직할 것을 규정하였다.[97] 소련은 88여단의 참전으로 빚어질 국민당 정부와의 가능한 마찰을 피하려고 했을 것이다.[98] 나아가 일본이 당일 항복의 의사를 밝힌 가운데서 88여단 주력까지 동원할 필요가 없었을 것이고 이들의 활용면에서 군사적 역할보다는 점령지역 통제를 위한 정치적 임무가 더 중요했을 것이다.

대일 전쟁이 종결된 시점인 1945년 8월 25일 현재 88여단의 총 부대 인원은 1,354명에 달하였다.[99] 이를 민족별 구성으로 보면 러시아인을 포함한 소련계 소수민족이 878명으로 압도적으로 많고, 중국인이 373명(전 만주국 병사 및 소련계 중국인 포함), 그리고 조선인이 103명이다. 조선인 103명은 항일연군 출신 88명과 소련계 한인 15명을 합친 수이다. 조·중대원들은 만주와 북조선의 연고 지역으로 투입되어 소련군의 점령정책에 방조하는 역할이 맡겨졌다. 이들은 '군 경무사령부 활동 지역에서 질서를 유지하고 주민 사이에서 영향력을 강화시키기 위해' 도시 경무사령부 부사령관이나 고문, 지역방위 담당 등으로 배치되도록 결정되었다.[100] 우선 중국인으로서 빨치산 출신 215명과 〈만주국〉 병사 출신 64명 가운데서 시 경무사령부 부사령관 및 고문으로 115명, 지역 방위 및 여타 기관으로 158명이 선별되었다. 소련 국적 중국인 94명은 적군(赤軍) 통역으로 선발되거나 전역하도록 방침이 세워졌다. 주보중과 정치담당 부여단장 장

---

96) 조약 내용에 관해서는 Внешняя политика Советского Союза в период Отечественной войны. Т. 3, М., 1947, с. 458-461 참조.

97) 위의 책, с. 472.

98) 이에 대해 이종석도 '스탈린은 공산당 부대인 항일유격대가 만주지역을 점령할 경우 중국국민당과의 관계에 악영향을 미칠 것을 우려해서 항일유격대 본대의 전투참여를 막은 것으로 보인다'고 적고 있다. 이종석, 「국공내전시기 북한·중국 관계(1)」, 290쪽.

99) "바실렙스키에게 보내는 추비린의 보고." ЦАМО, ф. 2, оп. 19121, д. 2, л. 3-4. 이 수를 계급별로 살펴보면, 장교 143명, 하사관 358명, 사병 847명으로 나누어진다. 추비린은 소련극동군 총사령부 정찰부장이다.

100) "추비린이 소르킨에게(1945.9.2.)." ЦАМО, ф. 2, оп. 17582, д. 2, л. 23.

수전은 각각 장춘(長春)과 하얼빈 경무사령부 부사령관에 내정되었다.

〈표 1-1〉 조선에서의 사업 파견을 위해 임명된 88독립보병여단 제1대대 주요 조선인 간부

	이름	지위	계급	출생 연도	소속당	교육 정도	근무 예정지
1	김일성	대대장	대위	1912	중공당(1932)	중등	평양
5	임춘추	소대장고문	상사	1912	= (1932)	중등	사리원
7	김경석	소대장	상위	1910	= (1931)	7학년	진남포
9	이영호	소대장	상위	1910	= (1934)	4학년	개성
13	김일	참모장고문	상위	1910	= (1932)	6학년	신의주
17	최용진	중대장	상위	1915	중공당(1936)	2학년	정주
21	최현	소대장	상위	1907	= (1932)	2학년	강계
28	안길	부대대장(정치담당)	대위	1906	= (1932)	중등	청진
31	최춘국	소대장	상위	1914	중공당(1933)	4학년	온성
39	김책	부대대장(정치담당)	대위	1903	= (1930)	중등	함흥
42	서철	소대장	중위	1911	= (1932)	중등	원산

〈출전〉 "조선에서 사업을 위해 임명된 제2극동전선 제88독립보병여단 제1대대 성원(1945.8.25.)." ЦАМО, ф. 2, оп. 19121, д. 2. л. 14-15.

〈표 1-2〉 조선에서의 사업을 위해 임명된 88독립보병여단 소속 소련계 한인

	이름	지위	계급	출생 연도	소속당	교육 정도
1	이동화	여단의료관	소좌	1901	소련공산당	고등
2	박길남	소대장	중위	1911	=	중등
3	문일	무전기술자	중위	1915	=	고등
4	김 아나톨리	분대장	상등병	1916	=	중등
5	전학준	중대특무상사	상사	1917	비당원	5학년
6	유성철	여단서기	상등병	1918	청년동맹원	중등
7	김 파벨	여단서기	특무상사	1914	소공당원후보	중등
8	이청송	중대특무상사	특무상사	1912	소련공산당	중등
9	정학준	무전사	상등병	1920	청년동맹원	중등
10	김청암	무전사	상등병	1915	=	7학년
11	최 표도르	무전사	중사	1914	비당원	6학년
12	김봉률	사수	병사	1913	비당원	중등
13	김 알렉세이	분대장	중사	1916	비당원	7학년
14	이종인	무전사	상등병	1918	청년동맹원	고등재학

〈출전〉 "조선에서 사업을 위해 임명된 제88독립보병여단(브야츠코예) 소속 소련계 한인 제1대대 성원(1945.8.31.)." ЦАМО, ф. 2, оп. 19121, д. 2. л. 15.

〈표 1-1〉와 〈표 1-2〉의 조선인 대원들의 활동지역 배치는 88여단 단장 주보중과 참모장 쉬린스키 명의로 작성된 명부이다. 그 원안은 여단 주력의 참전이 취소된 후인 8월 16~24일 사이에 마련되었을 것이다.

조선인 103명을 살펴보면 각 지역 경무사령부 부사령관 및 고문으로 47명, 통역요원으로 15명, 지역방위 및 여타 기관으로 37명이 배속되었다.[101] 각 대원의 파견지역은 원칙적으로 과거에 공작했던 지구나 고향으로 결정되었다. 소련계 한인 대원들은 통역요원으로 배치될 예정이었다. 정찰부장 추비린은 각 경무사령부 부사령관 및 고문으로 임명되는 사병과 하사관들을 장교로 임관해 줄 것과 기존 장교들에게는 계급을 승진시켜줄 것을 요청하였다.[102] 비장교 신분으로 경무사경부의 책임적 업무를 집행하기가 어렵다는 것을 고려한 조치였다. 이에 따라 강상호(姜相鎬), 임춘추, 김증동(金曾東), 오진우, 박성철(朴成哲), 김지명 등 16명이 초급 장교로 승진되었다.[103] 88여단원들에게는 빨치산 부대에서 만주의 일본 침략자들과의 다년간에 걸친 적극적인 투쟁 등의 공로로 훈장과 메달이 수여되었다. 김일성은 '1931~1940년 만주에서 일본점령자들과의 투쟁에 있어 빨치산 운동에 적극 참여하고 소속 부대를 전투작전에 훌륭히 준비시킨' 공로로 적기훈장을 받았다.[104] 여단장 주보중과 참모장 쉬린스키, 그리고 조선인 가운데 강건, 김책, 안길에게도 적기훈장이 수여되었다.[105]

한편 조·중여단원들의 귀국으로 본래의 사명을 마친 88독립보병여단은 45년 10월 15일자 제2극동전선군 사령관의 명령으로 해산 절차에 들어갔다. 소련계 대원들은 계급과 직위에 따라 각각 다른 부대로 전출되었다.[106] 88여단

---

101) "바실렙스키에게 보내는 추비린의 보고." ЦАМО, ф. 2, оп. 19121, д. 2, л. 3-4.

102) 위의 곳.

103) "초급군관 칭호 수여를 위해 상신된 제88독립보병여단 개별성원 명단(조선인)." ЦАМО, ф. 2, оп. 19121, д. 2. л. 18.

104) "포상리스트." ЦАМО, ф. 33, оп. 687572, д. 2317, л. 22.

105) "제2극동전선군에 보내는 명령(1945.8.29.)." ЦАМО, ф. 33, оп. 687572, д. 2317, л. 1.

88   북한 국가의 형성과 소련

해산은 그해 12월 11일 완료되었다.

3. 일제 말 국내외 운동세력

국내공산주의 세력

러시아혁명 이후 국내에 유입된 마르크스-레닌주의는 식민지 시기 항일투쟁과 조선 해방의 이념과 결합되었다. 1925년 4월 창설된 조선공산당은 일제의 탄압과 파벌 투쟁으로 인해 오래 존속되지 못했으나 수많은 추종자들은 공산당의 재건과 반일투쟁의 재단에 자신들을 바쳤다. 소련은 세계의 모든 공산주의자들이 그랬듯이 조선공산주의자들에게도 사회주의의 모국이었다. 그들 모두는 발전된 소련 사회주의를 자신의 해방된 조국의 모델로 삼았고, 당연히 소비에트 이데올로기의 실현 속에서 조선 혁명을 꿈꿨던 것이다. 일제시기 조선의 혁명활동가들 가운데 상당수가 소련에서 교육을 받고 귀국 후 혁명활동에 나선 것도 그와 같은 배경이 작용한 것이다. 이들은 대체로 모스크바에 본부를 두고 타쉬켄트, 바쿠, 이르쿠츠크 등지에 지부를 설치한 동방노력자공산대학(КУТВ; KUTV))[107]에서 마르크스-레닌주의이론을 비롯한 다양한 분야의 교육을 이수

---

106) "아니킨. 제2극동전선군 제88독립보병여단의 해산에 관한 조회(1946.2.22.)." ЦАМО, ф. 2, оп. 12378, д. 1, л. 68-69. 일반 전사들은 블라디보스토크와 하바롭스크 대공항 등에 소재한 부대로 재배치되었고, 장교들은 제2극동전선군 간부부 소속으로, 정치요원들은 자바이칼-아무르 군관구로 배속되었다.

107) 동방노력자공산대학은 1921년 4월 소비에트 동방 각 공화국과 주의 간부 양성을 위해 모스크바에서 개교하였고, 존속 기간 동안 모두 73개 민족 대표들이 수학하였다. 타쉬켄트, 바쿠, 이르쿠츠크에 지부를 두었고 1923년부터 수학 기간은 3년이었다. 당사업, 정치교육, 노동운동, 경제, 행정법 등의 학과들로 구성되었으며, 1927년에는 소비에트·해외 동방과 식민지 민족 사회경제문제연구회가 결성되었다. 이 대학은 수천 명에 달하는 동방 소수민족 출신의 당, 콤소몰(공산주의청년동맹), 노동조합 일꾼을 양성하였지만 1930년대 말 중앙아시아와 시베리아 등지의 각 민족 공화국에서 고등학원들이 개설되면서 문을 닫았다. Большая советская энциклопедия. Т. 12, М, 1973, с. 575. 이 대학 출신자들 가운데는 호찌민, 등소평(鄧小平), 류소기(劉少奇) 등 베트남과 중국의 공산주의 지도자들도 포함되어 있다.

하고, 이후 코민테른에 의해 조선에 파견되어 활동하였다. 해방 후 남북한의 유력 인사들로 등장하게 되는 강진, 권오직, 김용범, 김응기, 박헌영, 오기섭, 정달헌, 정재달, 조두원, 주영하, 허성택, 현칠종 등을 비롯한 수많은 공산주의자들이 이 대학을 수료한 후 국내에 들어왔다.[108]

제2차대전 시기 조선에 대한 일본 군국주의의 가혹한 억압정책은 조선 내부의 저항 운동의 기반을 철저히 파괴하였다. 1930년대에 전개된 적색노동조합과 적색농민조합운동, 공산당 재건 운동을 비롯한 항일운동은 긴 침체기에 접어들게 되었다. 이에 따라 조선 내부에서 일제에 대한 저항은 소규모의 고립분산적 성격을 띠고 은밀하게 이루어질 수밖에 없었다. 그 가운데 박헌영이 지도한 경성콤그룹은 일제 말기 활동한 대표적인 공산주의 단체로 뽑을 수 있다. 이 조직은 일제의 가혹한 탄압 속에서 전향한 공산주의자들이 속출한 가운데서도 지하활동을 지속적으로 수행한 집단에 속했다.

코민테른의 교육기관인 국제레닌학교와 동방노력자공산대학을 수료한 박헌영은 1931년 상해에 파견되어 활동하다가 1933년에 체포되었다. 곧바로 국내에 압송되어 6년형을 언도받고 1939년 9월까지 형무소에서 복역하였다. 출옥 후 그는 이관술, 김삼룡이 출범시킨 경성콤그룹과 연계를 맺고 활동하였다. 경성콤그룹에는 과거 여러 공산주의자 파벌들이 들어왔는데, ML·이재유계의 이관술, 이현상, 이순금, 김삼룡, 상해파의 김복기, 이인동, 서중석, 화요파의 박헌영, 권오직, 장순명 등이 총동원되었다.[109]

제2차세계대전에 대해 경성콤그룹은 처음에는 제국주의전쟁으로 규정하고 관련 자본주의국가들이 붕괴하면 세계혁명에 유리한 조건이 형성될 수 있을 것으로 보았다. 이 입장은 나중에 가서 반민주파시즘 국가와 민주주의 국가 사이의 전쟁으로 바뀌었다.[110] 코민테른 제7차대회에서 제시된 반파시즘 인민전선

108) 우동수, 「조선공산당 재건운동과 코민테른: 동방노력자공산대학 졸업자의 활동을 중심으로」, 『일제하 사회주의운동사』, 서울: 한길사, 1991, 611~622쪽.

109) 張福成, 『朝鮮共産黨派爭史』, 大陸出版社, 1949(복간: 돌베개, 1983), 38쪽.

110) 이애숙, 「반파시즘 인민전선론: 일제 말기 경성콤그룹을 중심으로」, 『일제하 지식인의 파시즘체제 인식과 대응』, 서울: 혜안, 2005, 366~367쪽.

론을 수용하고 이를 조선혁명에 적용하였다. 제국주의에 반대하는 광범위한 계급을 상하로 결집하여 공동전선을 전개하자는 방침이었다. 이에 따른 정부 형태는 소비에트 정권이 아닌 인민전선정부였으며, 당면한 혁명을 반제 반봉건적 토지혁명을 주요 내용으로 하는 부르주아민주주의혁명으로 규정하였다.[111] 이 주장은 해방 직후 박헌영의 '8월테제' 및 소련의 대한반도 정책에서 지침이 된 1945년 9월 20일 스탈린의 훈령과 맥락을 같이 하였다.

경성콤그룹은 서울, 인천, 청진 등지에서 노동자를 대상으로 활동을 펼쳤다. 1940년 3월 경성콤그룹은 기관지 '공산주의자'를 '코뮤니스트'로 바꾸어 발간을 계속하였다. 1929년 결성된 코민테른 동양비서부 조선위원회의 기관잡지 명칭을 사용함으로써 이 전통을 계승한다는 것이었다. 하지만 1941년 1월 이 조직에 대한 일제의 탄압이 개시되어 이관술, 이현상, 김삼룡 등 핵심 조직원들이 체포되었고, 박헌영은 대구로 피신하였다.[112] 서울에서는 박헌영이 떠난 후에도 1945년 전까지 그룹의 활동이 진행되었다. 장소를 옮겨 다니면서 1942년 12월 광주로 피신한 박헌영은 광주에서 김성삼(金成三)이란 가명으로 위생인부와 벽돌공장 인부로 위장한 채 지하활동을 지속하였다.

체계적인 조직활동을 멈춘 박헌영그룹의 조직원들은 지하로 들어가거나 수감되어 있었고, 그런 상황에서 소련 측과 모종의 연계를 가질 가능성은 희박했다. 서울 주재 소련 총영사관 역시 일제의 엄중한 감시 속에서 그들과의 접촉에 감히 엄두를 내지 못했다.[113] 그럼에도 불구하고 소련 부영사 샤브신 부부는 조선에 파견 전 박헌영에 대한 많은 정보를 가지고 있었고, 일본 당국의 눈을 피해 제3자를 통해 광주에 있던 그에게 비밀 메시지도 보냈다고 한다.[114] 해방 직후 재건된 조선공산당은 소련총영사관과 자연스럽게 접촉하였고, 이를 통해

111) 위의 논문, 389~394쪽.
112) "박헌영에 대한 평정서." ЦАМО, ф. 172, оп. 614631, д. 17, л. 4.
113) Шабшина, Ф. И. В колониальной Корее/1940-1945/. Записки и размышления очевидца, М., 1992, с. 207.
114) 중앙일보 특별취재반, 『비록 조선민주주의 인민공화국』(상), 중앙일보사, 1992, 280쪽.

북한 주둔 소련군 지도부와 긴밀한 협력관계를 맺었다.[115] 그렇지만 해방 직후 박헌영을 중심으로 재건파공산당이 공산주의의 주류로 등장하는 계기는 바로 경성콤그룹을 통한 여러 파벌들의 결집에 있었다고 보아야 할 것이다.

일제 말기에는 경성콤그룹 이외에도 몇몇 공산주의자그룹들이 은밀하게 활동을 진행하고 있었다. 1943년에 조직된 '자유와 독립'그룹은 함경남북도 일대에서 노동운동에 종사하였고, 이승엽과 김일수(金一洙)가 관여하였다. 그밖에 북한의 대표적인 국내 공산주의자들은 대부분 감옥에 갇혀 있거나 지하활동에 종사하였다. 해방 직전까지 감옥에 있던 주요 인물은 김용범, 김응기, 양영순, 정달헌, 정재달, 최경덕 등을 들 수 있다.

1944년 11월 서울에서 서중석, 이정윤, 김일수 등이 중심이 되어 '공산주의자협의회'가 결성되었다.[116] 이 그룹은 일제의 패망을 예견하고 결정적 시기에 무장봉기를 계획하고 이를 실행에 옮기기 위해 군사부를 조직하고, 해외세력과도 협력을 모색하였다. 일제 말에는 비정통파 조선공산당인 춘경원당(春景園黨, 1927년 결성)을 이끈 바 있는 이영(李英)이 중심이 되어 스탈린단(團)을 조직하고 영등포 일대에서 소규모의 노동자 모임을 지도했다.

연안계의 성립

중국관내에는 3·1운동 이후 상해에 한국임시정부가 수립되어 독립운동을 지휘하였다. 이후 이념과 정치노선에 따라 독립운동세력은 분열을 거듭하였고, 이들은 조직적 분리와 통합을 거듭하면서 각자의 활동을 이어나갔다. 1930년대 이래 한독당, 조선의열단, 조선혁명당 등이 중국 관내 한인독립운동의 대표적인

---

[115] 1945년 8월 18일 광주에서 상경한 박헌영은 그날 밤 바로 소련 부영사 샤브신과 접촉하였고, 이후 1946년 10월까지 그와 빈번하게 회합하였다 한다. 임경석『이정 박헌영 일대기』, 서울: 역사비평사, 2004, 212쪽.

[116] 임경석, 「국내 공산주의운동의 전개과정과 그 전술(1937~45」, 『일제하 사회주의운동사』, 서울: 한길사, 1991, 224~225쪽.

단체들이었다. 1935년 7월 이 정당들이 합동하여 탄생한 조선민족혁명당은 민족통일전선운동의 새로운 단계를 제시하고자 하였다. 이 당의 지도부에는 김원봉, 김두봉, 김규식, 조소앙, 신익희 등이 포함되었다. 김구를 중심으로 하는 임시정부 고수파를 제외한 중국 본토 민족운동의 중요인물들이 망라된 셈이었다.[117] 조선에서 일제의 탄압을 피해 중국으로 건너온 최창익은 김원봉과 함께 조선민족혁명당에서 항일활동을 하다가 그의 국민당 지향 노선을 비판하고 1936년 6월 조선청년전위동맹을 조직하였다.

조선의용대는 1938년 10월 중일전쟁의 와중에 무한(武漢)에서 김원봉의 주도로 항일무장부대로서 성립되었다. 이 조직은 중국국민정부군에 배속되어 중국군과 공동작전에 참가하는 등 적극적인 항일활동을 전개하였다. 출범 초기에는 100명 미만의 부대였지만 약 1년 만에 300여 명으로 크게 성장하였다. 그런데 최창익은 조선의용대 대원들과 함께 중국공산당 근거지인 화북(華北) 연안(延安)으로 이동하였고, 그의 뒤를 이어 허정숙, 윤공흠, 김창만 등이 호응하여 들어갔다. 또한 조선민족혁명당 소속 한빈, 김민산, 김세일 등도 연안으로 건너와 활동을 개시하였다.[118] 반면 김원봉을 따르는 일부 조선의용대 대원들은 중국국민정부의 종용에 따라 한국광복군으로 편입되었다.

1941년 1월 팔로군의 근거지인 태항산(太行山)에서는 무정과 최창익 등을 주축으로 한 화북조선청년연합회가 결성되었고, 그해 6월 조선의용대 일부는 이 단체와 연계하여 조선의용대 화북지대로 개편되었다. 조선의용대는 중국 팔로군과 함께 항일전에 참여하는 한편 화북이나 화남(華南)지방을 궁극적 활동중심으로 삼지 않고, 만주와 국내를 향한 '독립전쟁'에 투쟁목표를 두었다.[119] 이 조직의 성격을 공산주의조직으로 단정하는 것은 무리가 있다. 오히려 부대 내의 공산당원 수는 소수에 불과했고, 조선의용대는 스스로를 조선민족의 해방을

117) 강만길, 『조선민족혁명당과 통일전선』, 서울: 和平社, 1991, 72쪽.

118) 張福成, 『朝鮮共産黨派爭史』, 大陸出版社, 1949(복간: 돌베개, 1983), 40쪽.

119) 張世胤, 「해방 전후시기 만주지역 조선의용군과 동북항일연군의 동향」, 『한국근현대사연구』 제42집, 2007, 66쪽.

쟁취하기 위해 투쟁하는 '계급의 부대'가 아니라 '민족의 부대'로 지칭하였다.[120]

1942년 7월 화북조선청년연합회는 화북조선독립동맹으로 개편되었다. 좌파 민족주의자들과 공산주의자들이 결합한 민족통일전선 조직으로서 조선독립동맹은 조선민주공화국의 건립과 하나의 지방단체로서 조선혁명운동에 적극 참가하는 것을 기본 강령으로 삼았다. 조선독립동맹의 주석은 김두봉이, 부주석에는 최창익과 한빈이 맡았다. 김두봉은 1920년에 막 창당된 중국공산당에 입당했으나 1925년 자신이 속한 당조직이 해산된 이후 공산당과의 관계를 절연하였다.[121] 하지만 1930년대 후반 이후 그는 공산주의자들과 적극적으로 협력에 나섰다. 저명한 한글학자로서 김원봉과도 긴밀한 관계를 가진 김두봉이 지도자로서는 적격이었던 셈이다.

이와 함께 화북조선의용대는 조선의용군으로 개칭되었다. 사령은 무정이, 부사령으로는 박효삼과 박일우가 각각 임명되었다. 조선독립동맹의 군사단체로서 조선의용군의 개편은 중국공산당의 지원을 바탕으로 본격적으로 조선해방을 위해 직접 군사적 행동을 취하고 해방 후 독립국가 건설에 참여한다는 목표가 내포되어 있었다. 이에 반해 중국공산당으로서는 이들과의 공동항일전선을 구축하여 친중공세력을 양성하고 장차 친중공정권 수립이라는 장기 목표를 염두에 두고 있었다.[122] 이 때문에 조선독립동맹과 조선의용군은 중국공산당으로부터 특별한 대우와 보호를 받기도 했다.

반면 1943년 독립동맹과 의용군은 당시 중국공산당을 휩쓴 정풍운동의 파고를 피해나가지 못했다. 정풍운동을 주도한 것은 무정이었는데, 그는 홍군(紅軍)의 작전과장으로 대장정에 참여하고 중국공산당 지도부와 함께한 가장 고위직의 조선혁명가였다. 정풍운동은 여러 경향의 사상을 가진 조선인 대열 내부의 사상을 통일하고 단결을 강화하는 것을 내세웠다.[123] 그러나 이러한 과정을 겪

---

[120] 張世胤, 「조선의용대의 조직편성과 구성원」, 『한국근현대사연구』 제11집, 1999, 64~66쪽.

[121] "북조선 정당·사회단체 지도자에 대한 간략한 평정." РГАСПИ, ф. 17, оп. 128, д. 205, л. 23.

[122] 韓相禱, 「화북조선독립동맹과 중국공산당」, 『歷史學報』 第174輯, 125~127쪽.

으면서 독립동맹·의용군의 최고 지도자는 무정이 되었고, 조선의용군은 독립동맹의 부대라기보다는 중국공산당의 부대로 변모하였다. 이러한 과정에서 독립동맹의 다른 지도자 최창익과의 논쟁과 그들 사이에 갈등이 동반되었고, 결과적으로 독립동맹의 원천인 민족통일전선정책은 후퇴할 수밖에 없었다.

1944년 1월부터 중국공산당의 의지에 따라 독립동맹과 조선의용군은 연안으로 이동하여 사상과 조직의 정돈을 도모하였다. 연안을 비롯한 각지에서 군정학교를 세워 조선인 청년들을 교육시켰다. 8·15 직전 조선의용군 총 인원은 1,000명 내외를 헤아렸다.[124] 각 군정학교는 김두봉, 무정, 박일우 등 독립독맹과 조선의용군의 핵심 간부들이 지도하였다.

북조선 민족주의 세력

일제하 평양을 중심으로 한 서북지방은 조선 기독교의 중심지였다. 평양에서 3·1운동은 장로교와 감리교 양파의 교회를 중심으로 한 만세 시위로 전개되었다. 다른 지방에서는 천교도가 큰 힘을 발휘한 데 비해 평양에서는 기독교가 주도권을 쥔 형국이었다.[125] 이러한 전통은 해방 직후에도 그대로 이어져 북한 서북 지역에는 기독교도들을 중심으로 한 민족주의세력의 위세가 높았다. 그리고 그들의 중심에는 한국현대사에서 이승만, 김구와 더불어 민족주의 3대 거목으로 불린 고당 조만식이 있었다.

조만식은 오산학교 교장, 평양기독교청년회(YMCA) 총무, 조선물산장려회 회장을 역임하면서 민족교육 및 사회운동을 적극 이끌었다. 다년간에 걸쳐 오산학교와 숭인상업학교를 운영하면서 다수의 명망 있는 제자들을 양성하였고, 다양한 인적관계 형성을 통해 민족주의 중심인물로 자리잡게 되었다. 그는 3·1

123) 염인호, 『조선의용군의 독립운동』, 서울: 나남출판, 2003, 201~202쪽.
124) 위의 책, 296~297쪽.
125) 洪聖俊 『古堂 曺晚植』, 서울: 平南民報社, 1966, 34~35쪽.

직후에 일경에 체포되어 10개월간 투옥 생활을 하였다. 1920년 8월에는 조만식을 중심으로 오윤선(吳胤善), 김동원(金東元), 김보애(金寶愛) 등 평양의 기독교계 민족지도자들이 조선물산장려회를 조직하여 일본 기업들의 식민지 조선에 대한 경제적 예속에 맞서 국산품 애용운동을 전개하였다. 이 운동은 이후 전국적으로 확산하여 거족적 민족운동의 성격을 띠게 되었다. 조만식의 측근들은 그의 다양한 활동 기간에 인연을 맺었다. 이를테면, 김병연(金炳淵)은 평양 YMCA 총무 시절 같이 근무했고, 오윤선, 김동원, 유계준(劉啓俊)은 오랜 기간 산정현 교회에서 동고동락한 친우들이었다.

조만식의 경력에서 가장 주목할 만한 것은 1927년 좌우합작단체인 신간회 결성에 적극 참여한 점이다. 그해 12월 20일 그의 주도하에 정회원 150명과 다수 방청객들이 참여한 가운데 신간회 평양지회 설립 총회가 열렸다.[126] 여기서 그는 신간회 평양지회장으로, 측근인 한근조(韓根祖)는 부회장으로 각각 선출되었다. 김병연은 평양지회 집행위원, 홍기주는 신간회 남포지회의 간사로 활동하였다.[127] 그밖에 이제학(李濟鶴), 지창규(池昌奎), 김광수(金光秀), 오학수(吳學洙), 김건형(金建亨), 김봉준(金鳳俊), 김성업(金性業), 김영기(金永基) 등이 신간회의 민족진영 구성원이었다. 8·15해방 직후 오윤선 장로 집에 조만식을 비롯한 이들 15인이 모여 조선건국준비평남위원회(평남건준)를 결성하였는데, 대부분 신간회를 같이하던 인사들이었다 한다.[128] 이 같은 활동 경험은 해방 직후 공산 측과 협력하는 데서 오는 걸림돌을 일정 부분 해소시켜 주었을 것이다. 신간회는 점차 사회주의세력이 주도권을 장악해갔지만 평양지회에서만은 민족주의계열의 영향력이 훨씬 강했다. 평양은 기독교세력이 여전히 강했던 데다가 타지역에 비해 민족자본이 성장해 있었기 때문이다.

1932년 조만식은 조선일보 사장에 취임하여 언론사업에도 관여하였으며, 끈

---

[126] "新幹支會設立.『東亞日報』1927년 12월 22일.

[127] 김선호, 「해방직후 조선민주당의 창당과 변화: 민족통일전선운동을 중심으로」, 『역사와 현실』 제61호, 2006, 282쪽.

[128] 韓根祖, 『古堂 曺晩植』, 서울: 태극출판사, 1970, 370~371쪽.

질긴 일제의 협력 요청에는 소극적으로 응대하였다. 그는 식민지권력에 반대하여 비타협적인 투쟁을 벌이지는 않았지만 그렇다고 일제에 적극 협력한 흔적은 없었다. 또한 1937년 흥사단의 자매단체인 수양동우회사건이 터졌을 때 김성업, 김동원, 김병연, 김찬종, 노진설 등 조만식의 측근들이 검거되었다. 그의 측근들 가운데서 일제에 맞선 인물들도 적지 않았음을 보여 주는 대목이다. 한편으로 1910년대부터 조만식은 김성수·송진우와 막역지우(莫逆之友) 관계를 맺었고, 그들은 조만식의 문화·계몽·민족운동을 지원해 주었다.[129] 이들 3인은 해방 직후 남과 북이 분리된 속에서도 밀사를 통한 정치적 대화를 이어 갔으며 공동 행동을 도모하였다. 그럼에도 일제 식민지 시기 조만식이 여운형과도 교류를 가진 것을 보면 좌우합작에 대한 이해는 충분히 가지고 있었다고 볼 수 있다.

일제 말기가 다가올수록 조만식의 동료들도 신념을 유지하며 살기가 어려워졌다. 그의 표현을 빌리면 '죽기 싫어서' 친일에 기우는 동지들이 늘어났다는 것이다.[130] 대부분의 민족주의자들이 유산계층 출신이거나 그와 가까운 점을 고려하면 일제의 가혹한 통치 환경에서 그들이 합법적으로 생활을 영위하기 위해서는 타협의 길을 선택할 수밖에 없었을 것이다. 자기 측근들의 이러한 전향에도 불구하고 조만식은 오윤선 등 몇몇 동지들과 함께 일제의 창씨개명 요구를 끝까지 거부하는 등 반일적 태도를 잃지는 않았다.

북조선 민족주의는 기독교계와 더불어 천도교계가 쌍벽을 이루었다. 동학에서 기원한 천도교는 일제 시기 민족주의운동의 가장 큰 흐름을 차지하였다. 교조 최제우(수운)가 천주교의 도래에 맞서 동방에 위치한 조선의 도를 일으킨다는 뜻에서 세운 민족 종교인 동학은 구한말 외세의 침략과 부패한 봉건왕조에 대항하여 저항을 이끌었다. 동학세력이 삼남지방의 민심을 휩쓸자 이를 빌미로 청과 일본이 한반도에 각기 군대를 파견하여 봉기를 억눌렀다.

전봉준이 이끈 동학봉기가 좌절된 이후 동학을 지키기 위한 자구책으로 제3

---

129) 위의 책, 149쪽.
130) 앞의 책, 362쪽.

대 교주 손병희에 의해 천도교로 개명하였다. 천도교 신자들에게는 다른 종교와는 달리 신에 대한 관념을 가지고 있지 않았다. 천도교는 따로 사원을 만들지 않았고, 일요일마다 시일식(侍日式)에 참석하여 동학 교리에 대한 설교를 듣거나 혼인, 장례, 추도 등의 행사를 진행하였다.

민족주의 종교로서 천도교는 3 · 1운동에 가장 조직적으로 참여했는데, 이는 '독립선언서'에 서명한 33인의 대표 중 15명이 천도교인이란 사실에서 확인된다. 천도교 지도자 대부분은 만세시위로 체포 · 투옥되는 등 혹독한 탄압을 받았다. 천도교 확산의 주된 근거지는 3 · 1운동에서도 활약이 두드러진 평안 · 황해 · 함경의 서북지방이었다. 1921년에 전국적으로 결성된 천도교청년회 지부 76개 가운데 평북 15개, 평남 10개, 함남 10개, 황해 10개로 모두 43개가 서북지방에 편중되었다.[131) 교인의 80% 이상이 서북지방에 거주하였다.

1921년에는 교회의 체제가 중의제(衆議制)로 변경되면서 이를 지지하는 신파와 보수파인 구파가 대립하였다. 1923년에는 천도교 전위조직으로서 정신개벽, 사회개벽, 민족개벽의 3대 개벽의 실현을 내걸고 천도교청년당이 결성되었다.[132) 1925년에도 천도교4세 대도주인 춘암 박인호의 교주직 인정 여부를 놓고 제2차 신 · 구파 분화가 있었다. 그 결과 천도교는 다른 민족주의계열과 마찬가지로 친일과 반일이라는 두 흐름 속에서 공존하였다. 최린계로 대표되는 신파는 일제와 타협하는 자치운동을 전개하였으며 반면 구파는 일제에 대해 비타협적 태도를 견지하면서 좌우합작의 신간회에 적극 참여하는 등 통일전선운동에 나섰다.[133)

1931년 2월에는 신파 측의 천도교청년당과 구파 측의 천도교청년동맹이 합쳐 천도교청우당이 출범하였다. 이 당은 최린이 변절한 후인 민족적인 성향의 천도교 인사들이 주도하였는데, 대표적으로 김달현(金達鉉), 이돈화(李敦化), 김

---

131) 김정인, 『천도교 근대 민족운동 연구』, 서울: 한울, 2009, 124쪽.

132) 임형진, 『동학의 정치사상: 천도교 청우당을 중심으로』, 서울: 도서출판 모시는사람들, 2004, 170~171쪽.

133) 김정인, 『천도교 근대 민족운동 연구』, 250~272쪽.

기전(金起田) 등을 들 수 있다.[134] 해방 후 천도교청우당 위원장이 되는 김달현은 치열한 반일투쟁으로 말미암아 일제로부터 심한 고초를 겪었다.[135] 그러나 얼마 후 교단이 다시 신·구파로 분열되면서 천도교청우당은 다시금 청년당과 청년동맹으로 갈라섰다. 더욱이 1934년 최린이 중추원 참의가 되면서 천도교신파는 친일로 방향을 공식화하였고, 이로부터 구파에 대한 압박도 강화되었다. 결국 1940년 4월 신구파는 합동을 선언함으로써 천도교의 친일적 성향은 한층 짙어졌다. 이에 따라 일제 말기 천도교의 저항적 기반은 심각하게 파괴되어 자기의 존재를 드러내기가 거의 불가능했다.

반일세력에 대한 소련의 인식

1935년 코민테른 제7차대회를 통해 전개된 반파시즘인민전선 노선은 민족부르주아지를 포함한 유산계층을 공동의 적에 반대하는 투쟁으로 이끄는 전략·전술이었다. 이후 세계적인 파시즘의 도래 속에서 이 노선은 소련의 대외정책에 큰 영향을 끼쳤다. 프롤레타리아트의 헤게모니와 독자성보다는 계급간 연대에 더 가치가 부여되는 시기가 이어졌다.

일제 말기 조선 민족운동세력에 대한 소련의 인식은 이후 대한반도 정책 수립에 있어서 주요 요인 가운데 하나였다. 당시 소련의 첩보망에 잡힌 이들 세력들은 주로 해외에서 활동하는 반일적인 좌우세력이었다. 소련은 여러 세력에 대한 정보를 주로 미국이나 중국 등 외국잡지에 나타난 인사들의 동향을 파악하는 방법으로 획득하였다. 해방 직전 소련 내부 문건들에는 공산주의 세력과는 달리 공개적인 활동을 한 국외 민족주의세력의 동향이 많이 포함되어 있다.

---

134) "주조선민주주의인민공화국 소련 임시대리대사 A. M. 페트로프의 일기(1954.11.29.~12.19.)." АВПР, ф. 0102, оп. 11, п. 60, д. 8, л. 19.

135) 김달현은 1883년 함남 함주에서 태어나 일본 동경 농업대학에서 수학했으며, 3·1운동에 참가하여 1년 4개월간 옥고를 치렀다. 1927년 이전까지 서울에서 중학교 교사로 재직했으며, 그 후 해방될 때까지 소작농으로 일했다. 일제에 의해 73회나 체포되었으며 수없이 고문을 당하기도 했다. "개인카드: 김달현." ЦАМО, ф. 172, оп. 614632, д. 24, л. 26.

이들이 오랜 기간 대내외적 명성을 유지한 데다가 지속적으로 공개적 활동을 했기 때문이었다. 그에 따라 소련은 김구, 이승만을 비롯한 해외 민족주의적 명 망가그룹에 대해서는 비교적 소상한 정보를 가지고 있었다.

반면 조선 내부 사정에 대해서는 주로 1925년 서울에 설치된 소련총영사관을 통해 파악하였다. 이 시기에 총영사관 측은 조선의 정치 개요, 경제 상황, 일본의 대조선정책 등 다양한 정보를 외무인민위원부(외무성의 전신) 등에 보고하였고,[136] 이를 통해 본국에서는 해방 전 대한반도 정책 구상 등을 마련하기도 하였다. 그러나 총영사관은 일제의 엄중한 감시 속에서 조선인과의 교류 활동에 엄격한 제약을 받고 있었기 때문에 조선 내 민족해방운동 세력의 동향을 파악하기는 매우 어려웠다. 특히 주로 지하에서 활동한 조선공산주의자들의 면면을 인식하기는 어려울 수밖에 없었고, 더구나 이들과의 접촉은 거의 불가능해 보였다.

일제 시기 지하활동 경력을 지닌 국내 공산주의자들 중에는 과거 소련에 머문 경험이 있었고, 이후 코민테른에 의해 파견되어 활동한 이들이 적지 않았다. 굳이 소련 땅을 밟아보지 않았던 공산주의자라 하더라도 소련은 사회주의 '조국'이었고, 자신들의 지향점이었기에 어떤 형태로든 소련 측과 연계를 갖고자 했던 것은 당연한 일이었다. 그렇다면 국내공산주의자들에 대한 소련의 시각은 어떠했을까. 이에 관한 전통적 주장처럼 소련은 자신이 지지한 김일성을 부각시키기 위해 그들을 소외시켰다고 볼 것인가.[137] 이분법적 사고에 익숙한 냉전이데올로기의 논지를 굳이 반복할 필요는 없을 것이다. 소련이 남과 북을 불문하고 현지의 중심적인 동반자로 삼고자 했던 세력은 말할 것도 없이 공산주의자들이었다. 김일성그룹은 중요한 지원세력인 것은 틀림없지만 다른 공산주의자들 역시 마찬가지 대상이었다. 반일적 민족주의자들과의 협력관계 구축도 중요한 문제였지만 이데올로기적, 정치적 동질성을 갖는 공산주의자들과의

---

136) АВПР, ф.0102, оп. 1, п. 1, д. 2 참조.

137) 서대숙/현대사연구회 옮김, 『한국공산주의운동사연구』, 禾多, 1985, 269~270쪽.

연대가 우선이었던 것이다.

　해방 이전 소련이 조선 민족주의자가 가운데 가장 저명한 이승만과 김구에 대해 어떻게 인식했는지 살펴보는 것은 매우 흥미로운 일이다. 이것은 소련의 대한반도 정책을 미리 점치는 데 있어서도 중요한 고려사항이라 할 수 있다. 일찍부터 소련은 국가안전인민위원부(KGB의 전신)를 통해 이들의 동향과 활동에 대한 정보를 보유하고 있었다. 이 두 인물은 소련을 지지하지 않은 민족주의 지도자들이지만 해방 이후의 조선의 정국에서 고려하지 않으면 안 될 대상이었다. 소련 외무성이 작성한 '조선정치가 이승만의 평정'에는 1921년 5월 이승만이 대한민국임시정부 대통령의 서명이 담긴 신임장을 받아 쥔 조선 특사를 러시아에 파견했지만 수용되지 못하고 1922년에 상하이로 돌아간 사실이 나와 있다. 그러면서 그를 '조선의 정치 망명객 가운데 가장 반동적 인물'로 규정하였다.[138] 그러면서 그의 행적 가운데 '소련이 조선에 소비에트공화국을 수립할 예정'이라든지, '루즈벨트가 얄타에서 조선 사람을 배신했다'는 등 반복적으로 반소 성명을 발표한 것을 적시하였다.[139] 1945년 1월 작성된 중국 내 조선 민족운동 조직에 관한 소련 국가안전인민위원부의 보고에서는 '이승만그룹은 일본 침략자들과의 투쟁을 위해 조선의 모든 민족주의세력들을 동원하는 데 조금도 신경 쓰지 않고, 주로 자신의 집단을 조선 인민의 독점적 대표로 인정받기 위해 미국 정부 집단과의 연계를 활용하려고 시도하고 있다'[140]고 비난하였다. 반면 미국 내에서 이승만과 대치되는 한길수(韓吉洙)그룹은 일본제국주의에 대한 철저한 투쟁의 입장을 견지하고 있다는 평가를 받았다. 1940년대 초반 한길수는 중경의 김원봉 계열과 연계를 맺고 반일활동으로 이름을 떨친 이승만의 최대 정적이었다.[141]

---

138) "쥬코프가 비신스키에게. 조선정치가 이승만에 대한 평정(1945.8.23.)", АВПР, ф. 013, оп. 7, п. 4, д. 46, л. 15-16. 이 평정서는 이승만이 스탈린에게 축하전문을 보낸 데 맞추어 작성되었다. 비록 해방 직후에 작성되었지만 내용은 해방 이전의 인식을 반영한 것이다.

139) 위의 문서.

140) ЦАФСБ, Справка о корейских националистических организациях в Китае от 17 января 1945 г., л. 11-12.

김구에 대한 평가 역시 이승만과 대동소이 하였다. 소련공산당 정보국의 한 문건은 김구가 이끈 한독당이 중국과 미국 내 조선 망명자들 가운데 보수파들로 뭉쳐 있고, 중국 정부 내 반동 집단의 지원을 받고 있다고 지적하였다.[142] 또한 '미래 조선은 모든 다른 아시아 국가들과 어떠한 차이도 있지 않을 것이며, 있어서도 안 되고, 혁명적이지 않을 것이다'는 김구의 발언을 인용하면서, 한국 임시정부의 활동이 국민당 반동분자들 영향하에서 장개석 정부의 보조금을 받고 있는 김구에 의해 좌우되었다고 비난하였다.[143] 소련은 한국임시정부에는 김구를 포함한 다수가 예전처럼 남아 있기 때문에 조선인민의 진정한 열망을 대변할 수 없다는 입장을 보였다. 김구의 임시정부에 관해서는 한일병합 이전에 존재한 동일한 정부를 조선에 세우려는 반동적 조선 망명자의 지향을 대변하는 것으로 간주했다.

이에 반해 1935년 남경에서 창당된 민족혁명당의 활동에 대해서는 대체로 우호적인 평가를 내리고 있다. 김원봉이 이끈 이 당은 1931~32년 만주사변 시기에 반일유격투쟁에 참여한 젊은 망명자들이 한독당과 임정에 가입하는 것을 막은 노정객들에게 불만을 가지고 있으며, 일부 당원은 특수 국경지역에서 공산주의자와 협력하고 있다는 것이었다.[144] 이와 함께 김원봉 측이 중국 장개석 정부로부터 보조금을 받은 사실을 언급하였지만 특별한 논평을 하지는 않았다.[145] 한편, 임시정부 외무부장 조소앙은 '김구보다 덜 반동적인 인물이며, 친미성향이 있다'고 평가하였다.[146]

[141] 한길수에 대해서는 정병준, 『우남 이승만 연구』(서울: 역사비평사, 2005), 221~227쪽 참조.

[142] "조선의 국내외 상황에 대하여" Бюллетень Бюро Информации ЦК ВКП(б). Вопросы внешней политики №15, 1 августа 1945 г. РГАСПИ, Ф. 17, оп. 128, д. 49, л. 162.

[143] "조선의 국내외 상황에 대하여." РГАСПИ, Ф. 17, оп. 128, д. 49, л. 162об; ЦАФСБ, Справка о корейских националистических организациях в Китае от 17 января 1945 г. л. 6-7.

[144] "조선의 국내외 상황에 대하여." РГАСПИ, Ф. 17, оп. 128, д. 49, л. 162.

[145] ЦАФСБ, Справка о корейских националистических организациях в Китае от 17 января 1945 г., л. 11-12.

[146] "조선의 국내외 상황에 대하여." РГАСПИ, Ф. 17, оп. 128, д. 49, л. 162.

해외 민족주의 세력에 비해 조선 내 잠재적인 운동세력에 대한 소련의 정보 자료는 매우 취약했다고 말할 수 있다. 일제 말 가혹한 식민지 통치하에서 국내에서 공개적으로 반일운동에 종사할 수 있는 환경이 미비했기 때문이다. 따라서 소련이 여운형, 조만식 등 국내에 있는 명망가그룹의 동향을 구체적으로 파악하고 있었다고 보기는 어렵다. 심지어 소련에서 유학하고 귀국한 공산주의자들과의 연계도 단절된 상황에서 어느 세력도 소련 측의 시야에 포착되기는 쉽지 않았다고 볼 수 있다.

제2장

해방과 정치체제의 태동

해방과 정치체제의 태동

1. 소련군의 북한 진주와 정책 시동

대일전 전야

소련이 대일전을 준비하기 시작한 시기는 1944년 9월부터였는데, 이때 스탈린은 소련군 총사령부에 극동 주둔 군대의 집중과 보장에 따른 준비를 지시했다.[1] 그러나 당시 소련은 대독전선에 거의 모든 역량을 투입하였기에 극동에 주요 관심을 돌릴 여유가 없었고, 소련의 대일전 참전시기를 확정한 얄타회담 이후에야 본격적인 준비에 돌입할 수 있었다. 1945년 4월 5일 소련외무상 몰로토프는 일본 대사를 초치하여 대일 중립조약의 폐기를 통고하였다. 그 이유는 일본이 소련을 침공한 독일을 지원하고, 소련의 동맹국들인 미·영과 전쟁을 함으로써 중립을 위반했다는 것이다.[2] 과거 러일전쟁에서 패배한 경험을 되풀이 하지 않기 위해 소련은 전체적으로 대일전에 대한 만반의 준비를 갖추어야 했다.

---

1) Штеменко С. М. Генеральный штаб в годы войны. М., 1975, с. 404.
2) История дипломатии. Т. 4, М., 1975, с. 697.

대독전쟁에 승리한 후에는 극동으로의 군대 배치에 박차를 가하기 시작하였다.[3] 부대 이동은 철도를 통해 비밀리에 이루어졌으며, 그 결과 3개월 만에 극동의 총병력 수는 118만 5천 명에서 174만 7천 명으로 증가하였다.[4] 6월 말 A. M. 바실렙스키 원수가 이끈 장성그룹이 치타에 도착하여 대일전 준비를 지휘하였고, 7월 말에는 소련 극동군 총사령부가 공식 설치되었다. 8월 5일에는 연해주집단군이 제1극동전선군으로, 극동전선군이 제2극동전선군으로 개칭되어 개전 태세로 전환하였다. 제1극동전선군(전후 연해주군관구로 개칭) 사령관에는 K. A. 메레츠코프 원수가 임명되었고, 슈티코프는 군사위원으로서 장차 만주와 조선의 점령지역에 대한 통치업무 지휘를 맡게 되었다. 유럽 서부전선에서 풍부한 전투 및 군지휘 경험을 쌓고 호흡을 맞춘 이들은 스탈린의 지시에 따라 극동으로 진출하게 된 것이다. 과거 극동과 어떠한 인연도 맺은 바 없던 슈티코프의 극동 전출은 대부분의 다른 장성들과 마찬가지로 서부 전선에서의 전적과 공훈에 힘입은 것이며, 특히 다년간 함께 활동했던 메레츠코프와의 호흡이 주요한 역할을 하였을 것이다.

5월 8일 독일이 항복하는 등 전세가 급격히 기울어지자 일본은 소련의 대일전 참전을 막아 전쟁 종결에 있어 가능한 유리한 입장을 확보하고 전후 천황체제의 안전을 보장받고자 온갖 노력을 다했다. 일본 정부는 7월 13일과 28일 스탈린에게 종전사절단의 파견을 제안하였지만 두 번 모두 거절당했다.[5] 일본 측은 소련의 참전을 자체 생존의 갈림길로 보았다. 이 때문에 일본 지도부는 소련의 중립화를 위해 여러 차례에 걸친 물밑 접촉에서 소련이 전쟁 중재자 역할을 해줄 것을 기대하였다. 하지만 크렘린 지도부는 대일전쟁에 참가하여 자국의 이권을 분명하게 확보하는 쪽을 선택하였다. 7월 26일 소련이 가담한

---

3) 1945년 8월 9일 극동배치 소련군 총병력 수는 3개월에 걸친 재배치 결과 110만 8천 500명에서 174만 7천 명으로 증가하였다. История второй мировой войны 1939-1945. Т. 11, М., 1980, с. 192.

4) История второй мировой войны 1939-1945. Т. 11, М., 1980, с. 192.

5) 李圭泰, 『米ソの朝鮮占領政策と南北分斷體制の形成過程』, 東京: 信山社, 1997, 47頁.

가운데 일본의 무조건적인 항복을 권고하는 포츠담선언이 발표되었다. 소련의 참전은 초읽기에 들어간 듯했다. 그러나 이때까지 소련의 개전 준비는 완료되지 않았고, 얄타협정에서 명시된 소련의 대중국 이권 요구도 타결되지 않은 상태였다.

처음 미국은 소련의 대일전 참전이 전후 동북아시아에서 소련의 영향력을 확대할 수 있는 가능성을 인지하고 있었음에도 참전을 종용하지 않을 수 없었다. 그것이야말로 미군의 희생을 최소화하면서 전쟁을 조속히 끝낼 방도였기 때문이다. 하지만 1945년 7월 원폭실험에 성공하면서 미국의 그 같은 입장은 흔들리게 되었고, 소련의 참전 없이도 전쟁 종결을 가져올 수 있다는 희망이 생겼다. 물론 소련 정부는 이미 이전부터 미국의 핵무기 제조 과정에 관한 정보를 보유했고, 그에 대응하여 핵무기 개발을 위한 작업을 수행하고 있었다.[6]

대일전에서 소련이 제시한 전략적 목표 중 하나는 만주의 주력 관동군을 궤멸시키고, '일본점령군으로부터 만주와 북조선을 해방'시키는 데 두었다.[7] 특히 소련 극동에서 항구적인 위협이 될 수 있는 일본은 조선에서 영구히 구축되어야 했다.

8월 6일 미국은 일본 히로시마(廣島)에 원자폭탄을 투하하였다. 이 작전은 소련을 비롯한 연합국이 사전에 파악하지 못했으며, 미국 내에서도 극소수의 인사들만이 인지한 작전이었다. 미국은 원폭 투하가 연합국의 희생 감소를 위한 불가피한 행위였다고는 하지만 보다 본질적으로는 '소련 참전 전 조기 종전'을 의도한 것이었다고 할 수 있다.[8]

---

6) История второй мировой войны 1939-1945, Т. 11, с. 153.

7) 위의 책, с. 197.

8) 이완범, 「蘇聯의 對日戰 參戰과 38線 受諾, 1942~1945」, 『정치외교사논총』 제14집, 1996, 269쪽. 이에 대한 러시아 측의 견해도 동일하다. 러시아 학자 슬라빈스키는 일본이 소련의 참전을 자신의 붕괴로 간주했으며, 미국은 소련군의 참전 이전에 일본이 항복하도록 원자폭탄을 투하하였다고 주장하였다. Славинский Б. Н. Зачем Соединенные Штаты сбросили атомные бомы на Хиросиму и Нагасаки? - Проблемы Дальнего Востока. No. 5, M., 1995, с. 65.

8월 8일 소련 정부는 일본의 대소 전쟁 중재 제의가 모든 근거를 상실했음을 밝히면서 9일 0시부터 대일전에 가담할 것을 선포하였다. 미국의 원폭 투하와 소련의 참전은 일본 정부에게 큰 타격을 주었다. 8월 9일 일본은 최고전쟁지도 회의를 열었지만 포츠담선언의 수락론과 강경론이 평행선을 그었다. 또한 그날 밤부터 10일 새벽에 걸쳐 열린 어전회의에서도 대립은 해결되지 않았고 결국 천황의 '성단'(聖斷, 성스러운 결단)에 의해서 포츠담선언의 수락이 결정되었다.[9] 다만 천황제 존속을 전제로 한 조건부 결정이었다. 물론 연합국 측은 일본의 조건을 받아들이지 않았다. 소련의 군사작전 개시된 날 오전 11시 미국의 두 번째 원자폭탄(일명 'Fat man')이 나가사키(長崎)에 투하되었다.

소련군의 군사행동 개시일인 8월 9일은 얄타회담에서 스탈린이 약속한 참전 일자의 마지막 날에 해당된다. 이를 보면 소련군은 정확히 자신의 약속을 이행 한 셈이었다. 그런데 과연 소련이 자신의 약속을 지키기 위해 이 날을 택한 것 인지 아니면 미국의 원폭 투하에 자극받아 준비가 덜 된 상태에서 조기에 참전 한 것인지는 검토해 볼 여지가 있다. 포츠담회담 개막일인 7월 17일 스탈린은 트루먼과의 회담에서 '소련은 8월 중순경에 (군사)행동에 들어갈 준비가 되어 있고, 자신의 약속을 지킬 것'이라고 말했다.[10] 스탈린이 참전 시기로 8월 중순 을 언명한 것은 연합국과 약속한 시한인 8월 9일 이전에 참전하지 못할 가능성 을 말한 것으로 해석할 수 있다. 실제로 소련의 정확한 작전일자는 얄타협정에 따른 소련의 대중국 이권 요구를 중국 국민당 정부가 동의하는냐에 달려 있었 다. 이를 위해 소련 정부는 포츠담회담 직전까지 국민당 정부의 행정원장 겸 외교부장 송자문(宋子文)과 모스크바에서 협상을 진행하였다.[11] 당시 소련공산

---

9) 李圭泰, 위의 책, 48~49쪽.

10) Советский Союз на международных конференциях периода Великой отечественной войны 1941-1945 гг. Берлинская конференци. Т. 6, М., 1984, с. 40-41. 흥미 있는 점 은 바로 전날 스탈린은 극동군 총사령관 바실렙스키에게 전화를 걸어 군사작전을 10일 정도 앞당길 수 없겠느냐고 물었다. 바실렙스키는 군대 배치와 물자 수송상 이것은 가능 하지 않다고 보고하자 스탈린은 이에 동의를 표시했다고 한다. Василевский А. М. Дело всей жизни.воспоминания. М., 1976, с. 570.

당 정치국원이었던 N. S. 흐루시초프에 의하면, 스탈린은 군 지휘관들을 모아놓고 가능한 빨리 대일작전 개시를 재촉했다고 한다. 그렇지 않을 경우 일본이 미국에 항복을 할 것이고, 소련은 전쟁에 참가하지 못할 것이기 때문이었다.[12] 소련군이 참전하지 않은 채 전쟁이 이대로 끝난다면 전후 아시아에서 소련의 권리와 발언권이 약화될 수도 있는 긴박한 상황이었다. 소련으로서는 이미 약속 받은 이권을 어떻게 해서든 지켜내야 했다. 더구나 스탈린은 미국이 대일전 참가 대가로 약속한 것들을 이행할지 의구심을 보였다.[13] 스탈린과 좋은 관계를 유지했던 루즈벨트가 사망하고, '예측하기 힘든' 트루먼이 대통령을 승계한 상황에서 소련은 초조감을 가진 것이 분명했다.

그렇다면 소련의 개전 일자 결정은 어떻게 이루어진 것일까? 1945년 6월 말 소련군 최고총사령부는 대일전 계획을 확정하였다. 처음 전투작전은 8월 20~25일 사이에 시작해서 1개월 반~2개월에 끝내도록 계획되었지만 포츠담회담(7월 17일~8월 2일) 이전 소련군 총참모부는 개전일자를 8월 11일로 정했다.[14] 하지만 이때는 한반도에서의 지상 작전이나 점령에 대한 논의는 없었고, 만주를 포함하여 해·공군의 작전구획만을 획정하였다. 동해안쪽에서 작전을 담당한 소련 태평양함대의 임무 중 하나는 일본 함정의 북조선 항구 정박을 저지하는 것이었다. 북조선 항구의 장악 임무는 정작 전투작전 개시 후에 부여받았다. 지상군의 투입도 개전이 임박하면서 소련 측에서 독자적으로 결정한 것이었다. 앞서 살펴보았듯이, 스탈린은 한반도 내 외국군 주둔에 대해 반대하는 입장을 여러 차례 내놓았지만 상황에 따라 투입 가능성은 열어놓았다. 소련군 총참모부

11) 양측 간의 협상 타결은 소련의 참전 이후인 8월 14일이었다. 이때 소련과 중국 국민당 정부 간에는 〈중소 우호동맹조약〉이 체결되었고, 그밖에 중국 장춘 철도, 여순항, 대련항에 관한 협정 등 소련의 이권과 관련한 협약이 맺어졌다. 양측의 협정 내용에 관해서는 Внешняя политика Советского Союза в период Отечественной войны. с. 458-476 참조.

12) Хрущев Н. С. Воспоминания. Время, люди, власть. Т. 1, М., 1999, с. 633. 흐루시초프는 이때가 언제인지 밝히지 않았지만 히로시마 원폭이 투하된 8월 6일 직후였을 것이다.

13) 위의 책, с. 633-634.

14) Советско-японская война(9 августа - 2 сентября 1945 г.). М., 2006, с. 242-243.

는 일본군을 완전히 고립시키기 위해 군대가 지원을 받을 수 있는 지역에 대한 공격을 고려하였는데, 그 가운데 조선이 우선 지역으로 꼽혔다.[15] 더욱이 조선 인들이 일본을 극도로 증오하고 있는 데다가 조선이 만주의 관동군과 지리적으로 멀리 떨어져 있어서 소련 연해주로부터의 타격에 의해 쉽게 단절될 수 있다는 것이 일본의 약점으로 인식되었다.[16] 이로 보아 북한 북부지역으로의 군대 투입은 군사적 측면에서는 사실상 예정되어 있었다고 볼 수 있다.

스탈린은 8월 7일 오후 4시 30분에 9일 공격작전 지령에 서명하였다. 개전 일자로 9일을 선택한 것은 준비 부족에도 불구하고 참전 일자를 준수함으로써 연합국과 약속한 날짜를 지키려는 의지가 내포된 것이 틀림없다. 소련 외무상 몰로토프는 8월 8일 미·영 대사를 불러 당일 5시에 일본 대사에게 통보한 소련의 대일전 참전 성명에 관해 언급하였다. 그는 이로써 소련 정부가 독일 항복 2~3개월 후 대일전 참전에 대한 소련의 의무가 정확히 집행되었음을 강조하였다.[17] 약속 일자를 지킴으로써 혹시 나올지 모르는 동맹 측의 이의제기를 사전 봉쇄한 셈이다. 이에 더해 미국의 원폭 투하가 본래 예정된 참전 날짜를 앞당기게 했음은 말할 것도 없다. 말하자면, 소련의 '조기' 참전은 우선적으로 미국의 원폭 투하에 따라 일본이 먼저 항복할 것을 우려한 스탈린의 초조감에 더하여 참전 일자를 준수한다는 약속이 결합한 것으로 볼 수 있다.

소련군의 북한 진격과 대일전투

8월 9일 0시를 기해 소련군은 전장 4천 km가 넘는 전선에서 관동군을 주력으로 한 일본군을 상대로 전면공격을 개시하였다. 이 시기 미국과 소련이 보인 행동은 서로에 대한 견제와 경계심을 적나라하게 보여 주었다. 미국이 소련에

[15] Штеменко С. М. Генеральный штаб в годы войны. М., 1975, с. 413-414.

[16] 위의 책, с. 412.

[17] Советско-американские отношения во время Великой Отечественной войны. Т. 2, М., 1984, с. 478.

사전예고 없이 대일 원폭 투하를 감행함으로써 일본의 조기 항복을 받아 소련 군의 참전을 무산시킬 의도를 보였다면, 소련은 피폭을 당한 일본이 미국에 조기 항복할지도 모른다는 우려에서 참전을 서둘렀다고 볼 수 있다. 소련군의 공격은 일본군이 미처 예상하지 못한 기습 작전이었다. 일본은 소련 극동군으로의 군수물자 수송이 계속되었던 까닭에 개전이 좀 늦어질 것으로 판단한 듯하였다. 몇 시간 전에 개전을 통보 받은 주 모스크바 일본 대사 사또(佐藤)는 본국에 소련의 선전포고문을 타전하려 했지만 공관 내 통신기 파손으로 실패하였다.[18] 이 때문에 소련군의 임박한 개전 계획은 국경전선에 있는 일본군에 전달되지 않았다.

소련 극동군 총사령부는 자바이칼 전선군, 제1, 2극동전선군, 태평양함대, 아무르강 적기 소함대로 이루어진 부대들을 지휘하였다. 소련공산당과 정부는 대일전 수행에 있어 바실렙스키 원수에게 막대한 권한을 부여하였다. 수적으로 볼 때 170만 명이 넘는 소련군 총병력 수는 75만에 불과한 일본 관동군에 비해 압도적인 우위를 보였다. 대한반도 작전에 관여한 군대는 사령관 K. A. 메레츠코프 원수와 군사위원 T. F. 슈티코프 상장이 이끄는 제1극동전선군 소속 제25군과 태평양함대였다. 제25군 사령관으로 임명된 I. M. 치스차코프 대장은 스탈린과의 면담에서 이 직위를 부여받았다.[19]

제1극동전선군 예하 군 가운데 만주와 한국에서 일본군을 축출할 작전의 주력은 제1군과 제5군이었으며, 제25군은 부차적이고 보조적인 역할을 맡았다. 제25군은 국경선을 굳건히 지키고 제1극동전선군의 좌익을 보장하는 것을 기본 과업으로 하였으며, 인접 군 진영에서 돌파작전이 이루어진 후에야 주력을 동원하여 남서 방면에서 공격을 지속하도록 했다.[20] 25군은 처음 작전계획에서 직접적인 한반도 진공 임무를 부여받지 않았다. 다만 I. S. 유마셰프 해군대장이

---

18) 金基兆, 『38線 分割의 歷史』, 서울: 東山出版社, 1994, 221~222, 227쪽.

19) Освобождение Кореи. М., 1976, с. 12. 치스차코프와 함께 제25군 부사령관으로 P. F. 라쿠친과 참모장 V. I. 펜콥스키가 임명되었다.

20) 〈제25군 전투작전 일지(1945년 8월 9~19일)〉. ЦАМО, Ф. 379, оп. 11019. д. 8. л. 21.

이끄는 태평양함대의 예비전력은 조선 북부항구로 1개 보병군단 규모의 부대를 상륙시킬 수 있도록 하였다. 그럴 경우 제25군은 이 상륙부대와 합동으로 훈춘(琿春), 회령, 청진 방면을 공격할 수 있게 하였다.[21] 다시 말해서, 태평양함대는 처음에는 북조선 항구에서 일본 선박의 정박을 저지하는 임무가 부여되었지만 전투 과정에서 항구도시들을 점령하라는 추가 임무를 받았다. 이 모든 증거는 애초에 소련 지상군이 한반도 북부의 일부 지역을 대상으로 한 작전을 제외하고 종심작전 계획을 수립하지 않았음을 보여 주고 있다.

8월 9일과 10일 P. N. 레메스코 공군중장이 지휘하는 소련 태평양함대 소속 공군은 웅기, 나진, 청진 소재 일본 해군기지에 폭격을 가했다. 동시에 태평양함대 수뢰정들은 적 함선에 타격을 가해 10일 오전 제25군 예하부대는 경흥을 점령하였다. 제25군의 보조적인 역할은 10일부터 새로이 변경되어 전선의 주요 타격 방향으로 나서게 되었다.[22] 11일에는 태평양 함대 소속 정찰대원 140명이 별다른 충돌 없이 웅기항에 상륙하였고, 그 이튿날 육전대 주력이 도착하여 제25군 제393보병사단과 공동으로 이 지역을 장악하였다.[23] 소련군의 웅기 상륙에는 88여단 조선인 대원 오백룡이 참가했다. 그는 서수라 전투를 거쳐 나진, 청진 방면으로 진격하였다고 한다.[24] 그밖에 소련군에 파견된 일부 조선인 대원들이 참전한 것으로 보인다.

8월 12~13일 제393보병사단은 나진시로 진출하여 일본군 보병대대와 교전을 벌였으며, 도시 외곽의 건물에 있던 자동화기 부대를 괴멸시키고 이 도시를 점령하였다. 육전대와 합동작전에 의해 수행된 나진 점령은 일본 해군기지이자 대단위 산업의 중심지인 청진에 진출하는 데 유리한 조건을 제공하였다. 가장 주목할 만한 전투는 13~16일에 걸쳐 청진 지역에서 벌어졌는데, 한반도 지역

[21] 위의 문서.

[22] Чистяков И. М. Служим Отчизне. М., 1985, с. 269.

[23] Вноченко Л. Н. Победа на Дальнем Востоке. М., 1966, с. 228.

[24] 오백룡, 「조국해방을 위한 성전에 참가하여」, 『항일빨찌산참가자들의 회상기』 4, 평양: 조선로동당출판사, 1968, 151~155쪽.

내 대일 전투 가운데 가장 규모가 큰 작전이었다.[25] 일본군의 강력한 요새지역인 청진에는 4천 명의 수비대가 배치되어 있었다. 소련 해군 함대는 일본군대의 해양 탈출을 저지하고 항구를 탈취하며 연안을 따라 진격하는 제25군과 합동작전을 전개할 것을 명령받았다.[26]

8월 13일 정오 해군 정찰대와 기관총 중대를 태운 6척의 수뢰정이 청진항에 돌입하여 전투를 개시하였다.[27] 곧이어 주력 부대들이 해상으로부터 투입되어 청진에서 일본군을 격파하기 위한 치열한 전투를 전개하였다. 한편으로 8월 14일 오후 제393보병사단은 제505보병연대와 함께 청진으로 진격을 위해 경흥, 웅기, 나진 도로를 따라 움직였다. 16일에 이르러 제393보병사단은 동틀 무렵부터 일본군 나남 보병사단 보병대대와 청진 북쪽 12km 지점 언덕 접근로에서 전투를 벌여, 15시경에 이를 격퇴하고 청진시 외곽에서 소련군 육전대 부대 및 제335보병사단 구분대와 합류하였다.[28] 4일간에 걸쳐 청진 장악을 위한 격렬한 전투는 이렇게 종결되었다.

8월 17일 제393보병사단은 나남 방면으로 진격하여 이 도시를 점령하고 부령 근교에서 전투를 치렀으며, 일본군 나남사단 부대들을 남쪽과 북서쪽으로 퇴각시켰다. 소련군은 해로를 통한 일본군의 탈출을 차단하기 위해 19일에 어대진(漁大津), 21일에 원산에 육전대를 상륙시켰다. 소련군의 군사작전은 주로 함경도를 중심으로 전개되었기 때문에 서북지방의 진주는 다소 늦게 이루어졌다. 24일 제25군 제39보병사단 낙하부대가 평양과 함흥에 투하되어 일본군의 항복을 받았다.

8월 14일 일본은 무조건 항복을 권고한 포츠담선언을 받아들였고,[29] 그 다음

---

25) История второй мировой войны 1939-1945, Т. 11, с. 281. 소련군 육전대의 청진 작전에 관해서는 Бабиков М. А. На восточном берегу. М., 1969, с. 92-132 참조.

26) Чистяков И. М. Служим Отчизне. М., 1985, с. 276.

27) Осбовождение Кореи. М., 1976, с.126.

28) 〈제25군 전투작전 일지(1945년 8월 9~19일)〉. ЦАМО, Ф. 379, оп. 11019. д. 8. л. 54.

29) 1945년 7월 6일 포츠담에서 미·영·중 정부는 일본에 무조건적인 항복 선언을 포고한 바 있었다.

날 일왕 히로히토(裕仁)는 방송을 통해 항복을 알렸다. 그러나 항복 선언 이후에도 일본 정부는 곧장 군부대들에 전투중지와 항복 명령을 내리지 않았다. 이에 스탈린은 일본군의 무조건 항복이 있을 때까지 전투행동을 계속 수행할 것을 명령하였다.[30] 그것은 일본군이 17일 예하부대에 항복명령을 전달했음에도 일부 지역에서 전투를 중단하지 않았기 때문이기도 했지만 전황의 주도권을 확실히 장악하려는 의도로 볼 수 있다. 산발적인 전투는 일본군이 완전히 항복한 20일까지 계속되었다.

이미 사기를 잃은 일본군의 상태로 보아 소련군은 단번에 한반도 전역을 장악할 수 있는 위치에 있었다. 그럼에도 소련이 미국의 38선 분할점령을 아무런 이의 없이 수용한 이유는 무엇일까? 이 점을 파악하는 데는 당시 미·소관계와 소련의 동북아 이해관계를 다각적으로 살펴볼 필요가 있다.

첫째, 당시 소련 측 이해관계의 초점은 막 전쟁을 끝낸 유럽 문제에 있었다. 막판에 일본과의 전쟁에 참가하기는 했지만 1941년 이래 태평양전쟁을 주도적으로 치러온 미국에 비해 동북아에서 자국의 '권리'를 주장하기에는 충분한 힘과 명분이 약했다. 둘째, 앞서 살폈듯이, 전후 한반도는 강대국 일방의 독점을 피해야 했다. 한반도가 장차 신탁통치 지역이 되리라는 것을 미국과 잠정 합의한 상태에서 군사적인 전체 점령에 의미를 두지는 않았을 것이다. 셋째, 보다 현실적인 이유로 소련은 동북아지역에서의 주된 관심을 만주와 일본에 두었다. 일반명령 1호에 대한 스탈린의 반응도 어떻게 해서든 일본의 점령에 일부만이라도 참여하고픈 욕구가 드러난다.[31] 즉 일본 점령에 참여하고자 하는 희망이 미국의 한반도 분할 점령을 이의 없이 받아들이도록 한 것으로 볼 수 있다. 넷째, 이때만 해도 미·소는 반파쇼연합국가로서 국제문제 처리를 두고 심각한 갈등이나 긴장관계에 있지 않았다. 한반도에 대한 미국의 이해와 관심을 익히 파악하고 있던 소련이 앞장서서 양국의 '협력'을 깨뜨릴 수 없는 노릇이었다. 다만

---

30) Штеменко С. М. Генеральный штаб в годы войны. с. 435.

31) Ванин Ю. В. Окончание второй мировой войны и Корея. - "Проблемы Дальнего Востока." М., 1995, No. 6, с. 64.

처음부터 지상군의 투입을 확정짓지 않고 개전과 함께 전격 투입하게 된 것은 바로 일본의 분할 점령에 대한 미국의 거부가 가장 큰 영향을 미쳤다고 볼 수 있다. 또한 대일 작전 지역에 한반도가 포함된 관계로 일본의 항복 후 군대 주둔이 불가피하게 된 것도 중요한 이유가 될 것이었다. 한반도 북부에 대한 점령은 처음에는 몇몇 항구도시를 대상으로 한 것이었고, 전면적인 점령은 일본의 항복 직후 미국의 일반명령 1호를 수용하면서 이루어졌다.

38도선 획정은 일본군의 항복 접수를 위한 것이었지, 미군과 소련군의 장기 주둔 문제를 결정한 것은 아니었다. 뒤에서 언급하겠지만, 소련이 북한에 자국 군대의 장기 주둔을 계획한 흔적은 없었고, 그럴 의사도 없어 보였다. 오히려 군대 주둔을 임시적인 조치로 간주하였다. 소련은 전쟁 이전부터 한반도에 군대 투입을 반대했고, 어차피 한반도 문제에 대해서는 미국, 영국 등 연합국과 공동으로 해결하겠다는 방침을 우선시하였다. 이 점에서 소련군이 진주한 동유럽과 비교하여 이해관계의 척도가 달랐다고 볼 수 있다. 다만 한반도는 시간이 지나면서 미·소 간 대립과 갈등이 본격화되자마자 그 전략적 가치가 급격히 상승하게 되었다.

일본 천황의 항복 선언에도 불구하고 일본군은 즉시 무기를 내려놓지 않았다. 8월 16일 소련군 총참모부는 일본군의 실질적인 항복은 아직 없고, 소련과 '장난치려고' 하기 때문에 공격작전을 계속할 것을 작전부대에 전달하였다.[32] 그러나 이튿날 스탈린은 극동군 지휘관들에게 다음과 같은 훈령을 하달하였다.

1. 일본군이 무기를 내려놓고 항복한 전선지구에서는 군사행동을 중지할 것. 일본군 포로에 대한 대우를 잘 해줄 것.
2. 일본으로부터 해방된 만주 도시들에서 장개석이 임명한 행정부에 의해 중국기가 게양될 수 있으며, 이에 대해 중국 행정당국을 방해하지 말고 질서를 수립하는 데 공조할 것.

[32] Мерецков К. А. На службе народу. Страницы воспоминани. М. 1969, с. 437-438.

3. 우리 군대가 노획한 식량, 연료, 무기 및 일체의 장비, 차량 및 기타 자산 등의 창고는 우리의 전리품으로 간주하여 중국인들에게 넘기지 말 것.
4. 이 명령을 연대 지휘관들에게까지 전달할 것.[33]

이 훈령은 각 전선에서 일본군의 항복을 수용하는 명령이었으며, 동시에 국민당 정부기관을 실질적인 통치기구로 인정하는 명령이었다. 소련군의 대일전 참전 직전 스탈린이 직접 국민당 정부 외교부장 송자문(宋子文)과 수차례에 걸쳐 협상 후 나온 후속 조처였다. 또한 독일 등 유럽전선에서 취했던 것처럼 노획 물자를 전리품으로 간주하도록 하였는데, 이는 조선에 진주한 소련군에게도 동일하게 적용되었다.

한반도에서 일본군의 저항이 멈춘 것은 8월 18일이었고, 심지어 원산에서는 22일에 항복이 이루어졌다. 전투가 벌어진 이외의 지역에서 일본군의 항복은 소련군의 진주와 함께 이루어졌다. 8월 25일경 일본군의 무장해제는 완료되었고, 9월 초 25군 부대는 38도선까지 진출하였다. 소련군이 남쪽으로의 진격을 멈춘 것은 미국과 소련이 일본군의 항복 접수선으로 38도선을 규정한 미국의 '일반명령 제1호'를 그대로 수용했기 때문이었다.

소련의 대일전은 열흘 정도에 불과하였고 일본의 항복 선언이 신속히 이루어진 반면에 전투는 예상보다 격렬함을 보여 주었다. 일본군 전체 전사자는 83,737명이었고, 전쟁포로는 9월 3일 이후에 항복한 인원 수 79,276명을 포함하여 640,276명에 달했다.[34] 제25군 사령관 치스차코프의 회고에 의하면, 제25군은 6천 명의 장군 및 장교를 포함하여 총 17만 명의 일본군 포로를 잡았다.[35] 소련군이 입은 인명 손실 역시 적지 않은 규모였다. 대일전에 참전한 3개의 전선군

[33] "소련극동군 총사령관 A. M. 바실렙스키, 자바이칼 · 제1 · 제2극동전선군 사령관들인 R.Ya 말리놉스키, K. A.메레츠코프, M. A. 푸르가예프, 태평양함대사령관 I. S. 유마셰프에게 보내는 최고총사령부의 훈령 №11126(1945.8.17.)." И. Сталин. Сочинения 15(часть 3), Ноябрь 1944-Сентябрь 1945. М., 2010, с. 872.

[34] Россия и СССР в войнах XX века. Потери вооруженных сил. М., 2001, с. 516.

[35] Освобождение Кореи. Воспоминания и статьи. М., 1976, с. 48.

즉, 자바이칼전선, 제1극동전선, 제2극동전선은 도합 3만 5천 명 이상이 전사, 부상 혹은 질병 등의 피해를 입었다.[36] 이 가운데 조선으로의 진격을 담당한 제25군이 전체적으로 입은 피해는 사망 1,446명을 포함하여 총 4,717명의 사상자를 기록하였다.[37]

한반도 내 전투에서 입은 인명 피해를 보면 전투의 양상을 간접적으로 확인할 수 있다. 공식통계에 따르면, 한반도 전투 과정에서 입은 소련 지상군과 해군의 사상자 총수는 1,963명에 이르렀고, 이 중 전사자는 691명이었다.[38] 한반도 내 소련군 전사자 691명은 중국 내 전사자 9,272명에 비한다면 수치는 크지 않지만 전장 규모 및 짧은 작전 기간을 볼 때 일본군의 저항과 전장의 강도가 만만치 않았음을 알 수 있다. 더구나 한국전쟁 3년 동안 소련군의 총 전사자 수가 299명이었는데, 실질적으로 10일 남짓한 기간에 그 배 이상의 희생자가 난 것을 감안하면 대일 교전이 꽤 치열하게 전개되었음을 알 수 있다.

소련·러시아 측은 한반도 해방에서 소련군의 주도적 역할을 줄곧 강조해왔다. 소비에트 시기와 그 이후에 나온 한국 관련 두 저술의 다음 인용문은 그 논리를 잘 표현해 주고 있다.

> 1945년 8월 소련군은 조선 북부에서 일본군에 맞서 전투행동을 벌였고, 그들의 승리적인 결과는 온 나라의 운명에 분명한 영향을 주었다. 소련군의 신속하고도 가공할 타격에 의해 도처에서 일본의 군, 경찰 기구가 붕괴되고 식민기관이 완전히 마비되었다. 이를 통해 자유와 독립을 향한 조선의 도정에서 주요 장애가 제거되고, 가장 중요한 민족적 과업이 실현되었다.[39]

36) Гриф секретности снят. Потери Вооруженных Сил СССР в войнах, боевых действиях и военных конфлитах. Статистическое исследование. М., 1993, с. 281-283.

37) "1945년 8월 31일 현재 제1극동전선군 제25군 병력 손실 통계", ЦАМО, ф. 379, оп. 11019, д. 9, л. 24.

38) Гриф секретности снят. Потери Вооруженных Сил СССР в войнах, боевых действиях и военных конфликтах. Статистическое исследование. с. 325; Людские потери СССР в Великой отечественной войне. СПб., 1995, с. 80-81.

39) СССР и Корея. М., 1988, с. 131.

소련군은 조선인민에 해방을 가져다주었다. 다른 국가의 군대나 어떠한 조선의 무장세력도 조선의 해방에 직접 참가하지 않았다. 미국의 군대는 관동군이 항복한 지 25일이 지난 9월 9일에야 반도의 남쪽에 상륙했던 것이다.[40]

일제의 식민지 기관은 소련군에 의해 붕괴되었고, 조선인의 민족적 과업은 소련군의 승리에 의해 보장되었다는 것이다. 소련군이 한반도를 해방시켰다는 소련·러시아 측의 논리는 크게 다음의 두 가지 측면에서 그 근거를 두고 있다. 첫째, 소련군은 연합국 가운데 한반도에서 일본군과 전투를 벌인 유일한 군대라는 점이다. 미군이 일본과 장기전을 치렀지만 정작 한반도에서 피를 흘린 건 소련군이었다는 것이다.[41] 둘째, 한반도의 해방은 일본의 항복을 통해 이루어졌는데, 소련군이 참전하지 않았더라면 일본은 곧장 항복하지 않았을 것이라는 판단이다.

하지만 우선 일본의 항복을 재촉한 요인으로는 일본군의 지속적인 전력 약화를 빼놓을 수가 없는데, 이를 가능케 했던 것은 1941년 12월부터 진행된 미국과의 태평양전쟁이었다. 이 전쟁을 통해 일본의 전쟁 수행 능력이 현저히 떨어지게 된 것은 말할 것도 없다. 더구나 일본은 미국의 원폭 투하로 결정적인 타격을 받았다. 여기에 소련군의 참전은 일본 지도부의 마지막 남은 전의마저 상실시킨 요인이 되었다고 볼 수 있다.[42]

소련군의 진주와 자치기관의 탄생

소련군의 대일전 참전은 동아시아에서 자국의 이익을 계산에 넣은 가운데 이루어졌다. 소련 측의 대일전 참전의 기본 목표는 일본군국주의를 분쇄하고 제2

---

[40] История Кореи(Новое прочтение). М., 2003, с. 329-330.

[41] 유리 바닌, 「한국의 해방: 러시아의 시각」, 『현대북한연구』 제3권 제2호, 2000, 295~296쪽.

[42] 이에 대해 이완범은 이렇게 언급하고 있다. "일본은 소련을 미국 진영으로부터 분리하려고 노력했으나, 마지막 단계에서 소련이 단호한 태도를 보였으므로 미국과 소련을 하나로 간주할 수밖에 없었다. 일본은 미국 혹은 소련 단독의 힘에 굴복하여 항복했던 것이 아니라 두 세력의 유기적인 결합 때문에 항복했던 것이다." 이완범, 앞의 글, 283쪽.

차 세계대전을 종결시키는 데 있었다. 여기에 덧붙여서 앞서 언급한 얄타회담에서 합의된 참전조건 역시 이 범주에 속했다. 그런데 한반도와 관련한 참전 목표는 이후 슈티코프의 보고에서 다뤄지고 있다.

> 소련은 제정러시아 시기에 빼앗긴 남사할린을 회복하고 대양으로의 자유로운 출구를 보장하며 동방에서 일본의 위협을 제거할 뿐 아니라 일본 식민지적 억압에서 해방된 만주와 조선이 다시금 어떤 다른 국가에 종속되거나 소련에 대한 공격을 위한 위태로운 근원지 또는 군사기지로 전변되는 것을 방지하는 것을 자신의 전쟁 목표로 삼았다.[43]

전후에 작성된 것이기는 하지만 이 목적은 소련의 참전 동기를 가장 핵심적으로 요약한 것이다. 특히 한반도는 어느 특정 진영에 속하거나 그를 위한 군사적 기지 역할을 해서는 안 된다는 입장을 확고히 드러냈다고 볼 수 있다. 여기에는 한반도가 타국에 종속되는 것을 허용하지 않겠다는 의미와 더불어 자국 역시 한반도를 독점하지 않겠다는 것을 내포하고 있었다.

한반도로 진격할 당시 조선에 대한 소련의 시각은 분명했다. 바로 조선을 일본과 같은 편이 아닌 일본의 적으로서 바라보았다. 진격 당시 소련군 측이 살포한 한국어로 된 선전물은 '조선사람들이여! 자기의 압박자들을 반대한 신성한 전쟁에 일어나라. 당신들은 자기의 열렬한 투쟁으로써 자유롭고도 행복스러운 생활을 할 자기의 권리를 도로 찾을 것이다. …우리는 당신들을 친선인민으로 보아 방조하겠다'[44]고 강조하였다.

소련은 자국군의 북한 진공을 식민지 영토에 대한 '해방적 사명'을 충실히 이행하는 것으로 보여 주고자 하였다. 소련군이 또 다른 점령군이 아닌 일제를 몰아낼 해방군임을 강조한 것이다. 전쟁에서 조선인들의 협조를 받는 것은 그러한 사명을 완수하는 데 응당한 조건이었을 것이다. 주조선 소련 총영사 폴란

---

43) "조선의 정치 상황에 대하여." РГАСПИ, ф. 17, оп. 128, д. 1119, л. 128.
44) "조선인들이여!" ЦАМО, ф. 32, оп. 11318, д. 196, л. 229-229об. 위 인용문은 한글 맞춤법 표기에 따라 수정하였다.

스키는 8월 16일 서울의 풍경을 아래와 같이 묘사하면서 소련의 역할에 대한 의미를 부여하였다.

> 8월 16일 오전 10시부터 서울에서 정치범과 경제범의 석방이 개시되었다. 이것은 조선의 다른 도시들에서도 진행되었다. 서울에서는 정오부터 '조선 해방 만세', '붉은 군대 만세' 등의 구호를 내건 조선인들의 시위가 자연스럽게 일어났다. 건물들과 시위자들의 대열에 소련기와 조선 국기가 휘날렸다. 일부 건물들에는 연합국 깃발들이 내걸렸다.
> 시위자들은 역전으로 가서 그 앞에 있는 광장에 모였다. (중략) 시위 군중들이 (소련)영사관 지역으로 와서 집회를 실시하였는데, 그 집회에서도 조선인들이 나와 일본의 압제에서 해방시켜준 붉은 군대와 스탈린 동지에 대한 감사를 표시하였다. 시위는 붉은 군대를 맞이하기 위해 조직되었다. 왜냐하면 붉은 군대 부대들이 서울에 도착한다는 소문이 나돌았기 때문이었다.(중략) 시위에는 전부 합해 10만 명이 넘는 사람들이 참가하였다.[45]

소련을 해방자로 칭송하는 선전과 시위를 조직한 것은 지하에서 나온 조선공산주의자들이었다. 위 인용문이 소련 관리의 입장에서 자국에 유리한 측면을 묘사한 것을 감안하더라도 소련으로서는 상당수 서울 시민들이 소련군을 우호적으로 인식했을 뿐 아니라 심지어 '해방군'으로 받아들이는 상황에 고무된 것은 틀림없다.

이러한 상황 인식은 북한에서 소련군 정보장교들의 보고에 의해서도 확인된다. 25군 정치부 7과장 빌가록은 다수의 주민들은 붉은 군대의 만주와 조선 진주를 커다란 만족으로 받아들였다고 하면서 민족적, 정치적, 경제적 억압에 대해 종지부를 찍어준 소련군에 대해 '주민 다수가 붉은 군대에 호감을 가지는 것은 당연하다'고 언급하였다.[46] 이와 같이 소련군의 주민 동향 보고에는 대체로 조선 주민들이 소련군을 해방자로 인식하고 그 진주를 환영하고 있다는 낙관적

45) "게네랄로프가 쉬킨에게. 조선의 상황에 관한 간략한 정보보고." ЦАМО, Ф. 32, оп. 11306, Д. 605, л. 451-452.
46) "빌가록. 적 군대와 주민 사이에서의 사업(1945.9.14.)." ЦАМО, ф. 234, оп. 3225, д. 28. л. 45.

인 내용들이 주를 이루었다. 이러한 판단이 종전과 함께 소련군 주둔 지역에서의 정책을 세우는 기준이 되었다.

8월 24일 제25군 낙하산 부대가 평양과 함흥에 투하되었고, 다음 날 북한에서 일본군의 무장 해제는 완료되었다. 소련 정부 기관지 〈이즈베스티야〉의 종군 기자였던 루닌은 소련군이 함흥에 진주할 때의 광경을 감성적 필치로 생생하게 쓰고 있다.

> … 사람들의 파도는 당도한 사람들에게 부닥치었다. 그 순간의 남은 것은 다만 충만된 환희의 소리와 아물거리는 알지 못할 얼굴뿐이다. 그들은 보건대 몹시 중대한 것을 통지하려고 애를 썼고 사방으로 뛰어다니며 능금과 무엇인지 보지 못하던 음식을 대접하였다.[47]

해방이 미·소가 이끈 연합국 승리의 결과이지만 그중에서도 주민들과의 직접적인 접촉을 가진 군대가 소련군이었기에 그러한 분위기는 더욱 증폭되었다고 할 수 있다. 소련군이 진주한 북한의 각 도시마다 주민들이 붉은기를 흔들고 그들을 환영하는 모습은 쉽게 볼 수 있었다.[48] 이와 반대로 해방 직후 일정 기간 일부 소련 군인들의 약탈 행위 등과 같은 범죄는 주민 사이에서 소련군에 대한 반감을 일으켰다. 소련군의 일탈 행동은 얼마 지나지 않아 전반적인 상황을 장악하고 있던 공산 측에 의해 무마되었으나[49] 이 후에도 북한 내 반소반공 세력의 활동에 이념적 기반을 제공했으며 공산 측을 끊임없이 괴롭혔다.

소련군의 북한 점령은 8월 25일에 완료되었다. 이튿날 제25군사령관 치스차코

---

47) 『레닌기치』 1946년 6월 28일.

48) 태평양함대 사령부 군사회의 위원인 S. E. 자하로프의 회고에 의하면 8월 16일 웅기에서 개최된 소련군 환영대회에는 5,000명 이상의 주민이 참석하였고, 21일 소련 해군이 상륙 시에 역시 주민 5,000여 명이 붉은기를 들고 이들을 맞이했다고 한다. Освобождение Кореи. Воспоминания и статьи, c. 119, 138.

49) 1946년 1월 스탈린은 '북조선인민을 괴롭히는 군인들을 붙잡아 즉시 총살하라'는 지시를 내렸다고 한다. 김국후, 『비록 평양의 소련군정』, 서울: 한울: 2008, 138쪽. 이 지시의 정확성 여부는 확인되지 않지만 소련군 지도부가 개별 소련군 병사들의 일탈행위에 대해 단호하게 대처한 것은 확실하다.

프 상장은 비행기를 타고 평양에 도착하였다. 도착 직후 치스차코프는 북한 내 지도급 인사들과의 면담을 가진 자리에서 '붉은 군대 군인들과 전체 쏘베트 인민들의 명의로 나는 지금부터 해방된 조선의 자유로운 인민들에게 새 조선을 설립함에 전진과 가장 특수한 성과를 원합니다'라고 말하였고, 이에 대해 조선공산당 평남도당 서기 현준혁(玄俊爀)은 '이 역사적인 날에 조선 인민들이 붉은 군대, 쏘베트 인민 및 스탈린 동무에게 심절한 감사를 진정으로 드린다'고 화답하였다.[50] 8월 16일 감옥에서 석방된 현준혁은 이튿날 일본 도지사를 찾아가 평양에는 공산당이 존재하고 있고 평안도에서 모든 정치권력을 인수한다고 선언한 바 있었다.[51]

소련군의 진주와 함께 최초 대민 방침은 한글로 배포, 게시된 '군경무관의 명령서 제1호'[52]에 드러났다.

군경무관명령서 제1호

1. 모든 민사당국들은 자기의 책임 실행을 계속할 것.
2. 모든 상업기관 및 생산기업소 주인들은 자기의 사업을 계속 할 것. 상품과 식료품 및 기타 물품들의 가격은 쏘베트 군대가 오기 전 가격대로 남아 있음. 주류매매는 앞으로 특별지시가 있을 때까지 금지함.
3. 지방당국들과 평민들은 모든 학교, 병원, 진찰소 또는 기타 문화 및 공영기관들과 기업소들의 안전한 작업을 보장시킴에 백방으로 방조할 것.
4. 성당과 예배당에서 장애 없이 예배를 볼 수 있음.
5. 지방주민들은 자기가 가지고 있는 총, 탄약품, 군용물자, 군수품 및, 라디오 방송기들을 죄다 군경무관에 바칠 것.
6. 일본군대 및 군사당국의 소유로 있던 모든 창고들과 창고로 쓰던 집들은 거기에 모든 물산들이 있는 채로 쏘베트 지휘관의 관리하에 넘어감.
7. 거리통행은 지방시간으로 아침 5시로부터 저녁 9시까지 허가함.
8. 야간에는 등화관제를 꼭 실시할 것.

---

50) 『레닌기치』 1946년 7월 10일.
51) "로마넨코가 슈티코프에게, 공산당(개요)(1946.12.31.)." ЦАМО, ф. 172, оп. 614631, д. 25, л. 110.
52) ЦАМО, ф. 32, оп. 11318, д. 196, л. 235. 노어와 한글로 발행된 이 명령서는 만주의 점령 지역에도 동일하게 뿌려졌다.

이 명령서는 전쟁 이전에 작성된 것으로 사실상 소련군 점령지역에 대한 질서 유지를 위한 초기 지침으로 활용되었다. 이는 대체로 소련군 진격과 일본의 항복에 의해 발생한 상황 변화와 이에 따른 혼란을 방지하고 현상 유지에 초점을 맞춘 것으로 볼 수 있다. 특히 1항의 경우 잠정적이나마 일제기관들이 존속되는 것을 뜻하였다. 물론 이 방침은 곧바로 폐기되었고, 각지에서 새로 설립된 인민위원회 등 자치기관들이 그 역할을 대신하였다.

북한 지역에 진주한 소련군은 대북한정책 기구가 형성될 때까지는 소련군 정치기관을 통해 현지 상황을 파악하였다. 소련국 총정치국과 산하 연해주군관구 정치국, 제25군 정치부로 이어지는 군의 정치기관들이 그 역할을 맡았다. 북한에 파견된 주요 책임자들로는 소련군 총정치국 제7국 부국장 사포쥬니코프 소장, 연해주군관구 정치국 부국장 바빌로프 대좌, 연해주군관구 정치국 제7부장 메클레르 중좌, 제25군 정치부장 그로모프 대좌, 제25군 정치부 제7과장 코비젠코 소좌 등을 들 수 있다. 그들은 주민 동향 및 남북한 정세 등을 보고서에 담아 상부에 전달하고, 각종 정책 건의를 작성하였다. 이와 함께 공산당 조직을 비롯한 각 정치세력들의 활동상황 그리고 남한 내 정보 등을 수집, 상부기관에 보고하였다. 대한반도 정책의 집행 체계가 아직 완비되지 않은 상황에서 이들 정치요원들의 활동은 소련의 초기 정책의 형성에 중요한 역할을 하였다. 이들은 나중에도 슈티코프의 지휘하에 대한정책의 수립과 집행에서 계속해서 중요한 기능을 수행하였다.

소련군 정치기관들은 주민들을 대상으로 소련 군대의 진주 목적과 사명에 대한 광범위한 선전활동을 벌였다. 이때 한국어로 쓰인 약 2백만 장의 전단과 호소문이 살포되었고, 일본어 라디오 방송 102차례, 소련군과 지역민 대표가 주최한 19차례의 대규모 집회 등이 있었다.[53] 이들 선전에서는 소련군의 '해방적 사명'이 강조되는 한편, 소련군은 타국의 영토를 차지하거나 다른 인민들을 복속

---

53) "제1극동전선군 정치국 7과. 주조선 소련군 배치지역 상황에 대하여(1945.9.20.)." ЦАМО, ф. 32, оп. 11306, д. 687, л. 293-294.

시키는 등의 전쟁 목적을 가지고 있지 않다고 하였다. 또한 조선에 소비에트 질서를 도입하려는 목적을 추구하지 않는다는 것이 언급되었다.

해방이 되자 남한과 마찬가지로 북한 각지에서는 자치기관들이 속속들이 생겨났다. 초기에 인민위원회, 인민정치위원회, 보안위원회, 자치위원회 등 지역마다 다양한 명칭으로 불린 이들 자치기관은 소련군의 영향이나 지원 없이 주민들의 자발성에 기초하여 지역 명망가들이나 반일세력을 중심이 되어 북한 전역으로 확산되었다. 평양에서는 8월 15일 평안남도 치안유지회가 조직되었다가, 이튿날 조만식을 위원장으로 하는 평남 건국준비위원회로 개편되었다. 서울에서 여운형이 주도한 건국준비위원회와는 같은 칭호였지만 서로 합의하에 나온 것은 아니었다. 평남 건준의 구성은 조만식을 따르는 민족주의자들이 중심이 되었다.[54] 하지만 8월 26일 소련군 사령부가 평양에 들어오면서 평남 건국준비위원회는 좌·우가 나란히 참여한 평남 인민정치위원회로 확대·개편되었다. 조만식의 평남 건준은 현준혁이 지도한 공산당 평남도 당과 공동으로 권력기관을 꾸린 것이다. 비슷한 시기 함남 함흥에서는 도용호가 이끈 9인으로 이루어진 도인민위원회가 조직되었다.[55] 이 위원회도 좌우 연합이었다.

진주한 소련군은 대개 자치기관을 지역의 주권기관으로 인정하는 자세를 취했으며, 곧바로 자체의 방침을 이행하기 위해 이들 기관과 관계를 갖기 시작하였다. 이처럼 다수의 자치기관들은 조선인 스스로 조직하였지만 지역에 따라서는 소련군 사령부의 개입에 의해 만들어지기도 하였다. 이를테면, 평안북도 인민위원회는 치스차코프의 지시에 의해 8월 30일에 결성되었다.[56] 함경북도 도

---

54) 평남 건준은 위원장 조만식, 부위원장 오윤선, 총무부장 이주연, 재무부장 박승환, 선전부장 한재덕, 산업부장 이종현, 지방부장 이윤영, 교육부장 홍기주, 섭외부장 정기수, 치안부장 최능진, 무임소위원 김병연, 노진설, 김광진, 지창규, 한근조, 김동원 등으로 구성되었다. 공산계에 가까운 이주연과 김광진을 제외하고는 모두 민족주의계 인사들이었다.

55) "함흥에서." 『레닌기치』 1945년 10월 3일.

56) "북조선 5도대표자대회의 연설." ЦАМО, ф. УСГАСК, оп. 433847С, д. 1, л. 105.

인민위원회는 대일전 전투장이었던 청진에서 9월 말에 소련군 지도부의 개입에 의해 조직되었다.

소련군 정치기관은 주민 가운데서 '해방자'로서의 인상을 심어주기 위한 사업을 체계적으로 진행시켰다. 그 일환으로 9월 18일 소련공산당 중앙위원회 정치국은 한반도와 관련한 첫 번째 결정으로 북한 주민용 『조선신문』을 발간하기로 하였다.[57] 한글로 된 신문의 발간은 연해주군관구가 주관하였고 발행부수는 10만 부였다. 소련은 이 신문이 소련의 업적 선전과 소련-조선 관계 강화 등을 주요 내용으로 한 대주민 선전 사업을 통해 사회 전반의 친소적 분위기를 조성하는 데 큰 역할을 기대하였다.

소련군은 사회질서 유지와 주민들의 정상적인 생활환경 조성을 비롯해서 소련군 부대에 식량, 연료, 생활물품의 공급 보장 등도 중요한 과제로 삼았다. 이에 따른 소련군 통치 체계를 갖추기 위해 각 도, 군, 대도시에는 연해주군관구 군사회의의 명령에 따라 경무사령부가 설치되었다. 경무사령부는 1945년 9월 말에 모두 54곳에 설치되어 지방의 통제와 각종 정책 집행 업무를 수행하기 시작하였다.[58] 나중에 이는 북한 전체를 포괄하는 6개 도(강원도 포함), 89개 군, 그리고 평양, 진남포, 청진, 함흥, 신의주, 해주, 원산 등 7개 시로 확대되었다. 그 숫자는 최대 113개에 달하였다.[59] 경무사령부는 군 이하 단위에는 설치되진 않았지만, 면과 리에 이르는 모든 거주지역에 대한 영향력을 행사하였다. 또한 25군 사령부는 각 병단 정치과 책임자급으로 각 도에 고문관을 임명, 경무사령부의 업무를 지도하고 지방자치기관 및 각 사회조직들의 활동을 지원케 하였다.

소련 군대의 주둔 체계는 비교적 큰 혼란 없이 순조롭게 정비되었다. 대일전

[57] "북조선 주민을 위한 '조선신문' 발행에 대하여." РГАСПИ, ф. 17, оп. 3, д. 1053, л. 73.

[58] Освободительная миссия Советских вооруженных сил во второй мировой войне. М., 1974, с. 442.

[59] Курбанов С. О. История Кореи с древности до начала XXI века. СПб., 2009, с. 398.

이전 소련군은 동유럽 국가들에서 점령지역에 대한 권력 접수와 질서 재편을 경험한 바 있었다. 초기 권력 접수의 주체로서 소련군 사령부의 활동과 경무사령부의 설치는 이들 지역에서 도입된 것을 그대로 조선에 이전하는 방식을 취했다. 하지만 나중에 살펴보겠지만, 이후 대북한 정책과 정치 체계 등 많은 점에서 동유럽 국가들과 차별성이 드러났다.

경무사령관의 일차적인 정치적 과업은 붉은 군대와 소련에 대한 비방선전을 적발해내는 것이었다.[60] 소련군은 일찍부터 반소적 태도와 행동을 파시스트적인 것으로 간주하였다. 예컨대, 해방 직후 공산주의자들과 마찬가지로 여러 우익조직들도 활동을 개시하였는데, 그중 이몽(李蒙)이 지도하는 민족사회당은 130여 명의 당원과 평안남도 9개 군에 지부를 두는 등 상당한 조직력을 확보하고 있었다.[61] 실제 이 조직은 반공 활동에 역점을 두었다. 이 당은 얼마 후 소련군에 의해 친파시스트적이란 이유로 강제해산 조치되었다. 같은 맥락에서 모든 정당·사회조직에 대한 등록이 실시되었고, 친일 조직으로 보이는 단체들은 강제해산 조치가 취해졌다. 소련군에 의한 친일조직의 해산 결정은 만주와 북한 진주 시기에 이미 내려져 있었다.[62] 이들 조직의 운명은 그 친일적인 성격뿐 아니라 반소·반공적인 태도로 인해 더욱 결정적이 되었다.

9월 3일 공산당 평남도당 서기 현준혁은 조만식과 트럭을 타고가다 극우테러 단체 백의사(白衣社) 단원에 의해 피살되었는데, 이 사건은 소련군 당국을 자극하기에 충분했다. 그는 북한의 중심지인 평양의 유력 인사이자 소련 측의 가장 가까운 협력자였다. 소련군 당국은 이 사건을 민족주의자들의 소행으로 단정하고, 그 원인으로는 그가 경무사령부를 도와 민족주의자 진영의 보안대 해산 사

---

60) 〈군경무관용 개략 편람〉, ЦАМО, ф. 32, оп. 11318, д. 196, л. 99. 이 소책자는 경무사령관의 활동을 위해 만들어져 배포되었다.

61) "레베데프가 슈티코프에게. 북조선 주민의 정치적 상태 보고(1945.9.19.)." ЦАМО, ф. 234, оп. 3225, д. 47, л. 236; 洪聖俊『古堂 曺晩植』, 서울: 平南民報社, 1966, 192~193쪽. 같은 시기 이용직(李容稷)이 지도한 태극협회(太極協會)도 불법단체로 탄압을 받았다.

62) 〈군경무관용 개략 편람〉, ЦАМО, ф. 32, оп. 11318, д. 196, л. 95.

업에 가담한 데 있었다고 보았다.[63] 지역 공산주의자들은 민족사회당 당원들이 이 범행에 연루된 것으로 의심했다.[64] 동월 7일에 열린 그의 장례식에는 평양의 다수 주민들이 참여하여 자연스럽게 시위로 변모되었다. 현준혁 피살 사건에 이어 9월 16일 황해도 해주에서는 공산당 도당 간부들에 대한 무장 습격이 일어나 5명이 피살되었다.[65] 이처럼 해방 초부터 발흥한 반소·반공세력의 활동은 공산 측의 경각심과 대응 수위를 높이는 데 부족함이 없었다.

북한에 진주한 소련군이 부여받은 또 다른 주요 과업은 '구체제에서 박해받은 자, 구체제와 협력하지 않은 민주적 활동가, 붉은 군대의 투쟁에서 적극 협력한 빨치산 등 열성분자를 발탁'하는 일이었다.[66] 친소세력을 구축하여 소련의 정책 수행에 협력을 이끌어내고 장래의 정치구도에 대비하고자 함이었다. 그러나 북한에 진주한 소련군은 민족주의 지도자 조만식을 비롯한 극히 일부를 제외하곤 국내 공산주의자들을 포함하여 현지 정치세력들에 대한 구체적인 정보를 갖지 못했다. 더욱이 소련군 지도부의 눈에 상당수 현지 공산주의자들의 행동은 극좌 모험주의로 비쳐졌다. 우선 소련이 관심을 기울인 것은 공산주의자들의 노선 문제였다. 해방 직후 상당수 공산주의자들은 '주류세력'이 제기한 조선혁명의 '부르주아적' 성격을 무시하고 소비에트 질서를 모방하거나 사회주의로의 즉각적인 이행을 주장하였다. 북한에서의 이와 같은 상황을 소련군 정보기관은 이렇게 묘사하였다.

> 지역 공산주의자들은 모든 점에서 전연방공산당/볼셰비키/을 모방하고, '적위대'와 공장위원회 결성 등에 이르기까지 소비에트 질서를 모사하는 경향을

---

[63] "샤포즈니코프, 조선의 상황(1945.9.13.)." ЦАМО, Ф. 32, оп. 11306, д. 692, л. 29.

[64] ЦАМО, ф. 32, оп. 11306, д. 692, л. 51. 이 사건을 공산당 내 파벌투쟁이나 김일성과의 연계로 보는 일부 저술의 주장은 명백한 오류이다. 그러나 안타깝게도 이 사건에 대한 자세한 기록은 아직 발견되지 않고 있다.

[65] "북조선 정치 상황에 대하여(1945.9.22.)." ЦАМО, ф. УСГАСК, оп. 433847С, д. 1, л. 47-48.

[66] 〈군경무관용 개략 편람〉, ЦАМО, ф. 32, оп. 11318, д. 196, л. 100.

띠고 있다. 공산주의자들은 전연방공산당/볼셰비키/당원증 유형의 당증을 찍어내고 있다. 함흥시에서 그들은 '국가보안위원회'를 결성하였다. 그들은 조선에서 진행되는 사태를 이로부터 시작되는 결말을 갖는 혁명으로 평가하고 있다. 우리 정치기관은 그 같은 시도들을 어디서나 과단성 있게 저지하지 못하고 있다.[67]

위 인용은 초기 소련군 지도부가 '프롤레타리아 혁명'을 지향하는 일부 공산주의자들의 행동에 소련군 당국이 적절히 대처하지 못한 것을 지적한 것이다. 여기서 나온 사회주의 수립을 주장한 대표적 인물들은 오기섭(吳琪燮)과 정달헌(鄭達憲)이 나선 함남 지역 공산주의자들이었다. 소련군 당국은 이들 공산주의자들의 '좌익모험주의적' 행동을 저지하였지만 처음 이들에 대한 소련군 당국의 설득이 큰 효과를 본 것 같진 않았다. 그들의 주장이 10월 서북5도당 열성자대회에서도 반복되었기 때문이다. 물론 해방 직후 일정 기간 북쪽 공산주의자들은 남쪽 공산주의자들의 영향을 받았으며, 장안파를 비롯한 남한 공산주의자들 일부 가운데서도 '좌익모험주의적' 경향이 존재하였다. 그들이 소련과 다른 노선을 취한 것은 1935년 코민테른 제7차대회에서 채택된 '인민전선' 노선을 제대로 파악하지 못했거나 운동세력 간의 소통이 지극히 미흡하여 변화된 전략노선의 흐름을 읽지 못한 까닭이었다. 소련군 당국은 '극좌적' 경향성을 갖는 그룹에 대해 대화, 설득, 조직적 배제 등 다양한 조치를 취함으로써 공산주의 대열의 통합을 꾀하고자 하였다.

초창기 이와 같은 불협화음에도 불구하고 소련군의 북한 진주는 지역 공산주의자들의 활동에 이루 말할 수 없는 유리한 정세를 조성해 주었다. 특히 미군정이 들어선 후 불편한 위치에 처하게 된 조선공산당에 비하면 자체의 조직 역량을 별다른 제약 없이 확장시킬 가능성을 보장 받은 것이었다. 시간이 지나면서 남북 공산세력의 세력관계가 역전된 것은 이러한 상황에 힘입은 것이었다.

[67] "샤포즈니코프, 조선의 상황(1945.9.13.)." ЦАМО, ф. 32, оп. 11306, д. 692. л. 30.

'부르주아민주주의' 노선의 제기

소련군의 북한 주둔은 큰 혼란을 경험하지 않고 순조롭게 완료되었다. 대일전 이전 동유럽의 일부 지역에서 점령지에 대한 권력 접수와 질서 유지 경험을 가졌던 것이 도움을 주었을 것이다. 초기 권력 접수의 주체로서 소련군 사령부의 활동과 경무사령부의 설치는 동유럽 지역에서 도입된 것을 그대로 북한에 이전하는 방식을 취했다. 하지만 현 소련군이 취해야 할 구체적인 정책적 지침은 곧장 제시되지 않았다. 그런데 9월 14일 제25군 사령부는 정치부장 A. G. 그로모프를 통해 6개 항으로 구성된 '인민정부 수립 요강'을 발표하였다. 이 요강의 제1항은 '쏘베트연방은 끝끝내 노동자·농민정권의 수립을 소·미·영·중 4국 간에 제안할 것이다'고 밝히고 있다.[68] 이것만 보면 소련이 마치 한반도에 소비에트 정부 수립을 직접적인 목표로 삼고 있다는 것을 보여 주고 있다. 그간 많은 저술들이 이 문건에 의거하여 소련의 한반도 '공산화'에 대한 의도를 조명해왔다. 하지만 이 요강은 소련 본국으로부터 받은 지침이 아니라 제25군 사령부 정치부가 자체적으로 작성한 문서에 지나지 않는다. 이 지침은 이후 어떠한 문서에서도 발견되지 않을뿐더러 이와 상반된 다른 지침이 일관되게 강조되었기 때문이다.

소련군 지도부가 본국으로부터 대북한 정책에 대한 강령적 지침(훈령)을 하달받은 것은 해방 후 한 달여가 지난 뒤였다. 처음부터 준비된 지침이 마련되지 않았기도 했지만 현지 사정을 파악하는 데도 시간이 걸렸기 때문이었을 것이다. 1945년 9월 20일 스탈린은 극동군 총사령관 바실렙스키, 연해주군관구 군사회의 그리고 제25군 군사회의 앞으로 북한 주둔 소련군 당국이 북한에서 시행해야 할 기본적 방침을 담은 7개 조항으로 구성된 다음의 훈령을 전달하였다.

---

[68] 民主主義民族戰線 編, 『朝鮮解放年報』, 서울: 文友印書舘, 1946, 118~119쪽. 이 책에서는 이 요강의 발표자가 그로차르로 나와 있다. 이 문건의 러시아어 원본은 아직 발굴되지 않았다.

　　스탈린의 훈령은 북한 관할 소련군 지도부에 내부 지침으로 전달되었지만 해방 직후 대북한 정책의 최고 지침으로 기능하였다. 더구나 훈령의 명령권자는 다름 아닌 스탈린이었으니 군당국이 대북한 정책의 수립과 집행에서 이 훈령에 의거하게 될 것은 명확하였다.

　　훈령의 제2항과 7항을 제외한 나머지 항목은 앞에서 살펴본 25군 사령부의 포고 및 선전 내용과는 큰 차이를 발견하기 어렵다. 가령, 제1항의 '북조선에 소비에트 질서를 도입하지 말 것'은 소련군이 진주하면서 최소한 정치장교들이 숙지하고 들어온 것으로서 앞에서 살펴본 대로이다. 다만 이 주장에 대한 스탈린의 다소 혼란스러운 입장을 검토해볼 필요가 있다. 그는 제2차 세계대전이 끝나기 직전 티토(Josip Broz Tito) 유고슬라비아 대통령의 측근인 밀로반 질라스(Milovan Djilas)와의 대담에서 '이 전쟁은 과거와 같은 전쟁이 아니다. 한 지역을 점령하는 자는 또한 그곳에 자국의 사회체제를 강요한다. 모두가 자국 군대가 도달할 수 있는 한 자국의 체제를 강요한다. 그 외의 다른 방법은 없다'[69]라고 말했다고 한다. 점령국의 체제란 소비에트 체제를 의미하는 것이다. 북한에 '소비에트 질서를 도입하지 말 것'과 '자국의 사회체제를 강요한다'는 것은 분명 모순적인 태도이며, 과연 스탈린의 진의가 무엇인지 의문이 든다. 하지만 그의 두 가지 발언이 북한과 동유럽 제국을 각기 대상으로 한 것을 본다면 이 모두가 진실에 가깝지 않을까 한다. 다만 차이는 동유럽 제국이 소비에트 체제에 더 가까이 있었다는 것이고, 북한의 경우 그것이 당장의 목표 지점이 아니라는 데에 있었다. 오스트리아, 만주 등지에서 보듯이 소련이 자국군대가 진주한 모든 나라와 지역에 자국의 체제를 강요한 것은 아니다.

훈령 제2항의 '부르주아민주주의 권력(정권) 수립 방조'에 관한 조항은 소련의 대북한 정책에 있어서 핵심적인 문제이기도 하다. 부르주아민주주의 권력이란 부르주아 혁명을 수행하는 정권을 말한다.[70] 조선의 부르주아혁명 단계는 일찍이 1928년 12월 '코민테른집행위원회의 조선 문제에 관한 결의(일명 '12월 테제')'에서 규정된 바 있었다.[71] 다만 흥미로운 사실은 소련군이 진주한 어떠한 동유럽 국가도 '부르주아민주주의 권력 수립'을 진행한 사례는 찾아볼 수가 없다는 점이다. 식민지·반식민지 지역과 차이를 둔 것으로 볼 수 있지만 소련이 동유럽과 북한의 혁명 단계를 다르게 설정한 것을 확인할 수 있다. 즉, 동유럽과는 달리 낡은 봉건적 잔재가 많이 남아 있는 조선은 이를 청산하는 과정으로

---

69) Milovan Djilas, *Conversations with Stalin*. New York: Harcourt, Brace & World, Inc., 1962, p. 114. 질라스의 표현을 간접 화법으로 쓴 것은 러시아 측 자료가 확인되지 않았고, 스탈린에 적대적인 그의 말이 정확한지 확인해볼 여지가 있기 때문이다.

70) 소비에트식 해석에 따르면, 부르주아혁명은 봉건제도와 그 잔재를 타파하는 것을 목적으로 하는 혁명이며, 식민지 및 종속국에서는 민족해방의 달성을 지향한다. Большая энциклопедический словарь. Т. 1, М., 1991, с. 177.

71) РГАСПИ, Ф. 495, Оп. 3, Д. 71, Л. 137-149; ВКП(б), Коминтерн и Корея 1918-1941, М., 2007, с. 565-573.

서 자본주의적 발전 단계를 거치는 것을 우선하였다고 말할 수 있다. 물론 스탈린이 언급한 부르주아민주주의 노선은 부르주아지가 헤게모니를 잡는 전통적인 개념과는 차별을 두어야 한다. 여기에는 권력의 상당 부분을 비공산당 계열에 양도하더라도 공산당이 중요한 역할을 해야 한다는 의미가 포함된 것으로 해석할 수 있다. 이는 1946년 이후에 등장하는 공산당의 헤게모니를 전제로 한 인민민주주의 노선과도 차이가 있는 것이다.

그럼에도 지금까지 학계 일각에서는 '부르주아민주주의 권력(정권) 수립'을 해석할 때 스탈린이 북한에서의 단독정부 수립을 지시한 것으로 받아들여져 왔다.[72] 그러나 '권력/정권(власть 블라스찌)'이란 용어를 이해할 때 통상적으로 좁은 의미의 국가권력을 한정하는 경우가 일반적이지만 소련에서 '권력'이란 용어는 보다 포괄적인 의미를 갖는다. '권력'은 다양한 형태의 범주를 지니고 있다. 즉, 부모의 권력, 국가권력 등이 그것이며, 국가권력은 최고권력, 제정권력, 입법권력, 집행권력, 군사권력, 사법권력 등의 개념을 포괄한다.[73] 이처럼 러시아의 '권력' 개념은 매우 광범위한 것임을 알 수 있다. 여기에 지방권력 혹은 지방정권(местная власть)이란 명칭도 지방행정 기관을 말할 때도 사용된다.[74] 따라서 스탈린이 언급한 부르주아민주주의 권력/정권의 의미는 '북한만의 단독정권'이 아니라 반일적인 우익과 좌익을 망라하여 부르주아민주주의적 개조를 실행할 '북한 내 권력(정권)기관'인 것이다.

또한 소련식 정의에서 '권력/정권(Власть)'과 '정부(Правительство)'는 명확히 구분된다. 권력은 북한 내 정권 기관을 일컬은 것이지만 정부는 한반도 전체의 범위를 포괄한 경우에만 사용하였다. 소련군 문서에서 '정부'란 명칭이 처음 등장한 것은 1945년 11월 초 슈티코프가 김일성에 관해 언급한 문건에서

---

[72] 이와 같은 해석은 전통적 관점을 지닌 연구자 대부분이 주장하는 것이기에 특정한 예시를 들 필요는 없다.

[73] "Власть." Большая Советская Энциклопедия, http://bse.sci-lib.com/article005623.html.

[74] 북한은 소련의 '권력(정권)' 개념을 그대로 사용하기 시작했는데, 이 시기 형성된 인민위원회를 정권(권력)기관으로 불렀다.

찾아볼 수 있다. 그는 김일성을 '미래 조선 정부 내에서 알맞은 후보'[75]로 지칭함으로써 북한 내 권력과 전국적인 정부를 구분하였다. 물론 '권력'은 전체를 포괄하는 명칭일 수는 있지만 북한 정부 수립 시기인 1948년 9월 이전까지는 북한 내 권력을 지칭할 때 '정부'란 명칭을 사용하지 않았다.

　부르주아민주주의 권력(정권)을 북한만의 단독정부로 보기 어려운 것은 다음과 같은 상황에 의해서도 뒷받침될 수 있다. 첫째, 1945년 시점의 미·소 관계는 소련이 분단정권 수립을 추구할 만큼 분열된 상황이 아니었다. 오히려 당시 소련의 대외정책, 특히 대극동정책은 미국과의 협력 틀을 유지하면서 자국의 이익을 꾀했다. 둘째, 해방 정국은 좌파세력들이 급속하게 정국의 주도권을 장악하고 있던 시기였다. 그대로라면 한반도 차원에서 좌익정부가 들어 설 가능성이 높은 상황에서 북한만을 한정하여 단독정권 수립을 도모할 이유가 없었다. 셋째, 소련은 식민지 피압박민족의 해방과 독립국가 건설에 대한 지지를 대외민족정책의 기본으로 펼쳐왔는데, 해방된 지 한 달밖에 안 된 한반도에 그에 반하는 분단을 획책하기는 쉬운 일이 아니었다. 자신의 이념을 초월한 행동을 위해서는 그에 상응한 국가이익의 중대성이 전제되어야 하는데, 소련의 입장에서 반쪽 정부가 그만한 이익을 보장하는 대상이 아니었다.

　소련 측의 견지에서 '부르주아민주주의 권력' 수립 노선은 북한 내 좌우 연대를 통해 소련에 우호적인 권력 기관을 수립하여 자신의 영향이 미치는 지역에서 '친소적' 기반을 공고히 한 다음 전국적인 정부 수립에 유리한 입지를 차지하려는 복안인 셈이었다. 조선의 공산주의자들은 소련의 '부르주아민주주의 노선'을 정책적 지침으로 삼기는 했으나 그것은 스탈린에 의해 이 노선이 제시된 이후에 일어난 일은 아니었다. 1945년 '8월 테제'에 나타난 박헌영의 주장[76]에서

---

75) "슈티코프가 말렌코프, 불가닌, 쉬킨 동지에게." ЦАМО, ф. 172, оп. 614631, д. 23, л. 23.

76) 1945년 8월 20일 박헌영은 자신이 직접 작성한 '8월테제'(현 정세와 우리의 임무)에서 '오늘 조선은 부르주아민주주의혁명단계에 있다'고 밝혔다. 『이정 박헌영전집』 제2권, 역사비평사, 2004, 49쪽.

보이듯이 9월 20일 이전부터 주류적인 조선공산주의자들은 부르주아민주주의 노선을 실천에 옮기고 있었던 것이다. 다만 스탈린의 훈령은 공산주의자들 내부에 존재하는 이견을 정리해 준 계기가 되었다고 볼 수 있다.[77]

북한 내 '부르주아민주주의 권력 수립'에 관한 스탈린의 지시에 따라 민족주의자와 공산주의자 간의 연합이 중요한 과제로 대두되었음에도 소련군이 손을 잡아야할 기본 대상은 공산주의자들이었다. 그런데 소련이 진주할 당시 공산주의자들에 대한 정보는 매우 허술했다. 조만식처럼 명망 있는 민족주의자들에 대해서는 사전 정보를 접하고 들어왔지만 주로 감옥에 있거나 지하 활동을 하고 있던 공산주의자들을 파악하기란 거의 불가능했던 것이다. 이 때문에 소련군 당국은 초창기 공산주의자들의 인적 사항을 확인하는 데 주로 그들 자신의 진술에 의존해야 했다.

9월 20일자 훈령은 북한 민정사업의 지도를 보로실로프(현 우스리스크)에 위치한 연해주군관구 군사회의가 맡아 실행하도록 하였다. 대일전쟁 시 메레츠코프가 이끈 제1극동전선군은 전쟁이 끝난 후 연해주군관구로 개칭되었고, 만주와 북한 지역에 대한 지휘 업무를 맡게 된 것이다. 연해주군관구 군사회의 위원인 슈티코프는 자신의 책임하에 소련의 대북한 정책을 입안하고 집행하였다. 그의 임무 가운데는 해방 후 조선에서 정치, 경제, 사회 제부문의 체계를 형성, 발전시켜나가는 구상이 포함되었다. 9월 초순경 이미 슈티코프는 연해주군관구 군사회의 명의로 군경무사령부 업무의 정리, 모든 정당 및 사회단체의 등록, 반인민적 친일조직의 해산 등을 지시하였다.[78] 이와 함께 각 자치기관 내에서 반소적 인물들을 축출하고 신뢰할 만한 '민주적' 단체 대표들로 이를 강화시킬 방

---

[77] 소련의 대북한 '비소비에트화' 노선은 탈소비에트 시대 이후에도 상당 부분 통용되었다. 가령, 러시아 학자인 쿠르바노프는 소련군의 북한 주둔 시기 목격자의 증언을 인용하여, '소련군 사령부는 미래 조선을 시장경제를 유지하는 독립적인 중립국가로 바라보았다'고 쓰고 있다. Курбанов С. О. Курс лекций по истории Кореи. М., 2002, с. 419-420.

[78] "메클레르. 소련군 배치지역의 상황에 관하여(1945.9.20.)." ЦАМО, ф. 32, оп. 11306, д. 687. л. 296.

안들이 강구되기 시작하였다.

연해주군관구 예하 북한 주둔 소련군 제25군 사령부는 북한 지역의 복구와 행정·경제적 대책 마련 그리고 각 정치세력들과 협력 관계의 구축 등에 몰두 했을 뿐 미군이 주둔한 남한의 정국에 대한 개입이나 간섭은 시도하지 않았다. 모스크바 지도부는 그런 문제를 협의하도록 제25군사령부에 미군정과 교섭할 권한을 부여하지 않았다. 대미 회담을 통한 한반도 문제의 해결은 정부 간 차원 의 사업으로 간주되었고, 현지 군부의 역할은 북한 지역 내부 문제를 해결하는 데 한정되었다. 해방 초 소련군 사령부가 남한의 정국 흐름에 대해 공개적인 언급을 삼간 채 침묵을 지켰던 것은 그러한 역할 설정에 따른 것이었다.

2. 조선공산당의 재건과 북한 정치세력의 동향

남한 공산주의운동의 부활

일제 말 조선공산주의자들은 일제의 가혹한 탄압 속에서 고립·분산되거나 운동 휴지기에 있었다. 해방이 되자 지하, 또는 감옥에서 나온 공산주의자들은 향후 정세에 대처하기 위해 분주히 움직였다. 이들은 각기 지역적 기반을 두고 활동에 나섰으나 통일적 구심점을 갖추거나, 향후 조선의 진로에 관한 노선에서 일치된 모습을 보이지 못했다. 그들 활동의 첫 단계는 공산주의자들의 조직적 역량을 모으는 일이었다. 해방 이튿날인 8월 16일 이영(李英)[79]과 정백(鄭栢) 등 '스탈린단(團)'을 중심으로 한 일부 공산주의자들은 일명 장안파 조선공산당 을 결성하였다.

한편 자신의 칩거지였던 전남 광주를 떠나 8월 18일 서울에 도착한 박헌영은

---

[79] 장안파 지도자 이영은 1920년 이래 공산주의운동에 입문한 이후 여러 차례 체포되어 수년 간 감옥살이를 하였다. 1930년 대 중반 이후에는 사실상 운동을 떠나 있었지만 일제 말기 '스탈린단'을 조직하여 다시금 활동을 시작하였다.

우선 당시 지하에서 나오거나 출옥한 자신의 동료들을 소집하였고, 동시에 곧바로 주서울 소련영사관과 접촉을 시도하였다. 소련영사관 측이 해방 전에 이미 그의 경력에 관한 정보를 가지고 광주에 있던 그에게 비밀 메시지도 전달한 것으로 알려지고 있다.[80]

처음 조선공산주의자들과 관계를 주도적으로 이끈 인물은 부영사인 A. I. 샤브신이었다. 모스크바 동방학연구소 일본-조선과 출신인 그는 소련 최초의 『노조(露朝)사전』을 편찬할 정도로 한국어에 능통하였고, 조선 문제에 관한 한 당시 소련의 최고 전문가라 할 수 있었다. 해방이 되자마자 박헌영과 샤브신은 잦은 만남을 통해 정세를 분석하고 공산당 조직 문제 등을 논의하였다. 이러한 긴밀한 협력 속에 박헌영은 영사관 측에 자신이 직접 작성한 문건을 통해 여러 정보를 제공하기도 했다.[81] 이러한 과정은 양측의 군건한 신뢰가 전제되지 않고서는 이루어지기 힘든 일이었다. 8월 20일 경성콤그룹 중심의 인사들은 박헌영을 옹위하여 조선공산당재건준비위원회(재건파)를 발족시켰다. 재건파와 장안파의 결성 과정은 스탈린에게도 그대로 보고되었다.[82] 9월 8일 박헌영그룹은 이른바 '계동 열성자대회'를 거쳐 11일 장안파 세력의 상당수를 흡수하여 조선공산당(재건파)을 재건하였다. 1925년 창당 이후 수차례에 걸친 일제의 피검으로 해산을 반복한 조선공산당이 마침내 부활하였다.

북한에 주둔한 소련군 정치기관은 현지 정책의 기초를 마련하기 위한 조사

---

80) 중앙일보 특별취재반, 『비록 조선민주주의 인민공화국』, 중앙일보사, 1992, 280~281쪽. 이 증언은 부영사 샤브신의 부인인 F. I. 샤브시나가 한 것으로 되어 있지만 약간 의심스럽다. 무엇보다도 일제의 철저한 감시를 받고 있던 소련영사관이 위험을 무릅쓰고 박헌영과 접촉할 필요가 있었는지 의문이다. 해방 후 박헌영과 소련의 관계를 엿볼 수 있는 글로는 역시 샤브시나가 쓴 「소련의 여류 역사학자가 만난 박헌영」, 『역사비평』 23호, 1993, 167~192쪽을 참조할 것.

81) 그 가운데는 자신의 활동 이력을 기록한 〈이력서〉와 조선공산당의 재건 과정과 활동을 서술한 〈조선공산당의 재건과 그 현황〉 등이 현재 남아 있다. 그는 또한 1945년 10월 27일~11월 26일 열린 미군사령관 하지 중장과의 4차례에 걸친 대담 기록과 남한 우익세력에 대한 견해를 담은 〈우익 반동민족주의자들에 대하여〉 등의 문건을 영사관에 전달하였다. 이들 문건은 ЦАМО, ф. 172, оп. 614631, д. 37, л. 50-70에 나와 있다.

82) "슈티코프가 스탈린에게. 조선공산당의 상황." ЦАМО, ф. 172, оп. 614631, д. 23, л. 6-10.

활동뿐만 아니라 남한에 대한 정보 수집에도 몰두하였다. 하지만 소련군 당국은 당장 남한의 정세와 공산주의운동의 동향을 파악하는 데 어려움을 겪었다. 남한에 자신의 요원들이 주재할 수 없었고 또 소련외무성에 보고하는 주서울 영사관과 국방성 휘하의 군 정치기관 간의 협조체계가 원활하게 구축되지 않았던 데 그 원인이 있었다. 일정 기간 동안 한반도 관련 정보 업무를 담당한 소련군 정치요원들은 주로 북한 현지 공산주의자들을 통해 남한 쪽 정보를 수집하였다. 따라서 각종 정보 획득은 간접적인 성격에서 벗어나지 못했으며, 이로 인해 소련 측이 남한의 정확한 사정을 신속하게 이해하기는 용이하지 않았다. 소련 측의 정보활동이 수월해지게 된 것은 북한 주둔 소련군 지도부와 조선공산당의 연결 체계가 확립되면서부터였다.

소련군 당국과 박헌영 측의 연계는 자연스럽고 당연한 수순으로 보였다. 양 측의 연결은 다소 늦은 9월 중순 이후에야 형성된 것으로 보이며, 얼마간은 상호 간의 간접적인 교류에 의존하는 경향이 있었다. 그러나 그 후로 조공 측 인사들과 샤브신 부영사를 비롯한 영사관 직원들이 평양에 자주 왕래하였고, 소련군 요원들도 직접 남한에 파견되어 현지 사정을 파악하기도 하였다.[83] 나중에 박헌영 측의 '정통성'이 보장된 이후로 조공과 소련의 관계는 알려진 것보다 더욱 밀접하게 진행되었다. 조공이 얼마만큼 소련에 의지하고자 했는지는 조공 기관지 『해방일보』 창간호를 보면 알 수 있다. 여기에는 노어로 '해방'을 뜻하는 'Освобождение'라는 용어가 영어 'The Emancipation'과 나란히 1면 상단에 찍혀 있는데, 당시 신문용 노문 활자가 확보되지 않은 상황에서 영문 활자를 활용하였고, б, ж, д처럼 표기가 어려운 활자는 수작업으로 고쳐 표기할 정도였다.

장안파공산당은 박헌영 측의 대세를 인정하고 당 해체를 결의하였지만 이영, 최익한, 정백 등 핵심인물들은 이 대열에 합류하지 않고 자신들의 당을 계속해서 유지하면서 박헌영이 이끄는 재건파조공과 대립하게 되었다.[84] 조직이나 영

---

83) Шабшина Ф. И. Южная Корея 1945-1946. Записки очевидца. М., 1974, с. 139.

향력 면에서 장안파는 재건파 조공의 경쟁자가 되기는 힘들었다. 재건파조공은 각 지방단위의 당 조직들의 설립을 위해 신속하게 발걸음을 재촉하였고, 이 점에서 이영그룹과 상당한 차별성을 보였다. 재건파 조공 지도부는 전국 각 지방에 박헌영의 신임장을 소지한 '전권위원'들을 파견했다. 북한 지역에서는 1945년 9월 초에 이미 황해도, 평안남도, 평양시, 그리고 다른 군들에 일부 영향력 있는 당조직들이 설립되었고, 이들은 장안파공산당을 거부하였다.[85]

이와 같은 남한 공산주의자들의 움직임은 시기적으로 볼 때 막 북한에 들어와 조직 정비에 몰두하고 있었던 소련군 지도부와는 어떠한 연계도 가질 수 없었다.[86] 물론 재건파조공의 경우 박헌영이 소련부영사 샤브신과 협의를 거쳤다고는 하나 그것은 한낱 '조언' 수준이었지 개입과는 거리가 멀었다. 반면 소련 측은 '두 개의 공산당 중앙위원회'에 주목했으며, 공산주의자들의 분열상에 당혹감을 감추지 못했다.

박헌영은 자신의 '8월 테제'에서 조선 혁명의 단계를 부르주아민주주의혁명으로 규정하고, 비록 민족 부르주아지에 대한 다소 부정적 입장을 취했더라도 다양한 계층의 단결을 통한 민족통일전선의 결성을 옹호하였다.[87] '8월 테제'는 소련 측의 관여 없이 만들어진 박헌영그룹의 전략적 방침이었지만 기본적으로는 조선의 혁명을 부르주아민주주의 단계로 설정하고 반일적인 통일전선을 강

---

[84] '두 공산당'의 분파투쟁에 대해서는 정용욱, 「조선공산당 내 '대회파'의 형성과정」, 『國史館論叢』 제70집, 1996; 이주환 「解放直後 朝鮮共産黨內 分派鬪爭과 '北朝鮮分局'」, 『東國史學』 第三十八輯, 2002 참조.

[85] "조선의 상황에 대하여." РГАСПИ, ф. 17, оп. 128, д. 266, л. 195. 장안파 역시 북한 지역에 조직 건설을 시도하여, 평남에 현준혁(玄俊赫), 황해도에 김덕영(金德泳)을 각각 책임자로 임명하였다. 「八月 十五日 朝鮮共産黨 組織經過 報告書」, 『朝鮮共産黨文件資料集(1945~46)』, 한림대학교 아시아문화연구소, 1993, 8쪽.

[86] 박헌영의 조공 재건이 소련 정치 지도부의 인정을 통해 이루어졌다는 주장도 있으나, 이는 사실과 다르다. 예를 들면, 崔永禧, 『격동의 해방3년』, 한림대학교 아시아문화연구소, 1996, 29쪽.

[87] "현정세와 우리의 임무('8월 테제')." 김남식, 『남로당연구 I』, 서울: 돌베개, 1984, 515~529쪽. 1945년 8월 20일에 나온 '8월 테제' 초본(노역본)은 ЦАМО ф. 32, оп. 11306, д. 605, л. 458-467에 실려 있다. 당시 북한에서 '자본혁명'으로 불린 부르주아민주주의혁명이란 표현은 나중에 그대로 쓰이지 않고 반제반봉건혁명으로 그 명칭이 바뀌게 되었다.

조한 소련의 입장과 일치하였다. 그것은 조공과 소련 모두 1935년 코민테른 제7차대회에서 채택된 반파쇼인민전선론과 이를 식민지 지역에 적용한 반제민족통일전선론의 영향을 받은 결과였다. 반면 장안파 공산당의 노선은 조공이나 소련 측의 견해와는 많은 차이를 보였다. 이를테면, 제2차 세계대전은 사회주의와 자본주의 간의 계급전쟁이라거나 조선은 부르주아민주주의혁명에서 프롤레타리아혁명으로 즉각 이행해야 하고, 공산당은 비합법적인 상태로 남아있어야 한다는 것 등 급진적 주장이 바탕을 이루었다.[88]

조선공산주의자들의 파벌적 대립 양상은 대한반도 정책에 대한 밑그림을 마련하고 있던 소련 지도부의 행동에 제약을 가했다. 무엇보다 좌파세력이 단일한 대오를 형성하여 한반도에 '우호적인' 정부 수립을 지향하는 소련의 정책에 기여할 수 있어야 하는데도 분열적 양상을 보였기 때문이다. '두 공산당' 간의 이론적, 조직적 대립이 지속되자 소련은 보다 직접적인 개입을 통해 이 문제의 해결에 나서게 되었다.

이 두 조직에 대한 소련 측의 견해와 입장은 대표적으로 연해주군관구 정치국장 K. 칼라시니코프의 보고 〈조선에서 공산당의 상황에 대하여〉[89]에서 잘 나타난다. 여기서 칼라시니코프는 박헌영의 '8월 테제'의 주요 내용을 간추린 다음 '경성콤그룹은 지방에서 당 조직들의 설립을 위한 일련의 조직적 조치에 착수하였으며, 이는 매우 성공적으로 진행되고 있다'고 하였다. 박헌영그룹에 대한 그의 언급은 가치 평가보다는 대체로 활동 내용을 소개하는 데 할애되었다.

반면 이영그룹에 대해서는 시종일관 비판적인 태도를 견지하였다. 즉, 이영이 '개인적으로 혼동되고, 정치적으로도 유해한 견해를 지니고 있다'든지, 이 그룹이 제기한 임무는 '현 단계에 부응하지도, 조선의 민주적 계층들의 지지를 받지도, 인민대중을 정치적으로 올바르게 이끌지도 못하고 있다'는 등이었다.

88) "反對派에 對한 聲明書." 『옳은 路線을 爲하야』, 서울: 우리文化社, 1945, 9~15쪽; "스탈린 동지에게." ЦАМО, ф. 172, оп. 614631, д. 23, л. 10.

89) ЦАМО, ф. 32, оп. 11306, д. 682, л. 267-277.

사실 이영그룹의 노선은 당시 국제 공산주의의 조류는 물론이고 소련의 입장을 제대로 파악하지 못한 것이었다. 그들이 소련이나 박헌영과 김일성으로부터 '국제트로츠키파'라는 비판을 면치 못한 것은 어떻게 보면 당연한 일이었다. 박헌영은 심지어 '그들과는 도저히 타협할 수가 없다'고 단정하였다.[90] 칼라시니코프는 조선 공산주의운동의 상황에 대한 결론적 평가를 다음과 같이 내리고 있다.

> 현재 조선에는 조직적으로 단일한 공산당이 없다. 이영그룹과 박헌영이 이끄는 그룹의 파벌 투쟁은 대중 속에서 당조직들의 조직·사상적 강화에 악영향을 끼치고 있다. 조선에서의 민주운동의 발전 및 반동정당들과의 투쟁은 단일하게 결속된 조선공산당의 결성을 위한 조속한 대책을 요구한다.
> 박헌영이 이끄는 그룹이 조선의 광범위한 근로대중과 더욱 밀접하게 연결되어 있으며, 이 그룹의 실제 활동은 근로자들의 보다 적극적인 지지를 받고 있다고 간주할 수 있다. 박헌영그룹은 실제 사업에서 일련의 과오 및 결함을 지니고 있다. 이것은 주로 박헌영을 포함한 지도일꾼들의 낮은 사상·이론적 준비 정도와 부족한 당 사업 경험 때문이다.[91]

칼라시니코프의 평가는 남한 공산주의운동 내부 진영의 분열과 파벌 투쟁에 대해 비판하면서 동시에 공산당 대열의 단결을 촉구하고 있다. 훗날 박헌영에 대한 호의적 평가와 비교하면 이때 그의 능력을 '과소평가'한 것이 자못 흥미롭다. 결론적으로 그는 조심스럽게 박헌영그룹에 대한 '비판적' 지지 입장을 내비치는 듯이 보이지만 자신의 위치에서 결정적인 판단을 내리지는 못했다.

남한 공산주의운동이 양분된 상황에서 슈티코프도 처음에는 '박헌영 지지'를 단정하지는 않았다. 그는 9월 중순경 스탈린에게 보낸 보고서를 통해 박헌영의 조공 중앙위원회가 통일적인 조선공산당의 창설과 단합을 위한 조치를 취하고 있다고 긍정적인 입장을 표명하면서도 그들의 실제적인 활동에 대해

90) 임경석, 『박헌영연보 1900~1956. 박헌영의 생애』, 여강출판사, 2003, 205쪽.
91) ЦАМО, ф. 32, оп. 11306, д. 682, л. 277.

서는 '중앙위원회가 서울에 있고 그 구성원이 알려지지 않은 관계로 평가하기 어렵다'고 판단을 유보하였다.[92] 아래에서 살피겠지만 박헌영이 9월 6일 등장한 '인민공화국' 창설을 사실상 주도한 것도 슈티코프의 결심을 미루는 요인이 되었다. 박헌영그룹이 서울 내 소련 총영사관과 일찍부터 긴밀한 교감을 유지했다 하더라도 남한 공산주의운동이 분열상을 보이고, 소련군 정보기관의 종합적인 정세 분석이 미흡했기 때문에 당장 박헌영 측을 지지할 수 없었던 것이다.

반면 슈티코프는 이영의 장안파에 대해서 '조선의 사태에 대한 개인적이고, 혼동되며, 정치적으로 유해한 관점'을 가지고 있다고 분명히 비판적 견지를 유지하였다. 바로 장안파가 제기한 ①제2차 세계대전은 사회주의와 자본주의 간의 계급전쟁이다, ②조선은 부르주아민주주의혁명에서 프롤레타리아혁명으로 즉각 이행해야 한다, ③공산당은 비합법적인 상태에 남아있어야 한다 등의 주장들이 심각한 문제를 안고 있다는 것이었다.[93] 장안파의 이 같은 입장이 공산당의 주도권 투쟁에서 패배하는 결정적인 요인이 된 것은 분명하였다.

김일성과 빨치산그룹의 등장

장안파 공산당을 압도한 박헌영의 경성콤그룹은 남한에서 조선 공산주의운동의 주류로 등장하였다. 처음 이들은 북한 지역까지 신속하게 세력을 확대하였다.[94] 그렇다면 당시 서울에 집결한 국내 공산주의자들은 김일성을 어떻게 바라보았을까. 이 점은 그의 정치적 위치와 비중을 직접적으로 드러내주는 증거로 간주할 수 있을 것이다. 김일성의 회고록에 따르면, 일제 말기 경성콤그룹

---

92) "슈티코프가 스탈린에게. 조선공산당의 상황." ЦАМО, ф. 172, оп. 614631, д. 23, л. 9.
93) 위의 문서, л. 10.
94) 소련군 문건에 따르면, 조공 중앙위는 전권대표들에게 중앙위원회 비서 박헌영의 서명이 담긴 위임장을 주어 그들을 모든 도에 파견하였다. 1945년 9월 초 당중앙위원회는 황해도, 평안남도, 평양시, 그리고 다른 군들에 일부 영향력 있는 당조직들을 설립하였다. "칼라쉬니코프, 조선에서 공산당의 상황에 대하여." ЦАМО ф. 32, оп. 11306, д. 682, л. 271.

의 지도 구성원인 이현상은 김일성그룹과 연계를 시도하였고, 김일성 측 공작원도 서울에 침투하여 경성콤그룹과 접촉하였다고 한다.[95] 이 회고를 그대로 믿는다면, 빨치산그룹과 경성콤그룹 간에는 최소한 서로의 존재를 인지하고 있었고, 항일투쟁에서 협력을 모색하였음을 알 수 있다.

이러한 연계는 해방 직후 조선공산당 재건 직후 당 지도부의 구성에서도 반영되었다. 박헌영이 주도하여 작성된 중앙위원회와 검열위원회의 면면은 다음과 같다.[96]

- 당중앙위원회 위원: 1. 박헌영, 2. 이관술, 3. 김일성, 4. 이주하, 5. 김삼룡, 6. 이현상, 7. 이주상, 8. 김점권, 9. 허성택, 10. 이순금, 11. 김형선, 12. 이인동, 13. 박광희, 14. 권오직, 15. 이승엽, 16. 주자복, 17. 류ㅇㅇ,[97] 18. 이복기, 19. 최원택, 20. 서완석
- 당중앙위원회 후보위원: 1. 허현보, 2. 김휘, 3. 김상혁
- 정치국원: 1. 박헌영, 2. 김일성, 3. 이관술, 4. 이주하

당 지도부는 박헌영과 그의 동료들이 중심이 되어 구성되었음을 알 수 있다. 해외 공산주의자 가운데 김일성은 유일하게 당중앙위원으로 선정되었다. 그는 중앙위원 가운데 3번째 서열이지만 당최고권력기관인 정치국에서는 2번째로 위치하였다. 이에 대해 김일성 측과 사전 교감이나 또는 최소한 김일성의 귀국을 사전에 인지하고 있었다는 추측이 가능하다. 그렇지 않고서는 그를 당 지도부에 포함시키는 것이 쉽지 않았기 때문이다. 분명한 사실은 박헌영 측은 박헌영이 공산당의 영수임을 확인하고 '2인자'로서 김일성의 입지를 미리 인정하였다는 점이다. 이보다 조금 늦게 확대 개편된 당 중앙위원회 위원 28인과 검열위

---

[95] 『김일성 동지 회고록: 세기와 더불어』(계승본) 제8권, 359~361쪽.

[96] "조선공산당 조직구조." ЦАМО, ф. 172, оп. 614631, д. 25, л. 102-106.

[97] 러시아어로는 류유록(Лю Ю Рок)으로 표기되어 있는데, 이 인물이 누구인지는 확인되지 않고 있다.

원회 4인 명단은 다음과 같다.[98]

- 중앙위원회: 박헌영, 김일성, 이주하, 박창빈, 이승엽, 강진, 최용건, 홍남
표, 김삼룡, 이현상, 이주상, 이순금, 김무정, 서중석, 이인동,
조복례, 권오직, 박광희, 김점권, 허성택, 김용범, 홍덕유, 주
자복, 문갑송, 강문석, 최창익, 김근, 오기섭
- 검열위원회: 이관술, 김형선, 서완석, 최원택

개편된 당중앙위원회의 진용도 박헌영을 정점으로 김일성이 '2인자'로 배치
된 것은 변함이 없다. 특징적인 것은 일부 국내 공산주의자들을 제외하고 무정,
최용건, 최창익 등 해외 공산주의자들과 김용범, 오기섭 등 북한 지역 공산주의
자들을 포함시킨 점이다. 이때는 무정을 제외하고는 모든 인사들의 소재가 확
인된 시기였다.

1945년 9월 19일 김일성은 조선공작단 60여 명을 이끌고 원산항에 귀국하면
서 본격적인 국내 활동을 시작하였다. 그의 그룹은 국가와 새 사회 건설에 있어
서 정치적, 군사적 구심이 되어야 한다는 각오를 가지고 귀국의 도정에 올랐다.
이들은 제1진으로 9월 5일 하바롭스크를 출발하였다.[99] 목단강(牧丹江)에 도착
한 김일성 동행 그룹은 안동과 신의주를 거쳐 평양까지 기차로 갈 예정이었지
만 압록강 철교가 파괴되었다는 소식을 듣고 귀로를 바꿔야만 했다.[100] 그들은
목단강에서 3일간 머문 다음 보로실로프를 거쳐 블라디보스토크에 도착하여 소
련군 태평양함대 사령부의 지휘를 받아 배를 타고 조선을 향해 출발하였다. 한
편 최용건은 애초 예정된 조선공작단에서 벗어나 주보중 등 중국대원들과 함께

---

98) Шабшина Ф. И. История Корейского коммунистического движения(1918-1945 гг).
Для служебного пользования. М., 1988, с. 293. 이 명단은 해방 후 박헌영이 직접
노어 자필로 작성하여 서울 주재 소련 총영사관 측에 전달한 자료에 근거한 것이다. 장
복성의 저술에도 일부 구성원들이 나타나 있다. 張福成, 『朝鮮共産黨派爭史』, 大陸出版
社, 1949(복간: 돌베개, 1983), 46쪽.

99) 周保中, 『東北抗日遊擊日記』, 北京: 人民出版社, 1991, 821쪽.

100) 유성철, 「나의 증언」, 『證言 金日成을 말한다』, 한국일보사, 1991, 52쪽.

장춘으로 파견되었다가 10월경 따로 귀국하였다. 중국에 남은 이들도 있었는데, 강건은 김창봉(金昌奉), 강위룡, 석동수(石東洙) 등 조·중 대원 30여 명을 이끌고 조선족 거주 지역인 연길로 향했다.[101] 김광협은 목단강에서 경무사령부 부사령관을 맡아 활동하였다.

블라디보스토크를 출발한 김일성그룹은 9월 19일 원산항에 도착하였다.[102] 부두에는 원산시 경무사령관 V. 쿠추모프 대좌가 당시 소련군 장교로 복무하던 태성수(太成洙), 정상진(鄭尙進) 등과 함께 그들을 맞이하였다. 쿠추모프는 김일성과의 첫 대면에 대한 인상을 이렇게 표현하고 있다.

> 나는 조선인 그룹과 마주쳤다. 모두 짙은 회색의 새 사복을 입고 같은 빛깔의 모자를 쓰고 있었다. 그들 전부가 젊어 보였다. 한 호감 가는 젊은이가 미소를 지으며 앞으로 걸어 나왔다. 그의 인상과 걸음걸이에서 직업적인 군인의 풍모를 쉽게 추측해 냈다. 그는 나에게 손을 내밀고는 노어로 아주 명료하게 말했다. '안녕하십니까! 마중 나오실 줄 알고 있었습니다.' 나중에 내가 업무상 평양을 방문했을 때 그 조선인이 바로 당시 어디서나 이야기되고 있던 김일성이었음을 알게 되었다. 그는 나에게 좋은 인상을 심어주었다.[103]

쿠추모프의 언급이 시사하고 있는 것은 고급장교이자 원산시 책임자였던 그조차도 소련군 소속 조선인들의 귀국을 맞이하러 나왔을 뿐 특별히 김일성을 특정해서 마중 나온 것으로 보기는 어렵다. 이것은 물론 '예정된 지도자'의 접견이 아니었다.[104] 김일성의 귀국 시 소련군 지도부로부터 받은 직책은 평양 주둔 경무사령부 부사령관(고문에 해당)이었다. 애초 소련 측은 다른 조·중 부대원

101) 와다 하루끼(和田春樹)/이종석 옮김, 위의 책, 288쪽.

102) 러시아 문서에는 "김일성과 그의 여단 장교 66인"이 돌아왔다고 나와 있는데(ЦАМО, Ким Ир Сен - причины выбора?. с. 5), 이로 보아 일부가 동행에서 제외됐다 하더라도 최소 그 숫자가 귀국하였다고 볼 수 있다.

103) Корея: расселение, война, объединение. М., 1995, с. 70. 쿠추모프는 위 인상기를 1950년 9월 하바롭스크에서 진술했다.

104) 유성철은 9월 21일 25군 사령관 치스차코프 상장이 김일성을 마중하러 원산에 왔다(유성철, 「나의 증언」 55쪽) 고 하지만 구체적인 묘사가 결핍되어 있어 신뢰하기는 어렵다.

들과 마찬가지로 김일성에게 군인으로서 업무 지원 역할을 분담한 것이었다. 그의 귀국은 소련군 사령부에 의해 동행되지도 않았고 어떠한 환영 행사도 없었다. 제25군 군사회의 위원이었던 N. 레베데프는 '스탈린 정부로부터 김일성을 북한의 지도자로 추대하라는 특별한 지시는 없었다'[105]고 훗날 회고했다. 이 회고는 정확한 것이다. 해방 후 북한에서 처음부터 김일성을 정점으로 한 정권기관이나 정부 수립 구상은 존재하지 않았다.

그럼에도 김일성의 귀국 후 소련군 사령부가 그에게 보낸 전폭적인 지원으로 보아 그가 '예비 지도자 군(群)'에 속한 것은 재론의 여지가 없다고 할 수 있다. 이를테면, 슈티코프는 현지 소련군 사령부에 김일성을 당분간 인민들에게 노출시키지 말고 물밑에서 은밀히 정치 훈련을 시킬 것을 지시했다고 한다.[106] 그러나 소련 측의 예상보다도 김일성은 이미 국내에 이름이 널리 알려져 있었고, 특히 각 정치세력들은 일찍이 그의 동향을 주목하고 있었다.

소련군이 김일성과 그의 그룹이 북한 정국의 전면에 나서도록 독려한 가장 큰 이유는 그들이 소련의 정책을 가장 잘 이해하고 실천할 수 있다는 확신이 있었기 때문이다. 따라서 소련 측이 자국의 이해관계만을 고려하여 무리한 세력 배치를 시도한 것도, 지명도와 상징성이 약한 인물을 선발한 것도 아니었다. 앞서 언급했듯이 1945년 9월 11일 재건된 조선공산당 중앙위원회 위원 28명 가운데는 김일성과 최용건이 포함되었다.[107] 아직 귀국하지 않은 김일성은 조선공산당 내에서 박헌영 다음으로 서열 2위에 올라 있었다. 이는 당시 국내 공산주의자들이 1930년대 김일성그룹의 항일빨치산 투쟁을 인지하고 높게 평가했음을 입증한다. 중앙 위원 28인 중 북한 지역 국내계 인물은 김용범(金鎔範), 오기섭(吳琪燮), 이주하(李舟河)가 있고, 연안계로는 무정과 최창익이 들어갔다.

---

105) 중앙일보 특별취재반, 『비록 조선민주주의 인민공화국』, 중앙일보사, 1992, 61쪽.

106) 박길용 · 김국후, 『김일성 외교비사』, 中央日報社, 1994, 24쪽.

107) Шабшина Ф. И. История Корейского коммунистического движения(1918-1945 гг.). Для служебного пользования. М., 1988б с. 293. 자주 인용되는 張福成의 『朝鮮共産黨派爭史』(1949, 54쪽)에는 최용건과 북한 지역 공산주의자들이 빠져있다.

이러한 김일성의 입지는 귀국 직후 그가 각 도당을 실질적으로 지도하고 있던 김용범을 비롯한 평남 지역 공산주의 지도자들과 무리 없이 협조 체계를 형성해 나갈 수 있었던 이유이기도 하다.[108]

김일성그룹은 9월 22일 평양에 도착 후 위의 예정 활동지역들로 파견되었다. 이들은 부여된 군사적 직위를 안고 활동하기보다는 현지 정치세력들과 접촉하고 지역 정세를 살피는 일에 주력하였다. 이미 각지에서 자치기관과 공산당 조직들이 결성되어 있었기 때문에 군사적 지위는 불필요한 것이 되었다. 그런데 각 지역에서는 이미 국내 공산주의자들이 기반을 닦아놓은 상태여서 빨치산그룹이 거기에 파고들어 조직적 토대를 구축할 여지가 별로 없었다. 그들 대부분은 현지에서 얼마간 활동하지 않고 일부를 제외하고 평양으로 귀환하였다.[109] 함남으로 파견된 김책의 경우 그쪽 지도부인 오기섭 등과 호흡이 맞지 않았다. 이들의 귀환은 현지에서의 불협화음이나 본래 임무의 축소뿐 아니라 당사업과 군사부문 등에서 새로운 임무가 등장한 것과도 관련이 있었다.

빨치산그룹 출신들의 임무와 역할은 재조정되었다. 김책은 1945년 10월 설치된 조선공산당 북부분국 위원으로 선출되었고, 조선민주당 창당과 당사업에 개입하였으며 나중에는 군사교육 기관인 평양학원 초대 원장(1946년 2월)을 맡았다. 10월에 귀국한 최용건은 역시 조선민주당에 부당수로 피선되었고 동시에 행정10국 보안국장을 겸임하였다. 평북에 파견된 김일은 공산당 북부분국 위원으로 선출되었고, 이어서 분국 평북 도당 조직부장으로 임명되었다. 안길의 초기 활동은 알려지지 않았으나 김책에 뒤이어 1946년 7월 평양정치학원 원장(9월에는 보안간부훈련대대부 참모장)으로 배치받았다. 그밖에 대부분의 대원들은 연고 지역의 공산당 지구당과 인민위원회에 파견되거나 그간 쌓아온 군사적 경험을 바탕으로 적위대, 보안대와 이후 국경수비대, 철도경비대 등 군사 및 경

---

108) 김일 외, 『붉은 해발아래 창조와 건설의 40년(1945.8~1950.6)』 제1권, 평양: 조선로동당출판사, 1981, 20~22쪽.

109) Пак В. К., Становление Трудовой партии Кореи. 1945-1950 гг. Кан. диссер. М., 1967. с. 108.

찰 조직의 근간을 이루었다.[110]

북한 내 공산주의자들이 처음부터 김일성의 정치적 위상에 대해 크게 반발한 흔적은 보이지 않는다. 오히려 그에 대해 자연스럽게 동의하였다고 보는 것이 더 정확할 것이다. 당시까지 김일성에게는 조선 공산주의운동에서 자신이 지닌 명성과, 특히 소련의 후원이라는 큰 자산이 있었다. 다만 그러한 입지는 고정불변한 것이 아니었고 정세 변동과 세력관계에 의해 얼마든지 가변적이었음은 물론이다.

해방 직후 북한의 정치구도는 공산주의와 민족주의로 대별되는 이념적 지향 및 양자의 공존과 경쟁 속에서 형성되었다. 여기에 김일성의 등장은 북한 정국의 흐름에 결정적인 영향을 미쳤다. 김일성은 자신의 이름을 걸고 공식적으로 대중 앞에 나선 10월 14일까지 거의 한 달 동안 비공개적인 활동에 몰두하였다. 그는 건국이라는 총체적 목표를 설정하고 그 일환으로 민족통일전선의 형성과 북한 내 공산당 지도 조직의 결성에 힘을 집중하였다. 9월 30일 김일성은 조만식과 첫 대면을 가진 자리에서 건국 문제에 대해 완전 자주독립과 각계각층의 단결과 협력을 강조했다고 한다. 이와 동시에 그는 김용범·박정애 등 국내 토착 공산주의 지도자들과 연계하에 북한 지역 공산당의 지도조직 건설을 위해 본격적으로 나섰다. 그는 자신의 실체를 드러내지 않고, 빨치산 시절 일부 간부급들이 사용하던 방식으로 '김동환' 또는 '김영환'이란 가명을 사용하였다.

귀국 후 김일성은 북한 내의 공산당 중앙기관 조직 및 각 계층과의 통일전선 모색, 무장력 건설과 같은 건국 준비와 관련된 사업에 역량을 투여하면서 북한 정치체제 내에서 점차 부상해 갔다. 그의 입지 상승은 다년간에 걸친 조직적 투쟁과 정치적 훈련을 바탕으로 소련과 국내 공산주의자들의 지원을 통해 이루어졌다.

조선공산당은 김일성의 정치적 위상을 적극 인정했을 뿐만 아니라 조선공산

---

110) 예를 들면, 김경석은 평안남도 진남포, 김증동은 평양학원, 최춘국은 함경북도 온성, 박장춘은 황해도 안악에서 활동하였다.

당의 강화를 위해서 그의 역할을 요구하기도 하였다. 1945년 11월경 조선공산당 지도부가 평양의 소련군 사령부에 보낸 서신에는 이 점이 잘 나타나 있다. 이 서신은 먼저 공산당 중앙위원회의 개선을 위해 정치 지도를 할 수 있는 인물들을 중앙위원회에 끌어들일 필요성을 역설하면서 중앙위원회와 당의 지도를 위해 붉은 군대 사령부에 김일성을 당중앙위원회로 보내줄 것을 요청하였다.111) 이와 함께 그가 서울에 온다면 서울의 상황은 근본적으로 변화될 것이고 인민공화국에서 그의 활동은 승리를 보장할 것이라면서 조선인민 내에서 김일성보다 '더한 명성과 존경을 누리는 사람은 없다'고 하였다.112) 이 서신은 김일성의 위상에 대해 다소 과장되게 표현하고는 있으나 그의 존재가 서울의 조선공산당 활동에 상당한 도움을 줄 수 있다는 것을 숨기지 않았다. 물론 조선공산당 측의 김일성 파견 요청은 수용되지 않았다. 소련군 사령부나 김일성 측 모두 정치적 부담감을 가질 수밖에 없는 남쪽에서의 활동보다도 북쪽 사업이 더욱 절실했을 것이다. 따라서 그러한 요청은 고려의 대상조차 되지 않았을지 모른다. 하지만 이 서신은 또한 박헌영과 김일성의 양자관계가 알력과 견제보다는 협력적 색채에 더 가까웠음을 보여 주었다.

그렇다면 소련군 지도부의 시각에서 김일성의 정치적 입지는 어떠했을까. 처음 귀국 당시 소련 측이 그에 대해 가진 시각보다 귀국 후 그가 확보한 입지에 의해 그의 존재감은 크게 달라져 있었다. 이즈음 김일성에 대한 소련군 지도부의 평가는 슈티코프가 모스크바에 보낸 보고서에 잘 나타나 있다.

> 평양에 와 있는 김일성은 10년 동안 만주에서 조선 빨치산부대의 지휘관이었으며, 1941~1945년 하바롭스크 지역 제88특별여단 대대장이었다. 김일성의 이름은 조선인민의 광범위한 계층 가운데서 알려져 있다. 그는 일본 제국주의에 반대한 조선인민의 전사와 영웅으로 알려져 있다. 조선인민은 그에 관한 많

111) "당중앙위원회의 강화 문제에 대하여." ЦАМО, ф. 172, оп. 614631, д. 25, л. 94. 위 서신의 정확한 작성 주체는 표기되지는 않았지만 조선공산당 지도부에서 작성된 것은 분명하다.

112) 위의 문서.

은 전설을 만들어냈고 그는 진실로 조선인민의 전설적인 영웅이 되었다. 일본인들은 김일성을 잡기 위해 온갖 수단을 이용했으며, 그의 머리에 많은 액수의 돈을 걸었다. 김일성은 특히 농민을 위시하여 모든 민주계층 사이에서 인기가 높다. 그는 미래 조선 정부 내에서 적합한 후보이다. 인민민주전선의 창설 시 김일성은 이를 이끌 알맞은 후보가 될 것이다. 김일성에 맞서 미국인들은 하와이 섬에서 유명한 조선인 망명객 이승만을 데려왔다. 그의 도착을 기념하여 10월 20일 서울에서 집회가 조직되었다.[113]

슈티코프의 판단 속에서 김일성은 '미래 조선 정부 내에서 적합한(подходящий) 후보'로 자리하였다. '적합한 후보'란 최고지도자를 포함한 정부 요직을 가리키는 것이다. 즉, 최고지도그룹의 일원으로 볼 수 있으며, 이는 나중에 그를 조선 임시정부의 예비 국방상으로 천거한 이후 흐름을 살펴보면 분명해진다. 물론 이 시점에서 김일성은 북한 공산당의 수위였던 것만은 말할 필요도 없다. 한편으로 슈티코프가 미국 측이 이승만을 김일성의 '대항마'로 여겼다고 본 것은 매우 시사적이다. 훗날 남북 각각에는 이 두 인물을 수반으로 한 정부들이 탄생했기 때문이기도 하지만 1945년 10월 말 시점에서 이 두 인물이 대비되는 것을 그냥 지나치기는 어렵다.

초기의 주요 정치지도자들

해방 직후 북한에서는 남한과 마찬가지로 지하활동, 또는 감옥에서 나온 공산주의자들이 가장 활발하게 움직이기 시작하였다. 다만 서울과 다른 점은 평양을 중심으로 민족주의 세력의 위세도 만만치 않았다는 점이다. 특히, 북한 민족주의 세력은 기독교계와 연결되었으며 서북지역은 그 중심지였다. 조만식은 공산 측이 부르주아민주주의 노선을 이행하려는 움직임 속에서 가장 중요한 협력 대상으로 떠올랐다.

제1장에서 살폈듯이, 조선의 간디로 불린 그는 1920년대 초 조선물산장려운

---

113) "슈티코프가 말렌코프, 불가닌, 쉬킨 동지에게." ЦАМО, ф. 172, оп. 614631, д. 23, л. 23.

동과 민립대학 설립운동을 이끌고 좌우합작단체인 신간회 결성에 주도적으로 참여하는 조선 민족운동의 지도적 인물에 속했다. 1930년대 이후 민족주의운동의 퇴조 속에서 다른 민족주의자들과 마찬가지로 조만식의 활동은 뚜렷한 궤적을 남기지는 못하지만 그럼에도 그가 일제에 협력한 것은 아니었다. 후일 모스크바 결정에 대한 반대로 인해 그가 정계에서 축출된 이후 한때 친일파로 몰리기도 했지만 나중에 김일성은 이것이 잘못된 것임을 간접적이나마 인정하였다.[114] 다만 그는 해방 직후에 남한에 있는 김성수와 송진우 등과 우선적으로 연락을 취한 것을 볼 때[115] 그의 우파적 정치 지향성은 분명히 드러났다고 볼수 있다. 처음에는 소련군 당국으로부터도 호감을 산 것은 아니었다. 심지어 그는 '일본 측의 승낙하에 일본과 조선 간에 긴밀한 관계를 유지하고 공산주의자들의 손에 권력이 이양되는 것을 막기 위한 〈바람직한 인물〉로 기대되었다'는 평가를 받기도 했다.[116] 그럼에도 해방 정국에서 조만식을 배제한 다른 민족주의자와의 연대만으로는 온전한 통일전선을 실현하기는 어려웠다. 완고한 민족주의적 입장을 지닌 조만식과 소련군 당국의 초기 접촉은 제25군 군사회의 위원인 N. G. 레베데프 소장의 회고에서 잘 나타나고 있다.

군 참모부가 평양에 도착하자마자 조만식이 이끄는 조선대표단이 우리에게 왔다. 우리는 평남위원회의 존재에 관해 사전에 알고 있었다. 우리는 당시 이 유명한 민족주의 지도자의 정치 활동에 관한 상세한 정보를 가지고 있었다. 조만식과 그의 그룹을 우리 편으로 끌어들여 그들을 통해 조선의 민주화 노선을

---

114) 김일성은 이 점에 대해 다음과 같이 썼다. '9월호소문을 발표한 때로부터 5~6년이 지난 어느 날 신문지상에 조선청년학생들에게 학도병 진출을 권고하는 조만식의 권고문이 실린 적이 있었다. 그것이 진짜 조만식이 쓴 글인지 아니면 일제가 조작한 글인지 그 내막은 알 수 없었으나 어쨌든 그 글은 세상 사람들을 놀라게 하였다. 조만식이까지 전향하면 천하의 민족운동지도자들 중 전향하지 않을 사람이 누구이겠는가. 아마 사람들은 그때 이런 생각을 한 것 같다.' 김일성, 『세기와 더불어』 제6권, 평양: 조선로동당출판사, 1995, 383쪽.

115) 洪聖俊, 『古堂傳』, 서울: 平南民報社, 1966, 73쪽.

116) "메클레르 「조선의 권력구조 및 정당·단체에 관한 조회(1945.9.21.)." ЦАМО, ф. УСГАСК, оп. 433847с, д. 1, л. 40.

수행하는 것은 바람직했다. 협의는 어렵게 진행되었다.

　　조만식은 그가 표현한 대로라면 '외국점령국'의 군사령부와 협력할 의사를 표시하였다. 그러나 그가 제시한 협력 조건은 우리를 안정시키지 못했다. 그럼에도 우리는 첫 시기에 일정한 타협을 하지 않을 수 없었다. 그리하여 우리는 우리의 최초의 모든 정치적, 조직적 대책들을 공산주의에 공감하지 않는 이 사람과 동의해야만 했다.[117]

　초기부터 그리 우호적인 이미지를 갖추지 못했던 조만식을 끌어들이고자 한 것은 민족부르주아지와의 협력을 강조한 모스크바 지도부의 방침에 부응하는 것이었다. 9월 20일자 스탈린의 훈령은 현지 군 지도부에 의해 정책적 지침으로 본격적인 실행에 옮겨지게 되었으나 위 평가에서 나타나듯 공산 측과 조만식의 관계는 순조롭게 진행된 것은 아니었다.

　해방 직후 국내파 공산주의자들은 일제 시기 반일 지하활동을 하거나 감옥에서 나온 인물들을 지칭하며, 지역별로 분산되어 있었다. 평안남도에는 민족주의 세력과 가까웠던 현준혁이 공산당 조직을 지도하였으나 그는 해방 후 2주 만인 9월 3일 극우단체 백의사 단원에 의해 피살되는 비운을 맞이하였다. 이후 그를 대신하여 소련과 만주에서 활동한 경력을 보유한 김용범·박정애 부부 등이 막 진주한 소련군 지도부와 긴밀한 연계하에 활발히 움직였다. 현준혁에 이어 공산당 평남도 책임자가 된 김용범은 초기부터 소련군 당국 및 김일성그룹과 긴밀한 협력 체계를 구축하였다. 일제 시기 그는 중국 유격대를 거쳐 콤소몰(공산청년동맹)에서 활동하였고, 소련에서 수학한 다음 코민테른에 의해 국내로 파견되어 적색노동조합에 가담한 경력이 있었다. 이로 인해 두 차례에 걸쳐 6년 이상 옥고를 치렀다.[118] 그의 아내 박정애는 소련에서 태어나 중학교와 고등사범을 졸업하고 소련공산당에 입당한 후 조선으로 돌아와 다년간 노동운동에 투

---

117) Корея: расчленение, война, объединение. М., 1995, с. 73-74.

118) 그의 약력에 대해서는 『조선대백과사전』 제4권, 평양: 백과사전출판사, 1996, 245쪽; "북조선 정당·사회단체지도자들의 약력 및 평가." РГАСПИ, ф. 17, оп. 128, д. 61, л. 54; "메클레르. 북조선 정당·사회단체 지도자들의 경력 및 평정(1946. 1.12)." ЦАМО, ф. 172, оп. 614631, д. 43, л. 11-12 참조.

신한 공산주의자였다. 김용범의 눈부신 활동 경력에 비해 대중적 인지도는 크게 눈에 띄지 않았다. 일제 시기 지하활동에 종사한 대부분의 비타협적 국내 운동가들과 마찬가지로 대중적 기반과 명성을 얻을 기회는 별로 없었다. 더구나 그 스스로가 정치적 야심을 표출하지 않았고, 그럴 만한 기반도 약했다. 김용범에 대한 다음 평정을 보면, 그의 정치적 성격과 특징의 단편을 엿볼 수 있다.

> 과거 김용범은 엠엘파에 가담하였고, 이전의 과오와 낡은 관계에서 완전히 벗어나지 못했다. 그리하여 개인적으로 박헌영 지도부를 공개적으로 표현은 하지 않지만 완전히 신뢰하고 있지 않다. 이론적으로 뒤떨어졌고, 옛 지식을 잊어버렸으며, 스스로 잘 연마하지 않고 있다. 북조선공산당 지도부에 있을 때 극좌적 질서를 주장하는 과오를 범했다. (중략) 소련에 우호적이고, 소련을 목표로 하지만 소련사령부 대표들에게 늘 솔직하지는 않다.[119]

김용범이 박헌영의 조공과 불편한 관계를 유지하고 있다고 기록한 것이 인상적이다. 그는 1945년 10월 김일성을 대신하여 조선공산당 북부분국 책임자로 선출되지만 실질적으로 그가 김일성의 지도적 지위에 대해 도전을 시도한 증거는 없다. 오히려 그 자신은 초기부터 김일성과 긴밀한 협력관계를 형성하였을 뿐 아니라 그의 든든한 지지자였다.

함경남도는 반일 활동으로 12년 이상을 감옥살이한 오기섭과 정달헌을 중심으로 공산주의 세력이 주도권을 쥐고 있었다. 이 중 오기섭은 조선 공산주의운동에 족적을 남길 만한 경력을 보유하였다. 3 · 1운동에서 시작된 그의 반일투쟁은 공산주의 활동으로 이어졌다. 한 차례의 투옥 생활 후 모스크바로 가 동방노력자공산대학(KUTV)에서 수학하고 국내로 돌아왔지만 일제에 의해 재차 체포되었다. 도합 10여 년이 훨씬 넘는 투옥 기간은 그의 반일 투쟁의 이력에서 큰 부분을 차지하였다. 그는 해방 직후 함남 지역 공산당 조직사업을 지도하였

---

119) "개인 카드: 김용범." ЦАМО, ф. 172, оп. 614632, д. 24, л. 33.

고, 뛰어난 문필력을 가지고 있어 신문, 잡지에 조선의 정세와 진로와 관련한 많은 글을 썼다. 소련 측 평가에 따르면, 그는 '자존심과 자부심이 강하며, 스스로를 과거 조선 공산주의운동의 주요 지도자 가운데 하나로 생각'하였다.[120)

해방 직후 오기섭의 활동은 조선에서 소비에트 질서 수립을 지향하는 것이었는데, 이것은 소련 및 박헌영·김일성이 공통으로 지향한 '부르주아민주주의' 노선과 방침에 배치되는 좌경적 노선이었다. 그는 오랜 동지였던 박헌영의 '서울 중앙'에 더욱 충성심을 보였고, 이 점은 북한의 정치무대에서 '이단아'가 될 조건을 잉태하고 있었다. 더욱이 그의 활동은 자신의 정치적 성장에 장애요인이 되었다. 그는 자신의 투쟁 경력을 발판삼아 조선공산당 북부분국 제2비서로 선출되었으나 '실제 사업에 불충분한 조직력을 보여 주었기 때문'[121)에 얼마 후 그 자리를 잃었다. 이후 당과 정권기관에서 다시금 중책을 맡아 활동하지만 자신의 권력 지향성과는 달리 그의 지위와 역할은 점차 축소되었다. 뒤에서 살펴보겠지만, 1948년 4월 북로당 제2차 전당대회에서 그는 해방 후 활동에 대해 혹독한 비판과 자아비판 대상이 되었으며, 선출된 중앙위원 67명 가운데 유일하게 5표의 반대를 받는 수모마저 겪었다.[122)

김용범과 오기섭 이외에도 김휘(평안북도), 허현보, 이주봉(이상 함경북도), 최경덕, 김응기(이상 황해도), 정재달(강원도) 등 각 지역을 대표하는 공산주의자들이 활발한 움직임을 보였다. 국내 공산주의자들은 이념적으로 유대가 깊은 소련군과 협력하는 데 앞장섰고, 정책 실행을 지원하였다. 앞서 언급한 대로 정치활동에 나선 공산주의자들은 일제 시기 모스크바 동방노력자공산대학을 비롯하여 소련에서 수학한 이들이 많았다. 이들은 일정 기간 소련에서 공산주의 이론을 학습하고 돌아온 후 조선해방운동에 가담하였기 때문에 소련군과의 협력적 관계의 구축은 매우 순조로웠다고 말할 수 있다. 소련군 당국으로서도 언어

120) "개인 카드: 오기섭." ЦАМО, ф. 172, оп. 614632, д. 24, л. 18.
121) "파뉴슈킨에게. 조선정치활동가들의 간략한 평정." РГАСПИ, ф. 17, оп. 128, д. 61, л. 23.
122) "북조선로동당 제2차 전당대회 회의록." 『北韓關係史料集 I 』, 국사편찬위원회, 1982, 452~455쪽.

적 문제 등을 비롯하여 여러 분야에서 이들과 상호교감과 협력을 유지하기는 보다 수월했을 것이다.

북한 국내계 공산주의자 중 다수는 박헌영의 재건파에 속해 있었다.[123] 이들 중 김용범·박정애 부부 등 다수의 국내 공산주의자들은 초기부터 김일성 측과 긴밀한 연계를 맺었다. 이것은 북한 내 공산주의자들은 분류할 때 '박헌영 지지'와 '김일성 지지'를 애써 나눌 필요가 없다는 것을 뜻한다. 나중에 김용범이 박헌영과 김일성을 각각 '위대한 애국자'와 '우리 민족의 영명한 지도자'로 불렀듯이 의식적으로 편을 가르는 것을 회피하였다.[124] 국내계 공산주의자는 수적으로는 다수를 점하였지만 내부적 결속력이 미약한 점을 고려하면 단일한 분파는 아니었다.

연안계 인사들의 귀국은 북한 좌파세력들의 활동에 힘을 더하는 계기가 되었다. 1945년 말 독립동맹 간부들로 이루어진 이들은 조선의용군 주력을 압록강 건너에 남겨둔 채 귀국하였다. 그들은 민족주의 좌파에서 공산주의자에 이르는 다소 단일하지 않은 대열을 유지한 그룹이었다. 연안계의 거두 무정은 해방 직후 북한으로 들어온 해외파 지도자 가운데 김일성과 더불어 가장 명망 있는 인물이었다. 그는 황포군관학교와 연안군정대학 포병과를 나왔고, 중국공산당원으로 조선의용군을 조직하여 그 책임자로 있었다. 중국 팔로군에서 활동하였고 중국 호남(湖南)과 강서(江西) 일대에서 대단위 전투 경험을 쌓았다. 조선인 가운데는 거의 유일하게 2만5천리 대장정에서 살아남았으며, 중일전쟁 후에는 팔로군 포병부대의 창설자, 총사령관으로서 화북 각지에서 혁혁한 전과를 올리기도 했다. 그러나 무정은 중국공산당의 지원을 업고 독립동맹의 운영에 적극 관여하면서 노간부들을 비롯하여 다른 지도자들을 무력화하는데도 앞장섰다.[125]

123) "조선공산당 조직구조." ЦАМО, ф. 172, оп. 614631, д. 25, л. 102-106.

124) "金鎔範, 南朝鮮民主運動의 指導者 朴憲永先生." 『로동신문』 1946년 11월 13일.

125) 이에 대해서는 한상도, 「조선의용군의 위상과 동방 각민족 반파시스트대동맹의 관계」, 『역사와 현실』(제44호, 2002) 참조.

해방 직후 황해도 등지에서 무정은 '위대한 아버지'로 불릴 정도로 대중적 지도자로 추앙받았다. 1946년 2월 결성된 북조선임시인민위원회(임시인위) 위원들의 포부를 실은 『正路』의 머리기사를 장식한 인물은 김일성과 무정뿐이었다.[126] 그는 사실상 김일성의 가장 강력한 경쟁자로 부상할 수 있는 조건을 갖춘 인물이었다. 아마도 무정은 중국공산당의 지원 밑에 해방 후 자신을 중심으로 한 조선공산당이 재건되길 희망하였으나 정작 연안계 내부의 단결과 자신에 대한 지지를 기대하기는 어려웠다. 또한 다년간 중국 팔로군에서 활동한 까닭에 국내에서 조직적 기반을 가지고 있지 못했다. 소련과의 관계가 나쁘지 않았지만 그렇다고 소련의 전폭적인 지지를 받은 것도 아니었다. 게다가 내부 분열에 시달리면서 북한으로 온 후에는 공산당과 신민당으로 나누어지는 연안계 인물들이 그를 옹립하여 지도자로 추대하려는 움직임이 전혀 없었다.[127] 소련 측의 평가에서 그는 '정치적으로 준비되어 있고, 단호하고 능력 있는 조직자'[128]였음에도 불구하고 적지 않은 부정적인 인상도 남겼다.

> 그는 순전히 이기주의적인 파벌 활동 성향을 가지고 있다. 이에 대해서는 팔로군 내에서도 처분을 받은 바 있다. 높은 사람에 대한 복종을 바르지 않고 모욕적으로 받아들인다. 필요한 조직 역량을 지니지 못하고 있다. 자신의 부하들과의 상호관계를 올바로 조직하지 못한다.[129]

연안계 내부와 소련군 지도부의 외면 속에서 무정이 더 이상 성장하기는 불가능했다. 이 같은 한계를 그 자신도 극복하려는 의지가 부족해 보였다. 그런 연유로 인해 1946년 여름 그는 소련 유학을 강렬하게 희망하였다.

126) "北朝鮮臨時人民委員會 委員 武亭同志談." 『正路』 1946년 2월 20일.
127) 중앙일보 특별취재반, 『비록 조선민주주의 인민공화국』, 중앙일보사, 1992, 155~162쪽 참조.
128) "조선 임시민주정부 후보자 평정." РГАСПИ, ф. 17, оп. 128, д. 61, л. 7-8.
129) "개인 카드: 무정." ЦАМО, ф. 172, оп. 614632, д. 24, л. 13.

3. 권력기관의 조직과 활동

소련 민정부와 좌우연립의 행정10국 설치

소련군 진주 이전부터 결성된 도, 시, 군 각급 자치기관들은 10월경에 이르러 북한 전역에서 설립이 완료되었다. 해방 직후 소련군 사령부는 북한의 정치, 경제생활에 대한 전반적인 통제를 담당하였고, 소련군의 정책적 조치는 각급 인민위원회를 통해 집행되었다.[130] 훗날 레베데프는 소련군 사령부가 조선인의 주도로 설립된 지방 인민정권 기관인 인민위원회를 즉시 인정했고, '조선의 내정에 불간섭 원칙을 변함없이 철저히 준수했다'고 주장한 바 있다.[131] 그의 표현대로 인민위원회의 고유의사에 반하는 소련의 요구가 강요된 증거를 찾기는 쉽지 않다. 인민위원회의 정책이 소련군 지도부와의 공조 속에서 입안, 집행되었으리란 점을 언급할 필요는 없다. 그러나 정책시행에 강제성을 부여하지는 않았더라도 소련 측이 자신의 우월한 입장에서 조선 측의 동의를 받아 추진한 정책은 분명 적지 않았을 것이다.

1945년 10월 3일 소련군 사령부는 대민 업무를 담당할 민정기관(민정부)을 설치하였다.[132] 민정기관을 조직한 것은 소련 군대가 최소한 일정 기간 동안 북한에 주둔할 예정임을 확인시켜 주는 것이었다. 당시 우리말로 '민정부'로 불린 민정기관은 북한의 정치, 경제, 사회, 문화 등 제반 분야의 지도와 협력을 자신의 주요 기능으로 삼았다. 그런데 소련이 '군정(軍政)'이 아닌 '민정(民政)'

---

130) "일본 항복 후 조선의 상황." Бюллетень Бюро информации ЦК ВКП(б); Вопросы внешней политики, N 1(25), 01.01.1946 г., РГАСПИ, ф. 17, оп. 128, д. 94, л. 15.

131) Нерушимая дружба. М., 1971, с. 27.

132) 제25군 사령관 치스차코프는 연해주군관구 사령관 К.А. 메레츠코프에게 민정기관의 창설 필요성에 대한 자신의 구상을 보고한 것으로 회고하고 있다. Чистяков И. М. Служим Отчизне. М., 1985, с. 283. 당시 한국어 표기로는 '민정부'로 쓰였기 때문에 정부기능을 수행하는 民政府로 인식된 것도 사실이나 실제로는 제25군 산하 부서인 民政部가 정확한 표기이다.

을 내세운 것에 대해서 검토해볼 필요가 있다. 1945년 6월 소련은 독일 동부 점령지역에 주독일소련군정청(Sowjetische Militäradministration in Deutschland, CBAГ)을 설치하여 군정을 실시하였다.[133] 소련은 동부독일에 대해서는 '소군 정'이나 '점령정책' 등과 같은 용어를 자연스럽게 사용하였다. 침략국이자 패전 국인 동부독일은 식민지 해방 지역인 북한과는 분명 통치의 기준이 달랐고, 패 전국에 점령군이 일정 기간 군정을 실시하는 것은 통상적인 것이었다. 소련이 북한에 군정을 대신하여 민정기관을 설치한 것은 동부독일과는 달리 군정이라 는 직접 통치체계의 구축을 피하려는 의도를 가졌다고 할 수 있다.

슈티코프의 지휘를 받아 민정기관을 책임진 인물은 A. A. 로마넨코 소장이었 다. 그는 대일 전쟁 전에는 연해주집단군 군사회의 위원으로 있다가 전쟁 개시 를 앞두고 제1극동전선군으로 개편되자 제35군 군사회의 위원으로 임명되었다. 전쟁이 끝난 1945년 9월 중순 그는 제25군으로 파견되어 1947년 봄까지 북한의 민정 업무를 지도하였다.[134] 민정기관은 행정 · 정치부, 산업부, 재정부, 상업 · 조달부, 농림부, 통신부, 교통부, 보건부, 사법 · 검찰부, 보안 · 검열 지도부 등의 부서를 설치하고 북한의 대민 관련 업무를 관장하였다. 특히 정치 부문에서 민 정기관은 인민위원회뿐 아니라 북조선 정당 및 사회단체와 긴밀한 연계를 가지 고 지도적 기능을 수행하였다. 이 기관은 북한의 각종 상황에 대해 상부기관인 연해주군관구 군사회의나 정치국으로 보고하였으며, 동시에 정책안을 입안하였 다. 이 부문에 대한 전반적 지도는 민정기관 정치담당 부부장 A. M. 이그나티예 프가 맡았다.

경제 부문에서는 일본이 파괴한 공장과 기업소의 복구가 가장 시급한 과제 중 하나였는데, 산업부 책임자인 T. I. 코르쿠렌코 대좌의 지휘하에 1945년 11월 제 1기 가동을 목표로 기술적 원조를 제공하였다.[135] 여기에는 젤레즈노프 대좌가

---

133) 소련 군정청은 1949년 독일민주공화국(동독)이 수립되기 전까지 최고 권력기관으로 남아 있었다.

134) Во имя дружбы с народом Кореи. Воспоминания и статьи. М., 1965, с. 35-36.

135) Осбовождение Кореи. М., 1976, с. 98.

이끄는 70명이 넘는 장교(군관)들로 구성된 기술전문가 그룹이 가세하였다.[136]

이미 살펴본 대로, 각 도와 군에서는 소련군 경무사령부가 설치되어 하부 정책집행기구의 임무를 담당하였다. 경무사령부는 민정부의 지휘를 받으며 각지에 설립된 자치기관인 인민위원회에 대한 지도 및 통제 그리고 지원 기관의 역할을 수행하였다. 그러나 처음 몇 달 간 경무사령부는 인민위원회와 지역 주민과 필요한 관계 유지를 비롯해서 제대로 된 기능을 수행하지 못했다. 책임 있는 장교들이 현지에 대한 지식과 관심이 부족했을 뿐만 아니라 언어적 의사소통마저 어려웠기 때문이다. 1945년 11월까지도 인민위원회와 정당 활동을 관할하는 정치담당 부경무관이 부재한 곳이 50군데나 되었고, 정치담당 부경무관 61명은 제대로 훈련받지 못한 군관들로 채워졌다.[137] 12월 말에도 경무사령부 52곳에는 여전히 통역관이 부재할 정도였다.[138]

좌우 세력의 타협에 의해 개편된 각 도 인민위원회는 소련군 사령부의 지도 하에 시·군 인민위원회의 상부기관 역할을 수행하였지만 직접적인 지휘체계는 정비되지 않았다. 다만 해방 초 북한의 중심지 평양에 소재한 평남인민정치위원회가 25군사령부와의 직접 교섭과 협력이 가능했고 대표적인 민족주의자인 조만식을 수장으로 한 까닭에 북한 내 대표성을 지녔다. 하지만 아직 북한에 중앙권력기관이 공식적으로 설치되어 있지 않은 상황에서 소련군 지도부가 각 인민위원회의 활동을 지도·조정하는 역할을 수행했음은 물론이었다.

1945년 10월 8~10일 북한 주둔 소련군 제25군 군사회의는 북조선 정치 및 경제생활 조직의 통일적 원칙 수립 및 산업, 농업, 상업 등의 질서를 세우기 위해 북조선5도 인민위원회 연합회의를 소집하였다.[139] 회의 소집의 목적 가

---

136) "젤레즈노프 대좌 그룹 기술자 명단." ЦАМО, ф. 172, оп. 614631, д. 38, л. 88-90.

137) "이그나티예프가 로마넨코에게. 해결을 위한 문제들(1945.11.12.)." ЦАМО, ф. УСГАСК, оп. 433847С, д. 1, л. 170.

138) "표도로프가 칼라쉬니코프에게. 보고서(1945.12.29.)." ЦАМО, ф. 172, оп. 614631, д. 37, л. 14-15.

139) "북조선 임시도위원회 대표자회의 결과 보고." ЦАМО, ф. УСГАСК, оп. 433847С, д. 1, л. 1; ЦАМО, ф. 172, оп. 614630, д. 9, л. 1.

운데는 각급 인민위원회 간의 유기적 연락과 통일적 구조 수립을 위한 대책을 강구하는 것도 있었다. 소련군 당국으로서는 인민위원회의 불안정한 지휘 및 업무체계를 조정하고 통일적인 구조를 구축하는 데 우선적인 관심을 보인 것이다.

연합회의에는 모두 170명이 참가하였다. 이들은 도인민위원회 대표 111명, 평안도 내 노동자·농민·지식인 대표 39명, 소련군 사령부 대표 20명으로 구성되었다. 도인민위원회 대표 111명 중 공산당원 51명, 무소속 60명이었는데,[140] 이는 공산 측이 표방한 통일전선을 수치로서 반영하고자 했음을 알 수 있다. 공산 측은 각급 인민위원회에는 명백한 친일분자를 제외한 노동자, 농민, 인테리, 수공업자, 상인, 기업가, 종교활동가, 지주 등 전 주민계층이 들어가 있다고 강조하였다.[141] 연합회의에는 조만식, 김용범, 오기섭과 같은 북한 내 유력한 정치지도자들이 참가하였다. 김일성은 10월 10일 회의에 처음 모습을 드러냈다고 알려져 있으나[142] 정확하지는 않다. 그는 대주민 업무를 관장하는 인민위원회 사업에는 아직 관여하지 않았고 당조직과 통일전선 사업에 집중하고 있었다. 그의 빨치산 동료들도 그때까지 인민위원회 내에서 아무런 직책도 갖지 않았으며, 아무도 북조선5도 인민위원회 연합회의에 참가하지 않았다.

10월 8일 제25군 사령관 치스차코프는 개막 연설을 통해 '전 조선인민의 열망을 반영하는 부르주아민주주의 권력, 즉 모든 반일민주정당 및 조직의 광범한 연합을 기초로 한 권력 창설을 도와줄 것'이라고 말하였다.[143] 그의 연설은 경

---

140) 위의 자료. 기존 문헌에는 이 회의에 각도 대표 75명이 참가했다고 밝히고 있다. 예를 들면 『해방 후 10년 일지(1945~1955)』, 평양: 조선중앙통신사, 1955, 24쪽; Шабшина Ф.И., Очерки новейшей истории Кореи(1945-1953 гг.), М., 1958, с. 43. 그러나 참여자의 인적사항을 보면 170명이 참가한 것이 정확하며, 75명 수치는 대표만을 산정한 것으로 보인다.

141) "조선의 정치 상황에 대하여." РГАСПИ, ф. 17, оп. 128, д. 1119, л. 160.

142) Пак В. К. Становление трудовой партии Кореи. 1945-1950 гг. Кан. диссер. М., 1967, с. 111. 그러나 참석자 명단에 그의 이름은 발견되지 않는다.

143) "치스차코프 상장의 북조선 도임시인민위원회 대표자 대회 개막 연설문(1945.10.8.)." ЦАМО, ф. 32, оп. 11306, д. 581, л. 588.

제와 문화생활을 관리할 북조선 각도의 중앙을 창설할 필요성을 제기하는 것으로 끝맺었다. '아래에서 위로'의 방식에 의해 중앙정권기관을 수립하려는 소련 측의 시도는 이미 실천에 옮겨지기 시작하였다. 그의 연설은 소련 지도부의 부르주아민주주의 권력 수립 방침을 재확인한 것이었다. 연합회의의 마지막 날 치스차코프는 자신의 명의로 소련군이 조선에 소비에트 질서를 도입하지 않고, 반일적인 정당·사회단체의 설립을 허용하는 것을 골자로 한 명령 제7호를 공포하였다. 또한 소련군 당국은 군 진주에 대한 지주 등 자산계급의 우려를 불식시키려는 듯이 여러 지침을 통해 그들의 재산 보호를 강조하였다. 자산계급에 대해 이러한 '배려'는 부르주아민주주의 노선의 일환이면서 동시에 좌우연합 노선의 틀을 유지하기 위한 방편이었다.

소련군 사령부는 북조선 지방자치조직 구조의 단일화를 제의함으로써 각급 인민위원회의 통일적 조직 구조에 대한 원칙을 세웠다. 이에 따르면, 이장과 면 임시인민위원회(7~9명)의 선거를 각각 주민 집회와 면인민위원회 대회를 통해 1945년 11월에 실시하도록 예정하였다. 다만 도시군인민위원회는 당장 직접 선거 없이 친일 분자들을 숙청하고, 위원회 구성을 군인민위원회 17~19명, 시인민위원회 21~25명, 도인민위원회 41~45명으로 맞추도록 하였다.[144] 이것은 부르주아민주주의 권력을 확립하는 기반이 될 것이었다. 하지만 선거를 통해 하부 자치조직을 구성하려는 시도는 사실상 구상에만 그쳤을 뿐 실행에 옮겨지지 않았다.[145]

5도 연합회의는 각 산업분야를 비롯한 경제 문제에 관해서도 많은 결정을 내

---

[144] "북조선 임시도위원회 대표자회의 결과 보고." ЦАМО, ф. УСГАСК, оп. 433847С, д. 1, л. 3; ЦАМО, ф. 172, оп. 614630, д. 9, л. 3. 나중에 최용달은 이때 결정된 각급 인민위원회의 인적 구성을 면인민위원회는 동일하지만 군인민위원회 13~14명, 시인민위원회 15~17명, 도인민위원회 19명으로 기록하고 있다. 崔容達, "朝鮮의 解放과 人民委員會의 結成." 『로동신문』 1946년 9월 19일.

[145] 소련민정 사법·검찰부장을 역임한 V. V. 쉐티닌은 일부 개별 지역에서만 선거가 실시되었고 총선거는 치밀한 준비와 친일분자 숙청이 필요했기 때문에 어려웠다고 하였다. Щетинин Б. В. Возникновение народных комитетов в Северной Корее. - Советское государство и право. М., 1947. No.4, с. 68.

렸는데, 그 가운데 특기할 것은 도시민의 급양과 소련 군사령부 비축분을 위한 농산물 전체 수매량을 750,000톤으로 확정한 점이다.146) 아래에서 언급하겠지만 이 수치는 당시 북한 농업 생산력을 고려할 때 지나치게 많은 양이었고, 농민들에게 큰 부담을 안겨주는 조치로 인식되었다. 실제 도시민과 소련군을 위한 곡물 조달이 완료될 때까지 식량에 대한 자유매매를 금지시켰기 때문에 농민들 사이에 불만이 일어났고, 식량이 도시민보다도 소련군을 위해 조달된다는 소문이 돌기도 했다. 뒤늦게 소련군 당국은 식량의 자유매매 금지 명령을 폐지하였다. 또한, 소련군을 위한 조달을 구매 방식으로 바꾸고 도시민의 식량 조달은 인민위원회가 담당하도록 하였다.147)

북조선5도 인민위원회 연합회의에 대한 보고 말미에서 치스차코프와 레베데프는 정치와 경제 관리를 중앙화하지 않고서는 북조선에서 정상적인 생활 여건을 조성하기 어렵다는 점을 지적하면서 소련 전문가 200~250명으로 구성된 고문기구를 두는 중앙기구로서 '북조선도임시인민위원회' 설치 문제를 해결할 것을 요청하였다.148) 중앙정권기관의 설치 문제는 현지 소련군 당국으로서도 가장 시급한 사안이 되었다.

10월 17일 소련 정부는 현지 소련군 지도부의 제의에 따라 11월 초 평양에 25~30명으로 구성된 '북조선 임시민간자치위원회'를 창설하는 훈령안을 작성하였다.149) 이에 따르면, 이 위원회는 9개 국(局)으로 구성되고 소련군 사령부의 통제를 받는 조직으로 예정되었다. 10월 말에는 주서울 소련 총영사관원인 말

146) "북조선 임시도위원회 대표자회의 결과 보고." ЦАМО, ф. УСГАСК, оп. 433847С, д. 1, л. 9; ЦАМО, ф. 172, оп. 614630, д. 9, л. 9.

147) "슈티코프. 북조선의 정치 상황에 대하여." ЦАМО, ф. 172, оп. 614631, д. 38, л. 29.

148) "북조선 임시도위원회 대표자회의 결과 보고." ЦАМО, ф. УСГАСК, оп. 433847С, д. 1, л. 25; ЦАМО, ф. 172, оп. 614630, д. 9, л. 25.

149) "로조프스키가 안토노프와 쉬킨에게(1945.10.17.)." ЦАМО, ф. 19, оп. 266, д. 27, л. 247-248. 훈령안의 최종본은 확인되지 않고 있지만 이는 외무상 몰로토프가 최종 결정을 내리도록 제출되었다. '북조선 임시민간자치위원회'의 러시아어와 영어 표기는 각각 다음과 같다. Временный Комитет Гражданского Самоуправления в Северной Kopee/Committee of Interim Civil Self-Government in North Korea.

리크와 발란사노프는 북조선 6개도에 대해 '임시중앙민간자치기관'을 평양에 설치해줄 것을 건의하였다. 이 기관의 설치 근거로서 소련군 사령부의 관리하에 조선인 스스로 '북조선의 민간 및 경제생활에 대한 통일적인 중앙지도체계를 확립'하는 것을 들었다.[150] 바로 '임시중앙민간자치기관'과 '북조선 임시민간자치위원회'의 우리식 명칭이 '북조선 임시인민위원회'이다. 1946년 2월에 창설된 임시인위는 이때 기획된 것이었다.

그런데 왜 임시인위의 설립이 무산되었을까. 조만식 측근들의 일부 회고록에 따르면, 공산 측이 조만식에게 임시인위 위원장 취임을 요청했지만 그가 이를 거절했다는 것이다.[151] 임시인위 창설의 무산은 전적으로 조만식의 수용 거부 때문으로 볼 수 있다. 북조선5도 인민위원회 연합회의 개최 목적 가운데 하나가 임시인위의 창설이었으나 수장이 선출되지 않은 기관 설립을 단행하기는 어려웠다. 이에 따라 1945년 11월 19일 행정10국은 임시인위 설립이 무산되자 이를 대체한 기관으로 탄생하였다. 임시인위와의 차이는 기관의 수장이 선출되지 않았다는 점이다. 이처럼 북한 최초의 중앙행정기관은 본래의 의도와는 다르게 탄생되었다. 지금까지 행정10국은 '5도행정국'으로 통용되기도 했으나 처음부터 이는 존재하지 않은 기관이었다. 아마도 북조선5도 인민위원회 연합회의를 거쳐 구성되었기 때문에 '5도행정국'으로 불렸을 가능성은 있지만 정식 명칭은 아니었다.

행정10국의 설치 목적은 '경제생활을 급속히 정제시키며 경제생활의 통일적 지도와 관리사업의 만전을 기하며 민정에 관한 협의'에 두었다.[152] 제25군사령관 산하에 조직된 이 기관은 각 부서별로 소련군 민정부 대표들이 파견되어 지도와 자문 역할을 수행하였다. 행정10국은 북한 각도 및 지방기관, 사회단체 및

[150] "서울 주재 영사 폴랸스키 동지의 자료(1945.10.30.)." ЦАМО, ф. УСГАСК, оп. 433847С, д. 1. л. 85.

[151] 趙靈巖, 『古堂 曺晩植』, 政治新聞社, 1953, 60쪽; 吳泳鎭, 『蘇軍政下의 北韓』, 국토통일원. 1983, 89쪽. 조영암에 따르면, 조만식은 임시인위 위원장을 맡아달라는 치스차코프의 권유에 대해 '평남인민정치위원회만으로도 나에게 과분합니다'라고 분명히 거절하였다.

[152] 『正路』, 1945년 11월 25일.

조합, 전주민이 행정국의 지시와 지령을 실행할 의무가 있다고 함으로써 북한 최초의 중앙행정기관의 위상을 가지게 되었다.[153] 각 국(局)은 각자 명칭에 해당하는 부문의 역할과 책임을 맡았으며, 도인민위원회의 해당 부서의 사업을 지휘하였다.

행정10국 가운데 사법국은 북조선 재판기관과 검찰기관을, 보안국은 경찰과 군대 조직을 각각 지휘·감독하는 기능을 수행하였다. 이 두 기관은 보다 큰 정치적 위상을 갖고 있었다. 탄생 직후 약 1개월간 이 두 국의 상황을 살펴보자.

전직 변호사 출신들을 중심으로 10명의 일꾼들로 구성된 사법국은 6개 도에 도재판소와 도검찰소를 설치하였다. 도재판소와 도검찰소는 재판소 지휘감독부장과 검찰소 지휘감독부장이 각각 지휘하였다. 초기에 재판과 심리는 일본의 이전 민·형법에 따라 진행되었다. 사법기관들은 새로운 법령이 제정되기까지 재판에서 이들 법령을 활용하는 것이 허용되었다. 사법국 사업의 기본적인 결함으로는 군(인민)재판소와 검찰소의 조직이 더디게 진행되는 것과 사법국과 도사법기관들과 정상적인 연계가 부족한 점이 지적되었다.[154] 소련군 민정부 재판·검찰부장 B. V. 쉐티닌은 새로운 자본(부르주아)민주주의적 민·형법의 제정, 조선인 사법간부의 교육 및 재교육, 사법기관 내의 친일분자 청산, 인민재판소와 검찰소 설치 및 강화 등을 당면과제로 제시하였다.[155]

보안대, 치안서 등 경찰조직의 경우 해방 직후 혼란한 정세 속에서 도시의 주택 배분, 세금 징수, 식당·이발소 등의 개업권 허가, 시장 물가 조정 등 본연의 임무를 넘어선 활동을 하였는데, 이는 적지 않은 경찰조직의 권한 남용을 유발하였다.[156] 보안국의 발족은 이 같은 결함을 시정할 계기가 되었다. 16명의

---

153) 『正路』, 1945년 12월 5일.
154) "쉐티닌. 북조선 사법국 사업 평정(1945.12.18.)." ЦАМО, ф. УСГАСК, оп. 343253, д. 9, л. 224.
155) 위의 문서.
156) "보안국 사업에 대한 조회-보고." ЦАМО, ф. УСГАСК, оп. 343253, д. 9, л. 139-140. 1945년 12월 보안국은 도보안서장 회의를 소집하여 경찰 기능에 벗어난 이들 행위를 금지시켰고, 아울러 체포 및 조사 시 폭력 사용을 못하도록 하였다.

일꾼들로 조직된 보안국은 피의자들의 체포 및 구금 절차에 관한 지시를 발포하였고, 도 보안서장들의 실무회의를 통해 조직적 강화를 꾀했다. 해당 기간 보안국은 구금의 정당성을 확인하고자 형무소에 대한 검열을 실시하여, 불법으로 체포된 2,000명 이상을 석방하였다.[157] 이와 함께 과거 일본식 사업 방법의 청산과 보안기관의 행정기구 축소는 보안국의 당면 과업으로 간주되었다.

일본 헌법, 국가총동원령(1938), 조선사상범예방구금령(1941) 등 12개에 이르는 일제 강점기 반민주적 법령들도 행정10국이 설치되면서 제25군사령관의 명령에 의해 폐지되었다.[158] 여타의 반일적 행보에 비하면 매우 뒤늦은 조치였다.

행정10국 국장단은 정견이나 이념에 의거하지 않고 철저히 전문성과 지명도를 기초로 선발되었다. 〈표 2-1〉에서 보듯이, 국장에 임명된 10명 모두 해당 분야의 저명한 전문가들로 이루어졌다.

〈표 2-1〉 행정10국 국장단 구성

직책	성명	출생 연도	소속 정당	주요 경력
산업국장	정준택	1911	무소속	전문학교, 조선과 만주에서 광산회사 근무, 해방 직후 만년광산 광산장
농림국장	이순근	1900	공산당	조도전대학 경제학부, 항일운동 투옥(6년)
보건국장	윤기영	1903	민주당	경성의전, 내과의사, 의전 교수
교통국장	한희진	1901	무소속	경성법학전문학교, 함흥철도국장
교육국장	장종식	1906	공산당	소학교 교원, 조선일보기자, 항일운동 투옥(5년)
사법국장	조송파	1902	공산당	동경중앙대학 법학부, 항일운동 투옥, 변호사
상업국장	한동찬	1893	무소속	동경치과의전, 치과의 및 실업가
보안국장	최용건	1900	민주당	중국운남군관학교, 동북항일연군 제7군장, 조선민주당 당수
재정국장	이봉수	1892	무소속	명치대학 경제학부, 동아일보 기자, 사회운동 투옥, 함남인민위원회 산업부장
체신국장	조영열	1906	공산당	만주기술학교, 통신기관 근무(15년)

〈출처〉『正路』, 1946년 2월 17, 19, 21일; 〈정당·사회단체, 도·군인민위원회 회의 자료〉, ЦАМО, ф. УСГАСК, оп. 106546, д. 7, л. 46-48; "북조선 정당·사회단체 지도자 경력 및 평정." ЦАМО, ф. 172, оп. 614631, д. 43, л. 32-35; "개인카드: 정준택." ЦАМО, ф. 172, оп. 614632, д. 24, л. 34.

[157] "보안국 사업에 대한 조회 – 보고." ЦАМО, ф. УСГАСК, оп. 343253, д. 9, л. 226.
[158] "주북조선 소련군사령관의 명령." ЦАМО, ф. УСГАСК, оп. 343253, д. 9, л. 129.

국장단의 당파별 비율은 형식상 공산계과 비공산계가 4 : 6으로 비공산계가 앞섰지만 내용적으로는 보안국장 최용건은 공산계로 분류되기 때문에 5 : 5로 이루어졌다고 볼 수 있다. 최용건의 임명은 9월 19일 귀국한 김일성그룹이 행정 10국에 참여한 주요한 증거가 되었다. 최용건을 제외하고 공산계는 일제 시기 국내에서 활동했고 해당 분야의 권위를 인정받은 인물들로 구성되었다. 농림국 장 이순근은 서울 조공 중앙위원으로서 박헌영이 특별히 북한에 파견한 경제전 문가였다.[159]

주목할 대상은 무소속과 민주당 인사로 이루어진 5인의 비공산계 인사들이었다. 이들 모두는 소련 측으로부터 예외 없이 소련에 우호적 또는 동조적이란 평가를 받았다.[160] 소련은 권력기관의 간부에 대한 평가에 있어 정치이념과 사상보다도 '친소(親蘇)' 여부를 더욱 주요한 기준으로 삼았다. 민족통일전선과 '부르주아민주주의 노선'의 영향으로 이념적 성향은 오히려 상당히 신축적이었다고 말할 수 있다. 소련에 대해 '비우호적'이었던 조만식의 경우처럼 예외적인 사례도 있었지만 통제 가능한 범위에서 친소 여부는 간부 선발에 거의 절대적 기준으로 작용하였다. 그렇지만 친소 여부는 과거의 경력을 기준으로 한 것이 아니기 때문에 진실을 판명하기란 단순하지 않았다. 결국 친일에 대한 본격적인 단죄 이전에는 위와 같은 간부 선발 방식이 적용하였기에 친일 혐의에서 자유롭지 못한 인물들이 등용되는 원인이 되었다.

행정10국 국장 10명 가운데 무려 5명의 과거 경력은 충분히 시비를 걸 만한 소지가 있었다. 먼저 산업국장 정준택은 일제 시기 조선과 만주에서 광산회사에 근무하면서 책임적 지위까지 오르는 등 명백한 친일경력을 지니고 있었다. 그러나 그는 자신의 과거에 대해 반성한 후 전문성을 인정받아 행정10국의 산

---

159) "북조선에서 사업을 위해 파견된 조선공산당 중앙위원회 대표 이순근·최용달과 로마넨 코 소장의 대담(1945.11.10.)." ЦАМО, ф. УСГАСК, оп. 433847с, д. 1, л. 220. 이순근과 함께 북한에 파견된 최용달은 사법국 부국장에 임명되었고, 1946년 2월에는 임시인위 사법국장에 올랐다.
160) "북조선 정당·사회단체 지도자 경력 및 평정." ЦАМО, ф. 172, оп. 614631, д. 43, л. 32-35.

업국장으로 임명되었다.[161] 마찬가지로 교통국장 한희진은 일제 말기인 1945년 함흥철도국장으로 발령받았다. 당시 철도는 군사와도 밀접한 국가의 가장 주요한 기간 부문에 속했는데, 대도시의 철도국장 직위를 어떠한 검증 없이 맡길 수는 없었다고 본다면 그를 친일파로 단정할 만한 이유는 충분하다고 할 수 있다.[162] 보건국장 윤기영은 경성의전을 졸업하고 평양에서 오랫동안 개업의로 일했던 인물이었다. 치과의사 출신 상업국장 한동찬 역시 평양 실업계의 중진으로 활동하였다.[163] 비록 이들의 일제 시기 행적은 불분명하지만 친일 논란에서 자유로울 수 없는 처지였다. 특히 이들은 항일운동이나 이로 인해 투옥된 경력을 전혀 보유하고 있지 않았다.

공산당 소속 가운데 체신국장 조영열은 일제 시기 만주 소재 통신기관에서 장기간 근무하였다. 일제 시기 공산주의자들에게는 있을 법한 어떠한 투쟁 경력도 없었을 뿐더러 그의 입당도 해방 후에 이루어졌다. 이러한 그의 이력 또한 직접적인 친일 혐의를 받지 않더라도 의심할 만한 여지가 있었다.[164] 이와 같이 행정10국을 책임지는 국장단에 과거 행적이 뚜렷하지 않은 인물들이 등용된 것은 해방 직후 관련 전문가들이 절대적으로 부족한 환경과 친일문제를 처리하는 법적 규정과 실행 기관이 마련되지 않은 것이 주요 원인으로 작용하였다.

친일파 문제와 관련한 조치는 권력기관에서 긴급하게 취급되지 않았다. 해방 직후 북한 내 각급 인민위원회 가운데 주민의 직접적 참여나 소련군 측의 개입 없이 자생적으로 조직된 경우가 적지 않았다. 여기에는 친일 혐의가 있거나 반소·반공적인 인사들이 주도권을 행사하기도 하였다. 1945년 11~12월 소련군

---

[161] 정준택은 친일 행적을 가진 인사 가운데 행정10국과 북조선인민위원회를 거쳐 초대 내각에 이르기까지 정권기관의 요직에 이름을 올린 유일한 인물이었다. 이후에도 그는 화학건재공업상, 화학공업상 등을 역임하면서 오랜 기간 북한 경제를 이끌었다. 1973년 1월 11일 정준택은 부총리 재직 중에 사망하였으며, 그의 장례식은 김일성의 참석하에 성대하게 치려졌다. 『조선중앙통신』 2002년 5월 21일.

[162] 1946년 8월 한희진은 문책성으로 해임되었다.

[163] 1946년 9월 한동찬은 임시인위 상업국장 재직 중에 공산 측의 정책에 불만을 품고 진남포항을 통해 남하하였다.

[164] 체신국장 조영열에 관해서는 "북조선 정당·사회단체 지도자 경력 및 평정"(ЦАМО, ф. 172, оп. 614631, д. 43, л. 33)에 몇 줄의 이력만이 짤막하게 소개되고 있다.

당국의 요구에 따라 인민위원회 내에서 친일인사를 숙청하고 실무능력을 갖춘 인물 등용에 대한 조치가 취해졌다.[165] 대표적으로 평안북도 인민위원회 위원장 이유필(李裕弼)과 그의 수하들이 이 과정에서 물러났다.

〈표 2-2〉 행정10국 지도간부 구성(1945년 12월) (단위: 명)

사회적 구성	농민	지주	상인	사무원
	33	5	15	101
교육 수준	고등교육	중등교육		
	39	115		
소속 정당	공산당	민청	민주당	무소속
	17	1	12	124

〈출처〉 "로마넨코. 북조선 행정국사업 평정"(ЦАМО, ф. УСГАСК, оп. 343253, д. 9, л. 168)을 토대로 작성.

1945년 12월 1일 현재 행정10국의 지도간부의 수는 154명에 달했다. 〈표 2-2〉에서 볼 수 있듯이, 이들 모두는 최소 중등교육을 받은 지식인 계층으로 구성되었으며, 사회적 구성에서도 노동자 출신은 아예 없고 농민은 33명에 불과하며 사무원 계층이 101명으로 절대다수를 차지하였다. 정당별 분류를 보더라도 무소속이 124명으로 17명에 그친 공산당을 압도하였다. 이와 같은 구성은 행정10국이 자신의 활동 방향을 계급투쟁적 지향보다는 중앙행정을 이끌어갈 전문성과 능력에 초점을 맞춘 것을 다시 한 번 말해 주고 있다.

독자적인 지도 체제 형성: 조선공산당 북부분국의 결성

미·소에 의해 남북으로 분할된 상황은 북쪽 공산당에 대한 조공의 지도 및 소통에 장애가 되었다. 바로 이 점 때문에 공산 측은 김일성그룹의 귀국 후 열흘 남짓 만에 북한의 독자적인 당조직 결성에 나섰다. 처음에 조선공산당 당수인 박헌영은 1국 1당 원칙을 들어 분국 창설에 반대 입장을 표명하였다.[166] 그

---

165) "북조선 정치 상황에 대하여." ЦАМО, ф. 172, оп. 614631, д. 38, л. 29.

러나 38도선을 경계로 남북이 분리된 상황에서 서울로부터 북쪽 공산당을 지도하기 어려운 현실은 박헌영이 자신의 주장을 철회하도록 하였다. 그들 사이에는 분국이 박헌영의 조공 중앙에 직속된다는 조건에서 타협이 이루어졌다. 조공 측이 내세운 1국 내 2당 불가 원칙도 분국 결성을 적극 추진한 김일성 측과 소련군 당국의 논리 앞에 고개를 숙였다.

북한 내에서도 오기섭과 정달헌을 비롯한 함남도당 간부들을 중심으로 '당중앙 지지'와 '당분열' 등을 내세워 분국 설치를 반대하였으나 그들의 주장으로 대세를 뒤엎기는 어려웠다. 특히 오기섭은 자신이 책임비서로 선출될 것을 기대하였지만 막상 김용범이 선출되자 분국에 대해 반대하였다는 것이다.[167] 1946년 2월 15일 김일성은 분국 중앙 제4차 확대위원회에서 이들의 활동에 대해 '비계급적 노선'이라고 비판하였다.[168]

10월 초 평양에서는 북한 각 도당 위원회 서기들과 지도적 간부들이 회합하여 '북조선 당 조직의 지도를 위한 조직국', 즉 조선공산당 북부분국을 결성하기로 합의했다.[169] 회합 일자는 10월 1일로 알려져 있으나 분명치 않고, 10월 5일에 예비회의가 있었던 것은 공식적으로 밝혀진 바이다. 다른 문건에는 7~8일에도 북부도당 사업의 지도를 위한 당회의의 소집과 '단일 국(局)'의 선출을 결정했다고 나와 있다.[170] 이 시기는 북조선5도 인민위원회 연합회의 소집 기간으로 각지에서 공산당 주요 간부들이 평양에 소집되어 있었기 때문에 수시로 예

---

166) "1953년 3월 21일 김일성과의 대담기록 발췌(1953.4.16.)." РГАСПИ, ф. 495, оп. 228, д. 23, л. 19.

167) "북조선로동당 제2차 전당대회 회의록." 『北韓關係史料集 I 』, 417쪽.

168) 『당건설(강의요강)』, NARA, RG 242, SA 2008, SeriesWAR200602111, 207쪽.

169) "조선의 정치정세에 관하여." РГАСПИ, ф. 17, оп. 128, д. 1119, л. 216; "일본 항복 후 조선의 상황." Бюллетень Бюро информации ЦК ВКП(б); Вопросы внешней политики, N 1(25), 01.01.1946 г., РГАСПИ, ф. 17, оп. 128, д. 94, л. 140б; РГАСПИ, ф. 17, оп. 128, д. 266, л. 2. 소련 측은 당시 작성된 모든 문서에는 조선공산당 북부분국이 조선공산당 중앙위원회 조직국(Оргбюро ЦК Компартии Кореи)으로 표기되어 있다. 즉, '조직뷰로(조직국)'란 다른 별개의 지도체계가 아니라 바로 분국을 일컫는 말이다.

170) "조선 북부 도들의 정세와 지방자치기관들의 행정체계." ЦАМО, ф. УСГАСК, оп. 433847С, д. 1, л. 43.

170   북한 국가의 형성과 소련

비회의를 개최했을 것이다.

분국 창설 결정은 소련과 김일성 측이 조공 중앙을 불신했다기보다는 미·소 군대에 의한 남북으로의 행정 분할에 대한 적극적 대처 방식이었다. 서울의 당 중앙에 계속해서 북조선 5도 당부가 개별적으로 직속될 경우 활동의 자유를 제한 당하는 당중앙이 5도당 사업을 원만히 지도하기 어렵고, 북조선에 부여된 유리한 조건을 충분히 발양하지 못한다는 것이 지적되었다.[171] 물론 이 과정은 당연히 소련의 이해관계와 무관하게 이루어질 수 없었다. 소련군 당국은 북한에서 효율적인 정책 집행을 뒷받침해줄 공산주의 세력의 조직 필요성을 절실히 느꼈다.[172] 이에 발맞추어 정당 창설을 허용하는 조치도 취해졌다. 10월 11일 치스차코프는 제25군 사령관 명령 7호를 통해 소련군이 '조선에서 소비에트 제도의 확립과 조선 영토의 획득을 추구하지 않는다'고 거듭 강조하면서 모든 반일민주정당의 설립과 활동을 허용하는 명령을 발표하였다.[173]

10월 13일 북한 각도의 대표적 공산주의자 69명이 참석한 가운데 서북5도당 책임자 및 열성자 대회가 열려 조선공산당 북부분국의 창설을 공식적으로 결정하였다. 이 결정은 장차 한반도 내 공산주의운동의 주도권이 서울에서 평양으로 이동할 것을 예고하였다. 김일성은 사실상 분국 결성을 지휘했으나 본인은 17인으로 구성된 집행위원 외에 다른 직책은 맡지 않았다. 김용범이 분국의 책임비서가 아닌 책임자가 된 것은 실질적인 지도자인 김일성의 존재와 관련이 있었다. 제2비서에는 오기섭이 선출되었다. 북조선 5개 도와 평양시 대표들로 구성된 분국 집행위원의 명단[174]과 그들의 주요 경력은 아래의 〈표 2-3〉과 같다.

171) 「당건설(강의요강)」, 103쪽. NARA, RG 242, SA 2008, SeriesWAR200602111.

172) 레베데프는 자신이 북한공산주의자들에게 이북에 조직위원회를 둘 것을 강력히 주장했다고 언급했다. 중앙일보 특별취재반, 『비록 조선민주주의 인민공화국』, 113쪽.

173) "주북 소비에트 제25군사령관 명령 제7호(1945.10.11.)." ЦАМО, ф. 379, оп, 11034, д. 22, л. 96-97.

174) "슈티코프, 북조선의 정치 상황에 대하여." ЦАМО, ф. 172, оп. 614631 д. 38, л. 19-20; Пак В. К., Становление Трудовой партии Кореи. 1945-1950 гг. Кан. диссер. М., 1967, с. 104-105. 슈티코프의 보고에는 김책이 누락되어 있다.

〈표 2-3〉 조선공산당 북부분국 집행위원 명단

성명	대표 지역	분국 직책	출신 계열	출생 연도 및 출생지	주요 이력
김일성	평안남도	-	빨치산	1912년 평양	1927~1929년 만주 육문중 수학, 1927년 중국공산당공청 참가, 1931년 중국공산당에 가입, 그해 동만 인민반일유격대 조직, 1936년부터 3년간 동북항일연군 제2군 사장으로 활동하면서 압록강 연안 조선 영토로 원정하였고, 1936년 5월에는 조국광복회 동만총회 회장에 취임, 1938년부터는 동북항일연군 제2군 군장으로 활동하였고, 소련 영내로 들어간 후에는 조·중 유격대를 기반으로 조직된 소련군 제88보병여단 제1대대장을 역임, 1945년 9월 19일 원산항을 통해 귀국
김용범	평안남도	책임자	국내	1902년 평남 안주	22세까지 농사에 종사하다가 만주와 소련에서 수학과 공산주의 활동, 1928년 모스크바 동방대학에 입학하여 3년간 공부, 1932년 국내로 들어와 지하공작을 하다가 1936년 체포되어 2년간 투옥, 1938년 출옥 후 다시 공산주의운동을 계속하다가 1941년 만주로 탈출, 만주에서 조직활동 중 1944년 재차 체포되어 8·15해방까지 복역
장시우	평안남도	평남도위원회 비서, 검열위원	국내	1895년 평남 용강	1917년 평양 숭실중학 졸업, 1926년 조공 만주총국 입당, 1927년 블라디보스토크로 이동하여 당학교에서 자연과학과 수학을 가르침, 1929년 중국공산당 입당, 1930년 공산주의 활동으로 체포되어 10년을 선고받음, 1939년 석방 후 평양으로 와 해방 전까지 고무신 공장을 경영, 해방 후 조공 평남도위원회 정치부장
박정애	평안남도	부인(婦人)부장	국내	1907년 함북 경흥	소련 보로실로프 시 기술학교 졸업, 1923년 소련공청에 가입, 1932년까지 모스크바 소재 공장공청선전부장, 소련공산당 입당, 1932년 귀국 후 평양 고무공장 등에서 노동운동 종사, 1934년 검거되어 1년간 복역, 해방 후 조공평남도위원회 위원, 김용범의 부인
윤상남	평안남도	선전부장	국내	1905년 전북 김제	소학교 졸업 후 1925년 동경외국어학교 1년 수료, 1926년 상해로 이동, 1928년 공산당(중국) 입당, 1931년 귀국하여 평양 등지에서 선전 및 조직활동, 1933년부터 5년간 투옥, 이후 다시 검거되어 4년간 복역, 해방 후 조공 평남도당 부조직부장 및 시당 조직부장
김휘	평안북도	평북도위원회 비서	국내	1910년	1938년 중국 중앙육군군관학교 졸업, 조선의용대 입대, 3차례 체포되어 도합 6년간 감옥 생활
오기섭	함경남도	제2비서	국내	1903년 함북 홍원(?)	3·1운동에 참가하고, 1926년 공산당 입당 직후 3년간 투옥, 1929년 모스크바로 가 동방노력자공산대학에서 수학, 1932년 귀국 후 1941년까지 투옥, 1941~1945년 비합법 상태에서 혁명 활동

이주하	함경남도	원산 시위원회 비서	국내	1905년 함남 북청	1929년 원산 총파업 주도, 1929년 공산당 입당, 1930년 공산주의조직 결성 혐의로 체포되어 1935년 석방됨, 1935년 중국으로 가 소련군이 들어올 때 귀국, 해방 후 공산당 원산시당 비서, 조공중앙위원, 조공중앙위 정치국원
정달헌	함경남도	함남도위원회 비서	국내	1897년 함남 홍원	1925년 조선공산당 입당, 모스크바 동방노력자 공산대학 졸업, 1931년 평양에서 동맹파업을 주도로 인해 1938년까지 복역, 1940년 재차 피검되어 해방 후 출옥
허현보	함경북도	함북도위원회 비서	국내	1899년 (또는 1903년)	빈농 출신, 혁명운동으로 10년간 감옥 생활
이주봉	함경북도		국내	1905년 함북 성진	1927년 3월 조선공산당 만주총국입당, 동만도(東滿道) 수신향(守信鄕) 제야체이카로 활동
최경덕	황해도	황해도위원회 비서	국내	1908년 함남 함흥	반제활동으로 1932~1945년 투옥, 일본의 패망 후 조공중앙위에 의해 조공 황해도위원회 제1비서로 파견됨
김응기	황해도	검열위원	국내	1900년 경북 예천	1930년 평양에서 노동운동으로 투옥됨, 1935년 출소 후 반제운동을 벌이던 중 재차 투옥되었다가 해방 후 출옥
정재달	강원도	산업부장	국내	1894년 충북 진천	1920년 동경에 사회주의자운동 가담, 1922년 경성에서 공산주의비합법 조직에서 사업, 1924~1927년 투옥, 1929년 10월 동방노력자 공산대학 입학, 1931년 귀국하여 조공 재건에 가담. 1933년 부산에서 체포되어 1937년까지 투옥됨, 1945년 7월 29일 재차 체포되었다가 해방과 함께 출옥
이동화	평양시	조직부장	빨치산	1902년	모스크바 의과대학 졸업, 제2차세계대전 시 소련 극동전선군 정치국 제7부 한국어 통역, 88독립보병여단 내 군의관 역임
김철 (Ким Чеп)	평양시	-	-	-	
김책	-	-	빨치산	1903년 함북 성진	1910년 부친과 만주 이주, 1926년 이래 민족해방운동에 참여, 1930년 중국공산당 입당, 1927년 체포되어 1930년 1월까지 투옥되었고 그해 11월 재차 체포되어 1931년 12월에 출소, 하바롭스크 소재 88독립보병여단 정치담당 부대대장, 해방 직후 함남에서 당 활동

<출처> 강만길 · 성대경 엮음 『한국 사회주의운동 인명사전』(서울: 창작과비평사, 1996); 『조선대백과사전』(제4권, 평양: 백과사전출판사, 1996); 『正路』 1945년 12월 21일, 1946년 2월 14, 20일: 『로동신문』 1946년 10월 12, 26, 30일, 11월 1일: 『강원로동신문』 1947년 9월 11일; РГАСПИ, ф. 17, оп. 128, д. 47, л. 29; д. 61, л. 9, 23, 55, 60; д. 205, л. 24: ЦАМО, ф. 142, оп. 540936, д. 1, л. 9-10; ЦАМО, ф. 172, оп. 614631, д. 38, л. 19-20; д. 43, л. 14-19: оп. 614632, д. 25; ЦАМО, ф. 234, оп. 3225, д. 47, л. 241-242.

위 집행위원 가운데 김철(Ким Чеп)이 정확히 누구인지는 불분명하다.[175]

분명한 것은 김철이 가명이라는 점이며, 최용건과 김일(金一) 가운데 1인일 가능성이 있지만 검증이 더 필요하다. 분국 집행위원 17인 이외에도 농민부장 겸 강원도위원회 비서(11월경)에는 동방노력자공산대학 출신이자 해방 후 철원군당을 창설한 김대봉이, 청년부장에는 소련에서 활동하다 귀국한 후 7년간 옥살이 한 양영순이 각각 임명되었다.[176] 분국 집행위원 17인 구성은 당시 북쪽에서 활동한 공산주의자들을 대표하였으나 급히 서둘러 인선한 색채가 두드러진다. 무엇보다 이들은 국내계열 13인과 빨치산계열 4인의 연합으로만 구성되었고, 아직 귀국하지 않은 연안계와 소련계는 전혀 포함되지 않았다. 위의 구성은 당 대열이 정비되지 않은 상황에서 간부들을 엄격히 검증할 여유가 없었고 일부 경력자의 가담이 늦어진 데서 비롯된 것이다. 그만큼 분국 결성은 급히 서둘러 진행한 흔적을 남겼다. 따라서 얼마 후 연안계 출신을 비롯한 거물급 인사들이 충원되면서 당 권력 구조는 일정한 변화를 겪었다.

분국 집행위원 가운데 상당수는 직위에서 물러나거나 낮은 지위로 좌천되었다. 오기섭도 얼마 지나지 않아 사업 경험 부족을 이유로 제2비서 직위에서 해임되었다.[177] 이후로도 그의 당내 입지는 계속 축소되었다. 윤상남은 나중에 평안남도 인민위원회 교육부장으로 물러났고,[178] 허현보는 지위는 다소 낮아졌으나 한국전쟁 시기에 함경북도 인민위원장을 역임하였다.[179]

10월 13일 대회에서 김일성은 조직 문제에 대한 보고를 하였다.[180] 그는 빨

---

175) 이전의 글에서 필자는 전(前)북한 외무성 부상을 역임한 박길룡 씨로부터 들은 증언을 근거로 김철을 김일로 보았으나, 김일이 평양시 대표가 아니라 당시 평안북도에 파견되었고, 북한 측 자료에 분국 집행위원이 된 시기가 1946년 4월로 나와 있는 점을 고려하면 아직 확정하기 어렵다고 판단한다. 당시 빨치산그룹의 서열상 최용건이 반드시 들어가야 하지만 그가 민주당 창당에 참여하고 있었기 때문에 가명으로 포함되었을 가능성도 있다.

176) "북조선 정당 사회단체 지도자들의 이력과 평정." ЦАМО, ф. 172, оп. 614631, д. 43, л. 16-18, 21.

177) "일리체프가 파뉴쉬킨에게, 조선 정치가들에 대한 간략한 평정(1946.5.25.)." РГАСПИ, ф. 17, оп. 128, д. 61, л. 23.

178) 『로동신문』 1946년 10월 22일.

179) 『로동신문』 1951년 5월 2일.

치산 출신 중 김책, 김일 그리고 소련계 한인 이동화와 함께 선출된 17명의 위원에 포함되었을 뿐 어떠한 공식적인 직책을 맡지 않았다. 그는 〈당조직 문제〉에 대한 보고를 통해 공산당의 기본 전략노선인 '자본민주주의 정권' 수립 등 당의 노선을 강조하였다.[181] 그의 보고는 김영환(金永煥)이란 가명으로 발표되었는데,[182] 이는 광범위한 계층을 포함한 통일전선의 구축을 염두에 두고 아직 스스로를 공산당원으로 드러내지 않으려고 했음을 엿볼 수 있다. 이 대회에서는 제25군 정치부 요원 I. S. 네우메이코프 대위가 '국제정세에 대한 강연'을 하였고, 오기섭이 '당 및 공산주의자의 정치적 과업 보고'를, 김용범이 '지방정권 및 도당 사업 강화 문제 보고'를 각각 진행하였다. 대회에서 채택된 결정서는 '조선 자본민주혁명의 기본과업은 토지문제'로 규정하였고, 조선인민의 주권은 '친일적 반동분자'를 제외하고 당파·단체·계급을 망라한 것이 되어야 한다고 하였다.[183] 이미 곳곳에서 제시된 포괄적인 민족통일정부 수립을 확인한 것이다.

김일성이 이 대회 개최의 주도권을 완전히 행사한 것이 아니란 것은 물리적인 의미에서였을 뿐이다. 조선공산주의운동 내에서 그의 입지가 매우 견고했더라도 귀국한 지 불과 열흘 남짓 만에 각 도당조직의 합의를 도출시키기는 쉽지 않았을 것이다. 다만 평남도당을 비롯한 각 도당은 처음부터 소련군 사령부와 지속적인 협력 관계를 유지하고 있었고, 김일성은 귀국 직후부터 김용범, 박정애 등 평남도당의 연계와 지원하에 있었다. 결국 13일 대회는 소련군 지도부의 조정에 따라 김일성그룹과 국내 공산주의자들의 협력으로 개최되었음을 알 수 있다.

---

180) 『正路』, 창간호(1945년 11월 1일); "조선의 정세에 대하여." РГАСПИ, ф. 17, оп. 128, д. 1119, л. 219.

181) "슈티코프, 북조선 정치 상황에 대하여." ЦАМО, ф. 172, оп. 614631, д. 38, л. 19. 서북5도당 책임자 및 열성자 대회 회의록은 『옳은 路線을 爲하야』(서울: 우리文化社, 1945), 35~68쪽에 수록되어 있다.

182) 『正路』, 창간호(1945년 11월 1일).

183) 위의 신문.

김일성은 제1비서로 선출되지 않았지만 실질적인 분국의 지도자였다. 다만 그는 자신이 공산당 소속임을 대외적으로 밝히는 데 주저하였는데, 이는 특정 정파의 지도자보다는 '민족적 영웅'의 모습을 보여 주고자 한 것이다. 슈티코프는 '그가 비서로 선출되지 않은 것은 조선 정부 기관으로의 진출을 고려하기 때문이다'[184]고 하였다. 이것은 당 또는 한정된 부문을 뛰어넘어 그에게 전국적인 역할을 부여하고자 한 것이었다. 그렇지만 슈티코프의 견해는 김일성을 북한이나 전 한반도의 최고지도자로 예정했다기보다는 그 후보군의 일원으로 간주한 것이라고 말할 수 있다. 물론 슈티코프는 김일성이 북쪽 공산당 조직의 실질적인 책임자임을 부인하지 않았다.

지금까지 분국 설치에 대한 논란을 기존의 국내계와 김일성그룹 사이의 주도권 투쟁으로 돌리는 주장이 존재해 왔다.[185] 하지만 분파 간의 갈등은 일반적으로 정치노선의 차이나 권력의 주도권 문제로부터 기인하는 데 반해 분국 설치에 따른 이견은 오기섭 등 일부 지도적 공산주의자들의 정치적 이해관계에 따른 것이다. 당시 평남도당이 국내계의 중심적 역할을 수행했으나 아직 각 도당은 '지방할거적' 경향이 강했기 때문에 '국내파'라는 용어가 의미하는 내부적 결속력은 매우 미약했다. 이 세력이 자신의 단결력을 과시하여 김일성그룹에 맞서는 모습은 없었으며, 오히려 김용범과 박정애가 이끄는 평남도당은 처음부터 김일성과 긴밀한 협력관계를 구축하였다.

북부분국은 서울에 소재한 조선 공산당 중앙위원회의 권위를 부정한 것이 아니라 그 직속으로 설치되었다. 이 시기 소련 지도부도 박헌영의 조선공산당 중

---

[184] "슈티코프, 북조선의 정치 상황에 대하여." ЦАМО, ф. 172, оп. 614631, д. 38, л. 20.

[185] 이에 대해 기존 연구 가운데는 김일성그룹과 국내파 공산주의자 사이의 대립관계를 설정하고 있다. 그러나 김일성을 환영하는 선전과 그의 '우상화'에 앞장선 측이 상당수 국내 공산주의자들이었음을 상기한다면 그러한 주장은 설득력을 잃게 된다. 예를 들면 국내파 주도의 『평북민보』 10월 10일자는 적지 않은 지면을 할애하여 '조선의 해방을 위해 투쟁했고 그로써 일본 제국주의를 위협했던 김일성 장군이 며칠 전 자신의 부대를 이끌고 환국했다'고 쓰고 있다. ЦАМО, ф. 2, оп. 11306, д. 604, л. 283에서 인용. 또한 조선 공산당 기관지 『해방일보』(45.11.5)도 '조선의 청년 영웅 김일성 장군을 환영'이라는 제하의 기사를 게재하는 등 그에 대한 홍보에 열을 올렸다.

앙위원회를 전 조선 공산주의 조직의 지도를 위한 유일한 중앙기관으로 인정하였으며, 북조선공산주의 조직들의 지도를 위해 그 직속으로 설치된 분국을 올바른 것으로 간주하였다.[186] 이렇듯 분국 창설 당시는 조선 중앙과의 관계에서 상하관계가 분명하였지만 남쪽에서 조선공산당의 활동이 제약되어 있는 관계로 분국은 조공 중앙의 동의하에 당 규약 및 유일당증 준비 등 일련의 사업을 맡아 진행하였다.[187]

조선공산당 북부분국 출범은 미·소의 38도선 분할로 인한 정치적 특수성에 기인한 것이기도 하지만 소련의 입장에서는 독자적인 공산당 조직을 통해 정책을 원활하게 집행하고 좌파의 주도권 확보에 도움을 주기 위한 조치였다. 얼마 지나지 않아 당의 중심적 역할은 평양의 분국이 수행하기 시작하였다. 미군 주둔지인 남쪽보다 소련군 주둔지인 북쪽의 사업 조건이 공산당에게 훨씬 유리했기 때문이다. 특히, 공산당이 긴밀히 협의할 소련군 지도부의 소재가 평양에 있다는 점이 분국의 위상을 강화하는 데 중요한 요인이 되었다. 북부분국이 조선 공산주의운동의 핵심적 역할을 수행하기 시작한 것은 대략 1946년 3월 토지개혁 실시 시점으로 볼 수 있다.

서북5도당 책임자 및 열성자 대회가 열린 다음날인 10월 14일 평양 공설운동장에서 열린 평양시 민중대회[188]에 김일성이 처음 공식적으로 등장했다. 현 북한의 공식 입장과 김일성의 사전 '내정설'을 주장하는 측은 이 집회를 '김일성 장군 개선 환영 대회'였다고 명명하였다.[189] 비록 이 대회에 김일성이 등단하여 '영웅적인' 소개를 받고 연설을 했으나 본래의 목적은 소련군의 환영을 위해 조

---

186) "슈티코프가 말렌코프, 불가닌, 쉬킨 동지에게." ЦАМО, ф. 172, оп. 614631, д. 23, л. 25.

187) "조선의 정치 상황에 대하여." РГАСПИ, ф. 17, оп. 128, д. 1119, л. 220.

188) 이 시기 각지에서 열린 군중대회에 대해 소련 측은 통상 '소련군 환영군중대회'로 불렀다. 그러나 당시 북쪽 언론은 평양대회에 대해서 '평양시 민중대회'로 명명했기 때문에 그 표기에 따르기로 한다. 현재 북한은 이 집회를 '평양시 군중대회'로 부르고 있다.

189) 『조선전사』 제23권, 평양: 과학, 백과사전 출판사, 1981, 31~32쪽; 金昌順, 『北韓十五年史』, 知文閣, 1961, 57쪽.

직된 것이었다.[190] 다만 김일성의 등장이 대중적으로 큰 주목을 받았고 공산당원들이 대회 개최 전 이를 대대적으로 선전했던 까닭에 '김일성 환영대회'로 불리게 된 배경이 되었다. 30대의 젊은 김일성의 출현으로 놀라운 반응을 전하는 대회의 분위기도 있으나 소련 측은 김일성의 대중적 인기가 예상보다 높다는 것을 알고 대단히 만족했다고 한다.[191] 아마도 소련군 당국의 생생한 현장 경험이 김일성의 대한 평가에 적지 않은 영향을 주었음이 틀림없다.

예상을 뛰어넘어 김일성의 인기와 존재를 확인한 소련은 그의 지지 기반의 확대에 나설 채비를 갖추기 시작하였다. 슈티코프는 북한에서 공산당, 민주당, 민주청년동맹, 민주여성조직, 직업동맹 및 기타 반일민주조직들을 기반으로 민주주의적 통일전선을 창설하고, 그 우두머리에 김일성을 등용할 것을 제기하였다.[192] 슈티코프의 이 제의는 통일전선이 아직 결성되지 않은 관계로 곧바로 실행에 옮겨지지 않았으나 김일성의 굳건한 정치적 입지를 확인시켜 주었다.

그렇다면 오랫동안 분단정부 수립 노선으로 간주되어 온 소련에 의한 '북한의 소비에트화'라는 주장을 어떻게 보아야 하는가. 전통적 관점에 입각한 논자들은 '조선공산당 북부분국'의 설치를 소련이 북한의 소비에트화를 진척시키려는 명확한 의도로 보았다.[193] 이 문제는 소련의 전략에 대한 정확한 이해와 접근을 통해 풀어야 한다. 공산주의 이념으로 무장한 소련군 장교들이 자신의 이념성을 탈색한 채 본국의 정책을 집행하는 것은 용이한 일이 아니다. 어떻게든 그들의 사고와 견해는 조선 정치세력과의 관계에서 드러날 수밖에 없는 것이었

---

[190] 구소련 시절에 쓰인 러시아 측 문헌들은 대체로 이 대중집회가 '조선의 해방을 경축하고 신조선을 건설하기 위해' 개최되었음을 지적한다. 이를테면 Освободительная миссия Советских вооруженных сил во второй мировой войне. М., 1974, с. 441 참조. 임은도 이 점에 대해 동일한 견해를 보였다. 林隱, 위의 책, 155쪽.

[191] 林隱, 『金日成王朝秘史』, 한국양서, 1982, 155쪽.

[192] "슈티코프가 말렌코프, 불가닌, 쉬킨 동지에게." ЦАМО, ф. 172, оп. 614631, д. 23, л. 26.

[193] 이러한 주장은 더 나아가 소련군이 북한에 진주한 후 곧바로 일단 확보한 한국 지역 내에 사회주의 체제를 이식, 체제를 굳히려했다는 주장으로 이어지고 있다. 이 같은 주장은 대체로 에릭 반 리의 저술에서 논리적 원천을 찾고 있다. Ree, Erik Van, *Socialism in one zone, Stalin's policy in Korea, 1945-1947*. Oxford, 1989.

다. 그렇다면 소련군 지도부가 대북한 정책 수행에서 공산주의자들을 기본적인 지지세력으로 삼으려 했음은 의심에 여지가 없다.

그럼에도 앞에서 살펴본 것처럼 25군 사령부가 지역 공산주의자들의 급진적인 행동을 저지하고, 스탈린을 비롯한 소련 지도부가 '북조선의 소비에트화'에 대한 반대 입장을 확실히 표명한 것은 그저 단순한 정치적 수사로 볼 수는 없다. 소련은 해방 후 남한 내에서 재건파와 장안파 공산주의자들이 대립한 가운데서 박헌영그룹을 지지함으로써 조선공산당 중앙위원회의 정통성을 인정하였다. 소련은 남과 북의 공산당을 각기 다른 실체로 본 것이 아니라 전 한반도 차원에서 남과 북으로 각각 나누어 혁명을 주도하는 통일된 조직체로 간주하였다.

다만 미·소 양군의 주도하에 분할된 지리적 여건상 각기 독립적인 조직으로 나누어질 수밖에 없었던 특수성을 인정할 따름이었다. 시간이 지나면서 남북의 공산당은 조직적으로 분리되어 가기는 하지만 이 두 조직이 상호협력하에 각기 활동을 진행해나갔음을 인지할 필요가 있다. 한반도 전체의 소비에트화는 장기적인 목표로 설정할 수 있겠으나 남북의 공산당이 여타 세력과의 통일전선을 통해 혁명의 주도권을 장악하는 일이 보다 중요한 목표였다고 볼 수 있다. 이는 일제하의 조선이 경제구조에 있어서 봉건적 관계가 지배적이었고, 해방 후 조선은 전반적으로 봉건적 유물이 우세한 가운데 자본(부르주아)민주주의 단계에 있다는 인식에서 나온 것이었다.[194]

통일전선과 '반체제운동'

북쪽 공산당의 전열 정비는 자신이 지도하는 대중조직(사회단체)의 확대와 통일전선의 구축을 위한 행보로 이어졌다. 앞선 스탈린의 '부르주아 민주주의 권력 수립' 지시로 표출된 반일적 민족세력과의 연대 방침은 소련군 당국과 북

[194] "創刊辭."『正路』1945년 11월 1일.

한 좌파세력에게 민족 부르주아지를 통일전선으로 견인할 동기를 마련해 주었다. 민주청년동맹, 민주여성동맹, 노동동맹, 농민동맹 등 해방 직후 공산주의자들이 주도로 조직한 대중단체들은 노동자와 농민을 중심으로 한 북조선 주민을 직업별로 묶어 공산당의 정책과 조치를 대중적으로 전파, 실현하는 매개체로 나서게 되었다.

민주청년동맹(민청)의 창설의 경우 김일성이 직접 나서 공을 들인 사례였다. 그는 공산주의청년동맹(공청)을 다양한 청년층들을 망라할 민청으로 개편하는 사업을 진두지휘하였다. 분국 결성 이후 북조선공산주의청년동맹이 창설되어 활동을 개시하였으나 조선민주당과 독립독맹 등도 독자적인 청년조직을 둠으로써 청년운동이 갈라지는 모습을 보였다. 이에 김일성은 '공청'을 해소하고 모든 청년운동 단체를 '민청'으로 단결시킬 것을 주장하였다.[195] '당의 우경화'와 '청년운동의 퇴보'를 우려하는 목소리와 함께 오기섭과 소련계 인사들이 공청 해소에 반발했다.[196] 그러나 공청은 해소되었고, 1946년 1월 북조선민주청년동맹이 창립되어 당파를 떠난 유일적인 청년조직으로 활동하기에 이르렀다. 슈티코프는 '모든 민주적 성향의 조선 청년계층의 선진 분자들을 광범하게 포용하여 공청을 조선민주청년동맹으로 개칭한 것을 옳다'고 보았다.[197]

기층민을 전취하는 데 유리한 조건이 조성되었음에도 불구하고 민족주의 세력과 유산계층과의 협력은 공산 측의 목표 달성에 관건이 되는 문제였다. 공산 측의 통일전선 노선은 조만식을 중심으로 한 민족주의 세력과의 협력에 방점을 두었다. 이 노선은 단순한 전술적 방침이 아닌 조선 혁명 단계에 대한 현실적 규정이었으며, 아울러 공산 측의 주도권을 보장하는 목적을 지녔다. 슈티코프는

---

[195] 당시 신문은 1945년 10월 30일 김일성의 제의에 의해 조선민주청년동맹 조직준비위원회가 결성되었다고 밝히고 있다. "北部朝鮮民主主義青年團体代表者會議決定書." 『正路』 1946년 1월 25일. 이에 관한 보다 자세한 내용은 박병엽 구술, 유영구·정창현 엮음 『조선민주주의인민공화국의 탄생』, 선인, 2010, 150~158쪽 참조.

[196] 민청 설립 논쟁에 대해서는, 김일 외, 『붉은 해발아래 창조와 건설의 40년(1945.8~1950.6)』 제1권(평양: 조선로동당출판사, 1981), 45~59쪽을 참조.

[197] "슈티코프가 말렌코프, 불가닌, 쉬킨 동지에게." ЦАМО, ф. 172, оп. 614631, д. 23, л. 26.

180   북한 국가의 형성과 소련

해방 초 민족주의자들과의 협력관계를 제대로 실행하지 못한 점을 북한 공산주의자들의 중대한 과오로 꼽았다. 그는 '북조선공산주의자들의 잘못된 노선으로 최근까지 공산당은 유일한 합법적 정당'이었다고 지적하면서 이 때문에 '민주그룹이 지하로 숨어버렸다'고 비난하였다.[198] 이처럼 지지 세력에 대한 외연 확장은 공산 측이 폭넓게 시선을 집중한 사업이었다.

이 시기 민족주의자들에 대한 '무리한' 권력 영입은 단편적인 것이 아니었다. 앞서 살펴본 대로 행정10국에는 정준택, 한희진, 윤기영, 한동찬, 이문환 등 친일 전력이 있거나 유산계층 출신들이 등용되었다. 일제 시기 조선 프롤레타리아 예술가동맹(KAPF) 문인이었으나 나중에 친일단체에서 일했던 박팔양(朴八陽)은 해방 후 『평북신보』에 근무하였으며, 김일성을 만난 다음 북조선공산당 기관지 『正路』의 편집부장으로 임명되었다.[199] 해방 초 친일 청산 요구는 새로운 질서 형성에 필요한 인재가 요구되면서 부침을 겪은 셈이다. 새 사회 건설을 위한 인적 충원을 위해 인텔리 계층이 풍부한 민족주의 진영을 도외시하기는 어려웠던 것이다.

공산 측이 '부르주아민주주의 혁명' 노선 실현의 핵심 열쇠를 쥐고 있던 조만식을 통일전선으로 끌어들여야하는 것은 가장 주요한 과업의 하나였다. 처음 공산 측은 그에 대해 확고한 신뢰를 표명하지 않았으나 민족주의 진영에서 그가 지니는 위치 때문에 그를 대체할 방도는 없는 상태였다. 조만식은 공산 진영에 대해 불편한 속내를 비치면서도 정국의 주도자들과 대립관계를 형성하지는 않았다. 그러나 조만식이 소련과 공산주의자들에 대해 호의적인 감정을 가지지 않았던 것은 명백한 사실이다.[200] 그는 공산 진영에 일면 협조적 태도를 취했을 뿐 그 정책에 적극 호응해 나선 것은 아니었다. 반면 남쪽의 미군정과는 연계를 맺었고 그곳의 민족주의 지도자들과 연락을 주고받았다. 1945년 10월 5일 미군

---

198) 위의 자료, л. 22.

199) "세기를 이어 애국과 신념의 길로 이끌어주시여." 『로동신문』 2006년 1월 27일.

200) 그의 전기물들은 물론이고 소련 측 인사의 증언 및 문서 자료들에서 그가 친소적인 태도를 취한 흔적은 발견하기는 힘들다.

정청이 각계의 조선인 지도자 11명을 군정장관의 고문관으로 임명한 가운데, 조만식이 북쪽 출신으론 유일하게 여기에 포함되었다.[201] 이후로도 조만식은 미군정과 상호 밀사를 파견하는 등 물밑에서 긴밀하게 교감을 이어 갔다. 공산 측 입장에서는 조만식의 '친미성(親美性)'을 인식하면서 그와 불안한 연대를 모색해야하는 처지에 섰다고 볼 수 있다. 그러나 이 인물과의 협력을 아직 재고할 단계는 아니었으며, 오히려 그를 견인하는 데 전력을 기울여야만 했다.

민족주의 정당의 창설 문제는 공산 진영과 조만식 양측 모두에게 이해가 일치하는 사안이었다. 공산 측은 민족통일전선 방침의 실천을 위해 민족주의자 및 중간 세력을 끌어들일 장치가 필요했다. 특히 김일성을 비롯한 공산 측이 적극 창당을 권유하였고, 조만식은 자신의 세력 기반을 조직화할 필요성에 따라 당조직에 나서게 되었다.[202] 그는 10월 8~10일 북조선5도 인민위원회 연합회의에 참가하여 '본인은 도내에 공산당 이외에는 모른다. 민족사회당이 있었지만 소련군 사령부가 해산시켰다'고 민족주의 정당 부재에 대한 불만을 우회적으로 언급한 바 있다.[203] 때마침 10월 10일 제25군 사령관 치스차코프는 북조선 영토에 '일본 제국주의 잔재의 결정적 청산 및 민주주의 기초와 공민적 자유의 강화를 자기의 과업으로 삼는 모든 반일 민주주의정당의 조직과 활동을 허가'[204]하는 명령을 발표하여 정당 결성의 법적 근거도 마련되었다.

10월 19일 민주당 창당을 위한 조직 회합이 조만식의 주도하에 평양에서 개최되었다. 여기에는 이윤영, 한근조, 김익진, 오영진 등 약 20명이 참가하였다. 주목해야 할 것은 김일성과 김책이 이 회합에 참가한 점이다. 공산 측이 민주당 창당에 적극 개입한 명백한 증거였다. 이 회합에서는 김일성과 조만식의 공동 제의에 의해 당명을 '조선민주당'으로 정했고, 김책은 당 강령 및 규약, 선언을

201) "군정청, 군정장관고문관 11명 임명." 『自由新聞』 1945년 10월 7일.
202) 洪聖俊 『古堂 曺晩植』, 서울: 平南民報社, 1966, 210~214쪽.
203) "북조선 5도대표자대회의 연설." ЦАМО, ф. УСГАСК, оп. 433847С, д. 1, л. 104.
204) "주북조선 소련 제25군 사령관 명령(1945.10.10.)." ЦАМО, ф. УСГАСК, оп. 433847С, д. 1, л. 26; ЦАМО, ф. 172, оп. 614630, д. 9, л. 30.

작성하는 위원회에 포함되었다.[205] 그러나 김책은 조만식과의 의견 충돌로 얼마 되지 않아 업무에서 손을 뗐다.[206]

조선민주당 관련 문건 작성은 조만식의 측근인 오영진이 주도하였지만 제25군 군사회의와 정치부도 이들 당 문건 작성에 도움을 제공하였다.[207] 이 회합에서 조만식은 어떠한 일이 있더라도 친일세력의 당 진입 불가에 대해 못을 박으면서 '내 아들이 친일이라면 나는 우리 당 입당을 막을 것이며, 그 아이가 반일이라면 입당을 권할 것이다'고 단호한 입장을 표명하였다.[208] 겉으로 보기에는 조만식과 김일성의 관계가 아직 불편해지지 않았다는 것을 인식할 수 있다. 김일성이 공산당 지도자로서의 면모가 드러나지 않은 상황에서 조만식이 그에게 신뢰를 보냈고, 친일 문제에서도 단호한 입장을 견지하였다고 볼 수 있다.

11월 3일 민주당 결당대회가 평양에서 개최되었다. 창당 일자를 이 날로 정한 것은 1929년 11·3 광주학생항일운동을, 발기인을 105인으로 정한 것은 일제하 '105인 사건'을 기념한 것이다. 창당식에서 조만식은 '민주당이 김일성의 주도로 창설된다'고 말하는 등 김일성을 추켜세웠으며, 공산주의자들과의 협력을 강조하였다.[209] 그는 심지어 '남쪽 인민들은 북쪽에 있는 우리와 같은 자유를 누리지 못하고 있다'고까지 지적하였는데, 이때까지도 그가 공산 측과 일정한 협력관계를 유지할 입장은 분명해 보였다.

결당대회에서 민주당 당수로 조만식이 예정대로 선출되었다. 중앙상무집행위원회와 부당수 2인은 오후에 열린 발기인 회의에서 선출하도록 결정되었다. 중앙상무집행위원회는 3·1독립선언 당시 민족대표 33인을 따라 조만식, 이윤영, 오윤선, 최용건, 이종현, 김병연, 김책, 박현숙, 오영진 등 33인으로 구성되

205) "강(姜)소좌의 보고(1945.10.19.)." ЦАМО, ф. 172, оп. 614632, д. 25, л. 251. 이 보고에서 김책은 해방 직후 그가 사용한 가명인 '김재민'이라는 이름으로 나와 있다.

206) 林隱, 『金日成正傳』. 서울: 沃村文化社, 1989, 185쪽.

207) 『북한민주통일운동사: 평안남도편』, 북한연구소, 1990, 245쪽; "슈티코프, 북조선의 정치 상황에 대하여." ЦАМО, ф. 172, оп. 614631, д. 38, л. 22

208) "강(姜)소좌의 보고(1945.10.19.)." ЦАМО, ф. 172, оп. 614632, д. 25, л. 251.

209) "조선민주당 조직대회." ЦАМО, ф. УСГАСК, оп. 433847с, д. 1, л. 126.

었다. 그런데 몇몇 인사들은 최용건이 사업에서 보여준 것이 없고 조선인민의 민주적 권리를 위해 싸운 사람이 아니라는 이유를 들어 중앙상무집행위원으로 선출되는 것에 반대하였다.[210] 그러나 조만식의 발언으로 위원회 구성은 박수로써 통과되었다. 부당수로는 최용건과 이윤영이 뽑혔는데, 역시 최용건에 대해서는 일부의 반대가 있었다. 민주당을 관리하기 위해 공산 측이 집어넣은 인사라는 점에서 그에 대한 반발은 당연한 것이었다.

민주당은 당 강령의 제1항에서 '국민의 총의에 의하야 민주주의 공화국의 수립을 기함'[211]이라고 규정하였듯이 민주국가 수립을 가장 중요한 목표로 삼았다. 나머지 강령은 '민족 전체의 복리 증진', '민족 문화 앙양', '사회 각계와의 결합', '반일적 각당파와의 통일 도모', '소련 및 민주주의 국가와 친선 도모' 등을 내용으로 하였다. 조만식 측의 입장이 반영된 민족주의 정당의 체모를 구현한 강령으로 볼 수 있지만 반일적 당파와 협력하여 통일을 지향하고, 소련 등과 친선을 실현하는 것은 공산 측의 입김이 작용한 것으로 볼 수 있다. 특히 '당정책'의 제1항을 '국민은 언론, 출판, 집회, 결사 및 신앙의 자유와 선거 및 피선거권을 유(有)함. 민족반역자는 5대 자유와 공권을 박탈함'[212]으로 규정한 것은 정확히 공산 측의 입장이 수용된 것으로 볼 수 있다.

부르주아민주주의혁명 노선은 최소한 1945년 말까지 공산당의 확고한 정책 노선으로 자리 잡았다. 평양은 물론이고 각 지방 공산당 조직들도 이 노선에 따른 정책적 조치를 실행에 옮겼다. 이를 테면, 함경남도 공산주의자들은 신문과 여러 매체를 통해 소련군의 진주 목적에 대해 대중적 선전을 실시하고, 자본민주주의 정권 수립과 산업 복구를 위해 대중을 동원하는 일에 노력을 기울였다.[213] 자본민주주의 정권 수립의 구체적 내용은 민주당 조직을 지원하고 이들

---

210) "조선민주당 조직대회." ЦАМО, ф. УСГАСК, оп. 433847с, д. 1, л. 128.

211) 『북한민주통일운동사: 평안남도편』, 북한연구소, 1990, 246쪽; "조선민주당 강령." ЦАМО, ф. УСГАСК, оп. 433847, д. 1, л. 129.

212) 『북한민주통일운동사: 평안남도편』, 북한연구소, 1990, 247쪽; "조선민주당 정책." ЦАМО, ф. УСГАСК, оп. 433847, д. 1, л. 129.

과 인민위원회에서 연대를 구축하는 것이었다. 1945년 12월 10일 현재 민주당은 평안남도 11개군, 평안북도 2개군, 황해도 2개 군에서 조직되었고, 당원 수는 도합 6,211명에 달했다.[214] 이후 민주당의 당세는 급격히 확대되었다.

창당과 더불어 민주당은 공산당과 나란히 정치·경제적 현안을 다루게 되었다. 두 당 지도자들은 중요한 문제들에 대해 상호 의견을 교환하는 등 협력관계를 유지하였다.[215] 조선민주당은 공산 측의 지원에 의해 창당된 것을 확인하는 측면에서 공식적으로는 공산당과의 협력 및 통일전선의 강화에 찬동하였다. 그러나 민주당 내부에 깔린 반공적 정서는 표면에 드러난 모습과는 사뭇 달랐다. 겉으로 드러난 협력관계는 양당의 이념 및 계급기반의 차이로 인해 언제든지 손쉽게 와해될 수 있는 구조였다. 중요한 것은 이 균열이 조만식과 김일성 사이에서 나타났다는 점이다.

조만식은 조선의 즉시 독립을 주장하는 입장을 보였으며, 건국 문제에서 연합국의 입김을 받아들일 수밖에 없다는 공산주의자들의 주장에는 불만을 드러냈다. 남쪽에서 독립촉성중앙협의회 결성 시 이승만은 조만식에게 밀사를 보내 김일성을 초청할 것을 제의했다는데, 이에 따라 조만식이 김일성을 만나 북조선 각도가 조선 정부 창설에 참여하고 중앙정부는 12월 이전까지 수립되어야 한다고 말했다.[216] 이때까지 정부가 수립된다면 미·소 정부에게 남북조선에서 점령군 철수에 관한 문제를 제기할 수 있다는 것이었다. 김일성이 이 제의에 동의하지 않자 조만식은 측근들을 통해 그가 통일을 방해하고 있고 붉은 군대를 위해 일한다고 비난하였다.

조만식과 그 지지자들은 남쪽과 긴밀한 관계를 가졌으며, 민주당은 사실상

---

213) "지방행정 사업 검열 문제 및 토지이용과 산업활동 문제 연구에 대한 함경도 사업 보고 (1945.12.5.)." ЦАМО, ф. УСГАСК, оп. 343253, д. 9, л. 16, 19-20.

214) "북조선 정당·사회단체에 관한 조회–보고." ЦАМО, ф. 172, оп. 614631, д. 38, л. 42, 45.

215) "슈티코프. 북조선의 정치 상황에 대하여." ЦАМО, ф. 172, оп. 614631, д. 38, л. 27.

216) "슈티코프가 말렌코프에게, 조선의 정치 상황에 대한 보고." ЦАМО, ф. 172, оп. 614631, д. 23, л. 3-4. 독촉중앙협의회 결성 시 이승만이 김일성을 초청했는지 여부는 확인되지 않는다.

김구의 임시정부를 지지 · 선전하였다. 특히 조만식은 남쪽 한민당 지도자들과 개인적인 비밀 교류를 유지하였다.[217] 소련군 당국은 민주당이 중소 부르주아지와 상층 인텔리 일부에 영향을 주면서 '당내에는 소련군 사령부의 조치를 거부하고자 시도하는 친일 · 친미분자들이 있다'며 부정적인 시선을 거두지 않았다.[218]

공산당과 민주당과의 협조체계는 위태롭게 이어지고 있었다. 더욱이 공산 측을 괴롭히는 것은 비단 이뿐만이 아니었다. 반소반공 세력의 활동으로 인한 사회질서의 불안이 통치체계에 적지 않은 위협이 되었다. 소련군 진주 후 반소반공 세력들의 기세는 크게 분출하지 못했다. 해방이라는 시대적 공간에서 자신들의 주장이 민족적 대의와 명분을 취하지 못했을 뿐 아니라 좌파가 우세한 정치 환경도 우호적인 것이 아니었기 때문이다. 그러나 여러 반소 · 반공 조직들이 지속적으로 활동하였고, 이들의 저항은 공산 측에 적지 않은 부담을 주었던 것은 틀림없다.

해방 초 평양에서는 대표적인 반소반공 단체인 민족사회당이 해산된 후 공식 조직을 통한 반공운동의 자취는 찾아보기 어려웠다. 하지만 국경도시인 신의주의 사정은 달랐다. 이곳에서는 사회민주당과 우리청년회를 비롯한 반소반공 조직이 결성되었다. 특히 사회민주당은 11월 3일 평북 신의주에서 9명으로 구성된 조직위원회를 이끈 상인 출신 강모(姜某)[219]의 주도로 창당되었다.[220] 조선민주당과 같은 날인 11월 3일에 창당된 것은 상징적으로 일제하 광주학생항일운동을 기념하는 취지였을 것이다. 소련군 당국에 당 등록 당시 당원 수는 197명이었는데, 11월 말에는 1,300명으로 증가하였다. 이 당은 공산당과 공동행동

---

217) "조선 남북의 정당들." ЦАМО, ф. 172, оп. 614631, д. 43, л. 38.

218) "메클레르. 북조선 정당 사회단체 평정(1946.1.12.)." ЦАМО, ф. 172, оп. 614631, д. 43, л. 7-8.

219) 러시아 문서에 그의 이름은 강대희(Кан Де Хи)로 나와 있으나 정확히 확인되지 않고 있다.

220) "메클레르, 북조선 정당사회단체 평정(1946.1.12.)." ЦАМО, ф. 172, оп. 614631, д. 43, л. 8-9.

을 표명하기도 했으나 실제로는 김구의 임시정부를 지지하였다.[221] 즉, 당 선언
과 강령을 통해 김구의 임시정부를 지지하고 이 정부의 강화에 힘쓰며 게다가
한 계급의 독재를 배격한다고 함으로써 사실상 공산 측의 정책에 반대할 것임
을 표명하였다. 우리청년회는 인민위원회와 공산주의에 반대하는 우익계 중학
생들이 이끈 단체였다. 이들 단체들은 대체로 남쪽의 우익 조직들과 연계를 가
지고서 인민위원회와 공산당, 소련에 반대하여 삐라를 살포하거나 테러를 모
의·실행하는 방식의 저항을 조직하였다.

북한 우익세력들의 반소·반공적 지향성이 가장 크게 표출된 사건은 잘 알려
진 신의주학생사건이었다. 1945년 11월 23일 신의주에서 '우리청년회'와 사회민
주당 소속 단체가 중학생들의 무력시위를 조직하여, 공산당 도위원회와 도·시
인민위원회 청사를 공격하였다. 이 사건의 배후에 '백의사'의 존재가 지목되었
는데, 일부 관련자들은 인민위원회와 보안서에서 근무하기도 했다.[222] 사건 직
후 백의사 회원 4명이 체포되었다.[223] 시위 연루자들의 체포는 제25군 방첩부
(일명 '스메르쉬 СМЕРШ')에 의해 실시되었다. 아노힌 소장이 지휘한 이 부서
는 군 정치기관 및 경무사령부와 공조하여 반소·반공운동 및 테러활동을 적발
해내는 임무를 담당했다.[224]

신의주 사건은 김일성이 사태를 수습하기 위해 신의주를 방문할 정도로 그
파장이 매우 컸다. 11월 27일 김일성은 신의주시에 모인 대중을 대상으로 연설

---

221) "메클레르, 북조선 정당사회단체 평정(1946.1.12.)." ЦАМО, ф. 172, оп. 614631, д. 43, л.
　　8-9; "슈티코프. 북조선의 정치 상황에 대하여." ЦАМО, ф. 172, оп. 614631, д. 38, л. 23.
222) "조선의 정치 상황에 대하여." РГАСПИ, ф. 17, оп. 128, д. 1119, л. 162-163.
223) "메클레르, 북조선 정당사회단체 평정(1946.1.12.)." ЦАМО, ф. 172, оп. 614631, д. 43, л.
　　9-10.
224) 스메르쉬는 방첩총국(Главное Управление Контрразведки)의 별칭으로 '첩자에게
　　죽음을'이란 뜻이다. 1943년 4월 독일군의 첩보·파괴 활동에 대항하여 방위인민위원부
　　(무력성의 전신) 산하에 창설되었으며 부위원(부상)이 국장을 겸임하였다. 내무인민위
　　원부(НКВД)와 국가안전인민위원부(НКГБ)와 긴밀한 공조 체계 속에서 활동했다.
　　1946년 5월 스메르쉬 기관들은 특수 부서로 개편되어 국가안전성(МГБ)에 배속되었
　　다. Советская Военная Энциклопедия. Т. 2, М., 1976, с. 564.

을 진행하고, 이후 며칠간 이곳에 머물면서 민심을 회복하는 데 신경을 집중하였다.[225] 공산 측은 사건의 주도 세력인 우리청년회, 사회민주당을 지목하여 해산 조치를 취하고, 일부 지도간부들은 소련 수용소로 이송되었다.[226] 각급 인민위원회는 친일파와 반소·반공 세력에 대한 숙청 작업이 이루어졌고, 동시에 지방 공산당 사업 향상을 위한 조치가 취해졌다. 주민과 학생들에게는 해설 사업이 진행되었다. 북한 내 반소·반공 운동은 시간이 지남에 따라 규모와 빈도는 약해지지만 테러 등의 극단적 형태를 띠면서 지속적으로 이어졌다.

무력의 태동과 조직화

북한 내 무력 형성은 소련군 진주 후 치안질서 유지 및 친일세력과 '반동분자' 색출 등의 필요성에 의해 그 기초가 마련되었다. 해방 직후 북한에서는 자위대, 치안대, 적위대 등과 같이 좌우 세력들의 무장 조직이 자발적으로 활동하였다. 북한에 진주한 소련군은 이러한 난립 형태를 해소하고 군당국의 통제를 받아 주어진 임무를 수행할 통일적인 조직에 착수하였다. 10월 12일 제25군 사령관 치스차코프는 '명령서 제7호'를 통해 '북조선 영토에서 일체의 무장대를 해산하고 모든 무기, 탄약, 군용물자를 소련군 사령부에 넘길 것'을 명하였고, 동시에 사회질서 유지를 위해 '도 인민위원회에게 소련군 사령부의 동의에 따라 정해진 수의 보안대 창설'을 허가하였다.[227] 이에 따라 도 단위별로 보안기관이 설치되어 질서 유지와 범죄와의 투쟁을 수행하였다. 초기에 이 기관들을 소련군 방첩기관(스메르쉬)과 함께 전쟁범과 정치범 색출에 나섰고, 기타 형사사건을 담당하였다.

---

225) 김일 외,『붉은 해발아래 창조와 건설의 40년(1945.8~1950.6)』제1권, 평양: 조선로동당출판사, 1981, 72~78쪽.

226) 소련 수용소 이송자 인적 사항은 러시아국립군사문서보관소(РГВА)에 소장된 '조선인 전쟁 포로 및 수용자 관련 자료'에서 확인할 수 있다.

227)『조선중앙연감』조선중앙통신사, 1949, 58쪽; "주북 소비에트 제25군사령관 명령 제7호(1945.10.11.)." ЦАМО, ф. 379, оп, 11034, д. 22, л. 96-97.

11월 19일에 조직된 북조선행정10국 가운데 보안국은 무력 기능을 맡았다.[228] 보안국장은 김일성의 빨치산 동료인 최용건이 맡았는데, 이후로도 그는 북한 무력형성 과정에서 핵심적인 위치에 서서 활동하였다.

북한 무력형성 과정에서 소련 측의 지도와 감독, 그리고 지원 역할은 북조선행정10국 보안국 소련군 대표이자 소련 민정기관 보안·검열 지도부장인 N. Ya 자그루진 대좌가 담당하였다.[229] 그의 직책은 이후 민정국 보안부장, 민정국 사법·보안 지도부장으로 바뀌지만 지속적으로 무력과 관련된 업무를 수행하였다. 예를 들면, 북한 측에 대한 무기 및 군사장비 제공 등도 그를 통해 이루어졌다. 처음 북조선 보안국은 자그루진을 통한 소련군 사령부의 지시를 따랐으나 1946년 2월 임시인위가 설립된 이후 점차 북한 측의 권한이 증대되었다. 북조선 보안국은 사회질서의 안정을 설립 취지로 하였음에도 북한 무력의 체계적 양성을 진행시킬 기구로서 태동하였다. 보안국이 지도한 경찰조직들은 점차 군사조직의 모태로서 기능하였다.

무력 건설의 일환으로 조·중 국경을 방어하기 위한 국경 경비대의 조직 문제는 비교적 일찍부터 제기되었다. 1945년 11월 27일 김일성은 조선공산당 평북도당 비서에게 중국 국민당 군대의 가능한 침범에 대한 대비책으로 국경경비대를 조직하여 신의주를 비롯하여 의주, 수풍, 용암포 일대를 지킬 것을 지시하였다.[230] 조·중 국경 경비는 바로 이때부터 시작되었다. 이와 같은 무력의 조직은 아직 정식 군대 수준은 아니었고, 치안과 경비를 담당하는 경찰력을 확보하는 차원에서 진행되었다고 볼 수 있다.

---

228) 그 하부 부서로는 보안부, 사법부, 감금소관리부, 총무부, 인사부, 경리부, 위생부, 소방부 등이 설치되었다. 도, 시, 군, 면 단위에서는 보안서가 조직되었다. "북선보안기관조직 및 사업요령/한글문서/(1945.11.2.)." ЦАМО, ф. УСГАСК, оп. 342253с, д. 3, 33-37.

229) 각 국에는 소련민정기관의 해당 부서에서 사업을 책임지는 소련군 대표들이 배치되어 해당 사업을 지원하였다.

230) "국경경비대를 조직할 데 대하여(1945년 11월 27일)."『김일성전집』제2권, 351~352쪽. 이 때 김일성은 신의주에 경비대 본부를 두고 의주, 수풍, 용암포에 각각 1개 중대 병력을 배치할 것이라고 하였다.

김일성은 아직 소련군 지도부에 공식적으로 군대 조직에 관한 사업을 요청하거나 착수하지는 않았지만 이에 대한 구상과 준비를 미루지 않았다. 그는 소련군 당국과 무력 문제에 대한 협의에 직접 나선 실질적인 추진 주체로서 움직였다. 처음부터 그의 무력 건설 추진은 소련군 지도부의 구상을 앞지르는 것이었다.

11월 14일 김일성은 슈티코프와 만나서 공산당 군(郡)위원회 산하에 군사도 연구하는 청년 정치학교 설립을 허가해 주고, 거기에 청년들의 군사 교육을 주요 과목으로 해줄 것을 요청하였다.[231] 김일성의 구상에 따르면, 이 정치학교들은 공산당이 의지할 미래 무력을 위한 간부들을 준비시킬 것을 예정하였다. 슈티코프는 '서울의 미군이 장교학교를 설립한 것'[232]을 두고 김일성이 이를 요구한 배경으로 보고하였다. 장교학교란 훗날 한국군대의 주축을 양성한 군사영어학교를 일컫는다. 전반적으로 무력 형성에 대한 김일성의 열망은 매우 컸다고 할 수 있는데, 그것은 남쪽의 군사영어학교를 상대한 하나의 군사학교가 아니라 군(郡)단위별로 다수의 학교 설치를 기대한 점을 보면 더욱 그렇다. 김일성의 요구에 대한 슈티코프의 반응은 적극적이었다. 그는 이 학교들의 설립을 허가하고, 프로그램 작성과 교원 구성, 학습 및 실물 교재(무기 기재 등) 등을 공산당 조직들에게 원조하는 것이 합리적이라고 설명하였다.[233]

결과적으로 볼 때 모스크바 지도부는 '공산당 군위원회 산하에 군사도 연구하는 청년 정치학교 설립' 요구에 당장 긍정적인 답변을 주지 않은 것 같다. 미·소 합의에 의한 한반도 문제 해결을 염두에 둔 소련 지도부가 미국을 자극할 수도 있는 무력을 본격적으로 양성하도록 허가하는 것은 매우 조심스러운 일이었을 것이다. 그렇다고 조선의용군과 같이 해외에서 결성된 부대가 무장한

---

231) "슈티코프가 말렌코프에게. 조선 정치 상황에 관한 보고." ЦАМО, ф. 172, оп. 614631, д. 23, л. 4-5.
232) 위의 문서, л. 5. 남한의 군사영어학교가 12월 5일에 개교한 것으로 보아 김일성은 사전 정보를 통해 그 설립 과정을 주시했을 것이다.
233) "슈티코프가 말렌코프에게, 조선 정치 상황에 관한 보고." ЦАМО, ф. 172, оп. 614631, д. 23, л. 5.

채 그대로 귀국하는 것을 용인하지도 않았다[234].

김일성의 무력 창설에 대한 구상은 간부 육성 프로그램부터 시작하였다. 자신의 본래 구상이 전부 실현되지 않았더라도 정규무력에 필요한 정치군사간부들을 육성하려는 목적은 우선 군사정치학교의 설립으로 구체화되었다. 소련이 남쪽의 군사영어학교 설립에 맞서 이를 허가하였다고 볼 수 있다. 1945년 11월 김일성의 적극적인 개입 속에 평안남도 용강군에 학교의 터전이 마련되었고, 준비 작업을 거쳐 이듬해 1월 3일 평양학원이 개원하였다.

공식적인 개원식은 2월 23일에 있었다. 설립 목적으로는 '북조선의 정당, 자치기관, 민주단체의 간부를 양성하기'[235] 위한 것으로 보도되었으나 실상은 군사간부 양성에 있었다. 교과 과정은 정치, 국제정세, 조선문제, 당·정·민 공작, 체조 등으로 이루어졌다. 개원 당시 학생 수는 4개 반에 575명이었다.[236] 1946년 4월 29일 평양학원은 첫 졸업생들을 배출하였다. 이후 평양학원은 8개 반으로 확대되었는데, 이 중 4개 반이 군사간부 양성을, 나머지 4개 반은 당·행정기관 및 사회단체 간부 양성을 목적으로 하였다.[237] 이 가운데 군사반은 얼마 후 창설된 북조선중앙보안간부학교에 넘김으로써 평양학원은 정치간부를 양성하는 것을 기본 임무로 하였다. 수강생들의 모집은 도인민위원회와 각급 공산당 위원회 및 사회단체의 추천에 의해 이루어졌다.

공군과 해군의 기반 창설도 비교적 일찍 진행되었다. 해방 직후 비행장이 소재한 평양, 신의주, 함흥, 청진, 회령 등지에는 항공협회 지부가 결성되었다. 김일성은 앞서 슈티코프와 만난 자리에서 청년 항공 교육을 위해 전리품 가운데서 비행기 3대를 내줄 것을 요청하면서 교관으로는 일본군에 복무했던 조선인

---

234) 1946년 2월 작성된 소련의 미소공위 훈령 초안에는 '남북조선에서 어떠한 조선인 군부대도 양성해서는 안 된다. 조선 국경 밖에서 조직된 어떠한 조선인 군부대도 인정하거나 조선에 들어오게 해서는 안 된다'고 언급하고 있다. "메레츠코프와 슈티코프에게. 훈령(안)." ЦАМО-А, ф. 19, оп, 267, д. 8, л. 90.

235) 『正路』 1946년 1월 15일.

236) 『위대한 수령 김일성 동지의 불멸의 혁명업적』 제9권, 조선로동당출판사, 1998, 210쪽.

237) "사포쥬니코프가 수슬로프에게(1946.6.14.)." РГАСПИ, ф. 17, оп, 128, д. 205, л. 70.

비행사 40명가량이 당조직의 관리하에 있다고 하였다. 이에 대해 슈티코프는 공산당의 통제하에 활동하는 청년조직 산하에 자발적인 협회를 결성하는 것이 합리적이라고 보았다.[238] 1945년 11월에는 김일성을 회장으로 하는 조선항공협회가 결성됨으로써 장차 공군 양성의 기초가 형성되었다. 같은 시기 신의주학생사건의 여파를 막기 위해 신의주로 달려간 김일성은 신의주 항공협회에서 연설을 통해 민족적 정규군대 건설에서 항공대 창설의 중요성을 언급하였다.[239] 하지만 공군의 기반은 육군에 비해 상당히 뒤떨어질 수밖에 없었으므로 체계적인 비행사와 기술자 양성은 1946년 6월 평양학원에 항공과를 설치하면서 착수되었다.

해군의 기반 역시 다소 늦은 1946년 4월 수상보안대가 조직되어 해안경비를 맡음으로써 구축되기 시작하였다. 6월과 7월에는 기존 수상보안대를 토대로 하여 동해수상보안대와 서해수상보안대로 분리되었다.

북한 무력 형성에는 빨치산 출신을 비롯하여 연안계와 소련계 인사들이 중추적으로 참여하였다. 이 가운데 빨치산파 구성원들은 대부분 무력 관련 업무에 투입되었다. 이것은 빨치산계가 군사 업무의 중요성을 인식했기 때문이기도 했지만 이들이 당·정 사업보다는 군사업무에 훨씬 익숙한 것도 주된 이유였다.

4. 남북 공산주의운동과 소련

조선공산당과 소련

해방 직후 재건파와 장안파의 갈등은 재건파의 승리로 끝나는 듯 했지만 장안파가 독자적인 활동을 계속 진행함으로써 공산주의운동의 분열은 지속되었

---

238) "슈티코프가 말렌코프에게. 조선 정치 상황에 관한 보고." ЦАМО, ф. 172, оп. 614631, д. 23, л. 5.
239) "새 조선의 항공대를 결성하자(1945년 11월 29일)."『김일성전집』제2권, 369~373쪽.

다. 이 분열이 자체적인 조정 방식으로 해소되기 어려운 조건에서 문제의 해결을 위해서는 소련의 개입을 기다릴 수밖에 없었다. 소련의 입장에서도 조선 공산주의자들의 분열로 인해 조성된 혼란한 상황은 조속히 수습되어야만 했다. 조선공산당의 정통성은 박헌영의 재건파에 있음이 사실상 확인되었지만 이영그룹은 자신의 입지 확보를 위한 투쟁을 멈추지 않았다. 이에 박헌영은 10월 3일 이영 일파가 봉기를 부추기는 등 활동을 중단하지 않는다는 내용의 서신을 소련군 사령부에 보내기도 했다.[240] 그런데 이 모든 것은 한꺼번에 풀리는 듯했다. 마침 재건파와의 경쟁에서 실패를 경험한 이영 일파는 소련과 북쪽의 지지를 통해 열세를 만회하고자 하였다.

1945년 10월 초 이영이 이끄는 일행은 자신들의 주장을 담은 다량의 선전 전단을 가지고 평양행을 택했다. 평양에 도착한 이들은 제25군 군사회의 관계자들과 김일성을 면담하고 정세에 관한 의견을 교환하였다. 그러나 이영그룹의 평양 방문은 어떠한 결실도 맺지 못했다. 소련군 당국은 그들이 '당에 관한 혼동된 개념을 소유하고 있고, 조선의 복잡한 정세 및 공산당의 과업을 전혀 이해하지 못하며, 평당원 및 노동계급 내에서 권위를 가지고 있지 않다'[241]고 단정해 버렸기 때문이다. 그들이 대중의 지지를 받지 못하고, '소련의 생활을 지나치게 장밋빛으로 그리면서 소련의 현실을 왜곡한' 것도 비판의 대상이 되었다.[242] 9월 말에 먼저 평양에 온 장안파 인사들도 자신들의 '모험주의적 노선'과 남한 내 분파활동에 대해 김일성으로부터 비난을 받는 것을 감내해야 했다.[243] 다시 말해서, 그들은 자기 노선의 정당성을 설파하러 갔지만 역으로 소련군 당국과 김일성으로부터 호된 비판을 당했으며, 조선공산당 중앙과의 투쟁을 중단할 것을 요구받았다. 결국 자신의 과오를 인정한 이영 일행은 파벌투쟁을 중단하고

---

[240] "샤포쥬니코프가 디미트로프에게(1945.11)." РГАСПИ, ф. 17, оп, 128, д. 47, л. 20.

[241] "슈티코프, 북조선의 정치 상황에 대하여." ЦАМО, ф. 172, оп. 614631, д. 38, л. 19.

[242] "칼라시니코프가 메레츠코프와 슈티코프에게." ЦАМО, ф. 172, оп. 614631, д. 25, л. 17.

[243] "현단계에서의 우리 혁명의 로선과 남조선공산주의대렬의 통일문제에 대하여." 『김일성전집 2』, 조선로동당출판사, 1992, 48~54쪽.

박헌영그룹과의 통합에 나서겠다고 약속하고서 10월 9일에 평양을 떠났다.[244]

재건파 조선공산당에 대한 소련군 지도부의 지지가 확인되기까지는 오랜 시간이 필요하지 않았다. 여러 경로를 통해 남한 정세에 관한 정보를 접한 슈티코프는 '확신에 찬' 판단을 가지고 상부에 '박헌영 지지'를 건의하였다. 이러한 판단의 실질적인 시점은 9월 말에서 10월 초 사이로 추정할 수 있다. 그는 '박헌영이 이끄는 조선공산당 중앙위원회는 조선 혁명의 부르주아민주주의 성격에 대한 목표를 가지고 유일하게 올바른 입장을 견지하고 있다'고 단언하면서 이 기관을 '전 조선 공산주의 조직의 지도를 위한 유일한 중앙기관으로 인정할 것'과 '박헌영이 가장 경험 있고 검증된 당 간부들로 자신의 기구를 강화하도록 도울 것'을 모스크바 지도부에 요청하였다.[245] 조공이 명확한 당 강령을 지니지 못하고 있고, 준비된 당간부들이 부족한 것도 불만족스러웠지만 남한의 상황을 고려하고, 주서울 소련 총영사관의 판단과 조공에 관한 각종 정보를 분석한 끝에 내린 결론이었다. 또한 북한 주둔군 책임자의 일원인 로마넨코 소장 등도 직접 박헌영과 면담을 통해 그를 살필 기회를 가지기도 했다.

소련의 대한반도 정책 수립에서 또 한 명의 실력자로 분류된 소련군 총정치국장 I. V. 쉬킨도 슈티코프와 동일한 견해를 표시하였다. 그는 자신의 명의로 된 보고에서 '박헌영의 중앙위원회는 대중 속에서 합법적인 사업을 위해 나섰다'고 긍정적인 의견을 표시한 반면 이영의 장안파에 대해서는 '무장봉기 준비와 지하공작이 불가피하다고 생각한 나머지 무장봉기를 준비하는 진로를 취했다'며 비판적 입장을 보였다.[246] 결국 소련 지도부가 과거 투쟁 경력, 혁명노선

[244] "일본 항복 후 조선의 상황." Бюллетень Бюро информации ЦК ВКП(б); Вопросы внешней политики, N 1(25), 01.01.1946 г., РГАСПИ, ф. 17, оп. 128, д. 94, л. 22.

[245] "슈티코프가 말렌코프, 불가닌, 쉬킨 동지에게." ЦАМО, ф. 172, оп. 614631, д. 23, л. 25. 이 문건의 작성 시기는 10월 말경으로 추정되는데, 이로 보아 슈티코프는 다른 통로로 미리 모스크바 지도부와 이 문제를 협의한 다음 나중에 문서화시킨 것으로 생각할 수 있다.

[246] "쉬킨이 불가닌에게, 조선의 공산당 상황(1945.10.19.)." ЦАМО, ф. 32, оп. 11308, д. 588, л. 160-162.

의 일치, 조직력의 우위 등 여러 면에서 앞선 박헌영그룹을 지지한 것은 당연한 경로였으며, 적어도 다른 대안을 가지고 있던 것도 아니었다.

그런데 슈티코프가 내린 정치적 판단의 핵심 가운데 하나는 조선공산당 중앙위원회 소재지를 서울에 남겨두자는 것이었다. 사실상 이 결정은 처음부터 조공 북조선분국이 위치한 평양을 한국 공산주의운동의 중심지로 삼으려고 했다는 주장이 사실과 거리가 있음을 확인해 준다.[247] 소련의 입장에서 공산주의운동의 중심은 당연히 자국 군대가 주둔한 북한에 위치할 필요가 있었을지도 모른다. 그러나 공산당 '중앙'은 소련의 개입 없이 한반도 중심지 서울에 설치되었고, 소련 측은 당장 이러한 상황을 인정할 수밖에 없었다.

소련 측은 우선 조선 공산주의자들의 자발적인 조직행동을 존중했다고 볼 수 있다. 경력 있는 공산주의자들의 다수는 서울을 활동의 근거지로 삼고 있었다. 아직 소련 자신의 영향력이 절대적으로 미치지 않는 남한 공산주의 세력을 섣불리 통제할 여건이 마련되지 않았을 뿐만 아니라 조공 결성이라는 이미 '벌어진 일'에 뒤늦게 개입해서 얻을 수 있는 것이 없었다. 또한 북한과 마찬가지로 남한 지역 역시도 소련으로서는 중요한 전략적 지역이었던 셈이다. 소련의 구상에서 한반도의 분할보다는 통합을 통한 영향력 확장이 더욱 중요한 것이었다. 다른 한편으로, 이미 조공이 조직된 마당에 오히려 소련 자신의 힘이 직접 미치지 않은 남한 지역에서 공산주의운동의 중요성을 인정하고 그 역량이 발휘될 수 있도록 고무한 것으로 볼 수 있다.

이영그룹에 대한 '단죄'는 북쪽 공산주의자들에게 맡겨지게 되었다. 1945년 10월 13일에 열린 서북5도 당책임자 및 당열성자대회는 이영 일파를 맹렬히 비판한 뒤 대회 결정서를 통해 '이영, 최익한, 정백 일파는 그 강령전술에 있어 좌

---

247) 북한 측 문헌은 '장안파'과 '재건파'의 파벌투쟁에 상황에서 '〈서울 중앙〉을 지지한다는 것은 결국 지방할거주의적인 분렬책동을 조장시키는 것'이라며 평양에 '북조선공산당 중앙조직위원회'(조선공산당 북부분국)을 창설하는 것이 마치 그것을 막기 위한 것처럼 설명하고 있다.『위대한 수령 김일성동지략전』, 평양: 조선로동당출판사, 2003, 253쪽. 그러나 김일성 측도 이때 이미 재건파의 조공중앙을 '중앙'으로 인정했음을 간과해서는 안 된다.

경적 토로츠키적 오류일 뿐 아니라 조직 문제에 있어 계급진영을 분열시키며 당규를 파괴하는 분파라고 규정'248)하면서 일단 이 분파의 처리를 매듭지었다.

며칠 후 슈티코프도 박헌영그룹에 대한 지지를 확인한 다음 장안파 문제에 대해서는 '서울에서의 파벌투쟁을 종식시키기 위해 이영, 최익한, 정백그룹을 북조선공산당 조직위원회의 처리로' 넘길 것을 모스크바 지도부에 나중에 요청하였다.249) 이영그룹을 분국의 처리로 맡기는 것은 분국의 위상이 조공 중앙보다 우위에 있어서가 아니라 소련군 지도부가 위치한 평양에서 소련의 권위를 활용하여 '심판'을 내리려는 의도였다. 재건파 조공이 감당하기 어려운 상황에서 내린 특단의 조치였을 것이다.

평양에서 자신의 정체성을 부인당한 채 돌아온 이영그룹은 자신의 좌익모험주의 노선을 버리긴 했으나, 박헌영의 조공 중앙에 '순응'하지는 않았다. 오히려 그들은 한민당 등 우익세력과의 '무원칙한' 합작을 도모하였기에 계속해서 파벌주의자의 낙인에서 벗어나지 못했다. 이에 대해 슈티코프는 이영이 '반당투쟁을 계속하고 있고, 게다가 극우분자들과 연대하기 시작하였다'고 재차 비난하였다.250) 조공 지도부는 이영그룹의 그러한 행태에 대해 '우리 당에 대한 새로운 공격이며, 우리는 그들이 부르주아정당과 미군정의 도움을 받아 우리 당의 파괴를 시도하고' 있는 것으로 간주하고 소련군 지도부에 '그들을 평양으로 소환하여 지방 당사업에 남겨줄 것'을 제의하였다.251) 물론 조공 지도부의 요구 사항은 실천에 옮겨지지 않았다. 지리적으로 멀리 떨어져 있고서 통제할 만한 구체적인 수단도 부족한 상태에서 이영 일파의 활동을 제어하기란 용이하지 않았을 것이다.

그러나 공산주의운동의 주도권에서 멀어지고 조직 역량이 현저히 약화되면서 장안파는 재건파에 흡수되지 않을 수 없었다. 1945년 11월 23일 장안파는

248) "黨의 進路明示 政治路線確立 組織擴大强化, 大會決定書." 『正路』 1945년 11월 1일.
249) "슈티코프가 말렌코프, 불가닌, 쉬킨 동지에게." ЦАМО, ф. 172, оп. 614631, д. 23, л. 24.
250) "슈티코프, 북조선의 정치 상황에 대하여." ЦАМО, ф. 172, оп. 614631, д. 38, л. 19.
251) "당중앙위원회 강화문제에 대하여." ЦАМО, ф. 172, оп. 614631, д. 25, л. 95.

자기 당의 '발전적 해소'를 선언하였다. 이미 남한 공산주의운동의 주도권을 확고하게 장악한 박헌영은 그들의 합류를 당 대 당의 통합이 아닌 개별적인 흡수임을 명확히 하였다.[252] 그에 따라 이영, 최익한 등 장안파 지도자들은 이후 조공 내에서 힘 있는 지위를 차지하지 못하였고, 1946년 11월 남로당 결성 시에는 조공과 소련 측의 방침을 거부하고 사회노동당 결성에 가담함으로써 독자적인 노선을 걷기도 했다.

박헌영의 조공에 대한 소련의 지지는 단순한 '지지'를 넘어서 조공을 남한 혁명의 주체로 인정한다는 것을 의미하였다. 해방 후 소련의 대한반도 전략에서 남한의 혁명 역량은 북한 못지않게 중요했다. 후일 주북한 소련민정국장 로마넨코 소장이 해방 직후 가장 영향력 있는 공산주의자 그룹으로서 김일성의 빨치산그룹 다음에 '조선 남부와 산업도시들에서 사업을 한 박헌영그룹을' 든 것도 조공에 대한 절대적인 지지의 표시였다.[253] 로마넨코는 또한 박헌영 지도하의 당중앙위원회가 올바른 노선을 견지하였음을 분명히 하였다. 소련 측은 조공과 북조선공산당 사이에 눈에 보이는 차등을 두기 어려웠고, 이 두 조직을 거의 대등한 역량으로 간주하였다고 말할 수 있다.

처음부터 조공은 평양의 25군사령부와 긴밀한 관계를 맺고자 하였다. 박헌영은 주요 정세와 행동 방침을 논의하기 위해 직접 평양에 찾아가서 소련군 지도부와 협의하기도 하였다. 그들은 서로 간에 단순한 협력을 넘어 정세관의 일치를 도모하였고, 전략·전술적 지침 등 주요 문제들을 공유하기에 이르렀다. 조공 지도부가 10월 중순경 작성하여 평양의 소련군 지도부에 보낸 문건 '당중앙위원회 강화문제에 대하여'는 이를 정확히 확인해 주고 있다.

---

252) 이에 대해 박헌영은 다음과 같이 단호하게 말했다. '이번 파벌의 해소가 당외에 있는 당이 조선공산당에로 통일된 것이 아니고 장안계 몇몇 동지들의 잔존그룹이 무원칙한 자체조직을 옳지 못한 것이라고 자기비판을 전개하고서 해체를 단행한 후 그들이 당에 들어온 것이다.' 『중앙신문』 1945년 12월 6일.

253) "로마넨코가 슈티코프에게, 공산당(개요)/1946.12.31./." ЦАМО, ф. 172, оп. 614631, д. 25, л. 109-110.

우리는 가능하다면 적군(赤軍)사령부나 또는 그 정치국에서 우리 사업의 지도를 위해 한 사람을 파견해줄 것을 제의합니다. 이 중대한 시기에 소련영사관원으로서 이 사람이 서울에 있게 된다면 우리는 그에게서 귀중한 지시를 받을 수 있을 것입니다. 이것은 서울에서 정치권력이 결정되고 있는 순간에 매우 귀중한 원조일 것입니다.[254]

조공 측이 소련군 지도부의 지원과 협력을 필요로 한 데다가 직접적인 활동 지도까지도 받고자 했음을 알 수 있다. 그럼에도 소련군 지도부가 이를 위해 정치요원 파견을 수락한 것 같지는 않다. 대신 그 역할을 부영사 샤브신이 맡았으며, 필요할 경우 양쪽 요인들의 상호 방문과 연락을 통해 해결하였다. 11월 초 조공 지도부는 소련공산당 중앙위원회와 소련군 당기구를 통해 자신을 지원해줄 것을 소련군 사령부에 요청하였다. 그 가운데는 남한에서 공산당 사업의 합법화 문제를 미군 사령부와 협의해줄 것과, 미국과 소련 간의 분규가 일어나지 않도록 사업 수행 방식을 지시해 달라는 것이 포함되었다.[255] 이렇듯 소련은 자국의 대한반도 정책을 집행하는 데 조공의 역할이 중요했고, 조공 또한 정치적 헤게모니 장악을 위해 소련의 지원이 절실할 수밖에 없었던 것이다.

이후 북한 지역은 점차 공산주의 활동공간의 중심으로 전환되어 갔다. 소련 측의 서울 '중앙' 인정은 여러 가지 상황을 고려한 것이었지 고착화된 인식은 아니었다. 나중에 소련공산당 중앙은 '실질적인 당의 중심은 평양에 있는 중앙위원회 조직국(조선공산당 북부분국－인용자)이었는데, 왜냐하면 소비에트 지역에서 공산당의 사업 조건은 미국의 지역에서보다도 더할 나위 없이 유리하였기 때문이다'고 솔직히 인정하였다.[256] 결과적으로 공산주의운동의 중심 이동은 공산 측이 의도적으로 그와 같은 여건 조성에 나선 것보다는 '미국 = 반공주의,

---

254) ЦАМО, ф. 172, оп. 614631, д. 25, л. 94. 이 문건의 작성 주체와 시기는 표기되어 있지 않지만 내용으로 보아 10월 중순경 조공 중앙에서 작성한 서한을 소련 측이 노어로 옮긴 것으로 보인다.

255) "사포즈니코프가 디미트로프에게(1945.11.5.)." РГАСПИ, ф. 17, оп. 128, д. 47, л. 20.

256) "조선의 상황에 대하여." РГАСПИ, ф. 17, оп. 128, д. 266, л. 192.

소련 = 공산주의'라는 환경적인 요인이 훨씬 더 크게 작용하였다.

'조선인민공화국'의 딜레마

해방 직후 서울에서 결성된 건국준비위원회는 1944년 8월 여운형이 중심이 되어 조직된 '건국동맹'을 모태로 하였다. 건국동맹은 순수 공산주의조직이 아닌 반일역량을 규합한 통일전선적 조직으로서 각 지역 및 계급·계층별로 비밀리에 하부조직을 확대하고 은밀히 반일·반전투쟁을 전개하던 중에 해방을 맞이하였다.

1945년 9월 6일 여운형이 이끈 건국준비위원회는 전국인민대표자대회를 개최하고 조선인민공화국(이하 '인공')을 선포하였다. 인공의 창립은 외세의 개입 없이 조선인 스스로의 국가 수립을 선포한 것으로서 막 남한에 진주한 미국 측은 물론이고 북한에 들어온 소련 측으로서도 뜻밖의 일이었다. 하지만 박헌영 그룹의 주도적인 개입의 결과로 결성된 인공은 미군정과의 관계에서 핵심적 쟁점이 되었고, 동시에 공산 측 내부에 미묘한 상황을 불러일으켰다.[257]

소련과 김일성은 자신들이 개입하지 않은 채 진행된 인공 결성을 어떻게 인식하였을까? 혹자는 9월 15일에 열린 조공 평남지구확대위원회에서 채택된 '인민대표회의를 소집하여 인민공화국을 수립한다'는 강령 제1조를 들어 소련과 김일성이 즉각 인공을 부인했다고 한다.[258] 그러나 이 강령이 구체적으로 인공에 대한 부인을 뜻한다기보다는 국가 수립의 원칙적 방식을 표명한 것으로 해석하는 것이 옳을 것이다. 인공 부서와 인적 구성은 9월 14일에 발표되었는데, 조공중앙의 명령 체계에 속해 있는 도당 조직이 독자적으로, 그것도 하루 만에

---

[257] 10월 10일 미군정 장관 아놀드 소장이 인공의 존재를 공식 부인하면서 미군정과 조공 간에 사실상의 갈등이 전개되었다. 박헌영은 하지 및 아놀드와의 만남에서 인공을 옹호하고자 많은 노력을 기울였음에도 긍정적인 결과를 얻지 못했다.

[258] 김주환, 「서북5도 당대회의 대미인식과 조선공산당 북조선분국의 조직적 위상」, 『解放前後史의 認識 5』, 한길사, 1989, 159~161쪽.

입장을 개진했다고 보기는 어렵다. 만일 이 강령 제시가 소련의 지시에 의한 것이라면 인공 부인이 일정한 타당성을 지닐 수도 있지만 이미 언급한 바와 같이 소련 측은 이때 아직 남쪽에서 전개된 상황에 신속히 대처할 여건을 갖추지 못하고 있었다.

9월 초 시점에서 소련군 지도부와 김일성 측은 사전에 조선공산당과 접촉할 만한 여건이 마련되지 않았다. 따라서 조공 재건과 마찬가지로 인공 결성 과정에 전혀 개입할 수 없었으며, 이에 관해서는 사후적인 관찰을 통해 판단하였다. 소련 측은 인공이 박헌영의 공산당에 의해 주도되었고, 또 제기된 과제가 '부르주아민주주의혁명'의 틀에 벗어나지 않았음에도 이를 곧바로 인정하기는 어려웠다. 게다가 거기에는 일찍이 소련으로부터 비판적인 평가를 받아온 이승만과 김구가 각각 주석과 내무부장으로 등용되어 있었다. 조공은 인공 결성이 다양한 정치세력을 끌어들여 이루어진 것과 특히 이승만이 지식인과 중간계층 사이에서 상당한 권위를 가지고 있다는 것을 고려하였다.[259]

이렇듯 박헌영과 소련 사이에는 이승만과 김구에 대한 시각의 차이가 있었는데, 그것은 본질적이라기보다는 전술적 견해의 문제였다. 물론 이승만에 대한 박헌영의 우호적 태도는 그가 귀국하기 전에 있었던 일이다. 지금까지 밝혀진 것으로는 박헌영은 이승만의 귀국 직후인 1945년 10월 말부터 두 차례 그와 회동하여 의견을 교환하였는데, 모두 뚜렷한 정치적 견해차를 드러냈다. 첫 대담에서 그가 일제 잔재를 청산하고 친일파를 민족통일전선에서 배제할 것을 요구한 데 반해, 이승만은 독립 후에 이 문제를 해결할 것을 주장하였다.[260] 두 번째 대담에서는 각각 인공 지지와 상해 임정 지지를 두고 양자는 대립각을 세웠다.[261] 이 두 가지 문제에 대한 견해 차이는 그들 간의 협력 가능성을 현저히 약화시킨 계기로 작용했다고 볼 수 있다.

[259] F. 샤브시나 꿀리꼬바, 「소련의 여류 역사학자가 만난 박헌영」, 『역사비평』 23호, 1993, 180쪽.
[260] "박(헌영)동지와 이승만 박사의 대담." АВПР, ф. 0102, оп, 1, п. 1, д. 3, л. 52-53.
[261] "박헌영과 이승만의 두 번째 대담(1945.11.16.)." АВПР, ф. 0102, оп, 1, п. 1, д. 3, л. 54-56.

소련 지도부는 인공에 대한 즉각적인 판단보다는 일정 기간 사실 확인에 주력하였다. 소련이 인공 결성 과정을 인식한 경로는 크게 두 가지로 나누어진다. 첫째는 주서울 소련 총영사관으로부터의 보고이고, 둘째는 북한 공산주의자들로부터 얻은 정보에 의한 것이다.

먼저 주서울 소련 총영사 A. S. 폴랸스키는 10월 초 인공 지도부를 소개한 후에 다음과 같이 짧게 말하였다.

> 각료 모두가 조선에 있는 것이 아니기 때문에 사실상 새로 창설된 내각이 업무를 개시하지 않았다. 아무도 정부를 인정하지 않았다. 공산당은 정부 구성을 지지하였고 고위직을 차지하지 못한 데 대해 반대하지 않았다. 지역민들의 말에 따르면 현 공산당 지도부는 주민 사이에 권위를 누리고 있다.[262]

여기서 폴랸스키는 인공의 조직 사실과 조공의 태도만을 언급하였을 뿐 인공 지지 여부에 대한 견해를 직접적으로 표명하지는 않았다. 그러나 그 뉘앙스는 호감과는 거리가 있었다.

조공 중앙은 전국인민대표자대회의 문건들을 대회 결정의 선전 및 인공을 지지하라는 지시와 함께 북쪽 공산당 각 도위원회에 발송하였다. 조공 황해도 위원장 최경덕이 전해 준 자료에 의거하여 연해주군관구 정치국 부국장 바빌로프가 작성한 보고서를 보면, 소련 측이 인공 결성과 관련한 상황 인식에 민첩하지 못했음을 확인할 수 있다. 바빌로프는 인공이 박헌영이 이끄는 경성콤그룹의 지지를 받고 있다고 하였으나, 장·차관급에 모두 26명의 공산주의자들이 들어갔다고 하였다.[263]

> 정부 구성원의 정치적 소속에 관한 정확한 자료는 3명을 제외하곤 우리는 알지 못합니다. 주석 이승만은 근래까지 미국에서 망명정부를 이끌었습니다.

262) "조선의 상황에 관한 간략한 보고." ЦАМО, ф. 32, оп. 11306, д. 605. л. 457.

263) "바빌로프가 메레츠코프에게, 조선 인민정부 창설 서울 대회에 대하여." ЦАМО, ф. 172, оп. 614630, д. 2, л. 3. 당시 인공 부서 인원 52명 가운데 좌파로 분류되는 수는 38명이었다.

내무부장 김구는 중경에 있는 우익 민족주의자－테러리스트입니다. 재무부장 조만식은 평양의 저명한 우익 민족주의자이며 현재 평양 자치기관의 수반입니다. 나머지 정부 구성원들의 정치적 소속을 밝히는 조치를 취하고 있습니다.[264]

　연해주군관구 정치국은 한반도 관련 핵심 정보가 모여지는 기관이었다. 10월 초 시점에서 이 부서의 담당 책임자가 인공 내각 부서 명단 가운데 3인의 인적 사항에 대해서만 사전 인지한 것은 소련 측의 정보 계통이 일사불란하게 움직이지 않고 있었음을 보여준다. 10월 18일 소련군 총정치국장 I. V. 쉬킨은 인공 문제에 대해 소련공산당 중앙에 보고하였다. 그는 당중앙위원회 서기 G. M. 말렌코프에게 인공의 태동 과정을 알리면서 박헌영그룹이 인공을 지지하고 있고 전국인민대표자대회 문건들을 북조선 각도에 발송했다고 알렸다.[265] 쉬킨은 이 같은 사실을 단순히 보고하는 데 그쳤으며, 관련된 지시를 요청하지는 않았다.

　소련은 인공에 대한 구체적인 입장을 확정하지 않았으며, 상황 파악에도 적극적으로 대처하지 못했다. 다만 칼라시니코프가 박헌영의 조공 중앙에 대한 실제 활동을 연구할 필요가 있고, '그것은 박헌영이 1945년 9월 서울에서 열린 이른바 전국대회에서 내세워진 중앙인민위원회라고 불리는 정부를 지지하고 있기'[266] 때문이라고 하였다. 박헌영이 인공 결성에 관계한 것에 대해 우호적으로 보고 있지 않음을 알 수 있다.

　인공 문제에 대한 김일성의 입장 역시 소련군 당국과 별다른 차이가 있지 않았다. 그 역시 내놓고 인공을 비판할 수는 없었다.[267] 그 근거로는 그가 인공을

---

264) 위의 문서, л. 3-4.

265) "쉬킨이 말렌코프에게(1945.10.18.)." АВПР, ф. 0430, оп. 2, п. 5, д. 18, л. 15-17.

266) "칼라시니코프, 조선에서 공산당의 상황에 대하여." ЦАМО ф. 32, оп. 11306, д. 682, л. 273-274.

267) 물론 김일성이 분국 제2차확대집행위원회에서 인공에 대해 일부 비판적 견해를 표명한 것은 사실일 것이다. 그는 '정권이란 몇몇이 모이여 선포하는 것으로 수립될 수 없다'고 했다 한다. 『조선로동당력사교재』, 평양: 조선로동당출판사, 1964, 143쪽. 그러나 이것으로 분국이 인공을 공식적으로 부정했다고는 볼 수 없다.

비판했다는 분국 제2차확대집행위원회 이후에도 북한 내에서는 인공을 옹호하는 구호가 곳곳에서 눈에 띄었다는 점을 들 수 있다. 예를 들면, 11월 30일 열린 조선노동조합 전국평의회 북부조선총국결성대회의 '선언'은 '조선인민공화국 만세'로 끝을 맺었다.[268] 이보다 뒤에『正路』에 실린 공산주의자의 '선전표어' 18가지 중 마지막 표어는 역시 '인민공화국 만세'로 끝나고 있다.[269]

만일 그 당시 김일성이 인공을 부인했다면 분국의 실질적 책임자였던 그가 당기관지조차도 전혀 통제하지 못했다는 결론이 나온다. 물론 나중에 나온 북한 저술은『正路』가 당기관지로서 당 정책과 어긋나는 발표를 하였으며 당 지시를 의식적으로 태공하였다고 비판하기도 하였다.[270] 하지만 당시 조선공산당과 분국의 관계를 보아도 김일성이 공공연히 인공을 부인한 것은 아니었다.[271] 분국은 북한 내 독자적인 공산당 지도기관으로 변모해 가는 과정에 있었으나 위계상 여전히 조공의 하부기관이었다. 바로 그 책임자가 상부기관과 아무런 협의 없이 독자적 입장을 표명할 만큼 양자는 갈등관계에 있지 않았다. 그렇다고 김일성이 인공을 지지한 것은 절대 아니었으며, 그와 소련군 지도부 모두의 인공에 대한 견해는 유보적이자 관망적이라고 보는 것이 정확하다.

인공 지속에 대한 조공 지도부의 입장도 초지일관한 것은 아니었다. 이승만이 귀국한 직후 조공 측은 소련군 지도부에 보낸 서신에서 이승만과 민족주의자들의 동의 여부에 따라 인공의 존속 문제가 유동적이 될 수 있다고 하였다.

---

268)『正路』1945년 12월 5일.

269)『正路』1945년 12월 26일.

270)『조선로동당 투쟁사에 대한 강의 속기』, 조선로동당중앙당학교, 1957, 3쪽.

271) 그럼에도 북한에서 한국전쟁 이후 박헌영 공판 시 그에 의한 '인공 조작' 혐의는 주요 '죄목' 가운데 하나로 부각되었다. '그는(박헌영) 해방 직후 그의 공모자 및 추종자들과 더불어 장차 해방된 조선에 자본주의 제도를 확립할 목적으로 매국역적 리승만을 대통령으로 하고 친미 친일 반역분자들을 대표적 세력으로 하는 친미정권인〈조선인민공화국〉을 조작하였다. 그리고 공산당과 남조선 민전으로 하여금 이를 지지케 함으로써 진정한 인민정권 수립을 반대하였다.' "미제의 고용간첩 두목인 조국반역자 박헌영에 대한 공화국 최고재판소 특별재판 진행."『로동신문』1955년 12월 18일. 그러나 이러한 공소 내용이 해당 시기의 상황을 간과한 논리 왜곡임은 말할 것도 없다.

대통령 직에 천거된 이승만 교수가 미국에서 귀국한 지금 그 직위에 동의한 다면 그를 향후 강화시키는 문제가 제기되며, 반대의 경우에는 그를 재검토해 야만 합니다. 반동으로 빠진 조선 민족주의자들이 인공에 동의하지 않는다면 인공을 재검토하는 것이 필요하지만 이 경우에 부르주아 정당들이 지지하는 중 경 임시정부를 받아들이지 않도록 해야 합니다. 그 후에 부르주아 정당 대표와 혁명적 공산당조직 대표들이 동수로 새로운 공동정부를 창설해야 합니다.[272]

조공 측이 이러한 서신을 소련군에 발송한 사실 자체가 소련이 인공을 부인 하지 않은 결정적 증거라 할 수 있다. 조공은 좌파세력들만이 남은 인공은 존속 의 의미가 없음을 인정한 것으로, 그 대안으로 좌우 동수의 정부 구성을 주장한 것이다. 그리고 조공 지도부는 향후 정부 구성에서 미군정이 자국의 이익을 보 장해줄 '부르주아 분자'들을 주로 등용시킬 것에 대해 우려하면서 소련 측이 미 국에 의한 '그러한 정부 창설에 무관심하지 말아야 한다'고 강조하였다.[273] 미국 과의 관계를 고려하여 여태까지 남한의 정세에 대한 구체적인 입장을 표명하지 않은 소련에 대해 적극적인 관심을 환기한 것이다.

미군정과 박헌영의 대화에서도 인공 문제는 첨예한 대립 사안이었으나 박헌 영은 점차 난관에 봉착한 인공의 위상을 재조정할 의사를 제시하였다. 그는 남 한에서 미군정이 유일한 정권으로 인정되고, 인공은 군정과 전면적으로 협력 할 것이며 군정이 존속하는 동안에는 '인공'이란 용어를 쓰지 않을 것이라는 희망까지도 표시하였다.[274] 그러나 하지는 이 같은 제의를 거부하고 인공의 해체를 요구하였다. 물론 박헌영도 미국의 협조에 의구심을 가지고 있었다. 10 월 27일 A. V. 아놀드 미군정장관과 면담에서 박헌영은 미군정에 반대한 삐라 살포와 현수막 게시, 부산 노동자들의 작업 거부, 일본인 살해 조직 등을 거론 하면서 '현재 미군정과 협력에 반대하는 현상이 목도되고 있다'고 말했다.[275]

272) "당중앙위원회 강화문제에 대하여." ЦАМО, ф. 172, оп. 614631, д. 25, л. 94-95.
273) 위의 문서, л. 95.
274) "박헌영, 군정과의 협의 결과(1946.1.3.)." ЦАМО, ф. 172, оп. 614631, д. 37, л. 74.
275) "슈티코프. 남조선의 상황." ЦАМО, ф. 172, оп. 614631, д. 38, л. 38-39.

11월 13일 다시 그와 만난 자리에서 박헌영은 미군정의 친일경찰 등용을 강하게 비난하였다.[276]

소련과 김일성이 인공에 대한 분명한 태도를 취하지 않은 이유는 다음과 같이 판단할 수 있다. 첫째, 그들이 보기에 '인공' 수립은 분명 섣부른 조치이지만 그렇다고 조공 측에서 이미 '저지른' 착오를 공개적으로 부인하는 것은 박헌영 지도부에 대해 불신하는 것을 의미하였다. 박헌영 지도부를 조선공산당의 주류로 인정한 마당에 '인공'의 부인과 같은 문제를 성급하게 내놓을 수는 없었을 것이다. 둘째, 소련군 지도부의 관할 영역은 북쪽 지역에 한정되었고, 남쪽 사정에 노골적인 개입을 할 수는 없었다. 이것은 실제로 미소공위가 개최되기 전까지 소련 측이 남쪽의 '내정'에 어떠한 의견도 표명하지 않았던 것과 관련된다. 따라서 이 시기 남쪽의 상황이 어떻게 전개되든지 소련 측은 관망하는 자세에서 벗어나지 않았던 것이다. 셋째, 당시 인공은 대통령으로 내정된 이승만조차도 참여를 거부한 사실상 '존재하지 않은' 정부였다. 더구나 미군정에 의해 부인당한 인공에 대해 어떠한 입장을 표시한다는 것 자체가 부자연스러운 일이었을 것이다. 다만 소련군 지도부가 인공 문제를 두고 물밑에서 조공과 계속 협의하였으리라는 판단은 충분히 할 수 있다.

결국 소련 지도부는 표면적으로 초기 인공에 대한 명확한 가치 판단 즉, 그것을 인정한다거나 부정하는 자세를 취하지 않았다. 이후 인공이 조직적으로도 유명무실해지자 이에 대한 약간의 비판적 견해를 내비치기 시작하였지만 이것이 인공에 대한 부정을 뜻하는 것은 아니었다. 오히려 1946년 1월 초 소련군 보고서는 남한에 존재하는 두 개의 정부, 즉 인공과 임정을 비교하면서 전자를 '반일적 이익을 반영하는 혁명적 인민정부'로 칭하면서 '근로자와 민주조직을 지지'하고 있다고 표현하였다.[277] 나중에 슈티코프는 남한에서 활동 중인 좌파지도자들에게 이렇게 권고하도록 지시하였다.

---

276) 앞의 문서, л. 39.
277) "보고서(1946.1.8.)." ЦАМО, ф. УСГАСК, оп. 102038, д. 2, л. 51-52.

조선인민은 자신의 나라를 아래에서 위까지 권력이 인민위원회 수중에 있는 인민공화국으로 만들고자 노력하고 있다. 바로 그렇기에 조선인민은 일본으로 부터 해방된 즉시 도처에서 인민위원회를 결성하였고, 1945년 9월 6일에는 자신의 인민공화국 정부를 구성하였다는 것을 보여줘야 한다.[278]

인공 자체는 결과적으로 실패작이긴 했으나, 조선인민의 자발성의 발현으로서 그 의의를 높게 평가해야 한다는 입장을 견지했다고 볼 수 있다. 이후에도 소련은 인공에 대한 평가에서 지속적으로 긍정적인 의미를 부각시키고자 하였다.[279] 다만 인공을 옹호하는 구호는 한국문제에 관한 모스크바 결정 직후부터 점차 약화되어 갔다. 이 결정에는 미·소의 합의에 의한 한국(조선) 임시정부 수립이 규정되었고, 이 새로운 방식의 국가 건설 방식에 좌파세력들이 동조하였으므로 인공에 대한 인정이나 지속성 논쟁은 자연히 소멸되었다고 보아도 무방하다.

김일성의 공식 부상과 소련의 정세 판단

소련군 지도부의 입장에서 김일성의 위치는 '소련군 대위'와 '조선인민의 영웅'이라는 이중적 기준이 자리하고 있었던 것은 분명하다. 전자는 그가 소련의 지휘체계하에 귀속되어 있음을 강조하여 통제 가능한 인적 자원으로 간주하는 것이며, 반면 후자는 소련의 영향권을 뛰어넘어 그의 정치적 운명을 자의적으로 재단하기 어려운 의미가 내포되어 있다. 말하자면, 김일성은 소련에 의한 후견과 대중적 위상을 동시에 지닌 상태에서 정치무대에 등장하였다.

사실 소련과 김일성의 관계를 살펴볼 때, 마르크스-레닌주의 이념을 공유하고 있던 양자 간에는 정책상의 기본적인 견해차가 드러날 소지는 그리 크지 않았다. 김일성은 많은 부분에서 소련의 견해와 조치를 따랐다. 양자의 견해차는

---

[278] "슈티코프가 로마넨코에게(1946.12.22)." ЦАМО, ф. 172, оп. 614631, д. 17а, л. 148.

[279] "A. S. 마슬로프. 북조선에서의 민주개혁(1947.3)." АВПР, ф. 0102, оп, 7, п. 5, д. 24, л. 5.

소련의 국익에 따른 조선의 손익 계산에서 나타날 것이었다. 다만 그가 소련의 정책적 입장에 동조하였더라도 그것을 무조건 추종한 것은 아니었으며 나름대로 치밀한 계산을 하고 자신의 입장을 관철시키려는 쪽에 가까웠다. 소련군 지도부의 대북 정책은 북한 쪽과 공동으로 사전 의견 조율을 거친 관계로 일방적일 수 없었다.

북한의 상황을 점검하기 위해 평양을 방문한 슈티코프는 11월 14일 김일성과 만남을 가졌다. 슈티코프와 김일성은 해방 이전부터 긴밀한 관계를 맺었으나 이 회동은 아직까지는 기록을 남긴 그들 간의 첫 만남으로 여겨진다. 이미 북한 내 실세로 등장한 김일성은 슈타코프에게 다양한 현안을 들고 나왔다. 이 자리에서 그가 요구한 사항은 다음과 같다.

1. 미래 조선 및 복잡한 정세 속에서 공산주의자들의 과업과 행동에 대해 소련공산당 중앙위원회와 협의하기 위해 남조선공산당 대표 1인과 북조선 공산당 대표 2인을 모스크바에 파견시켜 줄 것을 허가할 것.
2. 공산당과 도 인민위원회 사업을 지원해줄 소련계 한인 1,500명을 파견해 줄 것.
3. 조소문화협회 조직을 허가해 줄 것.
4. 공산당 군당 산하에 군사도 연구하는 청년 정치학교 설립을 허가해줄 것. 덧붙여서 청년들의 군사 교육을 주요 과목으로 해줄 것.
5. 청년 항공 교육을 위해 전리품 가운데서 비행기 3대를 내줄 것.
6. 북조선 공산당 조직위원회 신문 사업을 위해 연해주군관구 산하에 만들어진 조선어 신문 편집일군들을 넘겨줄 것.[280]

조선공산당 대표의 모스크바 파견 요청은 소련군 지휘부를 거치지 않고 소련 본국 지도부와 직접 협상하겠다는 의지를 표시한 것이다. 하지만 슈티코프는 조선공산당 대표단의 모스크바 파견 문제에 대해 공산당 지도부가 현지에서 신속히 해결할 문제들이 많이 있고 쉽지 않은 대중 사업을 진행해야 한다는 이유

280) "슈티코프가 말렌코프에게." ЦАМО, ф. 172, оп. 614631, д. 23, л. 4-5.

를 들어 반대를 분명히 하였다.[281] 소련은 김일성의 위 요청 가운데 이미 준비
작업이 진행 중이던 소련계 한인 파견, 조소문화협회 창설, 정치학교 설립, 훈련
기 제공 등 대부분의 요청을 모스크바 지도부의 재가를 받은 후 곧바로 수용하
였다. 소련계 한인 파견은 소련으로서도 대북정책 집행을 위해 그 필요성이 절
실한 형편이었다. 다만 김일성이 요청한 1,500명은 소련 측이 감당하기 힘든 인
원이었으므로 우선 1945년 11월에는 127명이 북조선에 파견되었다.[282] 소련의
이념과 문화를 전파하는 기능을 수행할 조소문화협회의 조직이나 공산당의 미
래 무력 양성을 위한 간부들을 준비시킬 정치학교 설립, 그리고 비행기 제공 등
은 반대할 이유가 없었다. 특히 슈티코프는 김일성이 정치학교 설립을 남한의
미군이 군사영어학교 설립에 대비하여 요청한 것에 주목하였다. 덧붙여서 설립
될 학교들에 프로그램 작성과 교원 구성, 학습 및 실물 교재(무기 기재 등) 등을
공산당 쪽에 원조할 수 있도록 하였다.

　소련 지도부가 처음부터 김일성을 북한 혹은 한반도의 최고지도자로 염두
에 두었다고 보는 견해는 실증성에 근거하기보다 이념적 편견 내지는 결과론
적인 접근의 결과로 볼 수 있다. 전후 소련은 한반도 정치체제에 대해 '우호국
가' 수립이라는 큰 틀에 머물러 있었을 뿐 구체적인 방향과 방도를 설정할 수
는 없었다. 특히 미국과의 협상을 통해 한반도 지도를 완성해야 했던 상황에
서 권력구조를 미리 설정하는 것은 가능하지 않았다. 다만 김일성이 소련의
이해관계를 보장해줄 지도자그룹에 유력하게 포함된 것은 부인할 수 없는 사
실이다. 일제 말 소련군 장교로 활동하면서 친소성이 검증되었던 데다가 만주
에서의 빨치산 투쟁 경력으로 인해 국내에 널리 알려진 명성을 통해 충분한
자격을 얻은 것이다. 해방 직후부터 그를 '미래 정부의 후보'로 부른 것은 우연
히 아니었다.

　김일성은 1945년 12월 17~18일 조선공산당 북조선분국 제3차 확대집행위원

---

[281] 위의 문서, л. 4.
[282] "레베데프가 슈티코프에게, 북조선 인민위원회 강화 및 정당 및 사회단체의 지도 향상을
　　위한 필수 조치에 관한 보고." ЦАМО, ф. 172, оп. 614631, д. 37, л. 84.

회에서 책임비서로 선출되면서 공개적으로 북한 공산당의 최고 책임자로 오르게 되었다. 이 회의는 각 지방당에 대한 분국의 조직적 지도가 제대로 이루어지지 않은 상황에서 상하부의 조직체계를 갖추기 위한 것이었다.[283] 당대열에서 '불순분자', '이색분자'들이 활동을 계속하고 당의 통일이 미비한 가운데 당사업 체계도 바로 서지 못한 상황이었다.[284] 이러한 조직적 혼란은 이 시기 분국이 직면한 가장 큰 문제였다.

당지도와 조직활동이 원활히 이루어지지 못한 한 가지 원인으로는 분국 책임자 김용범의 지도력이 지적되었다. 그는 대단위 사업을 수행하지 못했고, 사상·이론적 준비 정도도 충분치 못했다.[285] 심지어 당원 수도 민주당보다 적었는데, 12월 10일 현재 민주당원은 6,211명인 반면 공산당원은 4,530명에 그쳤다.[286] 이러한 상황에서 김일성이 전면에 나선 것은 그때까지 '민족적 영웅'의 이미지로 그려진 상황에서 처음으로 그 자신이 공산주의자임을 공개적으로 드러내는 것이기도 했다. 이로 인해 북한 내부에서는 일부 혼란스러운 반응이 나타나기도 했는데, 가령, 민주당 지도부는 '김일성이 공산당을 이끌고 있다는 것을 사전에 알았다면 그의 이념적 지도 밑에 민주당을 창설하지 않았을 것'이라는 불만을 표시하였다.[287] 바로 이 때문에 소련군 지도부 내에서 처음부터 김일

---

[283] 이에 대해서는 다음의 실례를 들 수 있다. 1945년 12월 25군 정치·행정 부장 이그나티예프는 '특히 미군 점령지역에 접한 도(강원도, 황해도 - 인용자)의 일부 지도적 공산주의자들은 38선 이남에서 왔고 서울(조공 중앙위원회 - 인용자)과 더욱 많은 관계를 갖고 있다'고 언급하였다. "이그나티예프, 도 군사령부 대표 및 경무관 보고 자료 조회." ЦАМО, ф. УСГАСК, оп. 343253, д. 2, л. 250. 또한 원산시 경무사령부는 이주하가 이끄는 원산시당에 대한 분국의 중앙 지도가 없음을 기본적인 결함으로 지적하였다. "이그나티예프가 로마넨코에게, 군사령부 및 군경무사령부 대표 보고 발췌." ЦАМО, ф. УСГАСК, оп. 343253, д. 2, л. 88.

[284] 『조선로동당력사교재』, 평양: 조선로동당출판사, 1964, 145쪽.

[285] "북조선 정당·사회단체 지도자들의 이력 및 평정." ЦАМО, ф. 172, оп. 614631, д. 43, л. 12-13.

[286] "1945년 12월 10일 현재 북조선 정당·사회단체 성원 보고." ЦАМО, ф. 172, оп. 614631, д. 38, л. 45.

[287] "표도로프가 칼라시니코프에게(1945.12.29.)." ЦАМО, ф. 172, оп. 614631, д. 37, л. 29.

성이 공산당원임을 밝히지 않은 것은 심각한 정치적 실수였음을 지적하는 의견도 나왔다.[288] 그럼에도 김일성이 '북조선뿐 아니라 남조선 인민들 사이에서 큰 인기를 누리고' 있는 '북조선의 특출한 사회정치 활동가'로 평가받은 것은 그에 대한 여러 불만과 지적을 상쇄하였다.[289] 그의 전면적 부상은 조직적인 권력 투쟁의 산물이라기보다는 다소 무질서한 공산당 내부 상황에 힘입은 것으로 볼 수 있다. 물론 그 자신의 정치적 입지와 명성이 그의 전면적인 등장을 뒷받침하였다.

동시에 김일성의 정치적 부상은 이미 조직적 기반을 갖고 있던 국내파 공산주의자들의 지원 없이는 쉽지 않은 일이었다. 소련군 진주 이전에 이미 조직적 구축을 개시한 국내계의 김일성에 대한 지지는 그가 국내적 기반을 닦아 나가는 데 있어 공산당 내부에서 걸림돌로 작용할 만한 요인을 제거해 주었다. 여기에 김창만, 허정숙 등 연안독립동맹 계열의 일부와 소련계 한인들의 지지도 적지 않은 기여를 했다고 볼 수 있다. 특히 소련 공산당원이나 인텔리 출신의 소련계 한인들은 '김일성 우상화' 작업에 적극성을 발휘하였다. 그들은 당과 행정 경험이 풍부하고 높은 사상이론적 수준을 바탕으로 당 및 권력기관의 조직적 발전에 중요한 역할을 수행하면서 김일성의 권력기반을 강화시켰다.

분국 책임비서로서 김일성을 선출한 분국 제3차 확대집행위원회는 조직적으로 완전하지 못한 당의 사상적, 조직적 통일을 위한 투쟁을 요구하면서 분국의 사업이 '인민적인 조선민주주의정권'을 수립하는 데 협력해야 한다고 지적하였다.[290] 분국의 활동이 전국적인 국가건설에 집중되어야함을 역설한 것이다. 확대집행위원회에서 새로 선출된 간부 진영은 다음 〈표 2-4〉에서 살펴볼 수 있다.

---

288) 위의 문서.

289) "메클레르. 북조선 정당·사회단체 지도자들의 경력 및 평정(1946.1.12)." ЦАМО, ф. 172, оп. 614631, д. 43, л. 12.

290) "北部朝鮮黨 工作의 錯誤와 缺點에 對한 決定書." 『北韓關係史料集Ⅰ』, 國史編纂委員會, 1982, 10~12쪽.

〈표 2-4〉 조선공산당 북조선분국 제3차 확대집행위원회 간부 구성

이름	직책	출신	약력
김일성	제1책임비서	빨치산	-
김용범	제2책임비서	국내	
무정	간부부장	연안	1904년 생, 1926년 중국공산당 입당, 1924~1926년 중국 군사학교 수학, 8로군 포병부대의 창설자, 조선동립동맹 발기 및 조선의용군 총사령관
오기섭	조직부장	국내	-
윤상남	선전부장	국내	
허가이	노동부장	소련	1908년 생, 1934~35년 스베들로프 명칭 전연방공산당농업대학 수학, 소련공산당 포시에트(Посьет) 및 얀기율(Янгиюль) 지역 서기, 1945년 12월 12명의 소련계 한인 일원으로 평양에 파견
박창섭	농민부장		
양영순	청년부장	국내	1911년 생, 소련 연해주에서 7학년 수학, 2년간 소련군 복무 후 블라디보스토크 조선 신문 '아반가르드'에서 근무, 소련 태평양함대 첩보부 근무, 조선 파견 후 1938년 피체되어 7년 선고받고 해방 후 출옥
박정애	부인부장	국내	
장시우	평남도위원회 책임	국내	
최경덕	황해도위원회 책임	국내	
김명	평북도위원회 책임		
정달헌	함남도위원회 책임	국내	
장순명	함북도위원회 책임	국내	1900년 생, 직업학교 졸, 1925년 공산당 입당, 17년간 투옥됨
김대봉	강원도위원회 책임	국내	1900년 생, 모스크바 동방노력자공산대학 졸업, 이후 만주에서 혁명 활동, 공산주의 활동으로 5년간 투옥

〈출처〉 『옳다』 1946년 1월 6일; 『正路』 1946년 2월 20일; "북조선 정당사회단체 지도자의 약력 및 평정." РГАСПИ, ф. 17, оп. 128, д. 61, л. 55-56, 60; "조선 임시민주정부 후보자 평정." РГАСПИ, ф. 17, оп. 128, д. 61, л. 7-8; "메클레르, 북조선 정당·사회단체 지도자들의 경력 및 평정(1946. 1.12)." ЦАМО, ф. 172, оп. 614631, д. 43, л. 16-18, 21; Энциклопедия корейцев России. 140 лет в России. М., 2003, с. 1213-1215.

위 표에서 나타난 바와 같이 북조선 내 공산당 지도부의 구성은 여전히 국내 계가 다수를 차지하였다. 해외파로는 연안계 인사로 중국에서 돌아와 공산당에 입당한 무정이 간부부장에 임명되었고, 또한 소련공산당 당료 출신으로 북조선에 파견된 허가이가 노동부장에 선임되었을 뿐이었다. 김일성의 최측근인 김책과 김일도 주요 당간부직을 맡지 못했다.

한편 북한 주둔 4개월간 소련군 지도부는 연해주군관구 군사회의-제25군 군사회의·민정기관-경무사령부로 이어지는 정책 집행 체계를 완성하였다. 그러나

민정기관은 편제상의 혼선으로 말미암아 효율적인 직무 수행에 일부 혼란을 겪었다. 특히 로마넨코의 민정기관이 실제적인 권한을 소유하지 못하고 25군사령부에 예속되어 있다고 지적되었고, 이 문제를 해결하기 위해서는 민정기관을 군사령부와 즉각 분리하고 연해주군관구 군사회의에 직접 편입시킬 것을 요구받았다.[291]

소련군 지도부의 눈에 비친 대북한 정책 집행 여건 역시 순조롭지 못했다. 소련군 총정치국장 쉬킨이 작성한 '북조선 정치 상황에 관한 보고'는 소련군 진주 후 1945년 말까지 소련의 대북 정책을 총평하는 문건으로 간주된다. 여기에서 그는 공산당이 첫 단계 활동 중 소비에트 질서의 모방이라는 좌경적 과오를 범했고, 이후 자신의 노선을 수정했지만 아직까지 부르주아민주주의 진영의 사회활동가들을 광범위한 협력으로 이끌지 못하고 있음을 강조하였다.[292] 동시에 9월 21일자 스탈린의 훈령이 정한 부르주아민주주의 권력 수립 방침이 과단성 있게 실행되지 못했음도 지적하였다.

쉬킨은 보고의 결론에서 북한이 처한 문제점과 향후 과제를 다음과 같이 핵심적으로 정리하고 있다.

1. 반일 민주정당 및 사회단체의 광범한 블록(연합)을 기초로 한 북조선의 부르주아적 민주개혁은 극히 완만하게 진행되고 있다.
2. 현 시기에 우리는 조선에서 우리 군대를 철거할 경우 우리의 국가적 이익을 보장할 수 있는 공고한 경제적 정치적 입지를 아직 획득하지 못했다. 민주적 민족간부들은 충분히 연구되지 못했다. 현재 북조선에 존재하는 민족민주 활동가들 중에서 공산당 지도자들인 김일성과 박헌영 그리고 민주당 지도자 조만식이 가장 많이 알려져 있다. 소련에 대한 조만식의 정치적 입장은 아직 모호하다.
   연해주군관구 군사회의의 의견에 따르면, 민주적 조직들을 지도하고 조선에서 우리의 이익을 보장할 수 있는 민족민주 간부들을 양성하는 데는 아직도 4~5개월이 소요된다고 한다.

[291] "표도로프가 칼라시니코프에게(1945.12.29.)." ЦАМО, ф. 172, оп. 614631, д. 37, л. 32.
[292] "쉬킨이 로조프스키에게, 북조선 정치 상황에 대한 보고(1945.12.25.)." АВПР, ф. 013, оп. 7, п. 4, д. 46, л. 6.

3. 북조선 경제의 신속한 복구와 민족간부 양성을 위해서 북조선 영토에서 권력을 중앙화하고, 이를 조선의 민주활동가들에게 넘겨주는 것이 필요하다.

4. 인민민주주의 운동의 발전은 대지주의 토지 소유로 인하여 지장을 받고 있다. 이러한 상황은 빠른 시일 내에 토지개혁의 시행 필요성을 제기하고 있다.

5. 제25군 사령관 산하 민정기구는 북조선의 경제 정치 생활을 조직할 수 있는 능력 있는 간부들로 조직적 정비 및 강화를 요구하고 있다.
   연해주군관구 및 25군 군사회의는 소련에 대해 우호적이며 조선에서 우리의 정치적 입장을 공고히 할 수 있는 새로운 민주적 간부의 선발과 및 양성 문제에 보다 큰 관심을 돌려야 한다.[293]

이 보고는 1945년 말 시점에서 소련의 대북한 정책의 기조를 압축적으로 보여 주고 있다. 주요하게는 1945년 9월 20일 스탈린의 '부르주아민주주의 권력 수립'에 관한 지침이 기대만큼 진행되지 못하고 있다는 평가로부터 소련군 철수에 대비하여 소련의 입지가 확보되지 못했음을 지적하였다. 이는 소련 군대가 북한에 얼마동안 주둔할 것인지 확정하지 않았을 뿐 아니라 심지어 조만간 철수할 수 있다는 가능성을 내비치고 있다.

위 문건에서 가장 주목해야 할 것은 1945년 12월 시점에서 누가 북한의 '공식 대표'로 추대될 것인가에 대해서는 소련 지도부 차원에서도 정해지지 않았다는 점이다. 쉬킨은 김일성, 박헌영, 조만식 3인을 거론하였지만 박헌영은 남쪽에서 활동하는 인물이고, 조만식은 소련에 대한 '정치적 입장이 아직 모호'한 점을 고려하면 자연스럽게 김일성이 주목을 받을 수밖에 없는 수순으로 이어질 것이었다. 계속해서 쉬킨은 행정10국의 발족 전후로 제기된 '권력의 중앙화'를 다시 꺼내 들었고, 조선 농민의 숙원 사업인 토지개혁 시행의 필요성을 내세웠다.

1945년 말 소련의 한반도 정세 인식은 향후 미국과의 교섭이 순탄치 않을 것임을 암시해 주었다. 소련외무성 제2극동부 관리 페투호프는 조선 통일의 장애

---

[293] 위의 문서. Л. 12-13.

는 두 지역으로의 분단뿐 아니라 미·소 양국의 점령정책의 차이에 있다고 지적하면서 소련의 정책은 조선에서 일본의 영향력을 뿌리 뽑고 조선 인민의 민주주의 운동을 고무하며 그들의 조선 독립 선언을 준비시키는 데 있다고 하였다.[294] 반면 미국의 정책은 이와 상반되는 목적을 가지고 있는데, 바로 조선에 구(舊)행정기관을 유지하고 많은 일본인과 지역 친일분자들을 지도적 지위에 남겨두자는 것이라고 비난하였다.

1945년 말에도 소련의 대북 정책은 종전 직후의 시각에서 크게 벗어나지 못했다. 가장 대표적인 실례는 조선에 소재한 일본 군수 및 중공업 기업들의 처리 방침이다. 한 소련 외무성 관리는 조선 내 일본 소유 군수기업과 중공업 현황에 대한 보고에서 이들 기업을 붉은 군대의 전리품이자 일본이 1918년 이래로 소련에 가한 손실에 대한 보상으로 간주하여 소련에 귀속되어야 한다고 주장하였다.[295] 소련은 실제 이들 기업에 대한 전체적인 소유권을 행사하지 않았지만 복구된 기업소에서 생산된 광물을 포함한 일부 제품들을 소련으로 운송하였다. 구체적인 수치는 아래에서 살펴보겠지만 1946년 8월 산업국유화 법령이 발표될 때까지 소련은 북한에서 경제적 이해관계에 집착을 떨치지 못했고, 사실상 주민들의 지지기반 강화라는 정치적 요구에 부응하지 못했다고 볼 수 있다.

북한의 경제 상황은 별다른 개선이 이루어지지 않았다. 공장과 광산은 가동되지 않은 곳이 많았고 상품 생산과 유통은 부족한 데다가 물가 상승도 멈추지 않았다. 3 : 7제 시행으로 소작인들의 처지는 개선되었으나 소련군의 곡물 조달은 농민들에게 상당한 부담을 안겨주었다.[296] 이에 따라 곡물조달은 폐지되었고, 인민위원회를 통한 강제적인 곡물 수매로 전환하였지만 농민들의 불만을 잠재울 수는 없었다. 소련군 정치부는 곡물 조달 관련 상황은 참을 수 있는 범위

---

294) "페투호프, 소미의 조선 점령과 북남조선간 정치·경제관계 문제." АВПР, ф. 0102, 이하 불명.
295) "수즈달레프. 조선에서 일본 군수 및 중공업에 관한 조회(1945.12)." АВПР, ф. 0102, оп. 1, п. 1, д. 10, л. 225.
296) "표도로프가 칼라쉬니코프에게. 보고서(1945.12.29.)", ЦАМО, ф. 172, оп. 614631, д. 37, л. 23-24.

를 넘어서고, 그로 인한 심각한 정치적 사태가 많이 발생하기 때문에 연해주군 관구 사령부의 개입이 요구된다고 하였다.[297]

북한 내 경제적 난관의 지속과 이로 인한 민심의 동요, 권력기관의 지도력 부족 등은 공산 측이 사회적 변화를 모색하고 실천에 옮기고 동기를 부여하는 조건으로 작용하였다. 이러한 변화를 재촉한 것은 이 시기에 모스크바에서 열린 미·영·소 3국 외상회담에서의 한국문제의 결정이었다.

---

[297] 위의 문서, л. 24.

정책의 전환과 변화의 동력

정책의 전환과 변화의 동력

1. 모스크바 결정과 북한 정세의 변화

<u>해방 직후 소련의 대한반도 정책 구상</u>

해방 전후 소련은 일본 문제를 동아시아 전략의 중심에 두었으며, 이에 따라 대한반도 정책은 대일 문제에 대한 미·소관계에 의해 크게 영향을 받았다. 종전 후 처음 몇 개월간 소련 정부는 계속해서 미국을 일본 문제에 대한 파트너로서 간주하였으며, 일본의 재침 방지를 자신의 가장 주요한 과업으로 삼고 있었다.[1] 하지만 앞서 강조했듯이, 대일본 점령 참여가 무산되면서 한반도에 대한 관심이 더욱 증대되었다고 할 수 있다.

전후 평화적 해결을 위한 준비 사업의 지속을 위한 포츠담 회담의 결정에 따라 1945년 9월 11일~10월 2일 제1차 연합국 외상회담이 런던에서 개최되었다. 이 회담에서 한국문제는 논의되지 않았으나 소련 측은 이에 대비하는 차원에서 〈구일본 식민지 및 위임통치 영토 문제에 대한 메모〉, 〈조선에 관한 제의〉, 〈라

---

[1] Советская внешняя политика в годы "холодной войны". Новое прочтение. М., 1995, с. 164.

페루즈·쓰가루·대한해협의 임시 관리체계 문제에 대한 구상〉, 〈해협들에 관한 각서〉 등 한반도와 관련된 4가지 관련 문건을 준비하였다. 이 가운데 앞의 두 문건은 직접 소개할 필요가 있는데, 먼저 〈구일본 식민지 및 위임통치…〉의 전문은 다음과 같다.

> 조선 북위 38 이북 지역에서 소련군의 조선 점령은 조선의 나머지 부분에 대한 미군의 점령과 동일한 기간 동안 유지되어야 한다.
>
> 소·중 해군기지인 여순항에 대한 전략적 입지를 공고화하려는 중국의 이익을 근거로 제주도를 중국 점령 지역으로 넘기도록 주장하는 것이 바람직하다. **대략 2년에 걸친 점령체제가 종결되면 조선은 4개국의 후견 지역이 되어야 하는데, 3개의 전략지역, 즉 ①부산과 진해, ②제주도, ③제물포는 분리하여 소련군 사령부의 통제를 받아야 한다.**
>
> 조선에서 소련을 위한 전략지역의 분리를 주장하면서 우리는 태평양 전략지역을 획득하려는 미국의 욕망을 이용하여 그들의 입장에 압력을 가할 수 있다. **조선의 전략지역을 소련에 허용하는 제안이 반발에 부딪친다면 전략지역에 대한 소·중의 공동 통제를 제의할 수 있다.**
>
> 장래 일본과 조선의 경계를 결정하는 데서 쓰시마 섬을 조선에 양도하는 제안을 제기할 수 있는데, 이는 역사의 전 과정에서 쓰시마 섬이 대륙국가, 특히 조선에 대한 일본의 침략행동의 근거지였기 때문이다(강조는 인용자).[2]

위 문건은 1945년 9월 시점에서 소련의 대한반도 이해관계가 보다 공세적이었음을 보여준다. 소련은 신탁통치 실시 전 약 2년간의 미·소 양국 군대의 한반도 주둔 기간을 예상하였고, 군대 철수는 양국이 동시에 해야 한다고 하여 미국과 동일한 이해관계 지점에 서있어야 한다는 것을 확인하고 있다. 신탁통치 구상에는 종전과 같은 입장을 취했으나 부산, 진해, 제주도, 제물포(인천) 등 남한 내 주요 항구 지역을 소련의 이익을 담보하는 군사 관리지역으로 삼는 속내를 내비쳤다. 물론 이 계획은 입안 단계에서 그쳤지만 그 시점에서 소련이 38도선 분할을 정치적·영토적 관점보다는 군사전략적 관심에서 바라보았음을 일정

---

[2] "구일본 식민지 및 위임통치 영토 문제에 대한 메모." АВПР, ф. 0431, оп. 1, п. 8, д. 52, л. 40.

정도 확인할 수 있다. 마지막으로 제주도를 중국에 넘기고 쓰시마를 한국에 양도하려는 구상은 비록 구상에 머물렀을지라도 매우 흥미 있는 대목이다.

〈조선에 관한 제의〉는 당시 소련의 대한반도 구상을 직접적으로 드러내주었는데, 이를 요약하면 다음과 같다.[3] ①군사적 점령 기간 종결과 함께 조선은 4개국의 공동 후견을 받는다. ②조선에 대한 후견의 목적은 조선인민의 정치·경제·사회적 부흥에 대한 공조가 되어야 한다. ③부산, 진해, 제주, 인천 등 전략지역이 분리되어 후견 조건을 규정하는 협정에 규정되어야 하며, 여순 해군기지와 교통로 및 최단 접근로로서 중요하게 간주되는 이들 지역은 소련 정부의 특별한 군사적 통제를 받아야 한다.

이 문건의 ①과 ③은 〈구일본 식민지 및 위임통치…〉와 동일한 내용으로 신탁통치 실시와 주요 전략지역에 대한 소련의 통제 욕구를 확인시켜 주고 있다. 신탁통치를 비롯한 이 제의의 근거를 국제신탁통치제도를 규정한 유엔헌장 (1945년 6월 26일 샌프란시스코에서 서명) 제76, 77, 82조에 두었음을 명시하였다. 주목해야 할 것은 ②항이 신탁통치(후견)의 목적을 '조선인민의 정치·경제·사회적 부흥에 대한 공조'로 간주함으로써 후견에 대한 정의를 분명히 하였고, 한편으로 미국과 이에 대한 견해차를 예고한 점이다.

강조컨대, 위 두 문서는 소련이 후견(신탁통치) 수용에 중요한 의미를 부여했음을 보여 주고 있다.[4] 미국과 같은 어느 일방에 의한 한반도 문제 해결의 불허용과 다자 협력하에 소련의 참여라는 종전 직전의 입장과 동일하였으며, 한편으로 4개국에 의한 한반도 신탁을 구체적 과제로 삼았다. 동시에 소련의 남한 내 전략지역에 대한 통제 의욕이 매우 강했음을 알 수 있다. 특히, 부산, 진해, 제주도, 인천 등의 지역은 여순항과의 교통로로서 뿐 아니라 일본의 군사적 부활을 견제하려는 의도가 읽힌다. 일본에 대한 점령 참여가 좌절된 상황에서 이들 지역에 대한 통제가 더욱 중요했을 것이었다. 그러나 소련의 위와 같은 구상은

---

3) "조선에 관한 제의." АВПР, ф. 0431, оп. 1, п. 8, д. 52, л. 46-47.

4) 위의 문서, л. 46

런던 외상회담에서 논의되지 못하고, 이후 한반도와 극동 정세 변화에 따라 수정을 거치게 되었다.

소련의 구상은 오랫동안 한반도에 국제신탁통치를 도입하려는 미국의 구상과 다른 의미를 담고 있었지만 소련의 신탁통치 실시 입장은 변함없이 유지되었다. 그런데 소련 지도부는 좌우세력의 구별 없이 한반도 내 반탁의 분위기는 공통적인 현상이란 사실을 충분히 인지하고 있었다. 이를테면, 1945년 11월 소련공산당 중앙위원회 앞으로 발송된 다음의 보고서는 당시의 분위기를 이렇게 전하고 있다.

> 공산당을 포함한 모든 정당(좌파 정당을 말함 — 인용자)은 출판물과 유인물을 통해 단일체로서의 조선의 신속한 부활, 조선 독립정부의 수립, 그리고 다른 국가들에 의한 조선 후견을 수용하지 말 것 등을 주민들 가운데서 선동하고 있습니다.[5]

이 보고는 당시 남한 내에 존재한 반탁 분위기를 정확히 반영한 것이었다. 이에 앞서 10월 26일 좌우 정치세력은 각당 행동통일위원회의 이름으로 한목소리로 신탁통치 반대 성명서를 발표한 바 있었다.[6] 이러한 한반도 내 반탁 분위기에 대처하고 이 문제를 해결하려는 시도는 전혀 보이지 않았다. 심지어 소련의 후견이 기존의 신탁통치와 어떻게 다른지에 대해 구체적으로 설명하는 사업이 현지 군 지도부 내에서조차 없었다. 이는 소련의 상황 대처 능력과 준비성 부족을 보여 주고도 남음이 있다.

연합국 간에 한국문제에 대한 논의가 이루어진 것은 해방 후 4개월이 지나서였다. 그 사이 미국과 소련은 다가올 한반도 관련 협상에서 유리한 입지를 다지기 위한 신경전을 전개하였다. 12월 모스크바 회담 전 양국 간에는 한반도 문제에 관해 어떠한 논의도 없었다. 다만 주소 미국대사 해리만이 11월 8일 몰로토

---

5) "코르네에프가 파뉴쉬킨에게(1945.11.20.)." РГАСПИ, ф. 17, оп. 128, д. 47, л. 24.
6) 『每日申報』 1945년 10월 29일.

프 외상에게 보낸 서한이 유일한 언급이었다. 여기서 그는 '조선에서 통신, 통상, 재정, 기타 주요 문제의 정리에 대한 임시 협약에 관해 소련 정부와의 협상 가능성을 추구'할 것이라고 하면서 필수 물품 교환 재개, 철도와 교통 재개, 연안 수송 재개, 전 한국에 단일재정 정책 수립 등의 문제 해결을 제기하였다.[7] 미국 측의 주요 관심이 분단에서 오는 남북 간 경제 교류의 단절을 재개하는 데 있음을 확인한 것이다. 소련은 이에 대해 뚜렷한 반응을 보이지 않았다. 미국의 제안에 소극적으로 응한 것이고, 자신의 구상을 내놓기 위해 12월 모스크바 3상회의의 개막을 기다려야 했다.

모스크바 결정의 경로

미·소·영 3개국 외상은 1945년 12월 16부터 26일까지 모스크바에서 회동하여 전후문제 처리에 관해 논의하였다. 3국 대표단의 치열한 토론 끝에 27일 '이탈리아·루마니아·불가리아·헝가리·핀란드와의 평화조약 준비에 대하여', '극동위원회와 대일동맹회의에 대하여', '조선', '중국'을 비롯하여 모두 7가지의 결정이 발표되었다. 4개 항으로 구성된 '조선'에 관한 결정이 일본 문제에 이어 세 번째 순서에 배치된 것을 보면 이 회의의 핵심 안건에 포함되었음을 알 수 있다.[8] 잘 알려진 결정문이지만 그 중요성에 비추어 전문을 살펴볼 필요가 있다.

> 1. 독립국가로서 조선의 부활과 민주적 기초에서 나라의 발전을 위한 조건 조성, 그리고 조선에서 장기적인 일본 통치의 악독한 결과의 신속한 청산을 위해 **조선 임시민주정부를 창설한다.** 이 정부는 조선의 산업, 운수, 농업 및 조선인민의 민족문화의 발전을 위해 필요한 모든 조치를 취할 것이다.

7) The American Ambassador in the Soviet Union to the People's Commissar for Foreign Affairs of the Soviet Union, November 8, 1945. *FRUS Diplomatic Papers, 1945, General: political and economic matters. Vol. II, Moscow conference of foreign ministers, December 16-26, 1945.* Washington DC: GPO, 1967, p. 627.

8) Правда. 28.XII.1945.

2. 조선 임시정부의 수립에 대한 협력 및 상응하는 대책의 사전 작성을 위해 **남조선 주둔 미군사령부 대표와 북조선 주둔 소련군 사령부 대표들로 공동위원회를 창설한다.** 공동위원회는 자체 제의를 작성할 시 조선 민주정당 및 사회단체와 협의해야 한다. 위원회가 작성한 권고안은 공동위원회를 대표한 두 정부에 의한 최종 결정이 채택될 때까지 미 · 소 · 영 · 중 정부의 심의에 회부되어야 한다.

3. 조선 임시민주정부와 민주적 조직들의 참여 하에 조선 인민의 정치적, 경제적, 사회적 진보 및 조선의 민주적 자치의 발전, 국가적 독립의 확립을 위한 **원조 및 협력 대책(신탁통치/후견)의 작성을 공동위원회에 위임한다.**

   조선 임시정부와 협의 후에 공동위원회의 제안은 **5년 이내의 기한으로 조선에 대한 4개국 신탁통치(후견)의 협정**을 이끌어내기 위해 미 · 소 · 영 · 중 정부의 공동 심의에 회부된다.

4. 남조선과 북조선 모두에게 관계가 있는 긴급한 문제들의 심의 및 행정 · 경제 분야에서 남조선 주둔 미군 사령부와 북조선 주둔 소련군 사령부 사이의 항시적인 조정을 대한 대책 수립을 위해 **조선 주둔 미 · 소 사령부 대표자 회담을 2주 이내에 소집한다**(강조는 인용자).[9]

미 · 영 · 소 외무장관들이 합의한 이 결정은 해방 후 한반도 문제에 대한 열강들의 최초 합의이며, 향후 한반도 운명의 기본 구도를 결정지은 역사적인 문건이 되었다. 이 결정의 핵심 내용은 조선 임시정부 수립, 5년 이내의 신탁통치(후견) 실시, 미소공동위원회 창설로 요약된다. 알려진 대로 이 결정은 소련 측 제안[10]이 거의 그대로 수용된 것이었다. 미국은 2개 항목의 수정만을 요구하였고 소련은 이 제안을 받아들였다. 이에 따라 제2항의 마지막 문장은 '위원회가 작성한 권고안은 관계국 정부의 심의에 회부되어야 한다'에서 '위원회가 작성한 권고안은 공동위원회를 대표한 두 정부에 의한 최종 결정이 채택될 때까지

9) Правда. 28. XII. 1945; Отношения Советского Союза с народной Кореей 1945-1980. Документы и материалы. М., 1981, с. 18-19. 모스크바 3상회의 결정이 소련 측 제안을 토대로 작성되었기 때문에 노어본을 번역하여 인용하였다.

10) "조선에 대하여(1945년 12월 20일 제5차회의에서 몰로토프가 번스와 베빈에게 전달)." АВПР, ф. 0430, оп. 1, п. 2, д. 11, л. 7.

미·소·영·중 정부의 심의에 회부되어야 한다'로 심의와 결정 주체를 명백히 하였다. 제3항의 두 번째 문장은 '공동위원회의 제안은 조선 임시민주정부와 협의 후에 5년 이내로 조선에 대한 4개국 신탁통치의 협정을 이끌어내기 위해 미·소·영·중 정부의 공동 심의에 회부된다'에서 '조선 임시정부와 협의 후에 공동위원회의 제안은 5년 이내의 기한으로…'로 구절의 위치가 바뀌었다.[11] 이것은 신탁통치를 임시정부와 협의 후에 실시하는 제안을 사실상 삭제한 것이다.

소련 측이 조선 임시정부 수립안을, 미국 측이 신탁통치안을 각각의 고유 주장으로 삼았다는 것을 볼 때 이 결정은 미·소 간의 포괄적 타협의 산물로 보는 것이 정확하다. 소련 측이 회담에 임하면서 가장 일관되고 핵심적으로 취급한 조항은 무엇보다도 조선 임시민주정부의 수립에 관한 것이었다. 한국문제 결의안을 작성하는 데는 각 민족들의 이익과 권리의 존중 및 옹호로 요약되는 레닌·스탈린의 민족정책에 의거했다[12]고는 하나 아무래도 자국의 이해관계는 정책결정에서 보다 결정적인 요인으로 작용하였다.

12월 16일 한국문제에 대해 미국 측은 '한국 독립정부 창설을 고려한 한국 통합 행정부 설립'을 회담의 의제로 삼고 나왔다.[13] 소련외무상 몰로토프는 처음 미국무장관 번스의 이 제안을 수용하였다. 미국 측 제안은 미·소 양군 사령관을 수반으로 하는 통합행정부가 한국 통치의 전권을 갖도록 하였다. 미국으로서는 독립정부 수립보다도 남북 양 지역의 경제적 통합이 우선적인 사항이었

---

11) "Conference of three foreign secretaries Moscow, 1945." Handbook of Far Eastern conference discussions: treatment of political questions relating to the Far East at multilateral meetings of foreign ministers and heads of government 1943-1949. Research Project no. 62, November 1949, H-104; "조선에 관한 소련 제안의 수정에 대하여(1945년 12월 21일 제6차회의에서 번스가 몰로토프와 베닌에게 전달)." АВПР, ф. 0430, оп. 1, п. 2, д. 11, л. 8.

12) "조선의 정치 상황에 대하여(1947.7.26.)." РГАСПИ, ф. 17, оп. 128, д. 1119, л. 143.

13) United States Delegations Minutes, First Formal Session, Conference of Foreign Ministers, Spiridonovka, Moscow, December 16, 1945, 5:00-7:10 p.m., FRUS Diplomatic Papers, 1945, General: political and economic matters. Vol. II, Moscow conference of foreign ministers, December 16-26, 1945. Washington DC: GPO, 1967, p. 617.

으며, 이것은 북한 지역으로 통제 영역의 확대를 도모할 수 있는 방안이었다. 회담에서 번스는 미·소 양군 사령관이 통합행정부의 설립 문제를 논의할 수 있도록 회담 의제를 11월 8일자 해리만의 서한에 언급된 내용으로 제한하자고 제의하였다. 그 다음 신탁통치 실시를 위해 이 기간 동안 4개국 대표로 구성되는 행정기관을 설립할 것을 제기하였는데, 이 기관은 자체 권한과 기능을 역시 4개국 대표로 구성되는 고등판무관과 집행위원회를 통해 행사하도록 하였다. 신탁통치 기간에 대해서는 5년을 예정하였고, 4개국이 동의할 경우 5년 더 연장이 가능하도록 하였다.

12월 20일 회담에서 몰로토프는 소련 정부가 조선에 대한 4대국 신탁통치를 인정했었다고 하면서 이를 긴급한 문제가 아닌 장기간의 문제로 규정하였다.[14] 신탁통치의 도입이 긴요한 것이 아니라는 점을 강조한 것이다. 그리고 그는 모스크바 결정으로 거의 그대로 발표된 소련 측 제안을 내놓았다. 다음 날 3국 외상이 모인 비공식 회담에서 번스는 앞선 2개 항목의 수정만으로 소련의 제안을 수용할 의향을 표명하였다.[15] 이렇듯 미국이 자국의 제의를 포기하고 소련 측 제의를 거의 그대로 수용한 이유는 뚜렷하지 않다. 이에 대해 한국 내 정세가 미국으로 하여금 소련의 제안을 거부할 명분이 없게 했을 것이고, 미국 스스로 자신의 제안을 원안 그대로 한국인들에게 납득시키기는 어려웠을 것이라는 주장이 있다.[16] 분명한 것은 미국은 소련 측에 논리적 반박이나 다른 대안을 제시하지 않았다. 아마도 소련의 제의를 수용하더라도 미국이 별다른 손실을 겪지 않을 것이란 판단이 우선했다고 볼 수 있다.

모스크바 3상회의 결정이 기본적으로 소련의 제의를 바탕으로 한 것이기에 소련 측 입장 전개 과정을 구체적으로 살펴볼 필요가 있다. 모스크바 3상회의

---

14) "Conference of three foreign secretaries Moscow, 1945." Handbook of Far Eastern conference discussions: treatment of political questions relating to the Far East at multilateral meetings of foreign ministers and heads of government 1943-1949. Research Project no. 62, November 1949, H-14.

15) Ibid, H-15.

16) 정용욱, 『해방 전후 미국의 대한정책』, 서울대학교출판부, 2003, 150쪽.

직전 소련의 한반도 구상에 원칙적인 변화는 없었다. 하지만 구체적인 대책이 요구되는 시점이 다가오면서 이를 명문화하는 작업이 필요했다. 12월 10일 소련외무성 극동회의 정치고문인 Ya. A. 말리크는 소련의 대한반도 정책의 밑그림이라 할 수 있는 한반도 통일 정부 수립에 관한 보고서를 작성하였다. 그는 조선이 소련에 우호적이지 않은 국가의 수중에서 반소 도구로 변하지 않도록 하는 것이 주요 과제임을 언급하면서 통일정부 수립 시 미국은 장개석과 협력하여 친미 망명객을 중심으로 한 '반동세력'에 의거할 것이고, 여기에 공산주의자와 '진정한 민주인사'의 진입을 막을 것으로 보았다.[17] 이미 통일정부 수립 문제가 순탄치 않을 것임을 예고하는 언급이었다. 말리크는 그와 같은 상황을 고려한 다음의 제안을 내놓았다.

1. 조선의 독립과 자립을 확인하고 새로이 선포한다.
2. 조선의 모든 민주적 사회·정치조직이 참가하여 선출된 조선 임시정부의 창설을 지지한다.
3. 이 조직들은 조선인민대표(헌법제정)회의 소집을 위한 임시주비위원회를 소집해야 한다.
4. 헌법제정회의의 소집에 앞서 전국 각지에서 노동자, 농민, 인텔리, 교사, 기업가, 기타 주민 집단들이 헌법제정회의 대의원 및 조선통일정부 구성원 후보에 대한 폭넓은 논의 및 선발을 위해 광범위한 민주적 집회를 가져야 한다.
5. 전 조선헌법제정회의 소집 주비위원회와 동일하게 임시정부에 대한 준비 작업과 감독, 그리고 협력을 실시하기 위해 소련과 미국의 대표로 구성된 특별동맹위원회(가능하다면 이 위원회에는 중국과 영국의 대표도 포함해야 한다)를 조직한다. 이 위원회는 소련과 미국(중국과 영국) 정부에 추천서를 제출해야 한다.
6. 조선 영토에서 소·미 군대의 주둔으로부터 생성되는 모든 현안을 해결하기 위해 소련과 미국 사령부 대표들로 소미연합위원회를 창설한다.[18]

17) "말리크, 조선 통일정부 문제에 대하여(1945.12.10.)." АВПР, ф. 0102, оп. 1, п. 1, д. 15, л. 19-20.
18) 위의 문서, л. 21.

위 문건 제1항에 나타난 조선의 독립에 대한 강조는 식민지 해방과 민족자결을 강조한 레닌주의 원칙을 충실히 반영한 것이기도 하지만 미국의 영향에서 벗어난 '자주적 조선'은 친소의 길을 걸을 것이라는 확신이 있었기 때문이었다. 여기서 소련의 핵심적 구상은 조선 임시정부 수립과 미·소 '특별동맹위원회' 창설로 모아진다. 반면 신탁통치에 관한 조항은 직접 언급하지 않고 '임시정부에 대한 협력'으로 대체한 것으로 보아 미국 측이 주장하는 신탁통치에 대한 구상은 그대로 따르지 않을 것임을 확인하였다. 또한 이를 '후견(오페카)'으로 표기하지 않은 것은 한반도 내 반탁 분위기를 반영하였을 것이다.

모스크바 회담 개시 직전 소련 외무성은 '조선독립정부 창설'이라는 이름으로 새로운 제안을 내놓았다.[19] 이 제안은 모두 세 가지 조항으로 구성되었는데, 앞의 말리크 안을 진전시킨 것이다. 이를 요약하면, 첫째, 조선 임시독립정부, 헌법, 지방자치기관 등의 창설 조건 및 시기에 관한 문제들의 사전 작성을 위해 미·소·영·중 대표들로 위원회를 창설할 것, 둘째, 위원회가 작성한 권고안은 관계국 정부의 심의에 회부 할 것, 셋째, 미·소 정부는 주일본 연합국 통제기구 설치 문제 조정 후 조선영토에 미·소군의 주둔에서 나오는 긴급한 문제들의 공동심의를 위해 대표들을 선발할 수 있도록 남북조선의 미·소 사령부에 명령을 내릴 것을 명문화할 것 등이다. 이 안의 핵심은 역시 제목이 말해 주는 대로 '조선 임시정부'의 창설이었다. 그런데 여기서 주목해야 할 점은 신탁통치(후견)에 대한 아무런 언급이 없었다는 것이다. 말리크 초안에서는 후견의 의미를 담는 내용이 들어 있지만 여기서는 이마저도 삭제하였다. 또한 일본 주재 연합국 통제기구를 언급한 것은 한반도 관련 정책이 대일정책과 연계되어 있음을 시사한 것이다.

모스크바 3상회의의 진행 과정에서도 소련 대표단은 넓은 의미에서 최소 5~6차례에 걸쳐 한국문제에 관한 초안들을 수정하였다.[20] 그 최종안은 12월 20일

19) "일정 항목 첨부. 조선독립정부 창설." АВПР, ф. 013, оп. 7, п. 4, д. 46, л. 17-18.
20) АВПР, ф. 0430, оп. 2, п. 5, д. 18, 39-57. 아쉽게도 각 문서에는 작성 일자와 순서가 표기되지 않았기 때문에 필자가 유추하여 순서를 계산하였다.

본회의에 제출되었다. 이 초안들은 그 내용에 있어서 상호 유사하게 구성돼 있으나, 각 조항들을 면밀히 살펴보면 한국문제에 관한 소련의 주요 구상을 어느 정도 읽을 수 있다.

각 초안들에서 소련이 가장 일관되고 핵심적으로 취급한 조항은 변함없이 조선 임시민주정부의 수립에 관한 것이었다. 각 1항, 또는 2항에는 '조선 임시민주정부의 수립', 혹은 '임시정부 수립에 관한 문제들의 사전 작성을 위한 4개국 대표위원회 창설'이 배치되었다.[21] 소련 정부가 한국문제 제의 초안을 작성하는 데는 약소민족의 이익과 권리의 옹호로 요약되는 레닌·스탈린의 민족정책에 의거했다고는 하지만 자국의 이해관계는 어떤 면에서 보다 중요한 지렛대로 작용하였다. 소련의 대한반도 정책의 최종 목표는 자국에 '우호적인 정부 수립', 즉 좌파가 주도하거나 혹은 최소한에 있어서 중립적인 정부가 들어서는 것이었다. 소련은 바로 미·소 간 합의에 의해 창설될 조선 임시정부의 수립을 통해서 미래 조선에서 자신의 국가 이익을 보장할 유리한 조건들이 창출될 수 있다고 간주했다. 이는 당시 좌익세력들이 우세한 위치를 점하는 전 한반도의 정치지형을 고려할 때 자명한 일로 보였다.

그런데 앞의 제안들과는 달리 소련 대표단의 초안들은 신탁통치(후견)을 항목에 포함시켰다. 이는 이전의 구상을 회복시킨 것이었는데, 실제 상황을 고려한 결과였을 것이다. 그렇다면 이들 초안에 나타난 신탁통치(후견제)에 대한 인식은 어떠했을까. 소련 대표단 초안들 가운데 다음의 후견 관련 조항들은 소련 정부가 그 결정에 적잖게 고심했음을 증명해 주고 있다.

> … 4. 조선에 대한 후견제의 적용 문제에 대해서는, 이 문제에 대해 조선으로 흘러드는 정보들이 조선사회 광범위한 계층들의 심각한 불만을 일으키고 있음을 주목하면서 위원회(미소공동위원회-인용자)로 하여금 이 문제를 주도면밀하게 연구하여 자체 제의들을 미·영·소·중 정부의 결정에 회부하는 것을 위임한다.[22]

---

21) 위의 문서.

… 3. 조선인민의 정치 · 경제 · 사회적 진보와 조선의 민주주의적 자치의 발
전 및 국가독립에 원조와 협력(후견)의 형태 · 방법을 작성하는 것을
조선민주조직들과 협의 하에 공동위원회에 위임한다. 공동위원회가
작성한 제안들은 미 · 소 정부의 심의에 회부되는데, 미 · 소 정부는 이
제안들의 검토 후에 미 · 영 · 소 · 중 4개국 정부의 토의에 부친다.[23]

신탁통치에 관한 나머지 초안들도 이 두 인용문과 거의 흡사하다. 앞의 인용
문이 의미하는 바는 신탁통치에 대한 조선 내의 반대여론으로 이의 실시여부를
심각히 고려해야 한다는 것이고, 뒤의 것은 탁치안에 대해 조선의 정당 · 조직들
의 의사를 반영해야 한다는 것이다. 즉, 신탁통치는 반드시 실행에 옮기는 것보
다는 강대국 간의 협의를 통해 풀어 가야 한다는 것이었다. 이와 같은 논리는
정책의 구체성이 결여되고 애매모호한 성격을 그대로 보여 주는데, 경우에 따라
서는 신탁통치가 실시하지 말아야한다는 의미를 강하게 암시한 것이라고 볼 수
있다.

그럼에도 모스크바 3상회담의 소련 대표단 본 제안에 탁치(후견) 실시 조항
이 제기된 것은 미국 측의 신탁통치 도입 주장과 타협한 결과였다. 앞서 보았듯
이 12월 20일 소련 측의 제안에 '**공동위원회의 제안은 조선 임시민주정부와 협
의 후에** 5년 이내로 조선에 대한 4개국 신탁통치의 협정을 이끌어내기 위해
미 · 소 · 영 · 중 정부의 공동 심의에 회부된다'[24]는 문장은 신탁통치 실시를 임
시정부와 협의를 거치도록 하여 그 실시 여부에 한국인들의 의사를 반영하고,
경우에 따라서는 실현 가능성을 불투명하게 한 점을 보여준다. 하지만 이 제안
은 미국 측의 수정제의에 따라 최종 의정서에는 '**조선 임시정부와 협의 후에 공
동위원회의 제안은**…'으로 구절의 위치가 바뀌어 탁치(후견) 실시를 당위론적으
로 명문화하였다.

---

[22] "조선에 대하여." АВПР, ф. 0430, оп. 2, п. 5, д. 18, л. 44.

[23] 위의 문서, л. 48-49.

[24] "조선에 대하여(1945년 12월 20일 제5차회의에서 몰로토프과 번스와 베빈에게 전달)."
АВПР, ф. 0430, оп. 1, п. 2, д. 11, л. 7.

결론적으로 모스크바 회담 이전 소련은 탁치 실시를 의제에 포함시키지 않으려 했지만 미국의 요구에 의해 이를 합의해 준 것이었다. 탁치는 단순한 고려의 대상으로서 미국과 공동으로 한국문제를 해결하기 위한 '타협'의 산물로 이를 택했다고 할 수 있다. 다시 말해서, 한국문제 해결 방안으로 임시정부 수립을 일차적으로 고려하였고 탁치에 대해서는 상황 논리에 따랐다고 볼 수 있다.

대일전 이전 소련은 Trusteeship에 구체적인 해석을 붙이지 않다가 모스크바 결정에서는 '조선 인민의 정치적, 경제적, 사회적 진보 및 조선의 민주적 자치의 발전, 국가적 독립의 확립을 위한 원조 및 협력 대책'으로 해석하면서 미국식 신탁통치의 의미를 뜻하는 '프로텍토러트(Протекторат)'가 아닌 후견(Guardianship)을 뜻하는 '오페카(Опека)'라는 용어를 사용하였다. 제2차 세계대전 말기 국제회담에서 이 용어의 의미는 분명히 제시되지 않았고, 모스크바 회담 당시에도 이러한 용어상의 차이점에 대한 미·소 간의 이견이 조정되지 않았다. 따라서 모스크바 결정 전문에서 '신탁통치' 용어는 영어본이 Trusteeship으로, 노어본이 오페카(Опека, Guardianship)로 쓰이게 되었다. 신탁통치에 대한 미·소 양측의 의미 규정이 서로 달랐던 것이다.

애초 미국이 구상한 신탁통치가 강대국(들)이 공동으로 통치기구를 설립하여 직접적인 권력을 행사하는 것을 의미했다면 모스크바 결정에 표기된 신탁통치는 분명 잘못된 용어 선택이었다. 이것은 미·소가 시간에 쫓겨 신중한 검토를 하지 못한 채 미국의 '신탁통치'와 소련의 '후견'이 어설프게 타협한 결과이기도 하다. 어찌됐던 모스크바 결정이 국제민간행정기구와 같은 강대국의 통치기구를 배제하고 조선 임시정부의 수립을 우선으로 제시하였기 때문에 신탁통치(Trusteeship)는 강대국들의 위임통치가 아닌 소련 측이 주장한대로 사실상 후견의 의미를 가지게 되었다. 신탁통치 조건도 조선 임시정부와 민주적 단체들의 참여하에 작성해야 한다는 측면에서는 더욱 그렇다. 따라서 소련이 Trusteeship을 Guardianship(후견)으로 해석한 것은 작위적이라 볼 수 없다. 흥미롭게도 1946년 1월 미군정 정치고문 베닝호프(Benninghoff)는 소련이 Trusteeship을 한국어 번역으로 Guardianship으로 쓰고 있다고 지적하였다.[25] 이것이 의미하는 바는 미·소가 모스크바 결정을 논의할 때 Trusteeship에 대한 분명한 의미를 공유하지 않고 각자가 이해하는 범주 또는 각자의 입장에서 해석했고, 이에 대한 인식 차이를 서로 공유하지 못했다는 점이다.

미국이 '임시정부 수립 후 신탁통치 실시'에 동의한 것은 자신이 애초 구상한 신탁통치 시행과 멀어진 것을 의미하였다. 모스크바 결정 직후 미 국무장관 번스가 미국 내에서 비난을 받고 한국 내 미군정 당국과 불협화음이 일어난 사실은 모스크바 결정이 미국 측의 신중한 정책적 검토에서 나온 것이 아니란 점을 확인해 준다. 1946년 1월 25일 소련 타스통신은 모스크바 결정에 이른 미·소 협의 과정을 설명하면서 신탁통치의 제안자는 미국임을 보도하고,[26] 그 이튿날 미소양군대표자회담에 참석차 서울에 온 슈티코프는 기자회견을 열어 모스크바 결정 과정을 상세히 설명하기도 하였다.

탁치 정국과 공산 측의 대응

모스크바 결정이 가져온 신탁통치 문제는 한반도를 격랑의 소용돌이로 몰아넣기 시작하였다. 1945년 12월 말 남한의 주요 언론들은 모스크바 회담의 한국 문제 결정 가운데 신탁통치 실시를 이 결정의 핵심으로 주지시켰고, 임시정부 수립에 대해서는 거의 다루지 않았다. 12월 27일 『동아일보』가 '소련은 신탁통치 주장, 소련의 구실은 38선 분할점령, 미국은 즉시독립 주장'[27]이란 제목의 오보를 통해 촉발된 찬·반탁 논쟁과 좌우분열은 사실을 정확히 인지하지 못하고 이를 정치적으로 활용한 집단적 오류와 왜곡에 기인한 것이었다.

[25] The Political Adviser in Korea(Benninghoff) to the Secretary of State, January 13, 1946, *FRUS, 1946, Vol. VIII, The Far East,* Washington DC: GPO, 1971, p. 611.

[26] Отношения Советского Союза с народной Кореей 1945-1980. Документы и материалы, М., 1981, с. 19-22.

[27] 『東亞日報』 1945년 12월 27일.

이전부터 탁치반대 입장을 보인 대부분의 정치세력들은 모스크바 결정에 즉각 반발하고 나섰다. 모스크바 결정이 발표된 바로 당일부터 김구, 김규식, 조소앙 등이 포함된 우익세력들은 '신탁통치 반대 국민총동원위원회'를 조직하여 체계적으로 반탁운동에 돌입하였다.[28] 반면 처음 신탁통치를 발의한 미국은 현지의 상황을 보면서 태도를 바꾸어 소극적으로 변모하였다. 12월 31일 미국무장관 번스는 워싱턴에서 미소공동위원회가 조선민주주의임시정부와 함께 협조하여 일할 것인데 경우에 따라 신탁통치가 실시되지 않을 수 있다는 성명을 발표하였다.[29] 그의 성명은 막 불붙는 반탁 분위기에 기름을 부은 격이 되었다.

처음에 조선공산당은 정확한 입장을 세우지 못하고 방향성을 상실한 듯 갈피를 잡지 못했다. 모스크바 결정 발표를 전후하여 박헌영은 평양에 머무르면서 소련 및 북한 측과 의견을 개진하고 있었다. 그러는 사이 인공 중앙인민위원회와 좌파 정당인 조선인민당이 탁치에 반대하는 성명을 연이어 발표하고,[30] 31일에는 조선공산당 서울시위원회에서 탁치 반대 전단이 살포되었다.[31] 좌파세력의 입장은 박헌영이 서울로 돌아온 1월 초에야 정리될 수 있었다. 그가 평양에서 소련군 지도부와 나눈 담화 기록은 발견되지 않고 있지만 신탁통치에 반대하는 남쪽 분위기를 전달한 것은 분명해 보인다.[32] 하지만 소련군 지도부와 협의를 거쳐 조선공산당은 모스크바 결정에 대한 지지운동으로 급격한 입장 전환을 하였다. 조선공산당은 1월 2일 모스크바 결정을 지지하는 성명을 발표하였다. 성명은 모스크바 회담은 세계 민주주의 발전에 있어서 또한 걸음 진보이며, 이 회담에서 조선민주주의임시정부를 조직하는 것은 가장

28) "신탁통치반대국민총동원위원회가 설치."『東亞日報』1945년 12월 30일.

29) "군정장관, 미국무장관 번즈의 성명서 발표."『서울신문』1946년 1월 3일.

30) 『서울신문』1945년 12월 29일;『自由新聞』1945년 12월 30일.

31) "朝鮮共産黨, 託治反對傳單을 撒布."『中央新聞』1946년 1월 1일.

32) 중앙일보 특별취재반,『비록 조선민주주의 인민공화국』(상), 중앙일보사, 1992, 286쪽.

정당한 결정이라 평가하였다.[33] 반면 그동안 자신들도 반대한 신탁통치에 대해서는 다소 긴 설명이 필요하였다.

> 문제의 5년 기한은 그 책임이 3국 회의에 있는 것이 아니라 실인즉 우리 민족 자체의 결정, 장구한 일본 지배의 해독과 민족적 분열에 있다고 우리는 반성하지 않으면 안 된다. 그럼에도 불구하고 이번 결정의 책임을 의식적으로 3국에 돌리고 이것을 정면으로 반대 배격함에 열중하고 3국의 우호적 원조와 협력신탁은 흡사 제국주의적 위임통치제라고 왜곡하고 연합국을 적대방면으로 대중을 기만하는 정책을 쓰고자 하는 金九 일파의 소위 반신탁운동은 조선을 위하여 극히 위험천만한 결과를 나타낼 것은 필연이다. 세계평화와 민주주의적 국제협조의 정신하에서만 조선 문제가 해결되어야 한다. 카이로회담이 조선독립을 적당한 시기에 준다는 것인데 이 적당한 시기라는 것이 이번 회담에서 5년 이내로 규정된 것이다. 이것은 우리가 5년 이내에 통일되고 우리의 발전이 상당한 시에는 그 기간은 단축될 수 있는 것이니 이것은 오직 우리의 역량 발전 여하에 달린 것이다. 그러므로 이번 모스크바 결정은 카이로 결정을 더욱 발전 구체화시킨 것이다.[34]

신탁통치 문제는 4대국 공동 신탁으로 어느 일방에 의한 식민지화 위험이 사라진 것이며 동시에 5년의 신탁 기간이 민족의 역량에 따라 축소될 수 있다는 것이었다. 그리하여 모스크바 결정의 진보적 성격을 수용하고 민족통일을 달성하자는 것이었다. 반면 김구 측의 반탁운동에 대해 부정적인 입장을 피력함으로써 향후 극심한 좌우 갈등을 예고하였다.

조공의 입장 전환은 말할 것도 없이 소련 측의 논리를 조공이 별다른 이의 없이 수용한 데서 일어났다. 소련 측이 자국의 제안이 거의 그대로 반영된 모스크바 결정의 정확한 이행을 조선의 정치세력들에게 주문하리라는 것은 예측된 수순이었다. 소련의 논리는 이 결정이 자신의 제의를 기초로 작성되었을 뿐 아니라 한국문제의 해결을 위한 최선의 방책이었음이 강조되었다. 이 결정이 그

33) "조공, 3상회담 결의에 지지 표명." 『中央新聞』 1946년 1월 3일; "조선에 관한 모스크바 3상회담 결정에 대한 조선공산당의 성명(1946.1.2.)." РГАСПИ, ф. 17, оп. 128, д. 205, л. 2-3.
34) "조공, 3상회담 결의에 지지 표명." 『中央新聞』 1946년 1월 3일.

대로 실행에 옮겨질 경우 한반도에 '우호적인' 정부 수립이 가능하다는 관측이 전제되었던 것도 물론이다. 한반도 내 조성된 좌파우위의 세력구도상 충분히 그와 같은 결과를 가져올 수 있었다.

하지만 모스크바 결정이 공표된 후 소련 측이 직면한 문제는 신탁통치 조항이 포함됨으로써 남한에서의 반탁 기운이 드세졌고, 신탁통치 결정의 책임이 소련에 전가되었다는 데 있었다. 연해주군관구 정치국장 칼라시니코프 중장은 이러한 상황의 심각성을 다음과 같이 표현하였다.

> 서울의 신문들과 라디오 방송은 후견(오페카)을 원조 및 협력 조치로서가 아닌 신탁통치(프로텍토러트)로 평가하는 등 후견 결정에 대해 잘못된 해석을 하고 있습니다. 후견에 대한 이러한 부정확한 해석은 주로 조선 임시정부의 자리를 주장하는, 김구가 이끄는 중경정부 성원들로 이루어진 적대분자들에 의해 생산되었습니다. 서울의 라디오 방송은 남측 공산당이 모스크바 결정에 반대한 저항운동에 참여하였다고 수차례 보도하였습니다. 이 적대적인 선전은 북조선에도 침투하고 있습니다.[35]

소련은 조선 '반동세력'이 모스크바 결정이 정확히 이해될 경우 필시 자신들이 숙청될 것이므로 '후견'을 '신탁통치'로 의도적으로 왜곡함으로써 인민들이 모스크바 결정에 반대하여 나서도록 한다고 보았다.[36] 그런데 '후견'과 '신탁통치'라는 혼용된 용어가 정리되지 않은 것은 북한 현지 소련군 관계자들을 다소 혼란스럽게 하였다. 조선인들은 소련군 당국에 '후견'이 무엇이고, '신탁통치'와는 어떠한 차이가 있는지 많은 질문을 제기하였다.[37] 물론 현지 소련군 당국은 모스크바 결정의 세부적인 내용까지 전달받지 못했던 까닭에 당장 그러한 질문에 확실하게 답변하기는 곤란했다.

35) "칼라시니코프가 슈티코프에게(1946.1.12.)." ЦАМО, ф.172, оп. 614631, д. 37, л. 40.
36) "마슬로프, 북조선에서의 민주개혁." АВПР, ф. 0102, оп. 7, п. 5, д. 24, л. 18.
37) "그로모프와 이그나티예프가 칼라쉬니코프에게(1946.1.4.)." ЦАМО, ф. УСГАСК, оп. 102038, д. 2, л. 3-4.

모스크바 결정 가운데 신탁통치 실시 내용이 알려지자 처음 북한 지도부에서도 그에 대한 반응은 그리 우호적이지 않았다. 1946년 1월 1일『正路』에 나온 김일성의 신년사의 일부를 살펴보자.

> 이 결정에 의하면 38도 경계선을 철폐하고 조선의 민주정부를 수립시키기 위하야 소·미·중·영 4대국가가 조선에 대하야 5개년간 관제를 실시한다는 것이다. **이와 같은 결정은 우리의 주관욕망과 다소 배치되는 점도 없지 않을 것이다.** 그러나 이 문제도 우리가 민족통일전선을 확고히 결성하며 일제의 잔재를 철저히 숙청하고 진정한 민주주의국가를 건설하야 세계민주주의 국가의 일원이 됨으로써 능히 해결할 수 있다. 그럼으로 모든 문제는 궁극에 있어 우리 조선민족 자체의 힘으로서 결정된다. 고로 우리는 결코 낙망할 것이 아니다. 전 인민은 더 굳은 결심으로 철저히 민주주의 정강을 실시하는 공산당 주위에 단결할 것이며 공산당은 민주주의 정당과 통일전선을 공고히 결성하야 조선의 완전한 독립과 해방을 위하야 분투할 것이다.[38](강조는 인용자)

이 인용문을 보면, 모스크바 결정이 처음 알려졌을 때 김일성에게도 후견이 아닌 관제(신탁통치)로 전달된 것은 분명하다. 따라서 그는 모스크바 결정에 대해 즉각 수용하는 모양새를 취하지 않았다. 그로서는 신탁통치에 반대하는 대중적 정서를 살피지 않을 수 없었을 것이며, 일제 통치에 뒤이어 다시금 강대국이 통치세력으로 나서길 원치 않은 대중의 정서적 분위기를 파악하고 있었다고 볼 수 있다. 이에 대해 신탁통치를 '우리의 주관욕망과 다소 배치되는 점'으로 표현하였다. 모스크바 결정을 받아든 시점에 북한 지도부는 다소 당황하였고, 우왕좌왕하는 모습을 보였다. 다만 김일성은 이 결정을 받아들일 수밖에 없다는 것을 인식하였고, 신탁통치 문제의 극복을 반탁이 아닌 민족통일전선의 강화와 일제 잔재의 청산을 통해 해결하는 방향을 제시하였다. '관제'라는 용어가 '후견'으로 보도되기 시작한 것은 하루 이틀이 걸리지 않았다. 1946년

---

[38]『正路』1946년 1월 1일. 강조된 부분은『김일성 선집』1(1954년)을 비롯한 이후 김일성의 저작집에서는 삭제·편집되었다. 곧바로 모스크바 결정 전면지지로 방향을 정리한 상황에서 초기의 미묘한 입장을 드러내기를 원치 않았을 것이다.

1월 3일 『정로』는 모스크바 결정 전문을 게재하면서 Trusteeship을 후견으로 표기하였다.[39]

1946년 1월 2일 조선공산당 북부분국, 전평 북부총국, 평남농민위원회, 여성총동맹, 민주청년동맹, 조선독립동맹 등 6개 정당·사회단체가 맨 먼저 모스크바 결정에 대한 완전한 지지를 표명하였다.[40] 이튿날에는 북조선행정국 국장들의 지지 선언이 뒤따랐다. 좌파 세력들의 선언적인 입장 표명에도 불구하고 북한 내 분위기는 그들의 의도대로 전개되지 않았다. 공산주의자들 가운데는 노골적으로 모스크바 결정에 대해 반감을 표시하는 경우가 있었다. 이를테면, 1945년 12월 29일 철원군에서는 도인민위원회, 공산당 군위원회, 군인민위원회 대표들이 서울의 라디오 방송을 듣고 소련군 경무사령부에 찾아와 자신들과 조선인민들이 '모스크바 3상회의의 조선에 관한 부당한 결정에 분개하고 있다'[41]고 토로하였다. 지역 공산주의자들 내부에서 모스크바 결정 발표 직후 나타난 혼동 양상과 민족 감정에 편승해 그에 반대하는 움직임이 드러난 사례였다.

이러한 혼돈을 바로 잡은 것은 소련군 당국이었다. 소련 지도부는 이 결정을 진보적이고 조선의 미래를 위한 조치로 간주하였기 때문에 현지 군당국에 적극적으로 이를 지지하는 분위기를 조성하도록 지시하였다. 소련군 사령부는 공산당과 인민위원회 간부들에게 각 언론이 모스크바 결정에 반대하는 논조는 여하한 경우도 싣지 못하도록 하였다. 1946년 1월 3일 소련군 민정기관 행정·정치부장 이그나티에프는 북조선 신문 편집자·검열관회의를 소집하였다. 회의에는 분국 기관지 『정로』, 평남인민위원회 기관지 『평양민보』, 평양방송, 공산당 함남도당 기관지 『옳다』 등 평북과 함북 소재 언론 기관을 제외한 18명의 대표들

---

[39] "蘇·米·英 三國外相 모스크바 會議의 結果 發表." 『正路』 1946년 1월 3일.

[40] "朝鮮에 關한 蘇·米·英 三國外相 모스크바 會議의 결정에 대하야." 『正路』 1946년 1월 3일.

[41] "이그나티예프, 모스크바 3상회의 조선 후견 결정과 관련한 북조선 주민들의 정치적 분위기에 관한 보고." ЦАМО, ф. УСГАСК, оп. 102038, д. 2, л. 7.

이 참석하였다. 편집자들은 신문 종이의 부족과 농촌 지역 신문 보급의 어려움과 같은 문제들을 제기하였으나 이 회의의 주된 목적은 모스크바 결정과 관련한 방침을 제시하는 데 있었다. 이그나티예프는 참석자들에게 모스크바 결정의 본질을 설명한 후에 ①신문을 통해 이 결정을 조선 인민에게 올바로 해설할 것, ②그 의미를 왜곡하려는 친일 반동분자들과 투쟁을 전개할 것, ③조선 인민에게 모스크바 결정에 대한 신뢰를 심어주고, 이 결정에 따른 과업의 해결을 위해 대중 동원[42] 등을 실행에 옮기도록 요구하였다. 이와 동시에 빈도수는 적었지만 신문 지상에서 모스크바 결정에 이의를 표시하는 표현은 검열을 통해 삭제되었다.[43]

공산당 지도부는 모스크바 결정이 한반도의 운명을 거머쥔 미·소의 합의라는 사실적 판단에서, 특히 소련이 주도했고 실질적으로 신탁통치가 아닌 후견이라는 주장에 동의하여 이를 수용했을 것이다. 위의 6개 정당·사회단체의 지지 성명에서도 후견을 후원제로 표명하면서 이를 4대 연합국이 '조선인민의 정치, 경제 및 사회적인 진보, 즉 민주주의적인 정치의 발전과 조선의 자유롭고 통일적인 완전한 독립국가의 확립에 전적으로 원조협력하여'[44] 주는 것이라는 해설에 동조하였다.

그럼에도 '5년간의 후견' 조항에 대한 북한 공산당 측의 우려가 말끔히 가신 것은 아니었다. 가령, 1946년 1월 6일자 『평양민보』의 관련 기사 중 검열에 의해 삭제된 내용이 이를 잘 보여준다.

> 이 결정을 읽어보면 우리가 완전한 독립을 기대하던 시기에 5년간의 후견 기간이 설정된 것에 놀라지 않을 수 없다. … 5년 이내의 후견 기간에 관해 말

---

42) "콘트라튝이 칼라쉬니코프에게(1946.1)." ЦАМО, ф. УСГАСК, оп. 102038, д. 2, л. 27-28.

43) "코르닐로프. 모스크바 3상회의의 조선 결정과 관련한 신문 기사 및 여러 비법적 유인물 번역." ЦАМО, ф. УСГАСК, оп. 102038, д. 2, л. 34.

44) "朝鮮에 關한 蘇·米·英 三國外相 모스크바 會議의 결정에 대하야." 『正路』 1946년 1월 3일.

할 것은 아무 것도 없다. 그러나 단일 국가로의 독립이 어떻게 도달될 것인지는
깊이 생각해 보아야 한다.[45]

북한 공산주의자들은 후견에 대해 일말의 우려와 의구심이 있으나 모스크바
결정을 어쩔 수 없이 수용할 수밖에 없다는 일종의 숙명론적인 결론으로 받아
들였다. 완전 독립이 아닌 5년간의 유예기간 설정이라는 껄끄러운 요소가 있었
지만 임시정부 수립을 통한 독립의 보장이라는 조항에 더 이상 반대의 목소리
를 내지 못했다. 좌파세력의 입장 정리는 모스크바 결정 지지 쪽으로 신속하게
이루어졌다. 중국에서 돌아온 지 얼마 안된 연안계 지도자 김두봉은 '우리는 민
주적 단결을 강화시키고, 인민의 정치적 수준을 높은 단계로 끌어올려야 한다'
면서 신탁통치에 대해서는 '자신의 불굴의 노력으로 5년 동안 조선의 완전한 민
주적 독립국가를 건설해야 한다'고 하였다.[46] 이후에 공산당의 정책과는 조금
행보를 달리하였던 그는 신탁통치에 관해서는 공산당과 마찬가지로 '5년간에
걸친 후견의 활용' 방식을 제시한 것이다.

뒤이어 공산당과 소련군 당국은 대규모 군중 시위들을 개최하여 모스크바 결
정 지지에 대한 대중적 결속력을 확보하고자 하였다. 평양을 비롯한 함흥, 해주,
진남포, 사리원 등지에서 대규모 군중이 참가한 모스크바 결정 지지 시위가 벌
어졌다. 1946년 1월 10일 평남 중화군에서 1만 5,000명이 참가한 연대 집회가
있었고, 11일에는 함흥과 진남포에서 각각 1만 5,000명과 2만 5,000명이, 12일에
는 해주에서 4,500명이 참가한 집회와 시위가 진행되었다.[47] 해방 직후부터 지
속되어 온 자발적·비자발적 형태가 혼재된 대중적 시위는 모스크바 결정을 계
기로 더욱 조직적인 형태를 띠기 시작하였다. 공산 측은 이를 통해 자신이 주도
하는 질서를 구축하는 데 주요한 동력으로 삼고자 했음은 물론이다.

---

45) 『평양민보』 1946년 1월 6일. "모스크바 3상회의의 조선 결정과 관련한 신문 기사 및 여러
   비법적 유인물 번역." ЦАМО, ф. УСГАСК, оп. 102038, д. 2, л. 34에 노어로 번역되어
   있다.
46) 위의 문서, л. 33.
47) "그로모프가 쉬킨에게(1946.1.20.)." ЦАМО, ф. 32, оп. 11542, д. 87, л. 11-12.

민족주의자 조만식의 퇴장

공산 측은 전체 주민들을 대상으로 모스크바 결정에 대한 지지를 이끌어내고자 하였다. 그 가운데서도 가장 중요한 통일전선 상대인 조만식의 지지를 받아내는 것은 매우 시급한 일이었다. 처음 그가 모스크바 결정에 찬성을 표하지 않자 공산 측은 그에게 이 결정을 지지해줄 것을 끈질기게 설득하기 시작하였다. 이전에도 그에 대한 소련의 평가는 우호적인 것이 아니었다. 실제 연해주군 관구 정치국 제7부장 G. K. 메클레르는 조만식을 가리켜 외형적으로는 소련군 사령부를 지지하나 실제로는 조선인민과 소련의 관계 및 우의 확대·강화에 반대한 비밀 사보타지를 하고 있다고 비난조의 평가를 내리기도 하였다.[48] 하지만 공산 측의 입장에서 북한을 대표하는 민족주의자를 그대로 놓치기에는 너무 많은 정치적 희생이 따를 수밖에 없었다. 조만식을 설득하기 위해 동원된 수단으로는 그가 이 결정을 받아들일 경우 임시정부의 대통령으로 추대하겠다는 제의까지 내놓은 것으로 알려졌다.[49]

1월 초 김일성은 조만식을 만나 모스크바 결정 지지선언 발표를 놓고 대화를 나누었다.[50] 이 대담의 구체적 내용은 확인되지 않지만 조만식은 자신이 신탁통치에 관한 모스크바 결정이 아직까지 불분명하다고 하면서도 '김구를 포함한 남조선 정당·사회단체의 저명한 지도자들이 참여하는 반탁운동이 개시된 것으로 알고 있다'[51]고 말했다. 이로 보아 그가 모스크바 결정 지지를 주저한 이유로서 남한 우익세력과 보조를 맞추고 있음을 시사하였다. 한편으로 이때는 그

---

48) "북조선정당·사회단체 지도자들의 약력 및 평정." ЦАМО, ф. 172, оп. 614631, д. 43, л. 20.

49) 중앙일보 특별취재반, 『비록 조선민주주의 인민공화국』, 62~64쪽. 이 책에서는 조만식에게 제의된 직책이 '북한의 대통령'이었다고 주장하고 있지만, 이는 명백한 오류이다. 모스크바 결정이 전국적인 정부 창설을 고려하였기 때문에 그가 '제의' 받은 직책은 북한의 대통령이 아니라 모스크바 결정에 따라 수립이 예정된 한국(조선)임시정부의 대통령(혹은 수상)이라 할 수 있다.

50) "코비첸코가 메크레르에게(1946.1.4.)." ЦАМО, ф. 379, оп. 473072, д. 1, л. 4.

51) "추코프, 모스크바 삼상회의 결정과 관련한 조선의 정세(1946.1.12.)." ЦАМО, ф. 172, оп. 614631, д. 37, л. 41-42.

의 막역지우였던 한민당 수석총무 송진우가 탁치에 대해 모호한 입장을 취하다 우익테러에 의해 피살된 직후였기 때문에 이 사건이 그의 입장을 결정하는 데 영향을 끼쳤을 것으로 추측된다. 1946년 1월 4일 평남 인민정치위원회 회의에서 그는 곧 열릴 예정인 미·소사령부 대표자 회의 때까지 모스크바 결정을 수용하지 말 것을 주장하였고, 마침내 이틀날까지 진행된 회의에서 '내가 (평남)인민정치위원회 위원장으로 있는 동안에는 모스크바 결정에 찬동할 수 없다'[52]는 의사를 표명하였다. 이 회의를 끝으로 그는 부위원장 이윤영외 3인의 민주당원들과 함께 위원장 직을 사임하였다.

조만식에 대한 사실상 마지막 설득 작업은 슈티코프가 직접 맡았다. 1946년 2월 초 미소양군대표자회담이 끝나고 평양으로 온 슈티코프는 조만식을 만났다. 그는 평양 고려호텔에 연금 중에 있었다. 이 만남은 그에 대한 설득의 연장선에 있었다. 그전에도 그들은 서로 안면이 있었을 가능성이 있지만, 여하튼 미·소회담에서 아무런 성과를 거두지 못한 슈티코프에게 조만식은 오히려 다가올 서울 미소공동위원회 회의에서 소련 대표가 취해야 할 바를 말하려고 했다. 이에 슈티코프는 '자기 일이 아닌데 참견하지 말라'고 심한 역정을 내고 말았다.[53] 그전까지 공산 측의 설득을 거부하고 자신의 주장을 굳히지 않은데 대해 슈티코프는 단절의 뜻을 표명한 것이다.

이 만남은 결과적으로 조만식이 북한 정치무대에서 공식적으로 사라지는 계기가 되었다. 서울에서 열릴 미소공동위원회에 참석하기 위해 1946년 2월말 평양에 다시 들린 슈티코프는 북한에서 조만식 지지자들의 신탁통치에 대한 반대 분위기가 여전히 해소되지 않고 있음을 지켜보면서 일단의 생각을 제25군사령관 치스차코프에게 피력하였다. '과연 조선에 조만식 같은 사람이 어찌 한 사람뿐이겠습니까? 그들은 수백 명을 헤아리며 이번만의 공격으로 그치지 않을 것입니다. 치스차코프 동지, 따라서 경계를 늦춰서는 안 됩니다. 조선 동지들에게

---

52) 위의 문서, л. 42. 당시 이 회의의 구체적인 상황에 대해서는 洪聖俊, 『古堂傳』, 서울: 平南民報社, 1966, 239~243쪽 참조.

53) Корея: расчленение, война, объединение. М., 1995, с. 92.

계급투쟁의 본질을 더욱 더 설명해줘야 합니다.'[54]

조만식은 더 이상 북한 정치무대에서 나설 기회를 상실하였다. 그의 정치적 생명은 공산 측에 의한 연금 상태가 지속되면서 끝나고 말았다.[55] 남한으로 도피할 기회도 있었으나 그는 이를 선택하지 않았다. 오랜 연금 생활을 거쳐 한국전쟁 시기에는 중국으로 소개된 것으로 알려지기도 했지만[56] 이후의 행방은 전해지지 않았다.

조만식의 퇴장은 그를 지지하던 상당수 민족주의적 인사들의 동반 이탈을 이끌었다. 당연히 공산당이 제기한 통일전선의 범위는 상대적으로 협소해졌다. 정국은 공산주의자 및 친공적 민족주의자들이 완전한 주도권을 행사하게 되었다. 조만식이 사라진 상황에서 그의 동료들이 모스크바 결정을 지지하지 않는 한 독립적인 정치 활동을 할 조건은 존재하지 않았다.[57] 그의 최측근인 조선민주당 부위원장 이윤영은 1946년 2월 다른 당원들과 함께 월남하였다. 이들은 남쪽에서 조선민주당을 재조직하여 활동하였다.[58]

조만식의 숙청은 향후 미·소 협상 및 우파세력과의 관계에 매우 부정적인 영향을 끼칠 터였다. 소련은 분명히 그러한 예상을 하고 있었지만 모스크바 결정의 이행을 위해 무리한 조치를 취했던 것이다. 조만식의 퇴장 후 공산 측은

---

[54] Освобождение Кореи. Воспоминания и статьи. М., 1976, с. 56.

[55] 이후 조만식은 평양 고려호텔에서 유폐되어 생활하였다. 1946년 한 소련문학가의 방문기는 조만식의 당시 생활을 조롱 섞어 묘사하고 있다. '강양욱의 사무실에서 창문 너머로 내다보면 조만식이 평양에서 가장 아름다운 기생과 함께 산책하는 것을 볼 수 있었다. 강양욱의 말에 의하면 최근 몇 달 사이 거의 매일 이러한 모습을 볼 수 있었다고 한다. 얼마 후 남녀평등에 관한 법령이 반포되었다. 자연히 기생이라는 직업도 폐지되었다. 연로한 조만식은 홀로 남게 되었으며 그의 시중을 들었던 기생은 시집을 갔다.' A. 기토비차·B. 볼소프/최학송 역 『1946년 북조선의 가을』, 글누림, 2006, 126~127쪽.

[56] "주북소련대사관 3등서기관 V. K. 리시코프 일지. 북조선민주당 평양시위원장 김성율과의 대담(1956.5.8)." АВПР ф. 0102, оп. 12, п. 68, д. 6, л. 215.

[57] 공산 측과 잦은 마찰을 빚은 평양시 인민위원회 위원장 한근조는 1945년 10월 말에 이미 남하하였다.

[58] 대한민국 정부 수립 시 이윤영은 이승만 정부의 초대 국무총리서리로 임명되었으나 한민당 계열의 반대로 무산되었다. 대신 그는 무임소 장관으로 입각하였다.

모스크바 3상회의를 대하는 태도에 따라 세력을 구분하는 기준으로 삼았다. 그이전에 친일파와 민족반역자가 새조선 건설에 암적 존재였다면 이제는 거기에 반탁을 주장하는 우익세력들이 '반민주주의자'로 낙인찍히게 되었다. 만일 조만식이 모스크바 결정 이전에 '북조선 임시민간자치위원회' 위원장직을 맡은 후 모스크바 결정을 지지하면서 북한 정국을 주도적으로 이끌어 갔다면, 북한의 정국, 나아가 한반도 전체의 상황은 다른 방향으로 전개되었을 가능성이 매우 높았다. 특히 그것은 미·소의 대한반도 정책을 규제하고, 내부 정치세력의 목소리를 높일 수 있는 계기가 되었을 것이다.

2. 북조선 임시인민위원회와 토지개혁

정치지형의 재편

1946년 들어서 미국의 대남 정책에 대한 소련군 당국의 시각은 부정적 경향을 노골화하기 시작하였다. 1월 초에 작성된 소련 민정기관 보고서에 의하면 '미 사령부는 일본 제국주의의 잔재, 특히 친일분자와 반동들을 지지하고 있다'고 비판하면서 '그들은 조선 정부를 창설하기 원하지만 이 정부가 반동 및 친미분자들의 손아귀에 들어가기를 바라고 있다'[59]고 평가하였다. 이처럼 남한에서 친일분자들이 요직에 등용되고, 군사—관료체제를 유지하고 있다고 비난한 소련이 이에 상응하여 북쪽에서 취할 대책을 어떠한 것이었을까? 그것은 아마도 미군정의 '반동적' 정책에 맞서 '민주적' 질서를 구축하는 일이 될 것이었다.

소련의 시각은 이미 '한반도에는 근본적으로 상이한 두 개의 체제, 즉 북측

---

[59] "보고서(1946.1.8.)." ЦАМО, ф. УСГАСК, оп. 102038, д. 2, л. 47, 49. 보고서 작성자는 이그나티예프로 추측된다. 보고서는 1월 8일 이전에 작성되었다.

지역에는 인민위원회 형태의 민주적 체제가, 남측 지역에는 군정 형태의 반동체제가 확립되었다'는 데 맞춰져 있었다.[60] 남쪽에서 미군정은 자신의 지지계층을 이용하여 미국의 정치·경제적 영향력을 확보할 수 있는 그런 체제를 확립하고자 한다는 것이다. 이러한 정치 상황은 북한을 정치·경제적으로 강화시켜 '민주'-반일-친소-좌파세력의 헤게모니를 쟁취함으로써 극복될 수 있는 것이었다. 더군다나 소련은 조만식그룹의 축출에 따라 민주당의 정치노선이 오히려 '부르주아민주주의 질서'의 구축 과업에 부합하게 되었다고 보았다.[61] 이는 '부르주아민주주의' 체제 형성의 방해자가 사라진 데 대한 자기 합리화를 표현한 것으로 볼 수 있다. '부르주아민주주의'는 '인민민주주의'의 등장과 사용에 따라 사실상 사문화되었다고 볼 수 있으나, 애초 스탈린이 제기한 이 용어가 가지는 함축적 의미는 앞서 설명했듯이 '인민민주주의'와는 이념과 실제에서 차이가 있었다.

　모스크바 결정 직후 조선공산당 북부분국은 여러 가지 문제를 안고 있었다. 몇 달이 지나도록 아직 당원증이 교부되지 않았고, '이색분자들'이 들어올 정도로 당조직의 통제력은 허술했다. 당조직의 규율은 낮은 데다가 단결되어 있지 않았으며, 인민위원회에 대한 영향력도 미약했다.[62] 노동조합과 민주청년동맹 조직 등 사회단체에 대한 지도체계도 제대로 형성되지 못했다. 개별 공산주의자들은 민주당의 사업을 방해하거나 민주당에 대한 보안서의 부당한 행동을 고무하기도 했다.[63] 이러한 결함은 당과 노동계급의 연결이 미약한 가운데 준비된 간부의 부족과 조직적 당사업 경험이 불충분한 것이 주요 원인이었고, 당내 파벌 및 자리다툼도 문제가 되었다.

　조만식이 퇴장한 빈자리를 대체할 인물로는 김일성 이외에는 다른 선택적 대

[60] Бюллетень бюро информации ЦК ВПК(б), вопросы внешней политики, 1 января 1946 г., РГАСПИ, ф. 17, оп. 128, д. 94, л. 26.

[61] "북조선의 정치 상황 보고(1946.6.1.)." АВПР, ф. 0480, оп. 2, п. 2, д. 7, л. 7.

[62] "메클레르. 북조선 정당 사회단체 평정." ЦАМО, ф. 172, оп. 614631, д. 43, л. 1-2.

[63] 위의 문서, л. 2.

안을 찾기가 어려웠다. 그는 1945년 12월 이미 북한 공산당인 조선공산당 북부 분국 책임비서에 취임하여 실질적인 최고지도자로 나선 상태였다. 그러나 김일 성은 확보된 위상에도 불구하고 전권을 행사할 만큼 자신의 권력이 응집력을 갖춘 것은 아니었다. 이를테면, 1월 6일자 공산당 함남도위원회 기관지『옳다』 에는 '위대한 지도자 무정 동지 근일(近日) 내함(來咸)'이라는 제하의 기사가 게 재되었다.[64] 이 기사는 조선독립동맹의 조직자이며, 20여 년간 중국공산군 포 병사령으로 조선해방운동을 지도하다가 분국 선전부장에 취임한 무정이 함흥을 방문한다는 내용이었다. 오기섭과 정달헌이 이끈 공산당 함남도위원회가 무정 에 대해 '위대한 지도자'라는 표현을 쓴 것은 김일성의 권력 중심화에 찬동하지 않았고, 동시에 김일성 역시 모든 국내계의 지지를 획득한 것이 아니었음을 보 여준 것이다.

　사실 북한의 지도자 선출 문제에 대한 소련의 영향력이 막강한 것임은 재론 의 여지가 없다. 하지만 이때까지도 소련은 북한의 지도자 문제에 있어서 어떠 한 입장도 확실히 드러내지 못했다. 소련 지도부는 정국 운영에 대해 비교적 치밀한 계산을 하고 있었던 까닭에 권력구조에 대해서는 더욱 신중히 접근하였 다. 북한의 지도자 자리를 놓고 소련 외무성이 추천한 박헌영과 군부가 지지하 는 김일성 사이에서 스탈린이 최종적으로 김일성을 선택했다는 주장[65]도 있지 만 남한을 주 활동무대로 한 박헌영을 북한 내 지도자로 삼는다는 것은 가정하 기 어려운 일이다. 실제로 박헌영은 미군정의 체포령이 떨어진 후인 1946년 10 월 월북하여 북한 정권이 수립된 1948년 9월 부수상겸 외무상에 취임하기 전까 지는 북한의 내정에 참여하지 않았다.

　그럼에도 김일성이 지도자로 공식화되면서 조선공산당 북부분국도 자기 대 열의 강화에 적극 나섰다. 이를 위해 우선 당증 교부 사업을 통해 당의 '순수성' 을 확보하고자 하였다. 이 과정에서 1946년 6월 1일까지 지주, 자본가, 상인, 친

---

64) 『옳다』 1946년 1월 6일.

65) 林隱, 앞의 책, 159쪽.

일파 등으로 규정된 5,000명 이상이 축출되었다.[66] 당 대렬의 강화는 토지개혁을 비롯한 일련의 개혁 추진과 더불어 정국의 주도세력으로서의 입지를 확립하기 위해 필수적인 과정이었다.

공산당은 주요 사회단체에 대한 지도권을 행사함으로써 자신의 영향력을 더욱 확장시켰다. 이 시기를 전후하여 노동, 농민, 청년, 여성 등 각 직능단체는 공산주의자들의 활동에 힘입어 중앙조직이 설립되었다. 즉, 분국이 지도하는 4대 직능단체인 조선노동조합전국평의회 북조선총국(북조선노동총동맹), 조선농민조합 북조선농민연맹(북조선 농민총동맹), 조선민주청년동맹 북조선위원회(북조선민주청년동맹), 북조선여성동맹이 1945년 11월에서 이듬해 2월까지 서울의 중앙조직과는 별도로 조직되어 분국의 지도를 받아 활동을 전개하였다. 공산당의 강력한 지지 세력이자 조직적 원천인 이들 직능단체는 대다수 주민들을 포괄하는 까닭에 사실상 공산당의 독점적 지위를 확보하는 것은 시간문제일 따름이었다.

조만식의 퇴장 이후 그를 추종하던 세력들은 고립되었고, 조선민주당은 1946년 2월 친공계 인사들로 재편되었다. 2월 5일 조선민주당은 최용건과 강양욱의 주도로 열성자협의회를 개최하였다. 이 회의는 당이 중대한 위기에 봉착해 있음을 지적하면서 그 책임을 조만식과 그 일파의 불철저한 태도와 반동성에 돌리고, 조만식과 분리하여 당을 재건할 것을 결정하였다.[67] 회의에서는 당임시중앙위원회가 조직되었다. 당임시중앙위원회 명단에 김책이 '김재민'이라는 이름으로 포함된 것을 보면 공산 측이 민주당의 개편에 얼마나 많이 신경 썼는지 알 수 있게 해준다.

1946년 2월 24일 민주당은 임시 당대회를 개최하여 조만식그룹의 출당을 공식화하였으며, 33인으로 구성된 새 지도부를 선출하였다.[68] 당수와 부당수

---

66) "북조선의 정치 상황 보고(1946.6.1.)." АВПР, ф. 0480, оп. 2, п. 2, д. 7, л. 6.

67) "朝鮮民主黨 熱誠者協議會 決定書." 『正路』 1946년 2월 13일.

68) "정당·사회단체에 대하여." АВПР, ф. 0480, оп. 2, п. 1, д. 2, л. 7.

에 각각 오른 최용건과 강양욱이 재편의 중심 인사들이었다. 빨치산그룹의 핵심인사인 최용건이 민주당을 이끌게 된 것은 민주당에 어울리지 않는 옷을 입힌 것이나 다름없었다. 하지만 공산 측으로서는 조만식의 축출로 인해 분열된 민주당을 수습하기 위해서 달리 다른 방법을 찾지 못했을 수 있다. 그럼에도 공산 측이 지향한 통일전선의 관점에서는 확실히 올바른 선택이었다고 보기는 어렵다. 누가 보아도 향후 민주당이 공산당의 하위 정당으로 규정될 것임은 자명하였기 때문이다. 강양욱은 목사 출신이기는 하나 김일성의 외종조부로서 친공 노선을 따랐던 인물이다. 그들이 민주당을 장악한 것은 향후 민주당의 진로가 친공 통일전선으로 전환될 것임을 예고하였다. 민주당의 새 지도부는 조만식그룹을 비난하면서 당 조직을 급격하게 모스크바 결정 지지 체제로 이끌고 갔다. 대회는 조만식그룹의 축출을 공식화하였고, 모스크바 결정에 대한 지지 및 당의 단결 강화, 그리고 '친일반동분자'에 대한 숙청 등을 결의하였다.

최용건이 당수로 취임한 이후 민주당은 '친공세력'으로 편입되었지만 당세의 확장은 사실상 멈추었고, 심지어 위축되기 시작하였다. 그 주요 원인으로 꼽을 수 있는 것은 당수인 최용건과 부당수인 강양욱이 당중앙위원회에서 사실상 떠나 있어서 명확한 목적이 없이 일하고, 당 지방기관들에 대한 지도도 느슨할 수밖에 없었다.[69] 특히 최용건은 민주당 당수보다는 임시인위 보안국장의 직무에 더 비중을 두고 활동하였다. 이런 상황에서 당중앙위원회가 제대로 기능을 발휘하여 지방기관들을 지도하기는 어려웠다. 14만 명에 달했던 민주당원 수가 1946년 8월에 이르러 당원증 교부 과정에서 8만 명으로 축소된 것은 당 지도부가 조직사업을 방치하고 있었다는 것을 보여준 것이다.[70]

더구나 조만식의 지지 세력들은 여전히 당내에 포진하여 새 지도부를 따르지

---

69) "이그나티예프, 북조선 정당들에 관한 조회 – 보고." ЦАМО, ф. 172, оп. 614631, д. 25, л. 4-5.
70) "1946년 9월 1일 현재 북조선 정당 및 사회단체 회원 수." ЦАМО, ф. 172, оп. 614631, д. 25, л. 15.

않거나 무시하는 태도를 견지하였다. 특히 이들은 지방 당 조직에서 영향력을 가지고 공산당과 인민위원회에 대한 주요 반대세력의 역할을 수행하였다. 이 같은 이유로 인해 이그나티예프는 민주당의 약화를 막기 위해 민주당 사업을 원조할 것을 과업으로 제기하기도 했다.[71] 그러나 정권기관의 다른 직책들을 겸임한 민주당 중앙 지도부의 미미한 활동 상황은 이후에도 별반 개선되지 않았다.[72] 당내 반소·반공세력의 축출로 민주당은 대항세력으로서의 의미를 상실하였고 사실상 공산당의 '우당'으로 입지를 갖게 되었다. 그럼에도 민주당 중앙 지도부가 지방 조직들을 모두 장악하지 못했으며, 이에 따라 하부 단위에서 반대의 목소리와 저항은 꾸준히 이어졌다.

각종 매체를 통한 조만식에 대한 비난은 상당 기간 지속되었는데, 이는 그의 영향력이 적지 않았음을 반증한 것이기도 했다. 오윤선, 김동원, 김병연 등 그의 측근들의 과거 행적도 폭로의 대상이 되었다.[73] 물론 공산 측의 공격은 조만식 일파에 한정된 것이 아니었다. 공산 측은 일찍이 이승만과 김구의 부상 가능성에 신경을 세우고 있었지만 모스크바 결정을 계기로 하여 이들이 반탁 운동의 선두에 서자 집중적인 비난을 퍼부었다. 공산 측은 이승만, 김구, 조만식 등 반탁 민족주의자들을 협력의 대상에서 배제시켰을 뿐 아니라 사실상 '타도'의 대상으로 간주하였다. 이 시기 소련 언론의 보도를 보더라도 주된 논점은 북한에 관련 보도가 아닌 남한의 사정에 더욱 비중을 두었다. 이를 테면 『프라우다』는 3월 26일 '마스크 없는 이승만'이라는 제하의 장문의 기사를 게재하면서 남한 우익세력의 대한 공세를 전개하였다.

조만식의 퇴장으로 공산 측은 민주당의 역할을 대신해줄 정당의 필요성을 느꼈다.[74] 동시에 모스크바 결정에 따른 한반도 정국의 혼란은 1930년대 중반 이후 중국공산당과 더불어 반일투쟁을 전개한 연안계가 정치세력으로 전면 등장

71) "이그나티예프, 북조선 정당들에 관한 조회-보고." ЦАМО, ф. 172, оп. 614631, д. 25, л. 5.
72) "코르닐로프. 북조선 정치경제 상황 보고(1947.8)." РГАСПИ, ф. 17, оп. 128, д. 392, л. 94.
73) 허문일, "反動派 曺晩植의 正體." 『建設』 創刊號, 1946.7, 42~45쪽.
74) 중앙일보 특별취재반, 『비록 조선민주주의 인민공화국』(상), 중앙일보사, 1992, 199쪽.

하게 된 계기를 마련해 주었다. 그들은 1945년 11월에 귀국한 김두봉, 최창익, 무정, 한빈, 허정숙 등으로 대표되는 공산주의자들과 좌파 민족주의자들로 이루어진 독립동맹 인사들이다. 조만식이 이끄는 민족주의 우파들의 퇴장으로 빚어진 북한 내 정치세력의 공백을 감안하면 공산당으로서는 강력한 우군을 맞이한 셈이었다. 김두봉을 중심으로 연안계 인사들은 조선독립동맹이란 이름을 그대로 걸고 공산 측과 보조를 맞추어 탁치(신탁통치)정국에서 자신들의 입장을 개진하였다. 이들 가운데 무정과 허정숙 등 일부 인사들은 공산당에 입당하였다. 독립동맹 부주석 한빈(韓斌)은 잠시 북조선보안국 부국장을 지내다 1946년 1월 말 서울에 파견되어 나중에 남조선신민당으로 개칭된 독립동맹 경성특별위원회의 결성을 주도하였다.[75]

　연안계의 본류는 귀국 직후 한동안 정국을 관망하며 본격적인 활동에 나서지 않았다. 김두봉의 표현을 빌리자면, 그 이유는 '첫째, 나라의 내부 정세를 알지 못해 경솔하게 말할 수 없었고, 둘째, 절박한 실천 사업을 준비하면서 큰 공허감에 사로잡혀 있었기'[76] 때문이었다. 연안계는 노선과 정책에서 단일한 대오를 형성하지 못했다. 연안계의 지도자 김두봉은 이념과 정책에서 공산주의자와는 일정한 입장 차이가 있는 좌파 민족주의자로 분류되는 인물이었다. 그가 나중에 공산 측과 정책상 이견으로 종종 불협화음을 불러일으킨 것도 이러한 배경이 작용하였다고 할 수 있다.

　중국에서 귀국한 연안계 지도세력들이 곧바로 공산당에 입당해도 전혀 문제가 될 상황은 없어 보였다. 하지만 그들의 선택은 신당 창당이었다. 신당 창당은 공산 측과의 역할 분담 속에서 이루어진 것으로 보이는데, 뚜렷한 증거는 확인할 수 없지만 공산 측으로서는 조만식그룹의 공백을 채울 대체 세력이 절실히 필요했기 때문에 신당 창당을 권유했을 것이다.

---

75) "슈티코프가 수슬로프에게. 북남조선 사회정치 활동가 및 신문 평정(1946.6.17.)." РГАСПИ, ф. 17, оп, 128, д. 61, л. 40.

76) "모스크바 3상회의 조선 결정과 관련한 신문 기사 및 여러 비법적 유인물 번역(『평양민보』 1946.1.6.)." ЦАМО, ф. УСГАСК, оп. 102038, д. 2, л. 33.

1946년 2월 16일 연안계가 주축이 된 북조선신민당이 출범하였다. 당으로서의 출범 명분은 '건국대업에 만전을 기하기'[77] 위해서였다. 신민당은 '조선민주공화국 건립의 완성'과 '일본 제국주의자 및 친일분자에게서 몰수한 대기업은 국영, 토지는 경작하는 농민에게 줄 것'을 주요 내용으로 하는 강령을 내세웠다.[78] 공산당과 마찬가지로 사회주의적 발전 전망을 제시하지 않고, 건국 과제를 우선으로 하여 이를 위한 친일분자 숙청과 언론·출판·집회·결사·신앙·사상의 자유 등 보편적인 민주적 과업 실천을 중요시한 것이다.

신민당은 좌파정당으로 출범했지만 공산당과는 달리 노동자, 농민을 근간으로 구성되지 않았다. 여기에는 공산당에 다소 '거부감'을 갖는 사무원과 인텔리, 자유직업인과 심지어 부르주아인텔리 계층 등도 포함되어 있었다. 신민당 지도부는 대중들에 대한 '자유롭고' 광범한 수용 방침을 시행함으로써 사실상 명확한 입당 원칙이 부재했다고 볼 수 있다.[79] 따라서 조선민주당의 일부 지지자들을 흡수해야 하는 위치에서 하부조직의 무정형성(無定形性)은 일단 감내해야 할 문제였다.

조선민주당이 개편되고 신민당이 창당된 시기에 또 하나의 정당인 북조선 천도교청우당이 모습을 드러냈다. 해방 후 별다른 정치활동에 개입하지 않았던 천도교가 정치세력으로 등장한 것은 한반도 정세의 격변에 따라 공산 측의 권고가 있었을 것이고, 이를 재촉한 것은 천도교의 서울 본산과 북한쪽 조직의 불편한 관계에서 비롯되었다. 1930년대 초부터 천도교 활동을 한 김정주(金廷柱)를 중심으로 정당 결성이 진행되었다. 2월 8일 천도교청우당은 창당을 선언하

---

77) 『옳다』 1946년 3월12일. 당 지도부(중앙집행위원회)는 다음과 같이 구성되었다. 김두봉, 최창익, 한무, 방우용, 박효삼, 장지민(張志民), 이유민(李維民), 이춘암(李春岩), 윤공흠, 김호, 진반수, 양민산, 최영(崔英), 백남운, 명희조, 김여필(金鳳弼), 김의환(金意煥).

78) "朝鮮新民黨(前朝鮮獨立同盟)綱領." 『北韓關係史料集 26』, 15~16쪽.

79) 훗날 김일성의 동생 김영주는 이때 입당한 상기 계층들은 기계적으로 로동당원이 되었고, 그 가운데 사회주의적 개조에 따르지 않아 '근래에 당대열의 질적 강화를 위해 약 1만 명이 출당되었다'고 말했다. 「조선로동당 중앙위원회 조직지도부장 김영주 동지와의 대담록(1959.1.20)」 АВПР, ф. 0102, оп. 15, п. 81, д. 8. л. 6

였다. 얼마 후 천도교 지도자들은 '천도교청우회'라는 명칭으로 천도교 조직을 등록해줄 것과 북조선 천도교 지도기관 선출을 위한 대회 소집을 허가해 줄 것을 소련군 사령부에 요청하였다.[80] 1946년 2월 19일 천도교청우당은 소련군 사령부에 정당 등록을 하였고, 같은 달 23일 당 결성대회가 열렸다.

천도교청우당 창당은 다가오는 미소공동위원회에 대비하여 정당을 확장하려는 공산 측의 의중과 천도교 측의 이해가 맞아 떨어진 결과였다. 당원의 대다수는 천도교 신자 농민들이었다. 처음부터 청우당 지도자들은 공산 측과 협조적인 관계를 유지한 관계로 당의 노선은 친공적인 성격을 지녔다. 이를테면, 당의 당면정책 제1조와 제2조가 각각 '소련 및 민주주의 제국가와 적극 친선을 도(圖)함', '반일적 제정당과 우호협조하여 민족통일전선을 기(期)함'일 정도였다.[81]

청우당은 상당 기간 당기관지를 발행할 윤전기도 갖추지 못했고, 심지어 당 간부들이 거주할 주택마저 없이 지내는 실정이었기에, 나중에 공산 측의 지원을 요청하기까지 하였다.[82] 이처럼 당의 출발은 공산 측과 긴밀한 협력하에 이루어졌지만 당 내부 사정은 순탄하지가 않았다. 천도교의 제4세 교주로 춘암(春菴) 박인호를 인정할지 여부를 놓고 발생한 신파와 구파의 분열은 봉합되지 않았고, 춘암을 지지한 구파세력은 일부 지방조직 및 남조선천도교 쪽과 연계하여 반대세력으로 등장하였다. 그리하여 청우당은 당 지도부의 이질성과 지방당 내 반대세력 등으로 인해 공산 측과 상당한 갈등을 겪게 되었다.

80) "치스차코프·레베데프가 메레츠코프·슈티코프에게(1946.2.27.)." ЦАМО, ф. 142, оп. 551975, д. 5, л. 20.

81) "'천도교청우당'에 대한 간략 조회." ЦАМО, ф. 127, оп. 468007, д. 4, л. 5; 『講義敎材. 天道敎靑友黨論』, SA 2010, SeriesWAR200800216 Item #100, 1~2, 105쪽. 아쉽게도 당시 천도교청우당 당면정책의 한글본은 아직 발굴되지 못한 상태이기 때문에 노어본을 토대로 하여 나중에 일부 개정된 한글본을 참조하여 표기하였다.

82) "발란사노프가 슈티코프에게(1946.10.24.)." ЦАМО, ф. 172, оп. 614631, д. 18, л. 33-35.

〈표 3-1〉 북한의 주요 정당 사회단체 현황(1946년 3월 현재)

번호	단체 명단	등록 일자	대표명	당원(회원) 수
1	북조선공산당	1945.10.27	제1비서: 김일성 제2비서 김용범 제3비서: 무정	약 30,000
2	조선민주당	1945.11.6	당수: 최용건 부당수: 강양욱, 이동영(李東英)	141,806
3	조선신민당	1946.2.15	위원장: 김두봉 부위원장: 최창익	11,000
4	천도교청우당	1946.2.8.	위원장: 김정주(金廷柱)[83]	52,959
5	조선노동조합전국평의회 북조선총국(북조선노동총동맹)	1945.11.30	위원장: 현창형(玄昌炯) 부위원장: 박수갑	245,725
6	조선농민조합 북조선농민연맹 (북조선 농민총동맹)	1946.2.5	위원장: 강진건(姜鎭乾) 부위원장: 현칠종(玄七種)	1,083,965
7	조선민주청년동맹 북조선위원회(북조선민주청년동맹)	1946.1.18	제1비서: 김욱진(金頊鎭) 제2비서: 박일순	442,409
8	북조선여성동맹	1945.11.17	위원장: 박정애 부위원장: 김영순(Ким Ен Сун)	178,800

〈출처〉 "소련군 사령부에 등록된 북조선 정당·사회단체 목록." ЦАМО, ф. 172, оп. 614631, д. 18, л. 2-3.

첫 중앙권력기관: 북조선임시인민위원회

1945년 11월 조만식의 거부로 임시인위 수립이 일차적으로 실패하였으나 그 방침이 철회된 것은 아니었다. 앞서 언급한 대로, 12월 말 소련은 북한 중앙정권기관 수립의 필요성을 재차 제기하였다. 소련군 총정치국장 쉬킨은 북조선에 부르주아민주주의 권력(정권) 창설 노선이 단호하게 실행되지 못했음을 지적하면서 북조선 경제의 신속한 복구와 민족간부 양성을 위해서는 북조선 영토에서 정권을 중앙화하고, 이를 조선의 민주활동가들에게 넘겨주는 것이 필요하다고 강조하였다.[84] 조공 분국 지도부는 '모스크바3상회의 결정을 북조선에서만이라

---

[83] 1946년 2월 23일 당대회에서 김달현(金達鉉)이 천도교청우당 지도자로 선출되었고, 김정주는 부위원장으로 물러났다.

[84] "쉬킨이 로조프스키에게. 북조선 정치 상황에 대한 보고(1945.12.25.)." АВПР, ф. 013, оп. 7, п. 4, д. 46, л. 6. л. 12-13.

도 먼저 실시하자'라고 호소하기도 했다.[85] 물론 이 호소는 광범위하게 전개되지는 않았는데, 이는 공산 측이 이 주장의 모순성을 인식했기 때문일 것이다. 하지만 '모스크바 결정을 북조선에서만이라도 실시하는 것'은 정권의 중앙화를 도모하고, 조선임시정부의 수립의 전 단계로서 북조선임시인민위원회를 결성하는 것으로 나타났다.

처음 공산 측이 중앙정권기관을 세우려는 목적은 행정통치상의 난맥상을 해소하고 '상향식 권력 구조'를 실현하려는 데 있었다. 즉, 북조선 임시인민위원회의 설립을 통해 북한의 지방자치기관 및 정치·경제 활동을 지도할 수 있는 통일적인 중앙행정기관의 부재를 해소하려고 했다. 그 설립 취지에 대해 김일성은 2월 8일 임시인위 조직문제에 관한 보고에서 '지금까지 북조선에는 각 국(局)들의 사업의 방향을 인도하며 지도할 유일한 북조선 중앙주권기관이 없습니다'고 말함으로써 이 기관의 설립 필요성을 강조하였다.[86]

김일성의 언급은 중앙행정기관 설치에 대한 공식 입장이며, 또 다른 동기도 살펴볼 필요가 있다. 즉, 공산 측이 미군정하 남한의 사정을 주시하면서 한반도 문제가 쉽사리 해결되기 어렵다는 인식을 가진 것은 분명하였다.[87] 북조선 민주기지론(근거지론)은 바로 이로부터 출발하였다. 공산 측은 좌파세력의 입지를 확고히 하여 향후 미국과의 협상을 통해 수립될 임시정부의 주도권을 장악하고자 하였다. 다시 말해서, 김일성을 중심으로 한 좌파세력을 강화하여 남한 우파와의 경쟁에서 승리할 수 있는 토대를 갖추어야 했다.

1946년 2월 초 중앙정권기관을 수립하기 위한 발기위원회가 조직되어 활동을 개시하였다. 동월 7일에는 북조선 제 정당, 사회단체, 행정국, 각도 인민위원회대표 32명이 참가한 협의회가 열렸고, 여기서 김일성은 임시인위 수립

---

85) 『정치상학교재 50-1』, 민족보위성문화훈련국, 1950.1, 5쪽, RG 242, SA 2013, Box 1, Item 6.4.

86) "김일성, 목전 조선정치형세와 북조선림시인민위원회의 조직문제에 대한 보고." 『조국의 통일 독립과 민주화를 위하여(1)』, 평양: 국립인민출판사, 1949, 6쪽.

87) 『김일성장군의 략전』, 조선로동당중앙위원회 선전선동부, 1952, 36쪽.

을 발의하여 참가자들의 찬동을 얻었다. 이튿날 정당·사회단체·각급인민위원회를 망라한 137명의 대표가 참가한 확대협의회가 소집되어 북한 최초의 중앙정권기관(중앙행정주권기관)으로서 임시인위가 발족되었다.[88] 임시인위 결성에 모든 정치세력이 참여한 확대협의회를 거친 것은 이 기관의 향후 역할에 권위를 부여하는 것이었다. 이 행사에 대한 일련의 준비 및 실행 과정은 레베데프 주도하에 소련군 지도부와 북한 지도부의 긴밀한 공조 속에서 이루어졌다.[89]

김일성은 북한 최초의 중앙권력 기관인 임시인위 위원장으로 선출되어 명실상부한 북한 정치체제 내에서 1인자의 지위에 오르게 되었다. 처음 김일성은 '제의된' 직책을 거부했으나 제25군 사령관 치스차코프와 몇 차례 협의를 거친 후에야 이를 승낙했다고 한다.[90] 김일성이 권력의 중심에 등극하는 것을 즉각 수용하지 않은 것은 단순히 겸양에서 나온 것인지, 아니면 권력 장악에 대한 스스로의 준비 미흡 때문인지는 정확한 확인이 요구된다.

임시인위의 설치는 소련군 사령부가 가지고 있던 입법권과 집행권을 넘겨주는 것이었으며, 이는 커다란 정치적 의미를 지녔다. 제25군 산하 조선 문제 정치고문기관은 이것을 '1946년 2월 9일 소련군 사령부는 나라에 대한 중앙통제기관의 임무를 스스로 내려놓고 그것을 조선 인민의 손에 이전'[91]한 것으로 간주하였다. 소련군 진주 후 반년도 못 미쳐 나라의 통치권을 조선인에게 넘겨주었다는 것이다. 하지만 임시인위의 구성에 관한 규정은 소련군 사령부의 역할을 특기하였다.

---

88) 『강사선전원들에게 주는 참고 자료 II』 조선민주주의인민공화국 문화선전성, 발행연도 미상, 41쪽; "정당·사회단체, 도·군인민위원회 회의 자료." ЦАМО, ф. УСГАСК, оп. 106546, д. 7, л. 42. 러시아 자료에는 확대협의회 참가자 수가 138명으로 나와 있다.

89) "정당·사회단체, 도·군인민위원회 회의 자료." ЦАМО, ф. УСГАСК, оп. 106546, д. 7, л. 69-74.

90) ЦАМО, Ким Ир Сен - причины выбора?, с. 6. 그가 제의 받은 직책이 분국 책임비서인지 북조선 임시인민위원회 위원장인지는 불명확하지만 정황을 고려할 때 후자가 아닌가 한다.

91) "마슬로프, 북조선에서의 민주개혁." АВПР, ф. 0102, оп. 7, п. 5, д. 24, л. 20.

이 규정 제10조는 임시인위 각 국(局)의 직무로서 '임시인위와 소련군 사령부에 제출할 법령과 결정의 초안을 작성'하고 '임시인위와 소련군 사령부에서 발포한 모든 법령과 결정을 실시할 것'을 언급하고 있다.[92] 이것은 소련군 사령부가 상부기관임을 법률적으로 명문화하고, 인민위원회 사업에 대한 지도와 개입을 지속적으로 보장한 조항이라 할 수 있다. 구체적으로 소련민정은 임시인위와 북조선 정당·사회단체 중앙기관의 고문 역할을 수행하고 사실상 그들의 모든 활동을 지도했다.[93] 소련은 임시인위를 통해 자신의 권한을 행사하고, 동시에 소련에 대한 인민들의 우호적인 태도를 강화하고자 한 것이다.

2월 9일 진행된 임시인위 인민위원 선거에서는 모두 23명이 선출되었다. 각 국장은 이들 가운데서 선임되도록 하였다. 선출된 인민위원 명단은 다음 〈표 3-2〉와 같다.

〈표 3-2〉 임시인위 인민위원 구성

성명	출생	직위	소속	주요 경력
김일성	1912년 평양	임시인위 위원장	공산당	-
김두봉	1889년 경남 기장군	조선독립동맹 주석	신민당	배재대학, 조선민족혁명당(1935), 조선민족전선연맹(1937) 조직, 한글학자
강양욱	1904년 평남 대동군	임시인위 서기장	민주당	평양신학교, 목사, 민주당 서평양당 책임자
강진건	1885년 함남 이원군	농민총동맹 북조선연맹 위원장	농총, 공산당	농민운동, 항일운동 투옥(19년), 함북농민조합장
방수영	1918년 평양	조선민주청년동맹 위원장	민청	일본 조도전 전문학교 정치경제과, 평양기상대 근무(1944.10~1945.5)
방우용	1891년 경남 언양군	조선독립동맹 집행위원	신민당	경성의학전문학교, 항일운동 참가, 의사
최용달	1903년 강원도 고양군	임시인위 사법국장	공산당	경성제국대학, 항일운동 투옥, 인공보안부장, 행정10국 사법국 부국장
이순근	1900년 경남 함안	임시인위 농림국장	공산당	-

92) "北朝鮮臨時人民委員會 構成에 關한 規定." 『北韓關係史料集 Ⅴ』, 국사편찬위원회, 1987, 151쪽.
93) "북남조선의 정치·경제 상황에 대하여." ЦАМО, ф. 172, оп. 614632, д. 7, л. 6.

장종식	1906년 제주도	임시인위 교육국장	공산당	-
한동찬	1893년 평양	임시인위 상업국장	무소속	-
김덕영	1908년	황해도인민위원회 위원장	공산당	항일운동 투옥
강영근	1910년	북조선노동총동맹 간부	노총	일제하 노동운동
이기영	1894년 강원도	강원도인민위원회 교육부장	무소속	프로 문학 작가
홍기황	1883년 평남 용강	평남인위원회 부위원장	민주당	항일운동 투옥, 교육사업, 교회장로, 실업가
이문환	1897년 경기도	임시인위 산업국장	무소속	전기기사, 전기산업원가 이론가
한희진	1901년 함남 북청군	임시인위 교통국장	무소속	-
윤기영	1902년 경기도 서울	임시인위 보건국장	민주당	-
이봉수	1892년 함남홍원군	임시인위 재정국장	무소속	-
박정애	1907년 소련	여성동맹 북조선위원장	공산당	보로실로프 기술교육학교, 모스크바시정부 위원, 평양고무공장 노동자, 지하활동 투옥
무정	1904년 함북 경성	조공북부분국 간부부장	공산당	중공 대장정 참가, 조선의용군 총사령
최용건	1900년 평북	북조선보안국장	민주당	
홍기주	1898년 평남	평남인민위원회 위원장	민주당	사범학교, 항일운동 투옥
현창형	1905년	북조선노동총동맹 위원장	노총, 공산당	소학교, 만주에서 농민운동, 항일운동 투옥

〈출처〉『正路』1946년 2월 14, 16, 17, 19, 20, 21일; "정당·사회단체, 도·군인민위원회 회의 자료." ЦАМО, ф. УСГАСК, оп. 106546, д. 7, л. 48-49; "북조선 사회정치 활동가." ЦАМО, ф. 172, оп. 614632, д. 24, л. 46-52; "북조선 정당·사회단체 지도자 경력 및 평정." ЦАМО, ф. 172, оп. 614631, д. 43, л. 25; "북조선 정당·사회단체 지도자 이력 및 평정." РГАСПИ, ф. 17, оп. 128, д. 61, л. 60; "각 정당 지도자 평정 및 당 강령." АВПР, ф. 0102, оп. 6, п. 3, д. 13, л. 44.

정당·사회단체 소속으로 분류하자면, 23인의 인민위원 가운데 공산당과 신민당 등 좌파 계열이 12명이며, 나머지 11명은 민주당과 무소속 등 민족주의 계열이라 할 수 있다. 이 시점에서도 공산 측이 외견상 통일전선의 기조를 유지하는 데 신경을 많이 썼다는 것을 알 수 있다. 소속 정당별로는 공산당이 9명으로 가장 많고, 조만식이 축출된 후 개편된 민주당은 5명, 1946년 2월 연안 독립동맹이 중심이 되어 창당한 신민당이 2명, 사회단체 2명, 무소속 5명이었다.

인민위원 중 공산 계열은 모두 일제 시기 항일운동 경력자들로 구성되었고, 비공산 계열 또한 행정10국 국장들과는 달리 이력에 뚜렷한 의혹은 눈에 띄지 않았다. 우선 강양욱은 3·1운동에 참가한 경력이 있고, 김일성의 외종조부로서 어린 김일성을 가르친 바 있다. 그는 신사참배가 강요된 일제 말목사가 되었다.[94] 그가 임시인위 서기장이란 막중한 중책을 맡을 수 있었던 것은 김일성과의 관계가 크게 작용하였다. 평남인민위원회 위원장 홍기주는 조만식이 축출된 후 그를 대신하여 인민위원회 내의 숙청 작업과 민주개혁 사업에 적극 나선 진보적 민족주의자로 평가되었다.[95] 조선민주청년동맹 위원장 방수영의 경우 일제 말 평양 기상대에 근무한 적이 있으나 일제에 의해 구금당한 경력이 있는 것을 보면 반일인사로 인정되었음을 알 수 있다.[96] 평남인민위원회 부위원장 홍기황 역시 교회장로로서 일제 시기 교육사업에 종사하고 실업계에 있었지만 3·1운동 참가로 수년간 감옥살이한 경력을 평가받은 것으로 보인다.[97] 다만 이문환의 경력은 구체적으로 살펴볼 필요가 있다. 광산지배인으로 자리를 옮긴 정준택을 대신하여 산업국장으로 임명된 이문환은 산업경제가 겸 전기산업원가이론가로서 외국 전문가들에게도 자신의 업적을 인정받는 편이었다. 그러나 소련군 당국에 따르면, 그는 지주 출신의 부르주아 민족주의자로 간주되었고, 소련군 사령부와 임시인위의 조치에 반하는 활동을 자주 시도한다는 평가를 받았다.[98] 말하자면, 전문적 능력만큼은 충분한 인정을 받았지만 공산 측으로부터 완전한 정치적 신뢰를 획득하지는 못했다.

임시인위의 각국과 부서를 포함한 구성은 다음 〈표 3-3〉과 같다.

---

94) "개인카드: 강양욱." ЦАМО, ф. 172, оп. 614632, д. 24, л. 28; 유관지 「강량욱(康良煜)연구」, 『한국기독교역사연구소소식』 제72호, 30~31쪽.

95) "개인카드: 홍기주." ЦАМО, ф. 172, оп. 614632, д. 24, л. 12.

96) 『正路』 1946년 2월 16일.

97) 『正路』 1946년 2월 19일.

98) "개인카드: 이문환." ЦАМО, ф. 172, оп. 614632, д. 24, л. 14. 자산가 출신인 그는 1946년 3월 실시된 북조선 토지개혁법령의 무상몰수 무상분배안에 반대하기도 했다.

〈표 3-3〉 임시인위의 구성

직책	성명	출생 연도	소속 정당	주요 경력
위원장	**김일성**	1912	공산당	-
부위원장	**김두봉**	1889	신민당	-
서기장	**강양욱**	1904	민주당	-
산업국장	**이문환**	1897	무소속	남만공업전문학교, 전기기사 겸 산업경제가, 북조선 전기총국장
농림국장	이순근	1900	공산당	-
사법국장	**최용달**	1901	공산당	경성제국대학법학부, 보성전문교수, 항일운동 투옥, 인공 보안부장
보안국장	최용건(후임 **박일우**)	1900	민주당	-
교통국장	한희진(후임 **허남희**)	1901	무소속	-
상업국장	한동찬(후임 **장시우**)	1883	무소속	-
체신국장	조영열		무소속	-
재정국장	이봉수	1892	무소속	-
교육국장	장종식	1906	공산당	-
보건국장	윤기영	1902	민주당	-
기획부장	**정진태**(후임 **박성규**)	미상	공산당	미상
선전부장	**오기섭**(후임 **이청원**, **허정숙**)	1902	공산당	모스크바 동방노력자공산대학 수학, 항일운동 투옥, 분국 제2비서
총무부장	**이주연**	1904	공산당	항일운동 투옥, 평남인민위원회 부위원장

※강조는 새롭게 등용된 인물들임.
〈출처〉『正路』1946년 2월 17, 19일; "조선 정치가들의 간략한 평정." РГАСПИ, ф. 17, оп. 128,
д. 61, л. 23; "북조선 정당·사회단체 지도자 경력 및 평정." ЦАМО, ф. 172, оп. 614631,
д. 43, л. 29.

임시인위는 행정10국과 다르게 최고책임자가 있는 명실상부한 중앙정권기관
으로 규정되었다. 1945년 12월 18일 조선공산당 분국 제3차 확대집행위원회를
거쳐 북한 공산당 지도자로 공식화된 김일성은 임시인위 위원장 자리까지 오르
면서 실질적인 북한 내 최고지도자에 오르게 되었다. 김일성의 권력 등극은 그
개인에 있어서나 향후 북한의 진로에 있어서 커다란 전환점이 되었다. 그는 이
로부터 북한 정치에 전면에 나서 토지개혁을 비롯한 각종 정책을 주도적으로
집행하였다. 임시인위 부위원장으로는 북조선신민당을 이끈 김두봉이, 서기장
은 강양욱이 맡았다.

임시인위는 산업국장 이문환과 사법국장 최용달을 새로 선임하였을 뿐 행정
10국 국장단의 근간을 그대로 승계하였다. 하지만 조직적 구성은 행정10국에

비해 훨씬 확대되어, 기획부, 선전부, 노동부, 총무부 등의 부서가 새로 설치되었다.[99] 각 국(局)은 행정10국 시기 소련군 사령부의 지휘에서 벗어나 공식적으로 임시인위 소속 기관이 되었다. 법률적으로 볼 때, 각 국(局)의 행정 지휘는 1946년 2월 이전에는 소련군 사령부가, 그 이후로는 북조선 임시인민위원회와 소련군 사령부가 공동으로 수행하였다. 1947년 2월 북조선인민위원회가 수립되면서부터는 이 기관에 모든 권한이 양도되었다. 이것은 북한 권력기관의 성장함에 따라 자연스럽게 권한의 확장이 이루어진 것이었지만 그렇다고 해서 소련 민정부의 기능과 역할이 축소된 것은 아니었다.

임시인위 국장단 구성은 북조선 공산당 3명, 조선민주당 2명, 무소속 5명으로 행정10국과 동일한 분포였다. 이는 여전히 당파보다는 전문성을 우선적으로 고려한 듯한 인상을 주지만 실제로는 행정10국에서 임시인위로 전환한 지 불과 몇 개월도 지나지 않은 상황에서 조급하게 조직을 개편할 필요성을 느끼지 않았을 것이다. 흥미롭게도 새로 설치된 기획부, 선전부, 총무부의 부장들은 모두 공산당 소속 인사로 채워졌다. 기존 행정10국의 구성 틀을 유지하면서 공산당의 주도권을 강화시킨 것이다.

임시인위는 친일분자 및 반민주적 반동분자를 철저히 숙청하고, 토지개혁의 준비 기초를 세우는 것을 가장 중대한 당면과업으로 제기하였다.[100] 모스크바 결정 직후 전국적으로 좌우 갈등의 원인은 신탁통치를 둘러싼 것이었지만 그 이면에는 장차 친일파를 어떻게 처리할 것인지에 대한 이견이 존재하였다. 해방 후 북한 내 친일파들의 움직임은 크게 세 갈래로 나누어졌다. 첫째는 정세 변화에 맞춰 반일 민족주의자로 재빨리 자기 변신을 한 축이며, 둘째는 아예 스스로를 드러내지 않고 숨어버린 자들이며, 셋째는 친일파에 억압적인 분위기를 피해 남쪽으로 이주한 부류들이다.

처음 공산 측은 친일파 분류 및 처리에 대한 구체적인 기준을 가지고 있지

---

99) 이 중 기획부와 노동부는 조직 확대 필요성에 따라 1946년 말과 1947년 초에 걸쳐 기획국 (국장: 박성규)과 노동국(국장: 오기섭)으로 승격되었다.

100) "北朝鮮臨時人民委員會 構成에 關한 規定." 『北朝鮮關係史料集 Ⅴ』, 국사편찬위원회, 1987, 149쪽.

않았기 때문에 이들에 대한 원칙적인 대응은 사실상 불가능했다. 하지만 '친일 및 반민주세력'의 청산 과제는 새로 충원되는 인물들에 대한 철저한 검증이 이루어지게 하는 등 임시인위의 구성에 직접적인 영향을 미쳤다. 또한 3월 7일 임시인위는 '친일파, 민족반역자에 대한 규정'을 채택하여 친일세력에 대한 단죄를 본격화 할 준비에 나섰다.[101] 그렇지만 친일파라 하더라도 과거를 속죄하고 새조국 건설에 복무할 각오를 보인 조건으로 전문 인사들을 활용하는 경우가 많았음을 비추어 보면 철저한 친일 청산으로 이어지진 못했다.

그렇다면 공산 측이 친일파 청산을 당면 과업 중 으뜸으로 삼은 이유와 그 이면의 정치적 목적은 무엇이었을까. 사실 민족독립국가 건설이 친일파를 제외한 모든 정치세력들의 공통의 염원이었다면 친일 청산의 기치는 그 자체로서 민족적 정당성을 갖는 과제이다. 그러나 '친일'이란 단어가 주는 '원죄 의식'에 상당수 민족주의 세력이 결코 자유롭지 못한 상황을 인식할 필요가 있다. 일제 강점기 합법 공간에서 생활한 유산계층 출신들 가운데 일본에 직접 협조하지 않은 인사의 수는 적지 않았다. 하지만 기준에 따라서 친일의 굴레는 이들에게 언제든지 씌워질 수 있는 상황이었다. 공산 측이 이 점을 인지하지 못하고 친일 분자 숙청을 내세운 것은 아니었을 것이다. 친일 청산을 제일의 구호로 내세운 것은 친일파 단죄 그 자체뿐 아니라 민족주의 세력을 약화시키려는 목적도 있지 않았을까. 물론 친일 청산운동이 진행되는 상황에서 뚜렷한 혐의자들이 권력기관에 자리를 보존하기는 어려웠다.

2월 10일 북한 지도부는 임시인위 수립을 기념하여 평양시 광장에서 10만 명이 참가한 대규모 군중집회를 개최하였다. 태극기와 소련·미국·영국·중국 등 연합국의 깃발들이 거리를 장식하였다. 이 집회에서는 임시인위가 '전 조선 임시민족정부'의 기반이 될 것이라는 확신이 표명되었다.[102] 인시인위가 창설과 동시에 모스크바 결정이 규정한 '조선민주주의임시정부'의 구성의 토대가 될

---

101) 이 규정은 『김일성저작집』 제2권(평양: 조선로동당출판사, 1979) 113~114쪽에 실려 있다.
102) "쉬킨이 불가닌에게(1946.2.11.)." ЦАМО, ф. 32, оп. 11473, д. 45, л. 104-105.

것임을 발표한 것으로 볼 수 있다. 북한 '민주 근거지'를 조성하기 위한 대중적 결속력을 과시하기 위한 행사는 3·1절 행사에서 고조되었다. 3월 1일 평양에서는 임시인위와 행정기관, 각 정당·사회단체, 도시주민과 이웃 농촌주민 등 30여만 명이 운집한 가운데 3·1절을 기념하는 집회와 시위를 진행되었다. 집회에서는 '모스크바 결정 지지'와 '친일파·민족반역자 축출', 그리고 토지개혁 실시에 관한 각종 구호가 나부꼈다.[103] 이날 집회와 시위는 함흥, 신의주, 진남포, 청진, 해주, 원산 등 북한 주요 도시들에서도 동시에 개최되었다.

공산 측 입장에서 볼 때, 임시인위의 설치는 '상향식' 조직 원칙의 결과로 볼 수 있다. 그것은 먼저 도·시·군 단위의 권력기관을 세우고 이를 토대로 북한 차원의 중앙권력기관으로 형성한 다음 마지막으로 전국적인 중앙정부를 세운다는 구상이었다. 따라서 임시인위는 '조선통일정부'가 조직될 때까지 중앙행정기관의 역할을 수행하는 것이었다. 이 시점에서 임시인위 결성의 주된 정치적 이유는 모스크바 결정에 따라 발생한 격동의 한반도 정세에 효율적으로 대처하고 향후 한국 임시정부 수립에 맞춰 권력기구를 정돈하는 데 있었다. 이를 통해 북한 내 좌파세력의 주도권을 강화하여 그 기반을 확대하고 남쪽의 우파들과의 경쟁에서 우위를 점해 전 한반도 차원의 좌파의 주도권을 장악하고자 하였다.

임시인위가 발족한 직후 북한 사회를 뒤흔든 토지개혁이 실시되고, 한편으로는 모스크바 결정에 따라 미소공동위원회가 개최되어 한국 임시정부 수립 문제를 놓고 미·소 간의 힘겨루기가 시작되었다. 미소공위가 진행되는 가운데 김일성은 3월 23일 미소공위를 통해 수립되는 임시정부가 수용해야 할 20개조 정강을 방송 연설로 발표하였다. 이 정강은 일제 잔재의 숙청, 반동분자·반민주주의적 분자들과의 무자비한 투쟁, 언론·출판·집회·신앙의 자유 보장, 일반적·직접적·평등적 비밀투표에 의한 지방의 일체 행정기관인 인민위원회 결성, 재산과 법적 소유물의 법적 보장 등을 주요 내용으로 하였다.[104] 전체적으

---

103) "사포쥬니코프가 로조프스키에게(1946.3.)." ЦАМО, ф. 32, оп. 11542, д. 120, л. 82-83.

로 20개 정강은 서구의 일반 민주주의적 기조에서 크게 벗어나지 않은 정책으로 구성되었다. 다만 대기업소·운수기관·은행·광산 등의 국유화라든가 인민위원회 선거 등은 장차 자본주의적 확대를 억제하고 사회주의적 발전 방식을 따를 것임을 암시하였다. 아래에서 서술되겠지만 이 정강은 북로당 강령의 골격처럼 북한국가의 정책적 지향으로 자리하였다.

토지개혁: 농촌 지배질서의 전환

모스크바 3상회의 결정의 소용돌이가 지나가고 북한 민족주의 세력이 급격히 약화되면서 공산 측은 북한의 '민주적 근거지'를 강화시키는 정책을 구체적 단계로서 실천에 옮기기 시작하였다. 민주적 근거지의 강화란 전 한반도 차원의 국가 수립을 위해 우선 집권세력의 지지 기반을 굳건히 하는 방침과 동일한 것이었다. 여기에 부합한 대다수 주민의 이익과 관련한 것은 말할 것도 없이 토지문제의 해결이었다.

일제가 남긴 유산 가운데 가장 심각한 것은 다수 민중의 피폐와 빈곤이었으며, 가장 큰 피해자는 바로 농민이었다. 해방 당시 조선 인구의 75%가량이 농민이었고, 그중 80% 이상이 소작농 및 소농이었음을 감안한다면 토지 문제 해결의 절박함과 시급성은 대다수 민중과 정치세력에게 최우선적 과제였다. 해방 직전에 발간된 소련공산당 공보는 일제 말 조선의 토지소유 상황을 다음과 같이 묘사하였다. 264만 6,000가구의 소농이 모든 경작지의 18%에 해당되는 94만 6,000정보를 소유하였는데, 이는 가구당 평균 0.36정보에 해당된다. 18만 3,000가구의 지주와 부농이 모든 경작지의 40%에 달하는 213만 1,000정보를, 일본인들은 약 42%에 이르는 263만 정보를 각각 소유하였다.[105] 이러한 불균등한 토

---

104) "김일성. 조선림시정부수립을 앞두고 二十개조 정강 발표(1946년 3월 23일)." 『重要報告集: 人民共和國樹立의 길』, 평양: 北朝鮮人民委員會 宣傳部, 1947, 20~22쪽; 『金日成將軍重要論文集』, 평양: 北朝鮮勞動黨出版社, 1948, 47~51쪽.

105) "조선의 국내외 상황에 대하여." Бюллетень бюро информации ЦК ВКП(б). Вопросы внешней политик, No15, 1 августа 1945 г. РГАСПИ, ф. 17, оп. 128, д. 47, л. 159.

지 소유 상황에 대한 정보는 소련 역시 토지개혁을 우선적인 과제로 삼을 것이란 점을 예고하는 것과 다름없었다.

그럼에도 해방 직후 남북이 분리된 조건과 주체 세력의 미비 등의 이유로 토지개혁은 곧장 실시될 수 없었다. 그 대신에 공산주의자들의 주도하에 혹독한 소작료율을 낮추는 운동, 즉 소작료 '3 : 7제' 운동이 전개되었다. 말하자면 지주와 소작인이 농업 수확량을 3 : 7로 나누어 갖자는 것이었는데, 이 운동은 지주와 일부 민족주의자들의 반발을 초래하기도 하였고, 특히 민족주의세력은 이 비율이 지나치다고 주장하면서 4 : 6제를 실시하자는 주장을 폈다.

해방 후 토지개혁에 대한 공산주의자들의 첫 구상은 박헌영의 8월테제에 나타나 있다. 그는 봉건과 자본주의 잔재를 청산하기 위해 혁명적으로 토지 문제를 해결해야 한다는 전제에서 '대지주들의 토지를 몰수하여 토지 없는 농민들에게 분배'할 것을 주장하였다.[106] 즉 구체적인 방법을 적시하지 않은 채 지주 토지의 몰수 후 농민에게 분배하는 것을 기초로 삼았다. 9월 15일 조선공산당 평남지구 확대위원회가 발표한 강령 제8조는 '일본 제국주의와 친일적 조선인 및 반동지주의 소유 토지는 전부 몰수하여 국유로 하고 이를 농민에게 무상분배한다'고 규정하였다.[107] 이어서 10월 16일 분국 제1차확대집행위원회가 발표한 '토지문제결정서' 제1조는 '일본 제국주의자의 토지와 조선인 친일적 반동적 지주의 토지를 일절 몰수하여 이를 농민의 노력에 의하여 분여 경작케 한다'고 하였다.[108] 이 두 규정의 특징은 토지 몰수 대상을 '친일 지주'로 한정하였고, 몰수된 토지는 국유화한 다음 농민에게 분여하는 방안이었다.

소련군 지도부와 북한 공산주의자들은 토지개혁 실시 문제에 대한 방안을 강구하고 그에 대한 논의를 지속하였다. 토지개혁 법령안 작성에는 북조선 지도부와 관계 부문, 소련군 민정기관, 소련 외무성 등이 동원되었고, 시기별로 매우

---

106) "박헌영. 현정세와 우리의 임무." ЦАМО, ф. 32, оп. 11306, д. 605, л. 460.
107) 『옳은 路線을 爲하야』, 우리文化社, 1945, 30쪽.
108) 위의 책, 32쪽.

다양한 초안들이 양산되었다. 여기에 각국에 대한 정책 작성에서 통합적 기능을 담당한 소련 외무성은 동유럽의 정세 분석 자료를 현지 군당국에 전달하여 정책 작성에 도움이 되도록 하였다.[109]

토지개혁에 관한 소련군 사령부의 움직임은 아마도 1945년 11월부터 본격화되었던 것 같다. 이그나티예프는 11월 12일자 보고에서 일본인·조선인 토지몰수 및 몰수 토지의 농민 분여에 대한 제의를 작성할 토지문제 연구를 위한 검증위원회 설치를 건의하였다.[110]

11월 30일 민정기관 책임자 로마넨코 소장은 토지 분배 방식을 무상 혹은 유상으로 할 것인지 적시하지 않은 채 40정보 이상을 소유한 조선인 지주의 토지를 몰수할 것을 제의하였다.[111] 이 방안은 '40정보 이상 소유한 조선인 지주'가 극히 드물기 때문에 소련군 당국이 조선의 실정에 대해 제대로 파악하지 않은 상황에서 나온 것이었다. 동년 12월에 작성된 토지개혁안은 헝가리의 예를 적용하여 유상몰수를 실시하고 몰수된 토지는 인민위원회의 관리하에 20년간 분할상환 방식으로 농민들에게 넘길 것을 제의하였다.[112] 이것은 초기 토지개혁 구상이 상당히 온건한 방향을 포함하여 여러 갈래로 진행되었음을 보여 주고 있다. 그러나 12월 3일에 열린 평안남도 농민연맹 대회는 '일본인과 조선인 지주, 친일파가 소유한 토지를 몰수하여 토지 없는 또는 토지 적은 농민들에게 무상으로 분여할 것'을 제1과업으로 채택하였다.[113] 앞선 박헌영의 8월 테제 및 앞의 두 규정에 나타난 토지개혁 방향과 일치한 것으로 당시 좌파세력들의 기

109) 이를테면, 1946년 1월에 작성된 연해주군관구 군사회의 문건 "다양한 정치자료들(разные политические материалы)"에는 루마니아, 폴란드, 헝가리, 독일, 슬로바키아 등지에서의 정세와 정당 활동 등이 기술되어 있다. ЦАМО, ф. 172, оп. 614631, д. 58, л. 1-82.

110) "이그나티예프가 로마넨코에게. 해결을 위한 문제들(1945.11.12.)." ЦАМО, ф. УСГАСК, оп. 433847С, д. 1, л. 171.

111) "로마넨코. 북조선 토지개혁 시행 제의(1945.11)", ЦАМО, ф. УСГАСК, оп. 433847с, д. 1, л. 216-218.

112) "표도로프가 칼라쉬니코프에게. 북조선 농업관계와 토지개혁안(1945.12)." ф. УСГАСК, оп. 343253, д. 9, л. 162-165.

113) "메클레르. 북조선 정당 사회단체 평정." ЦАМО, ф. 172, оп. 614631, д. 43, л. 6.

본적인 방침은 몰수된 토지를 농민 소유로 넘기는 것은 규정하지 않았다.

1946년 1월 2일 제25군 사령관 치스차코프는 전 농가를 조사하여 각종 토지 사용자들의 소유지(농민, 소작농, 지주, 사원소유지 등)와 국유지, 이전 일본인 소유지를 세밀히 조사, 등록할 것을 내용으로 하는 명령서를 발포하였다.[114] 명령서에는 토지개혁에 대한 구체적인 내용이 담겨 있지 않지만 이의 실시에 대비한 조사 목적이었음은 틀림없다.

1946년 2월 21일자로 작성된 법령안이 규정한 바에 따르면, 조선인 지주 소유 토지의 몰수 규모는 10정보 이하를 소유하는 지주의 경우 5정보 초과분을, 10정보 이상을 소유한 지주는 전체 토지를 몰수하도록 되어 있다.[115] 2월 23일 직전 슈티코프는 모스크바에 보낸 제안에서 토지개혁의 실질적인 결과를 획득하기 위해서는 5정보 이상을 소유한 지주 토지를 몰수할 필요가 있으며, 몰수된 토지는 국유화해야 한다고 하였다.[116] 슈티코프의 기본 방침은 조선 공산주의자들의 입장과 동일하게 몰수된 토지의 국유화에 맞춰져 있었다. 즉, 이 개혁은 일본인 소유 토지 몰수와 조선인 대지주·친일분자·민족반역자의 토지 국유화, 농민에 대한 무상분배 등을 예정하였다.[117]

천도교청우당도 토지 국유화에 대해 지지 입장을 표명하였다. 1946년 2월에 발표된 이 당의 당면정책 제3조는 '토지소유의 국유화와 빈농에게 토지 보장'을 제시하였다.[118] 천도교청우당이 농민층을 기반으로 한 정당임에도 농민의 토지 소유보다도 토지국유화 강령을 내세운 것은 매우 흥미롭다고 볼 수 있다.

토지개혁 법령 작성의 마지막 단계에서 소련군 현지 당국과 소련 외무성이 각각 마련한 안이 몇 가지 주요 쟁점에서 다소간의 입장 차이를 보였다. 이를

---

114) "北朝鮮 駐屯 蘇聯軍司令官의 命令書/第二號." 『朝鮮共産黨文件資料集(1945~46)』, 한림대학교 아시아문화연구소, 1993, 75쪽.

115) "북조선토지개혁법령안." ЦАМО, ф. 19, оп. 267, д. 8, л. 74-78.

116) "메레츠코프와 슈티코프가 몰로토프와 불가닌에게. 북조선토지개혁에 관한 제안", ЦАМО, ф. 379, оп. 166654, д. 1, лд. 2-3.

117) "조선의 정치 상황에 대하여." РГАСПИ, ф. 17, оп. 128, д. 1119, л. 167.

118) "'천도교청우당'에 대한 간략 조회." ЦАМО, ф. 127, оп. 468007, д. 4, л. 5.

정리하면 다음 〈표 3-4〉와 같다.

〈표 3-4〉 토지개혁의 두 가지 초안

번호	개혁 쟁점	메레츠코프-슈티코프안	소련 외무성안	최종 채택
1	수용 및 활용 형태	지주 토지의 국유화 및 농민의 무상 이용	토지는 빈농 및 농업노동자의 소유로 이전	외무성안
2	분배 방식	무상 분배	유상분배(토지 없는 농민과 농업노동자는 25년간 평균 수확량의 1/25씩을, 토지적은 농민은 15년간 1/15을 지불함	메레츠코프-슈티코프 안
3	몰수 범위	·5정보 이상 되는 모든 지주 토지 ·자가 경작을 하지 않거나 소작 주는 토지 전부를 몰수함	·10정보 이상 되는 토지, 10정보 미만 토지는 5정보 초과분만 몰수 대상 ·그 경우 2정보 이상의 토지만을 몰수함	메레츠코프-슈티코프 안

〈출처〉 "로조프스키가 몰로토프에게(1946.3.1.)." АВПР, ф. 018, оп. 8, п. 6, д. 81, л. 1-2.

소련 외무부상 S. A. 로조프스키는, 외무성이 작성한 토지개혁 법령안은 폴란드와 루마니아의 토지개혁 경험과 북조선에서 작성된 법령안을 토대로 조선인들이 내놓은 제안 등이 활용되었다고 밝혔다.[119] 현지 소련군 당국의 초안은 주로 북한 측의 입장을 토대로 작성되었다.

토지국유화 문제는 토지개혁 시행 계획 단계부터 북한 지도부가 강력히 밀어붙인 구상이었던 것 같다. 이를테면, 조선인 대지주의 토지와 삼림을 국유화시키는 것은 임시인위의 당면과업에 포함되어 있을 정도로 당면한 개혁 수순으로 인식되었다.[120] 그러나 소련 지도부가 슈티코프와 북한 공산주의자들의 토지국유화 주장을 막고 나선 것은 '부르주아민주주의 노선'이 여전히 유효했고, 아직 경제가 사회주의로 이행할 조건이 성숙치 않았다는 판단 때문이었음은 분명하다. 물론 당시 소련군이 주둔하고 있던 동유럽의 어느 나라도 토지국유화는

119) "로조프스키가 몰로토프에게(1946.3.1.)." АВПР, ф. 018, оп. 8, п. 6, д. 81, л. 2.

120) "北朝鮮臨時人民委員會構成에 關한 規定."『北韓關係史料集 Ⅴ』, 국사편찬위원회, 1987, 149쪽.

시기상조로 보고 시행하지 않았다. 로조프스키는 북조선 토지개혁 법령안을 확정하고, 북조선 임시인민위원회와 농민대회에 의해 제출될 토지개혁 법안에 대한 일체의 수정을 주도면밀하게 종합하는 것을 메레츠코프와 슈티코프에게 위임하도록 하는 소련공산당 정치국 결정안을 제출하였다.[121] 소련 지도부는 급진적인 토지국유화를 제외한 다른 규정에서는 현지의 입장은 존중하였다. 현지사정에 대해서는 직접 관련 당사자들이 가장 잘 파악하고 있으리라는 것을 감안한 조처였을 것이다.

2월 28일~3월 3일 토지개혁안을 논의하기 위해 제2차 북조선농민연맹대회가 150명의 대의원이 참가한 가운데 열렸다. 토지개혁 법령이 발표되기 전 북조선 농민의 의사를 확인하는 의식 절차였다. 주목할 것은 그 직전인 2월 24~26일 3일간에 걸쳐 진행된 분과활동에서 대의원들은 만장일치로 조선인 지주 토지의 국유화에 찬성했다는 점이다.[122] 이때까지도 다수 농민 대표는 토지국유화의 입장에 선 것을 알 수 있다. 그러나 정작 바로 이어서 열린 북조선농민연맹대회는 조선인 지주 토지를 몰수하고 소작제를 철폐하며 몰수된 토지를 농민들에게 무상 분배하는 것을 골자로 한 결정서를 채택하였다.[123] 대회는 토지개혁 법안을 작성하기 위해 강진건이 이끈 13명으로 구성된 위원회를 선출했다. 하지만 이 위원회는 사실상 확정된 법령을 추인하는 이상의 역할을 넘어서지는 못했다.

3월 5일에 발표된 '북조선 토지개혁에 관한 법령'은 일본인 토지 소유와 조선인지주들의 토지소유 및 소작제를 철폐하고 몰수된 토지를 농민의 소유로 넘기는 것을 기본 과업으로 규정하였다. 사실상 토지 문제를 개인소유 형태로 해결하는 것이었다. 법령에 따라 일본인 소유 토지와 5정보 이상의 지주 토지, 그리고 소작지는 전부 몰수되어 농민에게 무상 분배하도록 하였다. 구체적인 분배

---

121) "로조프스키가 몰로토프에게(1946.3.1.)." АВПР, ф. 018, оп. 8, п. 6, д. 81, л. 3. 북조선 토지개혁법령은 소련공산당 정치국 결정으로 채택되지 않았다. 스탈린과 몰로토프 중 법령안에 대한 최종 재가를 누가 했는지도 확인되지 않고 있다.
122) "레베데프가 슈티코프에게", ЦАМО, ф. 142. оп. 551975, д. 5, л. 17.
123) "北朝鮮農民聯盟대회 決定書."『北韓關係史料集 Ⅶ』, 國史編纂委員會, 1989, 340~341쪽.

대상은 고용농민(머슴), 토지 없는 농민, 토지 적은 농민이었다.[124] 토지개혁법령은 토지 국유화를 제외하고는 북한 공산주의자들의 입장을 대변한 슈티코프의 제의가 전적으로 수용된 것이다. 그럼에도 토지개혁 법령의 최종 통과 과정은 그냥 순탄하게 이루어진 것은 아니었다. 3월 5일 토지개혁 법령이 발표되기 직전 임시인위 회의가 개최되었다. 김일성이 주재한 이 회의에서는 모두 11인이 발언에 나섰다. 발언자 다수는 법령안에 찬성하였으나, 비공산주의 계열의 간부인 이문환(임시인위 산업국장), 이봉수(임시인위 재정국장), 홍기황(평안남도 인민위원회 부위원장)은 법령안 채택에 반대 입장을 표명하였다. 이들의 발언을 요약 정리하면 다음과 같다.[125]

- 토지개혁 법령 채택은 우리가 사회주의로 가고 있다는 것을 입증할 것이다. 자본주의자들은 '보라, 공산주의 건설이 이미 시작되었다'라고 말할 것이다. 인민은 이 법령이 공산주의자들이 만들었다고 말할 것이다. 나는 지주 소유 토지를 국가가 매수하는 방식으로 몰수하는 것에 찬성한다.(이문환)

- 토지개혁 법령안에는 농민들 간에 토지 분배 문제와 상속이 가능할 것인지 등 많은 점에서 불명확하다. 대지주로부터는 땅을 몰수하고 중간 지주에게서는 매입해야 한다.(이봉수)

- 평안남도 도시민의 2/3가 자신들의 생존 수단으로 구실하는 농지를 가지고 있다. 이 토지법령과 관련하여 그들의 생존 조건을 만들어주는 문제를 생각해야 한다. … 인민들은 북조선에서 공산주의가 세워지고 있다고 말할 것이다. 공장과 기업소가 곧 국유화될 것이라는 말들이 이미 나돌고 있다. 이러한 것들은 부자들을 남조선으로 도피하도록 할 것이다.(홍기황)

이들 3인의 토론자들은 토지개혁 자체의 반대가 아닌 확정된 법령의 급진성에 대해서 반대한 것으로 해석된다. 이 법령에 따른 토지개혁이 집행되었을 때

---

[124] "北朝鮮土地改革에 關한 法令." 『北朝鮮法令集』, 평양: 北朝鮮人民委員會 司法局, 1947, 59쪽.

[125] "샤포즈니코프가 로조프스키에게(1946.3.12.)." АВПР, ф. 018, оп. 8, п. 6, д. 81, л. 4-5.

이해당사자들의 가능한 반발과 예상되는 문제들을 지적한 것이다. 특히 홍기황의 주장을 보면, 토지개혁 법령안이 담고 있는 유산계층에 대한 가혹한 접근은 이들의 남한 이주를 부추기거나 반체제 진영으로 이동할 가능성을 예고하는 것이었다. 그러나 이들의 주장은 수용되지 않았다.

3인의 반대 토론 후 김일성과 일부 찬성 위원들은 토지개혁이 봉건제도의 철폐를 목표로 한 것이며 자본주의 질서를 건들이지 않는다고 설명하였다.[126] 곧이어 토지개혁 법령안은 임시인위 위원 전원의 만장일치로 채택되었다. 그런데 소련군 총정치국 제7국 부국장 샤포즈니코프는 임시인위 북위원장 김두봉과 임시인위 서기장 강양욱이 회의에서 아무런 발언을 하지 않는 점을 '주목해야 한다'는 것으로 보고하였다.[127] 그들 역시 토지개혁 법령에 전적인 찬성 의사가 없었던 것으로 읽혀질 수 있는 대목이었다.

토지개혁은 3월 7일부터 4월 1일까지 북한 전역에서 실시되었다. 각 면인민위원회의 산하에 고용농민(머슴), 토지 없는 농민(소작농), 토지 적은 농민(자소작농) 총회에서 거수로 선거된 농촌위원회(마을 규모에 따라 5~9인으로 구성)가 토지개혁 시행의 주체로 나섰다. 농촌위원회는 11,500여 개에 달했으며, 여기에 소속된 8만 명이 넘는 농민들은 지주의 토지와 부속물 등을 조사하고 토지 분여 안을 작성하는 등의 임무를 부여받았다.[128]

당시 북한 전체 토지 면적은 182만 98정보였는데, 그중 몰수된 토지는 55.4%에 해당되는 100만 8,178정보였다. 일본인 토지와 조선인 지주 토지는 전부가, 소작주는 토지는 99%가 몰수되었다. 토지개혁의 첫 번째 과제인 일본인 토지 소유와 조선 지주들의 토지 소유 및 소작제 철폐가 해결된 셈이다. 몰수된 토지는 고용농민, 토지 없는 농민, 토지 적은 농민, 이주한 지주 등에게 평균 1.35정보씩 분배되었다. 당시 총 농업호수 112만 가운데 토지 분배를 받은 농가 수는 7,245,522

---

126) 위의 문서, л. 5.
127) 앞의 문서, л. 6.
128) "土地改革法令에 關한 細則." 『北朝鮮法令集』, 평양: 北朝鮮人民委員會 司法局, 1947, 60쪽.

호로 약 72%가 토지 분여를 받았다. 이 중 고농이 17,137호, 토지 없는 소작인이 442,973호, 토지적은 농민이 260,501호로서 농민이 가장 큰 수혜자가 되었다.[129] 이로써 토지이용권은 경작하는 자에게 있다는 두 번째 과제도 해소되었다.

〈표 3-5〉 계층별 토지 분여

고농	17,137호	22,387정보
토지 없는 농민	442,973호	603,407정보
토지 적은 농민	260,501호	345,974정보
타군에서 자경하려는 지주	3,911호	9,622정보
합계	724,522호	981,390정보

〈출처〉『北朝鮮 土地改革의 歷史的 意義와 그의 첫 成果』, SA 2006, SeriesWAR200601447 Item #40, 55쪽.

공산 측의 입장에서 토지를 받은 농민들은 대체로 북한 체제의 튼튼한 지지 계층이 될 가능성이 높았다. 임시인위 농림국장 이순근은 토지개혁이 '조선의 새로운 경제 건설의 시작'[130]임을 강조한 것도 무리는 아니었다. 반면 토지를 빼앗긴 지주에게는 재앙과도 같은 사건일 터였다. 이전 지주 가운데 약 3천 900호가 다른 군에서 농민들과 동등한 조건으로 토지를 분여받았다. 이는 전체 7만 호에 이르는 지주 가구의 5%를 갓 넘긴 수치에 불과했다.[131] 나머지 6만 6천 여 호의 지주들은 토지를 받기를 거부한 것이며, 암묵적 저항을 선택한 것으로 볼 수 있다. 농민이 분여 받은 토지는 매매, 소작, 저당을 법령으로 금지시켰는데, 이는 농촌에서 자본주의적 관계의 발전을 억제하고 농민의 토지 박탈을 방지하고자 하는 목적을 지녔다.

토지개혁에 대한 공산 측의 평가는 4월 10일 분국 제6차 확대집행위원회에서

129) 『北朝鮮 土地改革의 歷史的 意義와 그의 첫 成果』, SA 2006, SeriesWAR200601447 Item #40, 55쪽; "북조선 정치·경제 상황에 관한 보고(1947.5)." АВПР, ф. 0480, оп. 3, п. 4, д. 9, л. 46.
130) "이순근. 북조선 토지개혁의 결과." ЦАМО, ф. 172. оп. 614631, д. 28, л. 30.
131) "北朝鮮土地改革의 歷史的 意義와 그 첫 成果." 『北韓關係史料集』 7, 국사편찬위원회, 1989, 409쪽.

김일성의 주도로 이루어졌다. 회의에서는 토지개혁의 성과에 대해 찬양이 있었지만 반면 여러 결함에 대한 비판도 적지 않았다. 특히 일부 지도급 인사들의 법령과 지시 왜곡이 크게 지적되었는데, 여기서 무정과 장시우 등이 혹독한 비판을 받았다.[132] 일부 공산주의자들이 범한 다음과 같은 오류도 지적되었다. 즉, 지주에게서 토지는 물론이고 가옥을 몰수하거나, 5정보 미만의 토지를 몰수하는 경우, 아무런 근거 없이 사람들을 친일·반동분자로 몰아 그들 재산을 빼앗는 경우, 반대로 일부 공산주의자들이 지주와 타협하여 그 재산을 보호해 주는 경우 등이 그것이었다.[133]

반면 임시인위는 6월 27일 농업 수확량의 25%를 현금 대신 세금으로 납부하는 농업현물세제를 도입함으로써 인민위원회의 재정 안정에도 기여하는 효과를 보았다. 1946년도 알곡 총 수확은 전년도에 비해 7%가 늘어났는데, 그해 12월 10일 현재 계획치의 100.2%에 해당하는 알곡 512,020톤이 현물세로 납부되었다.[134] 토지개혁의 주도자들에게 안도감을 줄 만한 성과였다. 9월 초 슈티코프는 토지 개혁과 농업현물세에 대한 농민들의 반응이 좋은 편이라고 안도하였다.[135]

토지개혁의 실시는 시급히 해결되어야 하는 당위성 이외에도 공산 측의 입장에서 볼 때 인구의 압도적 다수를 차지하는 농민의 지지를 이끌어내는 방편이기도 했다. 모스크바 결정 이후 남한에서 좌우 대립이 심각해지면서 좌파 지도부는 북한을 튼튼한 자신의 근거지로 삼아 장차 전 한반도 차원에서 주도권을 장악하려면 그만한 기반을 갖추어야 했기 때문이다. 실제로 토지개혁 실시기간

---

132) "칼라쉬니코프가 쉬킨에게(1946.4.16.)." ЦАМО, ф. 32, оп. 11542, д. 116, л. 94-95. "土地改革 事業의 總結과 今後 課業"에서 김일성은 평남도당 책임비서 장시우가 '토지개혁 과정에 당원을 흡수하지 말고 토지개혁 후에 당원을 흡수하라고 지시를 내려보냈'다고 비판한 것으로 되어 있으나 무정에 대한 언급은 나와 있지 않다. 『黨의 政治路線及 黨事業總結과 決定,. 黨文獻集(1)』, 正路社出版部, 1946, 35쪽. 이때만 해도 무정에 대한 비판을 출판물에 공개하기는 어려웠을 것으로 추측된다.

133) "부르쩨프가 수슬로프에게. 북조선에서 공산당 중앙위원회 조직국 제6차회의 보고(1946. 5.16.)." РГАСПИ, ф. 17, оп. 128, д. 205, л. 8.

134) "조선의 정치 상황에 대하여." РГАСПИ, ф. 17, оп. 128, д. 1119, л. 179.

135) 〈슈티코프 일기〉 1946.9.6.

동안 공산당을 중심으로 한 정당·사회단체들의 통일전선이 이루어졌다.[136] 한편으로 슈티코프는 토지개혁이 '조선인민의 압도적 다수와 소련 간의 우호적 관계를 크게 강화시키는 데 도움을 주었다'고 자국의 입장에서 본 이점을 피력하였다.[137] 소련이 확실한 '해방자'의 이미지를 굳히기 위해서는 이 개혁의 시행이 절실했음을 보여 주었다.

김일성의 입지는 토지개혁의 시행과 더불어 더욱 단단해지게 되었다. 김일성의 임시인위 위원장 취임과 더불어 그와 견줄 지도자는 더 이상 언급되지 않았다. 그의 주도적 입지는 '김일성 장군이 발표한 20개 정강은 앞으로 수립될 조선 임시정부의 기초적 정강이 되어야[138] 한다는 표현에 잘 드러났다. 이와 함께 조선공산당 북부분국은 더 이상 남쪽 '중앙'의 지시를 받지 않게 되었고, 북한의 언론 매체에서 박헌영을 추앙하는 구호는 찾아보기 힘들게 되었다. 토지개혁의 완수와 더불어 한국(조선)임시정부 수반으로 김일성을 내세우자는 구호도 등장하기 시작하였다.[139] 이와 함께 토지개혁은 공산당 대열을 확충하는 데 크게 기여하였다. 이 기간 동안 공산당은 9,058명의 신입 당원을 받아들였는데, 그중 3,950명이 빈농이었다.[140]

북한 토지개혁은 해방 후 시행된 첫 '민주개혁' 조치로서 농촌에서 봉건질서를 철폐하고 식민지 질서로부터 북한 사회를 근본을 뒤바꾸는 혁명적인 사건이었다. 동시에 그것은 구질서의 수혜자들이 대거 물러나고 새로운 지배세력의

---

[136] Политическое управление Приморского военного округа. VII отдел. Земельная реформа в Северной Корее. с. 13.

[137] "슈티코프가 불가닌에게, 남북조선의 정치, 경제 상황에 관하여(1948.3.5.)." ЦАМО, ф. 19, оп. 560, д. 8, л. 3.

[138] 『正路』, 1946년 4월 26일.

[139] 예를 들면, 강원도 인민위원회 기관지 『江原人民報』는 1946년 4월 26일자 제1면 오른쪽 하단에 '조선 임시정부 수석으로 김일성 장군을 추대하자'는 문구를 그의 사진과 함께 게재하였다.

[140] 『黨의 政治路線 及 黨事業總結과 決定. 黨文獻集1』, SA 2012 Series, 29쪽. 빈농 출신 신입 당원 수는 국문자료에는 다소 계산에 착오가 있는 듯이 보여 다음 문건을 인용하였다. "부르쩨프가 수슬로프에게. 북조선에서 공산당 중앙위원회 조직국 제6차회의 보고 (1946.5.16.)." РГАСПИ, ф. 17, оп. 128, д. 205, л. 8.

강력한 토대를 형성시킨 결정적인 계기가 되었다. 1946년 5 · 1절을 장식한 북한 신문에는 '매국적(賣國賊), 김구 이승만을 민주주의조선정부 구성에 참가시키지 말자!', '왜놈을 위하여 조선청년을 전쟁판에 몰아낸 조만식은 조선민족의 반역자다'라는 구호가 장식되었다.[141] 북한 지도부는 토지개혁을 통해 모스크바 결정에 반대한 우파 민족주의자들을 배제한 임시정부 수립 요구를 더욱 구체화했다고 볼 수 있다. 이승만과 김구는 가장 직접적으로 고립시킬 대상이었지만 유폐되어 있던 조만식을 여전히 언급한 것은 그의 영향력을 완전히 해소시키려는 의도로 보였다.

새 질서에 대한 반발

소련군과 공산당에 반대하는 움직임은 해방 직후부터 지속되었다. 그 가운데 가장 적극적인 활동에 나선 것은 백의사를 중심으로 남쪽에서 올라온 테러조직과 그와 연계한 세력들이었다. 앞서 언급한대로, 이들은 해방 직후 공산당 평남 도위원장 현준혁의 피살을 주도하였고, 11월 신의주학생사건의 배후에 있었다. 모스크바 3상회의 결정과 임시인위 결성 직후에도 이들 세력은 북한 내 반공테러를 조직적으로 전개해 나갔다. 이들과 함께 공산당 주도의 토지개혁 등 새로운 질서에 반대하는 지주를 비롯한 유산계층 및 일부 학생계층, 종교인 등이 반소반공 활동에 가담하였다. 이 가운데 일부 학생 및 민주당원들은 모스크바 결정 직후 반탁운동에 나섰다.

1945년 12월 30일 밤부터 평양에서는 주로 중학생들에 의해 '신탁통치 반대', '공산당을 배격한 민주정부 수립' 등이 적힌 삐라들이 뿌려졌다. 이로 인해 1946년 1월 초까지 삐라를 살포한 70명이 체포되었다.[142] 덕천과 철원 등에서는 소규모지만 반탁 시위가 벌어졌다. 조만식 지도부의 뜻에 따라 대다수 민주당 지

---

141) 『옳다』 1946년 5월 1일.

142) "추코프, 모스크바 삼상회의 결정과 관련한 조선의 정세(1946.1.12.)", ЦАМО, ф. 172, оп. 614631, д. 37, л. 40-41.

방 조직들은 모스크바 결정에 대한 연대지지 서명을 무조건 거부하였다.[143]

〈표 3-6〉 모스크바 결정 직후 북한 지역 내 반탁운동 실태

지역	시기	활동 내용	비고
평양	1946.1.3	남쪽에서 온 대학생 6명과 북한 학생들을 포함한 69명이 삐라 살포 혐의로 체포됨	
평남 덕천	1945.12.31	민주당원 약 60명이 집회 및 시위, 보안대에 의해 해산되고 주도자 박영석(Пяк Ен Сек)이 체포됨	
황해도	1945.12.30.~1946.1.5	삐라 살포와 집회 조직 혐의로 20명이 체포됨	시위 주동자들은 지식인, 학생, 민주당원임
황해도 안악	미상	학생들의 시위 조직 시도, 10여 장의 삐라가 붙여짐	
강원도 원산	1945.12.31	민주당 소속 인민위원장 2명이 시위 조직을 시도함	
철원	1946.1.2~3	(1월 2일) 중학생들이 시위를 위해 모였으나 모스크바 결정 내용을 설명 듣고 해산함 (1월 3일) 병원장, 여관 주인 2명, 전 촌장 등이 100여 명을 이끌고 시위를 주도함, 시위자들은 시내로 행진하려 했으나 모스크바 결정 내용을 설명 듣고 해산함	
함경남도 함흥	미상	전 군인민위원회 위원장이 시위를 준비함	

〈출처〉 "그로모프와 이그나티예프가 칼라쉬니코프에게(1946.1.4.)." ЦАМО, ф. УСГАСК, оп. 102038, д. 2, л. 3-5; "이그나티예프. 모스크바 3상회의의 조선 후견 결정과 관련한 북조선 주민들의 정치적 분위기에 관한 조회(1946.1.14.)." ЦАМО, ф. УСГАСК, оп. 102038, д. 2, л. 6-11; "추코프, 모스크바 삼상회의 결정과 관련한 조선의 정세(1946.1.12.)." ЦАМО, ф. 172, оп. 614631, д. 37, л. 40-41.

〈표 3-6〉는 모스크바 결정 발표 직후 진행된 북한 내 우익세력의 반탁 시위 상황을 나타낸 것이다. 소련 측 자료에 나온 저항을 모은 것인데, 여기에 나타난 것 이외에도 여러 지역에서 반탁 운동이 진행되었을 것이다. 하지만 위 표에서 보는 바와 같이 북한 내 반탁 운동 움직임은 극히 산발적이고 분산적인 성격

[143] "이그나티예프. 모스크바 3상회의의 조선 후견 결정과 관련한 북조선 주민들의 정치적 분위기에 관한 조회(1946.1.14.)." ЦАМО, ф. УСГАСК, оп. 102038, д. 2, л. 8; "노긴이 로마넨코에게. 주민의 정치적 분위기." ф. УСГАСК, оп. 106546, д. 1, л. 10-13.

에서 벗어나지 못했다. 그 이유는 세 가지 측면에서 분석이 가능하다. 첫째, 반탁운동 조직과 지도세력의 미약성을 들 수 있다. 당시 민주당의 경우 북한 전역에 상당한 당세를 유지하였으나 당이 탁치 반대를 당론으로 채택하지 못했을 뿐 아니라 통일적인 결집력을 가지고 이 운동을 지도하는 데 실패했다. 둘째, 소련군과 보안대의 발 빠른 대처였다. 각종 시위와 집회는 곧장 진압됨으로써 조직적으로 확대되기가 거의 불가능했다. 셋째, 공산 측이 모스크바 3상회의 결정의 의미를 주민들에게 적절히 선전, 설득한 것이 주효했다. 여기에는 북한의 거의 모든 선전기관과 매체들이 동원되었다.

반소반공 세력의 활동은 이후에도 고립분산적으로 진행되긴 했으나 공산 측의 정책 수행에 적지 않은 영향을 미칠 만큼 파급력이 컸다. 3월 1일 백의사 단원은 평양에서 김일성을 비롯한 북한 지도부와 소련군 사령부 대표들이 참석한 3·1절 행사 연단에 수류탄을 투척하였다. 이때 연단과 광장 경비를 책임지고 있던 Ya. T. 노비첸코 소위가 수류탄을 손으로 받아 불발탄으로 터지는 바람에 큰 인명피해에서 벗어날 수 있었다.[144] 3월 8일 밤 최용건의 자택에 수류탄 3발이 투척되어, 그 가운데 2발이 창문 옆에서 터졌다.[145] 희생자는 나오지 않았으나 3·1절 사건의 연속선상에서 발생한 사건이었다. 3월 14일 밤에는 임시인위 서기장 강양욱의 저택에 대한 공격이 발생했다. 수류탄과 총탄 사격을 받아 강양욱의 아들과 딸 그리고 손님으로 온 목사가 피살되었고, 강양욱 자신과 그의 부인은 가벼운 부상을 입었다.[146] 이와 같은 북한 지도부를 대상으로 한 테러행위는 남한 우익 지도부에 대한 신랄한 비난과 적대 의식 고취로 이어지는 데 영향을 끼쳤다.

토지개혁은 동전의 양면과 같이 공산당의 지지 기반을 강화하는 동시에 그

---

144) 3·1절 수류탄 투척사건과 노비첸코에 대해서는 "쉬킨이 로조프스키에게(1946.4.9.)." АВПР, ф. 102, оп. 6, п. 2, д. 10, л. 1-2 참조.

145) "이그나티예프. 토지개혁 사업 및 주민 분위기에 관한 1946년 3월 8일자 보고." ЦАМО, ф. 379, оп. 473072, д. 1, л. 46.

146) "북조선에서의 토지개혁." РГАСПИ, ф. 17, оп. 128, д. 54, л. 196об.

반대세력의 반발을 불러일으켰다. 토지개혁에 대한 반발과 저항도 만만치 않았던 것은 다양한 사례에서 드러났다. 이 기간 동안 인민위원회에서 축출된 지주와 '친일분자' 간부만도 308명에 달했다.[147] 평안남도 강서군 인민위원회 위원장인 지주 출신 박모는 토지개혁에 반발하여 직무를 거부하였다.[148] 이번 에도 저항의 선도에 선 것은 학생들이었다. 평양에서는 고등교육기관인 평양 공업전문학교와 14개 중학교에서 상당수 학생들은 동맹 휴교를 선포하고 수업을 거부하였다.[149] 이들의 투쟁은 반탁 및 임시인위에 대한 반대와 결합되었다.

함흥에서의 사태는 폭력적으로 변모하였다. 3월 13일 함흥의학전문학교, 함흥공립상업학교, 함흥 농업학교와 6개 중학교 학생 2,640명은 조선의 독립과 식량 사정 해결을 요구하는 시위를 개시하면서 토지개혁 반대로 나아갔다.[150] 시위 참가자들은 북조선공산당 도위원회 정치학교 건물에 진입하여 시당 선전부장과 검찰소 직원 3명, 보안원 5명을 구타하였다. 이에 보안원들이 무기를 사용하여 2명의 사망자를 발생시켰다.[151]

해주에서는 여러 날 동안 200여 명의 중학생들이 수업을 거부하였고, 이들 중 일부는 인민위원회와 공산당 도위원회를 공격하기로 모의하다가 적발되어 그 주동자들이 체포되었다.[152] 이튿날 신의주에서는 평안북도인민위원회 위원장이 학생들 집회에서 토지개혁 법령을 해설하였지만 참석자 150명 가운데 아

[147] "북조선의 정치 상황 보고(1946.6.1.)." АВПР, ф. 0480, оп. 2, п. 2, д. 7, л. 10.
[148] "슈티코프가 몰로토프에게, 토지개혁 사업 진행과 주민 동향(1946.3.15.)." АВПР, ф. 018, оп. 8, п. 6, д. 81, л. 8; "이그나티예프. 토지개혁 사업 및 주민 분위기에 관한 1946년 3월 12일자 보고." ЦАМО, ф. 379, оп. 473072, д. 1, л. 50.
[149] "로마넨코가 메레츠코프에게. 북조선토지개혁 결과 보고(1946.4.11.)." АВПР, ф. 0480, о п. 2, п. 1, д. 1, л. 12.
[150] 위의 문서.
[151] 앞의 문서.
[152] "슈티코프가 몰로토프에게, 토지개혁 사업 진행과 주민 동향(1946.3.15.)." АВПР, ф. 018, оп. 8, п. 6, д. 81, л. 8; "이그나티예프. 토지개혁 사업 및 주민 분위기에 관한 1946년 3월 12일자 보고." ЦАМО, ф. 379, оп. 473072, д. 1, л. 49-50.

무도 법령을 지지하지 않았다.[153]

　이와 같이 북한의 반대 세력은 계층적으로는 지주와 유산계층이었지만, 실질적인 행동 세력은 학생집단인 경우가 많았다. 함흥에서 토지개혁 반대 시위의 주도층도 전문학생과 중학생들이었다. 이에 대해 김일성은 '가는 곳마다 반동분자를 학생이 대표하는 경향이 있다'고 한탄하면서 인민위원회를 통해 교육 문제를 정리하고 빈곤 가정 출신들을 입학시키는 방식 등으로 학생 성분의 개조를 주문하였다.[154] 하지만 그러한 노력에도 불구하고 이후에도 북한 내 반탁·반공세력들의 테러 행위와 선동 활동은 계속되었고, 이는 비록 대중적 영향력은 크지 않았지만 공산당과 소련군 당국을 지속적으로 괴롭히는 요인이 되었다.

---

153) 위의 문서.
154) "土地改革討論에 대한 金日成同志의 結論." 『黨의 政治路線 及 黨事業總結과 決定. 黨文獻集1』, SA 2012 Series, 46쪽.

타협과 독자적 발전의 길

제4장

타협과 독자적 발전의 길

1. 소련의 대미 협상 전략

회담의 전초전: 미소양군대표자회담

탁치 문제로 요동친 한반도의 정세에는 어두운 그림자가 드리우고 있었다. 이 불투명한 상황을 타개할 수 있는 것은 미·소 간의 협상과 타협을 통한 해결책의 제시 이외에는 다른 대안이 존재하지 않았다. 마침 미국과 소련은 1946년 1월 16일부터 모스크바 결정 제4항에 따라 남북 간의 '긴급한 문제들을 심의'하기 위해 양군 대표자회담을 개최하였다. 미군정장관 아놀드를 단장으로 한 미국 대표단과 슈티코프를 단장으로 한 소련 대표단이 해방 후 5개월 만에 처음으로 서울 덕수궁 협상장에서 마주 앉았다. 소련 지도부가 슈티코프를 대표단장으로 선임한 것은 그만큼 미·소 간 협상의 의미를 높게 평가한 증거였다.

남북 간 '긴급한 문제'란 38도선을 경계로 한 미·소 양군의 주둔으로 남북양 지역 간의 경제 교류가 사실상 단절된 것을 해결하자는 취지였다. 일제 시기부터 북쪽은 남쪽에 석탄, 전기, 비료, 각종 화학제품 등을 공급하였고, 남쪽은 북쪽에 식량, 직물, 각종 부품 등을 대주었지만 미·소 양군의 주둔 후 남북 간 교역이 사실상 끊기면서 남북 경제는 심대한 타격을 입었다.

소련은 이 문제의 해결에 전향적인 자세를 보였다. 1945년 12월에 작성된 외무성 문건에 따르면, 북쪽은 남쪽에 전력 1백만 KW, 석탄 30만 톤, 철광석은 50만 톤, 주철 10만 톤, 화학비료 15만 톤, 카바이트 1만 톤, 중요 화공생산품 5,000톤을 손해 없이 교환방식으로 전달할 수 있을 것으로 보았다.[1]

양군 대표자회의 직전 소련군 총참모장 안토노프는 미국 측이 단일행정부 창설 문제를 제기할 경우 여기에 응하지 말 것을 슈티코프 대표단에게 지시하였다.[2] 그 이유는 모스크바 결정에 따라 이 문제는 미·소 정부의 권한이라는 점 때문이었다. 즉, 조선 임시정부의 수립은 많은 준비가 필요한 장기간의 사업으로 당장의 문제가 아니며, 조선 임시정부 창설을 위한 미소공동위원회의 설치 문제와 남북의 행정·경제분야의 긴급한 대책 마련을 위한 회의 소집 문제는 전혀 상이하다는 것이었다. 따라서 양군 대표자회의는 남북조선에 관계된 긴급한 행정·경제문제들만 다루어져야 한다고 하였다.[3] 이처럼 소련은 처음부터 모스크바 결정을 문구 그대로 실천에 옮기려는 태도를 견지하였는데, 이는 대한반도 전략과 관련하여 이 결정의 원칙적 실행에 큰 기대를 하였음을 반증하는 것이었다.

양군 대표자회담에서는 경제 현안 등 남북 사이의 긴급한 문제 영역이 취급되었다. 미국 측은 먼저 남북 양 지역의 경제 통합 및 서울을 중심으로 한 개별 경제부문의 운영 집중 등을 제의하였다.[4] 모스크바 결정에 포함되지 않은 전조선의 경제 통합을 임시정부 수립에 앞선 실행조건으로 제시한 것이다. 전 조

---

[1] "페투호프, 소미의 조선 점령과 북남조선 간 정치·경제관계 문제." АВПР, 이하 불명
[2] "안토노프가 메레츠코프에게, 주조선 소미사령부대표자회의에 대하여(1946.1)." АВПР, ф. 06, оп. 8, п. 39, д. 634, л. 5-6.
[3] 위의 문서, л. 2.
[4] "슈티코프. 주북 소련군 사령부와 주남 미군사령부 대표자 회의 결과 보고(1946.2.17.)." АВПР, ф. 06, оп. 8, п. 40, д. 639, л. 10-11.

선 경제통합은 미국 측의 입지와 영역 확장에 유리한 조건이 될 터였다. 이 제의는 소련의 예상을 그대로 적중한 셈이 되었다. 미국의 이 제의에 대한 소련의 거부는 북한의 산업과 교통에 미국 자본의 자유로운 침투를 위한 기반이 마련될 것이라는 우려가 작용했기 때문이다.[5]

소련의 우려는 1946년 1월 15일 북조선 중앙은행 창설에서도 잘 나타났다. 소련국립은행 연해주 출장소 전 선임감사관 A. S. 베프리코프가 책임자로 임명된 북조선중앙은행은 소련 정부로부터 1억 원의 신용을 받고, 남쪽 은행 지점 57개를 병합시켰다.[6] 경제 영역에서 미국의 관여를 막고 소련의 영향력과 독자성을 확보하려는 노력의 일환이었다.

소련 측은 남북 간 철도와 육상 운송 및 항행 문제에 대해서도 비슷한 입장을 견지하였다. 소련 대표단은 미국 측이 서울에 거점을 둔 통합수송위원회를 만들어 남북 양쪽의 수송물자를 책임지게 하자는 제의를 하자 이를 미국 측의 주도권을 확보하기 위한 것으로 간주하였다.[7] 소련은 본 회담이 수송의 통합 문제를 다룰 권능이 부여되지 않았다는 이유를 들어 미국 측 제의를 거부하였고, 이에 따라 운송 지도는 각 사령부가 자기 지역에서 실시하는 것으로 결론이 났다.

미소양군대표자회담에서 양측은 사실상 물자교류 영역으로 모스크바 결정 제4항의 협의를 한정시킬 수밖에 없었다. 소련 대표단은 전기, 석탄 등에 대한 제공 대가로 남측으로부터 쌀과 각종 물자를 지원받고자 하였다. 북한 지역 내 식량 문제는 이의 해결 없이 산업의 복구와 가동이 불가능하다는 진단을 내릴 정도로 첨예한 사안이었다. 하지만 미국 대표단이 남쪽에 여분의 쌀이 없다고 함으로써 북쪽의 식량 문제는 난관에 부딪쳐 합의에 이르지 못했다.

미소양군대표자회담은 기대만큼 중요한 성과를 거두지 못했다. 양측은 남북

---

5) 위의 문서, л. 28.

6) "북조선의 정치 상황 보고(1946.6.1.)." АВПР, ф. 0480, оп. 2, п. 2, д. 7, л. 131.

7) "1948년 5월 30일 미국무성의 성명에서 언급된 조선과 만주문제에 대한 조회(1948년 6월 10일)." АВПР, ф. 07, оп. 21, п. 22, д. 379, л. 2.

지역 간 철도와 차량 교통, 북조선과 남조선 항구들 간의 연안 항행, 경계선을 따라 소련과 미국 쌍방의 초소 건립, 한 지역에서 다른 지역으로의 조선인의 이동 질서, 양 지역 간 서신 교환을 위한 우편연락의 재개, 라디오방송국들 간의 주파수 배분 등 비교적 부차적인 문제들에 대해 합의하는 데 그쳤다.[8] 소련 대표단이 볼 때, 미국의 주장은 북한의 경제적 어려움을 가중시키고 소련군 사령부의 명예를 훼손시켜 한국 임시정부 수립 시 자신에게 보다 유리한 조건을 조성하는 데 있었다.[9] 경제교류 문제는 정치적 해결의 범주에서 다뤄질 수밖에 없었고 이를 위해서는 다가오는 미소공동위원회의 개최를 기다려야 했다. 회담 말미에 미소양군대표자회담은 미·소 양군 대표들로 공동위원회를 창설하는 결정이 채택됨으로써 모스크바 결정을 확인하였다.

제1차 미소공동위원회 준비: 소련의 전략

1946년 3월 20일 역사적인 미소공동위원회의 개막이 예정되어 있었다. 소련 지도부는 미국과의 협상을 이끌 책임자로 또다시 주북한 민정 담당 책임자가 아닌 바로 슈티코프를 직접 선임하였다. 미국 측이 아놀드 남한 주둔 미 군정청 장관을 내세운 것과 비교해 보면 소련이 미·소 협상에서 밀리지 않기 위해 크게 신경을 썼음을 알 수 있다.

미소공위 소련 대표단은 회담 수행의 기본 지침으로서 훈령을 소련 정부로부터 전달받았다. 훈령은 제1차공위, 공위휴지기, 제2차공위 등 3차례 작성되었다. 각각의 훈령은 공위 사업에 대한 소련의 기본 전략을 담고 있기 때문에 이를 검토하는 것은 소련의 의도를 파악하는 데 핵심이 된다. 제1차공위 훈령은 3월 15일 외무상 몰로토프에 의해 최종안이 마련되어 이튿날 스탈린의 재가를 받았다. 훈령 초안의 작성자들은 소련 외무성과 국방성 소속 조선 담당 관리

8) "슈티코프. 주북 소련군 사령부와 주남 미군사령부 대표자 회의 결과 보고(1946.2.17.)."
    ABПP, ф. 06, оп. 8, п. 40, д. 639, л. 28-29.
9) 위의 문서, л. 19.

및 장교들이었다. 3월 16일 훈령 초안은 외무성 제2극동부장 N. I. 게네랄로프, 소련군 총정치국 7국장 M. I. 부르쩨프 소장, 소련군 총정치국 7국 부국장 B. G. 사포즈니코프 등이 작성하였다. 이들은 대한반도 정책 전문가들로서 다수의 정책 입안에 참여한 인물들이었다. 이들의 참여에 의해 작성된 정책 초안은 상층부의 검토와 논의를 거쳐 최고 지도부의 최종 판단에 따라 결정되었다. 물론 최종 결정권자는 스탈린 또는 당 정치국이었다.

제1차공위 훈령인 '조선민주주의 임시정부 창설에 대한 소미공동위원회의 소련군 사령부 대표단을 위한 훈령'은 명칭에서 드러나듯이 공위에 임하는 소련의 총체적 전략이 조선 임시정부 수립에 모아졌음을 보여 주고 있다.[10] 슈티코프가 미소공위 개막사에서 '소련은 항상 예외 없이 모든 민족의 자결권과 주권을 옹호하였으며 또 그럴 것'이라고 한 발언과 일맥상통하는 것이었다.[11]

훈령은 1. 회의 절차, 2. 조선민주주의 임시정부와 지방자치 기관 창설에 관한 권고 작성, 3. 정치강령, 4. 민주정당과의 협의 등 모두 4개 절로 구성되었다. 제1절 '회의절차'는 대표단 구성과 사업 구분 및 절차를 명시하였다. 소련 대표단으로는 슈티코프를 단장으로 하여 S. K. 차라프킨(외무성 미국부장), N. G. 레베데프(제25군 군사회의 위원), G. M. 발라사노프(외무성 관리, 제25군 정치고문), T. I. 코르쿨렌코(중좌, 민정 산업부장)가 임명되었다.[12] 이 가운데 차라프킨은 대미협상 전문가로서 소련 본국에서 차출되었고 나머지 4인은 한반도-북한 현지 사정에 능통하거나 직접적으로 연관된 인물들로 구성되었다. 회담에서 실질적 성과 확보 및 현지와의 소통을 중시한 진용이었다.

---

10) 각 훈령의 출처는 다음과 같다. "조선민주주의 임시정부 창설에 대한 소미공동위원회의 소련군 사령부 대표단을 위한 훈령(1946.3.16.)(이하 '제1차공위훈령')." Советско-американские отношения 1945-1948. Документы.. М., 2004, с. 177-181.

11) Правда. 25.Ⅲ.1946.

12) "제1차공위훈령." с. 178.

공위 사업은 두 단계로 나눌 것을 명시하였다. 첫 단계는 모스크바 3상회의 결정에 따른 조선민주주의 임시정부 구성원에 관한 추천서 작성이며, 두 번째 단계는 원조 및 협력 조치(후견) 작성이다.[13] 조선 임시정부 구성원에 관한 추천서란 미·소 양국이 각각 내각 성원을 추천하여 합의에 이르는 것으로서 조선 임시정부의 구성을 일컫는 것이다. 다시 말해서, 조선 임시정부의 수립을 공위의 최대 목표임을 보여 주었고, 후견으로 표현되는 신탁통치 문제는 이후 단계로 설정하였다.

한국 임시정부 및 자치기관 구성안

1. 임시정부 구성을 위한 협의 대상 정당 사회단체 명부, 임시정부와 지방정권기관의 구조 및 조직 원칙에 관한 추천서, 임시정부의 정강 및 구성원 추천서 등의 작성 일정을 확정한다.
2. 임시정부는 민주정당 사회단체 대표자들로 구성되며, 정부 구성 시 상(相; 장관) 직책은 남북 조선 민주정당과 사회단체에서 추천한 후보자들로 똑같이 배당된다.
3. 임시정부 상 직책 후보로는 남북조선 민주정당 사회단체 대표가 추천된다.
4. 임시정부는 조선 영토 전역에서 입법권 및 행정권을 행사하며, 지방행정권은 보통·직접·평등·비밀투표에 의해 선출된 인민위원회를 통해 정부가 행사한다.
5. 새 정권기관에 일본과 협력한 인물들은 등용하지 않는다.
6. 전체 지방 인민위원회선거가 실시된 후 북조선 임시인민위원회와 남조선 미군 사령부 산하 조선자문기관은 폐지되어야 한다.
7. 조선민주주의 임시정부는 북조선의 소련군 사령부와 남조선의 미군 사령부와 연락을 취하기 위해 양 사령부 산하에 자기의 대표들을 둔다.
8. 조선민주주의 임시정부는 다음과 같이 구성된다. 내각수상, 부수상 2인 그리고 다음의 성들: 1) 내무성 2) 외무성 3) 국방성 4) 재정성 5) 산업성 6) 상업성 7) 농림성 8) 교육선전성 9) 사법성 10) 보건성 11) 노동사회보장성 12) 교통성 13) 체신성.

〈출처〉 Советско-американские отношения 1945-1948. Документы.. М., 2004, с. 178-179.

제2절은 임시정부 및 지방자치기관 구성에 대해 8개 조로 언급하고 있다. 제1~3조는 미소공위가 임시정부 수립을 위한 각종 조건을 토의·합의하는 장이며, 임시정부의 수립은 남북한 정당·사회단체의 대표성을 통해 이루어져야한

---

13) 위의 문서.

다는 원칙이 설정되었음을 보여 주고 있다. 임시정부 수립에서 가장 핵심적인 내용인 내각 구성은 남북한 공히 1 : 1의 배분 비율을 유지하도록 하였다. 이 주장은 외형적으로는 미·소 관리하의 남북 양측에 균등한 방안으로 비추어지지만 좌파가 압도적인 북한과 좌우 세력이 경쟁하는 남한의 구도를 놓고 볼 때 좌파에게 절대적으로 유리한 방안이었다.

제4조는 중앙정부의 역할을 임시정부가, 지방행정권은 임시정부의 지도하에 각급 인민위원회가 행사하도록 하였다. 특징적인 것은 각급 인민위원회는 선거를 통해 구성하도록 하였는데, 이는 해방 후 북한에서 공산 측의 일관된 입장을 반영한 것으로 볼 수 있다.[14] 즉 임시정부와 각급 인민위원회는 이미 북한에서 구축된 북조선 임시인민위원회와 도·시·군 인민위원회를 모델로 제시한 것이었다.

제5조는 친일분자의 배제를 규정한 한 것으로 공산 측이 우파 진영과의 관계에서 우선적으로 제기해온 사안이었다. 초안들에서는 '일정 때 존재하던 일체 행정기관과 단체는 해체할'[15] 것을 포함시켰다가 정작 훈령에는 삭제하였다. 이는 임시정부가 수립되면 일제의 행정기관과 단체는 자연스럽게 해체될 것이기 때문에 굳이 명기하지 않은 것으로 보인다.

제6~7조는 조선에서 각급 인민위원회 선거 실시 후에 남북의 기존 권력기관을 폐지하고, 새로 수립되는 임시정부는 미·소 양군 사령부와 협력 속에서 사업을 수행하도록 하였다. 폐지되는 남북의 권력기관이란 당시 막 결성된 북조선 임시인민위원회와 남조선 민주의원을 가리킨다. 그런데 초안들은 '후견이 확립될 때까지 조선민주주의 임시정부는 미소공위 앞에 책임을 진다'[16]거나 '조선

---

14) 공산 측은 1945년 11월 각급인민위원회 선거를 기획하였다가 상황이 여의치 않자 연기한 바 있다. 하지만 1946년 11월 3일 도시군인민위원회 선거가 실시되면서 애초의 정치적 구상을 이룰 수 있었다. 밑으로부터의 선거 절차를 거친 권력 기관 수립 방식은 동구 등 소련의 영향력이 미친 지역들에서는 일반적이었다.

15) "메레츠코프와 슈티코프에게. 훈령(안)."(이하 '제1차공위훈령 – A안) ЦАМО-А, ф. 19, оп, 267, д. 8, л. 89; "메레츠코프와 슈티코프에게. 훈령(안)."(이하 '제1차공위훈령 – B안) АВПР, ф. 07, оп. 11, п. 18, д. 280, л. 3.

임시정부 활동은 정부나 지방정권기관을 막론하고 미소공위와 자문기구에 의해 통제 및 지도를 받는다'[17])는 문구를 포함시켰으나 본 훈령에서는 삭제되었다. 신탁통치가 예정된 조건에서 미·소가 공동으로 임시정부에 대한 통제 기능을 가질 것이지만 가급적 주권적 침해로 해석될 수 있는 것을 피하고, 임시정부의 독자적 위상을 강조하기 위한 것으로 볼 수 있다.

제8조는 사실상 미소공위의 가장 중요한 과업이라 할 임시정부 내각 부처 구성에 관한 내용이다. 내각 수상과 부수상 2인 그리고 13개 성이 갖추어진 진용은 '완성된' 국가의 그것과 별반 다를 게 없다. 이에 반해 '제1차공위훈령 −A안'은 '국방성은 창설하지 않는다. 남북조선에 어떠한 조선 군부대도 결성하지 말 것'[18])을 규정함으로써 무력기관의 설치를 금지하도록 제의하였다. '제1차공위훈령−B안' 은 '국방성과 외무성은 창설하지 말 것'을 주문하였으나 부수상 2인에게 각각 외교와 국방 문제를 담당하는 것으로 진전시켰다.[19]) 정책 입안자들의 구상에서 임시정부는 본질적으로 외교와 군사권에 제약을 두는 순수 자치적, 행정적 의미의 정부를 예정한 것으로 보인다. 그렇지만 이 두 핵심 부처는 막판에 극적으로 포함되었다. 정책 입안자들과는 달리 소련 지도부는 실질적인 독립정부로서 임시정부의 권한 확대에 더욱 관심을 보였다고 할 수 있다.

임시정부 내각 구성안은 슈티코프가 김일성, 박헌영과 협의하여 마련하였다. 이는 이 시기 전후 권력기관의 인사 방식을 전형을 보여 주는데, 바로 김일성 측이 천거하고 슈티코프가 이를 그대로 수용하거나 논의를 거친 후 결정하는 방식이 일반적인 양상이었다. 내각 구성안은 임시정부의 실현이 구두로만 주장한 것이 아니라는 것을 입증하는 점에서 중요한 의미를 갖는다. 이에 반해 미국 측은 이와 관련한 자국의 구상을 제시하지 않았음을 볼 때 모스크바 결정에 대

16) "제1차공위훈령−A안." л. 89.
17) "제1차공위훈령−B안." л. 3.
18) "제1차공위훈령−A안." л. 90
19) "제1차공위훈령−B안." л. 4.

한 실천 의지가 미약하다는 의심을 받을 만했다.

소련의 내각 구성안에는 두 종류의 명단만이 확인되는데, 이 가운데 나중에 나온 '3월 15일 제안'을 정리하면 〈표 4-1〉과 같다.[20]

〈표 4-1〉 임시정부 내각 구성안

직위	성명	소속	비고
수상	여운형	남조선인민당 당수(남)	
부수상	박헌영	조선공산당 당수(남)	
부수상	김규식	중경임시정부 부주석(남)	
외무상	허헌	남민전 의장(남)	
내무상	최용건	임시인위 보안국장(북)	후보 교체
국방상	김일성	임시인위 위원장(북)	국방성 신설
산업상	무정	북조선공산당 간부부장(북)	
교육상	김두봉	임시인위 부위원장(북)	
선전상	오기섭	임시인위 선전부장(북)	
노동상	홍남표	남민전 부의장(남)	
경제계획위원장	최창익	북조선신민당 부위원장(북)	미소공위 훈령에서는 폐지됨
농림부상	명재억	임시인위 농림국 농업부장(북)	
재정부상	박문규	남민전 선전부장(남)	
교통부상	한희진	임시인위 교통국장(북)	
체신부상	안기성	조선공산당 간부(남)	
보건부상	이상숙	임시인위 보건국 부국장(북)	무소속, 의전 졸업, 교수
상업부상	이준엽[21]	경제전문가(남)	

20) "부르쩨프가 파뉴쉬킨에게(1946.3.15.)." РГАСПИ, ф. 17, оп. 128, д. 61, л. 1-11. '3월 7일자 제안'의 출처는 다음과 같다. "슈티코프의 제안, No. 2776(1946.3.7.)." РГАСПИ, ф. 17, оп. 128, д. 998, л. 3-4. '3월 7일 제안'과 '3월 15일 제안'은 각기 다른 제안이라기보다는 시간 순서에 따른 수정안으로 보는 것이 옳다. '3월 15일 제안'과 3월 8일 메클레르가 작성한 후보 평정서는 정확히 일치한다. "메클레르. 조선민주주의임시정부 후보 평정서(1946.3.8.)." ЦАМО, ф. 172, оп. 614632, д. 25, л. 228-242.

21) 원문에는 이준엽(이동엽)Ли Дун Ев, 또는 이두엽Ли Ду Ев 으로 표기 되어 있는데, 이 인물이 정확히 누구인지는 확인되지 않는다. 다만 소련 문서에 나타난 그의 약력은 다음과 같다. 35세, 조선공산당 서울시당원, 경성제대(원문에는 '서울대'로 표기됨) 수학, 조공 재건운동으로 5년간 투옥, 출옥 후 광산회사 근무, 해방 후 공산당 재건운동 참여, 유능한 인물임. "메클레르. 조선민주주의임시정부 후보 평정서(1946.3.8.)." ЦАМО, ф. 172, оп. 614632, д. 25, л. 240; "부르쩨프가 파뉴쉬킨에게(1946.3.15.)." РГАСПИ, ф. 17, оп. 128, д. 61, л. 4-5.

내각 성원의 최종 명단은 위 〈표 4-1〉에서 거의 변화가 없다고 봐도 무방하다. 위의 '3월 15일 안'과 '3월 7일 안'의 차이는 국방상이 신설된 것과 처음 김일성이 내무상에서 국방상으로 직책을 옮기고 내무상에는 최용건이 내정된 점 이외에는 없다. 국방상의 자리에 김일성이 천거된 것은 그가 임시정부에서도 핵심적 지위를 차지하는 것을 의미했다. 북조선공산당에서는 '민주주의조선임시정부 수립을 앞두고 이 정부의 최고지도자로 일성 동무를 추천하게 되는 것은 결정적이다'고 지지를 표명하였다.[22]

여기서 비공산주의자들로서 수상과 부수상 후보로 각각 지명된 여운형과 김규식에 대해 간략히 검토해 볼 필요가 있다. 남조선인민당 당수이자 중도좌파 지도자인 여운형은 미국 측으로부터도 적극적인 협력과 구애의 대상이었으며, 소련과 북한공산당의 신뢰를 받고 있는 인물이었다.[23] '3월 7일 안'에는 '1. 수상 – 여운형 – 인민당 지도자(미국으로부터)'라고 표기되어 있다. 이것은 미국이 그의 수상직 등용을 반대하지 않을 것이며 오히려 미국 측의 동의를 적극 이끌어내려는 의미로 해석할 수 있다. 그의 천거는 수상직만큼은 미·소 양측이 공감하는 인물이어야 한다는 것을 염두에 두었다고 볼 수 있다. 부수상 후보로 김규식을 추천한 것도 그와 동일한 맥락으로 읽힌다. 그런데 여운형과는 달리 '친미적'이었던 김규식을 지명한 것은 그가 모스크바 결정에 대한 반대 입장을 거두었기 때문이었다.[24] 실질적으로 이 두 인사는 미국의 예상되는 반대로부터 비교적 자유로운 인물들이었다. 물론 인민당은 좌파정당으로서 공산당원들이 '당내에서 철저한 혁명사업의 수행'하기 위해 비밀리에 입당해 활동할 정도로 공산

---

22) "北朝鮮 共産黨 中央委員會 第二次 各道宣傳部長會議 總結報告 要旨." 『北韓關係史料集 Ⅰ』, 國史編纂委員會, 1982, 87쪽.

23) 여운형에 대한 소련 측 평정서에는 '후견 결정을 지지하며, 친소적이다. 좌우정당 간 투쟁의 몇몇 문제에서 동요하고 있다'고 기록되어 있다. "소콜로프, 조선정치활동가에 대한 간략한 평정.", РГАСПИ, ф. 17, оп. 128, д. 61, л. 17.

24) "부르쩨프가 파뉴쉬킨에게(1946.3.15.)." РГАСПИ, ф. 17, оп. 128, д. 61, л. 3-4. 이에 따르면, 김규식은 '귀국 직후 이승만을 반대하였지만 이후 그를 지지하려고 마음먹었다. …조선에 관한 모스크바 삼상회의 결정에 동의하지 않았으나 최근에 자신의 견해를 바꾸었다.' 소련이 모스크바 결정에 반대하는 인사를 임시정부 각료로 천거하기는 어려웠을 것이다.

당의 영향이 적지 않았다.[25)]

　외무상, 내무상, 국방상 등 주요 부처의 인사들은 소련 측이 추천하도록 제의하였고, 미국 측의 몫은 농림상을 포함한 6개 부처로 한정하였다. 내각 상 후보 선정은 아무튼 미국 측과의 협상에 따라 배분될 것이기 때문에 주요 부처를 자신에 유리한 쪽으로 일단 배정한 것으로 볼 수 있다. 그러나 내각 후보 명단에는 이승만과 김구, 그리고 반탁인사들은 포함되지 않았다. 이는 당연히 미국의 강력한 반발을 유도하여 공위 사업 자체를 위태롭게 할 수 있는 조처였다. 이들 세력의 참여는 미국과 협상에서 풀어나가야 하는 사안이었지만 소련의 첫 구상에서 반탁인사들의 배제 방침은 확고한 편이었다. 이러한 입장은 한편으로 모스크바 결정에 따른 찬·반탁 파동 이후 소련과 남북한 공산주의자들의 통일전선 범위가 대폭 축소된 것을 확인해 주고 있다. 공산 측의 명단은 미국 측에서 우익인사 위주로 배정하리라는 예상과 양측의 타협 가능성을 염두에 두고 작성된 것이더라도 좌파 편향성이 명백하게 드러나 있다. 소련이 구상한 임시정부는 좌파가 주도하는 정부임을 입증하는 것이었다.

　임시정부 내각 구성에 대한 미국의 구상은 공식 문건으로는 정확히 확인되지 않고 있다. 다만 슈티코프의 보고에 따르면, 공위 개최 직전인 3월 16일 미국 측은 여운형의 측근인 황진남(黃鎭南)을 불러 대통령에 이승만, 부통령 혹은 수상에 여운형을 추천하고자 하는데, 여기에 동의하는지 물으면서 여운형에게 11명의 각료 선임권을 부여할 수 있다고 하였다.[26)] 같은 날 미국 측은 허헌을 초치하여 대통령에 이승만, 부통령에 조만식을 추천하는 데 대한 의견을 물었다. 이 자리에서 미국 측이 허헌에게 통일정부 수립과 남북한 두 개 정부 수립 중 어느 것이 나은 지 질문한 것은 미국의 향후 입장을 가늠하는 흥미로운 부분이다.[27)] 결국 공위 개최 직전 미국 측은 임시정부의 각료 구상에 대한 안을 확정

25) "파뉴쉬킨에게. 1946년 5월 남조선 내부 정세 보고(1946.5.20.)." РГАСПИ, ф. 17, оп. 128, д. 205, л. 39.

26) "슈티코프. 보고서(1946.3.18.)." ЦАМО, ф. 172, оп. 614631, д. 14, л. 2.

27) 위의 문서.

하지 않은 상태였는데, 다만 이승만을 대통령 후보로 내세우고 여운형을 끌어들일 강한 의지를 보여 주었다.

여기에 미소공위 사업 진행 중이기는 하지만 우익 측의 남조선 민주의원도 임시정부 각료 명단을 작성한 것으로 알려졌다. 확인 가능한 명단과 직책은 다음과 같다.

〈표 4-2〉 임시정부 각료 명단(남조선민주의원의 제의)

직위	성명	소속
대통령	이승만	독립촉성중앙협의회 총재, 민주의원 의장
수상	김구	민주의원 부의장
외무상	함상훈	한민당 선전부장
내무상	조병옥	경무부장
교육상	김성수	한민당 간부
선전상	안재홍	국민당 당수

〈출처〉 "파뉴쉬킨에게. 1946년 5월 남조선 내부 정세 보고(1946.5.20.)." РГАСПИ, ф. 17, оп, 128, д. 205, л. 44. 57-59.

위의 민주의원 안이 소련 측 내각 구성 명단과 전혀 일치점이 없는 것으로 볼 때 미·소가 임시정부 수립 절차에 들어갔다 하더라도 매우 큰 진통을 예고하고 있었다고 말할 수 있다.

소련의 내각 구성안은 본 훈령과는 약간 차이가 있었다. 이를테면, 교육성과 선전성이 따로 분리되어 있는데, 훈령에는 교육선전성으로 통합되었고, 노동성은 노동사회보장성으로 개칭되었다(나중에 다시 노동성으로 환원됨). 또한 사법성이 새로 포함되었다. 한편 '제1차공위훈령-A안'에 나온 경제계획위원회의 설치는 바로 취소되었는데, 이는 미·소가 모두 합의 가능한 다른 성(省)과는 달리 경제계획위원회는 사회주의 계획경제 또는 그것을 지향하는 기관으로 비춰질 것이었기에 이에 대한 미국 측의 반발을 고려했을 뿐 아니라 임시정부의 성격이 '비사회주의적'임을 보여 주고자 한 것으로 볼 수 있다.

제3절 '정강'은 임시정부 활동의 기초로 삼는 과업을 일컫는 것으로서 모두 18개 조에 이른다. 이를 축약하여 정리하면 다음과 같다.

소련 측이 제시한 임시정부 정강(요약)

1) 일제 지배의 잔재에 대한 철저한 청산, 국내 반민주적인 반동분자들과의 투쟁, 친파쇼 반민주 정당사회 단체, 그룹 및 개별 분자들의 활동 금지.
2) 성별과 신앙의 차별 없이 보통, 직접, 평등, 비밀선거를 기초로 주민이 선출한 인민위원회들을 통해 조선 전체 영토에서 지방자치 실시.
3) 정치적 자유의 보장: 언론, 출판, 집회, 신앙, 민주주의 정당, 직업동맹, 기타 민주단체 활동의 자유.
4) 인신 및 주택 불가침 보장, 공민의 재산 및 개인 소유의 법적 보호.
5) 일본통치 시기의 법령과 재판절차 폐지; 사법기관의 민주화.
6) 전반적 초등 무상의무교육제 도입, 국가적 초등, 중등, 고등교육기관망 확장.
7) 조선민족문화의 전면적 발전.
8) 인민의 복리향상을 위한 농업, 산업 및 운수의 발전.
9) 일본인과 조선인 민족반역자, 대지주의 토지 몰수, 소작제 철폐, 몰수한 토지를 조선농민 소유로 무상 분배.
10) 토지몰수 대상에게 속했던 관계시설 몰수, 이를 조선국가에 무상으로 인도.
11) 일본인 및 조선인 독점 자본가에게 속했던 대기업, 은행, 자연부원, 산림, 철도운수의 국유화.
   * 비고: 과거 재조선 일본거류민들이 소유하였거나 일본군의 항복 후 소련군과 미군 사령부의 허가하에 조선인들이 공식적으로 획득한 소기업과 부동산은 국유화의 대상이 아니다.
12) 국가 기구, 산업, 운수, 체신, 농업, 교육, 문화 및 보건 분야의 간부 양성을 위한 전문교육기관 망의 창설
13) 시장가격 통제 실시: 투기와 고리대금업과의 투쟁.
14) 공평한 단일세금제 확립; 누진적 소득세 도입.
15) 노동자, 사무원의 8시간 노동일과 12~16세 미성년자의 6시간 노동일 도입; 13세미만 아동의 노동착취 금지.
16) 노동자, 사무원의 취업 보장; 최저임금 확립.
17) 사회보험 실시 및 기업에서 노동보호 실시
18) 국가의료기관망 확장, 전염병과의 투쟁, 무산자와 빈민의 무상치료 보장.

〈출처〉 Советско-американские отношения 1945-1948. Документы.. М., 2004, с. 179-180.

임시정부 정강은 동년 3월 23일 김일성이 발표한 임시인위의 '20개조 정강'과 내용상 매우 흡사하다. 두 정강은 배치 순서와 표현 방식 등에서 다소간 차이가 있을 뿐 거의 대동소이하다고 할 수 있다. 소련과 북한 지도부가 두 정강에 대해 긴밀한 협의를 넘어 공동으로 작성했음을 알 수 있는 대목이다. 임시인위의 '20개조 정강'에는 '전체 공민들에게 성별, 신앙 및 재산의 다소를 불문하고 정

치, 경제생활 제조건에서의 동등한 권리를 보장할 것'과 '개인의 수공업과 상업의 자유를 허락하며 장려할 것', '과학과 예술에 종사하는 인사들의 사업을 장려하며 그들에게 보조를 줄 것' 등 3개 조항이 추가되어 있다.[28] 반면, 임시정부 정강의 제16조 '노동자, 사무원의 취업 보장; 최저임금 확립'은 빠져 있다. 이러한 차이는 비슷한 조항으로 대체되었거나, 비본질적 이유로 제외되었다고 해도 무방하다.

정강 제1조의 일제 잔재 청산은 공산 측이 지속적으로 제기한 우선적인 과제였다. 이것은 해방 후 반일세력 전체의 당면 과업이면서도 동시에 좌우합작 시도에 결정적인 걸림돌이 된 문제였다. 게다가 모스크바 결정 이후 좌우 대립의 와중에서 공산 측은 미국이 의지하는 반탁인사들을 반민주주의자로 규정하면서 미·소 협상은 시작 전부터 난항을 예상할 수 있었다. 정강은 보통선거와 정치적 자유 보장 등을 명문화한 점에서 민주주의에 대한 서방의 기준에 부합하는 것이었고, 협상 대상인 미국에 거부감을 줄 수 있는 것은 아니었다. 그런데 최초 'A안'은 '나라의 정치·사회생활의 광범위한 민주화'와 '광범위한 대중의 국가 통치 참여'를 제1조와 제2조에 각각 내세우기도 했다.[29] 이는 아마도 이들 조항이 반탁 우익세력을 독려하거나 그들을 반대하는 정책에 위배되는 것으로 간주되어 삭제되었을 것이다.

소유 문제는 개인 소유와 재산권의 보호 등을 근간으로 하여 자본주의적 범주에서 크게 벗어나지는 않았다. 이밖에 8시간 노동일이나 최저임금제, 사회보험 실시 등도 민주적 제도 틀에서 가장 기본적인 사회보장에 관한 것들이다.

토지개혁과 산업국유화를 다룬 항목을 어떻게 바라볼 것인지는 검토가 필요하다. 먼저 토지개혁에 대해서 '일본인과 조선인 민족반역자, 대지주의 토지 몰수, 소작제 철폐, 몰수한 토지를 조선농민 소유로 무상 분배'를 규정한 것은 공위 사업 개시 직전 북한에서 개시된 토지개혁의 기본 틀을 도입하자는 것이었

---

[28] 『正路』 1946년 3월 26일.
[29] "제1차공위훈령 - A안." Л. 90-91.

다. 다만 북한에서는 5정보 이상을 소유한 지주 소유 토지를 몰수한 것이 특징이었는데, 여기서는 그 몰수 규모를 명시하지 않았다. 산업국유화는 그 자체로보면 사회주의적 성격의 조치로 해석할 수 있지만 당시 우파 진영에서도 이의 필요성을 주장한 것을 보면 단순히 사회주의적 기반 조성을 위한 것이었다고 일방 해석하는 것은 무리가 따른다할 것이다.[30]

정강에 포함되지 않은 초안 가운데 특징적인 것은 다음과 같다. 'A안'은 대중의 사회정치적 참여를 강조하였는데, 제19조에 '노동자, 사무원과 인텔리에게 노동조합의 결성 자유 허용'[31]을 포함시켰다가 삭제하였다. 노동조합 결성의 자유는 소련에서는 허용되지 않았던 '부르주아민주주의'의 범위에 속한 권리였지만 이를 명문화시키기에는 부담감을 가졌을 것이다. 산업국유화 문제에 대해서는 '국유화의 대상이 되지 않는 것은 일본군 무기 공급에 직접 참여한 군수산업인 日－朝 주식회사들을 포함한 소련군 및 미군의 전리품이 된 일본 기업'[32]이란 구절을 포함시켰다. 제2차 세계대전 후 소련이 적국의 재산과 설비를 전쟁보상의 일환으로서 전리품으로 간주한 정책의 연장이었다. 그러나 이 항목이 제외된 것은 우선 미국의 당면한 반대와 외교적 비난을 염두에 두었을 것이다. 또한 조선이 일제의 침략기지 구실을 했다하더라도 식민지 해방지역인 이상 거기에 있는 물품을 과연 전리품으로 간주할 수 있는가에 대해서는 당연히 이견이 존재하였다. 이에 따라 일본의 침략에 복무한 기업 및 해방 초 소련이 전리품으로 간주하여 소련으로 반출해간 생산물은 1946년 8월 산업국유화 법령 발표를 기점으로 북한에 돌려주었다.

정강은 그 자체로 본다면 부르주아(자본주의)적 민주주의의 구도를 유지하면서 일부 사회주의적 요소와 결합하는 방식을 추구했다고 평가할 수 있다. 임시

---

30) 해방 직후 남한의 대표적인 우파정당인 한민당은 자신의 '정책' 항목에 '주요산업의 국영 또는 통제관리'를 포함시킬 정도로 주요 산업의 국가관리 문제는 이념을 초월한 것이었다고 말할 수 있다. 한민당의 강령 및 정책에 대해서는, 김종범·김동운 『해방전후의 조선진상』, 돌베개, 1983, 79~80쪽 참조.

31) "제1차공위훈령－A안." Л. 92.

32) "제1차공위훈령－A안." Л. 91-92; "제1차공위훈령－B안." Л. 5-6.

정부 수립의 과제는 미국과의 협상을 통해서만 가능하다는 점을 염두에 두었을 수 있으나 그보다는 애초부터 조선의 혁명을 부르주아 단계로 설정한 것과 무관하지 않았다.

제4절 '민주정당과의 협의'는 임시정부의 수립을 위해 정당 사회단체와의 협의 문제를 다룬 5개 조로 이루어져 있다. 이를 요약하면 다음과 같다.

> 1) 민주정당 및 사회단체는 미·소 양군 사령부 가운데 하나에 의해 합법적으로 등록되어야 함.
> 2) 공동위원회는 조선에 관한 모스크바 삼상회의 결정에 반대하는 정당이나 그룹과는 협의해서는 안 됨.
> 3) 소미공동위원회는 민주정당 및 사회단체들이 정강 문제, 조선민주주의 임시정부 및 지방정권기관의 조직 원칙에 대한 자기의 의견을 진술할 것을 제안하고, 그들과 조선민주주의 임시정부의 후보 구성 명단을 논의함.
> 4) 동위원회는 필요한 수의 소위원회를 창설함.
> 5) 남조선 민주정당 및 사회단체들과 협의 후 공동위원회는 평양에서 북조선 민주정당 및 사회단체들과의 협의함.[33]

이 절은 제2조를 제외하면 정당 사회단체와의 협의 방법과 절차에 관한 것이므로 굳이 반복해서 언급할 필요는 없다. 잘 알려진 대로, 제2조는 미소공위에서 미·소 간의 갈등을 일으켜 양측의 타협을 어렵게 만든 쟁점이었다. 소련이 '삼상회의 결정에 반대하는 정당이나 그룹과 협의'를 배제하겠다는 것은 거의 대부분 반탁 운동에 나선 남한의 우파 진영을 임시정부에 참여시키지 않겠다는 의미였다.[34] 물론 이와 같은 강경한 입장이 그대로 관철될 수 없다는 것을 소련 지도부가 몰랐을 리는 없었다. 그러나 소련의 이 같은 입장은 반소세력의 예봉을 꺾고 한반도에 친소 우호정부의 수립이라는 목표를 관철시키기 위해서도 절

---

33) "제1차공위훈령." c. 180-181.

34) 반면 미국 대표단은 반탁그룹으로 이루어진 '남조선대표민주의원'을 선택해줄 것을 미소공위와의 협의대표 기관으로 소련 측에 제의하였다. Петухов В. И. У источников борьбы за единство и независимость Кореи. М., 1987, c. 71. 이처럼 극명한 입장 차이는 미·소 간 타협을 사실상 어렵게 만들었다.

실한 것이었다. 그에 따라 공위와의 협의 대상 기준으로서 모스크바 결정의 지지 여부에 대한 문제는 공위 전체를 좌지우지한 사안이 되었다.

훈령 말미에 소련 지도부는 미국이 조선의 경제통합 문제를 위원회의 논의 사항으로 제기할 경우 공위의 과업이 임시정부 수립에 있음을 알리면서 이를 거부하고, 남북 간 물자교류는 양 지역 사령관들의 합의 하에 상호공급의 형태로 진행되어야 한다고 설명하도록 지적하였다.[35] 미국의 남북 간 경제통합 시도에 대해 경계할 것과 공위의 목표가 임시정부 수립에 있음을 다시 한 번 주지시켰다고 볼 수 있다.

굴절된 공동위원회 사업

모스크바 결정에 따른 한반도 정세의 격변 와중에 한국문제 해결을 위한 미소공동위원회 회담 개막일이 다가오고 있었다. 이 회담이 한반도의 운명을 가늠하게 될 것이라는 사실은 미·소를 포함한 모든 정치세력들이 어느 정도 인식하고 있었다 할지라도 정작 회담 결과에 대한 전망을 미리 예측하기는 쉬운 일은 아니었다.

소련 대표단 훈령에서 나타난 바와 같이, 미소공위 회담 전망을 어둡게 한 것은 모스크바 삼상회의 결정에 반대하는 정당이나 그룹과는 협의해서는 안 된다는 원칙 때문이었다. 소련은 당연히 미국의 거부를 예상했을 것이었으나, 그에 대한 다른 대비책은 그때까지도 강구하지 않았다. 한편으로 한반도 정국을 강타한 신탁통치(후견제)에 대해서도 소련은 새로운 해석을 시도하였다. 이에 대해서는 슈티코프가 미소공위 개회를 앞두고 작성한 연설문안이 잘 보여 주고 있다.

우리는 미래 조선 임시민주주의 정부와 공동으로 조선의 민주적 단체들의 참여하에 조선 인민의 전면적 부흥 및 조선의 국가적 독립을 촉진할 대책들을 작성해야 합니다. 후견제의 본질은 여기에 있습니다. 그 같은 후견제는 조선인

---

35) "제1차공위훈령." c. 181.

민의 본질적 이익에 부응합니다. 왜냐하면 그것은 조속한 민족적 부활 조건과 민주적 기반에서 조선의 독립국가의 재건을 보장하기 때문입니다.

　(중략) 그런데 **후견제는 조선에서 민주주의적 제도의 창설 및 확립 사업을 파탄시키는 것을 목적으로 하는 반동적 일제주구들과 조선인민을 마주하도록 하는 그런 자들의 음모로부터 조선 인민을 보호하기 위해서도 더욱 필요합니다.**[36)](강조는 인용자)

　이 문안은 최종 검토에 의해 삭제되었지만 소련 지도부는 신탁통치에 대한 이전의 소극적인 태도에서 벗어나 반탁 우익진영을 고립시킬 방편으로 신탁통치 문제를 활용하게 된 것이다. 반탁세력들에 대한 부정적인 입장은 모스크바 결정 직후에 이미 드러나 있었다. 이승만과 김구는 테러조직을 이끄는 지도자로 묘사되고, 한민당은 친일분자들로 이루어진 반소·반공 정당으로, 안재홍의 국민당은 민주주의에 반대하는 민족주의 정당으로 간주되었다.[37)] 이제 반탁세력들을 고립시키기 위해서도 신탁통치가 필요하다는 것을 역설적으로 표명하였다.

　앞서 살폈듯이, 소련 대표단은 모스크바 삼상회의 결정이 정확히 집행되어야 한다는 원칙하에서 조선 임시정부를 수립하는 데 우선적인 임무를 부여받았다. 이 같은 입장은 조선인들의 명분적인 지지를 획득할 수 있을 뿐만 아니라 소련의 실질적인 국익 추구와도 일치되는 것이었다. 남한의 우익세력이 미군정의 지원하에 급신장을 했다고는 하나 한반도 국내의 세력관계는 여전히 좌파가 우위에 있었기 때문에 객관적인 상황도 유리하였다.

　1946년 3월 20일 역사적인 미소공동위원회 회담은 서울 덕수궁에서 미·소 양측 대표들이 모인 가운데 개막되었다. 슈티코프가 이끄는 소련 대표들은 제25군 군사회의 위원 레베데프 소장, 외무성 미국부장 S. K. 차라프킨, 제25군 산하 조선 문제 정치고문관 G. M. 발라사노프, 주북조선민정기관 산업부장 T. I. 코르쿨렌코 대좌 등 5명으로 구성되었다. 정치, 외교, 경제 전문가들로 구성

---

36) "슈티코프가 로조프스키에게. 조선에 대한 소미공동위원회 사업에 대하여." АВПР, ф. 06, оп. 8, п. 39, д. 637, л. 8.

37) "보고서(1946.1.8.)." ЦАМО, ф. УСГАСК, оп. 102038, д. 2, л. 51, 54.

된 대표단은 아놀드 소장 등 역시 5명으로 구성된 미국 대표단과 마주하였다. 소련 대표단은 본국으로부터 보고를 보내고 지시를 받기 위해 타고 온 열차에 설치된 통신시설을 활용하였다.

첫 회의는 미군 사령관 하지(John R. Hodge)와 슈티코프의 연설로 시작하였다. 먼저 하지는 양 대표단이 공동 노력으로 모든 한국문제를 '우의적으로 공정하게 해결'해 나갈 것을 주문하는 등 대체로 전반적인 기대를 표명하는 데 그쳤다.[38] 이에 반해 슈티코프는 모스크바 결정의 정확한 실행을 기반으로 공위 기간 소련 측이 견지할 원칙적 입장을 강조하였다. 그는 '소련은 모든 민족들의 자결과 자유적 존재에 관한 권리를 항상 주장하였으며' 또 앞으로도 그럴 것이라고 언급하면서도 다른 한편으로는 한국이 진실로 민주적이고 독립적이며 소련에 우호적인 국가가 되면서 미래에 소련을 공격하기 위한 근거지가 돼서는 안 된다고 하였다.[39] 소련의 이데올로기적 입장과 국가이익의 보장 원칙이 동시에 드러나는 표현이었다.

미국은 1946년 2월 이승만, 김구, 김규식을 중심으로 해서 구성한 남조선민주의원을 기반으로 하여 북조선의 대표기구와 함께 민주적 대표인사들로 남북한 인구비례에 따라 통합자문기구(Korean Advisory Union)를 구성하는 것을 임시정부의 수립 방안으로 삼았다.[40] 바로 민주의원 등 협의대표기구를 임시정부 수립의 매개로 본 것이다. 그러나 이 방안은 모스크바 결정의 정확한 이행을 강조한 소련의 반대로 실행되지 못했다. 더구나 소련의 입장에서 좌파세력을 배제하고 반탁세력 일색으로 채운 민주의원을 협의대표기구로 인정할 수는 없는 노릇이었다. 이에 따라 임시정부 수립은 모스크바 결정에 의거하여 정당·사회단체와 협의하는 방식으로 할 것을 합의하였다.

공위 사업은 2단계로 나뉘게 되었는데, 제1단계는 모스크바 결정 2항의 임시

38) 『쏘米共同委員會에 關한 諸般資料集(增補版)』, 평양: 北朝鮮中央民戰 書記局, 1947. 27~28쪽.
39) 위의 책, 29~30쪽.
40) 정용욱, 『해방 전후 미국의 대한정책』, 서울대학교출판부, 2003, 210~213쪽.

정부의 조직, 제2단계는 동 결정 3항인 신탁통치 시행이었다. 제1단계에서는 3개 분과위원회를 두고, 정당·사회단체와의 협의 조건 및 절차 연구·작성(제1분과위원회), 민주주의임시정부 및 지방권력기관의 구조에 관한 예비 권고 작성(제2분과위원회), 민주주의임시정부를 위한 예비 정강 및 여타 대책 작성(제3분과위원회) 등의 사업 프로그램을 정하도록 하였다.

처음부터 미소공위는 모스크바 결정 제1항의 임시정부 수립 문제에서 모스크바 결정에 반대하는 정당·사회단체의 참여 여부로 난항을 겪었다. 소련 대표단은 단호하게 이들 단체를 협의에서 배제해야 할 것을 요구하였다. 공위가 모스크바 결정의 실행을 위해 조직되었고, 이 결정의 시행이 바로 미소공위 사업의 내용이 되어야 한다는 것을 그 이유로 들었다.[41] 달리 말하면, 모스크바 결정의 시행에 반대하는 세력이 그것을 위해 설립된 미소공위와 어떻게 협의할 수 있는가라는 논리였다. 소련은 반박하기 어려운 논거를 제시하는 듯 보였지만 미국이 자신의 우군인 우파세력들이 배제되는 결정에 응해줄 리는 만무했다. 미국 대표단은 정당들로 하여금 즉각적인 독립을 염원한다는 자기들의 주장을 뒤집을 것을 강요할 수 없고, 민주주의와 사상 및 언론·출판의 자유를 내세우며 반박하였다.[42]

미소공위 회의에서 미·소 양측의 견해차를 확인시켜준 것은 미·소의 체제적 차이였다. 미국 측은 민주주의의 원칙에 대한 차이, 소련의 일당제와 미국의 다당제에 대별되는 정당체계의 차이, 특히 미국 헌법과 스탈린 헌법의 차이 등 양국 간 정치제도의 상이성이 뚜렷한 마당에 한국의 국가 구조 형태에 대해 합의가 가능할 것인지 문제를 제기하였다[43] 이에 대해 소련은 자국의 헌법을 따르거나 한국에 소비에트 질서를 구축하길 원하지 않기 때문에 정치제도의 차이

---

[41] "슈티코프, 조선에 관한 모스크바 결정 실행을 위한 소미공동위원회 사업보고(1946.5. 31.)." АВПР, ф. 06, оп. 8, п. 39, д. 638, л. 43.

[42] "슈티코프. 보고서(1946.4.5.)." ЦАМО, ф. 172, оп. 614631, д. 14, л. 29; "슈티코프. 보고서(1946.4.6.)." ЦАМО, ф. 172, оп. 614631, д. 14, л. 32.

[43] "슈티코프, 조선에 관한 모스크바 결정 실행을 위한 소미공동위원회 사업보고(1946.5. 31.)", АВПР, ф. 06, оп. 8, п. 39, д. 638, л. 44-45.

가 모스크바 결정의 시행에 장애가 될 수 없으며, 미국 대표단이 모스크바 결정의 시행에 미국 헌법을 따라서는 안 된다고 응대하였다.[44] 소련의 전략은 한국의 국가 제도에서 양국의 제도 이식을 배제하는 방식의 접근을 시도하였다고 볼 수 있다. 미국식 제도 이식을 배제하기 위해서라도 소비에트 질서의 이식은 불가한 것이었다. 다만 소련이 원하는 부르주아민주주의 혹은 인민민주주의 체제는 향후 미국식보다 소비에트식으로 이행할 가능성이 훨씬 높았다.

미·소 양측의 주장은 공전을 거듭하다가 4월 5일 소련 대표단은 타협안을 내어 각 정당·사회단체 지도기관이 모스크바 결정에 지지 성명을 내고 언론에 공표할 경우 협의 대상에 포함하자는 안을 내놓았다. 슈티코프는 하지와 아놀드가 공위에서 정부 수립 문제의 해결이 지연되고 있다는 이유를 대면서 미국 정부에 남조선만의 임시정부를 수립하는 문제를 제기할 수도 있다고 보았다.[45] 이는 그들이 반탁 정당들을 지지했고 이러한 정당들의 협의 및 정부 참가를 주장한 데 대한 과오를 덮기 위한 일환이라는 것이다. 슈티코프는 4월 9일 보고에서 'AP통신을 통해 언론에도 들어온 서울에 널리 퍼진 소문을 신뢰한다면, 미국인들은 남조선 독자정부 수립을 계획하고' 있으며, 하지가 맥아더를 만나러 도쿄에 간 것도 그 목적 때문으로 간주하였다.[46] 슈티코프가 미국 측이 남한 단독정부의 수립 의도를 지니고 있었다는 사실을 일찍부터 엿보고 있었음을 알 수 있다.

미·소 양측은 공위 협의 대상 단체의 선정을 둘러싸고 실랑이를 벌인 끝에 4월 18일 공위 회의를 통해 '목적과 방식에서 진정으로 민주적이며, 모스크바 결정의 목적을 지지하는 것'을 내용으로 하는 선언서에 서명하는 정당과 사회단체를 협의 대상으로 할 것이라는 공동성명 제5호를 발표하였다.[47] 소련이 반탁 세력에 대한 기존의 입장에서 한발자국 뒤로 물러선 결과였다.[48] 선언서 문안

44) 위의 문서, л. 45.

45) "슈티코프. 보고서(1946.4.8.)." ЦАМО, ф. 172, оп. 614631, д. 14, л. 36.

46) "슈티코프. 보고서(1946.4.9.)." ЦАМО, ф. 172, оп. 614631, д. 14, л. 37.

47) "소미공동위원회 코뮤니케 제5호." Правда, 20.Ⅳ.1946.

을 논의하는 과정에서 소련 대표단은 '신탁통치'라는 용어를 북한에서처럼 '후견'으로 바꾸자는 제안을 하였지만 미국 측은 번역상의 혼란과 워싱턴의 허가 문제를 들어 거부하였다. 대신에 아놀드는 선언서에 '신탁통치'라는 용어를 배제하자고 하였으나 이번에는 소련이 이 용어가 모스크바 결정에 포함되어 있다는 점을 들어 거절하였다.[49] '신탁통치' 내용에 대한 구체적 합의 없이 발표된 모스크바 결정의 모순성이 계속해서 공위 사업에 난관을 초래하였다고 볼 수 있다.

조선공산당을 비롯한 좌파 계열의 정당·사회단체들은 공동 코뮤니케 제5호가 정한 선언서에 신속히 서명하여 공위에 전달하였다. 반면 남조선 민주의원에 소속된 우파정당들은 상황을 주시하면서 선언서 서명에 주저하였다. 이에 하지는 4월 22일 공동성명 제5호 성명에 대한 담화에서 '만일 조선 사람들이 확실히 원조(신탁통치)의 필요가 없다는 것을 보여 주던가 혹은 일정한 기간만 4개 국가의 원조를 받겠다고 하고 여기에 4개 국가가 찬동만하면'[50] 신탁통치를 안 받을 수도 있다고 하는 다소 일방적 해석을 시도하였다. 27일에도 그는 선언서에 서명하는 것은 신탁을 찬성하거나 지지함을 의미하는 것이 아니라고 성명하였다.[51] 하지의 보증을 받은 민주의원은 산하 정당 및 단체들이 선언서에 서명하는 것을 허가하는 결정을 내렸다. 임시정부 수립 후 신탁통치 반대 운동에 참여하겠다는 의지를 확인한 것이었다. 이에 대해 소련 대표단은 반탁운동을 지속하는 한 민주의원 소속 정당·사회단체와는 협의할 수 없음을 분명히 하였다. 소련의 시각에서 이들은 대중의 민족감정을 이용하여 반탁투쟁을 좌파정당

---

48) 그러나 소련은 공동위원회와 협의할 대표자 선출을 요구하는, 정당 및 사회단체들에 발송할 서한에 만일 모스크바회의 결정에 적극적인 반대자로 의심되는 대표자가 선발된다면 공동위원회와는 그와 협의하지 않을 것이며 정당은 다른 대표자를 선출할 것을 적시하자고 미국 측에 제의하였다. 물론 미국은 이 제의를 거부하였다.

49) "슈티코프. 보고서(1946.4.13.)." ЦАМО, ф. 172, оп. 614631, д. 14, л. 41-42.

50) "하지, 미소공위 5호성명에 대해 담화 발표."『朝鮮日報』1946년 4월 24일.

51) "하지, 공위가 요청한 정당 및 사회단체의 선언서명에 관해 특별 담화 발표."『서울신문』1946년 4월 28일.

과 소련에 반대한 정치투쟁 수단으로 전환하였다.[52]

미·소 양측은 정당과 사회단체의 영향력을 고려하여 총 30개의 민주적 정당 및 사회단체들을 공위와의 협의에 참여시킬 것을 합의하였다. 나머지 정당 및 사회단체들에게는 임시정부 수립 관련된 사안들에 대해 서면으로 자기의 의견을 공위에 제출하도록 하였다. 하지만 미국 측은 미소공위와 협의할 남한의 20개의 정당, 사회단체를 제시하였는데, 그중 좌파는 조선공산당 등 3개에 불과하고 나머지 17개가 우파단체들이었다. 더구나 대규모 대중단체인 조선노동조합전국평의회, 전국농민조합총연맹 등과 같은 좌파 주도의 남조선민주주의민족전선(남민전) 산하 조직들이 제외된 것은 소련 측을 심하게 자극하였다.[53] 소련 대표단은 협의에 참여하는 총 30개 정당 가운데 북에서는 13~14개의 정당·사회단체가 들어가고, 남에서는 16~17개의 정당·사회단체가, 그중 8개는 남민전에 속한 단체에게 할애해야 한다고 하였다.[54] 미국 측은 이들 단체의 당원수 부족 및 비민주성을 구실로 소련 측 요구를 거부하였다.

4월 29일 모스크바에 보내는 보고를 통해 슈티코프는 미국이 재차 신탁통치 반대 선동을 강화하고 있다면서 '반동 우파 신문들은 좌익정당들을 조선에 대한 신탁통치 실시 주장의 범인으로 먹칠하고, 파괴하고 있다'고 비난하였다.[55] 이어서 그는 5월 1일 남조선민주의원에 소속된 우파단체들이 임시정부 수립 후에 반탁운동을 계속할 것이라고 공표하자 강경한 입장에 섰다. 임시정부 내에 좌파가 다수가 되는 데 대한 우려를 감안하더라도 미국의 태도에는 미·소 협상을 결렬로 이끌려는 의도가 숨어 있다고 본 것이다. 이에 5월 3일 그는 외무상 몰로토프에게 '만일 우리가 모스크바 결정과 동맹국에 반대하는 자들이 공위와

52) "파뉴쉬킨에게. 1946년 5월 남조선 내부 정세 보고(1946.5.20.)." РГАСПИ, ф. 17, оп, 128, д. 205, л. 30.

53) "V. 스몰렌스키. 조선 임시정부 창설문제에 대하여." Правда, 03.VI.1946.

54) "슈티코프가 몰로토프·불가닌·메레츠코프에게(1946.5.7.)." ЦАМО, ф. 172, оп. 614631, д. 14, л. 83.

55) "슈티코프. 보고서(1946.4.29.)." ЦАМО, ф. 172, оп. 614631, д. 14, л. 62.

의 협의에 참여하는 데 동의한다면 이를 통해 미국인들은 이들 반동 지도자들을 미래 임시정부에 끌어들일 가능성을 갖게 된다'면서 더 이상 미국에 어떠한 양보도 해서는 안 된다고 강조하였다.56) 이에 반해 미 대표단은 북한의 2개 종교단체에 대한 답변을 받지 못했다는 이유로 정당·사회단체 명부 확정에 반대하였고, 또한 북조선민주당 지도자 조만식이 출당된 것을 소수 집단에 의한 권한 탈취로 보고 새 당수인 최용건을 인정하려 하지 않았다.57)

이처럼 상황이 꼬이게 되자 미국 측은 5월 6일 공위회의에서 새로운 정부의 수립과 관련된 문제의 논의를 중단하고 다시금 조선의 경제통합 문제와 38도 경계선의 철폐 문제를 토의할 것을 제의하였다.58) 처음부터 미국 측이 꾸준히 견지해온 기본 입장을 다시금 꺼내든 것이다. 하지만 소련 대표단은 이 문제는 조선에 임시정부가 수립되면 임시정부와 조선인민에 의해 토의될 것이며, 미소공동위원회는 조선의 경제통합 문제를 토의할 권리를 가지지 않았다는 이유를 들어 그 제의를 거부하였다.59) 경제를 지도할 중앙기관이 없는 상황에서 경제통합은 고려하기 어렵다는 것이다. 이에 미·소 양측이 공위를 이끌어갈 동력은 거의 남지 않게 되었다. 미국 대표단은 공동위원회의 사업을 중지하자는 의견을 제출하였고, 5월 7일 제1차 미소공위는 미국 측의 회담 중단 성명 후 무기한 휴회에 들어갔다.

미국 측의 조치에 대해 로마넨코는 공동성명 제5호를 왜곡하고 의식적으로 미소공위 사업을 결렬시키려 하였다고 평가하였다. 즉 미국은 좌파 진영의 거대한 위력을 목도하면서 좌우 합작을 목적으로 혹은 좌익정당들을 파괴시키기 위해 위원회 사업을 중지했다는 것이다.60) 슈티코프는 공위 기간 동안 미군정

56) "슈티코프가 몰로토프에게(1946.5.3.)." АВПР, ф. 06, оп. 8, п. 39, д. 638, л. 8.
57) "슈티코프. 보고서(1946.5.3.)." ЦАМО, ф. 172, оп. 614631, д. 14, л. 67-69.
58) "슈티코프가 몰로토프·불가닌·메레츠코프에게(1946.5.6.)." ЦАМО, ф. 172, оп. 614631, д. 14, л. 77.
59) "V. 스몰렌스키. 조선 임시정부 창설문제에 대하여." Правда, 03.06.1946.
60) "여운형과 로마넨코의 대담(1946.9.27.)." ЦАМО, ф. 379, оп. 532092, д. 2, л. 76.

측이 정부가 창설될 것이며, 거기에는 좌파정당이 참여할 수 없을 것이라는 소문을 퍼뜨렸다고 비난하였다.[61] 여기에 하지가 맥아더를 만나러 도쿄에 방문한 것은 남한 단독정부 수립을 협의하기 위한 것이라는 남한 신문들의 평가를 덧붙였다. 결론적으로 슈티코프는 '공위 회의 재개 문제를 소련이 주도해서는 안 된다'고 하면서, 그것은 미국에 어떠한 양보를 뜻하고 어떠한 타협안을 제시하는 것이기 때문이라고 하였다.[62] 이처럼 슈티코프는 미국에 대한 완강한 태도를 굽히지 않았고, 소련 측 결정을 뒤로 물리지 않으려 하였다.

소련 대표단이 서울에서 철수한 직후 벌어진 남한 내에서 우파세력의 반소, 반공 캠페인이 강화되고, 우파언론의 미국 측 입장 옹호와 대소 비난 등 소련에 비우호적인 분위기도 공산 측의 향후 행동 방향에 적지 않은 영향을 끼쳤다.[63] 그러한 흐름이 미국 측의 좌파 분열과 우파 강화를 위한 것으로 인식된 만큼 공산 측의 적절한 대응을 점치기는 어려운 상황이 되었다.

미·소 양측의 타협이 결렬되면서 임시정부 수립을 통한 한반도 문제를 해결하려는 소련의 의도는 일단 좌절되었다. 분단을 막기 위한 유일한 방안으로서 임시정부 수립의 실패는 한반도 운명을 예측 불가능한 상태로 빠트렸다. 마지막 기대는 미·소가 임시정부 수립 문제에서 합의점을 찾기를 기다리는 것이었다. 그러나 그것도 시간이 소요되는 일이었고, 그 사이 한반도에는 통일보다는 분단을 향한 정세적 흐름이 자리 잡게 되었다.

그럼에도 공산 측은 미소공위의 무기 휴회를 대중적 결집을 위한 기회로 삼았다. 5월 19일 북한 전역에서는 '반동세력'을 규탄하고 모스크바 결정을 지지하는 집회와 시위가 개최되었다. 집회에는 평양 35만 명, 함흥 14만 명, 신의주 8만 명, 청진 8만 명, 원산 6만 명 등을 비롯하여 도합 300만 명이 참가하였다.[64]

---

61) "슈티코프, 조선에 대한 모스크바 결정 실행을 위한 소미공동위원회 사업보고(1946년 5월 31일)." АВПР, ф. 06, оп. 8, п. 39, д. 638, л. 57.

62) 위의 문서, л. 62.

63) "파뉴쉬킨에게. 소련 대표단의 서울 철수 후 남한 정세에 관한 정보." РГАСПИ, ф. 17, оп, 128, д. 205, л. 60-61.

2. 제1차 미소공위 이후의 정책 변화

소련의 후속 조치

미소공위 결렬은 공위 사업에 기대를 걸었던 대다수 한국민들에게 실망을 안겨주었던 까닭에 소련에게는 큰 정치적 부담으로 다가왔다. 그럼에도 소련이 반탁세력을 거부하고 이 문제에 원칙적인 입장을 고수한 것은 그들의 반소적인 태도에서 연유하였다. 이에 대해 5월 8일 슈티코프는 하지에게 직설적 어조로 이렇게 말했다.

> 모스크바 결정을 반대하고 소련을 반대하는 지도자들은 소련을 중상하는 자들이며, 소련에 흙탕물을 튀기는 자들입니다. 만일 그들이 정권을 잡는다면 조선 정부는 소련에 충실하지 않을 것이며, 조선인민은 소련에 적대적인 행위를 조직적으로 전개함에 있어서 도구가 될 수도 있습니다.[65]

한반도에 수립될 임시정부에 대한 소련의 입장은 확고하였다. 즉 임시정부를 구성하는 조선인들은 반소, 반공적이 돼서는 안 되며, 나중에라도 소련의 이해관계에 해를 입히지 말아야한다는 것이었다. 소련 지도부는 이 같은 원칙을 유지했기 때문에 정치인에 대한 판단에 있어서 좌우의 이념성보다는 소련에 대한 태도를 기준으로 삼았다.

슈티코프는 1946년 미소공위의 결렬을 결코 실패로 보지 않았다. 오히려 그는 '공위에서 반동세력의 계획을 좌절시킨 것을 승리'로 간주하였고, 조선인에게 보여준 것은 소련의 '국제주의적 의무에 대한 충실'이었음을 강조하였다.[66] 주목을 끄는 것으로서 소련은 우익세력들이 미소공위에서 원하는 결과를 얻지

64) "샤포즈니코프. 조선과 랴오뚱 반도의 정치 상황(1946.6.27.)", РГАСПИ, ф. 17, оп, 128, д. 205, л. 81.

65) 신복룡 · 김원덕 편역, 『한국분단보고서』(하권), 서울: 풀빛, 1992, 216쪽.

66) Шабшина Ф. И. Южная Корея 1945-1946. Записки очевидца. М., 1974, с. 230.

못하자 유엔안보리에 한국문제 해결에 대한 청원 준비를 하고 있고, 미국·영국·중국의 원조를 받아 친미 정부를 창설할 기대를 가지고 있다고 보았다.[67] 미국과 우익세력들이 미소공위의 사업 실패 시 유엔을 활용할 것이라는 전망을 1년 이상 앞서서 한 셈이었다. 결국 슈티코프는 외무상 몰로토프에게 '공위 결렬의 책임은 전적으로 미국에 있기 때문에 공위 재개 문제에 소련이 주도권을 쥐어서는 안 될' 것이라면서 미국이 스스로 해법을 찾을 때까지 기다릴 것을 제의했다.[68]

6월 12일 슈티코프는 공위 사업을 결산하는 보고서를 스탈린에게 제출하였다. 그는 모스크바 결정이 정확히 실행되어야 한다는 입장을 고수하면서 소련이 미국에 양보할 경우 다음과 같은 결과를 낳을 것이라고 경고하였다.

> 우리의 일체 후퇴나 양보는 우익반동들과 소련에 적대적 태도를 취하는 정당들의 강화, 그리고 임시정부 내에서 그들의 압제를 가져올 것입니다. 반동들로 구성된 정부는, 특히 수도 서울이 미군의 점령지역에 포함된 사실을 고려하면 미국인들의 손아귀에서 충실한 도구가 될 것입니다. 반동들로 꾸며진 그러한 정부는 조선에서 우리의 이해관계에 해를 줄뿐이며 미국인들의 입지만을 강화시킬 것입니다.[69]

슈티코프는 미국이 모스크바 결정 제3조, 즉 신탁통치 조항의 변경을 통해서 다음의 두 가지 이득을 취하려 한다고 보았다. 첫째, 신탁통치에 반대하는 세력들이 조선인들의 눈에 모스크바 결정의 개정을 위해 투쟁하는 진정한 애국자로 보이게 하며, 둘째, 이 같은 상황은 미국이 조선인들의 즉각적인 독립투쟁을 지지하는 국가로서 동정을 얻는다는 것이다.[70] 더욱이 슈티코프는 공동위원회 회

67) "파뉴쉬킨에게. 1946년 5월 남조선 내부 정세 보고(1946.5.20.)." РГАСПИ, ф. 17, оп. 128, д. 205, л. 50.
68) "조선에 관한 모스크바 삼상회의 결정 실행에 대한 소미공동위원회 사업 보고(1946.5. 31.)." АВПР, ф. 06, оп. 39, д. 638, л. 62.
69) "슈티코프가 스탈린에게(1946.6.12.)." АВПР, ф. 06, оп. 39, д. 638, л. 89.
70) 위의 문서, л. 88.

담을 통해 미국 측이 임시정부 구성의 2/3을 우파 정당들에 할애하고 나머지 1/3만을 북한의 정당 및 남한의 좌파정당에 넘겨주려는 의도를 가지고 있다고 확신하였다. 또한 그는 소련의 입장에서 신탁통치 조항을 개폐할 경우 그동안 모스크바 결정을 전면적으로 지지해온 좌파세력들을 궁지로 모는 일이 될 것이었다. 남한 내 사태에 대한 인식에서도 소련군 지도부는 미군정의 비호하에 '반동세력'이 모스크바 결정을 파탄시키고, 공산당과 소련에 반대하는 활동을 지속하고 있다고 보았다.[71] 실제로 미소공위 휴회는 남북 양쪽의 정세 변동에 큰 영향을 주었다. 알려진 대로, 미군 사령부는 남한 내 공산세력에 대해 본격적인 탄압을 개시하였다. 슈티코프는 미국이 공위 휴회라는 기회를 잘 이용하여 민족민주전선 소속 좌익정당 조직을 없애려 들었고, 가장 먼저 목표가 된 것이 공산당이었다고 지적하였다.[72] 따라서 그는 남한에서 미군의 좌익조직들에 대한 탄압을 일정 정도 제지시키기 위해서 여러 매체를 통해 그 사실들을 폭로하도록 하였다.

소련의 상황 판단은 이후 미국과 남한의 우파세력에 대해 보다 강경한 입장을 취하고, 북한에서의 '통일전선' 확대에 더욱 매달리게 하였다. 즉 그들과의 타협이나 협상보다는 대중 속에서의 고립을 우선으로 하고 북한의 '민주 근거지'를 더욱 공고히 하는 방향으로 이끌어 갔다. 북한은 이미 토지개혁을 통해 대중적 지지 기반을 공고히 해 나가고 있었다.

공산 측은 공위 결렬 직후 지속적인 개혁 추진으로 방향을 돌렸다. 레베데프는 5월 20일자 보고에서 앞으로 실시되어야 할 개혁 조치들을 분명하게 제시하였다.[73] 그에 따르면, 인민위원회의 권위 제고를 위해 각급 인민위원회 선거를 실시하고, 최단 시간에 '노동법'과 '여성참정권 보장법' 등을 공포해야 한다. 정당·사회단체의 강화와 관련해서는 모든 민주정당 및 사회단체 대표자들로 구

71) "샤포즈니코프. 조선과 랴오뚱 반도의 정치 상황(1946.6.27.)" РГАСПИ, ф. 17, оп. 128, д. 205, л. 80.

72) 위의 문서, л. 61.

73) "레베데프가 슈티코프에게. 인민위원회 강화 및 북조선정당·사회단체 지도 향상을 위한 필요 조치에 관한 보고서(1946.5.20.)", ЦАМО, ф. 172, оп. 614631, д. 37, л. 80-85.

성된 '통일민주전선위원회'를 결성할 필요가 있다고 하였다.

레베데프의 제의는 이어서 슈티코프에 의해 보다 구체화되었는데, 그는 북한에서 소련의 영향력 강화를 목적으로 다음과 같은 대책을 제시하였다. 첫째, 북한에 있는 일제 산업을 조선인민의 소유(국유화)로 돌려줄 것. 둘째, 산업의 신속한 복구를 위해 250~300명의 소련 기술자들을 북조선 임시인민위원회의 관리하에 2~3년간 파견할 것. 셋째, 협정을 기초로 북조선 기업 가동에 필요한 연료 공급을 조직하고 그 대신에 완성품을 받아 갈 것. 넷째, 기근민 대책으로 100,000톤가량의 식량을 내놓을 것. 다섯째, 인민위원회들의 강화를 위해 8월 15일을 위해 도·군 인민위원회 선거를 실시할 것.[74] 이밖에도 공산품 제공, 청년들의 교육 기회 확대, 규모 있는 라디오 방송국 설치 등이 제기되었다.

슈티코프는 이 내용을 다듬어 당 중앙위원회 정치국 결정 초안을 제출했다. 그 주요 내용을 요약하면 다음과 같다.

> 1. 공위 사업 재개 문제와 관련하여 공위 회담의 결렬에 대한 주도권이 미국에 있기 때문에 외무성과 주조선 붉은 군대 사령부는 주도권을 보여서는 안 된다.
> 2. 공위 사업을 개시할 경우 소련 대표단은 정당 및 사회단체, 그들 대표자와의 협의 조건 관련 문제에서 이전의 입장을 견지한다.
> 3. 미국이 남조선 좌파단체들에 대한 탄압을 일정 정도 어렵게 하기 위해 외무성은 각국 출판물에 미군 당국과 조선 반동들이 남조선 좌익 단체들을 상대로 한 탄압, 테러 등을 보도하고, 북조선 임시인민위원회의 진보적 민주개혁(토지개혁 등)과 비교하여 남조선에서 미국이 시행하는 반동정책의 본질을 폭로한다.
> 4. 인민위원회들을 강화할 목적으로 8월 15일에 보통, 직접, 평등, 비밀선거를 기반으로 지방정권기관(군 및 도인민위원회)선거를 실시한다.
> 5. 북조선에서 우리의 영향력을 견고하게 할 목적으로 북조선 내 일본의 산업을 조선 인민(국가)의 소유로 이관하고, 2~3년을 기한으로 소련 기술자 300명을 북조선 임시인민위원회에 파견한다.[75]

---

[74] "조선에 관한 모스크바 삼상회의 결정 실행에 대한 소미공동위원회 사업 보고(1946.5. 31.)." АВПР, ф. 06, оп. 39, д. 638, л. 63-64.

이밖에도 북·소 간 원료와 상품 교역의 조직, 식량 공급, 조선 청년들의 소련 유학, 철도경비여단·국경사단·군관학교 창설, 의료 지원 등을 명시하였다. 이 정치국 결정초안은 바로 결정으로 채택되지 않았으나 김일성 대표단의 소련 방문 이후인 7월 27일 내각회의 결정으로 나타났다.

7월 초 남북 공산당의 두 지도자 박헌영과 김일성은 스탈린과의 회담을 위해 모스크바로 떠났다. 스탈린과의 면담 일자는 동월 10일 전후로 추정된다.[76] 그들의 대담 기록은 공식문서로는 아직 공개되지 않고 있으나 주서울 소련 총영사관 부영사 A. 샤브신이 이 대담에 통역으로 참석하여 기록으로 남겼고, 그의 부인인 샤브쉬나가 자신의 저서에 이를 수록하였다.[77] 소련공산당 선전부의 한 문건에도 '이 청구서가 조선공산당 지도자 박헌영과 김일성이 스탈린 동지와의 대담에서 언급한 요청을 토대로 작성되었다'[78]고 나와 있어 그들의 방문 사실을 뒷받침하고 있다. 양측의 면담 자리에서는 한반도 정세에 관한 다양한 대화가 오갔다. 또한 앞서 소련군 지도부가 제기한 일련의 조치에 대한 원칙적 합의가 이루어졌다.

위에서 언급한대로, 북·소 간에 합의한 조치는 최종적으로 7월 27일자 소련 내각회의 결정에 반영되었다. 슈티코프가 작성한 초안을 반영한 이 결정은 지방권력기관 선거 실시, 산업 및 교통·체신 등의 국유화, 조선군대 창설, 조선 대표단의 소련 방문, 소비에트 병원 창립, 통상협정 체결 등을 실시할 것을 명문화하였다.[79] 이 결정은 향후 북한의 구체적 진로에 대한 구체적인 지침을

75) "전연방공산당(볼) 중앙위원회 결정안. 조선에서의 소미공동위원회 사업에 대하여." АВПР, ф. 06, оп. 39, д. 638, л. 91-94.

76) 북한 대표단의 방문은 비공식적 성격이었기에 스탈린과의 면담 기록에는 당시 방문 일자가 나와 있지 않다. 김일성이 스탈린과 공식적으로 회동한 일자는 1949년 3월 5일과 14일, 1950년 4월 10일, 1952년 9월 4일이다. На приеме у Сталина. Тетради (журналы) записей лиц, приятых И. В. Сталиным(1924-1953 гг.), М., 2010, с. 630.

77) Шабшина Ф. И. В колониальной Корее(1940-1945). Записки и размышления очевидца. М., 1992, с. 218-220(김명호 옮김 『식민지 조선에서』, 서울: 한울, 1996, 333~336쪽).

78) "수슬로프가 쥬다노프에게(1947.4.25.)." РГАСПИ, ф. 17, оп. 128, д. 1119, л. 93.

확인해 주었다.

9월에는 임시인위 상업국과 소련 대외통상성은 양측의 무역협정을 기반으로 각각 700만 달러에 해당되는 상품공급을 개시하였다.[80] 이것은 북한을 '동업자'로서 뿐 아니라 외교적 대상으로 인정하는 조치가 점차 실천에 옮겨진 것으로 해석할 수 있다.

북한 정치·행정 간부의 양성에 힘을 실어주기 위한 조치도 취해졌다. 연해주군관구는 이들 간부를 양성하는 평양학원과 공산당 산하 정치학교에 파견된 소련계 한인 교원 30명을 북조선공산당의 관리로 넘기도록 건의하여, 상부의 지지를 받았다.[81] 북한 정권기관과 행정경제 기관 간부의 양성 기능을 맡은 임시인위 직속의 중앙고급지도간부학교를 설치한 것도 이즈음이었다. 학교장으로는 연안계의 박효삼이 임명되었고, I. I. 스베레둑 소좌가 고문을, 그리고 소련계 출신 박영빈이 학습 부문 책임을 맡았다.[82]

이 학교는 정원 100명에 3개월 교육 과정이었고, 7월 1일 개교 시에는 112명이 선발되어 정원을 초과하였다. 그 당적 구성은 공산당 64명, 민주당 7명, 신민당 7명, 청우당 3명, 민주청년동맹 9명, 무소속 22명이었으며, 기관별 분류로는 중앙기관 일꾼 21명, 도기관 일꾼 55명, 군기관 일꾼 36명이며, 그중 여성은 14명이었다.[83] 이 학교 교원들은 소련계 한인들로 충원되었다. 같은 해 9월 소련 공산당 정치국은 리상암, 김승화, 박동조 등 37명의 소련계 한인들을 임시인위의 관할로 이관해 달라는 임시인위의 요청을 수락하였다.[84]

79) "1947년 북남조선의 경제, 정치 상황에 대한 보고." ЦАМО, 172, оп. 614632, д. 19, л. 5; "슈티코프가 불가닌에게, 남북조선의 정치, 경제 상황에 관하여(1948.3.5.)." ЦАМО, ф. 19, оп. 560, д. 8, л. 5.

80) "미코얀이 스탈린에게(1947.5.23.)." АВПР, ф. 06, оп. 9 п. 59, д. 884, л. 5.

81) "쉬킨이 수슬로프에게(1946.6.18.)." РГАСПИ, ф. 17, оп, 128, д. 205, л. 72.

82) "샤틸로프가 쥬다노프에게(1946.7.14.)." РГАСПИ, ф. 17, оп. 128, д. 205, л. 94.

83) 위의 문서.

84) "소련 공민 조선인 전문가들을 북조선 임시인민위원회의 관할로 파견할 데 대하여(1946. 9.10.), 1946년 9월 10일~12월 23일 정치국 결정, 의사록 № 55", РГАСПИ, ф. 17, оп, 162, д. 38, л. 137.

개혁의 가속화

1946년 3월 농민 계층의 지지를 이끌어내기 위한 조치로서 토지개혁이 실시되었지만 노동자·사무원과 여성 등 다른 계급·계층들의 지지를 이끌어낼 개혁 조치와 산업 생산수단의 소유구조 개편은 미소공위 결렬 직후 곧바로 시행에 들어갔다. 바로 1946년 6~8월에 걸쳐 노동법령과 남녀평등권법령, 산업국유화법령 등이 연이어 공포되었다. 이들 법령은 북한사회의 토대를 뒤흔든 토지개혁의 후속 조치로서 인식되었으며, 사회구조의 변화에 크게 영향을 미쳤다.

6월 20일 임시인위 확대위원회에서 김일성은 노동법령 초안을 발표하였다. 법령 초안은 북한에서 작성된 다음 메레츠코프가 소련외무성과 전연방직업동맹중앙회의(ВЦСПС)에 보내 수정과 보충이 이루어졌다.[85] 김일성은 일제하 심한 압박과 착취를 받은 조선노동자들의 실상을 언급하면서 노동법령이 국가 건설에 있어 가장 필요한 법령으로 간주하였다.[86] 아울러 노동자와 사무원들의 노동조건을 근본적으로 개선하고 식민지적 착취의 잔재를 근절하는 것 등을 노동법령 실시의 근본적 임무라고 일컬었다. 같은 날 임시인위는 노동법령 초안을 심의에 붙였다.

제시된 법령안은 또한 노동자와 사무원의 각 조직 단위 및 정당·사회단체의 회의나 모임 등에서 토론에 붙여졌다. 단순히 하나의 법령을 공포하는 것이 아니라 대중적 공감대와 지지를 획득하려는 계산이 작용한 것이었다. 예를 들면, 6월 22일 사동 광산에서 열린 집회에서는 무료 정양이 규정되지 않은 이유, 노동법령 발효 전에 장애를 당한 자의 소급 적용 문제, 사용자의 기업 폐업 시 물질 보장 문제, 노동자 자녀의 무상교육과 연금 수급 연령 등 다양한 질문이 제기되었다.[87]

6월 24일 임시인위는 '북조선 로동자 및 사무원에 대한 로동법령'을 발표하였다. 초안 발표에서 심의, 토론, 발표까지 5일 만에 일사천리로 진행하였다. 법령은 8시간 노동제를 근간으로 하여 14세 미만의 소년노동 금지, 사회보험제 실시

85) "로조프스키가 몰로토프에게(1946.6.12.)." АВПР, ф. 018, оп. 8, п. 6, д. 81, л. 12.

86) 김일성, "로동법령초안을 발표하면서." 『김일성선집 1』 평양: 조선로동당출판사, 1955, 114쪽.

87) "추코프가 부르쩨프에게(1946.6.26.)." ЦАМО, ф. 172, оп. 614631, д. 29, л. 31-33.

등 노동자들의 근로 조건의 획기적 변화를 담았다.[88] 북한 지도부는 이 법령이 전 세계 식민지에서 해방된 지역에서 첫 노동법령이라는 점을 강조하였다.

민주개혁을 시행해 나가는 데 있어서 또 하나의 과제는 여성 문제의 해결이었다. 여성에 대한 전통적인 차별을 철폐하고 가정 내 봉건적 잔재를 근절하는 것은 공산주의자들이 지향하는 가치였을 것이었다. 마찬가지로 여성들을 해방시켜 새로 구축된 질서의 지지자로 변화시키는 것이 필요했다. '남녀평등권 법령' 역시 인민들 사이에서 토론에 부쳐졌다. 거기서 나온 흥미 있는 질문들을 살펴보면 다음과 같다. '이미 다처를 가진 이는 어떻게 하는가?', '기생제도가 폐지되면 기생들은 어디로 가는가?', '이혼한 부부의 재산 분할은 어떻게 되는가?'[89] 이 법령 시행의 정당성을 확보하려는 듯이 전근대적인 질서에 갇힌 사회에서 나올법한 질문들이었다.

노동법령이 공포된 지 한 달 후인 7월 30일 임시인위는 여성들이 정치·경제·문화생활 등 모든 영역에서 남성들과 평등한 권리를 갖는다는 것을 기본으로 한 '북조선남녀평등권에 대한 법령'을 공포하였다. 여성들은 남성들과 동등한 선거권과 피선거권, 노동과 교육에서의 권리를 가지게 되었다. 또한 자유 결혼, 자유이혼의 권리를 행사하고, 일부다처제와 공창·사창 및 기생제도 등이 금지되었다.[90]

이 법령이 중요하게 취급된 이유로서, 김일성의 입장에서는 항일빨치산 시절 적지 않은 여성대원들의 존재와 역할을 체험하였던 데다가 건국사업 등에 여성들의 참여를 활성화시킬 필요성도 적지 않았다.[91] 한편으로 이 법령이 새로운 체제로의 이행을 위해 민주개혁의 일환으로 기획된 것이기는 하지만 정치적 측면에서 인구의 절반을 달하는 여성을 위한 입법이란 점, 즉 북한 지도부에 대한

88) "北朝鮮勞動者 및 事務員에 對한 勞動法令."『北朝鮮法令集』, 평양: 北朝鮮人民委員會 司法局, 1947, 229~230쪽.

89) "추코프가 부르쩨프에게(1946.7.27.)." ЦАМО, ф. 32, оп. 11542, д. 115, л. 9-13.

90) "북조선남녀평등권에 대한 법령."『北朝鮮法令集』, 301쪽.

91) 이에 대해서는 김일 외,『붉은 해발 아래 창조와 건설의 40년(1945.8~1950.6)』제1권, 평양: 조선로동당출판사, 1981, 148-161쪽 참조.

대중적 지지의 확대를 고려했을 것이라고 능히 추측하고도 남는다.

산업국유화 문제는 소련의 이익과 직접 연관되어 있었다. 소련군 진주 직후부터 소련은 일본 자본이 남기고 간 공장과 기업소의 경영에 직접 개입하였다. 1945년 12월 소련 외무성 극동 제2극동부 책임보고자인 스즈달레프는 북한 내 군수 및 중공업에 대한 현황을 보고하면서 말미에 그에 대한 소련의 인식과 처리 방향을 제시하였다.

> 북조선 소재 일본 군수 및 중공업은 소련 군대의 전리품으로 간주되어야 한다. 왜냐하면 이들 기업은 정도에 따라 소련군과 교전한 일본군을 위해 복무하였고, 소련군이 큰 희생을 대가로 일본에게서 획득한 것이기 때문이다. 결국 북조선 소재 일본 군수 및 중공업은 1918~1923년 일본의 극동 간섭이 낳은 손실을 포함하여 일본이 해당 기간 동안 소련에 가한 커다란 손실의 부분적인 지불, 배상 또는 보상으로서 소련에 귀속되어야 한다.[92]

전시 소련군이 희생을 치른 대가로 획득한 군수 및 중공업이 소련에 귀속되어야 한다는 인식은 특별한 견해가 아니었다. 이로부터 일제가 남긴 1,034개 대규모 산업시설을 비롯한 발전소, 철도 등은 소련군의 전리품으로 간주되었다.[93] 공장 복구와 함께 생산된 물품의 일부는 소련으로 반출되었다. 이를테면, 1946년 4월 소련 외무성 부상 로조프스키는 함흥 화학콤비나트에서 생산된 금 33.339kg과 은 338.699kg을 소련 재정성 소관으로 노보시비르스크 소재 유색금속성 제171호 공장으로 이송시킬 것을 몰로토프 외무상에게 요청하였다.[94] 여기에는 함흥콤비나트가 이전 일본 기업 소유이고, 금과 은 생산 및 노동력 지불 비용이 소련무력성이 집행하고 있다는 근거가 제시되었다. 이처럼 산업국유화 법령 공포 이전까지 이전 일본의 주요기업은 소련군 사령부의 관리하에 있었으며, 그 생산품의 처분

---

92) "수즈달레프. 일본 군수 및 중공업에 관한 조사보고(1945.12)." АВПР, ф. 0102, оп. 1, д. 10, п. 1, л. 225.

93) "조선의 상황에 대하여." РГАСПИ, ф. 17, оп, 128, д. 266, л. 194об.

94) "로조프스키가 몰로토프에게(1946.4)." АВПР, ф. 018, оп. 8, п. 6 д. 80, л. 11-12.

역시 마찬가지였다.

1946년 1월부터 5월 1일까지 북한에서 생산된 공장 제품들 중 소련으로 운송된 전리품은 6,753톤, 금액으로는 2,050만 원, 새 제품이 1,782톤 1,410만 원에 달했다.[95] 물론 일본은 철수 시 대다수의 기업을 파괴하였기 때문에 그 복구로 인해 정상적인 생산까지는 상당한 기간이 소요되었음을 감안하면 소련으로 이송된 생산 물품을 과장할 필요는 없을 것이다. 가령, 1946년 5월 1일 현재 북한에서 복구·가동된 중공업 공장은 38개소에 지나지 않았는데, 이들 공장에 보관 중인 제품 총액은 1억 4,500만 원이었다.[96]

1946년 8월 5일 연해주군관구는 제25군사령부에 산업국유화 법령을 송부하면서 8월 10일 이전에 법령이 공표할 것을 주문하였다.[97] 이 법령은 제25군사령관의 명령에 따라 작성되었으며, 명령의 실행은 로마넨코와 민정 산업부장 T. I. 코르쿨렌코가 맡도록 하였다.[98] 소련군 관리하의 산업체를 북한 측에 반환한다는 의미에서 사실상의 법령 실행 주체는 소련군 당국이었다.

8월 10일 임시인위는 산업·교통·운수·체신·은행 등의 국유화에 관한 법령을 발표했다. 이 법령은 북한의 주요 산업이 국유화됨으로써 장차 사회주의로 이행하는 전망을 여는 점에서 매우 중요한 의미를 지녔다. 우선 앞서 언급한 1,034개 기업이 소련군 사령부에서 임시인위의 관리로 이양되었는데, 이들 기업은 북한 경제의 골간을 차지하고 있었다. 북조선중앙은행과 58개 남쪽 은행 지점 역시 임시인위에 이관되었다. 58개 지점은 38개로 축소되어 북조선 중앙은

95) "1945년 11월 15일~1946년 5월 1일 북조선 공장 사업 및 기업 제품 생산에 관한 보고." АВПР, ф. 06, оп. 8, п. 39, д. 638, л. 78-79. 소련으로 이송된 제품으로는 금 약 1,500kg과 은 5톤을 함유하는 흑동광과 아연 4,261톤, 주석 농축광 20톤, 페로 텅스텐 178톤, 형석 1,550톤, 흑연 농축광 454톤, 아연 1,388톤, 탄탈룸－니오븀 농축광 2.5톤 등이다.

96) 위의 문서, л. 76, 79.

97) "메레츠코프와 그루셰보이가 치스차코프와 레베데프에게(1946.8.5.)." ЦАМО, ф. 379, оп. 532092, д. 2, л. 110.

98) 명령의 명칭은 〈북조선 내 과거 일본 소유 산업체, 운송수단, 통신 및 은행의 북조선인민위원회 관리로 이행에 대하여〉이다. "주북조선 소련군사령관의 명령." ЦАМО, ф. 379, оп. 532092, д. 2, л. 115.

행 편제로 재편되었다. 이를 통해 임시인위는 소련군 사령부가 통제하던 주요 경제 부문을 완전히 인수하여 경제 발전의 주체로서 나설 수 있게 되었다.

주요 산업 부문의 국유화 실시는 향후 비자본주의적 발전 경로를 예상할 수 있었다. 이는 생산의 비조직성 및 무계획성을 타파하고 계획경제 수행을 위한 여건을 조성하는 일이었다.[99] 이를 통해 장차 사회주의로 이행할 물적 조건들이 마련된 것이다. 다만 사기업과 개인상업에 대한 억제하는 조치들은 취해지지 않았다. 그것은 해방 후 혼란한 경제 현실에서 사기업과 개인상업이 생산유통의 하락을 보충해 주는 측면이 있기도 했지만 공산 측의 자본주의적 발전 노선에 부합한 것이기 때문이었다.

그럼에도 일부 지방인민위원회 가운데서 사유 기업소를 몰수하거나 개인상업 활동을 저해한 사례들로 인해 기업가와 상인들이 투자를 꺼리거나 사업을 접는 경향이 나타나기도 했다.[100] 이에 따라 임시인위는 1946년 10월 4일 사유 재산을 보호하고 개인의 산업과 상업 활동을 규정하는 결정를 채택하였으며, 같은 해 11월 25일에는 사적 자본을 산업 및 상업에 끌어들이고 사유 기업을 장려할 목적으로 '북조선산업 및 상업발전에 관한 법령'을 발표하였다.[101] 하지만 북한 산업에서 국가 부문은 점차 지배적인 영역으로 자리하게 되었다. 1947년 8월 현재 국가 부문의 비중은 60.35%에 이르게 되었다.[102]

공산 측 입장에서는 북한 사회에 대대적인 변화를 초래한 이들 조치는 대중적 지지를 획득하고 이를 통해 자신의 영향력을 강화함으로써 좌파 주도의 전 한반도 정부 수립을 위한 발판을 마련하고자 함이었다. 이 조치들이 모두 실행에 옮겨지면서 북한 사회는 모든 면에서 큰 변동을 겪게 되었다. 하지만 북한 내 개혁은 북한만의 변화에 그치고, 이것이 분단의 요인을 강화시키는 작용을 하였던 것도 부인할 수 없다.

---

99) "마슬로프, 북조선에서의 민주개혁." АВПР, ф. 0102, оп. 7, п. 5, д. 24, л. 26.
100) "조선의 정치 상황에 대하여." РГАСПИ, ф. 17, оп. 128, д. 1119, л. 191.
101) 『北朝鮮法令集』, 평양: 北朝鮮人民委員會 司法局, 1947, 43~46쪽.
102) "코르닐로프. 북조선 정치경제 상황 보고(1947.8)." РГАСПИ, ф. 17, оп. 128, д. 392, л. 68.

공위휴지기의 지침

미소공위가 미·소 간의 의견 차이로 인해 아무런 결실을 맺지 못한 채 결렬되면서 한반도 정세는 불투명한 상황으로 빠져들었다. 더욱이 제2차 세계대전 동안 동맹국으로서 한시적이나마 상호 협력하던 미국과 소련은 지역별로 점차 대립의 축을 세움으로써 갈등이 표면화되었다. 특히, 국제주의자이던 루즈벨트 대통령의 사망과 영국 처칠 수상의 '철의 장막' 연설은 양국관계의 틈을 넓히는 주요한 계기가 되었다. 소련은 제2차 세계대전 기간 중단하였던 '미제국주의'라는 용어를 다시금 사용하는 등 미국에 대한 비난 공세에 나섰다. 한반도 지형에서도 미국과 소련은 독자적인 행보를 강화하는 데 열중하게 되었다.

미소공위 결렬 후 소련은 전개되고 있는 상황을 예의주시하면서 대미 협상의 원칙과 방침을 가다듬었다. 슈티코프는 공위가 진행 중이던 4월에 이미 하지가 맥아더와의 회담을 위해 도쿄를 방문한 것을 두고 남조선 단독정부 수립 문제를 논의하기 위한 것이라고 평가한 서울 언론 보도를 인용하였다.[103] 이로 보아 소련 측은 그 시점에서 남한에서의 단정 수립 가능성에 대해 염두에 두고 있었음을 알 수 있다.

공위 휴회 기간 중에 소련의 입장은 1946년 7월 26일에 나온 공위 훈령(공위 휴지기훈령)에 잘 나타나 있다.[104] 5개 조로 이루어진 이 훈령의 제1조는 공위 재개에 관한 주한 미군사령관 하지의 제의에 대한 주북 소련군사령관 치스차코프의 답신을 확정하는 것이고, 제2조는 공위에서 소련 대표단의 입장과 결정 및 문건을 승인하는 내용이다. 이와 달리 제3~5조는 비교적 장문의 지침과 소련 대표단의 성명으로 이루어져 있다.

제3조는 먼저 공동위원회 사업 재개 시 소련 대표단은 1946년 3월 16일자 기

---

103) "슈티코프가 몰로토프에게, 소미공동위원회 사업보고(1946.5.31.)." АВПР, ф. 06, оп. 8, п. 39, д. 638, л. 57.

104) "조선에 대한 소미공동위원회 소련 대표단의 훈령(1946.7.26.)/이하 '공위휴지기 훈령.'" Советско-американские отношения 1945-1948. Документы.. М., 2004, с. 297-302.

본 훈령 및 다음의 지시에 따를 것을 요구하고 있다.

> 위원회 사업 재개 시 소련 대표단은 정당사회단체 그리고 그 대표자들과의 협의조건 문제에서 종전의 입장을 견지한다. 즉 위원회는 모스크바 결정을 어떠한 조건 없이 철저히 지지하는 민주정당·단체하고만 협의해야 하며, 정당 또는 사회단체는 공동위원회 협의를 위해 모스크바 결정과 동맹국(혹은 동맹국들 중 일국)에 반대하는 적극적인 발언으로 스스로의 명예를 훼손한 대표자들을 내세워서는 안 된다. 이를 기반으로 소련 대표단은 공동위원회에서 조선 임시정부에 조선 반동 지도자들이 들어가지 않도록 보장해야 한다.[105]

이 지침은 공위의 협의 조건 문제에서 반탁 단체의 배제라는 이전 원칙을 고수하고 있다. 특히 모스크바 결정과 소련에 반대하는 '조선 반동 지도자들'을 언급하였는데, 이는 이승만, 김구, 김성수 등 우익 지도자들을 지칭하는 것으로 협의 대상에서 이들의 배제를 다시 한 번 분명히 한 것으로 볼 수 있다. 또한 여기에는 공동성명 제5호에서 언급된 청원서에 서명하는 정당·사회단체에게 공위와의 협의에 참여할 기회를 주는 방침이 언급조차 되지 않았다.

제3조에는 남북한 정당 사회단체의 임시정부 구성 비율이 처음으로 나타나 있다. 북조선 정당과 사회단체 대표자 40%, 남조선 민주정당·단체(민주주의민족전선) 대표자 30%, 남조선 우익 정당 30%가 그것이다.[106] 남북 간 배분 비율만 정했던 제1차공위 훈령과는 달리 좌우 배분 비율까지도 분명히 한 것이다. 남북의 배분 비율이 6 : 4로 미국 측에 양보한 듯이 보이지만 북측이 공산당의 영향권에 있음을 감안하면 반대로 좌익이 훨씬 유리한 구도였다.[107] 사실상 좌

---

105) 위의 문서, c. 297.

106) 앞의 문서.

107) 한반도 내의 정치세력을 구분할 때 단순히 좌와 우로 구분하는 것은 올바른 방식이 아니다. 북한의 조선민주당, 천도교청우당은 좌파 정당으로 구분하기 보다는 모스크바 결정지지 정당으로 보는 것이 더 정확하다. 이들 정당이 북로당의 노선에 동조하고 지도부가 친공적이었으나 정당의 성격 자체나 구성원 다수의 면면은 여전히 우파 성향을 띠고 있었다. 다만 여기서 언급되는 북한 정당·사회단체 모두는 로동당의 정책에 동조한 측면에서 보아 편의상 좌파로 분류하기로 한다.

익의 완전한 주도권을 확보하는 지침이었다. 좌·우 간 임시정부 내의 지도적 지위와 그 배분에 대해서는 다음과 같이 제시하였다.

- 북조선정당·사회단체와 남조선 좌익단체: 1. 수상, 2. 부수상, 3. 내무상,
  4. 민족보위상, 5. 산업상, 6. 외무상, 7. 상업상, 8. 노동상, 9. 교육
  선전상, 10. 체신상
- 우익정당: 1. 부수상, 2. 농림상, 3. 교통상, 4. 재정상, 5. 보건상, 6. 사법상

좌·우 간 내각 배분 비율이 앞서의 7 : 3보다 완화된 5 : 3 비율로 나타난 것은 흥미롭다. 이 문제는 제5장에서 구체적으로 설명하겠다.

〈표 4-3〉 임시정부 내각 부처 구상의 변화

제1차공위훈령 -A안	제1차공위훈령 -B안	제1차공위훈령	공위휴지기훈령	비고
내무성	내무성	내무성	내무성	
		외무성	외무성	본 훈령에 포함시킴
		국방성	민족보위성	본 훈령에 포함시킴. 제2차 훈령에서 민족보위성으로 변경
재정성	재정성	재정성	재정성	
산업성	산업성	산업성	산업성	
상업성	상업성	상업성	상업성	
농림성	농림성	농림성	농림성	
교육선전성	교육선전성	교육선전성	교육선전성	
사법성	사법성	사법성	사법성	
보건성	보건성	보건성	보건성	
노동사회보장성	노동사회보장성	노동사회보장성	노동성	제2차 훈령에서 노동성으로 개칭
교통체신성	교통성	교통성	교통성	제1차 훈령에서 교통성과 체신성으로 분리
경제계획위원회				설치 취소
	체신성	체신성	체신성	

위 표는 소련이 구상한 임시정부 내각 부처의 명칭 변화를 보여 주고 있다. 처음 구상에서 빠져 있던 외무성과 국방성이 포함되었고, 노동사회보장성은 노동성으로 개칭되었다. 국방성이 민족보위성으로 바뀐 것은 아마도 '조선식'의

명칭을 원한 남북 공산당 지도부의 요청에 따라 수정된 것으로 추측된다. 특히 민족보위성은 소련에서는 사용하지 않는 명칭이었다.

제3조는 또한 정부 형성의 기초가 되는 강령(정강)을 아래 표와 같이 제시하였고, 임시정부에 참여하길 원하는 정당과 그 지도자들이 여기에 서명할 것을 요구하고 있다.

1) 조선은 자주적 민주공화국이 되어야 한다.
2) 전 조선에서 지방권력은 인민 권력 기관으로서 인민위원회에 이양되어야 한다.
3) 조선민주주의임시정부는 일본인 및 조선인 지주가 소유한 토지 몰수를 시행한다; 몰수된 토지는 토지 없는, 토지 적은 농민의 소유로 무상 양도한다.
4) 정부는 이전 일본 국가, 일본인 및 일본인단체, 조선인민의 반역자가 소유한 기업소, 광산, 철도 및 수상운수, 체신, 상업 및 문화기관의 국유화를 시행한다.
5) 정부는 인민의 정치적 자유를 보장한다. 언론, 출판, 집회, 신앙, 민주정당·노동조합·여타 민주적 단체의 활동 자유
6) 정부는 다음의 법령을 반포한다. 8시간 노동일, 노동자·사무원의 사회보험, 기타 사회문화적 조치
7) 새로 창설되는 정부 및 정부 기관에는 일본과 적극 협력한 인물들이 들어가서는 안 된다.

〈출처〉 "조선에 대한 소미공동위원회 소련 대표단의 훈령(1946.7.26.)." Советско-американские отношения 1945-1948. Документы.. М., 2004, с. 297-298.

위 강령은 제1차공위훈령에서 제시된 임시정부 구성 원칙 및 정강과 내용이 대부분 일치하고 있다. 차이점은 제1조 '조선은 자주적 민주공화국이 되어야 한다'는 조항이 새로 포함된 점이다. '자주적 민주공화국'은 남북한 좌파세력들이 주로 사용한 '자주독립국가'와 거의 동일한 개념이다. 그런데 이 조항이 왜 갑자기, 그것도 가장 우선되는 제1조에 들어간 것일까. 북·소 지도부 간의 긴밀한 협조 관계를 고려하면 소련이 '자주적 민주공화국'의 중요성과 의미를 충분히 인식하지 못했다고 보기는 어렵다. 오히려 이 시점에서 이 슬로건을 제1의 강령으로 삼은 이유는 우선 조선 공산당 측의 입장과 요구를 반영한 것으로 볼 수 있다. 현지 소련군 지도부가 기초한 강령은 다른 정책과 마찬가지로 남북 공산당 지도부와 긴밀한 협의에 따른 것이었다. 또 하나의 이유는 향후 조선을 실질적으로 미국의 영향권에서 벗어나게 하려는 의도로 해석할 수 있다. 소련으로

서는 미국과의 타협뿐 아니라 양측의 합의에 의한 임시정부 수립이 결코 용이하지 않다는 것을 인식하고 있었다. 이러한 상황에서 미래 조선의 자주성을 부각시키는 것이 미국과의 협상력을 제고시키는 방편이 될 수 있으리라 판단했을 것이다.

제4조는 38도선 철폐에 대해 미국 대표단이 토의를 요구할 경우 소련 대표단이 발표할 성명이며, 그 중요성에 비추어 그 전문을 살펴보자.

> 소미공동위원회의 과업은 조선의 주요 문제들의 해결 준비이며, 무엇보다도 조선민주주의임시정부 창설 문제가 이에 해당된다. 조선민주주의정부의 창설은 조선 국가 부활의 기본 조건이다. 정부의 창설 후에 조선의 경제는 단일한 전체로 재통합될 것이고 그에 따라 38도선도 철폐될 것이다. 조선민주주의임시정부가 사업을 개시하고 전체적으로 전 조선의 정치경제생활을 자신의 통제하에 둘 때 38도선은 조선에 주둔하고 있는 소·미 군대의 경계선으로만 남을 것이다. 소련 대표단은 공동위원회가 지금 38도선 문제를 다루자는 미국 대표단의 제안을 수용하는 것은 조선민주주의임시정부의 수립과 함께 다른 중요하고도 긴급한 조선 문제의 해결을 지연시킬 수 있다고 본다. 소련 대표단은 1947년 내에 조선민주주의정부의 수립을 완료하며, 그 후 1947년 말 혹은 1948년 초를 넘기지 말고 소련군과 미군, 모든 외국군대를 조선에서 철거함으로써 소련군과 미군 간의 경계선인 38도선을 철폐할 것을 제의한다.[108]

이 성명은 제1차 공위에서 38도선 철폐를 주장해온 미국 측에 대항한 논리이다.[109] 이 논리의 핵심은 미소공위 사업이 임시정부 수립을 위한 것이며, 38도선 문제는 임시정부가 수립되면 자연히 해결된다는 것이다. 이 점에서 미국의 38도선 철폐 주장에 대한 확실한 방어책을 마련한 셈이었다. 소련이 38도선 개방 문제에 대해 엄격한 자세를 견지한 것은 남쪽의 경제적 침투를 우려한 측면이 컸다. 또한 남쪽으로부터 들어오는 첩자와 테러세력을 차단하려는 목적도

---

108) "공위휴지기기훈령." Советско-американские отношения 1945-1948. Документы.. М., 2004, с. 298-299.

109) 미국 대표단은 1946년 4월 6일과 5월 6일에 각각 열린 공위 회의에서 38도선 철폐 주장을 제기한 바 있었다.

있었다. 이에 따라 소련은 38도선 개방 문제를 한국임시정부 수립과 연계하는 입장을 고수했다.[110] 이 같은 입장은 미국과의 협상에 장애를 조성하는 원인이기도 했다.

위 성명에서 주목할 것은 1947년 이내에 임시정부를 수립하고, 미·소 양군의 철군 시한을 늦어도 1948년 초로 정하자는 데 있다. 그런데 이 주장이 단순히 성명 형식으로 되어 있기 때문에 소련 지도부의 진정한 의도로 볼 수 있느냐의 문제가 있을 수 있다. 그럼에도 군대 철수 문제는 처음부터 소련 내부에서 꾸준히 논의되어 온 사실을 보면 그것을 단순히 성명서용 주장으로 치부하기는 어렵다.[111]

제5조는 미 대표단이 임시정부 수립을 거부하고 후견 없이 조선 스스로 정부를 수립할 수 있다고 주장할 경우 소련 대표단이 발표할 장문의 성명이다. 다음은 그 내용을 요약한 것이다.

- 일부 정당과 그 반동적인 지도자들 때문에 지금까지 조선민주주의임시정부는 창설되지 못하고 있다.
- 조선 지도간부들이 국가적 문제의 해결에 필요한 경험을 갖고 있지 못하기에 5년 기간의 후견은 조선에서 민족적 국가간부들이 성장하기에 매우 충분하다.
- 조선의 반동 언론과 일부 미국 신문은 후견이 소련의 요구에 따라 확정되었고 마치 소련이 조선을 장악하여 소비에트 질서를 수립하고자 하는 것처럼 조선인민에게 훈계하였다.
- 애초 미국의 계획은 실제로 10년 동안 조선에 대한 신탁통치(подманда-тное управление)를 의미하였고, 조선정부의 창설이 예정되어 있지 않았다.
- 모스크바 삼상회의의 심의에 제출된 미국의 제의와 삼상회의가 채택한 결정을 비교한다면 후자가 보다 진보적인 결정이며 조선인민의 이익을 고려한 것이다.

---

110) 〈슈티코프 일기〉 1946.9.25.

111) 앞서 살펴본 대로, 소련은 처음부터 북한에 자국 군대의 장기적 주둔을 계획하지 않았다. 만주 주둔 소련군은 이미 1946년에 전부 철수하였고, 북한 주둔 군대도 지속적으로 감축하였다

▶ 소련 대표단은 오직 후견이 정확히 집행되어야 하는 모스크바 결정에 의
해 규정되었기 때문이라는 점에서 후견에 찬동한다.

▶ 소련 대표단은 조선에서 미·소 군대의 철거 조건에서 동맹국들의 원조와
참여 없이 조선인 스스로 자신의 정부를 구성할 기회를 허용할 수 있으며,
만일 미국 대표단이 동의한다면 1947년 말 혹은 1948년 초까지 소련 군대
는 미국 군대와 동시에 조선을 떠날 준비를 할 것이다.[112]

제5조 역시 미국 측에 대한 대응 성명으로 구성되어 있기 때문에 그 의도 파
악에서 신중함이 요구된다. 전반적 내용은 1946년 1월 25일 모스크바 결정의
전말을 폭로한 타스통신 보도와 많은 부분이 중복되고 있지만[113] 반탁세력을
임시정부 수립의 가장 큰 장애로 여기고, 소련의 대조선 전략이 소비에트화가
아니라는 것을 강조한 것이 눈에 띈다. 후견(신탁통치)에 대해 가장 초점을 맞
추고 있는데, 여기서는 이전과 같이 미국과는 다른 주장을 펼치고 있다. 즉 신
탁통치는 소련이 아닌 미국의 주도하에 확정되었지만 소련은 이를 조선에 대한
직접 통치가 아닌 5년 동안 조선의 민족적 국가간부들을 양성하려는 목적으로
받아들였다는 것이다. 그런데 '후견'을 찬동하는 이유가 모스크바 결정의 규정
때문이란 것은 소련이 신탁통치의 모순에 빠져 있음을 다시 한 번 확인시켜준
다. 소련은 신탁통치 실시를 스스로 주창하지 않았지만 금과옥조와 같은 모스
크바 결정이라는 '절대' 지침에 포로가 된 셈이었다.

마지막으로 군대 철수 제의가 앞선 성명에 이어 반복되었는데, 여기서 특히
주목해야 할 것은 미·소 군대의 철수 하에 동맹국의 참여 없이 조선인 스스로
가 정부를 수립할 수 있도록 하자는 제의이다. 임시정부 수립이 불가능해질 경
우 사용할 수단으로서 1947년 9월 26일 미소공위의 결렬이 사실상 확정된 가운
데 소련이 마지막으로 꺼낸 '패'가 바로 이것이었다. 이 구상은 최소한 1946년
7월의 시점에서 미리 제기된 것이다.

---

112) "공위휴지기 훈령." Советско-американские отношения 1945-1948. Документы. М.,
2004, с. 299-301.

113) Правда, 1946. I.25.

공위휴지기훈령은 제1차공위훈령에서 나타난 입장을 변함없이 더욱 굳게 하였고, 임시정부 내 권력의 배분과 비율 문제를 설정하였다. 소련은 남한 내 조선공산당에 대한 미군정의 억압에 맞서 종전 입장을 더욱 확고히 했다고 볼 수 있다.

3. 주도 세력의 연합과 강화: 북로당 결성

좌익정당의 통합 배경

1946년 봄부터 북조선공산당으로 불리기 시작한 조선공산당 북부분국은 북한 정치에서 주도적인 정당으로 성장하면서 정치, 경제, 사회 전 분야에 자신의 영향력을 확대해 갔다. 북조선공산당의 수장은 김일성이었지만 주축세력은 김용범, 오기섭, 장시우, 박정애 등 주로 국내 공산주의자들이었고, 여기에 일부 연안계 인사들(무정, 김창만, 허정숙 등)이 가세했다. 공산당은 중앙과 지방의 조직력을 확대하고, 주요 직능단체에 대한 지도력을 확보하였다. 이 과정에서 북조선공산당의 독점적 위상은 더욱 강화되었다. 그런데 소련군 당국은 북조선공산당의 독점적 지위에 대해 공산당 지도부의 기본 결함으로 간주하였다. 이것은 우당인 민주당과 청우당 지도부의 불만을 일으키고, 통일전선의 확대에 부정적인 영향을 미친다는 것이었다.[114]

사실 공산당의 조직적 건설은 중앙과 지방을 막론하고 레닌의 민주집중제 원칙에 입각한 것이 아니었다. 당 조직은 당대회 또는 당회의를 통하지 않고 대개 공개투표 방식의 열성자 회의를 거쳐 만들어졌다.[115] 남북의 공산당이 당대회를 단 한 차례도 개최하지 못한 까닭에 마땅히 갖추어야 할 당 강령도

---

114) "북조선의 정치 상황 보고(1946.6.1.)." ABΠP, ф. 0480, оп. 2, п. 2, д. 7, л. 6.
115) 위의 문서, л. 5.

없이 활동하고 있었다. 당내의 불협화음도 적지 않았다. 특히 국내파인 김용범·오기섭과 연안계 출신의 무정 사이에는 측근들의 자리 배치 등을 둘러싸고 상당한 불협화음이 일어나기도 했다.[116] 1946년 7월 말 무정이 소련군 당국에 자신의 소련 유학을 요청한 것은 자신의 당내 적응 문제가 하나의 요인이었을 것이다.[117] 공산당의 허약한 조건을 극복하는 데 있어 소련계 한인들의 조직적 보강이 중요한 역할을 담당했다. 1945년 9~11월만 해도 소련 중앙아시아 지역에서 소련계 한인 128명이 북한에 파견되었다. 12월에는 제3진으로 무려 120명이 평양에 도착하였는데, 이들 대다수는 경무사령부의 통역관이나 젤레즈노프 그룹 통역관, 러시아어 강습 강사, 그리고 조선 언론 군 검열그룹에 배치되었다.[118] 그러나 이들 가운데는 허가이, 방학세, 김열, 김승화, 김택영, 김찬 등 장차 소련계의 핵심들이 포함됨으로써 북한 정치지형에 주요 변수가 되었다. 특히, 허가이는 당사업에 전념하면서 '당박사'란 호칭을 얻은 소련계를 대표한 인사였다.[119]

1946년 3월에도 김일성은 '새로운 민주적 자유 조선의 건설'을 위해 소련계 한인의 북조선 입국을 소련 정부에 요청하였다.[120] 지도적 당 간부의 부족과 관련하여 1946년 6월 초 김일성은 이미 입국해 있는 허가이, 이동화, 기석복 등 13명의 소련계 한인들을 공산당 휘하로 이전시켜줄 것을 소련공산당 중앙위원회에 요청하였고,[121] 이에 15명의 한인들이 북로당으로 소속 변경을 하였다.

---

116) 앞의 문서, л. 6.

117) 무정이 작성한 소련 유학 요청서의 출처는 다음과 같다. ЦАМО, ф.172, оп. 614631, д. 26, л. 1-10.

118) "연해주군관구 정치국 7부의 1945년 12월 사업 보고서." ЦАМО, ф.172, оп. 614631, д. 37, л. 5. 소련계 한인 입북 현황과 활동에 대한 최근의 연구로는, 우동현, 「1945~1950년 재북 소련계조선인의 활동과 성격」(서울대 국사학과 석사학위논문, 2016)을 참고할 것.

119) 그의 본명은 알렉세이 이바노비치 헤가이이며, 우즈베키스탄에서 소련공산당 간부로 있다가 북한으로 파견되었다.

120) "게네랄로프가 바라노프에게(1946.4)." РГАСПИ, ф. 17, оп, 128, д. 205, л. 5.

121) "쉬킨이 수슬로프에게." РГАСПИ, ф. 17, оп, 128, д. 55, л. 5. 나머지 인사 10명의 명단은 다음과 같다.

〈표 4-4〉 북로당 소속으로 이전한 소련계 한인 명단

번호	성명	직책
1	김영태	북로당 중앙위원회 청년부장
2	김 알렉산드르 안드레예비치	북로당 함북도위원회 제2비서
3	기석복	보안간부학교 부장
4	김 메포지	북로당 평남도위원회 제1비서
5	리 바실리 티모페예비치	북로당 평북도위원회 제2비서
6	허가이	북로당 중앙위원회 조직부장
7	박창식(박 일라리온 트미트리에비치)	북로당 중앙위원회 농민부장
8	문일(문 에리 알렉산드로비치)	김일성 개인비서
9	태성수(태 사무일 안토노비치)	로동신문 책임주필
10	박 니콜라이	북인위 체신국 부국장
11	김 엘리세이 안드레예비치	북로당 함남도위원회 제1비서
12	박 이반 아르카디에비치	북인위 교통국 부국장
13	장 니콜라이 니키포로비치	북로당 황해도위원회 제2비서
14	김 파벨 티모페에비치	북인위 재정국 부국장
15	리 바실리 페도로비치	북인위 보건국 부국장

〈출처〉 ЦАМО, ф.172, оп. 614631, д. 26, л. 13.

소련계 한인들 차출에는 소련공산당 정치국도 직접 개입하였다. 1946년 5월 소련공산당 정치국은 조선에서의 사업을 위해 우즈베키스탄과 카자흐스탄에서 소련계 한인 출신 전연방공산당(볼) 당원과 후보당원, 전소연방레닌주의공산청년동맹원을 각각 100명씩 선발하도록 결정하였다.[122] 1946년 10월에는 다양한 전문성을 지닌 소련계 한인 36명이 임시인위와 슈티코프의 요청으로 북한에 파견되었다.[123] 공산당은 당 활동 경험이 풍부한 이들 소련계 한인들이 들어옴으로써 조직적 강화에 도움을 받았다. 또한 소련계 한인들은 북로당 중앙당과 지방당, 그리고 북인위에서 주요 간부를 맡아 소련군 당국과 공산당 간의 가교 역할뿐 아니라 정책 수립에 있어서도 중요한 역할을 담당하였다.

---

[122] "전연방공산당(볼) 중앙위원회 대외정책부의 문제(1946.5.22.)." РГАСПИ, ф. 17, оп. 162, д. 38, л. 75-76.

[123] "굴랴에프가 파뉴쉬킨에게(1947.3.12.)." РГАСПИ, ф. 17, оп, 128, д. 1119, л. 62.

〈표 4-5〉 각급 기관에 파견된 소련계 한인 군인 현황(1946년 1월 30일 현재)

순서	조직 및 기관명	군관 수	사병 수	총원
1	평안남도	-	8	8
2	함경남도	-	7	7
3	평안북도	-	7	7
4	황해도	-	5	5
5	함경북도	-	3	3
6	강원도	-	6	6
7	〈조선신문〉 편집부	8	8	16
8	제25군 정치부 제7과	-	8	8
9	로마넨코 그룹	-	16	16
10	젤레즈노프 그룹	1	15	16
11	중앙당학교	1	10	11
12	보안간부학교	-	7	7
13	군검열부	1	9	10
14	군정치부 산하 언론국	1	2	3
15	라디오 편집부	1	2	3
16	연합부대 정치부 교관	1	1	2
17	조선 부대	1	-	1
18	북로당 편제	-	1	1
총계		15	115	130

〈출처〉 ЦАМО, ф.172, оп. 614631, д. 26, л. 12.

미소공위 결렬 후 슈티코프는 북한에 대한 소련의 영향력을 강화하기 위해 다양한 정책적 조치를 강구하였다. 앞에서 살폈듯이, 그는 북한 소재 일제 산업의 국유화, 도·군 인민위원회 선거 실시 등 다양한 조치를 제기한 바 있다. 하지만 거기서 좌파정당 합당 문제에 대해서는 전혀 언급하지 않았다. 이로 보아 1946년 5월 말 시점에서 북한을 정치경제적으로 강화시키는 조치의 일환으로 좌파정당의 합당 문제는 논의되지 않았던 것 같다. 물론 슈티코프와 긴밀한 공조를 유지했던 김일성과 박헌영 등 남북 좌파 지도자들 사이에서도 합당에 관한 토의는 찾아볼 수 없다.

북조선공산당의 강화를 위한 일련의 조직적 조치가 이루어졌지만 1946년 7월 이전 좌파정당의 합당 문제가 공식적으로 제기된 근거는 1992년 판『김일성전집』(제3권)에서 찾아볼 수 있다.[124] 이 저술에 따르면, 6월 26일은 북조선신민당 제1차대회가 열린 날인데, 김일성은 여기에 참가하여 축사를 하였다. 축사에서 그는 신민당과 공산당이 통일전선을 굳게 맺고 긴밀히 협조할 것을 강조했지만, 합당 문제는 꺼내지 않았다.[125] 다른 당의 창당 대회와 마찬가지인 행사에 손님으로 가서 합당을 얘기하는 것은 사리에 맞지 않을 뿐 아니라 어느 경우에나 가능한 일이 아닐 것이다. 그런데 같은 날 김일성은 남북조선공산당 책임일꾼 협의회에도 참석한 것으로 나와 있다. 이 자리에서 그는 근로자를 기반으로 한 정당이 따로 존재하는 것은 분열의 조건임을 지적하면서 '근로대중의 분열을 막고 그들을 하나의 정치적 역량으로 묶어세우기 위하여서는 공산당과 신민당을 합당하여 근로인민의 대중적 당을 내오는 것이 필요'[126]하다고 말했다고 한다. 이 발언은 김일성이 양당 합당 결정 이전 합당에 대해 언급한 사실상 유일한 것이다. 물론 이 발언의 진위를 곧이곧대로 믿기는 어렵다. 무엇보다도 7월 이전에 합당과 관련한 어떠한 조짐도 보이지 않았던 상황에서 갑자기 『김일성전집』에 그의 발언을 수록한 것은 사후에 합당을 합리화하기 위한 것이었을 가능성이 높다. 설령 그의 발언이 사실이라 하더라도 합당과 관련된 움직임을 전혀 찾아볼 수 없는 상황에서 그와 같은 갑작스러운 결정은 의아스러울 수밖에 없다.

그렇다면 합당 문제에 대해 확인할 수 있는 사실은 무엇일까. 이 질문에 대한 답변은 7월 초 김일성과 박헌영이 이끈 공산당 대표단의 모스크바 방문에서 찾을 수 있다. 스탈린－김일성·박헌영 대담에서 뜻하지 않게 나온 주제는 새로운 당의 창당 문제였다. 스탈린은 공산당이 스스로 사회민주당이나 노동당으로

---

124) 1990년대 초 현실사회주의 붕괴 후 북한은 기존의 『김일성 저작집』을 확대하여 『김일성 전집』을 시기별로 매년 간행하기 시작하였다. 여기에는 과거에는 포함되지 못한 소련을 비판하는 내용을 비롯하여 빈공간 시기의 연설과 담화가 실리게 되었다. 그러나 새로 수록된 문건들은 초창기 일수록 가공하는 경우가 적지 않기 때문에 그 활용에는 면밀한 주의와 검토가 요구된다.

125) "민주역량을 확대강화하기 위하여 모든 힘을 다하자." 『김일성 전집 3』, 평양: 조선로동당출판사, 1992, 509~511쪽.

126) "현 시기 나라를 자주적으로 발전시키는 데서 나서는 몇 가지 문제에 대하여." 『김일성 전집 3』, 평양: 조선로동당출판사, 1992, 515쪽. 이 자리에서 김일성은 또한 남쪽의 공산당과 신민당, 인민당이 대중정당으로 합동할 것을 제기하였다고 한다.

선언하고 당면 과업을 내놓을 수 없는지 물었다. 샤브신에 따르면, 공산당 지도자들은 그 문제에 대한 논의를 준비하지 않은 듯이 보였다고 한다. 그리고 그들은 '그것이 가능하지만 인민들(무엇보다 공산주의자들을 염두에 둔 것이었다)과 상의해야할 것이라고 답하였다.[127] 이에 대해 스탈린은 '인민이 뭔가, 인민은 땅을 파고 결정은 우리가 하는 거지'라고 응수했다.

공산당을 사회민주당이나 노동당으로 변신을 꾀해 달라는 스탈린의 주문은 그냥 지나칠 일은 아니다. 한반도 차원에서 공산당이 정치적 주도권을 쥐기 위해서는 당의 색채를 완화해서라도 좌파의 단결뿐 아니라 여타 세력과의 통일전선의 강화를 추진해야 한다는 뜻이 내포되었기 때문이다. 당시 세계 공산주의 지도자들 가운데 스탈린의 권위에 도전할 이는 아무도 없었다. 그 앞에서는 모택동이나 김일성도 '제자'로서 겸양을 보일 뿐이었다. 따라서 한반도 내 좌파정당의 합당이 당면 과제로 떠오른 것은 이 대담을 통해서였다고 말하는 것이 옳다.

슈티코프는 김일성의 모스크바 방문 이전인 6월 15일에 이미 베리야, 쥬다노프, 말렌코프, 미코얀 등 소련의 최고위급 간부들과 함께 스탈린을 예방하였다.[128] 슈티코프가 제1차 미소공동위원회 직후 모스크바를 찾은 것은 향후 대책을 숙의하기 위한 것임을 짐작할 수 있다. 그런 다음 북한 대표단의 초청이 이루어졌는데, 슈티코프는 북한 대표단과 함께 스탈린을 예방한 것 이외에도 7월 11일에도 위의 고위급 간부들과 같이 그를 다시 만났다. 위 간부들은 밤 9시 5분~10시까지, 슈티코프는 밤 9시 15분~30분 만난 것으로 나와 있다.[129] 스탈린-고위간부들의 회의에 슈티코프가 북한 문제에 대한 협의를 위해 중간에 참석한 모양새였다. 15분 남짓한 짧은 시간에 슈티코프는 자신의 역할과 활동에

---

127) 스탈린과 김일성·박헌영 면담 기록은 Шабшина Ф. И. В колониальной Корее(1940-1945). Записки и размышления очевидца. М., 1992, с. 218-220(김명호 옮김 『식민지 조선에서』, 서울: 한울, 1996, 333~336쪽)에 실려 있다.

128) На приеме у Сталина. Тетради (журналы) записей лиц, приятых И. В. Сталиным (1924-1953 гг.), М., 2010, с. 474. 면담시간이 22시 20~25분으로 기록되어 있는 것으로 보아 이때 사안에 대한 깊이 있는 논의는 없었다고 보는 것이 맞다.

129) 위의 책, с. 476.

대해 격려를 받았을 것이다.

남북 노동당 창당에 관련한 샤브신의 기록을 입증하는 근거는 1948년 1월 9일 슈티코프가 스탈린에 보낸 보고에서도 드러나고 있다. 여기서 슈티코프는 '당신의 지시에 따라 1946년 북조선에서 공산당과 신민당이 북조선로동당으로 합당되었습니다. 조선의 남반부에서도 공산당, 신민당, 인민당이 남로당으로 통합되었습니다'라고 보고하였다.[130] 이 말은 다른 어떠한 증거보다도 스탈린이 북로당 창당에 직접적으로 관여하였음을 입증하는 표현이라고 할 수 있다.

그렇다면 스탈린은 왜 새로운 당의 창당을 권유하였을까. 그것은 큰 틀에서 독일 좌파정당들의 상황과 연관이 있어 보였다. 1946년 4월 소련 점령 지역에서는 독일 공산당과 사회민주당이 합당을 결정하여 독일사회주의통일당이 탄생하였다. 양당은 만만치 않은 반대를 무릅쓰고 1945년 후반에서 1946년 4월까지 치열한 합당 논의를 진행시켰다. 두 당의 합당 배경 가운데 주요한 것은 독일공산당이 사회민주당에 당세를 역전 당할지 모른다는 우려가 크게 작용하였다.[131] 합당 과정에는 동부 독일에서 통치력을 행사한, G. K. 쥬코프가 이끈 주독일 소련군정(CBAГ)이 적극 개입하였다. 독일의 합당 지지자들이 제시한 합당 이유는 다양하였지만 소련의 입장에서는 분열된 좌파보다 통일된 강력한 좌파블럭을 필요로 했다는 점이다. 시기상으로 볼 때, 독일의 좌파 합당을 주목한 스탈린이 비슷한 상황에 놓인 북한 지도부에게 동일한 권유를 한 것은 무척이나 자연스러운 것이었다. 말하자면, 독일 좌파 정당들의 합당은 스탈린으로 하여금 북한 좌파세력의 합당 권고를 이끈 계기가 되었음은 틀림없다. 루마니아, 헝가리, 불가리아 등 다른 동유럽 국가들의 좌파 정당들도 이러한 전철을 따라 1948년에 합당을 진행하였다.

여기서 북조선 공산당과 신민당의 합당에 대한 내부적인 동기는 없었는지 의문이 든다. 내부 상황의 고려 없이 단순히 소련 지도부의 지시에 의해 합당을

---

130) "슈티코프가 스탈린에게." ЦАМО, ф. 172, оп. 614633, д. 3, л. 9.

131) 독일공산당과 사회민주당의 합당 논의와 과정에 대해서는 Семиряга М. И. Как мы управляли Германией(М., 1995, с. 49-61)을 참조할 것.

밀어붙이는 것은 무리였을 것이다. 스탈린의 지시에도 불구하고 남로당 결성이 우여곡절을 겪은 것을 보더라도 그렇다. 당시 한반도 정세를 들여다보면, 합당의 필요성을 인정할 만한 요인들은 명확히 실재했음이 드러난다.

공산주의자들이 바라본 두 당 합동의 근거는 다음과 같다. 첫째, 공산당의 당면 강령과 신민당의 강령 그리고 두 당의 정책은 서로 일치하였다. 둘째, 공산당은 근로인테리를 신민당은 노동자·농민을 각각 전체적으로 포용하지 못했는데, 이는 양당 하부 말단에서 부분적으로 불필요한 마찰을 일으켰다는 것이다.[132] 이 분석은 사후에 나온 것이기는 하지만 당시의 상황에서 보면 상당한 일치점이 있었다. 신민당은 좌파정당이었지만 노동자, 농민이 주축이 된 공산당과는 달리 사무원 및 중간계층들을 주요 기반으로 삼고 있었다. 1946년 6월 1일 현재 당원의 53% 이상이 사무원과 인텔리 그리고 자유직업인으로 이루어졌다. 더욱이 공산당의 입장에서 양당의 주요 기반의 차이는 각 단위별로 자칫 권력 경쟁을 불러일으킬 가능성을 안고 있었다.

이와 함께 정세의 요구도 고려되지 않을 수 없었다. 미소공위의 결렬로 인해 좌우세력 간 대립이 더욱 심화되었고, 이에 따른 좌파세력의 단합에 대한 필요성과 요구가 증대되었다. 공산 측으로서는 조선 임시정부 수립이라는 전략적 목표의 달성과 이를 위한 통일전선을 강화하기 위해서 좌파의 헤게모니 장악은 필수적인 것이었다. 좌파 정당들의 분산은 이 목표를 달성하는 데 장애가 될 뿐이었고, 좌파 단결이 매우 필요한 시점에서 소모적인 힘의 낭비를 초래할 것이었다.

합당 진행과 당 지도부 구성

김일성과 박헌영이 소련에서 귀국한 직후 북한과 남한 내에서는 좌파정당들의 합당이 당면 과제로 떠올랐으며, 이를 위한 활발한 논의와 준비가 진행되었

132) 「당건설(강의요강)」, 114쪽. RG 242, SA 2008, SeriesWAR200602111. 셋째로, '반동들은 민주 력량의 분렬을 획책'한 것을 들고 있으나 직접적인 원인으로 꼽기에는 거리가 있어 보인다.

다. 슈티코프는 이 과정에 개입하였고, 그가 지휘하는 소련 민정과 각도 경무사령부도 합당 사업을 적극 지원하고 나섰다. 박헌영은 7월 말 남쪽으로 돌아가 여운형과 김규식이 주도하는 좌우합작 운동의 중단을 유도하고 대신에 좌파 3당의 합당을 추진하였다.

〈표 4-6〉 북조선 신민당과 공산당의 '로동당'으로의 합동에 대한 조치 계획(1946.7.15.~8.15)

순서	합당 일정
1	신민당 중앙위원회가 공산당 중앙위원회 조직국(북부분국)에게 합당을 제의하는 서신 발송
2	신민당의 합당 제의에 공산당 중앙위원회 조직국의 토의. 합당에 대한 원칙적 동의에 관해 신민당 중앙위원회 앞으로 답신 채택 및 회담 수행을 위한 전권대표 선발
3	신민당 중앙위원회 회의. 공산당 중앙위원회 조직국의 답신 토의
4	신민당 중앙위원회와 공산당 중앙위원회 조직국의 연석회의. 합동 조건 토의
5	신민당 중앙위원회와 공산당 중앙위원회 조직국의 첫 연석회의 및 양당 중앙위원회가 사전에 교환한 서신을 언론에 공개
6	양당 중앙위원회의 두 번째 연석회의 1) 신민당과 공산당의 로동당으로의 합동에 관한 선언 작성 및 채택 2) 로동당 강령안 채택 3) 통합대회 소집에 관한 당중앙위원회 결정 채택
7	양당 세포회의 진행, 양당 중앙위원회 연석회의 선언 토의, 군합동대회 대의원 선거
8	군대표자 대회 진행 일정 1) 로동당 선언 및 강령안 토의 2) 로동당 군위원회 선거 3) 도 합동대회 대의원 선거
9	도 합동대회 진행 일정 1) 양당 중앙위원회 연석회의 선언 및 로동당 강령안 토의 2) 로동당 도위원회 선거 3) 로동당 대회 대의원 선거
10	양당 합동 대회 진행 일정 1) 신민당과 공산당의 북조선로동당으로의 합동. 보고자: 김두봉, 김일성 2) 당 강령 및 규약 채택 3) 당중앙기관 선거 4) 조선의 모든 근로대중에게 보내는 호소문 채택

〈출처〉 ЦАМО, ф. 172, оп. 614631, д. 25, л. 137-138.

공산 측이 러시아어로 작성한 위의 합당 계획에 따르면, 합당 기간은 1946년 7월 15일~8월 15일로 설정되었다. 이로 보아 실제 합당은 예정보다 보름가량 늦게 완료된 셈이었다. 그러나 합당 일정은 시기를 제외하고는 대체로 계획에 맞춰 그대로 진행되었다. 합당 절차와 진행의 모든 과정이 사전적으로 치밀하게 작성되었음을 알 수 있다.

1946년 5월 1일 현재 북조선공산당의 당원 수는 43,000명이었고, 신민당은 15,000명에 불과했다.[133] 같은 시기 조만식 축출 이후 사실상 공산당의 영향을 받은 조선민주당원이 14만 명을 헤아린 것을 보면 공산당과 신민당 모두 합당 결정 이전까지는 당원 모집 절차에서 일정한 원칙과 절차를 준수하였다고 볼 수 있다. 그러나 합당이 결정된 시점부터 양당 모두 당원 수를 급격히 늘려 나갔다. 불과 4개월 만에 공산당과 신민당의 당원 수는 각각 276,000명과 90,000명으로 기하급수적 증가 양상을 보였다. 이는 입당 원칙과 절차를 상당 부분 무시하고서 이루어진 것이었으며, 통합당을 전위적 성격보다는 대중정당의 창설에 더 방점을 찍는 것으로 보였다.

〈표 4-7〉 북조선공산당과 신민당의 당원 수 증가

시기(1946년)	북조선공산당 당원 수(단위: 명)	북조선신민당 당원 수(단위: 명)
1월 12일[134]	5,993	
3월 16일[135]	30,000	11,000
5월 1일[136]	43,000	15,000
8월 28일(합당)	276,000	90,000

1946년 7월 23일 신민당 지도부 회의가 개최되어 공산당과의 관계 문제가 논의되었다. 이 자리에서 신민당 부위원장 최창익은 인민의 단결을 더욱 강화해야 할 시점에서 공통의 목표를 가지고 있는 공산당과 합당을 역설하는 등 분위

---

133) "슈티코프, 5월 1일 북조선 정당사회단체 현황과 인원수에 관한 조회." ЦАМО, ф. 172, оп. 614631, д. 23, л. 14.

134) "메클레르. 북조선 정당 사회단체 평정." ЦАМО, ф. 172, оп. 614631, д. 43, л. 1.

135) "소련군 사령부에 등록된 북조선 정당사회단체 명부." ЦАМО, ф. 172, оп. 614631, д. 18, л. 2.

136) "슈티코프, 5월 1일 북조선 정당사회단체 현황과 인원수에 관한 조회." ЦАМО, ф. 172, оп. 614631, д. 23, л. 14.

기를 띄웠다.[137] 회의에서는 신민당 위원장 김두봉이 공산당 책임비서 김일성에게 양당 합동을 제의하는 서신을 발송할 것을 결정하였다. 8월 24일 오전 8시 30분 북조선공산당 회의가 열려 곧바로 신민당 중앙위원회에 답신을 보냈다. 당일 신민당 지도부는 합당 문제를 재차 논의하였다. 김민산은 양당이 동일한 목표와 과업을 가지고 있지만 지역별로 사업과 관점에서 항상 단합된 것이 아니란 점을 합당의 주된 이유로 들었다.[138]

7월 27일 북조선공산당 중앙위원회 제8차 확대집행위원회가 62명이 참석한 가운데 열려 합당 문제를 다루었다. 김일성은 현시점에서 전체 인민의 단결이 국가건설 사업에서 매우 중요함을 지적하면서 신당의 영향력은 북조선에 제한되어서는 안 되며 남조선 전체로 확산되어야 한다고 강조하였다.[139] 오기섭은 통합당의 명칭을 '로동당'으로 할 것을 제의하였다. 같은 날 신민당 중앙위원회도 31명을 참석시켜 정기회의를 개최하여 만장일치로 합당 결정을 채택하였다.[140]

공산당과 신민당은 7월 28일부터 3일간 양당 연석중앙확대위원회를 열고 양당 합동의 결정서와 선언서를 채택하였다. 이후 1개월에 걸쳐 도와 군 단위 지도부에서는 이를 확인하고, 이들 조직의 지도로 초급당 조직들이 통합 집회를 열어 합당 문제를 토론하였다. 토론은 합당의 필요성과 로동당의 규약 및 강령을 놓고 진행되었다. 하지만 그것은 찬반을 가르는 논쟁보다는 대체로 찬성토론으로 기울어져 있었다. 지방당 조직들의 토론과 추인 과정을 거친 합당 과정은 표면적인 절차일 뿐 대부분의 원칙적인 문제들은 양당 수뇌부, 특히 공산당 지도부에 의해 결정된 상태에서 하부에 통보하는 방식으로 진행되었다.

그럼에도 지방당 차원의 합당 논의 과정을 단순한 요식 절차로만 판단하는 것은 옳지 않다. 하부단위의 다양한 논의 과정에는 양당 모두에서 다양한 목소리를 들을 수 있었기 때문이다. 처음 합당 결정 직후 이에 대한 양당 하부의

137) "사포쥬니코프가 수슬로프에게(1946.8.24.)." РГАСПИ, ф. 17, оп, 128, д. 205, л. 122-123.
138) 위의 문서, л. 125-126.
139) 앞의 문서, л. 126-127; "조선의 상황에 대하여." РГАСПИ, ф. 17, оп, 128, д. 266, л. 194.
140) "사포쥬니코프가 수슬로프에게(1946.8.24.)." РГАСПИ, ф. 17, оп, 128, д. 205, л. 129-131.

우려와 불만은 상당히 드높았다. 이를테면, '공산당은 노동계급의 전위부대이고 신민당은 소부르주아당'이란 식의 이질성을 부각시키는 의견이 제기되었다.[141] 또한 대부분의 지역에서 합당 후 신민당 출신들에 대한 숙청이 있을 것이란 목소리가 나왔다.[142]

공산 측은 북로당 창당을 원래 8월 15일 이전까지 완료할 수 있다고 기대했던 것 같다.[143] 그러나 매우 짧은 준비 기간을 고려하면 이러한 기대는 무리였다. 한 달 동안 하부단위에서부터 합당사업이 끝나고 북조선로동당 창립대회는 8월 28~30일에 공산당원 27만 6,000여 명과 신민당원 9만 명을 대표하여 801명이 참가한 가운데 평양에서 진행되었다.

3일간에 걸친 합당대회는 새 당을 출범을 대내외 선포하는 행사였다. 대회에 나선 연설자들은 한결같이 '조선민주주의인민공화국' 수립의 과업을 제시하면서 이를 위해 친일세력의 척결을 주장하였다. 여기서도 이승만과 김구는 친일파 민족반역자의 두목으로 타도의 대상으로 울려 퍼졌다. 한반도 내 좌우세력이 협상을 통해 국가 수립 문제를 해결할 희망은 그만큼 축소되었다. 당대회에서는 합당에 반대하는 발언은 없었지만 북조선 임시인민위원회 선전부장 오기섭이 노동당으로의 합당은 공산주의자들이 마르크스-레닌주의에서 이탈한 것이라는 견해를 표명하였다가 김일성이 이를 정정하는 일이 발생하였다.[144] 오기섭의 발언은 합당에 대해 다른 의견을 개진한 유일한 사례라 말할 수 있다.

대회는 당 위원장으로 김두봉을 선출하였으며, 김일성은 주영하와 함께 부위원장을 맡았다. 알려진 대로, 김일성이 부위원장에 머문 것은 신민당에 대한 배려 차원에서 이루어진 조치였다. 창당대회에서 등단한 연설자들은 경쟁적으로

141) "스쿠츠키. 강원도에서 공산당과 신민당의 로동당으로의 합동 집행 준비에 관한 보고 (1946.8.3.)." ЦАМО, ф. УСГАСК, оп. 102038, л. 1, л. 61.

142) "이그나티예프, 북조선 정당들에 관한 조회-보고(1946.3.)." ЦАМО, ф. 172, оп. 614631, д. 25, л. 3.

143) "북조선의 긴급 과업 실시 조치안." ЦАМО, ф. 172, оп. 614631, д. 25, л. 174.

144) "북조선 로동당 제1차대회 정보자료." ЦАМО, ф. 32, оп. 11542, д. 35, л. 211.

'김일성 장군 만세!'를 외쳤고, 심지어 김두봉도 이 구호를 선창했다.[145] 한편 함경남도 대표로 나온 주영하가 부위원장으로 등장한 것은 예상을 벗어난 발탁이었다. 그는 일제 시기 모스크바 동방노력자공산대학에서 수학하였고, 이후 일본에 의해 1935년부터 투옥되어 해방 후에야 풀려났다.[146]

당의 최고 정책결정 기관인 중앙위원회 정치위원회는 김일성(공), 김두봉(신), 주영하(공), 최창익(신), 허가이(공) 등 5명으로 구성되었다. 이들은 13인으로 구성된 상무위원을 겸임하는 최고 권력 실세로 자리 잡았다.

〈표 4-8〉 북로당 지도부 구성

성명	임명 직위	이전 소속당	계열
김두봉	당 위원장, 정치위원, 상무위원	신민당	연안
김일성	당 부위원장, 정치위원, 상무위원	공산당	빨치산
주영하	당 부위원장, 정치위원, 상무위원	공산당	국내
허가이	정치위원, 상무위원	공산당	소련
최창익	정치위원, 상무위원	신민당	연안
김책	상무위원	공산당	빨치산
태성수	상무위원	공산당	소련
김교영	상무위원	신민당	연안
박정애	상무위원	공산당	국내
박일우	상무위원	신민당	연안
김창만	상무위원	공산당	연안
박효삼	상무위원	신민당	연안
오기섭	상무위원	공산당	국내

〈출처〉『로동신문』 1946년 9월 1일.

위 표에서 볼 수 있듯이, 당 지도부 구성에서 공산당과 신민당의 비율은 8 : 5로

---

[145] 동일한 사례는 1946년 11월 남로당 창당 시 조선공산당 당수 박헌영이 남민전 공동의장인 허헌에게 위원장 자리를 양보한 것에서도 나타났다. 또한 통상 동유럽의 좌파정당들의 통합시에도 이와 같은 관례가 적용되었다.

[146] 주영하는 해방 직후 함경남도에서 오기섭 휘하의 간부로 활동한 기록이 남아 있다. "조선공산당 조직구조." ЦАМО, ф. 172, оп. 614631, д. 25, л. 106. 그러나 1945년 9월 공산당에 입당하고 '지도적 지위'에 있었다는 기록만 있을 뿐 단숨에 북로당 부위원장에 오를만한 경력은 확인이 되지 않고 있다. "1947년 조선의 사회정치활동가 평정 문서." ЦАМО, ф. 172, оп. 614632, д. 24, л. 88.

나타난다. 하부 기관의 구성 등 양당의 세력을 비교해볼 때, 공산당 측의 양보로 신민당 측을 배려한 것으로 볼 수 있다. 권력이 어느 한 쪽에 크게 치우치지 않게 배분된 것은 양당의 통합이라는 명분을 충족시켜야하는 상황을 반영하였다. 통상 최상위 지도부를 구성할 때, 소수당의 인적 구성 비율은 다수당에 크게 떨어지지 않는 것이 통례라 할 수 있다. 다만 당 지도부의 범위를 확대하여 중앙위원회 구성을 보면 구성 비율은 더욱 벌어졌다.

〈표 4-9〉 북로당 중앙위원회의 구성

순서	성명	합당 시 소속 당	출신	합당 시 직책
1	김두봉	신	연안	신민당위원장, 임시인위 부위원장
2	김일성	공	빨치산	조공 분국 책임비서, 임시인위 위원장
3	주영하	공	국내	
4	최창익	신	연안	신민당 부위원장, 중앙상무위원
5	허가이	공	소련	조공 분국 노동부장
6	박창식	공	소련	
7	김창만	공	연안	조공 분국 선전부장
8	허정숙	공	연안	조공 분국 선전부
9	김영태	공		
10	박정애	공	국내	북조선 민주여성총동맹 위원장
11	김책	공	빨치산	군 교육문화 담당 부사령관
12	무정	공	연안	임시인위 위원
13	리춘암	신	연안	신민당 중앙집행위원, 황해도 위원장
14	안길	공	빨치산	
15	김려필	신	연안	신민당 중앙집행위원
16	김일	공	빨치산	조공 분국 평북도당 비서
17	박효삼	신	연안	신민당 중앙집행위원
18	장순명	공	국내	조공 분국 함북도당 비서
19	김열	공	소련	조공 분국 함남도당 비서
20	김재욱	공	소련	
21	윤공흠	신	연안	신민당 중앙집행위원
22	한일무	공	소련	
23	김민산	신	연안	신민당 중앙상무위원, 조직부장
24	박훈일	신	연안	
25	박일우	공	연안	조공 분국 간부부장
26	태성수	공	소련	『正路』 주필
27	한설야	공	국내	북조선 예술총연맹 위원장
28	최경덕	공	국내	북조선 노동총동맹 위원장
29	강진건	공	국내	북조선 농민(총)동맹 위원장
30	장시우	공	국내	북조선 소비조합 위원장

31	정두현	공	국내	김일성종합대학 의학부장(내정)
32	임도준	공		
33	임해	신	연안	신민당 중앙상무위원, 간부부장
34	오기섭	공	국내	임시인위 선전부장
35	김욱진	공	국내	북조선 민주청년동맹 위원장
36	이순근	공	국내	임시인위 농림국장
37	김교영	신	연안	신민당 중앙집행위원, 함남도위원장
38	명희조	신	연안	신민당 중앙집행위원, 평양무선공업학교교장
39	한빈	신	연안	신민당 중앙집행위원
40	이종익	신	연안	신민당 중앙집행위원, 강원도 부위원장
41	전성화	공		
42	김월송	신	연안	신민당 중앙집행위원
43	장종식	공	국내	임시인위 교육국장

〈출처〉『北韓關係史料集Ⅰ』, 176쪽; "자료 1. 朝鮮新民黨(朝鮮獨立同盟) 關係資料."『북한관계사료집 26』, 3-103쪽; 〈1947년 조선의 사회정치활동가 평정 문서〉, ЦАМО, ф. 172, оп. 614632, д. 24, л. 15; 〈당지도일꾼 및 기술간부에 대한 간략한 평정〉, ЦАМО, ф. 172, оп. 614632, д. 25, л. 75.

위 표에 나타난 바와 같이, 43명의 중앙위원회는 공산당 29명, 신민당 14명으로 대략 2 : 1의 비율로 나누어져 있음을 알 수 있다. 북로당 지도부의 구성보다 신민당 측이 차지한 비율이 훨씬 낮아졌지만 이를 드러난 수치대로만 해석하는 것은 무리가 있다. 다시 말해서, 세력관계를 단순하게 2 : 1 구도로 보는 것은 문제가 있다는 뜻이다. 가령, 연안계의 지도급 인사들인 무정, 박일우, 김창만, 허정숙은 귀국 직후 공산당에 입당해 활동했기 때문에 '신민당 = 연안계' 등식에 여러 예외가 있다는 것을 보여 주었다. 이는 연안계의 결속이 그만큼 견고하지 못한 사례로 보였다. 반면 같은 공산당 출신이라 하더라도 빨치산 계열의 김책, 소련계의 태성수, 국내계의 오기섭 등의 상호관계를 본다면 이들이 신민당 쪽 인사들보다 더 결속력이 있는 것은 아니었다.

이전 소속당보다도 더욱 본원적인 출신 계열별로 구분하면 세력별 판도가 더욱 분명해질 수 있다. 위의 43명을 분류해 보면, 빨치산계: 4명, 연안계: 18명, 소련계: 6명, 국내계: 12명, 불명: 3명으로 나누어진다. 이 세력분포에서 가장 눈에 띄는 것은 빨치산 계열이 차지하는 비중이 상당히 미미하다는 사실이다. 그 주된 원인은 빨치산 계열의 대다수가 다른 세력에 비해 경력이 부족한 젊은 층으로 구성된 데 있었다.[147] 그렇지만 최고지도자로서 김일성의 입지 덕분에 빨치산계의 도약은 어느 정도 예고되었다고 할 수 있다.

북로당 지도체제는 특정 계열의 권력 집중은 이루어지지 않았고, 빨치산, 연안, 소련, 국내 등 다양한 세력들이 연합한 권력체계였다. 반면, 김일성은 북로당 창당을 통해 정권 기관에 이어 통합당 권력의 핵심으로 자리 잡으면서 향후 권력의 집중을 가져올 수 있는 조직적 기반을 강화시켰다.

북로당의 성격과 지향

북로당 강령 초안은 북조선공산당과 신민당 양당 중앙확대연석회의에서 제의되었다. 이것은 1946년 3월 23일 김일성이 발표한 20개 조 정강이나 미소공위에서 제출하기 위해 소련 측이 입안한 '임시정부 정강'과 내용상 크게 다르지 않았다. 최창익은 당 강령을 '당면한 민주주의적 건설의 역사적 계단에 있어서 민주주의적 완전 자주독립국가를 수립하고 진보적 민주주의 제과업을 수행하기 위한 투쟁의 일반적 목적을 명백히 표시할 것'[148]이라고 하였다. 이는 북로당이 당의 정체성을 이데올로기적 지향보다는 국가건설을 목표로 이념적 연성화를 통한 권력의 주도권을 획득하는 것을 우선으로 삼았음을 입증해 준다.

대회에서는 북로당의 목표와 지향성을 살펴볼 수 있는 13개 항으로 구성된 당 강령을 채택하였다. 제1항은 '민주주의 조선자주독립국가를 건설할 것', 제2항은 '인민공화국의 건설을 위하여 전 조선적으로 주권을 인민의 정권인 인민위원회에 넘기도록 할 것'으로 각각 구성되었다.[149] 당대회 연단에 선 연설자들은 '조선민주주의인민공화국' 수립의 과업을 제시하면서 이를 위해 친일세력의 척

---

147) 빨치산 출신들이 묻힌 북한의 대성산 혁명열사릉을 살펴보면, 1945년 해방 당시 만40세가 넘은 인사는 최용건(1900), 김책(1903)을 포함하여 8명에 불과했다. 김광운,『북한정치사연구 I . 건당 · 건국 · 건군의 역사』. 서울: 선인. 2003, 765~797쪽 참조.
148) "북조선로동당 창립대회 회의록."『北韓關係史料集 I 』國史編纂委員會, 1982, 147쪽.
149)『로동신문』1946년 9월 1일.

결을 주장하였다. 인민공화국 수립을 당의 가장 중요한 목표로 삼았고, 국가조직의 주축은 이미 북한에서 성립된 인민위원회가 토대로 되어야 함을 언급한 것이다. 제3항은 북조선 토지개혁과 전 조선의 토지개혁에, 제4와 5항은 일제 소유의 산업국유화 등 경제체제의 골간에 할당하였다. 나머지 항들은 8시간 노동제와 사회보험(제6항), 선거권과 피선거권(제7항), 언론 · 출판 · 집회 · 신앙 등의 자유(제8항), 남녀평등권(제9항), 피교육권(제10항) 등 기본 권리를 보장하는 규정을 담았다.[150] 강령 제2항에서 좌파가 주도하는 인민위원회에 주권을 이양하도록 한 것은 장차 사회주의 국가로의 이행을 전제한 것은 의심의 여지가 없다. 다만 다른 모든 항들은 급진적 체제 전환과는 거리가 먼 '일반 민주주의적' 내용들로 구성된 것이 특징이라 할 수 있다.

북로당 강령의 작성에는 역시 소련 측이 깊게 개입하여 주도면밀한 검토를 거쳤다. 소련군 당국이 작성한 북로당 강령 노어본 최종안은 실제 13개 항으로 이루어진 국문 강령과 정확히 일치하였다.[151] 흥미로운 부분은 그에 앞선 노어본 초안인데, 이는 14개 항으로 구성되어 있다.[152] 바로 초안에 대해 삭제와 가필을 한 것이 그대로 최종안이 되었다. 그렇다면 이 노어본 초안의 작성자는 누구일까. 노어로 쓴 강령과 규약, 소련당 전문가 등의 요인을 종합하면 '당박사' 허가이가 주도적으로 작성했을 가능성이 가장 높다. 나중에 허가이의 딸이 쓴 수기에 의하면, 그는 소련공산당의 강령과 규약을 연구하여 로동당의 강령과 규약을 만들었다고 증언하였다.[153] 이 과정에 자그루진이 이끈 소련 민정국 보안 · 사법 지도부가 밀접히 개입했음은 물론이다.

본 강령에서 삭제된 항목은 '국가의 부담으로 인민보건과 근로자의 무상치료를 보장할 것(제11항)'과 제3항의 말미에 '토지는 그것을 경작하는 자에게 속한

---

150) 마지막 3개 항은 공정한 세금제와 군사징병제 실시, 각국과의 친선도모 등을 기술하였다.

151) "북조선로동당 강령." ЦАМО, ф. 172, оп. 614631, д. 25, л. 125-126.

152) 위의 문서, л. 123-124, 152-153. 초안은 두 가지가 발견되는데, 각각의 수정된 부분은 삭제와 가필로 표시되어 있다.

153) "허가이." Biographies of Soviet Korean Leaders. http://www.loc.gov/rr/asian/SovietKorean.html.

다'는 구절이었다.[154] 전자는 무상 치료를 감당할 재정 여건에 대한 확신이 없었을 것이고, 후자는 로동당 강령에서 개인 소유권을 강조할 필요가 없었을 것이다. 초안과 수정된 최종안 2개 항은 아래와 같다.

> 제6항: 노동자와 사무원에게 8시간 노동제를 실시하여 그들에게 고용주의 부담으로 사회보험을 보장하고 성과 연령의 차별 없이 동일 노동에 동일 임금을 지불할 것 → 노동자와 사무원에게 8시간 노동제를 실시하여 그들에게 사회보험을 보장하고 여자들에게 남자와 동등한 임금을 지불할 것.
> 제13항: 세계의 평화를 위하여 투쟁하는 우리의 위대한 연방 소련과 민주적인 각 국가 각 민족들과 튼튼한 친선을 도모할 것 → 세계의 평화를 위하여 투쟁하는 연방과 평화를 애호하는 각 국가 각 민족들과 튼튼한 친선을 도모할 것.[155]

제6항의 수정은 당 강령에 자본주의적 용어인 '고용주'나 '동일노동 동일임금' 등에 대한 거부감의 표시로 보인다. 제13항에서는 대외적인 친선관계의 범위로서 소련 및 동구권을 특정 민주국가로 한정하지 않겠다는 의미였다. 이처럼 당 강령은 일반 민주주의의 틀 속에서 자본주의적 요소를 포함되어 있었으나 표면상 드러나지는 않았다.

소련 측이 일방적으로 강령 작성에 주도권을 행사했다고 보기는 어렵지만 그들은 단순한 협조자에 머물지 않고, '동업자'의 입장에서 개입했음을 알 수 있다. 바로 소련 측 인사가 수정한 초안이 최종 강령안이 된 것이 이를 입증해 준다고 할 수 있다.

당 강령 작성에 대한 소련의 직접 관여는 박헌영이 추진한 조선공산당, 신민당, 인민당 등 남한 내 좌파3당 합당에서도 동일하게 나타났다. 1946년 9월 4일 서울에서 언론에 발표된 남로당 강령 한글 초안(12개 항)은 노어본 초안과 정확

---

154) "북조선로동당 강령." ЦАМО, ф. 172, оп. 614631, д. 25, л. 123-124, 152-153.
155) 위의 문서, л. 123-126, 152-153.

히 일치하였다.[156] 13개 항으로 된 노어본 초안은 1개 항이 삭제되었고, 그밖에 4군데서 삭제와 가필이 이루어졌다.[157]

북로당 창당대회에서는 최창익이 강령 초안을 보고하였고, 이에 대해 한최욱 (함경남도 대표), 윤창복(평안북도 대표), 최공집(崔公集, 강원도 대표), 임춘추 (평안남도 대표), 이봉호(황해도 대표) 등이 찬성토론을 하였다. 제기된 질문 가 운데는 선거 연령 문제와 제3항의 '민족반역자'의 문구를 넣는 문제, 제10항 '봉 건적 잔여'를 넣지 않았다는 문제 등이 있었다. 또한 강령 초안의 각 조목이 부 적당하다는 의견도 있었다.[158] 여러 의견 가운데 실제 본 강령에 반영된 것은 제3조의 '민족반역자'의 문구를 넣는 것이었고, 다른 의견은 수용되지 못했다. 강령 초안은 사실상 그대로 통과되었다.

다음으로 당 규약을 살펴보자. 지금까지 창당대회에서 통과된 당 규약 완성 본은 찾아보기 어렵고, 5장 41조로 되어 있는 규약 초안(러시아본)만을 살펴볼 수 있다.[159] 규약 초안의 각 장은 총칙, 당원의 의무와 권리, 당의 조직체계와 그의 의무, 당 규율, 당의 재정으로 되어 있다.

규약 수정위원회는 제4조 '민주주의중앙집권제', 제7조 '당원의 의무'를 비롯 하여 제13, 14, 17조에 대한 수정안 심의를 제기하였다.[160] 창당대회 당 규약이 발견되지 않고 있기 때문에 실제 수정된 조항 내용은 확인할 수 없다. 다만 제4조 '당은 민주주의중앙집권제의 원칙에 따라 조직됨'이라는 초안이 본 규약 에서는 '당은 아래와 같은 원칙에 이해 조직됨'으로 변경되어 '민주주의중앙집 권제'가 빠졌다. 민주주의중앙집권제는 볼세비키정당 조직의 기초임을 감안한 다면 북로당이 민족통일전선에 충실한 정당임을 강조하는 데 불리한 조항을

---

156) 남로당 강령 초안은 『朝鮮日報』 1946년 9월 6일자에 실려 있다.
157) 남로당 강령 러시아어본 초안 출처는 "남조선로동당 강령." ЦАМО, ф. 172, оп. 614631, д. 25, л. 254-255.
158) "북조선로동당 창립대회 회의록." 『北韓關係史料集 I』, 152~153쪽.
159) "북로당 규약안." ЦАМО, ф. 172, оп. 614631, д. 25, л. 87-90.
160) "북조선 로동당 제1차대회 정보자료." ЦАМО, ф. 32, оп. 11542, д. 35, л. 211-212.

삭제했다고 볼 수 있다.

당대회에서 규약 토론에 나선 함남도당 위원장 김열은 수정위원회에서 규약 수정을 많이 했는데, 그 원고가 준비되지 않은데 대해 불만을 표시하였다.[161] 이는 규약의 준비 과정이 미흡했음을 지적한 것이다. 실제로 지방당부 통합대회에서는 선언과 강령안에 대한 토론이 있었을 뿐 규약에 대한 언급은 없었다. 계속해서 몇몇 대표들이 찬성 토론을 하였고, 이견은 표출되지 않았다. 다만 황해도당 부위원장 장철이 타당에서 탈퇴하여 북로당 입당을 규정하는 조항 신설과 부녀사업부를 여성사업부로 개칭할 것을 제의했을 뿐이다.[162] 서면으로 제출된 질문에 대해서는 김용범이 답변을 맡았는데, 질문들은 규약에 대한 이견이나 문제점 지적은 제기되지 않았다. 규약 초안 역시 만장일치로 가결되었다.

북로당의 강령과 규약은 우선 북한과 소련 측이 공동으로 작성한 초안을 수정 절차를 거쳐 최종안이 마련되었고, 당대회에서 대의원들의 이의 제기에 의해 수정을 거쳐 확정되었다. 위에서 언급했듯이, 당대회에서의 수정은 당 강령의 경우, 제3조 '민족반역자'란 용어를 포함시키는 것으로 마무리되었고, 당 규약 역시 소소한 항목을 고치는 데 그쳤다.

비슷한 시기 유사한 방식으로 좌파정당들의 합당 경로를 거친 독일 사회주의통일당과 달리 북로당은 강령에서조차 사회주의와 공산주의사회의 실현과 같은 자기의 전망 목표를 전혀 언급하지 않았다.[163] 그 이유로는 독일과 한반도의 사회발전 단계와 세력관계의 차이에서 찾을 수 있다. 소련과 조선 공산주의자들은 해방 직후부터 조선의 사회발전단계를 '부르주아민주주의혁명' 단계로 설정하고, 사회주의혁명을 추구한 일부 좌파세력들을 '좌익모험주의'로 비난하였

---

161) "북조선로동당 창립대회 회의록." 『北韓關係史料集 I 』, 157쪽.

162) 위의 책, 158쪽.

163) 독일사회주의통일당은 '당의 원칙과 목표'에서 독일 사회생활의 철저한 민주화, 파시스트 이데올로기의 철폐, 전범자 처벌, 자본주의 독점 철폐, 주요 생산수단의 국유화를 규정하면서도 당의 궁극적인 목표로는 사회주의사회의 건설을 선포하였다. "Социалистическая Единая Партия Германии" http://enc-dic.com/enc_sie/Socialisticheskaja-edinaja-partija-germanii-6229.html.

다. 이것은 사회주의 실현 문제가 아무런 제약 없이 통용되었던 독일과의 차이였다. 특히, 북로당의 당면 목표는 실질적으로 임시정부 수립에서 좌파의 주도권을 획득하는 것이었기 때문에 이를 위해서는 주변 세력과의 통일전선을 강화시켜야만 하였다. 북로당 창당 직전인 1946년 7월 22일 조선민주당과 천도교청우당을 비롯한 각 정당·사회단체 대표들이 모여 북조선민주주의민족통일전선(북조선민전) 위원회를 결성한 것도 그와 같은 취지였다. 통일전선을 이끄는 주체로서 북로당이 자신의 이념성을 드러낸다면 여기에 반감을 갖는 비공산세력들의 이탈을 우려하지 않을 수 없었을 것이다.

제1차 미소공위 결렬 직후 정당·사회단체의 강화와 관련해서 레베데프는 여러모로 공산당이 독점적 지위를 차지하고 다른 정당에 지시하는 모습에 주목하면서 이로 인해 타 정당의 불만이 나타날 뿐 아니라 그런 상태는 통일전선의 약화와 공산당의 고립을 초래할 수 있다고 지적하였다.[164] 따라서 그는 모든 민주정당 및 사회단체 대표자들이 참여한 '민주주의통일전선위원회'의 창설을 제의하였다. 같은 시기 소련 민정부의 보고서도 통일전선을 강화하고 북조선의 모든 정당·사회단체의 활동을 조정하기 위해 통일전선의 조직화를 제기하였다.[165] 북조선공산당의 독점적 지위에 대한 우려는 소련 측도 그 심각성을 인식하고 있었던 것이다. 조선(한국) 임시정부가 미국과 남한 우파세력과의 협상을 통해야만 수립될 수 있는 점을 감안한다면 이념적 지향을 노출시키는 것은 좌파의 입지를 축소시키는 것으로 받아들였을 것이다.

그렇다면 북로당의 조직적 위상을 어떻게 규정할 수 있을까. 그간의 연구 경향은 북로당이 대중정당보다는 마르크스-레닌주의적 정당의 성격이라는 것에 강조점을 찍고 있다. 북로당의 강령과 규약이 당시 정세에 따른 전술적 내용이었음을 보여 주는 것이지 결코 당의 실제 성격이 공산당에서 대중정당으로 바뀐 것이 아니라는 것이다.[166] 반면 북한의 저술들은 당 규약에서 규정된 대로

164) "레베데프가 슈티코프에게. 인민위원회 강화 및 북조선정당·사회단체 지도 향상을 위한 필요 조치에 관한 보고서(1946.5.20.)." ЦАМО, ф. 172, оп. 614631, д. 37, л. 82.
165) "북조선의 정치 상황 보고(1946.6.1.)." АВПР, ф. 0480, оп. 2, п. 2, д. 7, л. 15.

북로당을 노동자, 농민, 근로인텔리를 망라하는 대중적 정당으로서의 위상을 강조하였다. 물론 여기서 '근로대중의 통일적인 참모부', '근로대중의 유일한 전투적 선봉대'와 같은 당의 전위적 특성을 빠트리지는 않았다.[167]

북로당은 인민위원회처럼 소시민층까지 망라한 각계각층 인민대표의 포괄적 조직이 아니라 '근로자층'으로 구성된 조직이었다. 하지만 북로당의 창설은 단순히 공산당과 신민당의 산술적 합당이라기보다는 강력한 대중적 정당으로의 변모를 위한 시도로 볼 수 있다. 앞서 양당 직후 당원수의 대폭적인 증가에서 보듯이 당이 대중정당화의 방향을 취한 것은 분명하였고, 합당 이후에도 북로당 지도부는 당 대열을 급속히 확장하기 시작하였다. 1948년 3월 제2차 당대회시 당원 수는 75만 명에 이르렀는데, 이는 2년도 되지 않아 2배로 증가한 수치였다. 그렇다고 북로당이 자신의 전위적 성격을 포기한 것은 아니었다. 오히려 공산주의자들은 전위정당의 지위를 그대로 유지하면서 대중적 외연을 확장하여 향후 정세 변화를 능동적으로 대처하고 전국적으로 좌파세력들의 헤게모니를 장악하는 것을 목표로 하였다. 그리고 이 목표 실현을 위해서는 '대중적 전위정당'으로의 변화가 필요했던 것이다.

북로당은 서울의 조선공산당과의 관계에서 대등한 관계를 넘어 남한 혁명사업에 관여하기 시작하였다. 곧 자신의 역할을 전체 한반도의 근로대중의 대표이자 옹호자로 규정하면서 전 한반도 혁명의 '참모부'로 자임하였다. 이것은 북로당 측이 남조선 3당(공산당, 인민당, 신민당) 합동에 반대하는 인사들에 대해 신랄한 비판을 가하고, 이들의 처분에 대한 지지를 표명한 것에서 확인할 수 있다.[168] 더 나아가 창당대회는 남조선 좌파3당의 '합동사업을 신속히 진행할 것'을 요구하는 결정까지 내놓았다.[169] 남한 내 운동의 지도는 박헌영의 조

---

166) 이종석, 『조선노동당연구』, 서울: 역사비평사, 1995, 192~194쪽.
167) 김일 외, 『붉은 해발아래 창조와 건설의 40년 2(1945.8~1950.6) 1』, 평양: 조선로동당출판사, 1981, 210쪽.
168) "북조선로동당 창립대회 회의록." 『北韓關係史料集 I』, 166~170쪽.
169) 위의 책, 170~171쪽; "북로당 창당대회 결정." ЦАМО, ф. 32, оп. 11542, д. 35, л. 215-216.

선공산당이 계속해서 이끌었으나 조직과 활동에서 비할 바 없는 유리한 입지를 갖춘 북한 내 공산주의자들에게 힘의 균형추가 옮겨간 것이다. 이로부터 북로당 지도부는 조선공산당이 불편하게 여긴 남한 내 통일전선 문제까지 적극 관여하였다.

남쪽 좌파정당들의 합당은 원래 계획대로라면 북쪽과 동시에 추진할 계획이었으나 일부 좌파세력의 반대와 미군정에 의한 공산당 탄압으로 지체되었다. 조선공산당, 인민당, 남조선신민당의 남로당 합당은 11월에 이르러서 성사되었다. 이것은 단순히 스탈린의 권위만으로 남한의 모든 좌파 세력들을 단합시키는 것은 불가능했음을 뜻한다. 남로당 조직구성은 슈티코프와 김일성, 박헌영의 3자가 모여 합의하였지만, 남로당 결성 직후 슈티코프는 공산당 20~23명, 인민당 15명, 신민당 7~10명으로 중앙위원회 구성의 개편을 지시하였다.[170]

남로당 합당 후 슈티코프는 이영 등 합당 반대파 그룹에 대한 남로당 영입 문제가 제기되자 이들의 노동당 영입을 금지하도록 하였다. 다만 '지방할거주의자'의 경우에는 개별적으로 또는 일정 기간 당내에서 지도적 지위를 맡는 것을 금지하는 조건으로 영입시키거나, 영입 자체를 금지시켜야 한다고 하였다.[171] 이러한 그의 판단은 아마도 당 대열의 '순결성'을 강조하는 볼셰비키적 원칙에서 나왔는지도 모른다. 반면 남로당 위원장으로 내정되었던 여운형이 합당을 사실상 거부했음에도 슈티코프는 그에 대한 결정적인 비판은 삼갔다. 그가 지닌 위상은 여전히 높았고 향후 정국에서 그의 역할에 대한 기대를 포기하기는 어려웠을 것이다.

한편 북로당 창당은 북한 최대의 정치행사였음에도 소련 내의 관련 보도는 거의 없었다. 북로당 창당 기간인 7~8월 동안 소련 공산당 기관지 『프라우다』에는 북로당 창당에 관한 기사는 단 한 줄도 나오지 않았다. 8월 31일자 『프라우다』의 북한 관련 소식은 북조선 문화활동가 및 사회단체 대표단의 모스크바

170) 〈슈티코프 일기〉 1946.10.22; 12.2.
171) 〈슈티코프 일기〉 1947.1.8. 이영은 박헌영의 남로당과는 불편한 관계에 있었지만 1948년 9월 북한 정부 수립 시 요직에 등용되었다.

체류에 관한 것이었다.[172] 이것은 소련이 북로당 창설의 의미를 폄하했다기보
다는 정당 창설이 국가적인 행사가 아닌 점, 1946년 11월 3일 도시군인민위원회
선거 실시 전까지는 북한 내 정치 과정에 관한 공개 보도를 자제한 점이 작용했
다고 볼 수 있다.

4. 권력의 합법화: 도시군인민위원회 선거

선거 준비와 쟁점

　1946년 2월 성립된 임시인위는 사실상 북한의 실질적인 정부기관의 역할을
수행하였으나 '밑으로부터' 공식적으로 위임받지 못한 한계를 지니고 있었다.
선거는 통일전선적 기반을 강화시키기 위한 정책으로서 매우 큰 효과를 거둘
수 있는 방법이었다. 임시인위는 선출되지 않은 권력기관이었던 까닭에 '밑으로
부터' 공식적인 위임을 받지 못했을 뿐 아니라 이 기관이 내놓은 각종 정책과
조치는 완전한 적법성과 정당성을 담보할 수 없었다. 이것은 권력기관으로서
정당성을 확보하는 데 있어 일정한 걸림돌로 작용하였다.
　앞서 살펴보았듯이, 각급 인민위원회 선거 실시는 1945년 10월 북조선5도 인
민위원회 연합회의에서 처음 제기되었지만 조건이 미흡한 관계로 실시되지 못
했다. 인민위원회 선거 실시 문제는 이후 논의되지 않다가 제1차 미소공위가
결렬된 직후 다시 제기되었다. 이를테면, 레베데프는 도 · 군 · 면 · 리 인민위원
회와 임시인위 선거 실시를 제의하였는데, 인민위원회의 권위 제고와 조직적 강
화를 그 이유로 들었다.[173] 그에 따르면, 이장 선거는 리 주민 총회에서 실시하
고(7월 1~15일), 면인민위원회 선거는 리 총회 대표자들로 구성된 면 대회에서

172) Правда, 1946.8.31.
173) "레베데프가 슈티코프에게. 인민위원회 강화 및 북조선정당 · 사회단체 지도 향상을 위한
　　필요 조치에 관한 보고서(1946.5.20.)." ЦАМО, ф. 172, оп. 614631, д. 37, л. 80-81.

(7월 15~25일), 군인민위원회 선거는 면 대회 대표자들로 구성된 군대회에서(7월 25일~8월 5일), 시인민위원회 선거는 시주민 대표자들로 구성된 시대회에서(7월 25일~8월 5일), 도인민위원회 선거는 군대회 대표자 대회에서(8월 5~10일) 제각각 실시하자는 것이다. 그리고 임시인위 선거는 8월 10~15일 도·시 대회 대표자 대회에서 실시하도록 한다는 것이었다. 레베데프의 제의는 리장 선거만 직접 선출 방식을 취하고 나머지 선거는 간접 선출로 하자는 데 있었다.

레베데프의 제의를 받은 슈티코프도 외무상 몰로토프에게 8월 15일을 기해 도·군 인민위원회 선거를 실시할 것을 제기하였다.[174] 레베데프와 슈티코프의 제안은 기한 내에 실시되지 않았지만 공산 측이 해방 직후 실시하지 못한 인민 위원회 선거 시행을 거의 확정적인 사안으로 인식하고 있었음을 알 수 있다. 그러나 선거가 소련군 지도부의 예정대로 실시되지 못한 이유는 이에 대한 준비 부족이 가장 큰 이유일 것이다. 선거가 지역적 차원이 아닌 북한 전역이 동원되어야 하는 사업인 데다가 실제 미소공위 결렬 이후 노동법령과 남녀평등권 법령을 비롯한 다수의 '민주개혁' 조치의 실시로 인해 모든 권력기관이 총동원 되어야 하는 선거 준비를 신속하게 진행할 여력이 부족했을 것이다.

선거 실시 결정은 9월 초에 가서야 공식화되었다. 1946년 9월 5일 임시인위는 제2차확대집행위원회를 열고 면·군·시·도인민위원회 선거 실시에 관한 결정 을 채택하였다. 이와 함께 각급 인위원회의 조직구성과 직무를 규정한 '북조선 도·시·군·면·리인민위원회에 관한 규정'이 채택되었다.[175] 여기서 도·시· 군인민위원회의 직무 14개 가운데 첫 번째 조항으로 든 것은 '북조선주민의 권리 와 그들의 사유재산을 옹호할 것'이었다. 이는 공산 측이 '부르주아민주주의' 혁 명 단계의 추진을 중시하겠다는 의지를 여전히 보여준 것을 알 수 있다.

그렇다면 공산 측은 왜 '분단의 고착'으로 오인 받을 수 있는 독자적인 선거와

---

174) "조선에 관한 모스크바 삼상회의 결정 실행에 대한 소미공동위원회 사업 보고(1946.5. 31.)." АВПР, ф. 06, оп. 39, д. 638, л. 64.

175) "北朝鮮 도·시·군·면·리인민위원회에 관한 규정." 『北韓關係史料集 5』, 국사편찬위원 회, 1987, 19~23쪽.

권력의 합법화에 나선 것일까. 이것은 과연 북한에 관한 전통주의적 주장들이 설파한대로 '확보된 지역에서 사회주의 굳히기',[176) 즉 북한 단독정부 수립 시도의 일단을 보여 주는 것이 아닐까. 그러나 우리는 이 과정을 1946년 초 이래 주장해온 '북조선 민주근거지론'의 연장선에서 바라볼 필요가 있다. 북한 지역을 정치경제적으로 강화시켜 전 한반도 차원의 혁명 전략을 수행하겠다는 의도가 바로 그것이다. 공산 측은 북조선의 개혁과 변화의 모델이 남쪽에도 파급되기를 기대하였다. 이에 따라 1946년 9월 25일에 개최된 북로당 중앙위원회 제2차회의는 인민위원회 선거가 '북조선의 민주 건설을 견고히 할뿐 만 아니라 통일적 민주주의 완전독립국가를 세우는 데 있어서 그 추동력이 된다'고 강조하면서 이에 대한 당내 교양사업을 적극 주문하였다.[177) 이는 한편으로 선거 실시에 대한 비판 여론이 나올 수 있음을 의식한 조처로 볼 수 있다.

공산 측 시각에서 한국임시정부 수립이 지체되고 있는 것은 모스크바 3상회의 결정을 반대한 '반동분자'들에게 원인이 있었다. 슈티코프는 이들의 반대가 없었다면 정부는 벌써 수립되었을 것이라는 견해를 가지고 있었다.[178) 미·소의 입장 차이가 극명하게 드러나고 좌우의 대립이 격렬해지는 상황에서 정부 수립 문제는 결국 자기세력의 확대를 통한 정치적 우위의 확보를 통해 해결되어야 했다.

선거는 앞선 레베데프의 제의와는 달리 도·시·군에서 먼저 직접선거 방식으로 실시하도록 결정되었다. 면·리 선거까지 동시에 실시하는 것은 준비에 어려움을 예상했을 것이다. 직접 선거는 권력에 정당성을 부여하려는 목적에 더 부합하는 방식이었다. 9월 11일 슈티코프는 로마넨코에게 선거를 민주주의민족통일전선의 강령과 구호에 의거하여 실시하고, 공동후보를 추천하되 2명 혹은 1명으로 제한할 것을 지시하였다.[179) 선거 방식은 김일성과 합의를 거친

---

176) 이 표현은 에릭 반 리의 저술에서 처음 사용된 말이다. Ree, Erik Van, *Socialism in one zone, Stalin's policy in Korea, 1945-1947*, Oxford, 1989.

177) "김일성 동지의 『인민위원회 위원선거 실시에 대한 보고』에 대한 결정서(당중앙위원회 제2차회의 결정서 1946년 9월 25일)." 조선로동당중앙위원회, 『결정집(1946.9~1951.11 당중앙위원회)』, 1쪽.

178) 〈슈티코프 일기〉 1946.9.26.

것이겠지만 서구식 선거가 아닌 소비에트식 선거 실시를 확정한 것이다. 이에 따르면, 각 인민위원후보 선발 방식은 북조선민주주의민족통일전선에 속한 각 정당과 사회단체들이 사전에 어떤 인민위원회에 자신들의 후보를 몇 명 내보낼지 합의하고 난 다음 각 정당은 자신의 당원 수와 정치적 비중에 비례해 인민위원회 입후보 자리 수를 배정 받는 식이었다.[180)

북로당은 인민위원회 총 의석수 중 약 30%를 할당받았고, 민주당은 10%, 천도교청우당은 8%을 각각 배정받았다. 인구 구성에 따라 후보의 약 50%는 무소속에 할당되었다. 후보 선발은 각 정당 및 사회단체 대회를 비롯하여 기업소, 마을, 기관에서 실시되었는데, 선발된 후보는 민주주의민족통일전선(북조선민전)의 공동후보로 간주되었다. 즉, 각 선거구당 1명의 후보자만이 출마하기로 한 것이다.

일부에서는 각 선거구에 1명의 입후보자만이 나오는 것은 민주주의 원칙에 위배라는 불만이 제기되었고, 독립적인 후보를 내세워야 한다는 주장도 나왔다.[181) 비슷한 시기 동유럽의 선거가 사실상 자유경쟁으로 실시된 것을 고려한다면 더욱 그렇다. 동유럽보다 느슨한 계급정책을 채택한 북한에서 사회주의 유형의 선거를 실시하는 것이 모순적이었지만 만일 북조선민전의 단일 후보를 배제하고 정당 간 경쟁체제로 선거를 치렀다면, 북로당은 민주당과 청우당, 그리고 무소속 후보들과 경쟁하는 구도로 진행되었을 것이다. 이럴 경우 공산 측은 ①경쟁 선거가 북한 내 통일전선 체계에 균열을 발생시킬 가능성, ②다자간 선거 경쟁 구도하에서 북로당이 압승하지 못할 시 주도세력으로서의 위상 저하, ③이로 인한 대미교섭과 대남 세력관계에서 공산 측의 입지 약화 등을 우려하였을 것이다.

북한의 '민주근거지화'는 한반도 세력관계에서 좌파세력이 주도권을 갖는 것을 전제로 하였다. 정당 간 경쟁 선거는 좌파의 주도권에 위협이 될 수 있는 것이었기 때문에 북한 지도부 내에서 어느 누구도 함부로 제기할 수 없었을 것

179) 〈슈티코프 일기〉 1946.9.11.
180) "로마넨코. 북조선 도·시·군인민위원회 선거 총결보고서(1946.11.14.)." ЦАМО, ф. 172, оп. 614631, д. 19, л. 10.
181) "그로모프가 메레츠코프에게." ЦАМО, ф. 172, оп. 614631, д. 33, л. 43-44, 53-54.

이다. 공산 측 입장에서 단수 입후보제는 통일전선의 유지와 북한 권력 기반의 강화를 위해 불가피한 선택이었다. 그럼에도 불구하고 복수후보제가 채택되지 못한 가장 큰 이유로는 민주당과 천도교청우당 등 잠재적 대항 정당들이 수권 세력으로서의 힘을 가지지 못한 데 있었다.

민주당 지도부는 김일성의 빨치산 동료인 최용건을 중심으로 집결하였고, 천도교청우당 지도부는 처음부터 친소적 색채를 띠었다. 물론 양당 지도부의 일부와 당하부단위에서 도전적 흐름이 존재하긴 하였지만 당 주류의 권력 의지가 보이지 않는 상황에서 그것을 한데로 결집시키기는 쉽지 않았다. 공산 측은 반대로 이 두 당과 통일전선에 적지 않은 노력을 기울였다. 이를테면, 1946년 9월 말 김일성은 북로당이 유일무이한 정권정당이 아니라고 하면서 천도교청우당과 민주당의 민주주의적 요구에 대해 끝까지 지지할 것이며, 이 두 정당과 통일전선의 확대·강화를 강조하였다.[182] 같은 해 10월 조선 문제 정치고문 발라사노프는 슈티코프에게 북조선민전의 유력한 조직으로서 천도교청우당의 의의를 지적하면서 이 당을 무시하지 않고 그들 사업에 인위적인 장애를 조성하지 않도록 해당 기관에 지시를 줄 것과 적극적인 정치사업에 그들을 끌어들이는 것이 필요하다고 보고하기도 했다.[183]

그렇다면 이러한 소비에트 선거 방식이 아무런 이의 없이 그대로 채택되는 데 있어 아무런 걸림돌이 없었던 것일까. 공산 측은 이 방식이 그대로 수용될 것으로만 보지는 않았다. 실제 반대세력들은 적지 않게 선거구별로 북조선민전이 추천한 단일후보에 투표하는 방식에 대해 반발하였다.[184] 북조선민전이 각 선거구마다 후보를 단 1명만 천거하고, 주민들에게 자신의 의지를 강요함으로써 선거원칙을 파괴하고 민주주의를 억압하고 있다는 것이다.[185] 그러나 이러

---

182) "로동당의 창립과 관련한 제과업에 대하여(1946년 9월 26일)." 『김일성선집』 제1권, 평양: 조선로동당출판사, 1955, 233쪽.

183) "발라사노프가 슈티코프에게(1946.10.24.)." ЦАМО, ф. 172, оп. 614631, д. 18, л. 33.

184) "슈티코프. 북조선 도·시·군인민위원회 선거 최종 결과(1946.11.11.)." ЦАМО, ф. 172, оп. 614631, д. 29, л. 52.

한 일각의 주장은 큰 반향을 일으키지 못했다. 공산 측이 선거 캠페인을 주도하는 데다가 다수 대중에게는 처음 겪는 선거를 맞이하여 서구식과 소비에트식 선거의 차이를 구별할 정치적 판단력이 구비되지 않았다. 인민의 대표자를 선출하는 정치 행위 자체에 크게 의미가 부여되었을 뿐 복수후보의 출마 자체는 중요하지 않았을 것이다.

단일후보제에 대한 일부 비판 분위기를 의식해서인지 공산 측은 일부 선거구에서 '복수 입후보'를 허용하였다. 즉, 61개 선거구에서는 후보자가 2명씩이 출마하였다. 이 가운데 2명은 선거 전 집회에서 유권자들에 의해 거부되었고 5명은 입후보하지 않았다.[186] 따라서 54개 선거구에서 2명씩이 입후보하여 결과적으로 54명이 낙선하였다.[187] 후보자 두 명씩이 입후보하게 된 이유는 해당 지역에서 정당 간의 후보 조정이 실패한 데 있었다. 그렇지만 공산 측은 일부 '복수 입후보'를 통해 '단수 입후보제'에 대한 일각의 비난을 차단하는 부수적 효과를 기대하였다.

공산 측은 선거준비에 온갖 역량을 투여하였으나 이 과정이 마냥 순조롭게만 진행된 것은 아니었다. 눈에 띄는 반발은 기독교계로부터 나왔다. 북조선 5도연합노회는 10월 20일 회합을 갖고 '주일에는 예배 이외의 여하한 행사에도 참가하지 않는다'는 결의문을 임시인위에 전달하였다.[188] 일요일 선거는 전통적으로 소련에서의 선거가 통상 일요일에 실시된 것을 모방하여 도입한 것으로도 볼 수 있지만 11월 3일이 일제 강점기 광주학생항일운동 기념일이라는 상징적 의미가 더 작용하였을 것이다. 그러나 가뜩이나 공산 측의 정책과 조치에 불만을 가지고 있었던 기독교인들에게 일요일 선거는 불난 집에 기름을 부은 격이 되었다.

185) "로마넨코. 북조선 도·시·군인민위원회 선거 총결보고서(1946.11.14.)." ЦАМО, ф. 172, оп. 614631, д. 19, л. 11, 27.

186) "로마넨코가 연해주군관구 군사회의에게. 북조선 도·시·군인민위원회 선거결과에 관한 보고(1946.11.14.)." ЦАМО, ф. УСГАСК, оп. 106546, д. 8, л. 3-4; ф. 172, оп. 614631, д. 20, л. 낙선자 54인의 구성은 무소속이 43명, 북로당 8명, 민주당 2명, 청우당 1명이다.

187) 낙선자는 도인민위원회가 9명, 시인민위원회 4명, 군인민위원회 41명이었다. "도·시·군인민위원회 선거결과 자료." ЦАМО, ф. 172, оп. 614631, д. 19, л. 42-44.

188) 金良善 『韓國基督敎解放十年史』 大韓예수敎長老總會 宗敎敎育部, 1956, 63쪽.

강양욱을 중심으로 한 친공 기독교인들은 기독교계의 반대운동에 대한 대응에 나섰다. 10월 20일 장로파, 감리파 등 각 교파 지도자 30명이 회합을 갖고 북조선기독교연맹결성준비위원회를 발족시켰다.[189] 이들은 임시인위의 정책에 확고한 지지를 보내면서 11월 3일 선거사업에 기독교인들의 적극적인 참여를 독려하였다. 여기서 북한 기독교계는 조직적으로 친공과 반공으로 분리되었다.

10월 24~25일 평양과 강서 등 일부 도시의 개신교회 목사들은 교회 성직자대회를 열었다. 10월 26일 평양에서 집회를 마친 일부 성직자들은 ①교회와 국가를 분리할 것, ②모든 교인들의 정치 참여를 금하고 집회나 시위 등에 가지 못하게 할 것, ③모든 학교에서 반종교적 규율 및 교양 교육을 금할 것, ④선거일을 일요일에서 다른 날로 옮길 것 등을 요구하였다.[190] 10월 26일 개신교회 대표 8명은 김일성을 방문하여 위의 요구 사항을 전달하였다. 김일성은 이들 목사들과의 면담에서 선거의 취지를 설명하고 참여를 독려하였다.[191] 그는 종교는 민주개혁 사업에 방해가 되어서는 결코 안 되며 그들이 투표에 신자들의 참여를 보장할 것을 촉구하였다. 그럼에도 목사들은 집회를 열어 신자들에게 선거에 참여하지 말라는 설교를 멈추지 않았다.[192] 이들의 반발은 도시군인민위원회 선거 실시의 최대 장애가 되었다.

선거 반대 움직임은 다른 데서도 나왔다. 특히 여성의 정치 참여가 남편에게 순종하는 것을 멈추고 그에 따라 조선의 전통 가족제도를 이탈시킬 것이라는 논거로 여성의 선거 참여를 반대하는 주장이 전달되었다.[193] 또한 일부 여성들 가운데서는 남편들로부터 얻어맞거나 집에서 쫓겨날 수 있기 때문에 남성후보

---

189) "北朝鮮基督敎聯盟結成準備委員會 開催." 『로동신문』 1946년 10월 30일.

190) "로마넨코. 북조선 도·시·군인민위원회 선거 총결보고서(1946.11.14.)." ЦАМО, ф. 172, оп. 614631, д. 19, л. 29-30; "이그나티예프가 슈티코프에게(1946.10.26.)." ЦАМО, ф. 172, оп. 614631, д. 33, л. 64-65.

191) 김일 외, 『붉은 해발아래 창조와 건설의 40년(1945.8~1950.6)』 제1권, 평양: 조선로동당출판사, 1981, 233~234쪽.

192) 〈슈티코프 일기〉 1946.10.29.

193) "북조선 도·시·군인민위원회 선거 최종 결과." ЦАМО, ф. 172, оп. 614631, д. 29, л. 52.

자에게 찬성투표 할 수 없다는 주장까지 나오기까지 하였다.[194]

선거 경과

토지개혁 실시 이후 가장 큰 행사가 된 도시군인민위원회 선거는 공산 지도부에게 자신의 권력 질서를 굳혀나가는 기회로 간주되었다. 이것은 북한 체제 수립 과정에서 또 하나의 전환기를 이룬 사건이었다. 선거는 같은 시기에 남한에서 치러진 남조선 과도입법위원 선거에 대응한 측면이 있었다. 그러나 그 과정은 '임시적' 권력에 적법성을 부여하는 것 이외에도 통일전선의 강화와 좌파 주도권 공고화와 같은 여러 정치적 목적들을 가지고 있었다.

북한 지도부는 전 역량을 투여하여 북한 전역에서 대대적인 선거운동을 전개하였다. 전 지역에는 선거 입후보자들의 사진과 약력을 실은 포스터가 붙었고 선거를 알리는 현수막과 구호 등이 내걸렸다. 북한 당국은 주민들의 정치적 열의를 고양시키기 위해 11월 1일 평양에서, 그리고 다른 지역에서는 2일에 선거를 경축하는 군중집회를 대대적으로 열었다. 선거를 자축하는 축제와 같은 군중 모임이 곳곳에서 진행되었다.

1946년 11월 3일 먼저 도시군인민위원회 단위의 선거가 북한 전역에서 실시되었다. 그 전날 김일성은 장문의 발표문을 통해 임시적 정권기관인 도시군인민위원회를 고정적인 정권기관으로 변하게 할 때라고 하면서 북조선민전에서 추천한 후보들에게 투표할 것을 촉구하였다.[195]

투표 방법으로는 흑백투표제가 도입되었다. '선거 규정' 제39조는 선거자는 선거표를 감추어 쥐고 후보자를 찬성할 때는 백색함에, 반대할 때는 흑색함에 집어넣도록 하였다.[196] 그런데 처음에 선거 규정의 초안은 흑백투표 방식이 아

---

194) "그로모프가 메레츠코프에게." ЦАМО, ф. 172, оп. 614631, д. 33, л. 41.

195) "김일성. 朝鮮人民에게 告함." 『로동신문』 1946년 11월 2일.

196) "北朝鮮 面, 郡, 市 및 道人民委員會委員의 選擧에 關한 規定." 『北朝鮮法令集』, 평양: 北朝鮮人民委員會 司法局, 1947, 29쪽.

니라 선거 장소에 선거자 수에 따라 몇 개의 기표소로 이루어진 독립된 투표 공간을 둘 것과 투표 공간과 기표소에는 선거자 이외에는 아무도 있어서는 안 된다는 내용으로 되어 있었다.[197] 이 조문은 9월 14일 임시인위 결정에 따라 폐지되고 흑백투표함 방식으로 대체되었다.[198] 다시 말해서 선거 규정은 선거 규정 발표 당일 비밀투표 방식을 폐기하고 흑백투표 방식을 도입하였다.

이에 대해 공산 측은 인구의 문맹률이 높기 때문에 취해진 조치라고 강변했다. 실제 폐지된 조문에는 문맹이나 신체적 불구에 의해 선거표에 기입할 능력을 갖지 못한 선거자는 선거표를 기입해줄 다른 선거자를 선거 장소에 데리고 올 수 있다는 내용을 포함시키기도 했다.[199] 이 내용이 삭제되고 흑백투표 방식이 포함된 것이다. 흑백투표 방식은 '선거표를 감추어 쥐고 투표함에 접근하여 각 함에 손을 넣되' 그 후보자를 찬성할 때에는 백함에, 반대할 때는 흑함에 선거표를 넣도록 하였다.[200] 하지만 상대적인 비밀이 보장되었더라도 유권자들에게 흑백함 투표 행위가 선택의 부담을 주는 것은 분명한 것이었다. 공산 측이 이유로 든 높은 문맹률보다는 높은 찬성투표율을 달성하는 데 도움을 줄 수 있는 장치였다.

선거에는 북한 지역 총 유권자 4,516,120명 중 4,501,813명(총유권자 대비 99.6%)이 참여하였다.[201] 민주주의민족통일전선에서 추천한 후보자들에 찬성 투표한 비율은 도 97%, 시 95.4%, 군 96.9%에 달했다. 공산 측의 적극적인 선거 운동과 조직적 독려에 따른 결과였다. 전반적으로 반대투표는 100명 중 3~4명에 불과했다. 선거 결과 총 3,459개 선거구에서 각각 1명씩의 위원들이 선출되었는데, 그중 도위원은 452명, 시위원 287명, 군위원 2,720명으로 각각 분류되었

---

197) "북조선 군·시·도 인민위원회 위원 선거에 관한 규정." ЦАМО, ф. УСГАСК, оп. 106546, д. 8, л. 63.

198) "북조선 임시인민위원회 결정(1946.9.14.)." ЦАМО, ф. УСГАСК, оп. 106546, д. 8, л. 67.

199) "북조선 군·시·도 인민위원회 위원 선거에 관한 규정." ЦАМО, ф. УСГАСК, оп. 106546, д. 8, л. 63.

200) "北朝鮮 面, 郡, 市 및 道人民委員會委員의 選擧에 關한 規定."『北朝鮮法令集』, 29쪽.

201)『조선중앙년감 1949』, 평양: 조선중앙통신사, 1949, 83쪽.

다. 이를 당적별로 보면, 북로당이 31.8%이었고, 민주당과 청우당은 각각 10.1%
과 7.3%, 그리고 무소속이 절반 이상인 50.7%에 달했다.[202] 선출 비율은 각 정
당·세력별로 할당된 수치를 거의 맞춘 것이었다.

선출된 의원들의 사회성분을 보면, 노동자와 농민이 각각 14.7%과 36.3%, 그
리고 사무원도 30.5%에 해당했다.[203] 농민과 사무원이 노동자의 수보다 각각
배 이상 많이 차지한 것은 인구 구성상 노동자의 비율이 현저히 낮은 데다가
노동자들의 의식화 수준이 여전히 미약한 데 원인이 있었다. 특징적인 것은 소
수이지만 유산계층이라 할 수 있는 기업가와 이전 지주, 종교인이 모두 합쳐
181명(5.2%)이 선출된 점이다. 이들은 정치적 입장에서 공산 측에 협력관계를
맺은 인사들이었다. 인민위원회의 계층별 대표성을 갖추기 위한 시도로 보였
다. 여성위원은 13.1%에 해당되는 453명이 선출되었다.

〈표 4-10〉 도·시·군인민위원의 구성(괄호 안은 비율)

		도인민위원회	시인민위원회	군인민위원회	계
인민위원회 위원 총원		452	287	2,720	3,459
정당별	북로당	122(27.0)	77(26.8)	903(33.2)	1,102(31.8)
	민주당	53(11.8)	37(12.9)	261(9.6)	351(10.0)
	청우당	41(9.1)	20(7.0)	192(7.1)	253(7.3)
	무소속	236(52.2)	153(53.3)	1,364(50.1)	1,753(50.7)
사회성분별	노동자	74(16.4)	70(24.4)	366(13.5)	510(14.7)
	농민	121(26.8)	43(15.0)	1,092(40.1)	1,256(36.3)
	사무원	165(36.5)	100(34.8)	791(29.1)	1,056(30.5)
	상인	21(4.7)	14(4.9)	110(4.0)	145(4.2)
	기업가	9(2.0)	13(4.5)	51(1.9)	73(2.1)
	인텔리	43(9.5)	37(12.9)	231(8.5)	311(9.0)
	종교인	18(4.0)	9(3.1)	67(2.5)	94(2.7)
	전 지주	1(0.2)	1(0.4)	12(0.4)	14(0.4)
성별	남성	395(87.4)	251(87.5)	2,360(86.8)	3,006(86.9)
	여성	57(12.6)	36(12.5)	360(13.2)	453(13.1)

〈출처〉 ЦАМО, ф. 172, оп. 614631, д. 20, л. 31. 비율은 일부 오류가 있어 필자가 재계산함.

202) 金枓奉「北朝鮮道市郡人民委員會選擧 總結에 對한 報告」,『로동신문』1946년 11월 16일.
203)『조선전사』제24권, 평양: 과학, 백과사전 출판사, 1981, 25쪽.

선거권을 박탈당한 자는 총유권자의 1% 미만인 4,387명인데, 그중 친일분자 575명, 재판소 판결에 의해 박탈된 자 198명, 정신병자 3,614명이었다.[204] 친일 분자의 비율이 정신병자의 1/6에도 미치지 못할 만큼 소수에 불과한 것은 두 가지로 분석된다. 첫째, 친일 혐의가 있는 상당수 주민이 남쪽으로 도피한 것과 관련이 있었다. 남한으로 내려간 주민 수는 정확히 파악하기는 어렵지만 소련군 당국이 집계한 통계에 따르면, 1946년에 44,175명, 1947년에는 30,471명에 달했다.[205] 이들은 다양한 동기에서 월남을 선택했으며, 그 가운데 친일 혐의자들이 포함된 것은 물론이다. 둘째, '친일분자'에 대한 판정이 상대적으로 '관대'했다고 볼 수 있다. 선거법에 규정된 친일분자로는 ①조선총독부의 중추원 참의 고문 전부, ②도회(道會)의원, 부회(府會)의원, ③조선총독부 및 도의 책임자, ④경찰, 검사국, 재판소의 책임자, ⑤자발적 의사로써 일본을 방조할 목적으로 일본 주권에 군수품 생산, 기타 경제 자원을 제공한 자, ⑥친일단체의 지도자로서 열성적으로 일본제국주의를 방조 활동한 자 등으로 분류되었다.[206] 친일단체의 지도자라 하더라도 '열성적 활동' 여부에 따라 기준이 달라질 수 있음을 볼 때 친일분자의 규정이 매우 느슨하고도 온건했음을 알 수 있다. 공산 측이 정치적 주도권을 완전히 장악한 상황에서 필요한 것은 보다 넓은 계층들을 끌어들이는 것이었지 유산계층과 친일파의 범주를 확대할 필요는 없었다. 구호로는 친일 청산을 드높였지만 이는 정치적 목적이 컸을 뿐 실제 정책에서는 다소 다른 양상을 보였다.

북조선 주요 간부들의 득표 현황은 〈표 4-11〉과 같다.

---

204) 朴哲·金澤泳「北朝鮮 面 및 理(洞) 人民委員會 委員選擧는 어떻게 進行될 것인가」,『北韓關係史料集 XI』, 國史編纂委員會, 1991, 577쪽.

205) 〈북조선 소비에트 민정부의 3개년 사업결과 보고(1945.8~1948.11). 제1권(정치분야), 1948〉, ABΠP, ф. 0480, оп. 4, п. 14, д. 46, л. 256.

206) "北朝鮮 面, 郡, 市 및 道人民委員會委員의 選擧에 關한 規定."『北朝鮮法令集』, 26쪽.

〈표 4-11〉 북조선 주요 간부들의 득표 현황

성명	직위	출마 지역 (선거구)	투표자 수	찬성 투표 수	%	반대 투표 수	%
김일성	임시인위 위원장	평남 강동군(57)	8,580	8,580	100	0	0
김두봉	임시인위 부위원장	평양시(18)	5,534	5,413	97.8	118	2.2
홍기황	평남인민위원회 부위원장	평양시(26)	3,687	3,600	97.6	87	2.4
이주연	임시인위 총무부장	평남 강서군(24)	9,607	9,479	98.7	128	1.3
강양욱	임시인위 서기장	평남 대동군(21)	9,343	9,180	98.3	163	1.7
장시우	임시인위 상업국장	평남 용강군(7)	9,385	9,334	99.5	51	1.5
홍기주	평남인민위원회 위원장	평남 평원군(35)	10,022	9,757	97.4	265	2.6
김용범	북로당 중앙검열위원장	평남 안주군(40)	10,257	10,094	98.4	165	1.6
이동영	조선민주당 부위원장	평양시(22)	4,121	3,976	96.5	145	3.5
최용건	조선민주당 위원장	평북 용천군(15)	9,354	9,231	98.7	123	1.3
최경덕	북조선노동총동맹 위원장	평북 삭주군(91)	9,721	9,650	99.3	71	0.7
장종식	임시인위 교육국장	평북 희천군(61)	10,338	10,310	99.7	28	0.3
이봉수	임시인위 재정국장	평북 강계군(71)	10,789	10,749	99.6	40	0.4
박정애	여성동맹 위원장	황해도 장풍군(18)	10,352	10,277	99.3	75	0.7
이순근	임시인위 농림국장	황해도 신계군(76)	9,516	9,375	98.5	141	1.5
최용달	임시인위 사법국장	강원도 양양군(26)	9,871	9,762	98.9	109	1.1
이기영	조소문화협회 위원장	강원도 회양군(60)	9,662	9,650	99.9	12	0.1
장해우	북조선 검찰소장	함남 신흥군(67)	10,205	9,880	96.8	324	3.2
김욱진	민주청년동맹 위원장	함남 풍산군(75)	9,151	9,105	99.5	46	0.5
김달현	북조선청우당 위원장	함남 고원군(35)	10,359	10,194	98.4	165	1.6
허남희	임시인위 교통국장	함북 온성군(40)	9,998	9,945	99.5	53	0.5
강진건	농민동맹위원장	함북 부령군(30)	9,459	9,429	99.7	30	0.3

〈출처〉 ЦАМО, ф. УСГАСК, оп. 102038, д. 4, л. 221-222.

평남 강동군 삼등지구에서 입후보한 김일성은 전체 후보자 중 유일하게 유권자 100% 참가에 100% 찬성투표를 기록하였다. 정치적 상징성을 감안하여 특별히 찬성투표 독려와 분위기 조성이 이루어졌을 것이다. 흥미로운 것은 상대적으로 미미하지만 반대 비율이 높은 인사들은 이동영, 홍기황, 홍기주 등 민주당계 지도자들인 점이다. 그 이유는 분명하지 않지만 공산계가 주도한 해당 지역 선거운동이 기준에 미치지 못했을 가능성이 있다.

소련군 사령부와 민정부의 도시군인민위원회 선거 개입은 상대적으로 제한적이었다. 선거 실무의 집행은 거의 전적으로 임시인위와 각급 인민위원회, 그리고 북조선민전이 주도적으로 진행하였다. 소련 민정부는 다만 임시인위와 북조선민전 지도기관에 선거 실행 방식에 대해 조언을 해주고, 일정량의 종이와 인쇄잉크를 제공하며, 선거일에 수송과 통신에 도움을 주었을 뿐이라는 것이다.[207] 물론 슈티코프는 선거의 전반적인 과정을 지도하고 다양한 문제들을 구체적으로 점검하였다. 이그나티예프를 중심으로 하여 연해주군관구 정치국·민정부·제25군 정치부 일꾼들, 군사령부 대표 및 도경무사령부 군관들이 북조선 조직들을 적극적으로 지원하였다. 다만 소련군 사령부 측이 선거를 지도하고 있다는 구설에 오르지 않기 위해 소련 인사들은 선거구와 선동소, 집회와 시위 현장에 나타나지 않도록 하였다. 선거가 끝난 직후 로마넨코는 선거 사업을 지원한 28명의 군관들에 대한 포상을 요청하였다.[208]

권력의 합법성을 획득하기 위한 선거 과정이 성공리에 완수되었지만 산발적으로 제기되는 주민의 반발과 반공세력들의 저항은 공산 측을 끊임없이 괴롭혔다. 이 가운데 민주당원의 행동이 부각되었다. 민주당 중앙당부는 공산 측의 통일전선에서 별다른 불협화음을 내지 않았지만 지방당 가운데서 불만과 반발은 지속되었다. 대표적으로, 1946년 11월 23일 함경남도 함주군 연포면 민주당 지도부는 당원 200여 명을 모아놓고 공개적으로 인민위원회와 북로당을 비난하면서, 토지개혁의 재고를 요구하였다.[209] 12월 12일에는 황해도 재령군 신원면 민주당원들은 면당 위원장의 지휘하에 곡식 3,000석을 저장한 창고에 불을 내어 263석을 태웠다.[210] 이외에도 민주당 지방 간부들의 반발과 당원들의 테러 및 반공운동 가담 등은 도처에서 눈에 띄는 현상으로 남아 있었다.

207) "조선의 정치 상황에 대하여." РГАСПИ, ф. 17, оп. 128, д. 1119, л. 237.
208) "로마넨코가 슈티코프에게(1946.11.14.)." ЦАМО, ф. 172, оп. 614631, д. 26, л. 14-16.
209) "로마넨코가 메레츠코프에게, 북조선 주민의 정치적 사기에 관한 보고(1947.2.3.)." ЦАМО, ф. 172, оп. 614632, д. 23, л. 29-30.
210) 위의 문서, л. 31. 이 사건으로 민주당원 6명이 체포되었다.

5. 국가권력의 전 단계: 북조선인민위원회

북조선인민위원회대회와 임시인위의 개조

도시군인민위원회 선거는 북한 정권기관의 합법성을 가져다준 동시에 임시인위를 중심으로 한 상층 권력기관의 위상 강화와 변화를 이끄는 계기로 활용되었다. 하지만 선거 직후 공산 측은 이에 대한 구체적인 일정을 곧바로 확정한 것은 아니었다. 이를테면, 1946년 12월 박헌영은 슈티코프에게 남조선입법의원의 설치에 맞서 북조선인민위원회 선거 실시를 검토할 것을 요청하였다.[211] 바로 중앙권력기관을 선거를 통해 선출하자는 안이었다. 이에 슈티코프는 남조선입법의원이 개원했을 때 각 도 대표들로 구성된 대회에서 혹은 선거구별로 북조선인민위원회 선거를 실시하는 것이 시기적절한지 고심하였다.[212] 결과적으로 이 안은 실천에 옮겨지지 못했다.

1946년 11월 25일 임시인위는 제3차 확대위원회를 열고 대중적 사상개조 운동인 건국사상총동원운동을 발기하였다. 이 운동의 취지는 일제 잔재를 타파하고 '민주조선의 민족적 기풍을 창조하는' 사상개조사업으로 제시되었으나[213] 대중을 단결과 지지를 강화하여 통일국가 건설에서 주도권을 확고히 하고자 한 북한 지도부의 여망을 표출한 것이었다. 곧바로 북한 전역에서 각급 인민위원회와 정당·사회단체들의 주도로 이 운동의 실천적 경로로서 집회와 강연, 토론이 전개되었다.

임시인위 제3차 확대위원회는 또한 상업국장 한동찬과 교통국장 한희진을 '사업을 제대로 하지 못한다'는 이유를 들어 경질하였다.[214] 비공산계 일부 국장

---

[211] 〈슈티코프 일기〉 1946.12.12.

[212] 〈슈티코프 일기〉 1946.12.14.

[213] 김일 외, 『붉은 해발아래 창조와 건설의 40년(1945.8~1950.6)』 제1권, 평양: 조선로동당출판사, 1981, 240쪽.

[214] "로마넨코가 슈티코프에게(1946.12.26.)." ЦАМО, ф. 172, оп. 614631, д. 19, л. 122.

과 부장들을 북로당 출신들로 교체한 것이다. 이에 한동찬은 9월 16일 진남포에서 배를 타고 남쪽으로 탈주하였다.[215] 이 사건은 공산 측에 적잖은 충격을 안겨주었고 출신성분을 재고하는 계기가 되었을 것이다. 새로운 상업국장과 교통국장에는 장시우와 허남희가 각각 임명되었고, 신설된 보안국은 연안파의 실세인 박일우가, 노동부는 오기섭이 각각 맡게 되었다.[216]

임시인위는 자신의 역할을 마감하고 선거로 탄생한 권력에 그 임무를 이양하는 절차를 진행하였다. 1946년 12월 말 로마넨코는 슈티코프에게 입법기관으로서 북조선인민회의와 집행기관으로서 북조선인민위원회의 창설은 인민위원회 대회를 통해 제의를 하는 방식을 거치는 것이 합리적이라는 의견을 표명하였다.[217] 위에서 거론한 선거 방식은 채택되지 않은 것이다.

소련 측은 로마넨코의 주도하에 '인민위원회 대회 준비 및 실행에서 임시인위와 북조선민전에 대한 원조 제공 조치안'을 작성하여 대회 준비에 돌입하였다. 이 계획에 따르면, 대회에서 발표되는 모든 문건 및 보고서 작성에는 이그나티예프, 쉐티닌, 코비젠코 등을 비롯한 소련군 간부들이 조력자로 참여하도록 하였다.[218] 1947년 1월 초 김일성은 슈티코프를 만나기 위해 연해주 보로쉴로프를 방문하였다. 방문 목적은 북한의 현안 문제와 정치일정을 논의하는 데 있었다. 우선 그는 1947년 인민경제발전 계획 수립의 어려움을 토로하면서 소련의 재정지원과 조소합작회사 설립 문제 등 경제 현안에 대한 지원 요청을 하였다.[219] 아울러 두 사람은 북조선도시군인민위원회대회 소집 문제와 이 대회를 통한 인민회의 선거 및 각 국(局) 책임자의 선발에 관한 원칙에 대해 협의하였다.

---

215) 〈슈티코프 일기〉 1946.9.19.
216) "로마넨코가 슈티코프에게(1946.12.26.)." ЦАМО, ф. 172, оп. 614631, д. 19, л. 122; 『로동신문』 1946년 11월 28일.
217) "로마넨코가 슈티코프에게(1946.12.31.)." АВПР, ф. 0480, оп. 3, п. 2, д. 1, л. 1; ЦАМО, ф. 172, оп. 614631, д. 18, л. 59.
218) "로마넨코가 슈티코프에게, 인민위원회 대회 준비 및 실행 조치안(1946.12.31.)." ЦАМО, ф. 172, оп. 614631, д. 18, л. 60-63.
219) 〈슈티코프 일기〉 1947.1.3.

1947년 2월 3일에 열린 북조선민전 제10차 중앙위원회 회의는 정당·사회단체 대표들이 참가한 도시군인민위원회대회 소집을 임시인위에 제의하는 결정을 채택하였다.[220] 다음 날 임시인위 국장단과 3개 정당 대표 등 80명이 참가한 임시인위 회의가 열렸는데, 이 자리에서 김일성은 모든 성취를 공고히 하고, 임시인위를 위시한 인민위원회 권력을 강화하며 그 권위를 드높이기 위한 과업을 제시하였다.[221] 회의에서 상업국장 장시우는 북조선소비조합이 자기 대표를 대회에 파견할 수 있는지 여부를, 재정국장 이봉수는 대회 비용은 어떻게 조달할 것인지 김일성에게 질의하였다.[222] 이는 도시군인민위원회대회가 임시인위 국장단의 주도적인 논의보다는 북한과 소련군의 상층 지도부에서 결정되었음을 보여 주는 대목이다.

임시인위 회의에서는 북조선인민위원회대회를 2월 17일에 소집할 것을 결정하였다. 대회의 목적은 위로 북조선의 모든 정권기관의 선출을 완료하고 실시된 민주개혁을 강화하는 것으로 규정되었고, 인민위원회대회 대의원은 각 도·시·군 인민위원회 회의에서 인민위원 3명당 1명의 대표를 비밀투표를 통해 선출하도록 하였다.[223] 북로당 등 3개 정당과 직업동맹 등 4개 사회단체는 투표권을 가진 대표 5명씩, 도합 35명의 참석이 허용되었다.

2월 15일 북조선민전 중앙위원회 회의에서는 ①임시인위가 채택한 법령 승인 ②1947년도 인민경제계획 ③북조선인민회의 창설 등을 북조선도시군인민위원회대회의 의제로 채택할 것을 임시인위에 권고하기로 하였다.[224] 이어서 2월 17~20일 평양에서는 각 도·시·군 인민위원회 및 각 정당·단체 대표 1,157명

[220] 北朝鮮 中央民戰書記局 編, 『民主建國에 있어서 北朝鮮民戰의 役割』, 평양: 朝鮮出版社, 1947, 326쪽.
[221] "로마넨코. 북조선인민위원회대회 소집 결정에 관한 조회(1947.2.4.)." АВПР, ф. 0480, оп. 3, п. 2, д. 1, л. 4-5.
[222] 위의 문서, л. 5.
[223] 앞의 문서, л. 5-6.
[224] "이그나티예프. 북조선인민위원회대회 소집 준비에 관한 조회(1947.2.16.)." АВПР, ф. 0480, оп. 3, п. 2, д. 1, л. 24.

이 참석한 가운데 북조선 도시군인민위원회대회가 개최되었다.225) 이미 밝힌 대로, 이 대회는 선거를 통해 적법성을 확보한 북한의 권력 기관을 공식화하는 행사였다. 도시군인민위원회대회는 예정대로 그때까지 임시인위가 내놓은 모든 법령들을 법적으로 승인함으로써 토지개혁을 비롯한 일련의 민주개혁에 대한 위법 시비의 소지를 제거했고, 임시인위가 취한 정책적 조치의 '정당성'을 뒤늦게 확인하였다.

아울러 1947년 인민경제계획을 확정하였는데, 이에 대해 김일성은 사전에 '완전독립 될 때까지 기다릴 것이 아니라 민주건국의 경제적 기초를 닦기'226) 위한 것으로 의미를 부여했다. 이것은 최소한의 인민적 수요를 충족하기 위한 조치이자 동시에 건국의 주도권을 유지하기 위한 대책의 일환으로 간주할 수 있다. 한편으로 인민위원회대회는 조선 임시정부의 즉각적인 수립을 위해 미소공동위원회의 신속한 재개를 촉구하는 미·소 정부에 보내는 요청서를 채택하였다.227) 소련군 당국은 신속하게 이 요청서를 러시아어로 번역하여 소련 외무성 부상 말리크에게 전달하였다.228) 미소공위의 재개가 현실적으로 교착상태에 빠진 한반도 문제를 풀 수 있는 유일한 방책임을 공유한 것이다.

도시군인민위원회대회에서는 대표 5명당 1명꼴로 선출된 대의원 237명으로 의회격인 북조선인민회의가 구성되었다. 실질적인 국가 입법기관을 수립하는 것이었는데, 이를 의식한 듯 북조선인민회의는 조선에 민주주의임시정부가 수립되기까지 북조선인민정권의 최고기관으로 규정되었다.229) 북조선인민회의

---

225) 도시군인민위원회 전체 위원 3,486명 가운데 인민위원회 대표로 1/3에 해당하는 1,151명이 선출되었고, 여기에 7개 정당·사회단체 대표 35명을 포함해서 모두 1,186명이 대회 대표로 뽑혔다.

226) 北朝鮮 中央民戰書記局 編, 『民主建國에 있어서 北朝鮮民戰의 役割』, 평양: 朝鮮出版社, 1947, 325쪽.

227) "北朝鮮道市郡人民委員會大會 會議錄." 『北韓關係史料集 VIII』, 국사편찬위원회, 1989, 161~165쪽.

228) "치스차코프가 말리크에게. 소미 정부에 보내는 북조선인민위원회대회 요청서." АВПР, ф. 102, оп. 6, п. 2, д. 9, л. 1-7.

229) "北朝鮮人民會議에 關한 規定." 『北朝鮮法令集』, 1쪽.

대의원의 소속은 북로당이 87명(36%), 민주당 30명(13%), 천도교청우당 30명 (13%), 그리고 무소속이 90명(38%)로 분류되었다.[230] 이 역시 대의원 배분을 대략적인 인구 비율을 고려하여 시행한 것임을 알 수 있다. 인민회의 대의원에는 김열, 한일무, 방학세, 김영수, 김재욱 등 소련계 한인 5명이 선출되었다.[231] 이미 당과 정권기관에 진출하여 전문적 역할을 수행한 소련계 한인들의 의회격인 인민회의에도 진출함으로써 세력의 확장을 꾀할 수 있었다.

북조선인민회의의 17가지 권한 가운데 첫 번째는 '국가적 독점에 기초한 대외무역'으로 정해졌다. 더구나 북조선인민회의 상임위원회는 외국과의 조약을 비준하는 임무를 가졌다.[232] 임시인위가 갖지 못한 대외관계적 기능을 정식화한 것으로서 완성된 국가 기능에 더욱 접근하게 된 것이다. 소련 측은 인민위원회 대회를 통해 인민위원회가 부르주아적 의회 공화국과 비교하여 '새롭고 보다 높은 민주주의 형식을 표현하는 진정한 인민정권 기관'이며 조선의 국가 발전사에서 전환점을 가져왔다고 보았다.[233] 바로 '인민민주주의 노선'이 해방 직후 주창된 부르주아민주주의 노선을 대체하였음을 확인할 수 있는 대목이다.

북조선인민회의는 2월 21일 제1차회의를 통해 김일성을 수반으로 한 북조선인민위원회(이하 북인위)를 결성하였다. 두 명의 부위원장으로는 북로당의 김책과 조선민주당의 홍기주가 각각 임명되었다. 북인위는 이전 임시인위의 과도적 성격을 탈피하고 모든 국가사업을 책임지는 명실상부한 합법적 최고 권력기관으로 등장하였다. 북인위의 위상은 '조선에 민주주의임시정부가 수립되기까지 북조선인민정권의 최고집행기관'으로 규정되었는데,[234] 이는 미·소 합의에 의한 임시정부 수립까지를 자신의 존속 기한으로 정한 것이다. 임시인위와는 달리 북인위에 관한 규정은 소련군의 역할에 관해 아무런 언급도 하지 않았다.

230) "北朝鮮道市郡人民委員會大會 會議錄." 『北韓關係史料集8』, 144~160쪽.
231) "1947년 조선 사회정치활동가 평정." ЦАМО, ф. 172, оп. 614632, д. 24, л. 95.
232) "北朝鮮人民會議에 關한 規定." 『北朝鮮法令集』, 1쪽.
233) "마슬로프, 북조선에서의 민주개혁." АВПР, ф. 0102, оп. 7, п. 5, д. 24, л. 32.
234) "北朝鮮人民委員會에 關한 規定." 『北朝鮮法令集』, 3쪽.

이로 보건대, 북인위는 최소한 법률적으로는 소련군 사령부의 지휘를 더 이상 받지 않게 되었다. 물론 소련 측의 실질적인 역할에는 변함이 없었으며, 다만 표면적으로 북·소관계에서 북한의 독자성이 부각된 것이다. 이날 회의에는 북조선 주둔 소련군 사령관 치스차코프가 나와 소련외무상 몰로토프의 축하 전문을 낭독하였다. 여기에서 몰로토프는 조선인민이 가까운 시일 내에 자기 정부를 가질 것이라고 확신한다면서 소련 정부가 모스크바 결정의 조속한 실행을 위해 모든 조치를 취할 것을 강조하였다.[235]

북조선인민위원회의 위상

북인위는 김일성을 위원장으로 하여 모두 22명으로 구성되었다. 선거를 거쳐 합법성을 획득한 북인위의 등장은 김일성의 권력 입지를 한층 공고히 하였다. 북인위 위원장 직위는 그 전 임시인위 위원장 비해 법률적 위상이 추가되었다. 북한 지역을 한정해 놓고 보면 그의 지위를 뛰어넘을 경쟁자는 더 이상 존재하지 않았다. 1947년 1월 소련 측이 김일성에 대해 작성한 평정에는 '빨치산운동의 지도자로서 김일성의 과거 활동과 북조선 민주개혁은 그의 이름과 연결되며, 남북조선의 민주적 성향의 인민계층 사이에서 커다란 인기와 권위를 부여했다'[236]고 기술되었다. 반면 그의 단점에 대해서도 예외 없이 지적되었다.

> 인민들 가운데서 그와 같은 인기와 그 주변 인물들의 숭배와 아첨은 약간의 거만함과 자신과 자기 지식에 대한 자만을 초래하고 있다. 김일성은 이론적으로 준비되어 있으나 이 준비는 국가적 지도에 있어서는 충분치 않다. 자신의 사상수준을 제고하기 위해 계획적으로 사업하지 않는다.[237]

---

235) 北朝鮮人民會議常任議員會, 『北朝鮮人民會議 第一次會議會議錄』, 평양: 勞動新聞社, 1947, 7~8쪽.

236) "개인카드: 김일성." ЦАМО, ф. 172, оп. 614632, д. 24, л. 10.

237) 위의 문서.

소련 측의 눈에 비친 '약간의 거만함'과 '자만'이라는 평가는 그 자체로 그의 객관적인 면모를 드러내주는 것이 아닐지라도 분명한 것은 그가 공산 측의 정책 결정에서 자신의 주장에 대한 확신을 강하게 표현하고 실천에 옮긴 것으로 볼 수 있다. 귀국 직후 권력에 대해 다소 '수줍어하던' 그의 태도는 시간이 지남에 따라 권력자의 모습으로 변화되어 갔다.

북인위는 위원장, 부위원장(2인), 사무장, 그리고 14개의 국과 4개 부로 조직되었다.[238] 직전 임시인위와 비교해볼 때, 내무국, 외무국, 인민검열국과 양정부, 간부부가 새로이 창설되었고, 기획부와 노동부는 기획국과 노동국으로 조직을 확대 개편했다. 북인위의 위상 변화를 이끈 대표적인 부서는 새로 신설된 외무국과 보안국에서 개편된 내무국이었다. 외무국은 임시인위에서도 이루어진 대소 교류 등 대외관계를 전담할 필요성에서 신설되었는데, 이는 북인위가 정부적 성격을 띠고 대외관계의 실천을 제도적으로 준비하였음을 보여준다. 1946년 12월 초 슈티코프는 외무국의 설치를 서두를 것을 요구하기도 했다.[239] 내무국은 보안국에서 개편된 경찰 지휘기구이며, 본연의 업무인 치안 관리 이외에 군대 양성을 위한 준비 단계로 설치되었다. 다만 국방을 관장하는 조직은 미국 측을 자극할 수 있는 매우 민감한 문제였기 때문에 이때는 설치되지 않았다가, 1948년 2월 4일 민족보위국이 발족함으로써 갖추어졌다.[240]

도시군인민위원회 선거는 정당 소속 및 인구비율을 따른 것으로서 표면적으로 당파별 균형이 보장되었다. 이에 반해 북인위 국장단의 구성은 그러한 원칙이 사실상 무시되었다. 북인위는 임시임위에 비해 훨씬 좌경화되었는데, 국장단 소속과 이력을 살펴보면 〈표 4-12〉와 같다.

---

[238] 북인위 부서로는 기획국, 산업국, 내무국, 외무국, 농림국, 재정국, 교통국, 체신국, 상업국, 보건국, 교육국, 노동국, 사법국, 인민검열국 등 14개의 국과 양정부, 선전부, 간부부, 총무부 등 4개 부가 설치되었다. 처음 북인위 직제상에는 도시경영부가 있었으나 실제로는 설치하지 않았다.

[239] 〈슈티코프 일기〉 1946.12.6.

[240] "소련외무성의 문제(1948.2.3), 1948년 1월 27일~3월 17일 정치국 결정, 의사록 No. 62." РГАСПИ, ф. 17, оп. 162, д. 39, л. 24.

〈표 4-12〉 북조선인민위원회의 구성

직책	성명	출생 연도	출신 지역	소속 정당	주요 경력	소련계 한인 부국장
위원장	김일성	1912	평남 대동군	북로당	만주 길림 육문중 중퇴, 공산당 북 부분국 책임비서, 임시인위 위원장	문일(비서)
부위원장	김책	1902	함북 성진군	북로당	만주 용정 동흥중학, 평양학원 원 장, 보안간부대대부 부사령관	
부위원장	**홍기주**	1898	평남 평원군	민주당	평양 대성학교, 민주당 평남도당 부 위원장, 평남인민위원회 위원장	
사무장	**한병옥**	1916	충남 보령군	북로당	일본 九州大學 법문학부, 은행 사무 원 및 상업학교 교원, 민전중앙위원 회 전서기장·위원장, 김일성 비서	
외무국장	**이강국**	1906	서울시	남로당	경성대학 법문학부, 외무국장	박동초
내무국장	**박일우**	1911	함북 경성군	북로당	吉林사범학교, 임시인위 보안국장	이필규
산업국장	이문환	1897	함남 홍원군	무소속	關東州 남만공업전문학교, 전기기술 자, 임시인위 상무위원, 산업국장	고가이 표트르 이바 노비치(고희만), 이병 제(Ли Пен Де)
농림국장	이순근	1900	경남 함안군	북로당	일본 早稻田大學 경제과, 임시인위 농림국장	문 콘스탄틴
재정국장	이봉수	1892	함남 홍원군	북로당	일본 明治大學 경제과, 임시인위 재 정국장	이장구(Ли Тян Гу)
교육국장	**한설야**	1900	함남 함흥시	북로당	日本大學 사회학과, 로동당 문화인 부장, 북조선 문학예술총동맹 중앙 위원회 위원장	남 야코프 페트로비 치(남일)
보건국장	**이동영**	1894	평남 안주군	민주당	경성의학전문학교, 의사, 민주당 부 당수, 평양시 인민위원회 부위원장	이 바실리 페도로비 치(이동화)
체신국장	**주황섭**	1907	함남 함주군	청우당	日本大學 경제과, 청우당 함남도당 부위원장, 함남인민위원회 부위원장	
노동국장	오기섭	1902	함남 홍원군	북로당	동방노력자공산대학 수학, 조선공산 당 북부분국 제2비서, 임시인위 선 전부장, 임시인위 노동국장	김설환(Ким Сер Хван)
사법국장	최용달	1903	강원 양양군	북로당	경성대학 법문학부, 보성전문학교 교 수, 임시인위 사법국장	김 니콜라이 알렉산 드로비치, 김동학
상업국장	장시우	1896	평남 용강군	북로당	평양 숭실중학, 임시인위 상업국장	유가이 파벨 나자로 비치(유도순)
교통국장	허남희	1904	서울시	무소속	용산철도학교, 철도기술자, 임시인 위 교통국장	박 이반 아르카디에 비치, 김환일(Ким Хван Ир)
인민검열 국장	**최창익**	1898	평양시	북로당	日本大學, 신민당 부위원장, 북로당 정치위원	강(Кон) 알렉세이 바 실리에비치
기획국장	**정준택**	1911	서울시	북로당	경성 고등공업학교, 임시인위 기획 국 부국장	엄기봉
선전부장	허정숙	1908	서울시	북로당	관서대학, 임시인위 선전부장, 북로 당 간부부장	강성현(Кон Сен Пхен)

간부부장	장종식	1906	전남 제주도	북로당	경성 중앙중학 중퇴, 임시인위 교육국장	
양정부장	**송봉욱**	1906	황해 사리원군	북로당	황해도 인민위원회 양정부장	공원봉(Кен Нон Пон)
총무부장	**김정주**	1903	평북 영변군	청우당	日本大學 정치과, 청우당 부위원장, 평남인민위원회 부위원장	

※굵은 글씨(강조)는 새롭게 임명된 인물들임.
〈출처〉『로동신문』1947년 2월 23일, 1951년 2월 2일; 〈1947년 조선의 사회정치활동가 평정 문서〉, ЦАМО, ф. 172, оп. 614632, д. 24, л. 37-38, 95-99, 125; 〈당지도일꾼 및 기술간부에 대한 간략한 평정〉, ЦАМО, ф. 172, оп. 614632, д. 25, л. 1-21; РГАСПИ, ф. 17, оп. 128, д. 61, л. 9, 23, 55.

인위 국장단의 정당별 구성은 북(남)로당 16명, 조선민주당 2명, 청우당 2명, 무소속 2명이었다. 민족통일전선 방침에 따라 비공산 계열에 과반수 가까운 자리를 할애한 임시인위와 비교해 볼 때 이와 같은 구성은 매우 커다란 질적 변화로 볼 수 있다. 공산 계열의 독점적 지위는 훨씬 높아졌다. 1946년 후반 임시인위가 부분적으로 개편될 때 북로당 편중 현상이 목도되었지만 북인위의 그와 같은 구성은 사실상 북로당이 독점적 지위를 점하게 된 것을 의미하였다. 조직편제를 놓고 보아도 북인위의 구성은 정부 기관을 망라한 진용을 갖추었다고 해도 지나치지 않았다.

새로 들어온 국장·부장들은 모두 10명으로 북(남)로당이 5명, 민주당 1명, 청우당 2명, 무소속 1명이었다. 비공산 계열 4명은 이미 협소해진 통일전선 차원에서 영입한 것이었다. 새로 들어온 인물 중 외무국장 이강국은 경성제국대학과 베를린대학에서 수학한 엘리트이며, 1946년 9월 박헌영의 지시로 미군정의 수배령을 피해 월북한 후 가담하였다.[241] 민주당 소속 보건국장 이동영은 1946년 초 민주당 개편 과정에서 조만식그룹을 고립시키는 데 앞장선 바 있다.[242] 행정10국 국장 출신 10명 가운데 자리를 유지한 이들로는 이순근(농림국장), 이봉수(재정국장), 정준택(기획국장), 장종식(간부부장) 등 4명이었다. 당시

241) "개인카드: 이강국." ЦАМО, ф. 172, оп. 614632, д. 24, л. 10.
242) "개인카드: 이동영." ЦАМО, ф. 172, оп. 614632, д. 24, л. 37.

무소속이었던 이봉수와 정준택은 북로당에 입당하였다. 총 22명의 간부 가운데 남쪽 출신이 8명에 달한 것은 북인위 구성에서 당파성과 더불어 여전히 전문성을 중요시했음을 다시금 확인해 주었다. 실무를 담당할 부국장으로 소련계 한인들이 다수 임명된 것은 북한 내 전문 인력의 부족을 충원하기 위한 조치였다.

북인위는 실질적인 정부의 위상을 지니고 북한의 변화와 개혁에 박차를 가했다. 소련군 사령부를 사실상의 상부기관으로 규정한 임시인위 규정은 북인위에게는 적용되지 않았다. 이에 따라 북인위는 소련 정부와 독자적으로 일련의 협정을 체결하는 등 '국가 없는 주권기관'의 기능을 수행하였다. 물론 전반적인 정치일정은 소련 측과 공조 속에서 진행되었으나 경제 및 교류 분야에서 정부적 기능이 수행되기 시작한 것이다. 외견상 이 노선은 북한의 독자적인 발전 전략을 통한 분단정부 수립 노선으로 비춰질 수 있었다. 이 시기에 북한 측이 취한 모든 정책이 사실상 국가단위에서 실시하는 내용들을 담고 있었기 때문이었다. 그럼에도 불구하고 공산 측은 이러한 발전 방향을 오히려 전 한반도 차원의 정부 수립과 연계시켰다. 즉, 우선적으로 북한 사회를 정치·경제적으로 변화시켜 이를 남쪽으로 확대하는 전략을 사용하였다. 가령, 김일성은 미·소 합의에 의한 한국임시정부 수립 시에도 지방정권기관들은 인민위원회 형태를 보존해야 한다고 강조하였다.[243] 다만 이러한 전략이 실패했을 경우에 대비하여 독자적인 정부 수립에 대한 구상도 마련해나갔다고 보아야 할 것이다.

공산 측은 인민위원회가 독자적인 정부의 모습으로 비춰지는 것에는 매우 조심스런 태도를 취했다. 이를테면 1947년 2월 소련외무성은 '조쏘해운주식회사'와 '조쏘석유주식회사'를 설립을 위해 북·소 간 협정 체결 문제가 나왔을 때 소련 정부와 임시인위간의 협정 체결을 주장하는 소련 대외통상성의 입장에 반대하고 나섰다. 그러한 협정이 임시인위를 사실상 정부로 인정하는 것이며, 이는 소련이 조선 임시정부에 관한 모스크바 결정을 파기한다는 주장의 근거를 미국 측에 줄 수 있다는 이유 때문이었다.[244]

---

243) 김일성, 『조국의 통일 독립과 민주화를 위하여(1)』, 평양: 국립인민출판사, 1949, 334쪽.

그 대안으로 소련외무성은 1946년 9월 임시인위가 소련무역회사와 상호 상품공급 협정을 체결한 것과 마찬가지로 독립된 조직 명의로 협정을 체결할 것을 권고하였다. 그러나 슈티코프가 이미 북한 측과 소련 정부 명의로 협정 체결을 약정했고 계약 주체의 변경은 북한 측의 반대를 불러일으킬 수 있음을 고려하여 소련 외무성 부상 말리크는 그 대신에 소련 대외통상성 산하 소련해외자산총국 명의로 임시인위와 체결할 것을 요구하였다.[245] 이러한 사례는 공산 측이 북인위의 지위를 놓고 미국 측에 빌미를 제공하지 않으려는 데 신경을 크게 썼음을 알 수 있다.

면·리인민위원회 선거

북인위 수립 후 공산 측은 1946년 9월 5일 선거 규정대로 기층 단위의 인민위원회 선거 실시를 준비하였다. 예정대로라면, 도·시·군·면·리(동) 선거 모두 동시 실시가 예정되었으나 역량이 미치지 못한 관계로 앞선 도시군인민위원회 선거가 먼저 진행되고 면·리(동) 선거는 미뤄졌다. 이에 따라 면·리(동) 인민위원회는 여전히 '임시적' 성격에서 벗어나지 못했다.

1947년 1월 7일 임시인위는 '북조선 면 및 리(동) 인민위원회 위원 선거에 관한 규정'을 공표하여 면과 리(동) 선거 준비에 박차를 가하였다. 리(동)인민위원 선거는 2월 24~25일에, 면인민위원 선거를 3월 5일에 실시하기로 결정하였다.

북한 지도부는 면·리(동) 인민위원 선거 실시 이유를 '하부 말단기구는 건전치 못한 채 그대로 남아 있게' 되고 '상부의 옳은 정책, 옳은 지시가 하부에 와서 완전히 완수하지 못하거나 또는 제대로 완수하지 못하는' 경우가 적지 않은 상황과 연관지었다.[246] 이와 함께 선거를 통해 하부기구에 남아 있는 반동분자·

---

[244] "말리크가 몰로토프에게. 북조선 임시인위와 경제협정 체결 및 서명 권한 문제에 대하여 (1947.2.18.)." ABПP, ф. 06, оп. 9, п. 59, д. 884, л. 2.

[245] 위의 문서, л. 2-3.

[246] "面里[洞]人民委員 選擧에 際하여." 『로동신문』, 1947년 1월 9일.

370   북한 국가의 형성과 소련

관료주의분자 · 태공(怠工)분자 등 '이색분자'들을 적발하고 중앙의 지시를 정확하게 말단까지 전달할 것을 요구하였다.[247] 하지만 전체적으로 북인위에서 리인민위원회에 이르는 전체 정권기관의 적법성을 획득하여 권력의 정당성을 강화하려는 목적이 깔려 있었다.

면 · 리인민위원회 선거는 앞서의 도시군인민위원회 선거와 비교하여 다음과 같은 차이점을 지녔다. 첫째, 면인민위원회 위원후보 추천 방식은 리(동)선거자들의 총회에서 군중적으로 추천하거나 '조선 임시인민위원회에 등록된 일체 민주주의 정당 · 사회단체' 즉, 북조선민전에 부여되었다. 후보 추천은 북조선민전의 추천 이외에 선거자(유권자)들에게도 권한이 행사되도록 하는 두 가지 방식을 취한 것이다. 둘째, 리(동)인민위원회 위원후보는 선거 당일 선거자 총회에서 추천을 받는 방식을 취했다. 추천된 후보들에 대해 선거자들의 찬성 혹은 반대 토론을 거쳐 후보자 명부에 잔류 여부를 다수결로 결정하도록 하였다. 셋째, 면 · 리선거 모두 흑백함 투표 방식을 유지하되, 이에 더하여 리선거에서 선거자가 문맹이 아닌 경우 후보자의 이름을 기입된 선거표를 투표함에 넣도록 하였다.[248] 처음 로마넨코는 리(동) 인민위원회 선거를 공개투표로 진행하자고 제안했지만 슈티코프의 반대로 무산되었다.[249]

면인민위원 선거에서 각 구선거위원회는 선거 15일 전부터 라디오와 출판물 등을 통해 등록된 후보자의 이력에 대해 광고하도록 하였고, 마찬가지로 후보자들에 대한 선전의 자유가 보장되었다.[250] 리(동)인민위원선거에서는 선거 10일 전부터 리(동)선거위원회가 매일 선거장소와 선거일을 의무적으로 매일 광고하도록 하였다. 면 · 리선거에서 투표권 박탈자 수는 친일분자 420명, 정신병자(금치산자) 4,246명, 피심리자 및 피기소자 7명으로 도합 4,673명이었다.[251] 앞선

---

[247] "崔容達, 北朝鮮 面 및 理(洞) 人民委員會 委員選擧에 關한 規定草案에 대한 報告." 『北韓關係史料集 XI』, 1991, 571쪽.

[248] 위의 책, 572쪽.

[249] 〈슈티코프 일기〉 1946.12.24.

[250] "北朝鮮 面및里(洞)人民委員會委員 選擧에 關한 規定의 件." 『北朝鮮法令集』, 33쪽.

도시군인민위원회 선거와 비슷한 수치이다.

선거일은 일요일을 피해 화요일(2월 25일)과 3월 5일(수요일)로 정해졌다. 도시군인민위원회 선거가 일요일 선거로 인해 기독교계의 반발을 샀던 전례를 피하고자 일부러 평일을 선거일로 택했다고 볼 수 있다.

2월 25일 북한 내 9,655개 리 가운데 9,642개에서 리(동)인민위원 선거가 시행되었다. 섬 지방에 위치한 평안북도 내 10개 리와 황해도내 3개 리는 통신이 원활치 못한 관계로 선거가 실시되지 못했다. 리인민위원 후보자추천은 바로 전날인 24일에 진행된 각 계층 유권자 총회에서 이루어졌다.[252] 추천된 후보자들에 대해서 찬성 혹은 반대 토론이 진행되었고, 매 후보자를 후보자명부에 둘 것인지 여부는 거수에 의해 다수결로 결정하였다. 리선거위원장은 그날 또는 다음날 후보자에 대한 투표 시행을 공포하였다. 투표방법은 앞서 언급한대로 흑백투표 방식으로 치러졌다. 특이한 점은 리(동)인민위원 선거에서는 '투표하는 동작이 보이지 않게 하기 위하여' 투표함을 병풍으로 막도록 하였다.[253] 다른 선거 규정에는 없는 조항이었다. 리(동)인민위원 수는 인구 1,000명 미만인 리(동)에는 5명, 1,000명 이상 리(동)에는 7명으로 정해졌다. 피선된 인민위원은 최고투표수를 받은 순서대로 결정되었다.

선거규정에 따라 리인민위원은 53,314명을 선출하도록 되어 있었는데, 선거자총회에서는 56,624명의 후보가 출마하였다.[254] 3,310명의 후보가 낙선하였는데, 이는 앞선 도시군인민위원회 선거에 비해 월등히 비율이 높았다. 그럼에도 리(동)인민위원 후보자가 선거자 총회의 추천에 의해 선출된 것에 비추어 보면 후보자 난립을 지양하는 지침이 있었음이 틀림없다. 선출된 리인민위원에 대한 찬성이 86.63%, 반대가 13.37%로 도시군인민위원회 선거와 차이를 보인 것은

---

[251] "북조선 정치 · 경제 상황에 관한 보고(1947.5).", АВПР, ф. 0480, оп. 3, п. 4, д. 9, л. 6.

[252] "이그나티예프. 북조선 리인민위원회 선거결과 보고(1947.3.22.)." ЦАМО Ф. УСГАСК, оп. 106546, д. 10, л. 240.

[253] "北朝鮮 面및里(洞)人民委員會委員 選擧에 關한 規定의 件." 『北朝鮮法令集』, 35쪽.

[254] "북조선리인민위원회 선거 결과(1947.3.3.)." ЦАМО, ф. 172, оп. 614631, д. 19, л. 127.

낙선한 후보들이 받은 표 때문이었다. 리인민위원회 선거 과정에서도 반대세력의 반발이 있었다. 소련군 당국의 보고에 의하면, 일부 상인 및 민주당원, 개신교 신자 그리고 이전 지주 가운데서 주로 유인물 배포 방식으로 선거에 대한 저항이 일어났다. 그러나 이들의 행동은 선거 과정에 별다른 영향을 끼치지는 못했다.[255]

〈표 4-13〉 면 · 리선거의 결과

	면인민위원회	리인민위위원회
참여유권자수(총유권자 수 대비)	3,766,525(99.98%)	3,853,684(99.58%)
입후보자 수	13,649	56,624
당선자 수	13,444(여성 1,986)	53,314(여성 7,049)
낙선자 수	205	3,310
선출된 후보에 찬성투표 비율	96.2%	86.63%
선출된 인민위원회 수	799	9,642

〈출처〉 "인민위원회 선거(1947.3.5.)." "인민위원회 선거(1947.2.25.)." ЦАМО, ф. 19, оп. 560, д. 8, л. 47-48.

3월 5일에는 면인민위원회 선거가 실시되었다. 면인민위원회 위원은 도합 13,462개 선거구에서 1명씩 선출하도록 예정되었다. 후보자는 총 13,717명이 등록하였지만 이 가운데 68명이 선거 전날까지 후보 등록을 취소하여 13,649명이 출마하였다. 187개 선거구에서 복수후보가 출마하였다.[256] 선거 결과 모두 13,444명이 선출되었고, 205명이 낙선하였다. 예상 선출자 13,462명에서 18명이 부족한 것은 18개 선거구에서 24명의 후보가 과반수 득표를 얻지 못해 낙선하였기 때문이다.

인민위원회의 정당별 · 사회성분별 구성은 이전과 비교하여 눈에 띄는 변화를 보여 주고 있다. 이에 대한 통계는 다음 〈표 4-14〉에서 살펴볼 수 있다.

255) "치스차코프 · 레베데프가 메레츠코프 · 슈티코프에게. 북조선 리인민위원회 선거결과(1947.3.3.)." ЦАМО Ф. 142, оп. 540934с, д. 2, л. 244.
256) "이그나티예프. 북조선 면인민위원회 선거결과 보고(1947.3.22.)." ЦАМО Ф. УСГАСК, оп. 106546, д. 10, л. 249.

〈표 4-14〉 북조선 면·리인민위원회 위원 통계(괄호 안은 비율)

		면인민위원회	리인민위원회	계
인민위원회 위원 총원		13,444	53,314	66,758
정당별	북로당	7,501(55.8)	32,011(60.05)	39,512(59.1)
	민주당	1,122(8.30)	3,962(7.43)	5,084(7.7)
	청우당	900(6.80)	2,577(4.83)	3,477(5.2)
	무소속	3,921(29.1)	14,764(27.69)	18,685(28.0)
사회성분별	노동자	1,121(8.3)	2,508(4.7)	3,629(5.4)
	농민	7,795(58.0)	46,245(86.74)	54,040(80.9)
	사무원	3,901(29.1)	3,681(6.9)	7,582(11.4)
	상인	228(1.7)	493(0.93)	721(1.1)
	기업가	48(0.3)	129(0.24)	177(0.3)
	인텔리	310(2.3)	174(0.32)	484(0.7)
	종교인	40(0.3)	67(0.13)	107(0.2)
	전(前)지주	1(-)	17(0.04)	18(0.01)
성별	남성	11,458(87.46)	46,265(86.80)	57,723(86.5)
	여성	1,986(12.54)	7,049(13.20)	9,035(13.5)

〈출처〉 "인민위원회 선거(1947.3.5.)." "인민위원회 선거(1947.2.25.)." ЦАМО, ф. 19, оп. 560, д. 8, л. 47-48.

면·리 선거가 도시군인민위원회 선거에 비해 가장 눈에 띄는 것은 무소속의 급격한 축소된 가운데 북로당의 도약이었다. 도시군인민위원회 선거에서 북로당원 비율이 30%에 머물렀던 데 반해 면·리선거에서는 거의 60%에 이를 정도로 배가되었다.[257] 이 같은 확장은 북로당 합당 후 급격한 당원 확충과 관련이 있는 것으로만 설명할 수가 없다. 그것은 북로당의 독점적 지위를 확립하는 과정과 궤를 같이한다고 말할 수 있다. 반면 민주당과 청우당의 비중은 앞선 선거에 비해 확연히 낮아졌다. 하부지역으로 갈수록 이 두 정당의 조직력이 미흡한 데 주된 원인이 있기는 하지만 이 또한 북로당의 압도적 영향력에 기인한 바가 크다고 할 수 있다.

면·리선거가 완료됨으로써 북한 정권기관은 아래에서 위에 이르기까지 적

---

[257] 반면 북한 지도부는 일부 지역에서 북로당 후보자들을 부적당하게 세워 모두 18개 선거구에서 낙선자가 나왔다고 지적하기도 했다. "북조선 면리(동)인민위원회 위원 선거사업에 관하여(북조선로동당 중앙상무위원회 제27차회의 결정서 1947년 3월 10일)." 조선로동당 중앙위원회, 『결정집(1946.9~1948.3 북조선로동당 중앙상무위원회)』, 161쪽.

법성을 갖추게 되었다. 1945년 10월에 계획된 선거 절차는 준비 과정의 미흡과 한반도 정세의 영향으로 미루어지다가 1947년 3월에야 비로소 법적 정당성을 획득하게 된 것이다. 〈표 4-15〉에 나타난 바와 같이, 1946년 11월 도시군인민위원회 선거와 면·리 선거를 통해 설치된 각급 인민위원회의 총수는 10,548개이며, 선출된 인민위원은 도합 70,217명이었다.

〈표 4-15〉 북조선 각급 인민위원회와 인민위원 수(1947.3)

단위	인민위원회 수	인민위원 수
도인민위원회	6	462
시인민위원회	12	267
군인민위원회	89	2,720
면인민위원회	799	13,444
리인민위원회	9,642	53,314
총계	10,548	70,217

〈출처〉 "북조선 정치·경제 상황에 관한 보고(1947.9.27)." АВПР, ф. 0480, оп. 3, п. 4, д. 10, л. 8.

1만개가 넘는 인민위원회와 7만여 명의 인민위원은 북한 사회의 상·하층에서 권력 집행자로서의 기능과 역할을 수행하였다. 공산 측 입장에서 이러한 권력 수립 절차는 원칙적으로 향후 수립된 조선 임시정부의 하부구조에도 그대로 적용되어야 했다. 공산 측이 인민위원회를 한반도 권력구조의 모델로 간주한 것이 이 기관이 해방 직후 인민의 주도에 의해 자발적으로 탄생하였을 뿐 아니라 전적으로 새로운 민주적 통치형태라는 인식을 반복적으로 재생산했기 때문이다.[258] 이 같은 구조를 정착시키기 위해 각종 교육을 통한 조직적 강화 조치도 연이어 취해졌다. 이를테면, 1947년 5월에는 군·면 인민위원회 위원장과 부위원장, 리인민위원회 위원장을 대상으로 20~30일간의 단기 강습을 조직하여 인민위원회 지도 간부들의 정치·실무적 수준을 향상시키려고 힘썼다.[259] 이처

[258] "북조선 정치·경제 상황에 관한 보고(1947.5)." АВПР, ф. 0480, оп. 3, п. 4, д. 9, л. 10. 당시 소련군 당국은 인민위원회의 위상에 대한 그 같은 인식을 지속적으로 공유하였다.

럼 상하부에 이르는 북한 정권기관의 토대로서 1948년 9월 북한 정부 수립을
떠받치는 세력이 체계적으로 육성된 것이다.

259) "북조선 정치·경제 상황에 관한 보고(1947.5)." АВПР, ф. 0480, оп. 3, п. 4, д. 9, л. 34.

내부 체계의 정비와
제2차 미·소 협상

내부 체계의 정비와 제2차 미·소 협상

1. 내부 지도체계의 상호관계와 개편

남북 좌파세력의 상호작용

남한의 상황은 북한과는 극명한 대조를 이루었다. 모스크바 3상회의 이후 좌우세력은 '모스크바 결정 지지'와 '신탁통치 반대'라는 대조적인 슬로건을 각각 내걸고 치열한 대립과 투쟁을 전개하였다. 좌우대립의 이면에는 좌익세력에 대한 미군정의 탄압과 이에 대한 좌익의 저항이라는 실제 상황이 놓여 있었다. 노동자·농민의 투쟁을 지도해온 조선공산당은 수세적 입지에서 벗어나 정국의 반전을 꾀하기 위해 지속적인 투쟁을 시도하였다. 그러나 박헌영 지도부의 활동은 투쟁의 목표를 달성하는 데 효율적이지도 조직적이지도 못했다. 미군정의 탄압이 워낙 혹독한데다가 좌파 내부도 통일적 역량을 발휘하지 못했기 때문이다. 이러한 상황에서 조선공산당은 북한과 소련의 지원을 받지 않을 수 없었다.

해방 후 소련을 '사회주의 모국'으로 간주해온 조선 공산주의자들이 소련을 '지향한 것은 새삼스러운 일이 아니었다. 일제 시기 이래로 그들은 사회주의 모국으로서 소련의 권위를 인정하였고, 자신들의 활동에 대한 지도적 자문을 구하는 데 주저하지 않았다. 해방 후 남한 좌익세력의 대표인 조선공산당의 활동 경로도 여기에서 벗어나지 않았음은 이미 살펴본 바 있다. 소비에트의 각종 제도를 배우고 이를 조선에 적용하려는 의지는 그들의 일치된 바람이었다. 여기에는 당연히 정치전략적인 활동과 투쟁영역에서도 마찬가지였다. 일찍부터 조선 좌파 내부의 파벌들이 자기 입장의 정당성을 입증하고자 앞을 다투어 평양을 찾아간 것은 이를 입증해 주는 것이었다.

박헌영의 조선공산당은 평양의 소련군 사령부와 주서울 소련 총영사관 등 소련 측과 긴밀한 연계를 맺으면서 활동하였다. 그는 자주 자신의 사업에 대해 소련 측의 지도를 구하였고, 여기에 슈티코프 지도부는 적절한 방안을 제시하거나 중대한 문제의 경우 모스크바에 답변을 요청하기도 하였다. 때로 스탈린은 이에 대해 직접 지시를 전달하기도 했다.[1] 이러한 점은 조선공산당이 미군정의 탄압과 활동상의 제약을 받고 있던 환경에서 공산 측의 우세를 확보하기 위한 일련의 정책적 협력과 더불어 필수적인 일이었을 것이다. 일찍이 슈티코프는 1946년 3~12월 기간에 소요되는 1천 550만 원 상당의 재정적 지원을 조선공산당 중앙위원회에 제공해 주는 것에 대해 지지를 표명하면서 모스크바 지도부에 재가를 요청하였다.[2] 소련 무력성 부상 불가닌은 이 비용을 소련 재정성의 특별펀드에서 배정할 것을 몰로토프 외무상에게 제의하였다. 슈티코프가 자신의 일기에 박헌영에 대한 재정 지원뿐 아니라 남쪽 정세의 기술에 할애한 비중을 보면 소련이 남쪽 혁명에 얼마나 전략적 관심을 가졌는지 확인해 주고도 남는다.

1946년 가을로 접어들면서 남한에서는 좌파세력들이 미군정의 정책을 전면적으로 반대하는 본격적인 투쟁이 시작되었다. 같은 해 7월 이미 조선공산당은 미군정에 대한 우호정책을 철회하고 전면적인 반대운동을 표방한 신전술을 채택한 바 있었다. 공산당이 지도한 9월 총파업은 남한 내 철도, 운수, 출판, 전신 등 각 부문의 노동자 수만 명이 참여한 대규모 투쟁으로 타올랐다. 이어서 10월에 들어

---

[1] 〈슈티코프 일기〉 1946.9.24.

[2] "쉬킨이 불가닌에게(1946.3.28.)." ЦАМО Ф. 32, оп. 11473, д. 45, л. 124; "불가닌이 몰로토프에게(1946.3)." ЦАМО Ф. 32, оп. 11473, д. 45, л. 125.

서 대구에서는 식량배급을 요구하는 시위가 대규모 폭동으로 번지게 되었다. 10월 '대구폭동'은 12월까지 거의 전국을 휩쓴 사태로 전환되었다. 이들 파업과 시위는 미군정과 경찰, 우익단체의 적극적인 진압으로 움츠러들기는 했지만 이미 세력 간 대립이 평화적으로 해결될 수 없는 단계로 나아갔음을 보여 주었다.

박헌영의 조선공산당 지도부는 남한의 사태 발전에 대한 소련 측의 자문과 지도를 구하였다. 1946년 9월 총파업이 시작되기 전 박헌영은 슈티코프에게 당이 사회단체들을 어떻게 지도해야 하는지 문의하였는데,[3] 이를 염두에 둔 슈티코프는 9월 11일 평양 주재 소련군 정치부서장 회의에서 레베데프와 로마넨코에게 남조선의 상황과 지원 대책, 그리고 향후 조치를 묻고서 테러와 압제에 반대하는 항의집회를 조직하고 해당 조치에 대해 자문해 줄 것을 지시하였다. 9월 총파업이 확산된 26일에는 민주주의민족통일전선이 공산당 지도부에 대한 체포 명령 취소, 좌파의 석방, 테러 중지를 요구하도록 하였다. 그러나 남로당의 전면 투쟁은 그 효과보다는 미군정의 탄압을 받아 더욱 수세에 빠질 수밖에 없었다.

슈티코프는 체포 등의 어려움에 빠진 조선공산당 지도부를 구할 대책을 조언하고 나섰다. 그는 조선공산당 중앙위원회에 다음과 같이 권고하였다.[4] 우선 박헌영이 이끄는 조선공산당 중앙위원회 위원들을 탄압이 끝날 때까지 임시로 북조선으로 이동하여 비합법 상태를 유지하고, 조선공산당 중앙위원회 지도부의 소재지를 38도선 지역에 두고 남조선과의 연계를 갖도록 하였다. 또 체포 위험에 처하지 않은 조선공산당의 조직과 남은 중앙위원회 위원들은 가능한 한 합법적 상태를 유지하고, 남조선에서 합법적으로 당 조직들을 지도하는 공산당 중앙위에 직속된 조직국을 창설하도록 요구하였다.

계속해서 슈티코프는 비합법적으로 남조선에 배포되는 조선공산당 중앙위 기관지를 북조선에서 발행하게 하고, 남조선 좌파3당 합당, 즉 남로당 결성 문제는 남한 정세가 분명해진 후에 결정하도록 하였다. 그런데 북로당 결성과 동

---

3) 〈슈티코프 일기〉 1946.9.9.

4) "슈티코프. 남조선 공산당, 신민당, 인민당의 노동당으로의 합당 과정에 관한 보고." ЦАМО, ф. 172, оп. 614631, д. 25, л. 172.

시에 예정된 남로당의 조직이 지연된 것은 남조선 좌파의 분열이 주된 이유였다. 박헌영은 장안파 계열을 비롯한 여운형, 백남운 등 상당수 좌파계열로부터 지도적 중심으로 인정받지 못하고 있었다. 심지어 강진은 박헌영 지도부의 '분열 행위'를 통렬히 비판하는 긴 편지를 써서 소련군 지도부에 보내기도 하였다. 그는 소련과 북측 동지들이 박헌영을 배타적으로 지지하는 것을 슬픈 현상으로 지적했다.[5]

남한에서 벌어진 격렬한 투쟁의 와중에서 박헌영은 위험을 무릅쓰고 남에서 활동하는 것보다 북쪽으로 피신하는 길을 택하였다. 그는 1946년 9월 말 산을 타고 헤매다가 10월 6일 관 속에 들어간 상태에서 북한에 도착하였다.[6] 그의 월북은 단순히 조선공산당 당수의 피신이 아니었다. 그것은 남한 혁명운동의 지휘부가 북쪽으로 이동한 것이었다. 이후 소련군 당국과 북로당 지도부는 박헌영이 북한 내에서 남쪽 혁명의 지도 활동을 수행할 수 있도록 여러 가지 조건들을 마련해 주었다. 해주에는 조선공산당(남로당)의 지도 거점이 형성되어 남한 좌파 지도부의 활동이 개시되었다. 여기서는 또한 『인민의 벗』, 『민주조선』, 『노력자』 등 각종 좌익 출판물들이 만들어서 육로와 배편으로 서울로 밀송, 배포되었다.

소련과 김일성 측이 통일전선 대상으로 가장 중요시한 인물은 역시 여운형이었다. 공산 측은 남한 좌파정당의 합당 시 그를 통합 남로당의 당수로 천거하였다. 그러나 제1차 미소공위 결렬 후 여운형은 공산 측이 미군정의 좌파 분열 정책의 일환으로 간주한 좌우합작운동에 매진하였다. 이를테면, 연해주군관구 정치국장 N. 소르킨은 미군정 장관 아놀드가 1946년 8월경 미국이 3당 합당을 허용하지 않을 것이며, 여운형에게 미국 편을 들을 것을 주문했다고 하면서 그의 행동에 동요가 나타나고 있다고 하였다.[7] 이에 따라 소르킨은 북조선 민주주의정당 지도자들의 명의로 여운형에게 서한을 보내 향후 남조선 좌파정당들

---

[5] "알렉세예프가 샤닌에게. 강진의 서신(1946.9.30.)." ЦАМО, ф. 172,оп. 614631, д. 18, л. 24.
[6] 〈슈티코프 일기〉, 1946.10.7.
[7] "샤틸로프가 쥬다노프에게(1946.8.26)." РГАСПИ, ф. 17, оп. 128, д. 205, л. 132.

의 합동 문제에서 견고한 노선을 수행할 것을 요구하고, 이 서한이 그에게 영향을 미치지 못할 경우 그를 대신하여 허헌을 통합당의 당수로 대신할 것을 제의하였다.[8] 그러나 공산 측은 소르킨의 이 제의를 곧바로 수용하지 않고 여운형을 설득하기 위해 9월 하순 평양으로 그를 불렀다.

체류 기간 여운형은 김일성과 김두봉 등 북측 지도자와 로마넨코 등 소련군 지도부를 만나 주요 현안들을 논의하였다. 이들 대담에서 여운형은 ①남한 좌파정당 합당 추진 과정에서 빚어진 자신과 박헌영의 갈등, 미국 측의 탄압으로 탄생되는 노동당이 지하로 들어갈 수밖에 없는 상황에도 3당 합당을 완수할 것임, ②박헌영과 북측의 반대로 인해 좌우합작사업이 정체에 빠지고 결과적으로 결렬되었으나 미소공위가 조속히 재개되어 좌우합작사업도 힘을 얻어야 함, ③미국 측이 창설할 남조선 입법의원에 좌익세력이 참여하여 싸워야 함, ④국제무대에서 소련이 고립되어 소수파로 남게 되면 김구 혹은 이승만 정부가 수립될 수 있을 것 등을 내용으로 하는 자신의 입장을 표명하였다.[9]

여운형의 이러한 주장에도 불구하고 소련 측은 세력별로 각기 다른 입장을 보인 남쪽의 좌우합작운동을 저지하고, 좌파의 분열을 가져온 3당의 합당을 잠시 중단하는 결정을 내렸다.[10] 슈티코프가 조선공산당과 박헌영의 '전횡'에 대한 여운형의 불만을 전해 듣고 그에게 어떠한 답변을 주어야 하는지 스탈린에게 문의한 결과였다. 다만 슈티코프는 소련이 언제든지 미소공위를 재개할 준비가 되어 있음을 여운형에게 전달하도록 하였다.

김일성은 여운형의 주장 가운데 좌파의 남조선입법의원 참여에 대해 이견을 제시하였다. 그는 미국의 입법기관 창설 시도를 임시정부 수립으로부터 인민의 관심을 돌리고 조선을 영구적으로 분할하려는 것으로 간주하였다.[11] 동시에 소련 없이는 어떠한 국제 문제도, 조선 문제도 해결될 수 없다는 견해를 내세움으

8) 위의 문서, л. 133.
9) "로마넨코가 슈티코프에게(1946.9.28.)." ЦАМО, ф. 379,оп. 532092, д. 2, л. 63-68.
10) 〈슈티코프 일기〉 1946.9.26.
11) "로마넨코가 슈티코프에게(1946.9.28.)." ЦАМО, ф. 379,оп. 532092, д. 2, л. 67.

로써 여운형의 우려를 일축하였다. 하지만 결과적으로 제2차 미소공위 결렬 후 미국이 한국문제를 유엔으로 이전함으로써 한반도 분단이 결정된 것을 볼 때 여운형의 예측이 현실이 되었다고 볼 수 있다.

여운형이 박헌영에 대한 불편한 심경을 표현했음에도 불구하고 김일성은 남 조선민주주의민족전선이 박헌영의 체포령을 조속히 취소할 것을 미군정에 요구 할 것을 제기함으로써 박헌영의 수배로 인한 남쪽 좌파 역량의 약화에 대해 우 려하였다. 물론 여운형과 남조선신민당 당수 백남운, '대회파 공산당' 책임비서 강진 등은 노골적으로 공산당의 정책에 반발하고 박헌영에 대한 불신을 거두지 않았다. 그런 가운데 10월 초 미군정 특사 아더 번스(Arthur C. Bunce)가 평양에 와서 이승만과 김구에 대해 호의를 표명했을 때 '여운형으로 타협을 보는 것이 좋겠다'고 슈티코프가 일기에 기록한 것을 보면 여운형에 대한 기대는 여전히 지속되고 있음을 알 수 있다.[12]

10월 중순 공산 측의 요구에도 불구하고 여운형은 남쪽 좌파3당 합당에 가담 하는 대신 강진, 백남운과 함께 사회노동당을 결성하였다. 이에 김일성은 여운 형이 '대중을 기만했다'고 비난하였고, 평양에 온 조선공산당 중앙위원 조두원 은 조선공산당이 그와 결별하는 것이 필요한지 여부를 문의하였다.[13] 그러나 슈티코프는 여운형에 대해 비판은 하되 '과격하지 않게' 하도록 하였다. 그 자신 의 위치에서 의도 여부와는 관계없이 좌익세력 내부의 갈등 조정자로서 역할을 수행한 것이다.

1946년 '10월항쟁' 직후 조선노동조합전국평의회(전평) 위원장 허성택(許成 澤)이 북쪽의 도움을 얻기 위해 평양에 도착하였다. 그는 이그나티예프와의 면 담에서 남쪽의 노동운동 지도자들이 경찰에 알려져 있기 때문에 공개적으로 활 동하기 어렵고, 그에 따라 북쪽에서 새로운 인물들을 파견해줄 것을 요청하였 다.[14] 북으로부터의 요원 파견은 북쪽의 일방적인 조치가 아닌 남북 공산 측의

---

12) 〈슈티코프 일기〉 1946.10.3.
13) 〈슈티코프 일기〉 1946.10.21.

공조에 따른 것이었다. 허성택은 여운형이 좌우합작과 입법기관 참여에 대해 북으로부터 동의를 받았다고 한 데 대해 비난하였고, 남로당 합당 반대파인 강진 등이 파업을 사실상 방해했다고 불만을 표시하였다.[15] 이처럼 남쪽 좌파 내부의 불협화음은 계속 이어졌고, 북의 공산 측은 남쪽 좌파들의 투쟁과 갈등을 조정하고 모종의 지침을 제시해야 하는 위치에 있었다.

궁지에 처한 조선공산당(남로당)은 자신의 모든 사업을 책임지도록 요구받지는 않았다. 슈티코프는 북로당과 남조선민전과의 보다 견고한 관계를 확립할 것을 요구하는 등 그 임무의 일부는 북로당에게도 나누어 갖도록 하였다.[16] 남쪽 3당합당에 반발하여 여운형 등이 결성한 사회노동당이 북로당의 비판을 견디지 못하고 얼마 안 가 해체를 선언한 것은 하나의 실례에 불과하다. 11월 16일 북로당 지도부는 좌익정당의 분열에 대해 강진과 백남운에게 책임을 물으면서 그들의 행위를 비난하는 결정서를 채택하였다.[17] 이는 남쪽 혁명운동에 대한 북쪽 지도부의 역할이 단순한 여러 세력을 지원하는 것을 넘어서 남한의 변혁운동을 통해 전 한반도 차원의 좌익 헤게모니를 추구하였다는 것을 입증하고 있다.

물론 이러한 상황은 좌파의 대남활동에 긴밀히 개입한 소련군 지도부에 의해 가능한 측면이 있었다. 이를 테면, 나중에 레베데프는 남민전의 분열을 막기 위해 여운형과 강진 등이 남민전에 남아 있도록 허용할 것이라고 하였다.[18] 남북 노동당 지도부라면 처리하는 데 복잡해질 수 있는 이들 인사들을 놓고 확고한 방침을 정했다고 볼 수 있다.

---

14) "이그나티예프가 메레츠코프·슈티코프에게. 허성택과의 대담." ЦАМО, ф. 142, оп. 540935, д. 1, л. 121.

15) 위의 문서.

16) "슈티코프. 남조선 공산당, 신민당, 인민당의 노동당으로의 합당 과정에 관한 보고." ЦАМО, ф. 172, оп. 614631, д. 25, л. 173.

17) "남조선 『사회로동당』에 관하여(북조선로동당 중앙상무위원회 제11차회의 결정서 1946 11월 16일)." 조선로동당 중앙위원회, 『결정집(1946.9~1948.3 북조선로동당 중앙상무위원회)』, 52~53쪽. 이 결정서에서 여운형의 이름은 언급되지 않았다.

18) "로마넨코가 슈티코프에게. 남조선 정세에 대한 정보자료(1947.1.17.)." ЦАМО, ф. 172, оп. 614632 д. 33, л. 9.

소련 민정 조직의 확장과 북·소 간 공조

제2차 세계대전 이후 유럽에서의 미·소관계가 점차 경색되면서 한반도에도 그러한 분위기가 뚜렷이 감지되었다. 특히 미국의 대소 봉쇄정책은 1947년에 들어와 실제 정책으로 구현되기 시작하였다.[19] 다만 1947년 미·소관계는 한쪽에서는 격한 대립이, 다른 한쪽에서는 협상을 통한 해결이 공존하던 시기였다. 한반도 문제는 관련 세력들 간의 복잡한 이해관계로 인해 해결이 불투명하였지만 소련이 미국과 실현 불가능한 협상에 매달린 것은 아니었다.

1947년 1월 소련군은 각급 군의 군사회의를 사령관 산하의 자문기관으로 개편하면서 군사회의의 기능을 분산시켰다. 이에 따라 슈티코프의 직책은 연해주 군관구 군사회의 위원에서 군관구 정치담당부사령관으로 변동되었다. 그해 6월에는 연해주군관구 사령관 메레츠코프가 모스크바군관구 사령관으로 전출되면서 S. S. 비류조프 상장이 연해주군관구 새 사령관으로 취임하였다. 오랜 기간 동안 슈티코프와의 긴밀한 관계에서 알 수 있듯이 메레츠코프는 슈티코프의 업무에 간섭하지 않았을 뿐더러 그의 활동을 전폭 지지하였고 자신은 군 업무에 충실했었다.

그런데 신임 사령관 비류조프는 슈티코프가 담당하는 정치사업에 대해 전임자보다 더욱 관심을 기울인 듯하였다. 그는 조선의 정치사업에 대한 슈티코프의 '전횡'에 불만을 표시하면서 '앞으로 조선에 대한 모든 지시는 나를 거쳐야 한다고 슈티코프 동지에게 전할' 것을 하부에 통고하였다.[20] 그렇지만 그러한 마찰은 크게 확산되지 않았다. 그것은 슈티코프의 업무 스타일과 관련이 있을 것이다. 레베데프에 따르면, 그는 어떤 문제를 결정할 때 항상 다른 사람들의 의견을 경청하고, 만일 다른 의견이 보다 합리적일 경우 자신의 지시를 취소할 줄도 알았다고 한다.[21]

[19] 베른트 슈퇴버/최승환 옮김, 『냉전이란 무엇인가. 극단의 시대 1945~1991』, 서울: 역사비평사, 2008, 47쪽.
[20] 〈레베데프 일기〉, 1948.4.9.

소련의 북한 지도부에 대한 영향력 행사는 크게 정치와 경제 · 사회 부문으로 나누어 판단해 볼 수 있다. 소련의 주요 정책에 대해 정치적 사안은 당정치국 결정으로, 경제 · 사회 정책과 관련된 문제는 내각회의 결정으로 나오는 경우가 많았다. 앞서 살펴보았듯이, 한반도 문제에 대한 당 정치국과 내각회의 결정초안의 상당 부분이 슈티코프의 명의로 작성되었다. 이는 그가 대한반도 정책의 최고 책임자임을 재차 보여 주는 것이며, 중대한 정책 결정에 자신의 의사가 투영될 여지를 부여한 것이기도 하다.

소련 민정기관(민정부)은 연해주군관구 군사회의의 지도하에 인민위원회와 각 정당 · 사회단체들을 지도 · 감독, 지원하는 본연의 기능을 수행하였다. 1947년 5월 민정기관은 공식적으로 주북조선 소련 민정국[22]으로 개칭되었고, 조직 규모도 확대, 개편되었다. 이는 북한의 행정 · 경제 기구의 규모와 사업이 확대됨에 따른 조치였다. 한국어 명칭은 변함없이 '민정부'로 불렸으리라 추측되며, 대민 기관이 아니었기 때문에 그 존재나 활동에 대해서는 거의 일반에 공개하지 않았다. 따라서 당시 언론에서 민정국 관련 보도의 존재를 확인하기는 매우 어렵다.

민정국의 조직 규모는 총 13개 부서에 요원 수 74~80명으로 확대 · 보강되었다. 새로 취임한 민정국장은 25군 군사회의 위원을 역임한 레베데프 소장이었는데, 그는 일찍이 소련 군사정치아카데미를 졸업하고, 군부대 정치지도원 및 위원(코미사르), 사단 정치부장, 여러 군 교육기관의 지도원 등을 역임하면서 '정치적 경력'을 쌓은 인물이었다. 대독전쟁이 발발하자 키에프특별군관구 참모부에 있다가 대일전쟁 시 극동으로 배치되어 25군 군사회의 위원으로서 슈티코프를 보좌하여 대한정책 입안과 집행에 깊이 개입하였다.

민정국은 이전 민정기관을 확장하여 새로운 부서를 설치하였다. 정치담당부국장 직과 주민사업부의 신설은 인민위원회와 정당 · 사회단체에 대한 정치적

21) Освобождение Кореи. Воспоминания и статьи. М., 1976, с. 79.
22) 공식 명칭은 주북조선 소련민정국(Управление Советской гражданской администрации в Северной Корее) 이다. 민정국이란 명칭은 1946년 2월에도 사용되는 것으로 보아 소련군 당국은 초기부터 이 명칭을 혼용했을 것이다.

업무를 조직적으로 강화시키는 데 목적을 두었다. 북한 정치활동가들과의 실무적 접촉은 주민사업부의 주요 소관이었다. 정치담당부국장 이그나티에프는 총무부장을 겸직하면서 민정국의 전반적인 업무를 실무적으로 관장하는 위치에 서게 되었다. 간부부 설치는 북한의 정권기관, 정당과 사회단체의 간부 양성에 업무 비중을 높인 것을 의미하며, 행정경리부는 민정국의 조직적 운영을 체계화하기 위함이었다. 또한 제25군 정치부가 담당하던 북한 언론 매체에 대한 체계적인 통제와 지도를 위해 출판 지도부가 신설되었다.[23]

소련의 대한정책의 결정과 집행 구조에서 제기되는 문제 가운데 하나는 상·하부 정책 담당기관 간의 갈등과 대립이 존재했는가 여부일 것이다. 이는 남한의 미군정과 본국 정부 간의 '미묘한' 갈등이나 한국전쟁 시기 맥아더의 해임을 이끈 미국 정부와의 대립을 비교해 보면 소련은 어떠했을까. 결론적으로 말해서 대한정책을 두고 상하부 기구 간의 특별한 갈등 구조가 실재했다는 증거는 없다. 만일 그랬더라면 정책담당자의 직위 이동과 같은 변화가 있었을 텐데 이러한 사실을 찾기가 어렵기 때문이다.

각 정책 기구의 책임 성원들은 모두가 소련공산당 당원이었다. 당명의 준수를 생명처럼 여기는 공산당 체계에서, 또한 소비에트 이데올로기라는 단일 이념의 지도하에 유지되어 온 체제하에서 상하부 간 갈등적 요인은 크게 부각될 수 없었다. 다만 앞서 언급한 비류조프와 슈티코프의 예처럼 기구 내에서 개인적 갈등 양상이나 개별 정책과제에 대한 담당자들 간의 일부 의견 차이는 존재하였지만 그것이 확대될 수 없었던 것은 그들이 단일한 이념과 규율의 규제하에 있었기 때문이다.

슈티코프는 자신의 막강한 권한에도 불구하고 사업 방식에서 조선인 파트너의 견해와 입장에 배치되는 전횡적인 모습을 취했다는 흔적을 발견하기는 어렵다. 다양한 경로에서 보이듯이 그는 오히려 조선인들의 의견을 토대로 자신의 정책적 선택을 만들어 갔으며, 이들과 입장이 어긋난 사안들은 결정을 보류하거

---

23) 보다 상세한 민정국의 조직 현황에 대해서는 보론과 〈별표 1~2〉를 참조할 것.

나 보다 신중한 태도를 취했던 것이다. 그의 일기에 나타난 다음의 사실은 매우 시사적이다.

> 메레츠코프와 조선 산업의 계획과 그 발전에 대해 논의하였다. 그는 산업이 우리에게 유리한 쪽으로 발전해야 한다고 생각하고 있다. 나는 이에 동의하지 않는다. 슬라트콥스키는 북조선으로부터 목재와 비료를 공급하는 협정 체결에 관한 문제를 제기하였다. 나는 조선인 자신들도 부족하기 때문에 많은 비료를 가져가는 것에 반대하였다. 또한 나는 무역협정에 대해서도 슬라트콥스키와 동의하지 않았다. 조선인들을 속여서는 안 된다.[24]

사실 소련군 지도부 내에서 북한 통치를 둘러싼 이견이 없지는 않았다. 예를 들면, 치스차코프 후임으로 제25군사령관에 임명된 코로트코프는 1947년 9월경 소련 민정을 강화시켜 북한의 '경제·문화 등 모든 측면의 생활에서 구체적인 지도를 할 수 있도록 민정기관에 모든 기능을 부여'하려는 계획을 구상하기도 하였다.[25] 이것은 북한 인민위원회의 권한을 소련군이 가져가자는 발상이었다. 그러나 이 구상을 보고 받은 슈티코프와 레베데프는 이 구상의 작성자들을 맹렬히 비난하였다. 그들의 기본적인 사고는 남한의 미군정과는 달리 인민위원회의 권력을 강화시키고 소련군 당국이 점차 행정의 조언자로 머물러야 한다는 것이었다. 하지만 슈티코프가 모국의 이익을 침해해 가면서까지 조선의 상황과 입장을 고려한 것은 아니다. 그는 프롤레타리아 국제주의자 이전에 소련공산당에 충실한 '대리인'이라는 신분상의 한계에 있었던 것이다. 슈티코프로서는 개인적으로 북한 측 입장을 지지했을 지라도 본국의 정책을 거스를 권한과 힘을 발휘하기는 쉽지 않았다.

정세의 변화와 발전에 대한 소련과 북한 양측의 입장은 공통성과 차별성이 공존했다. 예를 들면, 1946년 11월 3일에 실시된 도시군인민위원회의 선거와 이듬해 2월 북조선 임시인민위원회에 '적법성'을 부여한 북조선인민위원회의 탄생

---

24) 〈슈티코프 일기〉 1946.12.18.
25) 〈레베데프 일기〉 1947.9.8.

은 북한과 소련 모두에게 북한의 '민주기지'를 강화시켜 전 한반도의 좌파 주도 권을 확보하기 위한 조치로 해석될 수 있다. 그러나 소련의 시각에서 이것은 자국의 이해관계를 굳건히 해주는 안전판의 구실을 할 수 있었다. 소련의 대한 반도-북한 정책에서 제1의 목표는 자국에 '우호적인' 정부 수립이었고, 그 정부 가 '반쪽'이라 하더라도 타협할 수 있는 것이었다. 반면 북한 측은 불가피하게 '반쪽'이 선택되더라도 이를 완전한 '하나'를 위한 과정으로서 바라보았다.

소련의 대한반도 정책은 '공세적'이라기보다는 방어적이고 현상유지적인 성 격을 가졌다고 볼 수 있다. 김일성 지도부의 입장에서 북한을 정치·경제적으 로 강화시키려는 주된 목적은 전 한반도에서 자신들이 원하는 통일정부를 수립 하는 것이었다. 그러나 소련은 북한 측의 이 목적을 충족시킬 만큼 충분한 지원 을 해주는 데 인색함을 보였다.

이에 대한 실례를 들어 보자. 1947년 5월 12일 슈티코프는 스탈린에게 소련 전 문가들을 파견시켜줄 것을 요청하였다. 앞서 슈티코프의 신청에 따라 스탈린은 1946년 12월 18일자 비밀전문을 통해 북한의 산업 및 철도운수를 복구·발전시키 는 데 북조선인민위원회를 지원하기 위해 소련 전문가 82명을 보내주겠다고 약속 하였다.[26] 그러나 이 약속은 소련 정부의 관할 부처들이 서로 책임을 떠넘기면서 몇 달이 지나도록 지켜지지 않았다. 슈티코프는 일본인 기술인력이 본국으로 떠 난 후 북한의 산업과 철도 운수 부문은 심각한 상황에 처해 있으며, 이 때문에 1947년도 1/4분기 계획이 제대로 수행되지 않았다고 하였다. 그는 미래 조선에서 소련의 입지와 영향력을 강화시키기 위해서라도 시급하게 기술자들을 북한에 파 견할 필요가 있음을 지적하면서 스탈린에게 다음과 같이 요청하고 있다.

북조선인민위원회는 기술자와 기사 문제의 해결에 도움을 줄 것을 여러 차 례 요청하고 있습니다. 그러나 지금까지 우리는 북조선인민위원회에 아무런 도 움도 주지 못하고 있습니다. 이 모든 상황은 북조선인민위원회 일꾼들 사이에

---

[26] 〈슈티코프 일기〉 1946.12.10; "메레츠코프와 슈티코프가 스탈린에게(1947.5.12.)." АПРФ, ф. 45, оп. 1, д. 346, л. 4.

자신들이 국유화된 공업과 교통수단을 관리할 수 있다는 사실에 점점 회의적인 태도를 갖게 하고 있습니다. 소련이나 기타 다른 외국의 전문가들의 도움이 없이는 북조선의 공업과 철도운수는 가동되지 못할 것입니다. 우리는 공업과 철도운수의 관리 활동을 개선하는 데서 북조선인민위원회에 도움을 주기 위한 것만이 아니라 장차 조선에서 소련의 입장과 영향력을 강화하기 위해서도 신속히 북조선으로 소련 기술 일꾼들을 파견하여야 할 것입니다.

만일 남북조선의 통일과 조선 임시정부의 창설 이전에 북조선으로 소련 전문가들이 파견되지 않는다면 조선 임시정부는 외국의 기술적 원조 없이는 일을 해나가는 것이 불가능한 상황이므로 조선에서의 활동을 위해 틀림없이 미국 기술자들을 초빙하려 할 것입니다. 조선에서 미국인들의 영향력이 강화되는 것은 우리의 국가적 이해에 커다란 손실이 될 것입니다. 이 때문에 북조선으로 소련 전문가들을 파견하는 문제를 신속히 해결해 줄 것을 귀하께 요청하는 바입니다.[27]

슈티코프의 지원 요청은 절박한 필요성을 담고 있었다. 그는 자주 미국의 영향력을 배제하기 위해서라도 소련의 적극적인 지원과 원조를 본국에 요구하였지만 본국의 반응은 미온적인 경우가 적지 않았다. 위의 제안에 대해 몰로토프는 스탈린에게 찬성 의견을 표했지만 스탈린은 '조선인들이 일하는 데 도와줄 수 있는 전문가 5~8명만을 파견하도록' 하였다. '우리는 조선의 내정에 깊이 개입할 가치가 없다'는 이유에서였다.[28] 스탈린의 이러한 표현은 다소 극단성을 띠고 있기는 하지만 아무튼 그는 소련의 전후 복구와 동유럽에 관심을 집중하고 있었고 자국의 여력이 부족한 상황에서 한반도 문제를 우선순위로 보지 않았다. 이 점이 바로 스탈린과 슈티코프 사이에 나타난 기본적인 입장 차이였다. 슈티코프는 가능한 정도에서 김일성 지도부의 요구를 만족시켜 주려는 노력을 기울인 데 반해 크렘린 측은 한정된 지원만을 제공하고자 하였다.

---

27) "메레츠코프와 슈티코프가 스탈린에게(1947.5.12.)." АПРФ, ф. 45, оп. 1, д. 346, л. 5-6.
28) 위의 문서, л. 4. 스탈린의 답변은 문서 위에 필사로 쓰여 있다. 『스탈린 선집』에도 동일한 답신이 나와 있다. "메레츠코프와 슈티코프의 암호전문에 대한 결정(1947년 5월 12일 이후)." И. Сталин. Сочинения 16(часть 1), Сентябрь 1945-Декабрь 1948. М., 2011, с. 516.

앞의 인용문에서 드러나듯이, 소련의 주된 정책 방향은 여전히 조선 임시정부 수립 방향에 맞춰져 있고, 미국과의 경쟁도 조선 임시정부에서의 우위를 확보하는 데 목표를 두었다는 점이다. 스탈린의 경우 분단정부 수립의 가능성도 마음속에 품었을 수 있으나 최소한 그것은 내부적으로도 표명하지 않은 것만은 분명하였다. 그렇다면 모스크바 지도부가 경제논리에 매달리고, 대 북한 지원에 적극성을 발휘하지 않았던 이유는 어디에 있을까. 단순히 전후복구에서 완전히 벗어나지 못한 소련의 경제 사정만을 고려해야 하는가. 하지만 그보다도 먼저 북한의 전략적 중요성에 대한 소련의 애매모호한 태도를 짚고 가야 한다.

이를테면, 앞서 1946년 7월 초 스탈린은 모스크바를 방문한 김일성과 박헌영을 접견한 자리에서 '소련군을 유지하기가 어렵기 때문에 곧 조선에서 철수시킬 것'이라고 하였다.[29] 이 말이 북한의 두 지도자를 긴장시킨 것은 당연하였다. 스탈린의 언급은 어떠한 정치적 계산에서 나온 것이라기보다는 현실적인 소련의 입장을 담고 있었다. 이와 같은 그의 표현은 소련의 본질적인 입장을 모두 보여 주지는 않는다하더라도 대북한 시각의 일단을 확인할 수 있는 것이다. 소련의 대외정책에서 한반도는 여전히 탄력적인 이해관계의 범주에 속해 있었다.

1947년 12월에 진행된 북조선 화폐개혁은 토지개혁 등 일련의 개혁조치와 마찬가지로 조선 임시정부의 수립 방향에서 북한의 '민주근거지' 강화와 주도권 장악을 위한 공산 측의 의지를 확인시켜 주는 사건이었다. 소련군 진주 당시 북한에는 약 10억 원의 구화폐가 유통되고 있었고, 이후 소련군표가 유통되기 시작하여 1947년 3월 1일 현재 63억 원에 달하였다.[30] 두 화폐가 동시에 사용되고 있는 상황이었다. 1년 전인 1946년 12월 슈티코프가 북조선의 화폐개혁 실시

---

29) Шабшина Ф. И. В колониальной Корее(1940-1945). Записки и размышления очевидца. М., 1992, с. 219. 이때 김일성(혹은 박헌영)이 '그렇다면 그때 가서 누가 우리를 도울 겁니까'라고 묻자, 스탈린은 '배워야 합니다. 러시아에서 배우도록 오게 하십시오. 만일 당신들이 더 배우지 않는다면 상어(착취자)가 당신들을 집어 삼킬 것입니다'라는 요지로 대답하였다.

30) "즈베레프가 말리크에게. 북조선 영토에서 유통되는 화폐교환에 관한 조회(1947.9.10.)." АВПР, ф. 06, оп. 9, п. 59, д. 885, л. 4.

에 대해 소련 정부에 보낼 제안서에 서명한 것을 보면 화폐개혁은 진작부터 계획되었다고 볼 수 있다.[31] 1947년 5월 모스크바에서는 북인위와 러시아 기업 '달리토르곰(Дальторгом)' 간에 새 화폐 인쇄에 관한 협약이 체결되었다.[32] 다만 슈티코프는 화폐개혁은 미소공위 사업이 실패할 경우에만 실시할 필요가 있다고 주장하면서 특히 화폐개혁 이후 북조선예산으로 소련군 유지비용을 감당하는 것은 정치적으로 이롭지 못하다고 우려하였다.[33]

화폐개혁의 목적은 남쪽으로부터 가치가 하락한 화폐 유입을 차단하고 소련 군표의 유통을 중단하며 단일화폐를 제정하는 데 있었다.[34] 북인위는 소련군 사령부의 제의에 따른 소련 내각회의 결정을 거친 후 12월 1일 새 화폐 발행과 신구 화폐의 교환에 관한 결정을 채택하였다. 이에 따라 그동안 사용되던 소련군표를 대신하여 조선은행 발행의 새로운 화폐가 사용되기 시작하였다. 화폐개혁 진행 과정에서 북인위와 소련 민정국에서 파견된 관련 인사들은 완벽한 비밀엄수를 요구받았으며, 동일한 요구는 정당과 사회단체 및 인민위원회의 지도자들에게도 적용되었다. 신구 화폐의 교환은 6일부터 주민들에 대한 선전선동사업을 병행하면서 조직적으로 진행되어 12일에 완료되었다.[35]

그런데 다른 민주개혁과는 달리 비밀리에 신속히 진행된 화폐개혁을 놓고 단순히 북한 '민주근거지'를 강화하고, 정국의 안정을 꾀하기 위한 것이라고만 보기는 무리가 있다. 더구나 분단의 위기가 가시화된 상황에서 매우 파장이 큰

---

31) 〈슈티코프 일기〉1946.12.19.

32) "레베데프가 슈티코프에게." ЦАМО, ф. 172, оп. 614633, д. 13, л. 1.

33) "말리크가 몰로토프에게(1947.9.10.)." АВПР, ф. 06, оп. 9, п. 59, д. 885, л. 6-7.

34) "슈티코프가 불가닌에게, 남북조선의 정치, 경제 상황에 관하여(1948.3.5.)." ЦАМО, ф. 19, оп. 560, д. 8, л. 13.

35) "이그나티예프가 슈티코프에게. 북조선에서 화폐교환 완료에 관한 조회(1947.12.12.)." ЦАМО, ф. 172, оп. 614632, д. 48, л. 188. 조선중앙은행은 소련으로부터 새화폐 62억 9천 603만 7천 원을 수령하였다. 1947년 12월 6일에 82억 원의 화폐가 유통된데 반해 1948년 1월 1일에는 약 27억 원의 새 화폐가 풀렸는데, 이로써 유통되는 화폐량은 약 3배 이상 축소되었다. "슈티코프가 불가닌에게, 남북조선의 정치, 경제 상황에 관하여(1948.3.5.)." ЦАМО, ф. 19, оп. 560, д. 8, л. 14.

국가적 조치를 시행한 것은 다른 의도가 내포되어 있다고 말할 수 있다. 아마도 거기에는 임시정부가 수립될 경우 화폐 교환에서도 북한의 주도권을 유지하고, 더 나아가 분단의 가능성에도 대비하려는 의도가 숨어있지 않나 여겨진다.

북·소관계를 보여 주는 상징적인 것 중 하나로 볼 수 있는 것이 소련 군대의 유지 방식이었다. 종전 후 경제 사정이 좋지 못했던 소련은 해외에 주둔한 자국 군대의 유지비용의 상당 부분을 현지 예산이나 물자로 조달하였다. 소련 정부는 이에 맞추어 1948년도 북한 주둔 소련군 주둔 비용을 북한 측이 부담하도록 하는 결정을 내놓았다. 현지 상황에 보다 정통한 슈티코프로서는 여러 가지 심각한 문제를 내포한 결정이 여간 부담스러운 것이 아니었다. 그는 스탈린에게 북한 주둔 소련군의 유지비용 문제를 제기하였다.

> 연해주군관구 사령부는 북조선 주둔 소련군의 유지를 위한 비용을 기본적으로 소련이 부담하도록 하는 제의를 당신의 결정으로 내놓았습니다. 그 이유는 **첫째, 북조선이 부담 지는 소련군의 부양은 정치적으로 유리하지 못한데, 왜냐하면 남조선 주둔 미군은 자국의 부담으로 유지되고 있기 때문입니다.** 게다가 남조선 주둔 미군은 돈을 주고 조선 식품들을 사용하지 않고 있고, 자국 군의 유지를 위해 필요한 모든 것들은 미국에서 들여옵니다. 북조선 예산 부담으로 우리 군대의 유지는 조선 사회에 부정적인 분위기를 불러일으킬 것이며, 미국인들과 조선 반동들에게 반소선동을 위한 더한 명분을 줄 것입니다. **둘째, 북조선이 자신의 군대를 유지해야 한다는 점을 고려한다면, 북조선의 예산은 소련군 유지를 위한 비용을 견딜 수 없습니다.** 소련군과 조선군 유지비용은 북조선 총예산의 31%입니다. 북조선 예산 부담으로 소련군 유지비용의 할당은 1947년과 비교하여 1948년도 인민경제 발전에 있어 자본투자를 상당히 축소시킬 것이고, 추가적인 경제적 난관을 조성할 것입니다.[36](강조는 인용자)

소련 주둔군의 유지비용에 대해 스탈린은 북한 측이 전액 부담하는 것은 당연하다는 입장이었다. 그러나 슈티코프에게 이 입장은 남한 주둔 미군과의 대

---

36) "슈티코프가 스탈린과 몰로토프에게(1948.1.19.)." ЦАМО, ф. 172, оп. 614633, д. 3, л. 11-12.

비, 반소적 여론 형성 가능성, 북한 경제의 부담 등을 고려할 때 부정적으로 다가올 수밖에 없었다. 이에 슈티코프는 북조선 예산 부담으로 소련군 유지비용 할당에 관한 소련 내각회의의 결정을 재검토해줄 것과 동시에 1948년도 북조선 주둔 소련군 유지를 위한 총비용 규모를 11억 4천 600만 원으로 결정하고, 이 액수를 다음과 같이 충당해 주도록 요청하였다.

1. 조선군에서 근무하는 소련군 군관 및 고문관 유지를 위한 1억 원 상당의 비용은 북조선 예산 부담으로 할 것.
2. 북조선인민위원회가 소련으로부터의 특별공급에 대해 지불해야 하는 1억 5천만 원을 북조선 주둔 소련군 유지를 위해 이용할 것.
3. 북조선인민위원회가 소유하고 있으나 소련군 배치하에 일시 차용된 병영 및 주택 기금을 수리 및 설비를 위해 3억 원을 북인위로부터 받을 것.
4. 소련 국립운행 연해주 출장소에 남아 있는 5억 9천만 원을 북조선 주둔 소련군 유지를 위해 돌릴 것.[37)]

위의 슈티코프의 제의는 북한 측의 부담을 경감시키기 위해 마련되었으나 상당 부분은 역시 북한이 부담하도록 하였다. 소련 측이 모든 예산을 감당할 수 없는 상황을 반영했다고 볼 수 있다. 그는 미국만큼 넉넉한 재원을 보유하지 못한 소련의 사정과 예산의 주된 부문을 경제 및 인민생활에 투여해야 하는 북한의 처지를 고려해야 하는 입장이었다. 또한 정책을 집행하는 입장에서는 현지의 실정을 간파해서 대책을 세워야 하지만, 그에 반해 소련의 국가적 이익을 우선해야 하는 처지에서 나온 절충점이었을 것이다. 이러한 사정은 소련군 당국과 북한공산당 지도부 간에 항시적으로 드러난 모순관계였을 것이다.

그러나 소련군 간부와 북한 간의 모순과 갈등은 표면화되기 쉽지 않았다. 북한 공산주의자들은 '사회주의 조국'의 유능한 간부들로부터 각종 지식과 경험을 습득해야 하는 상황이었고, 반대로 소련군 간부는 자신의 사업이 프롤레타리아의 국제주의적 의무를 다하는 것이라 생각했기 때문이다. 따라서 북한 권력기

---

37) 위의 문서.

관에 대한 소련군 당국의 개입은 계속해서 정치, 경제, 사회, 문화의 전 영역에서 각종 지원과 지도로 나타났다.

북한 측은 정치와 외교, 군사 부문을 제외하고 경제와 사회 분야에서는 차츰 정책의 주도권을 쥐게 되었다. 해방 직후부터 결성된 각급 인민위원회가 이 분야의 업무를 담당하였고, 1946년 2월 북한 중앙행정기구인 북조선 임시인민위원회가 수립된 후에는 그 권한 행사는 북한의 관리 영역으로 점차 귀속되었다. 특히 경제 부문의 경우 일제의 남긴 산업시설은 1946년 8월 산업국유화 법령을 통해 북측에 넘겨줌으로써 인민위원회에 의한 통제가 가능해졌다. 소련군 당국은 이들 분야에서도 원조와 지원이라는 명분으로 갖가지 관여를 계속하였지만 소련 측이 북한 지도부의 독자성을 인정하고 경제·사회 부문에서 북한 측과 일련의 협정을 체결하는 등 인민위원회의 주도적 역할이 증대되었다.

각 분야에서 북한 권력기관들의 정책 입안은 통상 제25군 민정국의 지원을 받아 마련되는데, 대개의 경우 슈티코프에게 보고되었다. 슈티코프는 이를 판단하여 자신의 권한 내의 문제에 대해서는 정책안으로 확정 짓거나, 권한을 넘어서는 경우 소련 정부의 결정을 받아 지시를 전달하는 수순을 거쳤다. 이 과정에서 소련과 북한의 소통이 항상 원활하게 진행된 것은 아니었다. 이를테면, 1948년도 북조선인민경제부흥발전의 예정 숫자 및 예산안은 민정국이 북인위와 협의를 거치지 않고 초안을 작성하기도 했다.[38] 이때 제25군 사령관 코로트코프와 민정국장 직무대리 이그나티예프는 북인위 대표자들에게 위 초안의 작성에 대해 알리지 않았다고 하면서 슈티코프의 확정 후에 북임위 측에 전달할 것이라고 하였다.

한편 북한 권력기관과 소련군 지도부 간의 정책상의 협력은 민정국 재정 지도부장 일라톱스키 중좌가 작성한 '시책 보장 계획'이라는 일람표를 보면 명확히 알 수 있다. 이 문건은 1947년 12월 북인위, 북로당, 북조선민전의 선전선동

---

[38] "코로트코프와 이그나티예프가 슈티코프에게, 1948년도 북조선 인민경제 부흥과 발전에 대한 예정 숫자 및 예산안 작성에 대한 북조선인민위원회의 결정서(1947.9)." ЦАМО, ф. 172, оп. 614632, д. 48, л. 131-141.

사업, 조직사업, 정보 조직, 재정활동 지도 등이 사업계획을 보여 주는 표인데, 그중 '조직사업'의 내용을 살펴보면 다음 〈표 5-1〉과 같다.

〈표 5-1〉 조직사업

사업 내용	집행 기간	책임 집행자	원조 제공자
북조선에서 시책 수행을 준비하는 인민위원회에 원조 제공	12월 1일까지	김일성	이그나티예프
북조선에서 시책 수행이 갖는 의미와 필요성에 대하여 각 정당 지도자들과 대담 진행	1947년 11월 30일[39] 9~10시	김일성	
북조선에서 북인위 회의를 개최하여 시책에 대한 결정을 채택	1947년 12월 1일 12시부터	김일성	
로동당 각 도위원장들이 참석한 로동당 정치위원회 회의를 개최하여 인민위원회의 결정을 수행하는 로동당의 과업에 대하여 논의	1947년 12월 1일 20시	김두봉 김일성	이그나티예프
북조선에서 시책 수행에 대한 인민위원회 결정 문제와 관련하여 각 도인민위원회 위원장들의 협의회를 개최	1947년 12월 1일 18시	김일성	이그나티예프
모든 정당의 각 도당위원회 위원장들의 지도협의회를 개최	1947년 12월 1일	김일성	
다음의 의제로 북조선민전 회의를 개최 　1. 인민위원회 결정과 민주주의민족통일전선에 속한 정당 및 사회단체들의 과업, 북조선에서 시책의 수행 보장(보고자: 이봉수) 　2. 북조선 인민들에게 보내는 민주주의민족통일전선의 호소문 채택	1947년 12월 2일	김두봉	이그나티예프
민주당 중앙위원회 부서회의를 개최하여 인민위원회 결정을 수행하는 데 당의 과업 문제를 논의	1947년 12월 3일	최용건	파블로프
각 도위원회 위원장들이 참석하는 청우당 중앙위원회 뷰로회의를 개최하여 인민위원회 결정을 수행하는 데 당의 과업 문제를 논의	1947년 12월 3일	김달현	파블로프
각 기업소 및 기관들에서 인민위원회의 결정 및 시책 수행에 대해 노동자 및 사무원들의 총회를 개최	1947년 12월 5~6일	최경덕	베스팔리
인민위원회 시책이 시행되는 기간에 국경, 도시 및 마을에서 경비 증강을 조직	12월 4~12일	내무국 박일우	
인민위원회의 시책이 수행되는 기간에 모든 국영 및 소비조합 상점들에 생활필수품과 식료품을 판매용으로 공급(예비)	12월 5일	상업국	네우메이코프

〈출처〉 "일라톱스키 중좌의 시책 보장 계획." ЦАМО, ф. 142, оп. 432241с, д. 3, л. 124-126.

위 표는 북한과 소련군 지도부 간의 관계 양상을 전형적으로 보여 주는 것으로서, 정책의 입안과 집행에서 두 당사자가 '하나의 단위'처럼 움직였음을 여실히 확인할 수 있다. 소련의 개입은 이론적, 실무적 원조에 대한 것이 주류를 이루지만 이 과정에서 전략적 논의는 자연스럽게 이루어졌을 터였다.

소련 지도부는 현지 군 당국의 정책안 작성에 일정한 지침을 제시하였는데, 특히 이는 북한의 각종 법령을 제정하는 과정에서 반영되었다. 현지 군 당국은 북한 법령 제정에 참고용으로 모스크바 당국으로부터 동구국가의 사례를 제공받았다. 이를테면, 1946년 7월 소련공산당 중앙위원회는 북조선 도시군인민위원회 선거법 제정을 위해 불가리아와 유고슬라비아 등 동구국가들의 선거법령 및 관련 자료를 발송하였다.[40]

앞서 살펴보았듯이, 소련군 지도부는 북한 권력기관들과의 협력을 위해 소련에 거주하는 한인들에게 크게 의존하였다. 1945년 말부터 본격적으로 들어와 활약하고 있던 소련계 한인들은 북한 권력 기구 내에서 확고한 입지를 구축하고 있었다. 그들은 러시아어를 사용하면서 소련 측과 가장 교감이 잘 되는 세력군이었다. 1946년 10월에도 다양한 전문성을 지닌 소련계 한인 36명이 북한에 파견되었다.[41]

〈표 5–2〉 1947년 현재 북한 권력기관의 요직에 등용된 주요 소련계 한인

명단	직위
김열	북로당 함남도당 위원장
한일무	북로당 강원도당 위원장
방학세	북인위 내무국정보처장
김승화	중앙당학교장
박동초	북인위 외무국 부국장
남일	북인위 교육국 부국장
김영수	함북도 인민위원장

[39] 원문에는 12월 30일로 표기되어 있지만, 11월 30일이 맞다.

[40] "파뉴쉬킨이 슈티코프에게. 1946년 남동유럽의 선거 및 민주개혁 관련 자료." ЦАМО, ф. 172, 614631, д. 57, л. 1-176.

[41] "굴랴예프가 파뉴쉬킨에게(1947.3.12.)." РГАСПИ, ф. 17, оп. 128, д. 1119, л. 62.

김재욱	북로당 평남도당 위원장
박창식	평양시 인민위원회 부위원장
허가이	북로당 조직부장
유도순	북인위 상업국 부국장
엄기봉	북인위 기획국 부국장
김찬	북조선중앙은행 총재
고희만	북인위 산업국 부국장
장철	북로당 황해도당 부위원장
박창옥	북로당 선전부장
이동화	북인위 보건국 부국장

전체 권력기관 내에서 소련계가 차지하는 인적 비중은 높지 않더라도 그들 전부가 북한에서 절대적으로 부족한 전문 지식인들로 구성된 점을 감안하면 그들의 정책적 역할이 적지 않았음을 알 수 있다.

이들 가운데 일부는 1947년 2월 북조선최고회의 대의원으로도 선출되었는데, 대민관계에 종사하는 간부들은 거의 대부분 소련 태생이 아니라 조선에서 출생하여 소련으로 이주한 이들로 구성된 것이 특징이었다. 이는 북조선 최고회의 대의원으로 뽑힌 김열(함북 부령군), 한일무(함남 함주군), 김영수(서울시), 김재욱(함북 경흥군) 등의 출신지로도 확인이 된다.

권력관계의 개편 모색

북한의 변화가 한창 진행되던 1946년 후반 잠재적인 정치적 경쟁자들이 탈락한 가운데 북한 내에서 가장 영향력 있는 인물은 김일성과 박헌영뿐이었다. 1946년 7월 초 김일성과 박헌영의 모스크바 방문에서 스탈린이 소련 외무성이 추천한 박헌영과 군부가 지지하는 김일성 사이에서 최종적으로 김일성을 북한의 지도자로 선택했다는 주장이 제기되어 왔다.[42] 그러나 '북한의 지도자'라는 용어는 분단이 확정되었을 때 나올 수 있는 말이므로, 분단 결정이 이루어지지

---

[42] 이러한 주장의 일단은 林隱, 앞의 책, 159쪽과 중앙일보 특별취재반, 앞의 책, 326~330쪽에 잘 나타나 있다.

않은 1946년 7월 당시에 스탈린이 그러한 결정을 했다는 것은 논리적으로 성립하기 어렵다. 게다가 남한을 활동무대로 삼아 남조선 혁명을 주도하는 박헌영을 북한의 지도자로 지정했다고 가정하기는 힘든 일이었다. 그는 미군정의 체포령이 내려진 후인 1946년 10월 초 월북하였고, 북한 정부 수립 이전에는 북한의 내정에 참여하지 않았다. 그럼에도 박헌영이 입북하면서 남·북 노동당 간에는 보이지 않은 경쟁구도가 형성되었고, 특히 남북분단이 점차 가시화되는 과정에서 권력 내부의 주도권을 잡기 위한 투쟁을 피할 수 없게 되었다.

앞서 언급한 1947년 1월 초 연해주 보로쉴로프 회동에서 슈티코프는 김일성에게 현재 북한에 체류 중인 박헌영의 활동을 합법화하자고 제의하였다. 그는 북한에서 남한 내 공산주의 활동을 지휘하고 있던 박헌영을 공개적으로 드러냄으로써 북한 지도부의 진용을 튼튼히 하려는 의도를 가지고 있었던 것 같다. 그러나 이 제의는 뜻밖에 김일성의 반대에 부딪쳤다. 아마도 권력의 경쟁자로서 박헌영을 의식했을 수도 있었겠지만 그럴 경우 그가 남한에서 활동할 수 없게 될 것이란 이유를 제시했다.[43] 김일성의 입장에서 본다면 박헌영의 합법화는 남쪽 좌파 역량을 약화시킬 수 있는 것이었다. 그러나 1946년 미소공위의 실패를 겪은 슈티코프는 박헌영의 공개적 활동을 통해 북한 내 좌파의 강화를 중요시하였다고 할 수 있다. 그렇지만 박헌영의 북한 내 공개적인 활동은 남북의 분단이 공식화되기 전까지는 이루어지지 않았다. 그것은 김일성의 입장이 그대로 관철되었다고 볼 수 있다.

이와 같이 슈티코프는 북한 지도부의 견해를 존중하는 태도를 보이기도 하였지만 북한과 소련군 지도부 간의 관계에서 이견이 없었던 것은 아니다. 이는 대표적으로 남과 북에 각각 존재하는 노동당의 단일 지도부 결성 문제에서 나타났다. 남북의 좌파세력들은 각각 남로당(1946.11)과 북로당(1946.8)으로 통합되어 있었다. 남북노동당 사이에는 당 지도 문제로 인한 갈등이 잠재된 상태였다. 1946년 8월 북로당 창설 이후로 전 한반도 공산주의운동의 중심은 사실상

---

43) 〈슈티코프 일기〉 1947.1.4.

북쪽으로 넘어온 것은 잘 알려진 사실이다. 하지만 그 후로도 남로당 일부 지도 자들이 이 같은 상황을 인정하지 않고 자신의 헤게모니를 지속적으로 주장함으로써 양당 간의 관계에 순탄치 않은 조건이 형성되었다. 두 당의 존립은 '한반도 혁명'의 참모부가 두 개로 분리됨을 의미했으며, 단일한 지도체제하에 목표를 달성하기 어렵게 하였다.

이 문제를 해소하기 위한 남북노동당 통합 지도부의 결성 계획은 공산 측 전체에 매우 민감한 사안이었다. 1946년 12월 박헌영은 슈티코프에게 남북노동당의 비합법 단일 지도부 창설을 제기한 바 있었고, 김일성 역시 이에 동의하였다.[44] 슈티코프의 고민은 누구를 지도자로 옹립할 것인가에 있었는데, 당시 북로당 대표는 연안계의 김두봉이, 남로당 대표는 변호사 출신의 남조선민전 의장 허헌이 맡고 있었다. 물론 실질적인 지도자는 김일성과 박헌영이었다. 1947년 1월 초 김일성과 만남에서 슈티코프는 김두봉과 허헌 가운데 선출된다면 그들 사이에 갈등이 일어날 수 있다는 데 우려하였으며, 박헌영을 지명하면 김두봉이 반대할 것이라고 보았다.[45] 따라서 그들은 이 문제를 후일 재검토하기로 약속하였다.

이후에도 상당 기간 남북로동당 지도자에 대한 결론이 나지 못한 것은 남북 로동당 내부의 합의가 이루어지지 못한 것을 의미하였는데, 슈티코프도 역시 구체적인 해결방안을 내놓지 못한 것으로 볼 수 있다. 그런데 당장 김일성을 통합당 위원장으로 선출하는 문제는 제기되지 않은 것 같다. 각자 활동 기반이 다른 김일성과 박헌영이 전국적인 통합당의 대표로 나선다는 것이 시기상조로 비춰졌을 것이었다. 또한 이 시기까지만 해도 김일성과 박헌영 가운데 누가 우위에 있었는지를 명백히 속단하기는 힘들다. 북한 내 정치 지형을 놓고 보면 김일성이 단연 유리하였지만 전국적인 '대표성'을 따질 때 박헌영이 유리한 측면도 있었다. 더구나 소련 측도 김일성의 손을 들어준 것만은 아니었다.[46] 남과 북의

---

44) 〈슈티코프 일기〉 1946.12.7.
45) 〈슈티코프 일기〉 1947.1.4.

공산주의 지도자로서 박헌영과 김일성이 공존한 것은 남북의 분리 상황에서 활동 영역의 독립성이 있었던 까닭이다. 슈티코프는 두 지도자가 긴밀한 관계를 가지고 협력하기를 기대하였다. 그러나 두 인물의 관계는 항상 원만했던 것만은 아니었다. 이 때문에 슈티코프는 박헌영과 김일성이 서로 가깝게 지내도록 권고하기도 했다.[47]

물론 김일성과 박헌영은 정치적 경쟁관계이면서도 동시에 긴밀한 협력적 관계를 유지한 사이였다. 1946년 10월 초 김일성과 번스의 대담은 좌우의 기본적인 입장 차이와 더불어 김일성－박헌영의 관계를 보여 주고 있다.[48] 비공식적으로 평양을 방문한 미군정 특사 아더 번스는 일제 시기 조만식과도 친분을 가지고 있었고, 연금 상태에 있던 그와 만나 대화를 나누기도 했다. 번스와의 대담에서 김일성은 '민주 분자들은 인민적 조치를 파탄 내는 친일반동세력과 단합할 수 없다'고 하면서 이들을 축출하는 것이 단결을 위해 우선적이라고 강조하였다. 그의 발언은 해방 직후 조선공산당이 견지했던 친일파에 대한 기본 노선을 확인시켜 주었다. 번스가 박헌영이 단합을 방해한다고 지적하자, 김일성은 이승만과 김구에 대한 부정적인 견해를 재차 피력하였고, 미군정이 '다른 누구보다도 일본 제국주의자들과 더 많이 투쟁하고 애국자들 가운데 가장 저명한 정치가인' 박헌영에 대한 체포령 발동에 항의를 표시하였다. 앞서 여운형과의 대담에서와 같이 박헌영 체포령에 대한 김일성의 반발로 미루어 보면, 김일성－박헌영의 관계는 정치적 경쟁보다는 협력관계에 방점을 찍을 수 있다.

번스가 김규식에 대한 견해를 묻자 김일성은 그를 전혀 모르는 것으로 답변

[46] 문건에 나타난 성명의 순서는 서열을 나타내는 데 중요한 지표가 될 수 있는데, 박헌영의 이름이 김일성보다 앞에 나와 있는 경우가 적지 않았다. 예를 들면, 1947년 4월 27일 소련 공산당 중앙위원회에서 나온 조선 관련 보고문건인 "수슬로프가 쥬다노프에게."(РГАСПИ, ф. 17, оп. 128, д. 1119, л. 93) 참조.

[47] 〈슈티코프 일기〉 1946.12.6.

[48] 발라사노프가 작성한 번스와 김일성의 대담록은 말리크와 메레츠코프에게 각각 보냈는데, 그 출처는 다음과 같다. "발란사노프가 말리크에게." АВПР, ф. 102, оп. 6, п. 2, д. 3, л. 3-10; "발란사노프가 메레츠코프에게." ЦАМО, ф. 142, оп. 540934, д. 5, л. 52-59. 이하 대담 내용은 이 문서에 의거하였다.

함으로써 아직 중도파에 대한 유보적인 태도를 보였다. 번스는 김규식─여운형의 좌우합작에 대한 견해를 묻고 박헌영─여운형의 합작은 미국의 조치에 배치되기 때문에 불가하다는 의견을 밝혔다. 이에 김일성은 여운형이 우파세력과의 합작에 동의하지 않을 것이라고 하면서 친일분자 축출과 미소공위 사업의 조속한 재개를 주장하였다. 미국과 김일성에게 여운형은 공히 합작의 대상이었지만 박헌영과 반탁우익세력은 이들에게 각각 배제의 대상에 속했다. 이 대담은 한반도 내 정치세력의 단합을 통한 임시정부 수립이라는 당면 목표의 실현에 커다란 난관이 가로 놓여 있음을 단적으로 보여준 사례였다.

남북로동당의 단일 지도부 결성은 그 문제 제기가 있은 후 1년이 지나도록 해결을 보지 못했다. 아마 이 상황은 슈티코프로서도 지속적인 고민 거리였던 것 같다. 1948년 1월 초 모스크바로 휴가를 떠난 슈티코프는 이러한 문제들을 논의하기 위해 스탈린에게 면담을 요청하고 다음과 같은 보고를 작성하였다.

북남조선에는 각각 독립적인 노동당중앙위원회가 설치되었습니다. 북남조선 노동당들의 통합 지도부는 부재하며, 상호 통보를 위해 대표자들의 정기적 파견 방식에 의한 양 노동당 중앙위원회 간의 비공식 교류만이 있을 뿐입니다.

1년간의 사업 경험이 보여 주듯이 **단일한 중앙 지도부의 부재는 자체 부정적인 측면들을 드러내고 있습니다.** 즉, 양당은 당의 행동 및 중대한 현안 정치 문제들에 대한 조치와 관련하여 통일된 훈령 및 지시를 받지 못하고 있습니다.

양당은 각기 조선에서의 지도적 역할을 주장하고 있는데, 이는 지도부 사이에 비정상적인 상호관계를 유발시키고 있습니다.

미래 조선의 통일과 이어지는 남북조선 노동당들의 합당 시에 당 내 지도적 지위를 놓고 투쟁이 일어날 가능성이 있으며, **이것은 특히 우리가 부재한 가운데 진행된다면 파벌 간 대립과 분열을 가져올 수 있습니다.**

조선의 통일과 조선 민주주의독립국가 창설, 이 모든 문제에서 중앙 지도부의 필요성을 위한 투쟁에서 북남조선노동당들 앞에 제기된 과업을 고려하면서 당신의 허락을 요청합니다.

1. 9인으로 구성된 북남조선 노동당 비공개 연합중앙위원회를 설치하는 것. 연합중앙위원회에는 남북노동당 중앙위원회 정치위원회의 결정에 의해 대표들을 뽑을 것. **연합중앙위원회 위원장은 남로당 부위원장 박헌영을, 부위원장들로는 북로당 측의 김일성과 김두봉을 선출할 것.**

2. 연합중앙위원회 상주지를 평양으로 할 것.
3. 연합중앙위원회는 정기적으로 모임을 갖고 정치 전반뿐 아니라 내부적 성
   격의 실제 문제들을 논의하며, 양당 중앙위원회에 있어 의무적인 이들 문
   제에 대한 결정을 할 것.[49](강조는 인용자)

슈티코프는 남북노동당이 각기 지도부를 가지고 있는 데서 오는 당사업의 혼선을 확인하면서 이 문제의 해결 방식으로 단일 지도부의 형성을 다시금 꺼내들었다. 그는 특히 두 당은 각자가 조선혁명의 헤게모니를 주장하는 상황을 주시하였는데, 이는 나중에 소련군이 철수할 경우 조선 공산주의자들 사이의 권력투쟁을 발생시켜 소련의 입장으로 보면 동맹국의 불안정한 상황을 초래할 수 있는 것이었다. 권력의 안정 문제는 시급한 것이었고 어떻게든 슈티코프로서는 자신의 권한이 존재할 때 해결하고 싶은 희망을 가지고 있었다. 물론 양당 간의 갈등은 김일성과 박헌영의 직접적인 대립이라기보다는 아래 간부들 간의 주도권 다툼의 성격으로 볼 수 있다.

위 문건에서 가장 눈에 띠는 내용은 슈티코프가 통합 노동당 위원장으로 박헌영을 염두에 두었다는 점이다. 해방 당시만 해도 박헌영의 위치는 김일성에 비해 앞서 있었던 것은 분명했다. 주목해야 할 것은 박헌영은 김두봉이나 허헌과 같은 상징적인 인물이 아니라 실권자였다는 점이다. 그는 한반도 인구의 2/3를 망라하는 남한 지역 좌파세력의 대표이며, 자신을 따르는 공산주의자들은 북쪽의 간부들보다 여러 경력에서 앞서는 경우가 많았다. 그러나 이후 공산당의 활동이 소련군이 주둔한 북한 지역이 훨씬 유리해짐에 따라 그 중심이 자연히 북쪽으로 이전되면서 남북공산주의자들의 위상은 결정적인 변화를 겪게 되었다.

미군정의 탄압이 본격화되면서 남쪽 좌익세력은 거의 비합법적 상태에 빠져들고 남로당 지도부의 운신과 활동 폭은 지극히 제한을 받게 되어 그 영향력은 현저히 축소되었다. 반면 사실상 집권정당으로 활동한 김일성 주도의 북로당의

---

[49] "슈티코프가 스탈린에게(1948.1.9.)." ЦАМО, ф. 172, оп. 614633, д. 3, л. 9-10.

경우는 여러 개혁 조치와 권력기관의 공고화를 통해 지지기반을 확대하였고, 이에 따른 김일성의 지위는 탄탄대로를 걷게 되었다.

이러한 상황에서 슈티코프가 통합 노동당의 위원장으로 박헌영을 추천한 것은 크게 두 가지 점을 시사한다. 첫째, 이때까지 최고지도자로서 김일성의 위치가 확고한 것이 아니라 조금은 가변적일 수 있음을 간접적으로 보여준 것이다. 둘째, 북쪽으로 지도부를 이전한 남로당도 북로당과의 관계에서 만만치 않은 주도권 경쟁을 벌리고 있었다는 점이다. 이는 일찍이 남쪽에서 활동했던 명망 있는 공산주의자들이 대거 북쪽으로 활동 지역을 옮긴 것과 관련이 있었다.

박헌영을 위원장으로 한 남북로동당 연합중앙위원회 설치 구상이 김일성이나 박헌영, 혹은 이들 모두와 협의하여 나온 것인지 아니면 슈티코프의 독자적인 구상인지는 분명하지 않다. 다만 이 구상은 곧바로 실행에 옮겨지지 않았는데, 이는 남북노동당 내부의 입장이 불일치했기 때문일 가능성이 크다. 남북 조선로동당 연합중앙위원회는 북한 국가가 수립되기 직전인 8월 2일에 비로소 결성되었고, 위원장도 박헌영이 아닌 김일성이 선출되었다.[50]

김일성을 북한의 최고지도자로 선택한 것은 스탈린으로 알려져 왔다.[51] 해방 직후 수직적인 북·소관계의 면면을 들여다보면 이 주장을 전적으로 반박하기는 쉽지 않다. 그러나 스탈린의 '김일성 선택' 주장은 소련이 북한에서 의지할 인물을 지칭하는 것이지 김일성을 내정한 정부 수립을 의미한 것은 아니다. 국가 수립의 방향에 대해서는 아무도 예측할 수 없는 상황에서 최고수반을 미리 선정하는 것은 있을 수 없기 때문이다. 말하자면 어떤 국가가 수립되느냐에 따라 스탈린은 여운형, 박헌영, 김일성 중 누구라도 수반으로 천거할 수 있었다. 김일성이 최종 승리자가 된 것은 해방 정국에서 정치적 기반과 경력을 단단히 구축하고 분단국가 수립이라는 객관적 정세 흐름이 더해져 가능한 것이었다.

---

50) 박연백, 『조국의 평화적 통일을 위한 조선 로동당의 투쟁』, 평양: 조선로동당출판사, 1958, 40쪽.
51) Попов И. М., Лавренов С. Я., Богданов В. Н. Корея в огне войны. М., 2005, c. 513.

2. 재개된 미·소의 협상

공위 재개 준비

1946년 5월 제1차 미소공위 휴회 직후 미·소 양측의 의사 전달은 양군 사령관인 하지와 치스차코프 간의 서신교환으로 진행되었다. 비록 서신들은 형식상 양군 대표 간의 입장교환인 것처럼 비추어졌지만 실상은 모스크바 결정의 이행을 놓고 벌어진 기존 양국 정부의 완고한 입장을 확인할 뿐이었다.

남북의 정세 흐름은 통합이 아닌 분열을 향한 신호가 더욱 분명해지고 있었다. 남북 양측은 각자의 체계를 강화시키는 데 몰두하면서 동시에 독립국가 건설 방향에서 자신의 입장을 고수하였다. 이 교착상태를 타개하는 방안은 미·소 간 합의에 달려 있었고, 그것은 장기간 휴회 상태에 있던 미소공위를 재개하는 방안 이외에는 다른 길이 존재하지 않았다. 내외의 압력에 따라 미·소 간에는 공위 재개에 대한 탐색이 개시되었다.

1946년 12월 24일 서신에서 미 사령관 하지는 '공동성명 제5호에 서명하는 것은 모스크바 결정을 전폭적으로 지지한다는 선의의 의지 선언으로 수용되며, 서명한 정당·사회단체는 우선적인 협의 대상으로 추천될 권리가 부여될 것이다'는 내용을 핵심으로 한 수정제의를 하였다.[52] 사실상 소련 측 입장에 근접한 제의를 한 것이다. 1947년 4월부터 미·소 외무장관인 마샬과 몰로토프 사이의 서신교환으로 이어진 협상에서 5월 7일 몰로토프는 위 미 사령관의 수정제의를 수용할 것을 통보함으로써 공위 재개의 기초가 세워졌다.[53] 마샬과 몰로토프는 한국에 관한 모스크바 결정을 전적으로 지지하고, 그에 대한 지지 선언에 서명 후에는 미소공위 사업과 동맹국, 모스크바 결정 시행에 반대하는 활동을 고무·선동하지 않는 정당·사회단체만을 협의 대상에 포함시킬 것을

---

52) "하지가 치스차코프에게(1946.12.24.)." АВПР, ф. 102, оп. 6, д. 15, п. 3, л. 19-21.
53) "몰로토프가 마샬에게(1947.5.7.)." АВПР, ф. 018, оп, 9, п. 17, д. 64, л. 51-54.

합의하였다. 정당·사회단체들과의 협의 조건에 대한 난제가 풀리면서 공위 사업이 재개된 것이다.

5월 21일 공위 재개 바로 전날 소련 대표단에게는 총 3부 16개 조(제1부: 1~4조, 제2부: 5~15조, 제3부: 16조, 총 8쪽)로 구성된 제2차공위 훈령이 전달되었다.[54] 훈령의 제1부는 임시정부 수립을 위한 정당, 사회단체와의 협의 조건에 관한 것이고, 제2부는 공위 회의에서 협의 조건 이외의 지침 내용으로 이루어졌다. 제3부는 임시정부 수립이 합의되지 못할 경우 취할 방침에 관한 것이다.

훈령 제1부는 주한미군 사령관 하지 중장의 협의 조건 제의[55]를 수용한 가운데 이를 어떻게 적용하고 대처해야 할 것인지를 주문하고 있다. 이는 미국 측 제의에 의거하여 소련의 추가 방침을 설정하는 것으로 협상에서의 우위 확보를 통한 목표 달성에 대한 의욕을 드러낸 것이었다. 먼저 제1조는 '소미공동위원회 사업 재개 시 소련 대표단은 조선의 민주정당 및 사회단체들과의 협의 조건 문제에서 기본적으로 종전의 입장을 견지해야 한다'[56]고 못 박으면서 반탁단체와 인사의 공위 참여에 반대 입장을 재확인하였다.

---

54) "조선에 대한 소미공동위원회 소련 대표단 훈령(1947.5.20.)." Советско-американские отношения 1945-1948. Документы.. М., 2004, с. 425-429.

55) 1946년 12월 26일 주한미군사령관 하지는 공위 재개를 위한 조건에 대해 다음과 같은 수정 제의를 하였다. '공동위원회와의 협의를 위해 초청된 개인이나 정당·사회단체는 공동성명 제5호에 실린 선언서에 서명한 후에 공동위원회나 미·소연합국의 활동과 모스크바 결정의 이행에 대한 적극적 반대를 선동해서는 안 되며, (만약 그러한 행위를 할 경우) 그들은 향후의 공동위원회의 협의에서 배제될 것이다. 그러한 개인이나 정당·사회단체를 배제하는 결정은 공동위원회의 합의로써 이루어진다.' 신복룡·김원덕 편역, 『한국분단보고서』(하권), 서울: 풀빛, 1992, 226쪽. 하지의 이 제의는 즉시 수용되지는 않았지만 1947년 5월 21일 공위 재개의 기초가 되었다.

56) "조선에 대한 소미공동위원회 소련 대표단 훈령(1947.5.20.)." Советско-американские отношения 1945-1948. Документы.. М., 2004, с. 425.

〈출처〉 "조선에 대한 소미공동위원회 소련 대표단 훈령(1947.5.20.)." Советско-американские отношения 1945-1948. Документы.. М., 2004, с. 425-427.

이 협의 조건은 미·소의 논의 과정에서 도출된 것이기는 하나 하지의 수정제의를 받아들여 작성된 점이 독특하다고 할 수 있다. 소련이 공위 협의를 위한 참여 단체와 인사들을 모스크바 결정에 귀속시키는 데 힘썼음을 보여 주고 있다.

제2조는 임시정부 수립에 참여할 자격을 부여하는 공위와의 협의를 위해서는 공동성명 제5호에 서명하는 것을 전제로 하며, 반탁인사들이 속한 단체가 여기에 서명해서는 안 된다는 것을 확인하였다. 이러한 전술은 소련 대표단이 미·소 협상 과정에서 반탁단체들을 곤경에 빠뜨릴 수단의 하나로 간주되었다.

제3조는 '공동성명 제5호에 포함된 선언에 서명한 후' 위의 3가지 사항에 대해 반대해서는 안 된다는 하지의 제의를 뛰어넘어 미리 이에 대한 검증을 요구하고 있으며, 제4조는 공동성명 제5호 서명 후에도 '적의'를 나타내는 단체들에 대한 배제 방식을 규정하였다. 전반적으로 소련 대표단의 협의 조건은 대미 협상의 우위를 통해 반탁단체들의 기세를 약화시키는 데 목적이 있었다.

훈령 제1부에 나타난 소련의 협의 조건을 달리 표현하자면, 반탁우익단체들이 공위 협의와 임시정부 수립에 참가하려면 모스크바 결정을 지지한다는 것을 확인하는 공동성명 제5호에 서명하고 일체의 반탁 행위를 금지해야 한다는 것이었다. 그런데 정책입안자들이 작성한 '제2차공위훈령 초안(가칭 A안)'은 이 점에서 보다 강경한 입장을 취했다. 여기에는 반탁단체들의 참여를 위한 공동성명 제5호에 대한 서명이 전혀 언급되어 있지 않고 있다. 뿐만 아니라 '조선의 민주정당 및 사회단체들은 모스크바 결정과 그 집행을 적극 반대하였거나 반대하고 있는 또는 동맹국들(혹은 동맹국들 중 하나를)을 반대하였거나 반대하고 있는 대표들을 공동위원회와의 협의에 추천해서는 안 된다'고 강조하기까지 하였다.[57] 다시 말해서 'A안'은 과거 반탁단체들을 어떻게 협의에 참여시킬 것인지 적시하지 않았다. 그러한 접근 방식으로는 미국과의 협상 자체가 불가능하다는 것을 예상한다면 사실상 이 안은 공위 사업의 중단과 다름없었다. 하지만 이 입장은 정책 결정 단계에서 보다 온건하게 수정되었다.

훈령 제2부는 이전의 제1, 2차 훈령을 재확인하거나 수정, 보완하는 내용으로 구성되어 있다. 우선 그것은 첫 단계에서 임시정부 수립과 직접 관련되지 않은 다른 문제들을 협상의 대상으로 삼지 말 것을 지시하고 있다(제5조).[58] 임시정부 수립 문제 이외의 사안은 미소공위 협의에 오히려 장애물로 간주한 것이다. 따라서 미국 측이 조선의 경제 통합 문제를 논의하고자 한다면 모스크바 결정을 들어 이 시도를 거부하고, 남북 교역은 앞으로 조선 임시정부가 수립될 때까

---

57) "말리크가 몰로토프에게, 미소공동위원회 소련 대표단 훈령(1947.5.17.)/제2차공위훈령 – A안." АВПР, ф. 07, оп. 12, п. 25, д. 319, л. 5. 이와 함께 A안은 협의에 임하는 단체와 개인들이 다음과 같은 조건들을 갖추었는지 유의하도록 지시하였다. ①진정으로 민주적이며 ②모스크바 결정과 그 집행에 반대하지 않았으며 ③모스크바 결정을 전적으로 지지하는 호의를 행동으로 보여 주었으며 ④모스크바 결정과 그 집행 혹은 동맹국 중 일국에 적대적인 자들을 협의에 추천하지 않았으며 ⑤공동위원회사업과 동맹국 중 일국 그리고 모스크바 결정을 과거나 현재에 반대하거나 사주하지 않음.

58) 이하 각 조의 출처는 "조선에 대한 소미공동위원회 소련 대표단 훈령(1947.5.20.)." с. 427-429에서 볼 수 있다.

지 상호 공급의 형태로 양쪽 군사책임지역 사령관들 사이의 협정에 따라 실시될 수 있다고 하였다(제6조). 미국의 경제 통합 우선 주장에 대한 대응 논리인 셈이었다.

핵심적인 조목은 역시 협의 단체의 선정 비율이었다. 그런데 'A안'은 본 훈령보다 더 온건한 방안을 제시하였다. 즉 북조선: 45%, 남조선: 55%를 주장하되, 북과 남의 인구수를 감안하여 40% : 60%로 양보할 수 있다고 하였다.59) 그러나 최종적으로 이 안은 '종전 훈령을 변경하여 남북조선 정당 사회단체 대표자들이 동수로, 즉 북조선: 50%, 남조선: 50%의 비율로 협의에 참여시키는 것'(제8조)로 변경되었다. 인구와 단체 수에서 우위에 있는 남쪽에 협의단체를 조금 더 배분하려 했던 방침이 철회된 것이다.

훈령은 동수의 협의 참가 요구에 대한 근거를 다음과 같이 제시하였다.

> 영토 크기와 인구수에서 의미 있는 차이가 없는 조건에서 조건부로 38선으로 갈라진 조선의 두 부분을 조선민주주의임시정부 수립과 같은 문제의 해결 시 불균등한 상태로 둘 근거가 없다는 논거를 제시해야 한다. 또한 북조선의 산업이 더 발전되어 조선 경제전반에서 더 큰 경제적 의의를 갖고 있음을 제시해야 한다(제8조).

인구수에서는 남한이 훨씬 많지만, 면적에서는 북한이 조금 더 큰 것은 별다른 의미가 없다는 것이었다. 이와 함께 임시정부 수립 문제를 두고 남북이 차등적인 조건을 가져서는 안 된다는 것을 강조하였다. 북한의 산업이 경제적으로 영향이 더 크다는 것은 미국 측이 남한 인구수를 제시할 때 방어 논리로 마련된 것이라 할 수 있다. 동등한 비율의 협의 참가 주장은 북한에서는 좌파가 압도하고 남한에서도 여전히 상당한 힘을 발휘하고 있었기 때문에 미국 측이 수용하기는 어려웠다.

---

59) "제2차공위훈령 – A안." л. 8.

〈표 5-3〉 협의단체 대표자(임시정부 내각) 구성 비율

배분 비율 ＼ 훈령	제1차공위훈령	공위휴지기훈령	제2차공위훈령-A안	제2차공위훈령
	- 북조선 50% - 남조선 50%	- 북조선 정당과 사회단체 40%, - 남조선 민주정당·단체(민주주의민족전선) 30% - 남조선 우익 정당 30%	- 북조선 45% - 남조선 55%	- 북조선 50% - 남조선 50%
북 : 남	5 : 5	4 : 6	4.5 : 5.5 (4 : 6로 양보 가능)	5 : 5
좌 : 우	언급 없음	7 : 3	7.25 : 2.75 (7 : 3로 양보 가능)	7.5 : 2.5

비율의 변화는 단지 북한 측 단체의 구성 비율을 얼마만큼 조정할 것인지에 있었다. 〈표 5-3〉에서 보는 바와 같이 북한 측 단체의 비율이 50 → 40 → 45 → 50%로 굴곡이 있음을 알 수 있다. 별 의미 없는 수치처럼 보이긴 하지만 소련 측 입장의 강도를 반영한 것임을 분명하였다. 더 주목해야 할 것은 좌우 세력의 점유 비율이 최종적으로 7.5 : 2.5로 변모한 것이었는데, 이는 단체구성 비율에 대한 소련의 입장이 점차 완고해지고 있음을 보여 주었다.

좌파의 우위를 확보하려는 소련의 구상은 '공산당, 인민당 및 신민당의 합당으로 이루어진 남로당을 3개 정당으로 간주해야 한다'(제9조)는 데서 여실히 드러났다.[60] 최대 기반 세력으로서의 남로당의 입지를 확고히 내세우고자 한 것이었다. 이와 함께 남한의 좌파조직인 조선노동조합전국평의회(전평), 전국농민조합총연맹(전농), 조선청년동맹 등 대중단체들도 독자적 조직으로 협의에 참가해야 한다고 특별히 강조하였다.

---

60) 그 근거로는 '첫째, 지금 노동당에 포함되어 있는 이 3개 정당이 작년에는 공동위원회에 의해 독립 정당들로 인정되었고, 둘째, 이 3개 정당 모두가 남조선 어느 우익정당보다 당원 수에서 뒤지지 않으며, 셋째, 현재 남조선에서 노동당의 영향력이 남조선의 모든 우익 정당을 다 합친 것보다 훨씬 더 크다는 점'이 제시되었다. 또한 이 입장을 보완하기 위해 1946년 5월 미국이 공동위원회와의 협의대상으로 제시한 남조선 정당 명부에는 이들 3개 정당이 분리되어 있었다는 점을 활용할 것을 주문하였다.

정부 형태에 관해서 임시정부는 내각제로 창설되고, 정부는 민주정당 및 사회단체 대표자들로 구성될 것임이 재차 확인되었다(제10조). 또한 임시정부의 지도적 직위(상 직책) 배분도 앞서의 협의 단체 배분 비율과 동일하게 적용하였다. 즉, 좌 3(7.5) : 우 1(2.5)로 나누었다. 그런데 제10조 말미에 '새로 구성되는 조선민주주의임시정부의 지도적 직위(상 직책) 배분 시 1946년 7월 26일자 〈조선에 대한 소미공동위원회 회의 소련 대표단 훈령〉 제3조 d항에 따라야 한다'고 명시했는데, 앞서 언급한대로 여기에 따르면 좌·우 간 실질적인 배분 비율은 5 : 3이었다. 이 혼란스러운 지침을 어떻게 해석할 것인가? 소련의 입장에서 남과 북의 비율을 5 : 5로 하고, 또한 남한 내 좌와 우의 비율도 마찬가지로 반반씩 나누자는 것은 당연한 셈법이었다. 이것은 논리와 명분에 입각한 계산이었고, 실질적으로는 다른 셈법을 적용하였다. 결국 임시정부 구성 비율은 확고한 원칙으로 설정했다기보다는 유연성을 발휘하여 미국과의 협상의 영역으로 남겨두자는 판단을 내렸을 것으로 추측된다.[61] 다만 얼마가 되었든 좌파 우위 구도는 양보할 수 없는 사안이었다.

한편 'A안'에서는 소련 대표단이 제1차훈령 임시정부 정강 가운데, 제2조 인민위원회를 통한 전 조선 영내에서 지방자치제 실시, 제9조 일본 식민주의자와 친일파의 토지를 몰수하여 농민들에게 무상분배, 제11조 일본과 조선독점자본에 속하는 대기업, 은행, 자연부원, 산림, 철도 등의 국유화 조항들을 지켜내지 못할 경우 이 문제들에 대해 국민투표를 실시할 것을 제안하도록 하였다.[62] 이들 조항이 미국과 남한 우파세력의 반대에 부딪칠 것을 예상한 대응책으로 나온 것이었다. 하지만 이 조항들은 본 훈령에서는 채택되지 않았다.

제2차공위훈령 제11~15조는 임시정부 수립 과정과 이후의 정치 일정을 큰 틀에서 제시하고 있다. 임시정부 수립 이후의 정치 일정은 모스크바 결정에 규정

---

[61] 배분 비율에서 나타난 모순성은 정책 입안자들이 원칙과 현실적 조건을 혼동하면서 실수했을 가능성이 농후한데, 그만큼 소련 지도부가 이 문제에 대해 타협의 여지를 남겨둔 것으로 볼 필요가 있다.

[62] "제2차공위훈령－A안." л. 11.

되지 않는 항목들이었다. 임시정부 수립 후 미국의 영향력을 약화시키고 자국에 유리한 정세를 조성하기 위한 조치로 해석할 수 있다.

우선 훈령은 임시정부 수립과 함께 민주정당 및 사회단체 대표자들로 구성된 전 조선 임시인민회의 창설을 예정하였다. 이 기구는 미소공위와의 협의를 위한 정당 및 사회단체 대표직과 동일한 원칙을 갖는 협의기관으로서 헌법안, 선거법, 기타 법령 작성에 참여하며, 후견에 대해 협의하는 기능을 갖도록 하였다(제14조). 향후 완전한 국가 형성을 위한 임시적 의회 기능을 수행하도록 한 것이다. 소련은 실제 제2차 미소공위에서 정당·사회단체 명부 작성에 관한 합의가 불가능해진 시점, 즉 공위 결렬 직전 미국 측에 이 기구의 창설을 제의하였다. 이것은 임시정부 수립과 관련한 모든 문제들의 작성에 조선인들을 참여시키려는 데 목적이 있었다.[63] 이해당사자로서의 조선인의 참여 주장은 이후로도 유엔 등 국제무대에서 한반도 문제를 논할 때 소련이 즐겨 활용한 투쟁 방식이 되었다.

임시정부 정강에는 '성별과 신앙의 차별이 없이 비밀투표하에 보통, 직접, 평등 선거권을 기반으로 자유선거에 의해 전 조선에서 민주적 정권기관 창설에 관한 문제가 포함'(제15조)되도록 요구하였다. 임시정부 이후 새로운 정부 수립 절차로서 임시정부는 '비밀투표하에 보통, 직접, 평등 선거권을 기반으로 자유선거에 의해 인민회의(국회)가 선출되기 전까지 조선의 전 영토에서 입법권과 행정권을 행사'(제11조)한다. 그리고 인민회의(국회) 구성 후 '임시정부는 사임하고, 인민회의는 새 정부(내각)를 구성한다는 것이다. 새 정부는 인민회의(국회)앞에 책임지며 양 지역 사령관에 의해 확정되어야 한다'(제12조)고 하였다. 5년 이내의 한시적 성격의 임시정부가 선거에 의해 선출되는 인민회의(국회)에 새 정부 수립 권한을 넘겨주는 것으로써 자기 역할의 한계를 처음으로 분명히 한 것이었다. 본 훈령과 거의 유사한 다른 초안(가칭 B안)에는 새 정부가 '양 지역 사령관에 의해 확정되어야 한다'는 문구가 빠져 있고 대신에 '인민회의(국회) 앞에 책임진다'로 끝맺고 있다.[64] 하지만 본 훈령에 '인민회의(국회)' 대신

---

63) СССР и Корея. М., 1988, с. 174.

'양 지역 사령관'이 들어간 것은 후견(신탁통치)이 종결될 때까지 미·소의 통제적 역할을 분명히 하겠다는 적극적 의사 표시로 해석된다.

임시정부 이후에 수립되는 조선 정부는 단원제 국회 앞에 정부가 책임을 지는 사실상 내각제로 구상되었지만 대통령은 국회에서 선출하도록 규정하였다(제13조). 대통령의 권한은 독자적인 행정권을 갖지 않은 단순한 국가수반으로 제한되었다. 훈령 초안들도 모두 이 점에서 동일한 주장을 견지한 것으로 보아, 이것은 어느 정파 출신이 대통령이 될지 모르는 상황에서 우파 출신의 대통령 등극 가능성에 대한 나름의 안전장치로 해석할 수 있다.

제2차공위훈령 제16조는 제1차공위훈령과 공위휴지기훈령을 지침으로 삼을 것을 강조하면서 조선 임시정부 구성에 관한 협정이 실패할 경우 '소련 대표단은 조선 정부 구성에 관한 문제를 조선인 스스로의 결정으로 넘기고, 외국군대는 조선에서 철거해야 한다는 것을 제의할 것'이라는 공위휴지기훈령의 마지막 부분을 재차 강조하였다. 이 부분은 두 초안에는 나와 있지 않은데, 고위 정책 결정권자의 최종적인 판단으로 포함된 것으로 보인다. 1947년 9월 26일 소련 대표단은 미·소 양군 철수를 미국에 공식 제의하였다.

공위 재개를 둘러싼 북한 내 정세

미소공위 회의가 재개된 배경에는 북한 측의 요구도 강하게 작용하였다. 일찍이 1947년 연초에 있은 슈티코프와의 면담에서 김일성은 '주민들과 열성분자들이 정부 창설을 위한 미소공위재개에 관해 수많은 질의를 하고 있다'고 하면서 미소공위 재개 희망을 표시하였다. 게다가 그는 이 문제에 대해 '당신은 무엇이 필요하고 무엇을 답변할 수 있는가'라고 슈티코프를 간접적으로 압박하였다.[65] 통일된 임시정부 수립에 대한 이해관계는 김일성 지도부에게 보다 절실

---

[64] "조선에 대한 소미공동위원회 소련대표단 훈령(1947. 5. 19.)." АВПР, ф. 07, оп. 12, п. 25, д. 319, л. 19.

[65] 〈슈티코프 일기〉 1947.1.3.

한 것이었다. 소련으로서는 한반도 전체에 자국에 '우호적인' 정부가 들어선다면 더욱 바람직하겠지만 그것이 여의치 않을 경우 북한만이라도 자국의 영향력하에 '확보'하고자 하는 생각도 가지고 있었다. 이는 미소공위 과정에서 반탁인사 참여 배제를 초지일관 주장하는 등 소련 측이 미국에 양보를 주저한 것에서도 잘 드러난다. 반면 주민의 통일에 대한 정서를 충분히 감지하고 있는 북한 노동당 지도부에게 분단은 민족적 입장에서나 공산주의적 논리에서 용인되기 어려운 상황이었다. 그럼에도 북한과 소련 양측 모두는 미국과 밀접한 관계를 갖는 우익세력이 헤게모니를 장악하는 방식의 통일정부 수립에는 공통적으로 반대의 입장을 보였다. 반복컨대, 양자의 차이는 민족적 이익을 바라보는 관점에 있었다. 소련은 어쨌든 자신에 우호적인 '반쪽' 정부라도 수립한 후 떠나면 그만이었지만 공산주의자에게는 그것이 크게 부담되는 과제로 남을 수 있었던 것이다.

1947년 4월 시점에서 소련군 지도부는 남한에 대한 미국의 독자적인 계획이 아직 단독정부 수립까지 도달하지 않았다고 보았다.[66] 아직 행정 이양과 선거 등을 통해 우익과 미국의 입지를 강화하고 있다는 것이다. 이에 따라 좌익세력은 조속한 미소공위 재개를 촉구하고 남한 단독정부 수립 기도를 저지하는 과업이 강조되었다. 동년 5월 16일 북조선인민회의 제2차회의 말미에 나선 김일성은 소련 외상 몰로토프와 소련군 사령관이 공위 사업 재개를 위해 계속해서 노력했음을 지적하면서 '반동세력'은 1946년과 마찬가지로 공위 사업을 결렬시키길 원한다고 비난하였다. 그러면서 그는 이번에는 두 강대국이 회의를 끝까지 이끌 것을 확신한다고 하였다.[67] 이처럼 재개되는 공위를 통해 임시정부 수립문제가 해결되리라는 공산 측의 기대는 커지고 있었다.

사실 제1차공위 결렬 직후 북한 지도부는 신속한 공위 재개를 원하지는 않았다. 슈티코프는 제1차 미소공위 결렬 후 북한 지도부가 '조선의 민주주의적 발전을 위해' 미소공동위원회 사업의 지연을 희망하고 있다고 지적한 바 있다.[68]

66) "라구틴과 레베데프가 메레츠코프와 슈티코프에게. 남조선에서의 미국의 정책에 대하여 (1947.4.12.)." ЦАМО, ф. 172, оп. 614632, д. 34, л. 155.

67) "부르쩨프에게. 북조선인민회의 제2차회의." ЦАМО, ф. 32, оп. 11542, д. 234, л. 327.

제1차 공위 직후 북한의 급격한 개혁 조치 시행을 살펴보면 그와 같은 지적은 정확할 것이다. 그러나 이 추세는 일부에서 북한의 '독자적인 발전'을 고수하는 주장으로 이어졌다. 로동당 중앙위원회 부부장 박창옥은 일부 노동자, 농민, 그리고 당 지도일꾼 가운데서는 민주개혁을 취소하는 것보다는 38도선을 유지하는 것이 더 낫다는 견해가 있다는 여론을 전했다.[69] 또한 북조선 검찰소장 장해우는 '북조선은 남조선이 없이도 소련의 지원을 받으면서 살아나갈 수 있다. 인민은 반동들이 통일정부에 유입되는 것을 원하지 않는다'[70]고 말하기도 했다. 토지개혁을 비롯한 '민주개혁'의 성과가 지켜지지 않고, 이승만과 김구 등 '반동세력'이 통일정부에 진입할 경우 무조건적인 통일보다 분단을 유지하는 것이 낫다는 시각이었다. 이러한 견해가 공산 측의 기본 방침은 아니었으나 그들의 향후 전략적 선택을 규정하는 요소로 작용한 것만은 틀림이 없었다. 또한 북한 내에서도 분단의식과 그 가능성이 싹트고 있었다고 볼 수 있다.

그러나 공위 사업 재개를 전후하여 북한 지도부는 좌파가 주도하는 통일적인 임시정부 수립을 당면 목표로 삼는 입장을 굳건히 고수하였다. 1947년 6월 공산 측은 남쪽에서 재조선미군정청한국인기관(在朝鮮美軍政廳韓國人機關)을 남조선 과도정부라고 부르기로 하자 이것이 미소공위 사업에 영향을 미치고 임시정부 수립을 저해한다고 하면서 일말의 불안을 표시하였다. 일부의 발언을 소개하면 다음과 같다.[71]

> 과도정부의 창설 목적은 미소공위와 엮어 전 조선 정부로 내세우려는 데 있다. 이것이 실패할 경우 남조선 정부로 남겨둘 것이다.(이강국/북인위 외무국장)

---

68) 〈슈티코프 일기〉 1946.9.6.

69) "슈티코프가 수슬로프에게. 공동위원회 사업 재개 이후 북·남조선 상황에 관한 정보(1947.6.5.)." ЦАМО, ф. 142. оп. 540934, д. 1, л. 250.

70) 위의 문서, л. 251.

71) "이그나티예프가 슈티코프에게. 남조선과도정부 창설에 대한 반항(1947.7.1.)." ЦАМО, ф. 172, оп. 614632, д. 48, л. 117-122.

반동세력이 과도정부 창설 놀음을 하도록 내버려 두라. 그것으로 민족반역
자, 친일분자와 그 후견인들의 진면목이 더 명확히 드러날 것이다.(강진건/북조
선 농민동맹 위원장)

위 두 인사의 발언은 개인적 입장만을 드러냈다기보다는 북한 지도부의 공통
된 인식을 반영한 것이었다. 과도정부 창설에 따른 남한 정세의 흐름이 공산
측의 정책적 판단에 일정한 제약을 가할 수 있음을 보여준 것이다. 물론 공산
측은 과도정부를 비롯하여 남쪽 기관들이 모든 결정에 대해 미군정 사령부의
재가를 받는 등 미군정의 '무권리한 부속물'에 지나지 않는다고 비웃었다.[72]

그런데 남조선 과도정부의 창설은 조만식그룹의 움직임을 이끌기도 했다. 6
월 6일 조만식의 전 개인비서 송모(宋某)가 소련 민정국 부국장 이그나티예프를
찾아와 신당 창당을 허가해줄 것을 요청하였다.[73] 바로 교회지도자들이 앞장서
서 추진한 기독교자유당 결성 움직임이었다. 이 당은 북조선민전에 포함된 기
존 정당들을 원하지 않는 사람들, 즉 기독교인, 상인 등으로 구성되고, 소련군
사령부와 미군정의 정책의 일부를 조정하는 데 노력할 것이라고 하였다. 송은
소련군 측이 신당 창설에 반대하지 않는다면 조만식과 조직자들이 소련군당국
과 접촉을 원한다고 하였다. 하지만 이그나티예프는 '공공연한 반동정책을 표명
한' 송을 조만식이 보낸 것으로 판단하면서 이 당이 '인민에게 해독만을 끼칠
수 있기 때문에' 창당을 허가하지 않았다.[74] 여기서 알 수 있는 것은 조만식이
유폐된 상황에서도 자신의 측근들과 소통은 계속하였고, 일정한 조건에서 정치
적 재기를 모색했음을 알 수 있다.

한편으로 북한 지도부는 조선 임시정부의 조직구조에 대한 완전히 일치된 입
장을 가지지 못했다. 이를테면, 미소공위 재개 직후 북로당 위원장 김두봉은 자

---

72) "슈티코프가 불가닌에게, 남북조선의 정치, 경제 상황에 관하여(1948.3.5.)." ЦАМО, ф. 19,
 оп. 560, д. 8, л. 26.
73) "이그나티예프가 슈티코프에게. 남조선과도정부 창설에 대한 반향(1947.7.1.)." ЦАМО, ф.
 172, оп. 614632, д. 48, л. 122-124.
74) 위의 문서, л. 124.

신의 통역과의 사적인 대화에서 그 자신은 입법기관과 대통령이 선출되기를 원하며, 입법기관은 인민회의가 아닌 국회가 되어야 한다고 말했다.[75] 조선인들이 인민회의가 무엇을 의미하는지 이해하지 못하기 때문이라는 것이다. 그는 또한 최고입법권력이 국회에 속해야 하고 대통령은 광범한 주민계층, 특히 노동자와 농민 사이에서 권한을 가져서는 안 된다고 하였다. 앞서의 미소공위 훈령에서 '대통령', '국회' 같은 기구 명칭을 사용한 것은 소련이 '사회주의 조선'에 집착하지 않는다는 자기 구상의 일단을 보여준 것이지만, 한편으로는 남·북 로동당 지도부 내의 이견을 정리한 결과로 볼 수 있다. 서구식 국가 기구 명칭의 도입은 당시 동유럽에서도 일반적으로 사용하였기 때문에 새삼스러운 것은 아니었다 하더라도 당시 북한의 권력기구가 '비서구식' 명칭을 사용한 것에 비추어보면 소련이 권력구조에 대한 일부 양보를 통해 협상 타결을 모색한 것으로 볼 수 있다.

하지만 임시정부의 수반에 대한 입장은 제1차 공위 시기와는 달라졌다. 미소공위 평양회의가 진행되던 7월 1~3일, 미소공위 질의에 대한 답변을 논의하기 위해 열린 정당·사회단체 중앙위원회 회의에서 다수 발언자들은 김일성을 임시정부 수반으로 내세울 것을 요구하였다.[76] 제1차공위에 대비하여 공산 측이 임시정부 수반으로 천거된 여운형의 자리를 김일성으로 자연스럽게 이동한 것은 임시인위 위원장 취임 이후 일련의 개혁 조치의 주도자로 떠오른 그의 입지에 비추어 당연한 것처럼 보였다.

공위에 참가 예정인 북한 내 정당·사회단체의 세력은 급속한 신장세를 보였다. 1947년 4월 현재 북로당은 60만 당원을 넘어섰다. 북로당은 도위원회 6개, 시위원회 12개, 군위원회 89개, 면위원회 807개, 시 구역위원회 및 공장위원회

75) "샤닌이 메레츠코프에게." ЦАМО, ф. 142. оп. 540934, д. 4, л. 181; "공동위원회 사업 재개 이후 남·북조선 상황에 대한 정보." ЦАМО, ф. 142. оп. 540934, д. 1, л. 248; АВПР, ф. 102. оп. 6, п. 2 д. 9, л. 73.

76) "이그나티예프가 슈티코프에게. 정당·사회단체 중앙위원회 회의 결과 보고서(1947.7)." ЦАМО, ф. 172, оп. 614632, д. 48, л. 125-126.

43개로 구성되었고, 24,298개의 초급 당조직을 보유하였다.[77] 한때 하향세를 겪던 조선민주당과 천도교청우당도 각각 24만 명과 23만 명을 상회하는 당원을 보유하게 되었다.[78]

조만식을 몰아낸 후 조선민주당은 자신의 독자성을 유지하기 보다는 사실상 북로당의 정책에 대한 후원자가 되었다. 1947년 4월에 열린 민주당 제2차 당대회에서 당수 최용건은 인민위원회의 역할과 토지개혁, 선거 실시에서 당 사업의 공헌 등에 대해 언급하면서 동시에 구 지도부의 활동과 그들과의 투쟁을 빼놓지 않았다.[79] 대회는 당 강령이 토지개혁 지지, 봉건잔재 철폐, 인민위원회 지지 등을 포함하지 않고 있다는 총무국장 이정우의 지적을 수용하여 수정 강령에 이들 조항을 삽입하였다.[80] 대회는 41명으로 구성된 중앙위원회를 선출하였고, 중앙위원회는 최용건을 당수로 재선출하였다. 의심의 여지없이 북로당의 든든한 후원세력으로서 민주당의 역할은 최소한 상층 차원에서는 더욱 강화되었다.

같은 달 천도교청우당도 제1차 당대회를 열었다. 대회는 '반동 이색분자들과 단호한 투쟁을 벌여야 하며 자유로운 독립국가를 창설하는 것 이외에 다른 과업이 있을 수 없다'고 결의함으로써 북로당 주도의 통일전선에 적극 가담할 것을 선언하였다.[81] 천도교청우당의 과업과 활동은 부르주아민주주의 질서 구축 과제에 부합하고, 당의 중앙 및 지방 지도부는 일부를 제외하고는 북로당의 제반 조치 실시에 적극 참가하고 있다는 긍정적 평가를 받은 반면 때로 권력기관에서 지나치게 자리를 탐하거나 북로당의 지도적 지위에 대해 불만

---

77) "북조선 정치·경제 상황에 관한 보고(1947.5)." АВПР, ф. 0480, оп. 3, п. 4, д. 9, л. 10-11.
78) "소련군 사령부와 북인위에 등록된 북조선민전 소속 정당·사회단체 목록(1947.5.19.)." ЦАМО, ф. 172, оп. 614632, д. 48, л. 60.
79) "사포쥬니코프가 수슬로프에게(1947.5.27)." РГАСПИ, ф. 17, оп. 128, д. 1119, л. 103.
80) "레베데프가 메레츠코프에게. 북조선민주당 제2차대회 사업 결과." ЦАМО, ф. 142, оп. 540934С, д. 4, л. 23.
81) "코로트코프가 메레츠코프와 슈티코프에게(1947.4.22.)." ЦАМО, ф. 142, оп. 540934, д. 4, л. 44-53.

을 표출한다는 비판도 받았다.[82] 청우당의 당세는 이후 급격히 확장하였는데, 1947년 12월 1일 현재 당원 수가 413,490명에 이르러 불과 반년 만에 거의 배로 증가하였다.[83] 천도교청우당의 당세 확장은 공산 측과의 공조에 의한 것이라기보다는 당 지도부의 '권력 의지'가 상당 부분 작용하였다. 이 때문에 공산 측은 청우당을 통제하고 영향력을 행사하는 데 상당한 주의를 기울이지 않을 수 없었다.

북한의 새 질서에서 대중적 토대가 된 각 사회단체들의 성장세도 두드러졌다. 북조선 농민(총)동맹은 250만 명을, 북조선 민주여성총동맹과 북조선민주청년동맹은 각각 100만 명과 130만 명을 거느린 대규모 대중조직으로 성장하였다. 북조선노동총동맹은 이미 17개의 부문별 동맹으로 구성된 조직으로 변모하였다.[84] 이들 단체는 북로당의 정책을 수용하여 대중적 단위에서 집행하는 기층조직으로서의 기능을 수행하였다.

재개된 미·소 협상: 연속된 굴절

슈티코프는 다시금 소련 대표단을 이끌고 서울로 향했다. 소련 대표들로는 제1차 공위 때와 마찬가지로 레베데프, 발라사노프, 코르쿨렌코가 참가하였고, 차라프킨을 대신하여 새로이 국제법 전문가인 외무성 제1극동부 부장 G. I. 툰킨이 가담했다. 툰킨의 임명은 5월 5일자 소련공산당 정치국의 결정을 거쳐 이루어질 만큼 그의 직무 역할은 컸다.[85]

5월 21일 마침내 제2차 미소공동위원회가 재개되었다. 미소공위는 양측의 합

---

82) "북조선 정치·경제 상황 보고." РГАСПИ, ф. 17, оп. 128, д. 392, л. 94.

83) "북조선 정당·사회단체(1947.12.1)." ЦАМО, ф. 19, оп. 560, д. 8, л. 45.

84) "소련군 사령부와 북인위에 등록된 북조선민전 소속 정당·사회단체 목록(1947.5.19.)." ЦАМО, ф. 172, оп. 614632, д. 48, л. 61.

85) "G. I. 툰킨에 대하여. 1947년 4월 25일~6월 25일 정치국 결정, 의사록 No. 58." РГАСПИ, ф. 17, оп. 116, д. 306, л. 99.

의대로 조선민주주의임시정부 수립을 위한 기초 작업에 나섰다. 초기 회의에서 내부 절차 문제와 활동 계획에 관해 합의하였다. 우선 제1단계에서는 한국(조선)임시정부 수립 준비안 마련에 국한하기로 하여 각각의 기능과 역할에 따른 3개의 소위원회를 다시 설치하였다. 미·소 양측은 여러 논란을 거쳐 6월 7일 공동결의문 12호를 발표하고 공위와 협의를 바라는 정당·사회단체의 신청서를 받기로 하였다. 공동결의문 제12호는 공동성명서 제5호에 담긴 청원서 서명을 모스크바 결정을 전적으로 지지하는 성명으로 간주하고, 이 청원서의 서명 이후에 공위 사업 또는 동맹국 중 하나, 또는 모스크바 결정에 반대하여 적극 선동에 나서는 정당·사회단체는 향후 공위와의 협의에 배제하도록 하였다.

제2차 미소공위는 지난 1946년 제1차 공위가 결렬된 원인을 해소한 후 재개된 것은 아니었다. 즉, 미소공위와의 협의에 참가할 정당과 사회단체의 자격 문제는 계속해서 회의 진행의 발목을 잡았다. 소련이 자신의 입장을 고수한 이면에는 이승만, 김구 등 남한 측 반탁 우익세력들을 조선 임시정부에 원천적으로 배제시키려는 의도가 있었다. 1947년 1월 말 남한 반탁세력들은 김구를 위원장으로 하고 조소앙과 김성수를 부위원장으로 하여 42개 단체를 규합한 반탁독립투쟁위원회를 결성함으로써 반탁운동의 조직적 단결을 도모하였다.[86] 이 조직의 반탁활동은 미·소 간의 본질적인 입장 차이와 소련의 완고한 태도를 불러일으켰다.

1947년 6월 12일 미소공위는 정당·사회단체와의 협의 규정과 임시정부의 구성과 조직 원칙 및 정강에 대한 질문서를 발표하였다. 협의 참가 청원서는 6월 23일까지, 질문서에 대한 서면 답변은 7월 1일까지 각각 제출하도록 하였다.[87] 제1차공위에서 합의한 총 30개로 정한 주요 정당·사회단체와의 협의에 관한 미·소 간 합의가 무산되면서 협의 대상은 제한이 없게 되었다.

6월과 7월 미소공위는 서울과 평양에서 각각 정당·사회단체를 참여시킨 가

86) "반탁독립투쟁위원회 정식 결성." 『東亞日報』 1947년 1월 26일.

87) "쏘美共同委員會 共同성명書, 第十一號." 『쏘米共同委員會에 關한 諸般資料集(增補版)』, 평양: 北朝鮮中央民戰 書記局, 1947, 140~141쪽.

운데 합동회의를 열었다. 반탁 우익세력의 격렬한 반대 속에 한반도 정세는 일순 모스크바 결정의 실행 방향을 잡는 듯했다. 하지만 이승만과 김구는 여전히 반탁운동을 지속하면서 공위 협의 참가를 거부하고 있었다.[88] 상징적 두 대표 인사의 협의 참가 거부는 공위 사업에 긍정적인 전망을 갖기는 어려웠다.

6월 25일까지 공위 참가 신청서를 제출한 북한의 참가 정당·사회단체는 38개, 회원 1천 330만 명인 반면 남한의 정당이 25개, 사회단체수가 400개로 총 425개에 회원 7천 만 명에 이르렀다. 이 중 정당은 25개였다. 남북 공히 전체 각자 인구수를 넘어섰고, 특히 남한의 경우, 총인구 1천 900만 명에서 남녀 성인 각자가 8개의 단체에 가입한 것과 같았다. 미국은 남측단체의 좌우 비율을 우: 5, 좌: 3으로 보았고, 반면 북측 38개 단체 모두를 좌측으로 간주하였다.[89]

제출된 정당·사회단체 가운데 회원 수가 100만 명이 넘는 단체만 해도 북측에서 북조선농민동맹(257만 명) 등 5개에 달했고, 남측에서는 조선적십자사(500만 명), 조선불교총무원(425만 명), 전국농민총연맹(214만 명), 천도교총본부(406만 명), 반팟쇼공동투쟁위원회(757만 명), 민주주의민족전선(621만 명), 전국부녀총동맹(452만 명) 등 16개에 이르렀다.[90]

더욱이 소련 대표단은 미국 측이 남측 참가단체의 과도한 회원 수에 대해 공위와의 협의에 참가할 우익 정당·사회단체의 수와 회원을 늘리기 위해 우익세력을 통해 존재가 불분명한 조직, 순전히 지방적인 조직, 다양한 비사회적인 조직들을 끌어들인 것으로 보았다.[91] 이에 대해 미국 측은 상업·산업조직이 협의 대상에서 제외되어야 한다면 노동조합 역시 대상에서 제외할 것을 주장하였

---

[88] 김구의 한독당은 공위 참가 문제로 3당으로 분열되었다. 여기서 나온 신한국민당과 민주한독당은 공위 참가를 지지하였다.

[89] "共同聲明案을 審議後 兩側對立內容 發表." 『東亞日報』 1947년 7월 12일.

[90] "공위와 협의 참가 청원을 제출한 북남조선 정당사회단체 목록." ЦАМО, ф. 172, оп. 614632, д. 5, л. 1-68; "공위미대표 협의청원상황에 대해 특별발표." 『朝鮮日報』 1947년 7월 13일.

[91] "조선에 대한 소미공동위원회 소련 대표단 보고(1947.5.21.~10.21)." АВПР, ф. 06, оп, 9, п. 58, д. 875, л. 47.

다. 청원서를 제출한 모든 단체는 협의대상에 포함되어야 한다는 논리였다. 이와 관련하여 모스크바 지도부는 공위와 협의를 희망하는 정당·사회단체 수를 제한하지 않은 것을 실수로 지적하였다.[92)]

북조선 청원단체는 북로당 등 3개 정당과 북조선직업총동맹(위원장: 한국모) 산하 노동조합 17개, 문화단체 5개, 종교단체 3개, 후생단체 2개, 사회단체 2개, 기술연맹 2개 그리고 농민동맹·여성동맹·청년동맹·소비조합이 각각 1개씩, 모두 38개 단체였다.

〈표 5-4〉 미소공위와의 협의 참가 청원서를 제출한 북조선 정당사회단체 명부

번호	단체명	창설일	대표	회원 수
1	북조선로동당	1946.8.28	김일성	652,077
2	북조선민주당	1945.11.3	이정우	247,972
3	북조선천도교청우당	1919.9.2	김달현	414,964
	북조선직업총동맹(4-20)		한국모	
4	북조선광산노동자직업동맹	1945.12.30	허진	50,976
5	북조선금속노동자직업동맹	1946.2.28	이용수	22,250
6	북조선토건노동자직업동맹	1945.11.29	박순봉	16,096
7	북조선교통운수노동자직업동맹	1945.11.29	김혁봉	14,177
8	북조선화학노동자직업동맹	1945.11.30	한주협	41,773
9	북조선섬유노동자직업동맹	1945.11.29	김우찬	20,190
10	북조선식료노동자직업동맹	1946.9.13	김혁	11,362
11	북조선출판노동자직업동맹	1946.2.29	김원준	3,584
12	북조선목재노동자직업동맹	1945.11.29	김형근	30,435
13	북조선어업노동자직업동맹	1946.2.29	김영제	22,681
14	북조선통신노동자직업동맹	1945.12.1	홍국진	5,169
15	북조선보건인직업동맹	1946.8.6	김영수	4,234
16	북조선사무원직업동맹	1946.8.6	조남오	64,249
17	북조선교원문화인직업동맹	1946.4.5	이남산	29,461
18	북조선일반종업원직업동맹	1946.4.5	김정복	14,177
19	북조선철도노동자직업동맹	1946.2.30	박종순	30,319
20	북조선전기노동자직업동맹	1945.11.28	김원철	7,163
21	북조선농민동맹	1946.1.31	강진건	2,572,714
22	북조선민주여성동맹	1946.2.18	박정애	1,050,103
23	북조선민주청년동맹	1946.1.17	안병기	2,248,574
24	북조선소비조합	1946.5.20	문회표	2,751,798
25	조선애국투사후원회	1946.3.31	김일호	752,514

92) 〈슈티코프 일기〉 1947.7.7.

26	북조선보건연맹	1946.4.25	최응석	2,976
27	북조선공업기술연맹	1946.4.13	이병제	33,038
28	북조선적십자사	1946.10.18	최창석	54,000
29	북조선교육문화후원회	1946.2.16	장종식	1,569,478
30	북조선문학동맹	1946.3.25	한설야	6,302
31	북조선음악동맹	1946.3.25	이면상	5,604
32	북조선연극동맹	1946.3	나웅	6,914
33	북조선미술동맹	1946.3.25	선우담	4,719
34	북조선농림수산기술연맹	1946.12.1	백석	4,082
35	북조선불교연합총무원	1946.12.26	김세율	375,762
36	북조선인민항공협회	1945.12.10	노민	201,865
37	북조선기독교도연맹	1946.11.28	박상순	22,084
38	천도교북조선종무원	1946.5.19	이근섭	963,683

〈출처〉 『쏘米共同委員會에 關한 諸般資料集(增補版)』, 평양: 北朝鮮中央民戰 書記局, 1947, 221~224 쪽; "공위 협의 참가 청원서를 제출한 북조선 정당·사회단체 명부." ЦАМО, ф. 172, оп. 614632, д. 5, л. 1-9를 종합하여 작성.

소련대표단은 반탁투쟁위원회에서 탈퇴하지 않은 정당·사회단체와 협의는 불가하다는 처음의 입장을 굳히지 않았다. 소련의 거부 명분은 공위와의 협의를 위한 청원서에 서명하면서 동시에 반탁운동을 계속하는 것은 양립될 수 없다는 것이었다. 소련은 이들 단체의 수가 20개에 이르고 그 선두에는 미군정의 특별 비호를 받는 한민당이 있다고 보았다.[93] 따라서 이들 조직이 반탁위원회에서 탈퇴하고 모스크바 결정과 공위를 반대하여 투쟁하는 것을 중지하는 경우에만 협의에 참가할 수 있다는 주장을 견지했다.

한편 남북의 좌우 정당·사회단체들은 제시된 질문서에 대해 남쪽에서는 392개 정당·사회단체가, 북쪽에서는 참여를 신청한 38개 전체 정당·사회단체가 답변서를 제출하였다. 이 가운데 조선의 국가 건설과 관련하여 좌·우의 유형화된 기본 입장을 살펴볼 필요가 있다.[94] 먼저 우익진영은 국호는 '대한민국'을, 권력구조는 대통령제를 선호하였다. 지방정권기관의 경우 도지사, 시장, 군수로

---

[93] "조선에 대한 소미공동위원회 소련 대표단 보고(1947.5.21.~10.21)." АВПР, ф. 06, оп. 9, п. 58, д. 875, л. 57.

[94] 아래 내용은 다음 출처에서 인용하였다. "조선에 대한 소미공동위원회 소련 대표단 보고 (1947.5.21.~10.21)." АВПР, ф. 06, оп. 9, п. 58, д. 875, л. 84-94.

대표되고 중앙정권기관(대통령)에서 임명하도록 하였다. 토지개혁에 대해서는 지주로부터 토지를 몰수하지 않는 축소된 형태를 원했다. 이와 달리 좌익진영은 국호로 '조선민주주의인민공화국'을 대부분 선택하였고, 권력구조는 대통령제보다는 집체적인 형태를 선호하였다. 입법부는 인민회의에 속해야 하지만 총선거가 실시될 때까지는 임시정부가 입법권을 행사해야 한다는 의견으로 통일되었다. 지방정권기관은 인민들이 선출한 인민위원회로 할 것을 제안하였다. 토지개혁을 비롯한 경제정책에 대해서는 북한에서 실시된 개혁에 찬동하였다. 이처럼 정치체제에 관련한 좌·우세력의 기본 입장은 이후 분단정부 수립 과정에서 남북의 정치체제에 그대로 반영된 것을 알 수 있다.

소련 대표단은 공위사업을 촉진하기 위해 종국적으로 협의대상 명부 작성에 기대치 말고 미·소 양측 대표가 공동합의하는 제정당·사회단체와의 협의를 시작하자고 하였다. 또한 반탁위원회의 활동이 사실상 중단되었다는 미국 측 주장에 반박하면서 소련 측은 반탁위원회 소속 남쪽 정당·사회단체의 활동에 제기된 사실에 대한 공동조사를 반복해서 주장하였고, 나아가 이들 단체 지도자들을 초대해서 그들의 입장을 확인할 것을 제의하였다.[95] 공식적 대담 후 공동위원회에서 제기한 의문이 해소될 경우 해당 정당 및 사회단체의 협의 참여를 허용하자는 것이었다. 이러한 소련의 제의는 미국에 의해 수용되지 않았다.

슈티코프는 미소공위를 통해 미국이 이중적 행동을 한다고 보았다. 첫째, 미국이 전 한반도의 '반동'정부 창설을 위해 공위를 이용한다는 것이었는데, 슈티코프는 7월 3일 평양 회의에서 미 대표단장 브라운이 자신에게 한반도에서 좌·우 세력 비율이 2 : 3으로 우익이 우위를 갖는 정부 구성을 제의한 것을 다시 예로 들었다.[96] 둘째, 미국은 그러한 구상이 실패할 경우에 남한에 분단정부 수립 준비를 위한 은밀한 작업을 진행시키고 있다는 것이었다. 소련은 미

95) "조선에 대한 소미공동위원회 소련 대표단 보고(1947.5.21.~10.21)." АВПР, ф. 06, оп. 9, п. 58, д. 875, л. 60.
96) "슈티코프가 불가닌에게, 남북조선의 정치, 경제 상황에 관하여(1948.3.5.)." ЦАМО, ф. 19, оп. 560, д. 8, л. 32.

국의 기본 입장에 대해 한국을 자신의 독점적 지배하에 두고 거기서 순종적인 '반동정부'를 수립하여 소련에 반대한 극동의 군사전략 근거지로 변화시키는 것으로 보았다.[97]

7월 10일 소련 대표단은 이미 합의를 본 1만 명 이상의 정당·사회단체로서 쌍방대표가 의혹을 가지지 않는 남한에서 119개, 북한에서 28개의 정당·사회단체의 명부를 제출하였다. 남한 측 119개 정당·사회단체는 우파 74개, 좌파 34개, 중도파 11개로 구성되었다.[98] 협의 명부에 포함되지 않은 단체는 협의 종결 후 구두 협의를 위해 자기의 대표를 파견할 수 있도록 하였다. 미·소 양측은 사실상 1만 명이 넘는 회원을 가진 정당·사회단체를 우선 협의명부에 포함시키는 것에 동의하였다. 협의 명부를 여기에 한정할 경우 대부분의 지역단체와 비사회단체는 회원 수가 1만 명이 채 안되었기 때문에 이들의 협의 대상 문제는 자동적으로 해소될 수 있었다.

7월 21일 슈티코프는 언론사 관계자 54명을 앞에 두고 기자회견을 열었다. 그는 정당·사회단체 협의 대상 목록의 작성에 대해 반탁위원회 소속 단체들을 포함시키는 문제만이 남아 있다고 하면서 소련 대표단은 모스크바 결정과 몰로토프—마샬 합의의 철저한 이행을 준수할 것이라고 언명하였다.[99] 반탁조직들이 반탁위원회에서 탈퇴하지 않을 경우 미·소 간 합의가 어렵다는 것을 재삼 확인한 것이다. 반탁위원회에 대한 소련의 부정적인 입장은 기본적으로 그 소속 단체들의 반소·반공적 태도에서 출발한 것이고, 임시정부 수립에 그들을 배제하고자 하는 의지가 있었지만 이들에 대한 명분 없는 거부는 어려웠다. 이들 조직이 반탁위원회를 탈퇴한다면 모든 문제가 해결될 것이라는 주장은 그럴 경우 이들 단체가 임시정부의 일원이 되는 것을 인정하리라는 의사로 볼 수 있다. 다만 그들이 반탁위원회에서 탈퇴한다면 입장 변경에 따른 조직적 위상이 현저

---

97) "조선의 상황에 대하여." РГАСПИ, ф. 17, оп. 128, д. 266, л. 198.

98) "1948년 5월 30일 미국무성의 성명에서 언급된 조선과 만주문제에 대한 조회(1948년 6월 10일)." АВПР, ф. 07, оп. 21, п. 22, д. 379, л. 8.

99) "슈티코프 동지의 성명." Правда. 25.VII.1947.

히 약화될 것임을 염두에 두었을 것이다. 물론 소련으로서는 모스크바 결정이 이행될 경우 여전히 좌익이 우위에 있는 한반도의 좌우세력 구도에 자신감을 가진 것은 분명하였다.

기자회견이 끝나고 소련 대표단은 일단 평양으로 돌아왔다. 슈티코프의 성명에 대해 김두봉은 이그나티예프에게 미 대표단이 몰로토프와 마샬의 서한에서 언급된 원칙을 의식적으로 시행하지 않는다고 하면서 소련 대표단이 기존 입장을 완고하게 유지해야 할 것이라고 말하였다.[100] 그는 미국이 행정 및 문화 조직 등 소규모 단체와 협의 문제를 미래 정부에서 '반동적' 다수를 확보하기 위해 제기하고 있다고 보았다. 민주당 당수 최용건은 '소미공위에서 미 대표단의 행동과 마주치면 그 위선적인 정책에 분노감이 일어난다'[101]고 격렬한 표현을 감추지 않았다. 이외에도 이그나티예프는 김달현(천도교청우당), 한국모(북로당 로동부장), 최용달(북인위 사법국장), 한면수(평양시 인민위원회 위원장), 이강국(북인위 외무국장) 등 북한의 주요 인사들이 슈티코프의 성명에 전적인 지지를 표하는 발언들을 보고하였다.[102]

미국 대표단은 7월 25일 제1소위원회로 하여금 협의 신청서를 제출한 모든 정당 및 사회단체의 명부를 준비하도록 하자고 제안하였다.[103] 소련 측 입장에서 이것은 회원 수 1만 명 미만의 단체를 명부에 포함하는 것을 의미하기 때문에 공위 사업을 처음 단계로 되돌리는 것을 뜻했다.

미·소 양측의 팽팽한 대립과 입장 차이는 계속해서 좀처럼 좁혀지지 않았고, 양측은 각자의 이해관계에 손상을 불러일으킬 것 우려하여 전향적인 양보조치에 주저하였다. 협의 단체 명부 작성 문제로 교착 상태에 빠지면서 소련 대표

---

100) "이그나티예프가 슈티코프에게. 1947년 7월 21일 기자회견에서 슈티코프 상장 동지의 성명과 관련한 지도 성원의 분위기에 관한 보고(1947.7.22.)." ЦАМО, ф. 376, оп. 166654, д. 1, л. 64-65; ф. 142, оп. 432241c, д. 3, л. 83.

101) 위의 문서, л. 65; л. 84.

102) 앞의 문서, л. 65-70; л. 83-89.

103) "조선에 대한 소미공동위원회 소련 대표단 보고(1947.5.21.~10.21)." АВПР, ф. 06, оп. 9, п. 58, д. 875, л. 69.

단은 8월 5일 한국(조선)민주주의임시정부 및 지방정권기관들의 조직 구조와 원칙(임시헌장), 동 정부의 정강, 임시정부의 인적 구성 등에 대한 제안 작성에 착수할 것을 제의하였다. 사실상 정당·사회단체와의 구두협의가 어렵게 된 상황에서 미국과 소련은 이에 대해 각자의 주안점을 분명히 드러낸 입장을 〈표 5-5〉과 같이 내놓았다.

〈표 5-5〉 공위 사업에 대한 미국과 소련의 막판 제의

미국 대표단 제의(8월 12일)	소련 대표단 제의(8월 26일)
1. 구두협의는 진행하지 않고 정당·사회단체가 제출한 질문지가 모스크바 결정이 규정한 협의로 수용할 것임. 2. 한국(조선)임시민주의정부의 임시규정과 정강을 공위에 제출하고 완성하도록 제2소위원회에 위임할 것. 임시규정에는 어떤 직책이 임명되고, 어떤 것이 선출되는지 나타나야 함. 3. 공위는 임시헌장에 예정된 **국가입법기관 및 정부 인사를 선출하는 총선거 실시를 즉각 준비함.** 그와 같은 선거는 자유로운 선거운동을 예정하고, 선거의 비밀성과 1개 정당 이상의 대표성이 국제적 감시하에 보장됨. 남한과 북한에서 총선거를 위한 세부계획 을 준비하도록 제2소위원회에 위임할 것. 이 계획은 제안된 규정과 함께 4대 강국에 제출될 것. 4. 남·북한의 기존 정부 기능의 통합 기능과 더불어 한국임시정부의 임명직 구성원의 선발 계획을 제3소위원회에게 위임할 것.	■ 구두협의를 진행하지 말자는 미국 측 제의에 동의할 준비가 되어 있음. 1. 공위가 배포한 질문지에 대해 공위에 제출한 민주정당·사회단체의 서면 제의를 즉각 연구하고, 조선(한국)임시민주의정부와 지방정권기관의 구조안(임시헌장), 정강, 정부의 구성원을 공위에 제출하도록 제2소위원회에 위임할 것. 임시헌장에는 전 조선에서 실시되는 보통, 평등, 직접, 비밀 선거를 토대로 입법기관의 창설이 예정됨. 2. **민주정당·사회단체 대표들로 자문기관인 전 조선 임시인민회의를 결성할 것.** 전 조선 임시인민회의는 1만 명 이상의 회원으로 공위에 협의 청원을 제출하고 모스크바 결정을 전적으로 지지하며 공위와 열강을 반대하지 않는 정당·사회단체대표들로 구성할 것. 전 조선 임시인민회의 대표자 수는 북과 남이 동수가 되어야 함. 공위는 다양한 정당·사회단체의 대표성을 가능한 영향력을 고려하면서 그 회원 수에 따라 정할 것. 3. 공위는 조선민주주의임시정부와 지방정권기관의 구조 및 원칙(임시 헌장), 임시정부의 정강 및 구성원, 정부의 정권 수용 절차 등의 문제들에 대한 제안 작성을 위해 전 조선 임시인민회의를 끌어 들임.(강조는 인용자)

〈출처〉 ABПР, ф. 018, оп. 9, п. 17, д. 64, л. 60-65.

미국 측의 8월 12일 제안에 대해 슈티코프는 즉각적으로 부정적인 판단을 하였다. 미 대표단이 아무런 새로운 계획을 제시하지 않고 현 상황을 탈피하려는

의사도 없다는 것이며, 특히 미국 측 제안 제3항 총선거 실시는 초보적 효과를 얻을 목적으로 순진한 사람들을 현혹하려는 시도로 간주되었다.[104]

슈티코프는 제2차 공위 훈령에서 제시되었듯이 정당·사회단체 대표들로 임시인민회의를 조직하고 조선에서의 선거는 반드시 보통, 직접, 평등, 비밀의 원칙하에 실시되는 것 등을 내용으로 하는 소련 측 제안의 초안을 만들었다. 또한 슈티코프는 위 제안과 별도로 또 다른 제안으로서 남북한 모든 주민이 참여하는 헌법제정인민회의 구성을 위한 선거를 실시하고, 이를 통해 공위와 협력하에 임시정부를 조직하고 의회선거를 준비하는 방안을 동시에 마련하였다. 이 방안은 그간 소련이 고수한 정당·사회단체의 협의를 통한 임시정부 수립 방침에 벗어나는 파격적인 제의로 볼 수 있다. 두 가지 초안은 모스크바로 발송되었지만, 두 번째 초안은 레베데프의 강력한 반대에 부딪혔고,[105] 또한 채택되지도 않았다. 소련 대표단의 고심을 반영하듯이 위 〈표 5-5〉에 나온 소련 정부의 8월 26일 제안은 거의 2주가 다 되어서야 도착하였다. 미국 측 제의에 해법을 찾는 데 그만큼 소련 지도부의 고심이 컸음을 보여 주었다. 레베데프는 이로 인한 여론의 시선으로 소련이 곤란에 빠졌다고 비판하였다.[106]

미·소 양측은 구두 협의에 더 이상 매달리지 않는 데 사실상 동의하였다. 미국은 임시정부의 구성에 대해 남·북한의 기존 정부 기능을 통합하는 방식을 고려하였다. 반면 소련은 남과 북이 동수로 구성된 자문기관인 전 조선 임시인민회의를 통해 임시정부를 구성하고자 하였다. 전 조선 임시인민회의는 1만 명 이상의 회원을 공표하고 모스크바 결정을 전적으로 지지하는, 공위에 협의 선언서를 제출한 정당·사회단체 대표자들로 구성하고, 여기에 참가할 남북한 대표 수는 반드시 동일하여야 한다는 것이었다. 남한 내 좌익세력의 참여를 고려한다면 역시 전체적으로 좌파 우위가 실현되는 내용이었다. 물론 미 대표단은 소

---

104) 〈슈티코프 일기〉 1947.8.13.
105) 위의 자료.
106) 〈레베데프 일기〉 1947.8.23.

련 측의 제의가 24개의 반탁 우익정당을 배제시킨 협의기관을 만들 것이라는 점을 지적하면서 이를 거부하였다.[107]

미리 짚어볼 것은 미국이 당연한 수순대로 다당제에 기반을 둔 입법기관과 주요 정부 인사를 총선거를 통해 선출하려는 계획을 세웠는데, 이는 나중에 인구비례에 의한 총선거 시행의 단초를 제시한 것이다. 이에 반해 소련은 '보통, 평등, 직접, 비밀 선거를 토대로 입법기관의 창설'을 언급하였지만 이것이 구체적으로 어떻게 실시될지, 즉 미국식 선거를 도입할 수 있는 것인지에 대해서는 구체화하지 않았다.

한편, 미군정의 남한 좌파세력에 대한 대대적인 검거 행위는 슈티코프의 대미 불신을 심화시켰다. 그는 8월 22일 성명을 통해 탄압 사례를 일일이 열거하면서 미국 측에 의해 '공위 업무를 결렬시킬 목적으로 이러한 환경이 환기되는 것 같다'[108]는 입장을 표명하였다. 모스크바 결정을 지지하는 정당·사회단체만이 탄압의 대상이 된 데이어 피검자 가운데는 공위와의 구두협의에 참가하기 위해 선발된 인사들도 포함된 것이 불만을 증폭시켰다고 할 수 있다.

이러한 상황에서 미소공위는 양측이 한 발도 움직일 수 없는 교착상태에 빠져 있었다. 미소공위의 전망이 점차 어두워지고 한국문제 해결의 실마리가 점점 꼬여가자 슈티코프는 '최종적인 마지막' 성명을 마련하고자 하였다. 바로 제2차공위 훈령에 따른 미·소 양군 철수 제의가 그것이었다. 1947년 7월 23자 그의 일기에는 '조선인 스스로 정부 수립 문제에 대한 협의에 착수하도록 제의하고, 일정 시기 내에 조선에서 소·미 양군의 완전 철수' 등이 담겨 있다.[109] 이 구상은 이미 오래된 방안이었지만 모스크바 결정의 틀을 지속시켜온 소련의 입장에서는 가히 파격적인 것이었다. 이 구상은 미·소 대표단이 서로의 입장 차이로 막다른 길에 다다른 두 달 후에야 제기되었다.

---

[107] "조선에 대한 소미공동위원회 소련 대표단 보고(1947.5.21.~10.21)." АВПР, ф. 06, оп. 9, п. 58, д. 875, л. 77-78.

[108] "檢擧된 左翼의 釋放으로 正常的 環境을 急速回復." 『景鄕新聞』 1947년 8월 23일.

[109] 〈슈티코프 일기〉 1947.7.23.

모스크바 결정의 실행이 자국의 이익에 배치된다고 판단한 미국은 한국문제를 자국의 영향력이 미치는 유엔으로 이관하고자 하였다. 9월 23일에 열린 유엔 총회 제2차회의는 미국의 제의에 따라 한국문제를 회의 의제로 포함시키기로 결정하였다.[110] 이에 맞서 슈티코프는 9월 26일 공위 회의에서 소련 정부의 지시를 받아 '만약 미국 대표단이 1948년 초에 모든 외국군대를 철거할 데 대한 제의에 찬동한다면 소련 군대는 미국 군대와 동시에 조선에서 철거할 준비를 갖추고 있다'[111]고 미·소 양군 철수를 공식 제기하였다. 그는 미·소 군대가 주둔하는 조건에서 조선인민이 후견(신탁통치) 없이 잘해나갈 수 있다고 하는 것은 그들에 대한 기만이 될 것이며, 조선은 민주정부가 들어서고 미·소 양군이 철수할 때에만 자유로운 독립국가가 될 수 있다고 하였다. 바로 미·소 양군의 철수하에서 동맹국들의 참여와 원조 없이 조선인들 스스로 자기 정부를 수립하도록 하자는 것이었다.

이 제의는 소련이 마침내 1945년 12월 이후 모스크바 결정 실행에 대한 '집착'을 벗어던지고 조선인의 '자주적' 문제 해결을 제시한 것이었으며, 최소한 한반도 내에서 미국에 대한 명분적 우위를 내세울 수 있게 되었다. 군대 철수가 가져올 수 있는 정치적 공백과 혼란의 위험을 무릅쓰고 소련이 과감하게 미·소 양군 철수를 제의한 것은 '북조선이 모스크바 3상회의 결정을 기반으로 한 조선 민주주의임시정부의 결성과 민주적인 조선 독립국가 수립에 든든한 기반'[112]이라는 확신이 있었기 때문이었다.

그러나 우익의 헤게모니가 확립되지 않은 상황에서 미국이 소련의 군대 철수 제의를 받아들이기는 어려웠단. 결국 조선 임시정부 수립을 놓고 벌인 미소공위는 아무런 결실을 맺지 못한 채 끝났으며, 남북의 분단은 사실상 피할 수 없

---

110) 『해방 후 10년 일지(1945~1955)』, 평양: 조선중앙통신사, 1955, 13쪽.

111) "소미군대의 조선으로부터의 철수에 관해 서울 회담에서 소련 대표단의 제의." Правда. 27.IX.1947; "조선에 대한 소미공동위원회 소련 대표단 보고(1947.5.21.~10.21)." АВПР, ф. 06, оп. 9, п. 58, д. 875, л. 82.

112) "М. Т. 가이다르. 조선의 현정세에 대하여(1947.8.1.)." РГАСПИ, ф. 17, оп. 128, д. 1119, л. 330.

는 길로 접어들었다. 10월 18일 제2차 미소공위 회의는 종결회의를 마쳤고, 다시는 회의를 열지 못했다.

소련의 미·소 양군 철수 제의는 동년 10월 유엔총회 회의에서 되풀이되었다. 미국의 예상되는 반대 이외에 실현 가능성의 측면에서 많은 논란을 일으킬 수밖에 없음에도 소련 측이 미·소 양군 철수 방안을 선택한 이유는 무엇이었을까. 사실 앞서 살펴보았듯이, 외국군대 철수 문제는 소련에게 갑작스러운 구상이라기보다는 예정된 수순을 밟는 절차였다. 무엇보다도 양군 철수가 실행에 옮겨진다면 미소공위 사업의 좌절과 한국임시정부의 수립 실패를 만회하고 한반도 전체에서 좌파에 유리한 지형이 조성되리라고 확신하였기 때문이다. 소련은 미국이 한반도를 분단하고 남조선을 미 독점자본의 식민지로 전변시키려는 의도가 있어서 이 제의를 수용하지 않는다고 보았다.

한국문제를 이관 받은 유엔총회는 11월 14일 남북한 자유선거의 실시와 유엔한국임시위원회의 조직을 가결하였다. 유엔한국임시위원회의의 조직은 공산 측이 수용할 수 없는 것이었다. 더욱이 이 위원회의 참여 국가 대다수가 친미 성향이며, 우크라이나를 제외하고 모두 북한 측에 호의적일 것이라고 인정하기가 어려운 면을 볼 때 더욱 그랬다.[113]

슈티코프는 미소공위의 실패를 전적으로 미국의 '책략'으로만 보지 않았다. 그는 모스크바 결정과 관련된 좌, 우익 간의 극렬한 정치 투쟁은 미국으로 하여금 상당한 정도로 조선에 대한 모스크바 결의안을 결렬시킬 가능성을 조성하였다는 분석을 내놓았다.[114] 조선 내 정치세력들의 책임을 간접적으로나마 지적한 것이다. 물론 그 자신이 소련의 책임에 대해서는 전적으로 부인했거나 아니면 공개적으로 밝힐 수 있는 입장은 아니었다.

---

[113] "유엔 정치위원회의 조선 문제 결정과 관련한 북조선의 다양한 주민 계층과 정당 및 사회단체 지도자 및 성원들의 분위기에 대한 보고서." ЦАМО, ф. 142, оп. 432241с, д. 3, л. 98.

[114] "슈티코프가 스탈린에게(1949.9.15.)." АПРФ, ф. 3, оп. 65, д. 776, л. 1.

제6장

정부 수립의 여정

정부 수립의 여정

1. 정부 수립의 대비

<u>분단과 통일에 대한 입장</u>

1947년 11월 14일 유엔총회는 미국의 제의에 따라 한국에서의 선거 실시와 정부 수립, 군대 창설을 감독하는 '유엔한국임시위원회'의 창설을 결의하였다. 한국문제를 유엔에 이관한 미국 측의 첫 결과물이었다. 유엔총회 결의는 선거와 관련하여 선출 대표 수는 각 투표 지역 또는 구역의 인구 비율에 따르고, 유엔한국위원회의 감시하에 치러질 것을 권고하였다.[1] 미국 측 입장에서는 남쪽 주민 수가 북쪽에 비해 거의 2배에 이른 조건에서 자기의 우월한 영향하에서 상황이 전개될 것을 기대하였다. 소련은 선거를 통해 남한에서 선출되는 대표들이 국회의 다수를 차지할 것이고, 이 국회가 기존 군대를 해산하고 새 군대를 조직하는 한국 정부를 구성할 것으로 보았다.[2]

---

[1] "The Problem of the Independence of Korea," November 14, 1947, History and Public Policy Program Digital Archive, United Nations General Assembly, Yearbook of the United Nations, 1947-48. New York: Department of Public Information, United Nations, 1949, pp. 87-88.

반면 유엔 투표에서 1948년 초에 외국군대의 철수 및 이후 자유선거 실시와 민족정부 수립을 규정한 소련의 제의는 부결되었다. 한반도 차원의 정부 수립 시 미국과 우익 측에 주도권을 내줄 수 있는 상황에서 공산 측이 유엔총회의 결의를 수용하기란 어려웠다. 소련 대표 A. A. 그로미코는 미국이 유엔한국위원회를 한국에 파견하려는 의도는 한반도 문제에 대한 미국의 간섭을 유엔의 가면하에 은폐하려는 목적을 지녔다고 강조하였다.[3]

1948년 초부터 한반도 정세는 유엔한국위원단의 방한과 남조선 단독선거 움직임으로 한층 긴장도가 높아졌다. 북한은 여기에 반대한 조치들을 강구하는 한편 자신의 정부 수립을 위한 준비에 돌입하였다. 이미 1947년 11월 18~19일에 개최된 북조선인민회의 제3차회의에서는 '조선 임시헌법'의 제정과 이를 위해 김두봉을 수반으로 하여 31명으로 구성된 조선 임시헌법제정위원회의 조직을 결정한 바 있다. 이 같은 결정은 공산 측이 주도하는 정부 수립을 위한 준비를 본격화하겠다는 의미였다. 북한에 의해 헌법 초안이 작성된 후 소련공산당 정치국은 2월 3일 그에 대한 방침과 일정을 제시하면서 동시에 인민군 창설을 허용하는 다음의 결정을 채택하였다.

1. 1948년 2월 6일에 예정된 북조선인민회의 회의 소집에 다음의 문제들을 일정에 포함하여 동의한다. 1947년 인민경제계획 집행 및 1948년 인민경제계획 목표 수치에 대한 보고; 예산 승인; 인민회의 제3차회의 후 북조선인민위원회가 채택한 법령 승인(북조선의 지하자원·산림·수역의 국유화, 화폐개혁); 조선 임시헌법안에 대하여.

2. 이 회의에서 헌법안은 논의하지 말고, 헌법위원회가 작성한 헌법안에 대한 조선인민의 의사를 가능한 완전하게 표시할 수 있도록 헌법안을 전 인민적 토의에 부치고 임시헌법안의 심의와 승인을 위해 1948년 3월에 인민회의특별회의가 소집되도록 하는 결정을 채택하도록 제의한다.

2) "슈티코프에게. 유엔총회위원회에서. 조선문제 심의." ЦАМО, ф. 142, оп. 540934, д. 5, л. 348-349.
3) 위의 문서, л. 352.

3. 북조선인민위원회가 민족보위국을 창설하는 것과 인민회의 회의 종료일
   에 평양시에서 1개 사단과 군관학교가 참여하는 조선민족군대의 집회와
   열병식 진행을 허가한다.[4]

이 결정은 북한 지도부와 협의를 거쳐 소련군 지도부가 작성한 초안과 대부분 일치한다.[5] 즉, 결정 제1항의 경우 1월 22일자 〈레베데프 일기〉에 '인민회의를 소집할 것, 1947년 인민경제의 복구 및 발전에 대한 평가, 그리고 1948년 인민경제 발전에 대한 제반 조치들'[6]이란 표현이 들어 있는 점으로 볼 때 이 결정이 현지 당국에서 기초한 항목임을 확인할 수 있다. 임시 헌법과 관련해서는 이미 1947년 11월 8~19일에 개최된 북조선인민회의 제3차회의에서 '조선 임시 헌법'의 제정을 결정한 바 있어서 이에 대한 연속된 논의로 보아야 할 것이다.

제2항은 초안과 다른 유일한 항목이 눈에 띤다. 즉, 제2항의 '인민회의 특별 회의'는 초안에는 '북조선인민위원회대회'로 표기되어 있고 바로 다음 줄에 '대회의 수적 구성과 대회 대의원 선거 절차는 인민회의상임위원회가 결정하도록 위임한다'는 구절이 포함되어 있었다.[7] 이 변화는 단순히 단어 하나의 교체 이상의 매우 중요한 의미가 담겨 있기 때문에 어느 정도 자세한 설명이 필요하다.

헌법 제정 결정 이후 북한과 현지 소련군 지도부는 인민위원회대회를 소집하여 헌법을 채택하려는 의도를 가지고 있었다. 1948년 1월 22일 김일성은 인민위원회 대회에 남쪽 대표 약 300명 정도를 참여시킬 것을 소련군 지도부에 제의하였다.[8] 그런데 전국적 규모의 인민위원회 대회는 헌법 제정과 동시에 정부 수립 절차의 일환으로 간주될 수 있다. 이를테면, 1946년 11월 3일 도시군인민위

---

4) "소련외무성의 문제(1948.2.3.)." 1948년 1월 27일~3월 17일 정치국 결정, 의사록 No. 62, РГАСПИ, ф. 17, оп, 162, д. 39, л. 24.

5) 이 결정 초안의 소재는 다음과 같다. "전연방공산당(볼) 중앙위원회 결정(案), 소련외무성의 문제." АВПР, ф. 07, оп. 21, п. 22, д. 316, л. 5.

6) 〈레베데프 일기〉 1948.1.21.

7) "전연방공산당(볼) 중앙위원회 결정(案), 소련외무성의 문제." АВПР, ф. 07, оп. 21, п. 22, д. 316, л. 5.

8) 〈레베데프 일기〉 1948.1.22.

원회 선거로 선출된 대표자들이 이듬해 2월 북조선인민위원회 대회를 열어 '조선에 민주주의임시정부가 수립되기까지 북조선인민정권의 최고집행기관[9]'으로서 북조선인민위원회를 결성한 바 있었다. 이와 마찬가지로 1948년 1월 시점에서 북한과 소련군 지도부가 남쪽 대표자들의 참여하에 개최되는 인민위원회 대회를 사실상 북한 주도의 정부 수립으로 연결시키고자 했다는 것은 충분히 미루어 짐작할 수 있다. 그들은 위 결정 발표 전날에도 3월 10~15일간 대회 일자를 잡고 인민위원회대회 소집을 기대하였다.[10] 그러나 소련 정부는 인민위원회대회의 소집을 허가하지 않았고 이를 인민회의 특별회의의 소집으로 대체하였다.

여기서 소련 지도부의 입장은 무엇이었을까. 인민위원회 대회가 '전국적인' 정부 수립과 연결된 것이라면 인민회의 특별회의는 북조선 지역에 한정한 헌법 추인을 담당한다. 크렘린의 입장에서는 남측의 단독선거가 아직 실시되고 있지 않은 상황에서 북측이 이에 앞서 정부 수립 절차를 밟는 데 대해 거부의사를 표시한 것으로 볼 수 있다. 북한 현지의 입장대로 정치 일정이 추진될 경우 공산 측에 분단의 책임이 씌워질 수 있다는 점을 염두에 두었을 것으로 보인다.

2월 6~7일에 열린 북조선인민회의 제4차회의는 위의 소련공산당 정치국 결정 내용을 그대로 확인해 주었다. 그러나 흥미 있는 것은 북한 지도부가 정치국 결정에서 나온 '인민회의 특별회의'라는 명칭 대신에 여전히 '북조선인민위원회 대회'를 고집한 점이다.[11] 이는 소련공산당 정치국 결정을 거부했다기보다는 그동안 써온 명칭을 급작스럽게 변경하지 않은 것으로 해석할 수 있다. 여기에 남측 대표단이 참여하지 않는다면 전국적인 정부 수립은 가능하지 않기 때문에 김일성의 의도는 일단 무산되었다고 말할 수 있다. 레베데프는 북조선인민회의 제4차회의 준비에 대해 이전의 회의와는 달리 이 회의에서 모든 자료는 조선인들이 준비하였고, 소련 측은 준비된 보고서 및 결정들에 일부 수정을 가하는 데

---

9) "北朝鮮人民委員會에 關한 規定." 『北韓關係史料集 V』, 국사편찬위원회, 1987, 147쪽.
10) 〈레베데프 일기〉 1948.2.2.
11) "레베데프가 슈티코프에게." ЦАМО, ф. 172, оп. 614633, д. 3, л. 21.

438 북한 국가의 형성과 소련

도움을 주는 정도에 그쳤다고 보고하였다.[12) 이는 정치적 기획과 행사에서 북한 측의 독자성이 증대하는 것을 보여 주는 것으로 볼 수 있다.

한편 헌법안 토의를 위한 북조선인민회의 특별회의는 예정과는 달리 3월에 개최되지 않고 4월 28일로 연기되었다. 3월 말 북로당 제2차 전당대회와 4월 남북연석회의 등 중요한 정치 일정과 겹쳤고, 이들 행사의 결과에 따른 정세 변동을 고려했기 때문일 것이다.

정치국 결정 제3항은 민족보위국과 조선인민군 창설 허가에 관한 내용이다. 민족보위국 창설은 그 시점에서 북조선인민위원회를 사실상 정부에 버금가는 위상으로 인정한 것이다.[13) 1946년 9월에도 소련군 당국은 북조선 임시인민위원회 산하에 민족보위국 창설을 검토한 적이 있으나[14) 그것이 가져올 파급력 때문에 실행에 옮기지는 못했다. 인민군 창설을 그대로 발표하지 못하고 '군대의 집회와 열병식'으로 대체 명명한 것은 이 사안이 그만큼 민감한 문제라는 것을 보여 주었다. 물론 이와 같은 소련의 입장은 미국을 자극하여 공세의 빌미를 주지 않기 위한 것이기도 하였다. 그럼에도 1948년 2월 정세에서 민족보위국과 인민군 창설이 허가됨으로써 정부 수립 절차는 이미 중요 단계에 접어들었다.

남한 단독정부 수립이 현실화되면서 이를 어떻게 대처할 것인지를 놓고 공산 측의 고민은 한층 깊어져갔다. 슈티코프는 남조선 정부의 창설 후에 미 당국이 정세를 완화시키기 위해 남한 정부에 일부 '사이비' 민주개혁을 실시하도록 권고할 것으로 예상하면서 유엔위원회와 미국이 이 정부를 조선의 민족정부로서 승인할 것을 유엔에 요구할 수 있다는 우려를 제기하였다.[15) 자칫하다간 남한 정부가 국제적으로 '유일하게' 공인되는 상황을 미리 예견한 것이었다. 이때까지 소련과 북한 지도부는 남한 단정에 맞서 북한에 수립되는 정부가 구체적으

---

12) 위의 문서.

13) 이에 앞선 2월 4일 북조선인민위원회는 〈민족보위국 설치에 관한 결정서〉를 채택하였다.

14) 〈슈티코프 일기〉 1946.9.7.

15) "슈티코프가 불가닌에게, 북남조선 정치·경제 상황 보고(1948.2.27.)." ЦАМО-А, ф. 19, оп. 560, д. 8, л. 36.

로 어떠한 형태를 지녀야하는지에 대한 일치된 입장을 가지고 있지 않았다. 슈티코프는 남한 단독정부 수립에 맞추어 북한에서 동일한 조치를 취하는 데 따른 고민을 내놓았다.

북조선 지도일꾼과 남조선 좌익조직들의 지도일꾼들 사이에서 남조선 분단정부 창설에 대한 위험과, 결과적으로 조선 통일에 대한 전망의 불확실성이 제기되었습니다. 그들에게는 조선의 통일을 위한 투쟁에서, 그리고 남조선에서 창설될 것과 유사한 북조선 단독정부 창설의 합목적성에 관해 어떠한 조치가 필요한 것인지, 그와 함께 미래 북조선 정부가 국제조직에서 조선 인민의 이름으로 나설 수 있기 위해서는 향후 그들의 행동에 관해 많은 문제가 생기고 있습니다.[16]

공산 측의 고민은 북한 단독정부 수립에 어떻게 타당성을 부여할 것이며, 국제사회의 일원으로서 공인 받을 수 있는가에 있었다. 또한 유엔의 지지를 얻어 수립되는 남한 정부와는 달리 북한 정부가 국제무대에서 처할 어려움을 예상하고서 그 대비책을 마련해야 했다. 슈티코프는 남북의 통일 전망이 불확실해지자 통일운동을 전개하고, 이후 수립될 북한 정부의 '정당성'을 확보하기 위한 대책 수립을 요망하였다. 이미 문제는 북한 정부 수립 여부가 아니라 여기에 어떠한 의미와 성격을 부여할 것인지에 모아졌다.

분단의 움직임과 관련하여 2월 20일 북조선민전 중앙위원회는 〈조선인민에게 고함〉이라는 호소문을 발표하였다. 호소문은 모스크바 결정이 적시에 시행되었다면 민주정부가 수립되고 이미 통일민주국가가 되었을 것이라고 전제하면서 1947년 9월 26일 소련이 미소공위 회의에서 1948년 초에 조선으로부터 미·소 양군의 동시 철거와 조선정부 수립 문제는 조선인의 손에 맡기자고 제안한 것은 올바르고 조선의 민족적 이익에 부합한 것으로 강조하였다.[17] 이와 함께

16) 위의 문서.

17) "朝鮮民主主義臨時憲法草案에 對한 北朝鮮民戰의 號召文. 朝鮮人民에 告함." 조국통일민주주의전선 중앙상무위원회 서기국 편, 『민주건국에 있어서 북조선민전의 역할』, 평양: 조선민보사, 1949, 12~20쪽.

이승만, 김구, 김성수 등이 애국주의의 거짓 가면으로 위장하고 있다고 비난하고 남한 단독선거와 단독정부를 허용해서는 안 되고 전 조선 인민의회 선거를 지지할 것을 요구하였다. '민주주의'와 '반동'간의 대립과 투쟁이라는 공산 측의 상황 인식과 정세관이 그대로 투영된 대민 호소문이었다.

2월 26일 유엔 소총회는 남한에서 선거 실시와 분단 정부 창설을 재가한 결의안을 채택하였다. 이후 북한의 반단선·단정에 대한 투쟁의 목소리는 더욱 거세졌다. 3월 14일 북조선민전 중앙위원회 회의의 결정에 따라 평양(30만), 신의주(10만), 원산(12만), 함흥(9만 5천 명) 등지에서 유엔소총회 결정과 '반동세력'을 규탄하는 대규모 집회와 시위가 벌어졌다. 평양 집회에서 김두봉은 '이 결정이 이승만, 김성수, 그리고 우리 조국의 민족적 이익을 팔아먹은 반역자들에게만 이익이 된다'[18]고 비난하였다.

3월 9일 김일성은 북조선민전 제25차회의 연설을 통해 일반적, 직접적, 평등적인 선거권에 기초하여 비밀투표로써 최고입법기관을 '전 조선적으로' 선거할 것을 주장하면서 외국군대의 철수와 남한 단독선거를 배격할 것을 호소하였다.[19] 그는 미·소 양군 철수와 남한 단선 반대를 달성한 후 지역비례에 의한 전국총선 방식을 공산 측의 대안으로 제기한 것이다.

소련 정부도 남한 단독선거의 움직임과 관련하여 공개적으로 이를 비난하고 나섰다. 소련 외무성 한반도 관련 부서인 제2극동부 서기관 V. I. 페투호프는 1948년 3월 18일 V. 스몰렌스키라는 필명으로 『프라우다』에 미국의 의도를 비난하는 글을 실었다. 그에 따르면, 1947년 11월 유엔총회 결정은 미국이 조선 문제 해결에서 소련의 참여를 배제하고 향후 남조선에 괴뢰정부의 수립을 정당화하기 위해 고안한 것이며, 나아가 1948년 2월 유엔소총회 결의는 미국의 극동 팽창 기지로 남조선을 전변시키려는 일찍이 준비된 계획의 일환이라는 것이다.[20] 계속해서 페투호프는 미국은 소련과 동유럽국가 대표들이 위원회에 부재

---

18) "조선을 분단하려는 미국의 시도에 반대한 조선인민." Правда, 21.Ⅲ.1948.

19) "남조선 반동적 단독정부 선거를 반대하며 조선의 통일과 자주독립을 위하여." 『김일성선집』 제2권, 평양: 조선로동당출판사, 1954, 17~18쪽.

함에도 불구하고 유엔 소총회에서도 완전한 지지를 얻지 못했음을 입증하고자 하였다. 즉, 미국의 결의안은 찬성 31표, 반대 2표, 기권 11표로 채택되었는데, '런던라디오가 보도한 것처럼, 투표에 참여하지 않은 많은 수의 대표들은 〈많은 이들이 채택되는 결정의 정당성을 의심하고 있다〉는 것을 증명하였다'는 것이다.[21] 또한 유엔한국위원회의 의장이 남한 단독정부 창설의 유일한 지지자는 미국의 꼭두각시 이승만과 대지주 및 기업가를 대표하는 '한민당'이라고 유엔 소총회에서 언급했다고 덧붙였다.

한반도 분단이 가시화되는 시점에서 공산 측의 대한반도 정책 목표는 크게 두 가지였는데, 그 하나는 분단을 저지하는 것이었고, 다른 하나는 그것이 실패한 이후를 대비하는 일이었다. 공산 측은 남한의 단독선거가 '미국의 극동 팽창 기지로 남조선을 전변시키려는 일찍이 준비된 계획의 일환'[22]이라는 인식을 지녔기 때문에 반드시 이를 막아야 한다는 의지를 보였다. 다른 한편에서 그들은 이미 북인위에 국가적 위상을 부여한 것을 통해 알 수 있듯이 북한 주도의 '통일국가' 형성에 대한 의욕을 내보였다. 이를테면 1948년 4월 2일 소련공산당 정치국은 북인위의 제의를 받아들여 '북조선 인민위원회 임시통상대표단'이라는 명칭으로 모스크바 주재 북조선 통상대표부의 조직을 승인하였다.[23]

인민군 창설과 무력 확대

혁명의 성공이 무력에 의해 담보된다는 것은 볼셰비키 혁명 이래 모든 공산주의자들이 숙지하고 있는 교훈이었다. 여기에 만주에서 빨치산 투쟁을 기반으

---

20) "V. 스몰렌스키, 조선분단을 실행에 옮기는 미국의 계획." Правда, 18. Ⅲ. 1948.
21) 위의 글. 스몰렌스키는 또한 남조선 경찰은 3~5개월간 누구든지 구금할 수 있어 자유선거를 침해할 수 있는데, 이는 '조선인민이 외국 군대 철수와 자결권 부여를 결정적으로 요구하는 이유이다'라고 주장하였다.
22) "V. 스몰렌스키. 조선분단을 실행에 옮기는 미국의 계획." Правда, 18. Ⅲ. 1948.
23) "북조선인민위원회 임시통상대표단에 대하여(1948. 4. 2.)." 1948년 3월 29일~5월 26일 정치국 결정, 의사록 № 63, РГАСПИ, ф. 17, оп. 3, д. 1070, л. 11.

로 성장한 김일성그룹이나 중국 팔로군와 함께 항일투쟁을 전개한 연안계 모두 무력 조직을 이끌어 왔기에 국가 건설과 권력 장악에서 무력의 의미를 더욱 중요시했다고 할 수 있다.

임시인위 설립 이후 공산 지도부는 당과 정권기관을 강화하는 사업에 못지않게 무력 건설에 큰 주의를 기울였다. 임시인위는 북한 최초의 중앙권력기관으로 결성되었지만 북조선행정10국의 직제를 그대로 유지하였기에 경찰 부서인 보안국을 그대로 계승하였고, 군사 관련 부서는 따로 설치되지 않았다. 1946년 5월 제1차 미소공위의 결렬 후 소련은 북한을 정치, 경제적으로 강화하는 조치에 힘을 실었다. 그 가운데는 조선인 군대 편성도 본격 추진되었다.

소련의 입장에서 무력의 강화는 소련군 철수 시에도 자국의 이해관계를 지속시키는 데 필요한 물리력으로 기능할 수 있기 때문에 여기에 커다란 관심을 보이지 않을 수 없었다. 북한의 정치, 경제적 강화 프로그램에 적극성을 보였던 슈티코프는 그 일환으로 철도 경비대와 국경 경비사단(만주 국경선 보호) 편성, 군관학교(500명 규모) 설립 등을 모스크바 지도부에 요청하였다. 이미 밝혔듯이, 이러한 요청은 김일성 측의 요구와 무관한 것이 아니었다. 소련공산당 중앙위원회는 슈티코프의 요청을 대부분 수용하였다.[24] 이와 함께 당중앙위원회는 철도경비대, 국경경비대 및 군관학교를 무장시키기 위해 필요한 수량의 소련군 무기를 북조선 인민위원회에 판매하도록 하였다.

소련 군사고문단은 북한의 정규 무력에 대한 훈련과 교육을 지원해줄 목적으로 조직되었다. 이 기구는 조선인민군 창설과 더불어 공식적으로 확정되었으나 1946년 8월 북한의 첫 정규무력인 보안간부훈련소가 조직되었을 때 무력성 부상 N. A. 불가닌의 허가하에 장성 3명, 군관 343명 규모로 도입되었다.[25] 고문은 대체로 1945년 8월 북한에 진주한 제25군 소속 장성과 군관들로

---

24) "전연방공산당(볼) 결정. 조선에서 소미공동위원회 사업에 관하여(案)." АВПР, ф. 06, оп. 8, п. 39, д. 638, 93-94. 이 초안에 대한 공식 결정은 1946년 7월 27일자로 나왔다. "북남조선의 경제, 정치 상황에 관한 보고." ЦАМО, ф. 172, оп. 614632, д. 19, л. 5.

25) ЦАМО, ф. 40, оп. 178427, д. 90, л. 120-121.

구성되었다. 이들은 군사고문과 정치고문으로 구성되었고 부내 내에서 북한 군인을 대상으로 군사훈련과 정치교육을 각각 지도하였다. 북한군 소련 고문 단장은 I. I. 스미르노프 소장이 맡았고, 그의 임무는 1949년 4월까지 계속되었다.

국가가 수립되기 이전 군대의 창설을 공개적으로 진행할 수 없었던 까닭에 무력 조직은 준군사조직의 형태를 지녔다. 그런데 인적 자원을 제외하고 무력 조직에 필수적인 무기를 비롯한 각종 군사기재의 조달은 소련에 의존할 수밖에 없었다. 소련에 대한 군사 부문 원조 요청은 경제 부문과 마찬가지로 김일성이 임시인위(북인위)위원장의 자격으로 소련군 사령관에 서한을 보내는 방식으로 이루어졌다. 보통의 경우 김일성은 북한 주둔 제25군 사령부측에 한글과 노어 자필로 쓴 서한을 보내 필요한 지원을 언급하였다. 이는 25군 사령관이 실권을 쥐고 있어서라기보다는 행정 절차의 요건 때문이었다.

김일성의 요청 사항은 제25군 사령부가 아닌 연해주군관구에서 처리되었기에 군사 정책에 관한 한 25군 사령부는 대체로 경로로서만 활용되었다. 소련군 사령부에 보내는 서한을 통한 군사 사업 추진은 김일성 측의 독자적인 필요성에 의해, 또는 소련군 사령부와 사전 협의를 거쳐 진행되었다.

김일성은 때로 슈티코프와의 직접적인 협의를 통해 자신의 계획과 구상을 관철시키고자 하였다. 1946년 5월 21일 김일성은 주북한 민정담당 부사령관 A. A. 로마넨코 소장에게 보낸 서한에서 '북조선 중앙간부학교'의 조직을 허락해줄 것과 이를 위해 소련군 군관 그룹을 배치해 줄 것을 제기하였다.[26] 평양학원의 정치적, 군사적 혼재 기능을 뛰어넘어 전문적으로 군사간부 양성을 추진코자 함이었다. 6월 6일에는 조선 청년 200명을 소련의 각종 군사학교에 입학시켜줄 것을 요청하였다. 그에 따르면 이들은 소련 군사학교에서 교육을 받고 돌아와 상황이 허락한다면 장차 군 지도 간부를 맡게 될 것이었다.[27]

---

[26] "김일성이 로마넨코에게." ЦАМО, ф. 379, оп. 166654, д. 1, л. 12. 김일성이 요청한 군관 그룹의 구성은 다음과 같다. 교육부대장: 1명, 부대대장: 1명, 부중대장: 3명, 교관: 6명, 군의관: 1명, 통역관: 3명.

김일성의 희망에 따라 1946년 7월 군대 간부의 체계적인 양성을 위해 중앙보안간부학교가 문을 열었다. 장차 조선인민군 군관학교들의 모체인 이 학교는 보병, 포병, 공병, 통신병 등 각 병종 지휘관과 기술자를 육성할 목적으로 설립되었다. 동시에 각 도에 설치된 철도보안대를 통합하여 13개 철도경비중대로 재편성된 북조선 철도경비대가 창설되었다.[28] 중앙보안간부학교는 이듬해 10월 26일 제1기 졸업생을 배출하였다.

1946년 8월에는 북한의 첫 정규군 부대로서 보안간부훈련소가 조직되었다. 명칭은 여전히 경찰조직의 형식을 유지하였다. 보안간부훈련소는 기존의 보안대, 국경경비대, 철도경비대 등을 근간으로 평양을 비롯하여 개천, 신의주, 정주, 나남, 청진 등 전국적 단위에 걸쳐 설치되었다. 이 기관은 총참모부, 문화부, 포병부, 후방부 등을 두었으며, 3 · 3제 원칙하에서 제1소(개천), 제2소(나남), 제3소(원산) 등으로 조직되었다. 각 훈련소 산하에는 제1, 제2, 제3분소가 편성되었다. 분소 내에는 대대, 중대, 소대가 편성되었고, 포병, 공병 등 병종 구분대도 조직되었다.[29] 한편 철도경비대의 약 20%의 병력이 중앙보안간부학교로 흡수됨으로써 군대조직이 경찰조직에서 독립해 나온 시발점이 되었다.[30]

사실상의 정규 무력이 형성되면서 이를 관장할 기구로서 '참모부'나 임시인위 산하에 '군사국' 설치가 고려되었지만 정작 실행에 옮겨지지는 못했다.[31] 다만 9월에 창설되어 군의 지휘부를 담당한 보안간부훈련대대부(保安幹部大隊部)가 최용건과 김책(金策)을 각각 사령관과 부사령관으로 하여 지휘기구로 자리 잡았다. 공산 측은 아직까지 정권 기관에 군사관리 기관을 공식적으로 설치하는 것을 시기상조로 여겼다.[32] 그럼에도 보안간부훈련대대부는 실질적인 군사령

27) 위의 문서, л. 14-15. 유학 대상 군사학교와 인원은 다음과 같다. 보병학교: 100명, 포병학교: 50명, 항공학교: 30명, 기갑학교: 10명, 통신학교: 10명.

28) 張浚翼, 『北韓人民軍隊史』, 서울: 瑞文堂, 1991, 47쪽.

29) 『위대한 수령 김일성 동지의 불멸의 혁명업적』 제9권, 평양: 조선로동당출판사, 213쪽.

30) 박명림, 『한국전쟁의 발발과 기원 II』, 서울: 나남출판, 1996, 694쪽.

31) 〈슈티코프 일기〉 1946.9.9.

부로서 기능을 수행하였다.

편성 초기 군대의 여건은 전반적으로 양호하지 못했다. 식량을 비롯한 피복과 군화 등 기본 물품 보급 상태가 매우 열악했고, 이로 인한 위생상태도 불량했다. 슈티코프는 탈주병이 생기고 있음을 우려하였다.[33] 소련군 당국은 북한 군대의 사기가 양호하며, 대다수 부대원들이 큰 열정을 가지고 군사 학습에 매진하고 성실하게 군무를 이행하고 있다고 본 반면에 탈영을 가장 심각한 문제로 인식하였다. 이를 테면, 1946년 12월에만 철도여단에서 26명을 포함하여 총 36명의 탈영병이 발생하였다.[34] 탈영의 주된 원인으로는 군내에 규율이 약하고 문화선전사업이 조직되지 않은 것과 함께 군화나 의복, 식량과 같은 기초적인 물품 부족 등이 지적되었다.

북한 군 부대 편성에 소요되는 무기 및 각종 장비와 개인 군장품은 주로 소련군이 일본군에게서 전리품으로 획득한 것들로 충당되었다. 그런데 이들 군수품의 양도와 획득은 소련군 측과 북조선(임시)인민위원회 간에 실질적인 거래를 통해 이루어졌다. 예를 들면, 1947년 1월 연해주군관구군사회의는 북한 군부대 용으로 총액 884만 350루블로 평가되는 18가지 종류의 전리품 피복류를 양도하기로 결정하고, 이에 대한 대가로 임시인위로부터 탈곡미 1,604톤을 받도록 하였다.[35]

1946년 11월 도시군인민위원회 선거를 거쳐 이듬해 2월 북조선 임시인민위원회가 북조선인민위원회로 개편되면서 보안국 대신에 내무국이 들어섰다. 내무국장에는 연안계 인물인 박일우(朴一禹)가 맡으면서 경찰 조직을 이끌었다.

32) 1946년 9월 7일자 〈슈티코프 일기〉에는 '민족보위국에 대하여'란 메모가 나온다. 이것은 소련군 지도부가 북조선 임시인민위원회 산하에 군대 업무를 관장하는 민족보위국 설치를 고민했다는 증거이다.

33) 〈슈티코프 일기〉 1946.12.6.

34) "카넵스키가 25군 군사회의에게. 조선부대의 개별 성원들의 사기에 대하여." ЦАМО, ф. 379, оп. 166654, д. 1, л. 43-44.

35) "연해주군관구 군사회의 결정. 쌀과 교환조건으로 북조선인민위원회에 전리품을 양도하는 것에 대하여(1947.1.10.)." ЦАМО, ф. 142, оп. 106479, д. 1, л. 1-2.

군대를 관장하는 북조선인민위원회 기구는 이때에도 조직되지 않았는데, 북·소 지도부는 여전히 미·소 협상을 통한 한국임시정부 수립 문제나 미국의 대응 등을 의식하였다.

무력을 점차 증강시키려는 김일성 지도부의 노력은 1947년 들어와서 더욱 힘을 받게 되었다. 1947년도 북인위 예산 44억 9,800만 원 가운데, 무력 유지비를 포함한 군사부문 예산이 26.54%에 해당하는 11억 9,400만 원으로 책정되었다.[36) 공산 측이 무력의 유지와 증강에 얼마나 신경을 썼는지 알 수 있는 대목이다. 이때부터 일제 무기 대신에 소련제 무기가 본격적으로 도입되기 시작하였다. 1월 초 슈티코프와 김일성의 회동에서는 조·중 국경지대의 경비를 위한 수비대 창설 문제가 논의되었다. 그들은 창설되는 부대 규모에 대해 협의하였지만, 군복의 지급 및 훈련 종료 이후에 결정하기로 하였다.[37) 김일성은 그해 3월 북한을 이임할 예정인 제25군사령관 치스차코프에게 다음과 같은 사항을 요청하였다.

1. 철도, 특별히 중요한 국가기업, 정부기관 등을 경비하기 위하여 내무국이 내무군대를 조직할 수 있게 허락할 것. 이와 관련하여 철도경비여단을 철도 경비에서 제외시키고 일반 군부대로서 정상적으로 훈련받을 기회를 허락할 것.
2. 북조선의 국경을 경비할 목적으로 내무국에 국경경비대의 조직을 허가할 것.
3. 내무국에 정치적·국가적 범죄와 투쟁을 담당할 정치(비밀) 보위부를 조직하도록 허락할 것.[38)

이 요구 사항들의 핵심 내용은 내무국에게 준군사집단을 조직할 권한을 부여해 주고, 경찰조직인 철도경비여단을 군대 조직으로 개편해 달라는 것이었다.

36) "이그나티예프. 조선군 유지비용에 관한 조회(연해주군관구 참모장에게 제기한 질문에 대한 답변)." ЦАМО, ф. 379, оп. 166654, д. 1, л. 74-75.
37) 〈슈티코프 일기〉 1947.1.4.
38) "김일성이 치스차코프에게(1947.3)." ЦАМО, ф. 379, оп. 166654, д. 1, л. 53.

이 시기에 이르러 북조선인민위원회는 부분적이나마 군사권을 행사한 국가기구로서의 기능을 수행하기 시작한 셈이었다. 또한 경찰 조직이 본격적으로 군대로 개편되기 시작했음을 알 수 있다. 북한 측의 기대에 따라 동년 7월 사리원에서는 보안국 직속의 38경비보안대를 확대시켜 2,000명 규모로 38선경비대가 창설되었다. 그러나 위의 모든 요청사항은 곧장 이행되지는 않았는데, 국경경비대의 경우 북한 정부 수립 직후에 설치된 것을 보면 알 수 있다.

이어서 김일성은 제25군 사령관으로 새로 부임한 G. P. 코로트코프 중장에게 무력 확충 문제를 제기하였다. 1947년 4월 15일 그는 자필로 쓴 서한에서 수상보안대 부대원들의 훈련을 위해 청진에 약 100여 명 규모의 '강습소'를 조직할 것과 이를 위한 교습을 소련 함대 장교들이 맡아줄 것을 요청하였다.[39] 이즈음 동해와 서해수상보안대는 각각 대대 규모로 확대되었고, 그 예하에는 갑, 을, 병 종대로 나누어져 있었다. 또한 김일성은 조선인 비행사들과 항공기술자들에게 정치교육을 실시하고 있는 정치학교 산하에 약 120명을 구성원으로 하는 훈련 비행대의 조직 및 항공 훈련을 위해 PO-2기를 제공해 줄 것을 요망하였다. 이에 대한 코로트코프의 반응은 마치 김일성과 사전에 합의한 듯이 신속하였다. 바로 이튿날 그는 연해주군관구에 전문을 보내 김일성의 위 두 가지 요청사항을 수용할 것을 제기하였다.[40]

'강습소' 설치에 관한 김일성 측의 희망은 3달 후에 빛을 보게 되었다. 동년 7월 북조선인민위원회는 원산에 300명 정원의 수상보안간부학교를 창설할 수 있었다. 한편 비행대의 조직 문제에 대해서 김일성은 평양학원 항공반에 있는 비행사, 기술자, 무선사 150명을 주축으로 비행대를 조직할 것과 훈련용 비행기의 배정 및 평양 공항에 있는 전리품 일제 비행기 2대를 북조선인민위원회에 이양해 줄 것을 요청하였다.[41] 그 결과로 동년 8월 20일 평양학원 항공과 출신

[39] "김일성이 코로트코프에게(1947.4.15.)." ЦАМО, ф. 379, оп. 166654, д. 1, л. 59-60.

[40] "코로트코프와 샤닌이 메레츠코프에게(1947.4.16.)." ЦАМО, ф. 379, оп. 166654, д. 1, л. 54-55.

[41] "김일성이 코로트코프에게(1947.7.22.)." ЦАМО, ф. 379, оп. 166654, д. 1, л. 72.

들과 항공협회 성원들로 이루어진 북한 공군의 첫 정규 비행대가 조직되었다. 김일성 측에서 본다면 거의 2년간에 걸친 노력의 결실이었다. 소련이 북한 지도부의 희망과는 달리 가장 높은 수준의 무장 형태인 항공대 창설에 적극적으로 지원해 주지 않았던 것은 충분히 예상할 수 있는 일이었다.

미·소 간 합의에 의한 조선 임시정부의 수립 전망이 어두워지면서 북한의 무력 건설 규모는 확대일로를 걷게 되었다. 더욱이 1947년 중반부터 38선 사이에서 남북 상호 간 경계선 침범 및 충돌사건은 점차 폭력적인 양상으로 변화하는 등 무력 확충을 강제하는 정세 변동이 뒤따르고 있었다. 이러한 상황에서 7월 22일 김일성은 35~40대의 탱크 및 15~20대의 자주포 등을 보유한 탱크 연대(700명 정원)의 조직과 1개 보병 사단(1만 명 정원)의 편성을 허가해 줄 것을 제25군 사령부에 요청하였다.[42] 동시에 김일성은 상응하는 수량의 무력, 피복, 군화, 장비 등을 소련군 측이 배정해 줄 것을 기대하였다. 물론 탱크연대 편성과 같은 김일성의 요구는 시점상 지나치게 과도한 것으로 비춰졌다. 그럼에도 그의 요구는 기대를 완전히 충족시키지는 못했지만 점진적으로 실현되었다.

조선인민군이 창설되기 직전에도 북한 무력의 장비 수준은 요구 조건을 충족시키지 못했다. 1947년 11월 13일 김일성은 이에 대해 연해주군관구에 직접 항변 섞인 불만을 토로하였다. 그에 따르면, 북조선의 경찰 병력은 총 2만 9,000명에 달하는데도, 일본제 소총 보유 수량은 1만 8,000정에 불과하고 나머지 병력 1만 1,000명은 완전 비무장 상태에 있었다. 또한 당시 군용모포를 자체적으로 생산할 조건이 마련되지 않은 상황에서 소련 대외무역성과 모포 공급 협정을 체결하였지만 아무 것도 입수하지 못했다는 것이다. 또한 그는 7월에 설립된 수상보안간부학교에 군사고문이 없고, 모터보트를 포함한 장비들을 갖추지 못했다고 불만을 표시하였다.[43]

이들 문제의 해결책으로서 그는 북조선의 보안(경찰)인력을 소련제 장비로

---

42) 위의 문서.

43) "김일성이 연해주군관구 사령관에게(1947.11.13.)." ЦАМО, ф. 142, оп. 432241с, д. 3, л. 96-97.

재무장해 주거나 이것이 불가능할 경우 소총 1만 1,000정과 충분한 양의 탄약을 공급해줄 것, 수상보안간부학교에 군사고문관 4~5명을 선발해 줄 것, 해안방어용 모터보트 40척가량을 북조선에 판매할 것, 군용모포를 신속히 선적해 줄 것 등을 요청하였다. 얼마 뒤인 11월 22일에도 김일성은 연해주군관구 사령관 S. S. 비류조프 상장에게 위의 청구 사항의 실행을 촉구하는 서한을 재차 발송하였는데, 여기서 그는 고등교육을 받은 군사지휘관이 부재한 점을 지적하고 조선인 10~15명을 소련 군사아카데미에서 수학할 수 있도록 추가로 요청하였다.[44] 김일성은 자신이 직접 소련군 당국과의 교섭을 통해 군사조직과 관련한 업무를 챙겼고, 그 과정은 때로 소련 측에 지원 요청을 반복하는 등 집요하게 이루어졌다. 반면 소련 측은 군사력의 증강 문제는 매우 복잡하고도 미묘한 사안이었기에 앞서 나갈 수가 없었다.

1948년에 접어들면서 공산 측은 '민주기지론'적 발상으로부터 물리력 강화를 구체화시킨 공식 무력의 창설에 나섰다. 사실 조선인민군 창설을 국가 수립 시기보다도 7개월이나 앞당겨 서두른 이유를 정확히 파악하기는 쉽지 않다. 다만 김일성은 '민주개혁의 성과를 확보하고 인민의 이익을 보호하기 위하여 (중략) … 인민군대를 창건하는 사업을 수행'하였다고 언급하였다.[45] 가능한 내외의 도전에 대처하여 정부 수립에 앞서 그 무력적 토대를 굳건히 하겠다는 의지를 보인 셈이다. 또 북한의 물리적 지원 세력이었던 소련군이 곧 철수할 채비를 갖추고 있었기 때문에 이에 적극 대비하기 위한 측면도 크게 작용했다고 볼 수 있다.

조선인민군 창설 이전까지 북한의 무력 건설은 실제로 초보적인 수준에서 벗어나지 못했다. 병력 수도 그랬지만 무엇보다도 무기와 피복 등 무장 수준은

---

[44] "김일성이 연해주군관구 사령관 비르조프에게(1947.11.22.)." ЦАМО, ф. 142, оп. 432240c, д. 9, л. 1-6. 이 서한이 11월 13일자 서한과 다른 점은 군용모포 공급 건, 수상보안간부학교 군사고문관 선발 건, 무기공급 건이 각각의 독립된 서한으로 작성되었다는 점이다. 이 서한에서 김일성은 북한 보안병력 수를 3만 3,000명으로 파악하고 이 가운데 무장된 인원은 16,382명이라고 하여, 앞의 서한의 통계와 차이를 보이고 있다.

[45] 김일성, "북조선 로동당 제2차 전당대회에서 진술한 당 중앙위원회 사업 결산 보고와 결론(1948년 3월 28일)." 『김일성선집』 제2권, 조선로동당출판사, 1954, 99쪽.

양적으로나 질적으로 북한 측을 만족시키지 못했다. 하지만 열악한 무장 수준은 조선인민군이 창설되면서 개선되어 갔다.

이전까지 공산 측은 미국 측을 의식하여 권력기관 내 군 지휘부서의 설치를 과감히 추진하지 못했으나 분단이 현안으로 떠오른 상황에서 더 이상 주저하지 않았다. 1948년 1월 슈티코프는 외무상 몰로토프에게 '북조선인민위원회 산하에 민족보위국을 창설하는 것과 인민회의 회의 종료일에 평양시에서 1개 사단과 군관학교가 참여하는 조선민족군대의 집회와 열병식 진행'을 허가해줄 것을 요청하였다.[46] 소련공산당 중앙위원회 정치국은 2월 3일자 결정을 통해 그의 요청을 최종적으로 수용하였다.[47] 다른 부서와는 달리 군사부처의 조직 문제인 만큼 소련공산당 정치국의 결정으로 처리된 것 같다. 이 결정에 따라, 1948년 2월 4일 북조선인민위원회는 〈민족보위국 설치에 관한 결정서〉를 채택함으로써 군 지휘부서의 탄생을 보게 되었다. 민족보위국 초대국장은 김일성의 최측근 빨치산계인 북인위 부위원장 김책(金策)이 겸임하였다. 군대와 그 지휘기관이 국가의 창설과 더불어 진행된다고 볼 때 민족보위국과 인민군 창설은 국가 수립이 현실화되고 있음을 보여 주었다.

1948년 2월 보안간부훈련소의 제1소와 제2소는 각기 제1경보병사단과 제2경보병사단으로, 제3소는 제3혼성여단으로 확대 개편되었다. 그렇게 해서 2월 8일 창군 당시 조선인민군은 2개 사단, 1개 여단, 항공대대로 편성되었고, 이후 지속적인 확장이 이루어졌다. 9월에는 내무성 보안여단이 보병사단으로 개편되었다. 인민군 총사령관은 최용건이 맡음으로써 당, 정, 군 가운데 군은 김일성의 빨치산계가 유일하게 핵심을 장악하였다.

소련 언론은 2월 8일에 열린 조선인민군 창건 행사에 대해서는 전혀 보도하지 않았다. 하지만 소련 지도부는 당 정치국 차원에서 행사 진행을 허가하였다.[48] 국가 창설 과정의 일환으로서 헌법안 작성과 무력 창설은 거의 동일한

---

46) "슈티코프가 몰로토프에게(1948.1)." ЦАМО, ф. 172, оп. 614633, д. 3, л. 2.

47) "소련외무성의 문제(1948.2.3), 1948년 1월 27일~3월 17일 정치국 결정, 의사록 No. 62." РГАСПИ, ф. 17, оп, 162, д. 39, л. 24.

비중의 중차대한 사안이었다. 다만 전자는 전 인민적인 토의를 치를 만큼 공개적으로 진행되었으나 후자는 비밀리에 추진되었다. 공산 측으로서는 무력 창설이 매우 민감한 사안일 뿐 아니라 미국 측을 불필요하게 자극할 필요가 없었다. 그럼에도 인민군 창건식은 40만 군중이 참여한 가운데 평양역전 광장에서 대규모 열병식으로 진행되었다. 군대의 창설 이유가 완전 독립을 촉진하기 위한 것으로 공표된 상황에서 창건식은 축제로 자리매김해야 할 일이지 감추어야할 행사가 아니었던 것이다.

북로당 제2차대회: 분단의 대비와 당의 재편

한반도 정세가 한층 복잡해지고 분단이 가시화되면서 이에 대한 북로당 차원의 대비도 이루어졌다. 1948년 3월 11일 북로당 중앙위원회 제1차회의가 개최되어 당의 최고 정책결정 기관인 정치위원회가 확대 개편되었다. 기존의 김일성, 김두봉, 주영하, 최창익, 허가이에 더해 김책과 박일우가 새로 선출되었다.[49] 당 위원장과 부위원장 직의 변화는 없었다. 당의 최고지도자인 김일성이 부위원장 직위에 여전히 남아 있는 것은 형식 이상의 의미는 없었다. 얼마 후 큰 폭의 개편을 꾀한 중앙위원회에 비하면 최고 지도부의 변화는 미미한 편이었던 셈이다.

3월 27~30일 북조선로동당 제2차대회가 개최되었다.[50] 1946년 8월 북로당 창당대회 이후 2년도 채 안되어 또다시 당대회가 열린 것은 급박한 한반도 정세에 대처하기 위한 것과 무관하지 않았다. 각 도당 회의에서 선출된 대의원 999명 중 990명이 참가하였다. 대회에서는 무엇보다 '조선을 식민지 예속화하려는 미제국주의'에 대한 강력한 비난이 울려 퍼졌다. 이제 미국은 좌파세력들에게

---

48) 위의 문서.

49) "스쿠츠키. 로동당 중앙위원회 제1차회의에 관한 정보." ЦАМО, ф. 142, оп. 432240С, д. 9, л. 106.

50) 당대회 소집은 3개월 전인 1947년 12월 23일 당중앙위원회 제11차회의에서 결정되었다. "북조선로동당 제2차 전당대회 소집에 대하여(당중앙위원회 제11차회의 결정서 1947년 12월 23일)." 조선로동당중앙위원회, 『결정집(1946.9~1951.11 당중앙위원회)』, 53~54쪽.

완전자주독립과 통일에 있어 '주적'으로 규정되었다. 소련의 평가에 의하면, '북로당은 북조선민주 건설 과업의 실현에서 인민위원회의 지주이며, 민주주의민족통일전선의 주동력'이었다.[51] 정권기관의 주축이자 각 정당·사회단체를 이끄는 핵심세력을 일컫는 것이었다.

북로당 제2차 대회는 북한 정부 수립을 향한 진로에서 중요한 분기점으로 간주되었다. 김두봉은 대회 개막연설을 통해 '북조선에서는 정치, 경제, 문화 각 방면에 긍(亘)하여[걸쳐] 자주독립의 토대를 공고히 구축'하였다고 자신 있게 발표하였다.[52] 향후 어떠한 정부가 들어서든 북한에서 이루어진 '성과'를 그 기반으로 해야 한다는 의미였다.

〈표 6-1〉 북로당 제2차전당대회에서 선출된 당중앙위원 구성

순서	성명	직책(출신)	순서	성명	직책
1	김두봉	당 중앙위원회 위원장(연안)	34	**김고망***	사동 광산 광부
2	김일성	당 중앙위원회 부위원장(빨치산)	35	무정	조선인민군 포병사령관(연안)
3	주영하	당 중앙위원회 부위원장(국내)	36	박창식	평양특별시 인민위원회 부위원장(소련)
4	허가이	당 중앙위 조직부장(소련)	37	**이북명***	강동 화학공단 문화일꾼
5	김책	북인위 부위원장(빨치산)	38	박효삼	중앙보안간부학교장(연안)
6	최창익	북인위 인민검열국장(연안)	39	**김상철***	북조선금속노동자직업동맹 중앙위원회 위원장, 평양자동차공장 사장공(施裝工)
7	박일우	북인위 내무국장(연안)	40	장시우	북인위 상업국장(국내)
8	박정애	북조선여성동맹 위원장(국내)	41	정두현	김일성종합대학 의학부장
9	김교영	당 중앙위 재정부장(연안)	42	오기섭	북인위 노동국장(국내)
			43	**송제준***	안악군 농민
10	**정준택***	북인위 기획국장(국내)	44	**김직형***	아오지 탄광 광부
11	**박창옥***	당 중앙위 선전선동부장(소련)	45	이순근	북인위 농림국장(국내)
12	김일	조선인민군 문화부장(빨치산)	46	**김광협***	사단장(빨치산)
13	김재욱	북로당 평남도당위원장(소련)	47	이종익	혁명유자녀학원장(연안)
14	**김황일***	북인위 교통국 부국장(국내)	48	**장해우***	북조선 검찰소장(국내)

---

51) "가이다르. 북로당 제2차대회 사업 결과 자료 및 보고." ЦАМО, ф. 127, оп. 468007, д. 4, л. 59.

52) "북조선로동당 제2차 전당대회 회의록."『北韓關係史料集 1』, 국사편찬위원회, 1982, 296쪽.

15	김열	북로당 함남도당위원장(소련)	49	이동화*	북인위 보건국 부국장(소련)
16	최경덕	북조선직업총동맹위원장(국내)	50	임해	문화 담당 부사령관(소련)
17	김민산	북로당 함북도당위원장(연안)	51	정일룡*	북인위 산업국 부국장(국내)
18	최숙양(여)*	평남 서흥(瑞興) 광산 광부	52	방학세*	북인위 내무국 정보처장(소련)
19	진반수*	당 중앙위 간부부장(연안)	53	조영(여)*	평북 정주 군당위원회 부위원장(연안)
20	강진건	북조선 농민(총)동맹 위원장(국내)	54	김웅*	사단장(연안)
21	한일무	북로당 강원도당 위원장(소련)	55	박무*	북조선통신사 사장(연안)
22	박훈일	북로당 황해도당 위원장(연안)	56	김영수*	함북도 인민위원회 위원장(소련)
23	최재린*	평북 용천군 출신 농민	57	장철*	군 정보국장(начальник информации армии)(소련)
24	한설야	북인위 교육국장(국내)	58	김태연*	남포 야금공장 지배인
			59	이권무*	여단장(연안)
25	이희준*	북로당 평북도당 위원장(소련)	60	김경석*	부사단장(빨치산)
26	강건*	조선인민군 참모장(빨치산)	61	김한중*	북인위 내무국 경비국 당위원회 위원장(연안)
27	김승화*	중앙당학교 교장(소련)			
28	기석복*	로동신문 주필(소련)	62	박영성*	북로당 중앙위원회 노동부 부부장
29	허정숙	북인위 선전국장(연안)	63	이유민*	북로당 중앙위원회 농민부장(연안)
30	이중근*	강원도 기관고 기관사	64	김광빈*	
31	태성수	김일성종합대학 부총장(소련)	65	이송운*	(갑산)
32	장순명	당중앙검열위원회 부위원장(국내)	66	박금철*	(갑산)
33	김웅기*	강원도 인민위원회 위원장(국내)	67	김찬*	북조선중앙은행총재(소련)

※ ' * ' 표시는 새로 발탁된 인사를 가리킨다.
〈출처〉 "북조선로동당 제2차 전당대회 회의록." 『北韓關係史料集 I 』, 471~472쪽; "당 제2차대회에서 선출된 북로당 중앙위원회 구성." ЦАМО, ф. 142, оп. 432240с, д. 9, л. 196-198.

북로당 제2차 당대회의 중앙위원회 구성은 창당대회보다 확대되었다. 중앙위원의 수는 43명에 비해 67명으로 크게 늘어났다. 물론 각 계파의 비율을 적정히 안배한 것은 창당대회와 비교해 볼 때 크게 달라지지 않았다. 다만 어느 계파에 속하지 않은 비정치적인 경제, 문화계 인사들이 선발된 것은 매우 특기할 만하다. 창당대회 중앙위원 43명 가운데 제2차당 대회에서 유임된 인사는 30명이다. 제2차 당대회 중앙위원 67명 중 37명이 새로 발탁되었다. 당대회 사이의 기간이 2년도 채 지나지 않아 상당수가 물갈이되었다.

중앙위원 인선은 각 출신별 지도적 인사들을 중심으로 하여 그들 간의 적절한 안배를 고려하였다. 그런데 이들 가운데 최숙량(서흥瑞興 광산 광부), 최재린(평북 용천군 출신 농민), 이중근(기관사), 김고망(광부), 송제준(농민), 김직형(광부) 등 6명은 해당 부문에서 모범적 기여를 한 순수 노동자, 농민 출신들로서 당의 외연을 넓히고 기반을 강화하는 차원에서 선발되었다고 할 수 있다. 마찬가지로 김상철(북조선금속노동자직업동맹 위원장), 이북명(문화일꾼), 조영(평북 정주 군당위원회 부위원장), 김태연(금속공장 지배인) 등 4명도 '중앙위원급'으로 간주할 수 없는 위치에서 선발된 것은 그와 비슷한 취지로 볼 수 있다.

제2차 당대회는 한껏 올라간 김일성의 정치적 위상을 과시한 행사이기도 했다. 그를 북로당의 창립자로 헌정하는 시가 낭송된 것을 제외하더라도 이전에는 매우 조심스러웠던 당내 정치세력들의 '종파활동'에 대한 공개적인 언급과 비판에서 잘 드러났다. 대상들을 직접 거명하며 신랄하게 비판에 나선 인물들은 한일무, 박훈일, 김열 등이었다.

비난의 중심에 선 대상은 함남의 '맹주'였던 오기섭이었다. 분명 그는 해방 초기 대표적인 공산주의 지도자 가운데 서 있었고, 뛰어난 필력으로 많은 글을 신문과 잡지에 기고한 인물이었다. 하지만 해방 직후 소비에트 질서 도입과 사회주의 건설을 주장하는 등 급진 노선을 추종하고, 조선공산당 북부분국 설립 시 중앙을 지지한다는 이유로 반대의견을 표시한 것 때문에 뒤늦게 강력한 비판을 받았다. 특히 분국 설치에 반대한 것은 여러 등단한 인사들에 의해 비판의 표적이 되었고 스스로도 혹독한 자아비판을 통해 공개적인 사죄를 하지 않을 수 없었다. 1947년 3월 북로당 중앙상무위원회는 그가 『로동신문』에 발표한 논문이 '직업동맹을 인민정권과 대립시키며 로동계급의 이해를 인민정권의 이해와 분리 적대시키는' 것으로 단정하고 그를 당중앙상무위원직에서 해임시킨 바 있었다.[53] 소련의 평정에 따르면, 그는 과거 공산주의운동의 지도자로서 스스로를 과신하

---

53) "『북조선 인민정권하의 북조선직업동맹』이라는 제목하에서 오기섭 동무가 범한 엄중한 정치적 오류에 관하여(북조선로동당 중앙상무위원회 제28차회의 결정서 1947년 3월 19일)." 조선로동당 중앙위원회, 『결정집(1946.9~1948.3 북조선로동당 중앙상무위원회)』. 171~174쪽.

고, '현재도 조선의 지도부로 나서려고 한다'고 평가되었다.[54] 당대회에서 오기섭은 당 중앙위원 선출시 67인 가운데 유일하게 반대표(5표)를 얻고 서열도 42위로 밀리는 굴욕을 당했다.[55] 이후에도 그는 지속적으로 당내의 비판이 대상이 되면서 정치적으로 하향선을 긋게 된 대표적인 국내파 공산주의자였다.

그밖에 정달헌도 오기섭과 비슷한 종파활동을 이유로 자아비판을 해야 했고, 무정, 최경덕, 최용달, 허정숙 등도 각자의 사업 책임을 물어 비판과 자기비판의 대상이 되었다. 다만 북인위 사법국장 최용달은 소련계 출신 북로당 강원도위원장 한일무의 자기비판 요구를 그대로 수용하지 않고 자신의 논리로 방어에 나섰다.[56] 그러나 대의원들의 야유와 비난이 뒤따르자 그는 자신의 과오를 인정하고 이를 정정할 것을 약속하였다.[57] 또한 당대회 말미에 오기섭, 정달헌, 최용달은 자기비판을 제대로 하지 못한 것을 지적한 김일성의 비판을 피해가지 못했다.

북로당이 오기섭의 행위를 표적삼아 뒤늦게 분국 설치 문제를 끄집어 낸 것은 두 가지 측면에서 해석할 수 있다. 첫째, 김일성이 주도한 조선공산당 북부 분국 설치가 나중의 정세에 비추어 보더라도 올바른 선택이었음을 입증하고자 하였다. 분국이 설치되지 않았더라면 북한 내 공산주의운동은 어려움을 겪었을 것이라는 점을 우회적으로 밝힌 것이다. 둘째, 분국 설치를 반대했던 박헌영의 조선공산당에 당당히 자신들의 선택이 옳았다는 것을 강변하고 싶었을 것이다. 환언하면, 이것은 박헌영에 대한 우회적인 비판이기도 했다.

이 시점에서 분단의 결과로 북한 정부 수립이 현실화될 경우 남·북 노동당 간에는 눈에 보이지 않는 치열한 권력 경쟁이 예고될 것이었다. 북로당이 확실

---

54) "개인카드: 오기섭." ЦАМО, ф. 172, оп. 614632, д. 24, л. 18. 계속해서 소련은 그가 근면하고 정렬적이며, 임시인위 노동국에서 많은 일을 수행하는 등 긍정적인 평가도 곁들었으나 과거 학식에 기대어 사업에서 과오를 범한다고 하였다. 그에 대한 전반적인 평가는 '합격점'과는 거리가 있었다.

55) "북조선로동당 제2차 전당대회 회의록." 『北韓關係史料集 I 』, 452~453, 471~472쪽.

56) 위의 책, 396쪽.

57) "북조선로동당 제2차 대회 2일째 사업에 관한 정보자료." ЦАМО, ф. 142, оп. 432240С. д. 9, л. 113.

한 우위를 차지하기 위해서는 남로당의 북쪽 지지 기반에 대한 견제가 필요했을 수 있다. 오기섭과 정달현 등이 박헌영 계열로 분류된 점에서 이들을 약화시키는 것이 향후 권력구도에서 북로당의 우위를 보장할 수도 있었다. 분단의 위기 앞에 당의 단합이 절실히 요구되는 현실에서 당대회 일정 중 특정 당내 인사들의 비판에 많은 시간을 할애했다는 점은 우연히 지나칠 일이 아니다.

3월 28일 김일성은 당중앙위원회 사업 결산보고에서 몇 가지 중대 과업을 제시하였다. 그중 첫째는 남한 단독선거를 반대하고 외국군대의 동시 철거하에 조선 사람 스스로 독립을 쟁취하는 것이며, 둘째로는 북조선 민주역량을 공고히 하는 데 있어 북로당의 주동적 역할을 강화하는 것을 꼽았다.[58] 이 두 가지 핵심적 과업이 주는 의미는 분명하였다. 즉, 온갖 수단을 동원하여 남한 단독선거를 저지하고 '통일정부' 수립에 집중하되, 그것이 여의치 않을 경우 북로당의 주도로 자신의 국가 수립을 이끌어 가겠다는 것이다. 남한의 단독선거에 따른 북한의 정치 일정은 점차 분명해지고 있었다. 다만 남북연석회의의 결과에 따라 어떤 방식으로 접근해 나갈 것인지에 대한 선택만이 남아 있을 뿐이었다.

당 대회는 4개 장(규약 초안의 제5장 '당의 재정' 2개 조항은 제4장에 포함됨) 41개 조로 구성된 수정된 규약을 통과시켰다.[59] 규약 제3조는 당원의 자격은 노동자, 농민, 노력인테리겐챠(근로인테리)를 가운데 당 강령을 승인하고 규약에 복종하며, 당 조직에서 열성적으로 사업하는 자로 규정하였다. 1946년 8월 창당대회 당시 당 규약 초안에서는 '조선인민의 이익을 위해 적극 투쟁한 자'가 부가되었는데, 이를 삭제함으로써 광범위한 당원 인입을 위해서 입당 자격의 완화를 노린 것으로 볼 수 있다.[60] 다만 당 대회 직후 당세포회의가 활성화되면서 북로당의 사회전반에 대한 영향력은 더욱 증대되었다.[61] 자기비판과 상호 비판

---

58) "김일성, 북조선 로동당 제2차 전당대회에서 진술한 당 중앙위원회 사업 결산 보고와 결론(1948년 3월 28일)." 『김일성선집』 제2권, 조선로동당출판사, 1954, 100쪽.

59) "북조선로동당 제2차 전당대회 회의록." 『北韓關係史料集Ⅰ』, 467~471쪽; "제2차 당대회에서 채택된 북로당 규약." ЦАМО, ф. 142, оп. 432240с, д. 9, л. 191.

60) "북로당 규약안." ЦАМО, ф. 172, оп. 614631, д. 25, л. 87.

이 일상화된 것도 이때부터였다.

당 대회에서는 통일전선을 강화하려는 실제적인 조치들이 취해졌다. 이를테면, 청년사업부와 부녀사업부가 폐지되었는데, 그 이유는 민주당이나 청우당이 유사한 부서를 두는 것을 방지하기 위한 것이었다. 말하자면, 민주청년동맹이나 민주여성동맹 내에서 각 당 간에 세력 획득을 위한 투쟁이 벌어질 수 있었고, 결국 이들 사회단체가 분열될 수 있다는 우려가 있었기 때문이다.[62]

2. 남북연석회의: 통일과 분단의 선택점

남북협상의 모색과 전략

남한 단독선거의 결정으로 가시화된 분단을 회피하기 위한 노력에 남북의 정치세력이 동참하였다. 남쪽의 우파 지도자 김구, 김규식을 포함한 남북한의 정치세력들이 1948년 4월 평양에서 모여 남북연석회의를 열었다. 남북연석회의에 대한 공산 측의 관심은 선전적 차원만이 아니라 정책적 차원에서도 매우 큰 비중을 차지하였다. 레베데프는 남한 단독선거와 경제 사정의 악화로 나타난 남한의 정세는 미국의 정책에 대한 지지에서 떨어져 나온 중간파와 일부 우파의 입장에서 보여지듯이 대중의 '좌경화'로 나타났다고 보았다.[63] 주민 생활과 경제 환경의 어려움에 더해 남한 단독선거의 실시 결정이 내려지자 민심의 이반이 심화되었고, 이에 따라 중도파와 일부 우익세력들이 미국의 정책에서 떨어져 나오게 되었다는 것이다.

---

[61] 이주철, 『조선로동당 당원조직 연구 1945~1960』, 서울: 선인, 2008, 96쪽.

[62] "슈티코프가 불가닌에게, 남북조선의 정치, 경제 상황에 관하여(1948.3.5.)." ЦАМО, ф. 19, оп. 560, д. 8, л. 21.

[63] "레베데프. 북남 정당사회단체대표자연석회의 결과보고(1948.6.11.)." ЦАМО, ф. 142, оп. 432240с, д. 9, л. 348.

공산 측은 과연 남북연석회의의 성공적인 실행을 통해 남한 단선을 저지할 수 있는 것으로 생각했을까. 알려진 대로 소련은 미국의 분단 정부 창설 움직임을 오래전에 파악하고 있었다. 이를테면, 1947년 8월 제25군 사령부 정치고문인 샤브신은 남조선 정부 수립을 위한 준비 작업이 진행되고 있고, 대통령에는 이승만이, 국무총리에는 장덕수가 내정되었다는 말을 슈티코프에 전달한 바 있다.[64] 공산 측은 미국 측의 제의를 전격 수락하지 않는 한 분단을 막을 수단과 방법이 용이하지 않았음을 이미 인지했다고 볼 수 있다.

따라서 남북연석회의 개최에는 반단선·반단정의 기치하에 중간파와 우익세력들을 끌어들여 남북 정치세력의 대동단결을 과시하고 향후 수립될 북한 정부에 '정당성'을 갖추기 위한 정치적 의도가 깔려 있었다. 이것이야말로 현실적인 정책 판단이었을 것이다. 그러나 당시 한반도 분단에 반대하는 기류가 압도적이었던 상황에서 공산 측이 남북연석회의를 비롯한 반단선·반단정 투쟁을 통해 분단을 저지할 수 있다는 기대를 가진 것은 분명했다. 물론 이 목적이 달성되지 않는다 하더라도 충분한 대중적 선전·선동의 효과가 있을 수 있고, 또 다음 수순으로 북쪽에 정부를 수립하는 방향을 설정해 놓을 수 있는 것이었다.

남북협상에 대한 공산 측의 구상은 1947년 10월 3일 북조선민전 중앙위원회 의장단 회의에서 김일성이 처음 언급한 것으로 알려졌다. 그는 남북협상은 소범위의 지도자 회담 형식 또는 남북 정당·사회단체 대표자 협의나 연석회의 형식으로 할 수 있다고 하면서 이 중 연석회의가 가장 좋다고 하였다.[65] 이듬해 1월 9일 같은 회의에서 김일성은 남쪽 정당·사회단체 지도자들과 개별 인사들에게 남북협상을 조속히 실현할 것을 촉구하는 서한을 보낼 것을 제기하였다 한다.[66] 물론 이 같은 김일성의 발언은 초기 문헌에서 공개되지 않았다는 점에

---

[64] 〈슈티코프 일기〉 1947.8.9.

[65] "남북협상방안에 대하여: 북조선민주주의민족통일전선 중앙위원회 의장단회의에서 한 연설(1947년 10월 3일)." 『김일성전집』 제6권, 평양: 조선로동당출판사. 1993, 379쪽.

[66] "남북협상을 조속히 실현하기 위하여: 북조선민주주의민족통일전선 중앙위원회 의장단회의에서 한 연설(1948년 1월 9일)." 『김일성전집』 제7권, 평양: 조선로동당출판사. 1993, 21쪽.

서 나중에 각색되었을 가능성이 있지만 일찍이 공산 지도부가 남북협상을 고려하고 있었음을 보여 주고 있다.

분단 극복을 위한 정치세력의 움직임과 이를 위한 남북연석회의 개최 시도는 분단의 위기를 보다 직접적으로 느낀 남쪽에서 더욱 눈에 띄었다. 1947년 11월 한독당, 민독당, 근민당 등 13개 정당들이 초당파적인 각 정당협의회를 소집하여 자주통일정부 수립 방안을 작성하였고, 12월 20일에는 김규식이 중심이 되어 민족자주연맹을 결성하고 통일운동에 나섰다. 이를 통해 남북협상파의 조직적 규합이 개시되었다.

1948년 2월 16일 남한 단독선거에 반대한 김구와 김규식은 김일성과 김두봉에게 남북요인회담을 제의하였다. 이 제의에 대해 공산 측은 즉각적인 반응을 보이지 않았다. 시시각각 변화하는 정세 추이를 관찰하고 이에 대처할 필요가 있었을 것이다. 그러다가 3월 15일 김일성은 소범위의 지도자연석회의를 4월 초에 평양에서 개최할 것을 제안하는 서한을 김구, 김규식, 허헌, 조소앙, 백남운, 리극노, 홍명희, 류영준, 김창준 등 남쪽 반단정 세력의 대표자들에게 발송하였다.[67] 이른바 '4김 회담'에 대해서는 완곡한 반대를 표명한 것이다.

3월 25일 북조선민전 제26차 중앙위원회 회의는 4월 14일부터 평양에서 전조선 정당·사회단체대표자 연석회의를 개최할 것을 단독정부 수립을 반대하는 남쪽 정당·사회단체에 제의하였다.[68] 북로당을 비롯한 북조선의 9개 정당·사회단체 명의의 이 제의는 남쪽의 한국독립당, 남로당, 민주독립당, 인민공화당, 근로인민당, 신진당, 남조선청우당 등 모두 15개 남쪽 정당·사회단체를 거명, 연석회의 참석을 요망하였다. 공산 측은 연석회의의 결과에 따라 정부 수립을

---

67) 허영욱, 『나의 아버지 허헌』, 평양: 평양출판사, 2015, 166쪽.

68) 『해방 후 10년 일지(1945~1955)』, 평양: 조선중앙통신사, 1955, 50쪽; "유엔 決定과 南朝鮮 單選單政을 反對하고 朝鮮의 統一的 自主獨立을 위하는 全朝鮮政黨社會團體代表者 聯席 會議 開催에 대한 北朝鮮民戰의 提議. 南朝鮮 單獨政府 樹立을 反對하는 南朝鮮政黨社會 團體에 告함." 조국통일민주주의전선 중앙상무위원회 서기국 편, 『민주건국에 있어서 북조선민전의 역할』, 평양: 조선민보사, 1949, 37~41쪽.

460 북한 국가의 형성과 소련

비롯한 정치 일정을 구체화할 수 있다는 전망을 가지고 있었다. 연석회의 개최 전인 4월 12일 소련공산당 중앙위원회 정치국은 이 회의에 대한 결정을 채택하였다. 해방 후 조선의 정치적 문제에 대해 소련공산당 정치국이 직접 개입한 것은 미소공위 훈령을 비롯하여 몇 차례에 지나지 않았다. 소련 지도부도 예상되는 결과를 떠나 연석회의에 대해 상당한 기대를 걸고 있었음을 알 수 있다. 정치국 결정 '김일성 동지를 위한 조언'은 슈티코프를 대신하여 레베데프가 김일성에게 전달하도록 하였다.

소련 정치국의 결정: '김일성 동지를 위한 조언(1948.4.12.)'

북남조선대표자 회의는 다음과 같이 합의한다.
첫째, 남조선에서 단독선거에 반대하는 북남조선의 민주정당 및 단체 대표자들의 확대회의 소집에 대하여,
둘째, 확대회의 진행 시 다음의 정치적 방침에 대하여,
1. a) 조선인민의 참여 없이 채택된 유엔총회와 유엔한국위원회의 비법적 결정에 저항하고, 조선에서 유엔위원회의 즉각적인 철수를 요구한다.
   b) 조선의 현 임시 분단을 강화하고 통일과 독립의 부활을 억누르는 목적을 지닌 선거로서, 남조선 단독선거에 대해 거부하도록 조선인민에게 호소한다.
   c) 남과 북 모두에서 외국군대의 철거에 관한 소련의 제의를 환영하고 조선에서 외국군대의 즉각 철수를 요구한다.
   d) 외국군대의 철수 후 전 조선에서 동시적으로 선거 실시를 주장한다.
2. 확대회의 명의로 다음을 채택한다.
   a) 조선인민에 대한 호소
   b) 소련과 미국 정부에 대한 호소(여기에서 조선에서 외국군대의 신속한 철거를 주장한다)
3. 조선에서 외국군대의 철거 후 보통선거를 기반으로 한 **전 조선 정부의 창설 전까지 조선의 통치는 확대회의 강령을 수용하는 북과 남의 대표자들로 이루어진 임시정부가 맡아야 한다.**
4. **전 조선 임시정부의 주요 과업은 전국적인 조선 최고인민회의(또는 국회) 선거 실시이다.**
   (강조는 인용자)

〈출처〉 "김일성 동지를 위한 조언(1948.4.12.). 1948년 3월 29일~5월 26일 정치국 결정, 의사록 №. 63." РГАСПИ, ф. 17, оп, 162, д. 39, л. 31-32.

위 정치국 결정의 전반적 기조로 보아 소련 지도부는 남북연석회의에 대해 그 중요성을 정확히 인식하고 회의에서 상당한 성과를 기대하고 있었음을 알 수 있다. 이 결정은 다음의 세 가지 내용으로 요약될 수 있다. ①남한 단독선거

거부, ②미·소 양군 철수, ③전 조선 임시정부 수립. 여기서 ①과 ②는 그동안 공산 측이 줄기차게 주장해 왔던 내용이기 때문에 특별히 새로울 것이 없다. 당시 공산 측의 공식적인 주장인 유엔한국위원단 철수, 남한 단독선거 반대, 미·소 양군 철수 후 총선거 실시 등을 재차 확인하는 내용으로 볼 수 있다. 유엔한국위원단은 미국이 1947년 11월 한국문제를 유엔으로 이관하면서 남한 단독선거를 추진한 결과로 조직되었으므로 이에 대한 공산 측의 철수 요구는 단독선거 반대와 동일한 맥락이었다.

다만 미·소 양군 철수 주장은 좀 더 고려할 부분이 있는 대목이다. 소련군은 진주 시기부터 북한에 장기 주둔 계획을 가지고 있지 않았다. 만주 주둔 소련군은 이미 1946년에 전부 철수하였고, 북한 주둔 군대의 감축도 점차적으로 이루어졌다.[69] 제4장에서 언급했듯이 1946년 7월 26일 소련공산당 정치국이 전달한 미소공위 훈령에 나온 대미 성명안은 '소련 대표단은 만일 미국 대표단이 1947년 말 혹은 1948년 초까지 모든 외국군대의 철거에 관한 제의에 동의한다면 소련 군대는 미국 군대와 동시에 조선을 떠날 준비를 할 것'[70]이라고 하였다. 분명한 것은 소련은 미·소 양군 철수 주장을 갑작스럽게 제기한 것이 아니라 이를 오랜 전부터 전략적 복안으로 삼아왔다는 점이다. 그와 같은 입장에는 미·소 군대의 동반 철수 후 한반도의 정치 지형이 좌익세력에 유리하게 전개되고, 이를 통한 '우호적인' 정부 수립이 용이할 것이라는 전망이 내재되어 있었다.

위 결정에서 더욱 주목해야 할 항목은 제3항과 제4항이다. 전국적 선거를 통해 전 조선 정부의 출현이 있기 전까지 임시정부가 통치의 주체로 나서야 하는데, 그것은 남북연석회의의 참여세력이 되어야 한다는 것이다. 이로 보건대, 소련 지도부는 남북연석회의를 통해 미소공위가 실패했던 임시정부 수립의 계기

---

[69] 북한 주둔 소련군 사령관은 처음 상장급(I. M. 치스차코프)에서 1947년 4월에는 중장급(G. P. 코로트코프)으로, 1948년 6월에 이르러서는 소장급(메르쿨로프)으로 점차 계급이 낮아졌다.

[70] "소미공동위원회 소련 대표단의 위원회 사업 재개에 대한 훈령." Советско-американские отношения 1945-1948. Документы. М., 2004. c. 301; РГАСПИ, ф. 17, оп. 162, д. 38, л. 127.

를 만들고, 연석회의의 참여세력이 임시정부의 주도세력으로 등장할 것을 내심 기다리고 있었다. 이 점에서 북한에 수립되는 정부는 '통일정부'가 아닌 '임시정부'의 성격을 갖는다는 것을 명확히 밝혔다고 할 수 있다.

하지만 소련은 북한의 독자적인 정부 수립을 확정한 이상 정부의 성격 여하를 불문하고 단독정부로 규정된 남한 정부와는 차별성을 가져야 했다.[71] 바로 5·10선거에 반대하는 남한 우익세력과의 협력을 통해 이 목적을 달성하는 것이다. 북한과 소련군 현지 지도부는 김구와 김규식이 참가하는 정부 수립이 가능하다고 판단하였다. 따라서 김일성은 김구가 평양에 올 때까지 연석회의 개최를 연기할 것을 밝혔고 그와 함께 '남북 공동기관'의 구성을 기대하였다.[72]

그러나 결과적으로 이 계획은 실행에 옮겨지지 못했다. 위 결정은 소련이 임시정부에 의한 전국적 의회 선거를 통해 한반도에서의 '단일국가' 수립에 대한 희망을 표출한 것이다. 물론 이것이 실현되지 않았을 경우에 대비한 '분단 정부' 수립이라는 시나리오는 결정적 선택으로서 남겨두고 있었다. 소련의 입장에서 남북연석회의는 단순히 남북 양쪽에 각각 분단정권 수립의 '통과의례'를 뛰어넘는 것이었다.

연석회의 성사에는 남·북 노동당 진영의 적극적인 물밑 작업과 김구·김규식 휘하의 실무진들의 활동이 연석회의의 성사에 큰 역할을 하였다.[73] 이들은 연석회의 전 북한에 미리 파견되어 ①(김구와 김규식이 도착할 때까지) 연석회의 소집 시기 연기, ②김구와 김규식의 과거 활동에 대한 비판 중단, ③연석회의 참가자들에게 의사일정에 구애 없이 자신의 의견과 제의를 표현할 자유 부여 등 김구와 김규식의 요구 조건을 제기하였다.[74] 여기에 김구는 자기 비서진을 동반하도록 해줄 것과 남한 기자들 취재 허가, 비공개회의에 남측 우익정

---

71) 윤경섭, 「1947~1948년 북한의 정부수립 문제와 남북연석회의」, 『史林』 제21호, 2004, 51쪽.
72) 〈레베데프 일기〉 1948.4.8.
73) 남북연석회의의 실현 과정에 대한 권태양, 성시백, 안경근 등 실무인사들의 노력에 대해서는 김광운, 『통일독립의 현대사』 서울: 지성사, 1995, 191~242쪽 참조.
74) "슈티코프. 조회(Справка)." АВПР, ф. 102, оп. 8, п. 7, д. 21, л. 38-39.

당 참가자 수의 확대 등을 추가로 요구하였다.

연석회의의 경과

남북연석회의에는 남북한 16개 정당, 40개 사회단체로부터 모두 695명이 참가했다. 이 가운데 북한에서는 15개 정당·사회단체로부터 300명이 참가하였다.

〈표 6-2〉 연석회의에 참가한 북측 정당·사회단체 명단

단체명	참가자 수	대표자
북조선로동당	60	김일성, 김두봉
북조선민주당	40	최용건
북조선청우당	40	김달현
북조선직업동맹	25	최경덕
북조선농민동맹	25	강진건
북조선민주여성동맹	25	박정애
북조선민주청년동맹	25	이영섭
북조선공업기술자연맹	9	이병재
북조선보건인연맹	7	이동화
북조선반일투사후원회	10	김일호
북조선문학예술총동맹	10	이기영
북조선농림수산기술자연맹	5	김창하
북조선적십자사	7	이호림
북조선불교연합회	6	김세율
북조선기독교도연합회	6	강양욱
총 참가 인원	300	-

〈출처〉『全朝鮮諸政黨社會團體 代表者聯席會議 文獻集』, 평양: 北朝鮮人民委員會 宣傳局, 1948, 100~101쪽; "레베데프. 북남 정당·사회단체대표자연석회의 결과보고(1948.6.11.)." ЦАМО, ф. 142, оп. 432240 с , д. 9, л. 329; ф. 172, оп. 614633, д. 5, л. 11을 종합하여 작성.

북한 측에서 참가한 3개 정당과 12개 사회단체는 조직의 규모에 따라 참가 인원을 할당받았다. 300명 인원은 남측 참가자의 비율을 고려하여 설정된 것으로 볼 수 있다. 북한 정치사회는 북로당이 지휘하는 북조선민전을 통해 조직적 전열을 갖추고 정세 변화와 사태 전개에 대비하고 있었다.

〈표 6-3〉 연석회의에 참가한 남측 정당·사회단체 명단

	단체명	참가자 수	대표자
좌파	남조선로동당	41	박헌영, 허헌
	조선인민공화당	16	김원봉
	조선노동조합전국평의회	22	허성택
	조선전국농민총연맹	37	손일수
	조선민주여성동맹	26	유영준
	조선민주애국청년동맹	56	고관옥
	조선문화단체총연맹	12	임화
	재일본조선인연맹	1	이병섭
	전국불교도총연맹	1	장상봉
	기독교민주동맹	3	김창준
	전국유교연맹	3	김응섭
중도파	근로인민당	23	백남운
	신진당	9	이용
	민주한독당	7	김일청
	조선어연구회	2	안영섭
	불교청년당	1	김해진
	자주여맹	2	우봉운
	조선민주학생동맹	2	원시현(Вон Си Хен)
	반팟쇼공동투쟁위원회	6	정운영
	조선건민회	5	이극로
	독립운동자동맹	5	정이형
	학병거부자동맹	2	박경실
	민족해방청년동맹	3	이광무(Ли Гван My)
	남조선청년애지회	1	이종원(Ли Тен Вон)
	남조선신문기자회	1	정진석
	건국청년회	12	이강무
우파	사회민주당	10	여운홍
	남조선천도교청우당	6	김병제
	근로대중당	9	김승모
	한국독립당	8	김구
	조선농민당	4	김태민(Ким Тхе Мин)
	민주독립당	13	홍명희
	민족자주연맹	16	김규식
	천도교학생회	2	김극수(Ким Кык Су)
	혁신복음당	1	안기성
	3·1동지회	2	조영온(Чо Ен Он)
	조선민족대동회	5	김성규
	민중구락부	1	이병우
	민중동맹	8	나승규
	민족문제연구소	1	김시겸
	삼균주의청년동맹	10	조소앙
총 참가 인원		395	-

<출처> 『全朝鮮諸政黨社會團體 代表者聯席會議 文獻集』, 평양: 北朝鮮人民委員會 宣傳局, 1948, 101~103쪽; "레베데프. 북남 정당·사회단체대표자연석회의 결과보고(1948.6.11.)." ЦАМО, ф. 142, оп. 432240 с , д. 9, л. 330-331; ф. 172, оп, 614633, д. 5, л. 12-13을 종합하여 작성.

4월 3일 서울에서는 100여 개의 중도 및 우익 정당·사회단체 대표 200명이 모여 행동 통일과 노선 조율을 위해 '통일독립운동자협의회'를 결성하였다. 이로써 남북연석회의의 참가가 공식화된 셈이 되었다. 남쪽에서는 13개 정당, 28개 사회단체로부터 395명이 참가하였다. 공산 측이 이를 정치 성향에 따라 분류한 것에 따르면, 좌익 11개(218명), 중도파 15개(81명), 우익 15개(96명)였다.[75] 그런데 오늘날 중간파로 분류되는 사회민주당이나 민족자주연맹과 같은 조직을 우익으로 간주할 수 있느냐는 문제가 제기될 수 있다. 공산 측이 의도적으로 우파의 비율을 높이려는 목적 때문에 이들을 우파로 분류했을 수도 있다. 다만 우익과 중도파의 구분은 모스크바 삼상회의 결정에 대한 초기의 태도와 미군정과의 관계 등이 기준으로 적용하였을 것이다.

남한에서 반탁노선을 견지한 다수의 우파 및 중도파가 연석회의에 참가한 것은 단선·단정을 저지하는 데 대한 공감대였다. 미국식 자본주의를 선호한 우익과 중도우파 세력들이 공산주의자들과 협상을 선택한 것은 이념보다도 분단의 위기를 막아야 한다는 당위론이 앞서 있었다고 볼 수 있다. 물론 여기에는 각 정당에 침투한 노동당 프랙션의 활동이 적지 않은 역할을 한 것을 부인하긴 어렵다.[76] 특히 줄곧 반공노선을 견지했던 김구의 노선 전환은 공산당과의 합작보다는 분단의 선택을 더욱 기피하였음을 보여준 것이다. 소련은 김구와 김규식의 연석회의 참가에 대한 동기를 순수하게 바라보지는 않았다. 즉, 그들은 대중과 유리되어 고립되는 것을 두려워하여 분단 선거에 반대한 성명을 발표하였고, 남조선 단독선거와 분단 정부 수립에 반대한 공동 투쟁에 대하여 다른 정당 및 사회단체와 협상하는 조치를 취하기 시작하였다는 것이다.[77]

75) 남북연석회의 연구와 관련하여 대표적인 도진순의 연구는 정파 구분과 참여단체, 참여 인원 면에서 위 통계와 일부 차이를 보이고 있다. 『한국민족주의와 남북관계』, 서울대학교 출판부, 1997, 254~261쪽.

76) 근로인민당, 신진당, 근로대중당, 민족자주연맹, 민주독립당 등 중도파와 우익 정당 내 프랙션의 존재를 확인한 자료로는 "김영준. 남조선 정당·사회단체의 당내 정세에 대한 정보자료(1947.11.25.)." ЦАМО, ф. 172, оп, 614632, д. 41, л. 49-55.

77) "레베데프, 북남제정당사회단체대표자 연석회의 결과 보고(1948.7)." ЦАМО, ф. 172, оп, 614633, д. 5, л. 8.

남북연석회의는 4월 19일 평양 모란봉극장에서 개막되었다. 첫째 날 회의는 남북 각각 14명으로 회의 의장단을 선출하였고, '조선의 정세에 대하여', '남조선 선거 실시 및 단독정부 창설 반대 조치에 대하여' 등 두 가지 의사일정을 채택하였다. 남쪽의 대표로는 박헌영, 허헌(남로당), 백남운(근로인민당), 김원봉(인민공화당), 여운홍(사회민주당), 김구·조소앙(한독당) 등이, 북쪽의 대표로는 김일성·김두봉(북로당), 최용건(민주당), 김달현(청우당) 등이 소개되었다.[78] 이 날에는 김두봉, 최용건, 백남운, 김원봉, 유영준, 김달현, 이금순(북조선민주여성동맹) 등이 연설에 나섰는데, 이들은 공히 분단 위기에 대해 그 책임을 미국과 이승만, 김성수에게 돌렸다.[79] 공산 측이 대표적인 '민족반역자'로 지목한 이승만, 김구, 김성수 3인 가운데 김구의 이름은 이때부터 목록에서 빠졌다.

21일 회의에서 김구는 자신이 대표단이 아니라는 이유로 회의에 참석하지 않았고, 대신에 이극노, 조소앙, 엄항섭이 참석하고, 자신은 '4김 회담'에 나설 것이라고 하였다.[80] 김구가 이 회의에 대해 공산 측에 불만이 있거나 주도권 문제에 대해 얼마간의 이견을 표출한 것으로 볼 수 있다. 이날 회의에는 김일성, 백남운, 박헌영의 연설이 있었고, 김규식, 홍명희, 원세훈 등이 남쪽에서 도착했다.

22일 회의에서는 홍기철(북조선문예총), 김오상(남조선근로인민당), 허성택(전평), 김구, 홍명희 등이 나서 남북한 정세에 대한 토론이 있었다. 단상에 나선 김구는 조선의 분단을 기도하는 미 당국의 시도에 대해 투쟁을 호소하였다. '지금 우리는 중대한 순간을 보내고 있다. 남한에서 미 당국은 우리 민족을 분할하고 분단정부를 창설하려고 하고 있다. 이 회의의 목적은 이 시도를 막는 것이다. … 남조선 선거에 반대한 투쟁은 우리 민족의 분단에 반대한 투쟁이다. 만일 우리가 남조선 단독선거를 막지 못한다면 우리는 중대한 상황에 빠질 것이다.'[81] 북한에서 김구의 행동은 이전 자신이 견지해온 반공적 태도에서 벗어나

78) "북남대표자 연석회의." Правда, 22.Ⅳ.1948.
79) "슈티코프가 수슬로프에게. 북남조선 제정당사회단체연석회의 결과 자료(1948.7.24.)." РГАСПИ, ф. 17, оп. 128, д. 615, л. 11-33.
80) 위의 문서, л. 34.

반단선·단정에 모든 힘을 기울일 것을 예고하였다.

23일 연석회의 마지막 날에는 남로당 위원장 허헌이 단독선거와 분단정부 창설에 반대한 대책 보고를 하였다. 김두봉은 폐막 연설에서 '우리는 스스로 자신의 국가를 세울 수 있다. 이것은 북반부에서 자체 사업으로 보여 주었다'고 하면서 조선인 스스로에 의해 국가가 수립되어야 한다는 것을 강조하였다.[82] 마지막 날 회의에는 연석회의의 공식 결과물인 '조선정치정세에 관한 결정서', '전조선동포에게 격함', '소·미 양국 정부에 보내는 전 조선 정당·사회단체연석회의 요청서' 등이 채택되었다.

'조선정치정세에 관한 결정서'는 정당·사회단체들이 힘을 결집하여 전 인민적 보이콧을 통해 단독선거 저지에 자신의 모든 활동을 맞추고, 조선에서 외국군대의 즉각 철수에 대한 소련의 제의를 수용하며 조선인민에게 통일독립민주국가의 창설 권리를 허용해줄 것을 요구해야 한다고 언급하였다.[83] '소·미 양국 정부에 보내는 요청서'는 조선인민은 남한 단독선거에 결코 동의하지 않으며 전력을 다해 그것을 저지할 것이라 하면서, 유엔한국임시위원단의 추방, 동시적 군대 철수, 외세의 간섭 없는 조선 전민족민주정부의 총선거 실시 등을 요구하였다.[84]

4월 25일 남북연석회의는 평양에서 30만 명 이상이 참여한 대규모 군중집회와 함께 종료되었다. 이 집회에서 최용건, 박헌영, 이영, 홍명희 등이 연설하였다. 이들은 남한 단독선거와 분단정부 수립 반대를 내용으로 하는 연석회의 결정의 실현을 위해 투쟁할 것을 호소하였다. 집회에는 김구와 김규식도 참여하였다. 연석회의 기간 이들은 북한 측으로부터 깍듯한 대접을 받았다. 특히 김일성은 두 사람에게 최대한의 호의를 제공함으로써 두 '거목'을 자신의 편으로 끌어들이고자 하였다.[85]

81) "북남대표자 연석회의." Правда, 24.Ⅳ.1948.

82) "북남대표자 연석회의 종결회의." Правда, 25.Ⅳ.1948.

83) "조선 정치정세에 관한 북남대표자연석회의 결정서." Правда, 28.Ⅳ.1948.

84) "소미 정부에 대한 북남조선 대표자연석회의의 요청서." Правда, 28.Ⅳ.1948.

85) 해당 기간 김일성과 김구·김규식의 교류에 대해서는 리영환 외, 『민족단합의 전기를 마련한 4월 남북련석회의』(평양: 과학백과사전종합출판사, 1998) 43~74쪽 참조.

공식 회의가 종료된 후 4월 30일 김일성·김두봉·김구·김규식의 이른바 '4 김 회담'과 남북지도자협의회를 거쳐 '남북조선제정당·사회단체 공동성명서'를 채택하였다. 그 주요 내용은 ①외국군대를 즉시 동시에 철거할 것 ②내란 불허 용 ③전 조선 정당·사회단체협의회를 소집하여 민주주의임시정부 수립. 이를 통해 조선 입법기관을 선거하고 헌법을 제정, 통일적 민주정부 수립 ④남조선 단독선거 반대 등으로 요약되었다.[86] 이 공동성명서에는 북쪽 15개, 남쪽 26개 정당·사회단체가 서명하였다. 이 공동성명의 1, 4항은 참여단체들의 공통된 의견을 반영한 것이지만, 3항의 경우는 김구 진영이 반탁의 명분하에 완강히 반대한 모스크바 결정 '한국임시정부' 수립 조항이 그대로 반영된 것을 볼 때 그들로서는 커다란 입장 전환이었다.

남북연석회의 과정이 크게 주목을 받은 이유는 남한 우파의 두 지도자 김구와 김규식의 참여와 무관하지 않았다. 따라서 이 두 인물의 북한 내 행적은 연석회의의 성격을 규정하는 데 큰 영향을 미칠 수밖에 없었다.

4월 25일 김일성이 주최한 남북대표들을 환대하는 자리에서 김규식은 남조선 단선에 반대하며 남조선 선거 실시에 대한 유엔소총회 결정은 불법적인 것이라고 말했다. 그는 또 미·소 양군 동시철거와 조선정부 수립 문제를 조선인 자신이 해결하도록 하는 것을 찬성하면서 '조선인 가운데 아무도 그런 제의에 반대하지 않을 것'이라고 하였다. 심지어 그는 '북조선에는 자체 발전을 위한 기초가세워졌다. 남조선에는 기업이 멈춰있고 여기는 공장이 가동되고 있다. 남조선은 파괴로 치닫고 있다. 북조선은 꽃처럼 번성하고 있다'는 등 북조선에 대해우호적인 발언을 거침없이 토해냈다.[87] 그와 같은 발언은 북한 체류 분위기 속에서 나온 것이라 하더라도 공산 측으로서는 체제의 '우월성'을 선전하기에 더없는 소재가 되었음이 틀림없다.

김구와 관련한 독립적 기사는 5월 4일 평양 출발에 앞서 가진 기자회견이었

---

86) "평양방송, 남북요인회담 공동성명서 내용 발표." 『서울신문』 1948년 5월 3일; "북남조선제정
    당·사회단체 지도자협의회 공동성명서." ЦАМО, ф. 172, оп, 614633, д. 17, л. 157-160.
87) "김규식의 성명." Правда, 30.Ⅳ.1948.

다. 그는 북조선의 성취는 조선인 스스로 난관과의 싸움을 거쳐 자기 헌신적 노동으로 이루어졌으며, 북조선 주민은 진보의 길을 가고 있고 남조선에서 인민들이 제기한 문제는 해결되지 못하고 있다고 하였다. 또한 미군정은 광범위하게 조선 내정에 간섭하고 있고, 남조선에는 선거 자유가 보장되어 있지 않다고 하였다.[88] 그때까지 반소·반공 노선을 굽히지 않던 인사의 태도 변화는 공산 측에게 매우 고무적으로 받아들여졌을 것이다. 반면 김구와 김규식은 남쪽 좌파정당들을 배제하고 자신의 정당들이 남측의 유일한 대표로 나설 것을 주장하였다. 하지만 그들의 시도는 공산 측의 반대에 막혀 남쪽 좌파정당들이 공동성명서에 서명하는 데 동의할 수밖에 없었다.[89] 공산 측이 우익과 중간파를 대표하는 인사들을 끌어들이는 데 온갖 노력을 경주한 것은 남한 단정 반대의 실질적 효과를 획득하고 향후 자신에게 유리한 정치 전망을 창출하고자 함에 이었다. 이들의 행보는 앞으로 수립된 북한 정부의 '정당성'을 보장하는 데 중요한 역할을 할 수 있는 것이다.[90]

남북연석회의의 전 과정을 예의주시한 슈티코프는 북한 지도부와 현지 군사령부에 자신의 권고와 지시를 지속해서 전달하였다. 그는 연석회의를 통해 북한 측 노선이 기본적으로 옳다는 것을 확인하고 남북이 이승만에 대한 반대투쟁에 나서도록 하는 방침을 견지하고 있었다. 그에 따라 남북한의 좌파세력이 굳건한 단결을 이룬 가운데 남쪽 정치 세력 및 대중의 지지를 보다 많이 이끌어 내는 데 큰 관심을 기울였다.[91]

그는 연석회의에 김구·김규식을 비롯한 남쪽의 저명한 우익인사들까지 참여하여 미·소 양국 군대 철퇴 및 남조선 단독선거 반대 등 공산 측 노선이 관

---

88) "김구의 성명." Правда, 9. V. 1948.

89) "레베데프, 북남제정당사회단체대표자 연석회의 결과 보고(1948.7)." ЦАМО, ф. 172, оп, 614633, д. 5, л. 33.

90) 김구와 김규식은 이후로도 반단선·단정의 입장을 굽히지 않았으나 이것이 직접 북한에 대한 지지로 이어지지는 않았다. 공산 측으로서는 그들이 남한 정부 수립에 참여하지 않은 것만으로 만족해야 했다.

91) 〈레베데프 일기〉 1948.4.21.

철된 데 대해 만족감을 표시하였다. 하지만 이것은 남한의 분단 정권 수립에 대응하여 북쪽에도 역시 동일한 분단정부를 세운다는 논리와 연결되었다. 과거 반탁입장을 철저히 견지하던 김구를 비롯한 상당수 우익인사를 끌어들인 '업적'은 의미가 있는 것이나 김일성 지도부와 마찬가지로 슈티코프 역시 분단을 저지하기 위한 더 이상의 양보를 시도하지 않았다.

그는 '반동세력'과 함께 하는 통일정부보다는 자국에 우호적인 분단정부를 선호했다. 이 같은 그의 판단에는 '민주개혁을 파괴하기보다는 38도선을 유지하는 게 낫다'라든가, 심지어 '북조선은 소련의 협력하에 남조선 없이도 존재할 수 있다'[92]는 북한 내 일부 주장의 영향을 받았을 것이다. 한반도 거주민 중 절대 다수가 염원한 통일정부를 수립하자면 역설적이지만 미국의 제의를 거의 전적으로 수용해야 했을 터인데, 좌파세력 일부의 '분단 합리화' 주장은 그러한 부담으로부터 벗어나도록 했음이 틀림없다.

남북연석회의에 대한 소련 측의 평가는 북한 측과 크게 다를 바가 없었다. 레베데프는 연석회의가 '조선 인민의 독립투쟁사에서 최초의 전 민족적 규모의 회의였다'는 것을 강조하면서 '북조선은 조선인민의 민족독립투쟁에서 민주·진보 세력들의 단결 기지임을 보여 주었다'고 하였다.[93] 그러나 그러한 의미에도 불구하고 통일정부 수립이라는 최대의 목표를 실현할 구체적인 방안은 사실상 존재하기가 어려웠다. 더욱이 미·소 간 합의에 의한 통일정부 실현은 물 건너 간 상태였고 남북의 '집권'세력이 대화를 통해 풀기에는 상호 적대감이 너무나 강했던 것이다.

소련은 남북연석회의 과정을 정치적인 측면뿐 아니라 자국의 대중적 관심을 불러일으킬 수 있도록 하였다. 『프라우다』가 연석회의 기간 동안 아예 '북남 대표자 연석회의'라는 고정란을 두고 거의 매일 장문에 가까운 보도기사를 게재한 것을 보면 소련이 이 회의에 쏟은 열의와 의지를 익히 짐작해 볼 수 있다.

---

92) "슈티코프가 수슬로프에게." РГАСПИ, ф. 17, оп. 128, д. 392, л. 37-38.
93) "남북조선제정당사회단체 대표자연석회의 결과 보고." ЦАМО, ф. 142, оп. 432240с, д. 9, л. 348-351.

이때 소련 지도부는 북한 주재 타스(TASS)통신 지국 개설을 승인함으로써 북한
으로부터 체계적인 취재와 정보 획득을 위한 시설기반을 마련하기도 했다.[94]

3. 헌법제정과 정부 형태

헌법제정 경로

북인위의 정부적 위상은 시간이 흐를수록 강화되었다. 산하에 외무국과 민족
보위국의 창설과 함께 북인위는 외교와 국방 영역을 독자적으로 관할하는 지위
를 가지게 되었다. 1948년 4월 초 소련은 북인위의 제의를 받아들여 모스크바에
북조선 통상대표부의 설치를 수용하였다.[95] 북·소 간 증진되는 교역을 담당할
필요에서 나온 것이긴 하나 사실상 외교관계에 버금가는 양자관계의 확대로 읽
혀진다. 그러나 이것으로는 당면한 정부 수립 문제를 해결할 수 있는 것은 아니
었다. 분단이 현실화되는 조건에서 이를 저지하며, 그것이 실패할 경우 다른 대
안을 찾는 것이 소련 지도부와 남북의 좌파세력들이 가진 공통의 고민이었다.

북한 정부 수립이 또 하나의 분단정부 탄생이라는 비판은 소련과 북한 측 모
두에게 부담이 되었다. 김두봉은 북조선에 분단국가인 인민민주주의공화국이
창설되었다고 미국 측 언론이 보도한 데 대해 '이 보도는 남북 분단과 남한 단독
국가 수립을 향한 남조선 반동의 반인민적 행위와 미군정의 시도를 은폐하고
정당화하려는 선동적 허구에 지나지 않는다'고 반박하였다.[96] 그는 또한 남조
선 과도입법의원이 1947년 9월에 이미 임시헌법과 최고권력 기관 선거법을 작

[94] "소련공산당 정치국 결정. 북조선 주재 타스통신 지국 개설에 대하여(1948.4.19.)." РГАСПИ,
    ф. 17, оп. 3, д. 1070, л. 21.
[95] "소련공산당 정치국 결정. 북조선인민위원회 임시통상대표단에 관하여(1948.4.2.)." РГАСПИ,
    ф. 17, оп. 3, д. 1070, л. 11.
[96] "북조선인민회의 상임위원회 의장 김두봉의 성명." Правда, 2.Ⅲ.1948.

성하였다고 지적함으로써 북한이 먼저 정부 수립에 나서지 않았다는 것을 강조하였다.[97] 공산 측은 누가 분단을 먼저 시도했느냐의 문제가 분단 책임론과 연결되는 것이므로 그러한 주장에 대해 민감한 반응을 보이면서 동시에 적극적인 대처를 하였다고 볼 수 있다. 하지만 공산 측 역시 분단 과정의 개입에 대한 책임에서 자유로울 수는 없었다.

정부 수립의 중요한 절차 가운데 헌법 제정 문제는 핵심 현안으로 떠올랐다.[98] 1947년 11월 14일 유엔이 유엔한국임시위원단 파견과 유엔 감시하의 총선거 실시를 결의한 직후인 11월 18~19일 북조선인민회의 제3차회의가 열렸다. 여기서 헌법제정 문제가 처음으로 공식 논의되었고, 김두봉을 위원장으로 한 31명의 '조선 임시헌법초안제정위원회'가 조직되어 헌법 초안을 작성하도록 위임되었다.[99] 〈표 6-4〉에서 볼 수 있듯이, 이 위원회는 북한의 각 정당·사회단체의 대표자와 각 도인민위원장, 북조선인민회의 일반 대의원, 그리고 법률 및 문필 전문가를 망라하여 구성되었다.

〈표 6-4〉 조선 임시헌법 초안제정위원회 위원 명단

번호	성명	직책
1	김두봉(위원장)	북조선인민회의 상임위원회 의장
2	김일성	북조선인민위원회 위원장
3	최용건	북조선인민회의 상임위원회 부의장
4	홍기주	북조선인민회의 대의원, 북조선민주당 부당수
5	박윤길	북조선인민회의 대의원, 천도교청우당 부위원장
6	최경덕	북조선인민회의 대의원, 북조선직업동맹위원장
7	김욱진	북조선인민회의 대의원, 북조선민주청년동맹 위원장
8	강진건	북조선인민회의 대의원, 북조선농민동맹위원장

97) 위의 신문.

98) 해방 후 소련에 대한 조선공산주의자의 지향성은 소련 헌법을 대대적으로 보급한 데서도 잘 나타난다. 1945년에는 『쏘련방헌법』이 서울에서 출간되었고, 1947년에는 스탈린이 쓴 『쏘베트社會主義共和國聯盟憲法草案에對한報告(基本法)』이 평양 로동신문사에서 3만 부나 출판되었다. 서구 헌법에 비해 소련 헌법의 '우월성'을 선전하기 위한 조치였으나 정작 북한 헌법은 소련 사회주의헌법과는 내용적으로 상당한 차이를 보이게 된다.

99) 北朝鮮人民會議常任委員會,『北朝鮮人民會議 第三次會議會議錄』, 평양: 朝鮮人民出版社, 1948, 117~120쪽.

9	박정애	북조선인민회의 대의원, 북조선민주여성동맹위원장
10	이기영	북조선인민회의 대의원, 북조선문학예술총동맹위원장
11	강양욱	북조선인민회의 상임위원회 서기장
12	김정주	북조선인민회의 대의원, 북조선인민위원회 총무부장
13	이주연	북조선인민회의 대의원, 평안남도인민위원회 위원장
14	정달헌	북조선인민회의 대의원, 평안북도 인민위원회 위원장
15	문태화	북조선인민회의 대의원, 함경남도 인민위원회 위원장
16	김영수	북조선인민회의 대의원, 함경북도 인민위원회 위원장
17	김응기	북조선인민회의 대의원, 황해도 인민위원회 위원장
18	최봉수	북조선인민회의 대의원, 강원도인민위원회 위원장
19	한면수	북조선인민회의 대의원, 평양특별시 인민위원회 위원장
20	최금복	북조선인민회의 대의원, 남포제강소 용접공
21	강인규	북조선인민회의 대의원, 순천군 북창면 농민
22	김시환	북조선인민회의 대의원, 강선제강소 지배인
23	안신호	북조선인민회의 대의원, 남포시여맹위원장
24	이종권	북조선인민회의 대의원, 강원도 안변군 농민
25	김택영	북조선인민회의 상임위원회 법전부장
26	김윤동	북조선최고재판소 판사
27	이청원	역사가
28	김주경	화가
29	민병균	시인
30	정두현	김일성대학 의학부장
31	태성수	로동신문사 주필

〈출처〉 金枓奉 『朝鮮臨時憲法 準備에 關한 報告』, 平壤特別市人民委員會 宣傳部, 1948, 40~41쪽.

　　이들 가운데 헌법 초안 작성에서 실질적인 역할은 북조선인민회의 상임위원
회 법전부장 김택영, 북조선최고재판소 재판원(판사) 김윤동, 역사가 이청원, 시
인 민병균 등으로 볼 수 있다. 여기에는 소련 민정부 사법·보안 지도부장 N.
Ya. 자그루진을 비롯한 소련 측 전문가들이 개입한 것이 분명해 보이지만 관련
증거는 파악되지 않는다. 그러나 초안 작성 후 소련의 관련 기관들은 개정안이
최종 도출될 때까지 지속적인 의견 개진을 하였다.

　　헌법 초안은 1948년 2월 '임시헌법초안'으로 발표되었고, 이후 2개월에 걸친 '전
인민토의'와 4월 북조선인민회의 특별회의에서의 헌법 '찬동', 7월 북조선 지역의
헌법 실시 결정을 거쳐 1948년 9월 조선최고인민회의에서 최종적으로 채택되었
다. 김일성은 헌법 실시에 대해 남북연석회의가 조국통일을 위한 실지 사업에서
첫 걸음이었다면 북한 헌법의 실시는 그 두 번째 걸음이라고 강조하였다.[100]

헌법안에 대한 논의는 북한 정부 조직을 본격적으로 진행시키기 위한 신호탄
이 되었다. 1948년 2월 6~7일 북조선인민회의 제4차회의가 열렸다. 이 회의는
조선 임시헌법안에 대한 임시헌법제정위원회 위원장 김두봉의 보고를 청취하고
전 인민적 토의를 위해 헌법안을 공포하는 결정을 채택하였다. 아울러 2월 3일
소련 공산당 중앙위원회 정치국의 승인하에 임시헌법의 확정을 위해 북조선인
민회의 특별회의를 3월에 소집하기로 결정하였다.[101] 그러나 인민회의 특별회
의는 4월 28일에야 개최되었다.

한편, 소련 지도부의 북한 헌법 및 정부 수립문제에 대한 시각은 슈티코프
등이 외무상 몰로토프에게 보낸 다음 보고에 잘 드러나 있다.

> 북조선인민회의가 헌법 초안을 확정할 것이 아니라 승인만 하는 것이 합리
> 적이라고 봅니다. 왜냐하면 북조선 인민회의는 전 조선 헌법을 확정할 권한이
> 없기 때문입니다. 남조선에서 유엔위원회의의 협조 하에 미국인들이 금년 5월
> 10일로 예정된 선거를 실시하고 남조선 단독정부를 수립한 후에 조선민주주의
> 인민공화국 헌법 초안을 북조선 영내에서 실시하고 최고인민회의 선거를 실시
> 하고 내각제 정부를 수립하여야 합니다.[102]

북한 헌법이 전 한반도 차원의 지배력을 갖추기 위해서는 북조선최고인민회
의가 아닌 조선최고인민회의의 확정을 받아야 한다는 것을 의미하였다. 또한
정부 수립 문제에 대해서는 남한 측이 먼저 정부를 세운 이후에 수립 절차에
들어가야 한다는 것을 확인해 주고 있다. 표면적으로 보면, 이것은 북한과 소련
이 북조선 임시인민위원회 조직, 도시군인민위원회 선거, 북조선인민위원회 조

---

100) "북조선인민회의 특별회의에서 찬동한 조선민주주의인민공화국 헌법 실시에 관하여(1948
    년 7월 9일 제5차 북조선 인민회의에서 진술한 보고)."『김일성선집』제2권, 조선로동당
    출판사, 1954, 207~208쪽.
101) "소련외무성의 문제(1948.2.3), 1948년 1월 27일~3월 17일 정치국 결정, 의사록 №. 62."
    РГАСПИ, ф. 17, оп, 162, д. 39, л. 24; "북조선인민회의 회의." Правда, 11.Ⅱ.1948.
102) "말리크 · 슈티코프 · 툰킨이 몰로토프에게(1948.4.19.)." АВПР, ф. 07, оп, 21, п. 22, д.
    316, л. 7.

직 등은 주요 정치적 국면에서 미국에 분단을 도모한다는 빌미를 주기 않기 위해 남한보다 뒤늦게 정치일정을 추진했던 전례를 따른 것으로 비추어질 수 있었다. 하지만 모스크바 결정 이후 시종일관 조선 임시정부 수립을 목표로 내세우고 남한의 단선·단정 저지에 전력을 쏟은 공산 측은 남한보다 앞서서 정부를 수립하는 것을 어떠한 경우든 피하고자 하였다.

정부의 성격과 헌법안 수정

남북 연석회의가 한창 진행 중이던 4월 24일 소련공산당 정치국은 정부 수립과 관련한 새로운 결정 '조선의 헌법 문제에 대하여'를 내놓았다. 앞서 언급한 4월 12일자 정치국 결정 '김일성 동지를 위한 조언' 이후 2주도 채 안된 상황에서 또 다른 결정을 발표한 것은 이전의 방식과 비교하면 상당히 이례적이었다. 그것은 급박한 정세에 대처하려는 현지 군 당국의 요청에 따른 것으로 판단할 수 있다. 4월 24일자 정치국 결정 내용은 다음과 같다.

소련 정치국 결정: 조선의 헌법문제에 대하여(1948.4.24.)

1. 조선민주주의인민공화국 헌법안을 수정하도록 권고한다.
2. 헌법안의 논의와 확정을 위해 1948년 4월 27일 소집되는 북조선인민회의 회의에서 다음과 같은 결정을 채택한다.
   인민회의 회의의 심의를 위해 헌법위원회가 내놓은 조선민주주의인민공화국 헌법안을 전 조선입법회의에서 확정하기 위해 제출하는 것을 승인한다.
3. 남조선에서 단독선거가 실시되고 남조선 정부가 창설될 경우 슈티코프 동지는 다음의 결정 채택을 위해 북조선인민회의 특별회의 소집을 김일성 동지에게 권고해야 한다.
   a) 조선의 통일 전까지 북조선인민회의 4월 회의에서 승인된 조선민주주의인민공화국 헌법안을 북조선 영토에서 실행한다.
   b) 헌법을 기초로 조선 최고인민회의 대의원 선거를 실시한다.
4. 선출된 최고인민회의는 조선 정부를 구성해야 하며, 거기에는 조선의 통일을 지지하는 남조선 대표자들이 포함될 수 있다.

〈출처〉 "조선의 헌법문제에 대하여(1948.4.24), 1948년 3월 29일~5월 26일 정치국 결정, 의사록 No. 63." РГАСПИ, ф. 17, оп, 162, д. 39, л. 38.

제1항은 북한 측이 기초한 일부 헌법 규정안에 대한 수정을 권고한 것이다. 이는 첨부문건(부록)으로 제시되었는데, 아래에서 살펴보기로 한다.

제2항은 헌법안을 최고 입법회의 즉, 앞으로 구성되는 조선 최고인민회의에서 확정할 것을 주문한 것이다. 흥미로운 점은 슈티코프 등이 작성한 것으로 추측되는 이 결정 초안(4월 19일자)의 해당 구절은 '전 조선입법회의'가 생략된 채 '헌법위원회가 인민회의 심의를 위해 내놓은 조선민주주의인민공화국 헌법안을 승인할 것'으로 되어 있다는 것이다. 또한 '조선의 통일 시 조선민주주의인민공화국의 본 헌법안을 조선 헌법 작성을 위임받을 전 조선기관의 토의를 위해 북조선 인민의 이름으로 제출할 것'[103]이라고 하였으나 최종 결정에는 이 문구가 빠졌다. 이러한 견해 차이는 그저 단순한 문구상의 문제로 보기는 어렵다.

다시 말해서 현지 군 지도부는 4월 12일자 정치국 결정과 궤를 같이하여 북한의 헌법안을 통일 전까지 '임시적' 성격을 갖는 것으로 간주한 반면 크렘린은 입장을 바꾸어 '통일 헌법적' 위상을 부여한 것으로 해석할 수 있다. 단순히 북조선인민회의가 아니라 '전 조선입법회의'를 통해 헌법안을 확정하겠다는 것은 북한 정부에 대해 '통일정부'로서의 입지를 굳히려는 판단을 내린 것으로 볼 수 있다.

이를 뒷받침하는 증거로서, 소련외무성 부상 Ya. A. 말리크와 슈티코프는 위 결정 초안과 함께 제출한 보고에서 북조선 인민회의는 전 조선 헌법을 확정할 권한이 없기 때문에 북조선인민회의가 헌법 초안을 확정할 것이 아니라 승인만 하는 것이 합리적이라고 하였다.[104] 이 건의를 고려하여 크렘린이 달리 내놓은 해결책은 '전 조선입법회의에서 확정하는' 것이었다. 반면 말리크와 슈티코프는 남한 단독정부를 수립한 후에 북한 헌법안을 북한 영내에서 실시하며, 최고인민회의 선거를 실시하고 내각제 정부를 수립할 것을 건의하였다. 이 요청은 일단

---

103) "전연방공산당(볼) 중앙위원회 결정(案), 조선의 헌법문제에 대하여(1948. 4.19.)." АВПР, ф. 07, оп. 21, п. 22, д. 316, л. 8.

104) "말리크 · 슈티코프 · 툰킨이 몰로토프에게(1948.4.19.)." АВПР, ф. 07, оп. 21, п. 22, д. 316, л. 7.

북한 내 '통일정부'가 아닌 단독정부를 수립한 후 통일을 모색하는 구상으로 보인다. 이 점이 크렘린과 현지 군 지도부의 견해 차이가 드러나는 부분이다.

같은 맥락에서 제3항은 북한 내 정부 구성에 대한 소련 최고 지도부 차원에서 최초의 공식적인 의지 표명으로 볼 수 있다. 남한의 단독정부 수립 후 북조선인민회의 특별회의를 소집하여 북한 지역에서의 헌법 실시와 최고인민회의 선거를 북한 지도부에 권고하는 수순이다. 그런데 위 결정의 초안은 'ㄷ) 헌법을 기초로 조선 최고인민회의 대의원 선거를 실시할 것'이라는 문구 다음에 '최고인민회의는 조선의 통일 전까지 북조선 영토에서 최고권력기관이 될 것이다'[105] 란 구절이 들어 있다. 역시 이 구절이 최종 결정에서 제외된 것은 단순한 의미로 받아들여서는 안 된다. 여기서도 수립되는 북한 정부를 '북한만의 정부'를 넘어서 북한 내 '통일정부'로 전환하고자 하는 크렘린의 의도가 읽혀진다.

위 결정 제4항의 초안에는 포함되지 않은, '거기에는 조선의 통일을 지지하는 남조선 대표자들이 포함될 수 있다'는 구절도 그와 같은 크렘린의 입장을 입증해 주고 있다. 초안 작성자들과는 달리 크렘린은 '남조선 대표들'의 적극적인 참여를 통해 '통일정부'의 위상을 창출하려는 의지를 더욱 곧추 세우고 있었다. 그들은 다름 아닌 연석회의에 참여한 남쪽의 좌우 세력들이었다.[106] 다른 한편으로 남조선 대표들을 북한 정부 구성에 포함시키려는 구상은 나왔지만 남쪽을 포함한 '전국적 선거' 실시에 관한 대책은 아직 구체화되지 않았다.

현지 군 지도부가 '북과 남의 대표자들로 이루어진 임시정부' 수립을 내용으로 하는 4월 12일자 소련공산당 정치국 결정('김일성 동지를 위한 조언')에 따른 정치국 결정 초안을 제출하였지만 크렘린은 4월 24일 결정에서 왜 이를 급작스럽게 변경하였을까. 다시 말해서, 크렘린이 명목상이든 실질적이든지 간에 임시정

---

[105] "전연방공산당(볼) 중앙위원회 결정(案), 조선의 헌법문제에 대하여(1948.4.19.)." АВПР, ф. 07, оп. 21, п. 22, д. 316, л. 8.

[106] 그러나 소련은 김구와 김규식의 북한 정부 참여 계획을 곧바로 포기하였다. 슈티코프는 4월 26일 '5월 1일 이후에 김구와 김규식을 꼭 내려보내라'고 지시하였다. 〈레베데프 일기〉 1948.4.26.

부 → 통일정부로 이어지는 2단계 정부 수립 방침에서 사실상 단독정부를 의미하는 1단계 북한 내 '통일정부' 수립 방향으로 전환한 직접적 배경은 무엇인가.

사실 남한 단독정부 수립 후 북한 단독정부 수립은 공산 측의 입장에서 불가피한 선택으로 볼 수 있다. 공산 측으로서는 북한 정부 수립을 또 하나의 단독정부로 간주한 김구와 김규식 등 남한 반단정 민족주의 세력의 핵심지도자들을 설득하는 문제가 여의치 않았을 것이고, 2단계 정부 수립 방식이 급변하는 정세에도 부합하지 않으리라 판단했을 것이다. 정치국 결정이 전달된 4월 24일은 김구와 김규식이 북한 정부에 참여 의사가 없다는 점이 명백히 밝혀진 시점이었다. 그에 따라 또 하나의 단독정부를 의미하는 '통일정부' 수립을 서두른 것이 아닌가 한다. 이러한 조치는 공산 측 스스로 한반도 분단의 경로에서 다른 선택의 가능성을 사실상 해소하는 것과 다를 바 없었다. 즉, 공산 측은 자신의 목표 달성을 위한 운신의 폭을 그만큼 축소시켰고, 목표는 그만큼 멀어지게 되었다.

다음은 헌법안에 대해 살펴보자. '헌법초안'은 총 10개 장으로, 1. 근본원칙, 2. 공민의 기본적 권리 및 의무, 3. 최고주권기관, 4. 국가중앙집행기관, 5. 지방주권기관, 6. 재판소 및 검찰소, 7. 국가예산, 8. 민족보위, 9. 국장 국기 및 수부, 10. 헌법수정의 절차로 구성되었다. 이 구성 틀은 본 헌법에서도 그대로 유지되었다.

다음은 조선 임시헌법제정위원회가 1948년 2월 7일 내놓은 '조선민주주의인민공화국 임시헌법 초안'에 대해 수정을 권고하는 소련 당정치국 결정 제1항의 내용이다. 제1항의 첨부문건으로 제시된 수정 요구안은 3가지이며, 조선임시헌법제정위원회가 내놓은 초안과 소련 측의 수정요구안은 다음 〈표 6-5〉와 같다.[107]

---

107) 초안의 출처는 北朝鮮人民委員會宣傳局 編, 『朝鮮民主主義人民共和國 臨時憲法草案』, 평양: 朝鮮人民出版社, 1948, 1~3, 5쪽. 이 초안은 소련 측이 보고를 위해 1947년 12월에 러시아어로 번역한 것과 동일하다. "조선민주주의인민공화국 임시 헌법안(1947.12)." АВПР, ф. 07, оп. 21, п. 22, д. 316, л. 28.

〈표 6-5〉 소련공산당 정치국의 헌법 수정요구안

조항	해당 조문	수정 요구안
제2조	제2조: 조선민주주의인민공화국의 주권은 인민에게 있다. 인민은 1945년 8월 15일 해방과 함께 인민의 자유의사에 의하여 창건된 새로운 국가 주권 형태인 인민위원회를 통하여 주권을 행사한다.	조선민주주의인민공화국의 주권은 인민에게 있다. 주권은 인민의 최고주권기관인 최고인민회의가 지방주권기관인 인민위원회를 근거로 하여 행사한다.
제6조	토지는 밭갈이 하는 자만이 가질 수 있다. 법령에 규정한 이상의 토지를 소유할 수 없다. 토지소유의 한도는 따로 법령으로서 규정한다.	토지는 자기의 노력으로 경작하는 자만이 가질 수 있다. 토지소유의 최대한도는 5정보 또는 20정보로 한다. 토지소유의 최대한도는 지역 및 조건에 따라서 따로 법령으로 규정한다.
제14조	공민은 신앙의 자유를 가진다. 교회는 국가로부터 분리하며 학교는 교회로부터 분리한다. 종교단체는 그 종교적 사업과 의식거행을 자유로 할 수 있다. 교회 및 종교를 정치적 목적에 악용할 수 없다.	조선민주주의인민공화국 공민은 신앙 및 종교의식거행의 자유를 가진다.[108]

〈출처〉 "부록: 레베데프 동지에게(1948.4.24.)." РГАСПИ, ф. 17, оп, 162, д. 39, л. 55.

수정 요구안은 위의 초안과 비교해 볼 때 의미 있는 차이가 있음을 확인할 수 있다. 먼저 제2조는 주권 재민을 밝힌 조항으로 최고주권기관인 최고인민회의를 포함시켜 주권 행사의 주체를 명확히 하고자 한 것이다. 이에 따라 인민이 인민위원회를 통해 주권을 행사하는 것에서 최고인민회의가 인민위원회를 근거로 이를 행사하는 것으로 바뀌었다. 이것은 지방 주권기관인 인민위원회가 주권을 행사한다고 하면 최고 주권기관의 위상이 누락되게 된다는 점을 고려한 것으로 보인다. 그에 따라 헌법 제32조는 '최고인민회의는 조선민주주의인민공화국의 최고주권기관이다'로 규정되었다.

제6조는 토지 소유 문제에 관한 조항으로 초안이나 수정권고안 모두 자경 농민들의 개인 소유를 분명히 하고 있다. 1946년 3월 '북조선토지개혁에 관한 법령'에 나타난 '토지이용권은 경작하는 자에게 있다'와 '농업제도는 지주에게 예속되지 않은 농민의 개인소유인 농민경리에 의거된다'[109]는 규정을 재차 확인

---

108) 러시아어 번역문은 '공민은 양심, 신앙 및 종교의식거행의 자유를 가진다'로 되어 있지만 국문은 '양심'과 '신앙'을 분리하지 않고 이 두 개념을 '신앙'으로 포괄하여 표기하였다.

109) "北朝鮮土地改革에 關한 法令."『北韓關係史料集 Ⅴ』, 국사편찬위원회, 1987, 230쪽.

한 것이다. 하지만 이 법령과 헌법 초안이 토지소유 한도를 정하지 않은데 반해 수정 요구안은 '토지소유의 최대한도는 5정보 또는 20정보로' 명문화하고 있다. 이 수치는 1946년 3월 북조선 토지개혁으로 북한 농민 약 72만호가 평균 1.35정보씩 토지를 분배 받은 것[110]과 비교하면 매우 큰 차이가 있다. 그러나 이 규정은 이미 5정보 이상을 소유한 일부 북한 농민과 함께 향후 남한의 토지개혁을 고려하여 유연한 입장을 보였다고 할 수 있다.

크렘린의 입장은 토지 소유의 규모를 확대함으로써 개인 소유 문제에서 비사회주의적 성격을 드러나도록 하는 데 있었다. 이 같은 입장을 반영하여 1948년 4월 28일 북조선인민회의 특별회의에서 김두봉은 이 조항의 수정에 대한 필요성을 다음과 같이 언급하였다. '지금 북조선에서는 토지개혁 이후 벌써 5정보로부터 7정보까지 가진 농호가 1만 247호이며, 7정보 이상 있는 농호가 1,180호입니다. 만약 이런 수정을 헌법 초안에 넣지 않는다면 5정보 이상의 토지를 가진 만호 이상의 농호의 토지를 몰수하여야 될 것이니 이것은 정치적으로 옳지 못한 것입니다.'[111] 결국 '토지소유의 최대한도는 지역 및 조건에 따라서 따로 법령으로 규정한다'고 별도로 정함으로써 토지소유의 복잡한 양상에 대처하고자 하였다.

제14조는 종교 문제에 관한 조항으로 초안의 경우 정교 분리, 학교와 교회의 분리, 종교의 정치 참여 배제 등을 명문화하였다. 공산 측은 애초 종교활동에 대한 일정한 제약을 둠으로써 종교의 확대를 막고 그 영향력을 축소시키고자 하였다. 4월 19일자 소련 지도부에 보낸 보고에서 슈티코프는 제14조를 둘러싸고 북한에서 논쟁이 펼쳐지고 있으며, 북한 종교조직들이 정교분리는 반대하지 않으나 학교와 교회의 분리, 종교의 정치 참여 배제 조항은 삭제할 것을 요구하고 있다고 하였다.[112] 이러한 상황을 파악한 소련 지도부는 상기의 제약 조건을

---

110) 김성보, 『남북한 경제구조의 기원과 전개: 북한 농업체제의 형성을 중심으로』, 역사비평사, 2000, 172쪽.

111) "北朝鮮人民會議 特別會議 會議錄," 『北韓關係史料集 Ⅷ』, 국사편찬위원회, 1989, 236쪽.

112) "말리크 · 슈티코프 · 툰킨이 몰로토프에게(1948.4.19.)." АВПР, ф. 07, оп, 21, п. 22, д. 316, л. 7.

삭제하고 '종교의 자유'만을 규정하는 내용으로 단순화할 것을 권고하였다. 이 점에서 소련의 요구안은 종교자유에 대해 보다 전향적인 입장을 보였다고 할 수 있다. 더욱이 소련 헌법(스탈린 헌법) 제124조에 '종교의식 거행의 자유와 반종교 선전의 자유'가 동시에 명기되어 있음에도 불구하고 북한 헌법에는 이 조문을 도입하지 않은 점은 주목할 만하다.[113]

4월 28~29일 북조선인민회의 특별회의가 진행되었다. 회의에는 북조선인민회의 대의원 219명과 남쪽 대표 40명을 포함한 사회대표 90여 명이 참석하였다.[114] 남쪽 대표들의 방청은 남북연석회의 참가자들이었다. 회의에서 김두봉은 헌법안을 보고하였고, 이에 대한 대의원들의 각종 토론이 진행되었다. 소련 공산당 정치국이 제기한 세 가지 수정 요구 사항은 북한 헌법에 그대로 반영되어 수정안이 제출되었다.

소련 지도부는 북조선인민회의 특별회의가 개최되기 전인 4월경 무려 11개 항목에 걸친 '의견 및 결론'을 제시하였다.[115] 이 '의견 및 결론'은 소련 당중앙위원회 대외정책위원회 부부장 L. 바라노프가 외무성 부상 말리크에게 전달한 것으로, 위 소련 당정치국의 수정요구안과는 별개로 파악된다. '의견'의 요약 및 헌법안 반영 여부는 다음 〈표 6-6〉에서 확인할 수 있다.

〈표 6-6〉 임시헌법안에 대한 소련 정부의 '의견'

순서	의견	헌법수정안에 반영 여부
1	헌법과 조선민주정부가 왜 '임시'로 불리는지에 대한 설명이 부재함	'임시'는 빠짐
2	소련군에 의한 일본 제국주의의 패배 결과, 일본의 압제로부터 조선인민의 해방일로서 8월 15일의 의의를 강조해야 한다. 이런 의미에서 제2조가 수정되어야 함	반영되지 않음

---

113) '반종교선전의 자유'는 기본적으로 사회주의 발전 단계에서 나오는 표현으로서 북한은 1972년 사회주의헌법이 실시된 1972년에야 이를 도입되었다.

114) "조선 임시헌법안 심의 및 승인에 대한 북조선인민회의 제5차 특별회의 결과 보고." ф. 142, оп. 432240с, д. 9, л. 77.

115) "바라노프가 말리크에게, 조선민주주의인민공화국 임시헌법안에 대한 견해 및 결론." РГАСПИ, ф. 17. оп. 128, д. 1173, л. 48-51.

3	토지의 개인소유를 정하는 제5, 6조는 토지의 매매, 소작, 저당을 금지하는 토지개혁 법령 제10조와 모순됨	반영되지 않음
4	제7조에서 아직 토지개혁이 실시되지 않은 지역의 토지개혁은 북조선 토지개혁법령에 의거하여 실시하는 것보다 헌법의 해당 조항에 의거하는 것이 나음	북조선 토지개혁 법령에 의거하여 실시한다는 문항 삭제
5	제6조의 '토지의 개인 소유와 아울러 국가 및 협동단체도 토지를 소유할 수 있다'는 민주 건설 사업에서 전 인민적 소유의 의의를 경시함. 제10조에서 국가가 인민경제계획 시행 시 직능 및 사회단체에 의거해야 한다는 것을 지적해야 함	반영되지 않음
6	제6조는 근로농민의 이익만을 반영하고 다른 범주의 근로자들에 대한 국가의 배려가 규정되어 있지 않음	반영되지 않음
7	제13조에서 '민주주의 정당'에 대한 이해를 헌법이 정한 국가·사회질서에 위배되지 않는 의미로 분명히 할 것	반영되지 않음
8	제14조에서 교회는 국가로부터 분리하는 것은 현 통일전선의 실제와 모순되는데, 특히 천도교를 기반으로 창당된 천도교청우당을 고려하면 바람직하지 않음	'조선민주주의인민공화국 공민은 신앙 및 종교의식거행의 자유를 가진다'로 조문 교체
9	언론, 출판, 집회, 여성의 자유를 규정한 제13, 22조는 어떠한 수단으로 이들 권리가 보장되는지 지적하지 않고 있음. 이들 조문은 부르주아헌법과 유사함	반영되지 않음
10	제30조 '공민은 로력하여야 한다'는 현 조선 경제 상황이 허용하지 못하는 공민의 노동권에 대한 보장으로서 해석될 수 있음	반영되지 않음
11	제49조 '7. 훈장 또는 명예칭호의 수여'라는 최고인민회의상임위원회라는 임무 규정 이전에 어디에서도 훈장을 제정하고 명예칭호를 정하는 권한을 누구에게 줄 것인지 나와 있지 않음	반영되지 않음

위 문건의 '결론'은 북한 임시헌법안의 기본적인 결함으로 나라의 존재하는 사회경제 관계와 인민민주주의 발전 수준을 제대로 반영하지 못했다고 지적하였다.[116] 조문의 상당수가 엄격한 상호관련성이 없으며, 전체적으로는(특히 제2장) 국내정치·경제 상황 및 동유럽 인민민주주의국가의 헌법 제정 경험을 고려하여 조선 국가 건설의 정치·경제적 기반을 명확히 규정하는 방향에서 신중한 수정이 요구된다고 하였다. 임시헌법안에 대한 소련 측의 평가는 매우 박했고, 동유럽 국가의 인민민주주의 헌법의 기준을 충족하지 못한 것으로 볼 수 있다.

위 〈표 6-6〉에서 볼 수 있듯이 소련 측이 제시한 '의견 및 결론'은 정작 북한 헌법 수정안에 거의 반영되지 않았다. 이에 대해 두 가지 시나리오가 가능한데,

116) "바라노프가 말리크에게, 조선민주주의인민공화국 임시헌법안에 대한 견해 및 결론." РГАСПИ, ф. 17. оп. 128, д. 1173, л. 51.

첫째, 소련 정부가 이 요구 문건을 아예 북한 측에 전달하지 않았거나, 둘째, 전달은 되었지만 현지에서 단순한 권고 사항으로 받아들이고 수용하지 않았을 것이라는 점이다. 그럼에도 소련 측의 견해가 비공식적으로라도 북한 측에 전달되었을 가능성이 높다고 볼 때 그것이 헌법수정안에 거의 반영되지 않은 것은 현지의 권한이 크게 작용했다고 볼 수 있다.

한편으로 4월 29일 북조선인민회의 특별회의는 또 다른 수정 절차를 진행하였다. 이 회의에서 서기장 강양욱이 헌법 초안의 매 조항을 낭독한 후 김두봉의 설명과 함께 가부를 묻는 절차가 진행되었다.[117] 조항별 심의 과정에서 대의원들의 문제 제기에 따라 문구를 포함한 모두 25개 조항의 수정이 이루어졌다.[118] 수정 내용은 주로 단어나 특정 문구 추가나 삭제, 문장 수정 등으로 구성되었다. 회의에 제출된 근본적 수정과 보충 조항은 모두 16가지에 달한 것으로 볼 때 나머지 수정 제의는 '전 인민 토의' 과정에서 제기된 것임을 알 수 있다. 예상대로 회의는 헌법안에 대해 향후 전 조선입법기관의 승인에 부치도록 하였다.

북조선인민회의 특별회의에서 통일 전까지 북한 헌법을 북조선 영토에서 실시한다는 결정은 중앙 차원에서도 완전히 찬동하는 분위기는 아니었다. 반대 입장은 천도교청우당 일각에서 나타났다. 북조선에서만의 헌법 실시는 북조선만이 민주주의인민공화국으로 선언하는 것이며, 이는 두 국가로 완전한 분단을 이끌 것이라는 주장이었다. 다른 누구보다도 당 중앙위원회 총무국장 김진연(金鎭淵)이 이 같은 견해를 강력하게 표명하였다.[119] 좌·우파 간의 지속적인 갈등에 시달린 천도교청우당은 1948년 4월 제2차 당대회를 계기로 김달현이 이끈 좌파가 주도권을 확고히 쥐었지만 이후에도 갈등의 여진은 계속되었다. 수정된 헌법 초안은 7월 북조선인민회의 제5차회의에서 북조선지역에 한정한 헌

---

117) 1948년 4월 29일 북조선인민회의 특별회의에서 헌법초안의 심의 과정에 대해서는 "北朝鮮人民會議 特別會議 會議錄."『北韓關係史料集 Ⅷ』, 292~338쪽 참조.

118) 구체적인 수정 내용은 "조선 임시헌법안 심의 및 승인에 대한 북조선인민회의 제5차 특별회의 결과 보고." ф. 142, оп. 432240с, д. 9, л. 81-83를 참조할 것.

119) "48.8.25 선거 직전 북조선 청우당에서 일어난 문제." ф. 172, оп. 614633, д. 15, л. 10.

법 실시를 확정하였다. 하지만 1948년 9월 북한 정부가 수립되면서 일부 항목의 재수정을 거쳐 최종적으로 채택되었다.

북한 헌법은 소련의 사회주의 헌법인 스탈린 헌법과는 다른 '인민민주주의' 성격을 보여 주었다. '인민민주주의' 헌법의 가장 핵심적 특징은 사회주의와 비사회주의적 성격이 혼재된 것을 들 수 있다. 자본주의와 사회주의를 구분하는 가장 본질적인 내용은 누가 생산수단을 소유하는 주체인가에 있다. 사회주의 사회에서 생산수단은 국가(전 인민적 소유)와 집단·협동단체만이 소유할 수 있다.[120] 그런데 북한 헌법은 생산수단을 '국가 협동단체 또는 개인 자연인이나 개인 법인의 소유'(헌법제5조)로 규정함으로써 두 대립되는 제도를 결합시켰다. 또한 토지의 개인 소유권과 신앙의 자유 규정 등은 헌법의 비사회주의적 색채를 확인해 주는 조항이다. 일찍이 공산 측이 '부르주아혁명' 단계로 설정한 조선의 혁명단계에서 보자면 이러한 설정을 당연하다고 볼 수 있다. 더구나 이론적 측면을 떠나서라도 남북분단이 현실화되고 남한에 자본주의 체제가 등장하는 상황에서 북한의 전략적 진로는 여기에 제약을 받을 수밖에 없었다.

4. 최고인민회의 선거

정부 수립의 조건과 남북 세력의 움직임

공산 측이 추구했던 모스크바 결정의 실행을 통한 전 조선 임시정부 수립이라는 전략적 목표는 실현되지 못했다. 북한에서 공산 지도부는 민족주의자와 공산주의자의 연립을 구축한 정권 형태를 모색하였으나 모스크바 결정 이후 좌

---

[120] 사회주의헌법의 특징을 명확히 보여 주는 스탈린 헌법 제4조는 '소련의 경제 기반은 자본주의 경제 체제의 제거, 도구와 생산 수단의 사적 소유권의 폐지, 인간에 의한 인간 착취 소멸의 결과로 확인된 사회주의 경제 체제와 도구와 생산 수단에 대한 사회주의적 소유이다.'라고 규정하였다. КОНСТИТУЦИЯ(ОСНОВНОЙ ЗАКОН) СОЮЗА СОВЕТСКИХ СОЦИАЛИСТИЧЕСКИХ РЕСПУБЛИК. http://www.hist.msu.ru/ER/Etext/cnst1936.htm.

파의 독점적 영향력을 결정적으로 강화시켰다. 토지개혁을 비롯한 '민주개혁'은 북한을 공고히 함으로써 장차 수립될 임시정부에서 '반동' 우파세력을 배제하고 좌파의 우위를 확보하려는 타산 속에서 이루어졌다. 그러나 미소공위의 완전한 결렬로 인해 임시정부의 수립이 사실상 물 건너간 상황에서 남한 5·10 단독선거가 실시되었다. 공산 측의 견지에서 남한 단독선거는 한반도의 정치세력을 양 극단 진영, 즉 '조선의 통일을 위해 투쟁하는 민주진영과 민족이익을 배신하는 반동진영으로' 뚜렷이 분리하게 한 사건이었다.[121] 5·10선거 후 북한 역시 독자적인 정부 수립의 길로 들어섰다. 그러나 북한은 자신들의 정부 수립을 분단체제 형성의 일환으로 보지 않았으며, 그 자체를 통일을 달성하기 위한 과정으로 해석하였다.

전국적인 '통일정부'의 수립을 위해서는 가장 명망 있는 남쪽 인사들의 참여가 절실하였다. 예정된 대로 북한은 남북조선제정당사회단체지도자협의회(제2차 남북지도자협의회)를 개최하기로 하고 6월 초 김일성·김두봉 명의의 초청장을 김구·김규식 등에게 발송하였다. 이에 김구는 이 초청을 즉각 거부하지 않고 회담에 대해 토의하기 위해 평양에 있는 홍명희를 연락위원으로 서울에 오도록 할 것을 내용으로 하는 회신을 보냈다.[122] 그러나 공산 측은 홍명희가 서울에 가면 체포될지 모른다는 것을 우려하여 그를 서울에 보내지 않았다고 한다.[123] 얼마 후 북한은 김구와 김규식이 자신들이 어떻게 생각하고 표현하였든지 간에 '반동진영'으로 넘어간 것으로 간주하였다.[124]

1948년 4월 24일 이후 소련 지도부는 북한 정부 수립 일정에 관한 구체적인 당 결정을 채택하지 않았다. 다만 소련군 당국이 북한 지도부와 협의 뒤에 작성한 것으로 보이는 다음의 소련 공산당 정치국 결정 초안은 북한 정부 수립

[121] 〈조선최고인민회의 선거결과 보고〉, ЦАМО, ф. 172, оп. 614633, д. 19, л. 2-3.

[122] "二次南北會談開催 金九氏記者團言明." 『京郷新聞』 1948년 7월 11일.

[123] 중앙일보 특별취재반, 『비록 조선민주주의 인민공화국(하)』, 중앙일보사, 1993, 369쪽.

[124] 허가이, 『조선민주주의 인민공화국 최고인민회의 선거 총화와 당 단체들의 당면 과업』, SA 2008, SeriesWAR200602221. 7쪽.

일정을 구체화시키고 있다.

1. 조선의 정치정세와 외국군대의 철수를 위한 향후 투쟁 방도 및 조선의 독립 문제를 토의하기 위해 북남조선제정당사회단체대표자연석회의(북남조선제정당사회단체지도자협의회를 지칭함 - 인용자)를 6월 말에 소집하려는 제안을 승인한다. 회의에서는 북남조선에서 조선 최고인민회의 선거 실시와 조선통일정부 수립에 관한 결정을 채택한다. 회의 결정에는 수립되는 정부가 조선으로부터 외국군대의 철거 투쟁과 군대의 철거 후에는 전 조선 자유선거의 실시를 자신의 근본과업으로 제기한다고 지적한다. 회의에서는 조선최고인민회의 선거실시의 절차와 대표의 자격에 대해 합의한다.
2. 회의 사업이 종료될 때 북조선인민회의를 소집하여 1948년 8월 북조선에서 선거 실시에 관한 결정을 채택한다.
3. 북남조선에서 선거를 실시한 이후 1948년 8월 말 조선최고인민회의를 소집하여 조선 헌법을 심의 채택하고 정부를 조직한다.[125]

위 결정 초안이 소련공산당 정치국 결정으로 정식 채택되지 않은 이유는 분명하지 않지만 아마도 소련 지도부의 지시나 명령 형태로 승인되었을 가능성이 높다. 남북조선제정당사회단체지도자협의회가 열린 6월 29일 이전까지 당 정치국은 거의 매일 같이 한반도와 관련이 없는 수많은 결정을 발표하였다.[126] 아마도 이전에 많은 핵심적인 정치 사안을 비껴갔듯이 직접적인 정부 수립 일정과 같은 민감한 문제를 굳이 결정으로 내놓을 필요성을 느끼지 않았을 수도 있다. 이 결정 초안의 내용은 약간의 시차가 존재하지만 북한 정부 수립 일정으로 거의 그대로 실행에 옮겨졌다. 특히 제3항의 '북남조선에서 선거 실시'는 남한에서의 선거 실행을 명문화함으로써 북한 정부의 과도적 성격을 제거하고 여기에 실질적인 '통일정부'의 위상을 결정적으로 부여하였다. 정부 수립 후 북한 측은

125) "전연방공산당(볼) 중앙위원회 결정(案), 조선 최고인민회의와 정부 창설에 대하여." АВПР, ф. 07, оп. 21, п. 22, д. 316, л. 55.
126) Политбюро ЦК РКП(б)-ВКП(б). Повестки дня заседаний 1919-1952. Каталог. Т. 3(1940-1952), М., 2001, с. 515-518.

스스로를 '통일적 조선 중앙정부'로 불렀는데, 그것이 뜻하는 바는 말 그대로 북조선 영토에서 최고 권력기관이 아니라 전국적인 정부로 간주했던 것이다. 마찬가지로 소련도 북한 정부를 대외적으로 '통일적 정부'라는 명칭을 사용하였다. 앞서 남한 대표들이 참가하는 인민위원회대회 개최를 통한 정부 수립이 소련 지도부의 반대로 무산되었지만 남한에 단독정부가 수립되고 난 후 북한에 세워질 정부에 전국적인 대표성을 부여하는 것은 정권의 정당성 확보와 관련해서 매우 중요한 일이었다.

요컨대, 북한 정부의 수립에 대한 기본 전제조건은 다음 두 가지를 들 수 있다. 첫째, 북한 정부는 이전 북한 정권기관을 단순히 계승하는 것이 아니라 한반도의 대표성을 지닌 '통일정부'의 위상을 지녀야 했다. 따라서 정부 구성에서 지역과 세력을 적절히 안배하는 것이 요구되었다. 둘째, 통일전선 형태의 정부 구성에도 불구하고 좌파의 주도권은 전혀 흔들림이 없어야만 했다. 북한 정부 수립의 주도세력은 남·북 노동당이며, 통일전선 유지를 위해 취해진 여타 정당 출신 인사들의 인입이 노동당의 주도권을 훼손해서는 안 될 것이었다. 덧붙이자면, 북한 정권기관인 북조선인민위원회 국장단이 어떻게든 정부 구성에서 주도권을 차지하는 것이 필요했다.

남북조선제정당사회단체지도자협의회는 6월 29일 준비회의를 거쳐 7월 2~5일 평양에서 개최되었다. 협의회는 북측에서 16명, 남측에서 16명 도합 32명이 참가한 가운데 남한 단독선거에 대한 대책으로서 북한에서의 선거와 정부 수립을 논의하였다. 공산 측이 절실히 참가하기를 희망한 김구와 김규식은 공산 측의 정부 수립 시도를 역시 분단정부로 간주하고 참가를 포기하였다. 이승만이 남한 대통령으로 선출된 이튿날인 7월 21일 통일독립촉진회 결성대회에서 김규식은 북한 정부 수립에 대해 유감을 표시하고 '북정부와 남정부가 한데 합하'길 기원한 데 반해 김구는 이를 '배신적 행위'로 강력하게 비난하였다.[127]

---

127) "통일독립촉진회 발기 겸 결성대회 개최." 『서울신문』 1948년 7월 22일.

〈표 6-7〉 남북조선제정당사회단체지도자협의회 참가자 명단

지역 및 정파		성명	소속
북		김두봉	북조선로동당
		김일성	북조선로동당
		최용건	북조선민주당
		김달현	북조선청우당
		최경덕	북조선직업총동맹
		강진건	북조선농민동맹
		박정애	북조선민주여성동맹
		이영섭	북조선민주청년동맹
		이기영	북조선문학예술총동맹
		강양욱	북조선기독교도연합회
		김세율	북조선불교연합회
		김일호	북조선반일투사후원회
		이병제	북조선공업기술자연맹
		이영석	북조선농림수산기술자연맹
		이호림	북조선보건인연맹
		방우영	북조선적십자사
남	좌	박헌영	남조선로동당
		허성택	조선노동조합전국평의회
		고경인	조선전국농민연맹
		유영준	조선민주여성동맹
		임화	조선문학가동맹
		김창준	기독교민주동맹
		김원봉	조선인민공화당
		김병제	남조선천도교청우당
	중	이영	근로인민당
		김충규	신진당
		김일청	민주한독당
		장권	사회민주당
		나승규	민중동맹
	우	홍명희	민주독립당
		강순	근로대중당
		이극로	조선건민회

<출처> 〈조선의 통일을 위한 북남조선정당·사회단체지도자연석회의 속기록〉, РГАСПИ, ф. 17. оп. 128, д. 616, л. 7-8.

남북지도자협의회는 남한 단독선거에 대한 비난의 성토장이었지만 향후 반
단정세력의 진로를 결정짓는 회합이었다. 회의에는 김일성(북조선 민주주의 민
족통일전선 대표), 박헌영(남조선 민주주의민족전선 대표), 홍명희(남조선 우익

정당 및 사회단체 대표), 이영(남조선 중도정당 및 사회단체 대표) 등 4명의 보고가 있었다. 먼저 박헌영은 남한 단독정부 수립에 대한 대책으로 전 조선 민족정부를 제시하면서 이 정부는 대의원이 조선 전역에서 선출된 최고인민회의를 통해 창설되어야 한다고 하였다.[128] 그는 최고인민회의 선거 방식에 대해 언급하면서 북조선 대의원들은 민주적 선거를 거치지만, 남조선 대의원들은 선거가 불가능한 조건에서 남조선 인민대표자대회에서 간접적으로 선출되어야 한다고 말했다. 그의 연설은 '우리 인민의 지도자 김일성 동지 만세'로 마쳤다. 이것은 그가 최고지도자로서 김일성의 위상을 공식적으로 인정한 것을 의미하며, 남·북노동당 간의 권력 분담이 확정되었음을 보여준 것이다.

김일성은 자신의 연설에서 '구국의 대책'으로 전 조선최고입법기관을 수립하고 조선민주주의인민공화국 임시헌법을 실현시킬 것을 제기하였다. 이와 함께 자신들은 단독정부를 수립할 것이 아니라 '남북조선 제정당사회단체 대표자들로 전 조선정부를 수립하여야한다고 강조하였다.[129] 우익 측 대표로 나선 홍명희는 단독선거에 반대한 중도파와 우익의 행동을 높이 평가하면서 '인민의 대표자로 구성되고 인민의 이익을 위해 나서는 중앙정부를 창설할'[130] 것을 촉구했다.

참가자들의 토론에서도 남한 단독선거를 실시한 미국과 이승만, 한민당 등 우익세력을 비난하고 이를 대신한 '전민족정부' 수립에 대한 주장이 주를 이루었다. 남조선청우당 김병제는 5·10선거를 통해 국회가 창설되었고, 이 국회에서 헌법이 채택되고 정부가 성립되면 '조선의 단일한 통일된 중앙정부로 세계여론 앞에 소개하려고 시도할 것'이라고 하면서 그에 대한 대책으로 조선민주주의인민공화국 수립을 지지하였다.[131]

128) 〈조선의 통일을 위한 북남조선정당·사회단체지도자연석회의 속기록〉, РГАСПИ, ф. 17. оп. 128, д. 616, л. 26-27.

129) 위의 자료, л. 33-34; "남조선 단독선거와 관련하여 우리 조국에 조성된 정치 정세와 조국 통일을 위한 장래 투쟁 대책." 『김일성선집』 제2권, 평양: 조선로동당출판사, 1954, 167~168쪽. 『김일성선집』에는 '임시헌법'이 '헌법'으로 표기되어 있다.

130) 〈조선의 통일을 위한 북남조선정당·사회단체지도자연석회의 속기록〉, РГАСПИ, ф. 17. оп. 128, д. 616, л. 45.

7월 5일 남북지도자협의회는 ①남조선 국회와 수립되는 '괴뢰정부'를 단호히 폭로하고 ②자유선거를 통해 남북 대표들로 조선 최고인민회의를 창설하고 조선 중앙정부를 구성하며 ③조선 최고인민회의와 조선 중앙정부는 조선에서 외국군대의 동시적인 즉시 철거를 위해 노력할 것을 내용으로 하는 결정을 채택하였다.[132] 사실상 또 하나의 분단정부 수립을 확정 짓는 결정이었다. 이에 따라 남북 정당·사회단체 지도자들은 선거 실행과 관련하여 ①남북 자유선거를 통해 최고인민회의를 선거하고 ②북조선에서는 1948년 4월 25일 북조선인민회의가 승인한 헌법에 기초하여 조선최고인민회의 선거를 실시하며 ③남조선에서는 2단계 방법으로 조선최고인민회의에 보내는 대의원을 선출하고 ④최고인민회의 대의원 수는 남북 인구수에 따라 5만 명당 1명으로 선출할 것을 합의하였다.[133] 이를 통해 북한 정부 수립 방식이 확정된 것이다.

남북지도자협의회는 북한 정부 수립을 위한 정당성을 획득하기 위한 절차로서 진행된 행사였다. 남쪽 참가자들의 상당수가 토론 말미에 '김일성 만세'를 외친 것은 김일성이 수립되는 정부의 수반임을 예고하였다.

7월 10일 북조선인민회의 제5차회의에서는 '전 조선이 통일되기까지' 북한 헌법을 북조선지역에 실시하고, 동시에 조선 최고인민회의 선거를 실시할 것을 공식 결정하였다. 북로당 중앙위원회는 이 결정을 남북의 선거를 통해 '조선민주주의인민공화국 통일중앙정부를 수립하는' 것으로 받아들였다.[134] 북로당 지도부는 선거의 성공을 위해 북로당과 당원들의 주도적 역할과 유일(단일)후보제의 보장을 역설하였다. 유일후보제는 이제껏 치른 소비에트 선거 방식의 연장이었지만 북로당은 이를 자신의 관대성을 표출하는 것이며, 우당과의 통일전선

131) 위의 자료, л. 76.

132) 앞의 자료, л. 111-112.

133) 앞의 자료, л. 113-114.

134) "조선민주주의인민공화국 헌법실시와 조선 최고인민회의 총선거에 있어서 당단체의 과업에 대하여(당중앙위원회 제2차회의 결정서, 1948년 7월 13일)." 조선로동당 중앙위원회, 『결정집(1946.~1951.11 당중앙위원회)』, 64쪽.

을 통해 민주과업을 실행하기 위한 것으로 해석하였다.[135] 인민의 각계각층을 망라한 정권기관을 구성하는 데 가장 적절한 방식이라는 주장이었다. 7월 12일 북조선민전 차원에서는 남조선 단선을 무효로 하고 국회를 부인하며, 선거위원회 사업에 적극 협조하고 선전원을 선발하여 선거실시에 대한 강습을 조직할 것 등을 내용으로 하는 결정서를 채택하였다.[136] 이튿날에도 북조선민전은 최고인민회의 선거 준비 기간에 선전선동사업을 논의하였고, 북조선 정당·사회단체는 다가오는 선거에 유일후보 명부를 내세울 것을 결정하였다.[137]

7월 15~19일간 평양에서는 북조선 각 정당·사회단체들의 확대회의가 개최되어 남북지도자협의회 결정과 북조선인민회의 제5차회의 결정을 승인하고, 헌법 실시와 조선최고인민회의 선거 준비와 실행에서 정당·사회단체의 과업에 대해 논의하였다. 이어서 각 도·군별, 초급 당·사회단체별로 회의를 열어 관련 사안에 대한 인식을 확산시켰다.[138]

북한 정부 수립이 가시화되면서 남·북 노동당의 지도부 통합 문제도 대두되었다. 1946년 12월에서 1948년 8월까지 1년 반 이상 동안 두 당 간의 통합 지도부 문제는 미해결로 남아 있었다. 슈티코프를 비롯한 소련 지도부는 정치적으로 가장 중요한 사안의 하나로 꼽히는 문제에 대해 그토록 오랫동안 고심을 거듭했고, 뚜렷한 해결책을 마련하지도 못했다. 그러나 북한 정부 수립을 앞두고 통일된 단일 조직체계를 갖추어야 하는 상황에서 남·북 노동당의 지도부 통합 문제는 미룰 수 있는 사안이 아니었다.

7월 30일 평양에 도착한 슈티코프는 김일성과 박헌영을 만나 남·북 노동당 연합중앙위원회의 결성에 대해 확인하였다.[139] 1948년 1월 슈티코프가 박헌영

---

135) 위의 책, 65~66쪽.
136) "朝鮮民主主義人民共和國憲法實施와 最高人民會議代議員選擧進行에 있어서의 北朝鮮 民戰의 課業에 大한 決定書." 조국통일민주주의전선 중앙상무위원회 서기국 편, 『민주건국에 있어서 북조선민전의 역할』, 평양: 조선민보사, 1949, 102~103쪽.
137) 〈조선최고인민회의 선거결과 보고〉 ЦАМО, ф. 172, оп. 614633, д. 19, л. 16. 같은 문건은 РГАСПИ, ф. 17, оп. 128, д. 617, л. 1-54에도 나와 있다.
138) 〈조선최고인민회의 선거결과 보고〉 ЦАМО, ф. 172, оп. 614633, д. 19, л. 13.

을 위원장으로 한 이 조직의 결성을 제기하였지만 곧장 실행에 옮겨지지 못했다. 아마도 남·북 노동당 지도부의 합의가 어려웠기 때문이었을 것이다. 슈티코프의 정치적 영향력에도 불구하고 그런 사안을 조정하기란 용이한 일이 아니었다고 볼 수 있다. 그러나 정부 수립을 눈앞에 둔 시점에서 남북 지도 정당간 통합은 피할 명분이 없었던 셈이다. 8월 2일 남·북노동당 연합중앙위원회가 발족됨으로써 남·북 노동당의 지도부의 통합은 완결되었다.

북한 측 문헌에 따르면, 김일성은 남·북 노동당 연합중앙위원회의 수반이되었다.[140] 그러나 〈슈티코프 일기〉에는 소련당중앙위원회가 '박헌영의 위원장선출 및 김일성의 부위원장 선출에 대한 중앙위원회 결정'[141]이란 기록이 있다. 즉, 소련공산당 중앙위원회는 박헌영을 연합중앙위원회 위원장으로, 김일성을 부위원장으로 천거했다는 것인데, 그 진위를 정확히 가릴 필요성이 남는다.[142]

그렇다 하더라도 김일성이 북한의 당과 국가의 수반임을 부정하는 이는 별로 없었다. 해방 후 3년간 북한에서 지도적 활동을 통해 대중적, 조직적 기반을 닦은 김일성이 남쪽의 명망 있는 공산주의자들을 이끈 남로당 지도자 박헌영을 물리치고 당과 정부의 최고 수위로 등극할 수 있었다. 남북이 분리된 속에서 하부조직의 통합은 물리적으로 불가능했기에 남·북 노동당 연합중앙위원회의 결성은 철저히 비밀에 부쳐졌다. 남·북 노동당이 완전히 합당한 것은 북한 국가가 수립된 이듬해인 1949년 6월이었다.

남한 '지하선거'

공산 측은 전국적인 선거를 통한 북한 정부 수립을 정권의 '전국적 대표성'을

---

139) 〈슈티코프 일기〉 1948.7.30.

140) 『조선로동당 력사교재』, 평양: 조선로동당출판사, 1964, 228쪽.

141) 〈슈티코프 일기〉 1948.8.3.

142) 소련 지도부의 입장에선 김일성과 박헌영 둘 중에 누가 최고지도자가 되든지 크게 달라질 것은 없었다. 그런 측면에서 이전처럼 박헌영을 천거했을 가능성이 있으나 남·북 노동당 간의 세력관계에 따라 김일성이 천거되었을 가능성도 있다 할 것이다.

확보하는 데 있어 일차적인 관건으로 여겼다. 이를 위해 남한 내 조선최고인민
회의 선거에도 심혈을 기울여야 했다. 그렇지만 미군과 남한 당국의 엄중한 감
시하에서 남한 내 직접 투표의 조직은 사실상 불가능하였다. 따라서 선거는 두
단계로 예정하였다. 첫 단계로 남조선 인민대표자대회 대표들을 선출하고, 다음
단계로 대회에서 조선최고인민회의 남조선 대의원을 선출하도록 한 것이다. 우
선 인민대표자대회 대표 선출은 군과 시별로 인구수에 따라 인민대표자대회 입
후보자 명부에 선거자 서명을 모집하는 방식으로 뽑도록 하였다.

7월 7~8일 평양에서는 남측 대표들만 따로 모여 '남조선 제정당사회단체 지
도자협의회'를 개최하여 앞서 열린 남북지도자협의회의 최고인민회의 선거 실
시에 관한 결정을 실행하기 위한 대책을 논의하였다. 이 협의회는 남조선 선거
사업을 지도하기 위해 특별지도위원회의 조직을 결정하였다.[143] 박헌영을 위원
장으로 하고, 홍명희와 이영을 부위원장으로 각각 선임한 특별지도위원회는 선
거 기간 동안 정치색이 다른 각 남조선 정당·사회단체의 활동을 조정하는 등
사실상 선거를 총지휘하는 역할을 맡았다.

〈표 6-8〉 남조선 선거 특별지도위원회 구성

번호	직위	성명	직책	정치 성향
1	위원장	박헌영	남로당 부위원장	좌
2	부위원장	홍명희	민주독립당 당수	중우
3	부위원장	이영	근로인민당 부위원장	좌
4	위원	김원봉	인민공화당 당수	중좌
5	위원	허성택	조선노동조합전국평의회 위원장	좌
6	위원	조봉녀	민주여성동맹 중앙위원장	좌
7	위원	조희연	애국청년동맹 중앙위원회 위원	
8	위원	김창준	천도교 민주동맹 위원장	좌
9	위원	김응섭	유교동맹위원장	좌
10	위원	이구훈	농민동맹 부위원장	좌
11	위원	강승제	문화단체연맹 부위원장	좌
12	위원	장권	사회민주당 중앙위원회 위원	

[143] 〈조선최고인민회의 선거결과 보고〉 ЦАМО, ф. 172, оп. 614633, д. 19, л. 31; "해주시에
서 개최된 남조선인민대표자 대회 속기록(1948.8.21.~26)." ЦАМО, ф. 172, оп. 614633,
д. 19, л. 163.

13	위원	라승규	민중동맹 총재	중
14	위원	김일청	조선민주독립당 중앙위원회 위원	중
15	위원	이극로	건민회 대표	우
16	위원	강순	근로대중당 총재	우
17	위원	김병제	청우당 중앙위원회 위원	우
18	위원	김경태	노동자	무소속
19	위원	김광대	농민	무소속
20	위원	이승엽	남로당 중앙위원	좌
21	위원	김충규	신진당 중앙위원	

〈출처〉〈조선의 통일을 위한 북남조선정당·사회단체지도자연석회의 속기록〉, РГАСПИ, ф. 17. оп. 128, д. 616, л. 115-116; 김국후,『비록 평양의 소련군정』, 서울: 한울, 2008, 334~335쪽.

남조선 '지하선거'의 정당성을 갖추기 위해 정치세력 간의 균형에 맞춰 선거특별지도위원회를 구성하였지만 실질적인 선거 준비와 실행은 남로당을 비롯한 좌파세력들이 이끌었다. 모두 21명으로 구성된 특별지도위원회는 기능에 따라 2개의 소위원회 즉, 남조선인민대표자대회 대의원 선출을 위한 소위원회(11인, 위원장: 이승엽)와 남조선인민대표자대회 준비 및 실행을 위한 소위원회(5인, 위원장: 김원봉)를 두었다.

7월 9일 남로당 등 17개 남측 정당·사회단체 이름으로 최고인민회의 남조선 대의원선거 규정을 발표하였다. 이에 따르면 남조선대의원은 이중 선거를 통해 선출하도록 하였다. 첫 단계는 선거자들의 공개투표로써 최고인민회의 남조선 대의원선거를 위한 남조선인민대표자대회 대표자를 선거하며, 두 번째 단계로서 남조선인민대표자대회는 비밀투표 방법으로 최고인민회의 남조선대의원을 선거하는 것이다.[144] 이른바 '지하선거'로 명명된 첫 단계 선거는 남조선 도·시·군 전역에서 선거자들의 서명 모음 방식의 공개투표로 남조선인민대표자대회 대의원을 선출하도록 하였다. 그 다음 단계로서 남조선인민대표자대회는 대의원 3명당 1명을 조선최고인민회의 대의원으로 뽑도록 한 것이다.[145] 이는 남조선 인구 5만 명당 대의원 1명씩에 해당하였다.

[144] 「朝鮮民主主義人民共和國 最高人民會議 南朝鮮 代議員 選擧規定」, NARA, RG242, SA 2008, SeriesWAR200602250, 1쪽.

[145] 〈조선최고인민회의 선거결과 보고〉 ЦАМО, ф. 172, оп. 614633, д. 19, л. 32.

남조선인민대표자대회 대의원 선거권과 피선거권은 정신이상자와 친일분자를 제외한 20세 이상의 주민들에게 부여되었다. 특히, 입후보자는 '조선의 통일을 위하여 활동하는' 정당·사회단체 또는 무소속인사들을 공동으로 내세우도록 하였다.[146] 이에 따라 특별지도위원회의 지도하에 7월 14일 이전까지 8개 도와 1개 시(서울시)에서 선거위원회가 창설되어 440개의 군·구 선거위원회를 조직하였다. 각 선거위원회는 조선최고인민회의 선거에 참여한 정당·사회단체 대표 2,610명으로 구성되었으며, 군·구 선거위원회는 유권자 서명 날인을 받기 위해 면단위로 전권위원회를 조직하고 78,010명의 전권위원을 선발하였다.[147] 대규모 조직원들이 남한 당국의 감시를 피해 남쪽에서 제대로 활동하는 것은 쉽지 않았다. 따라서 이들 조직 활동은 비합법적 상황에서 매우 은밀하게 진행되었다.

위의 정당·사회단체들은 7월 14일까지 군·구선거위원회에 남조선 인민대표자대회 대의원 후보자 명부를 제출하였고, 군·구선거위원회는 이 명부를 심의한 후 단일 명부를 작성하였다. 특별지도위원회는 선거명부 용지와 선거 규정 등 각종 관련 문건 및 서류를 준비하여 이남 각지로 발송하였다. 남조선 대의원 선거규정에 따르면, 공개투표는 입후보자를 찬성하는 선거자의 서명을 모집하는 것인데, 선거자는 입후보자가 기록된 투표용지에 자기의 성명을 기입하여 날인 또는 무인(拇印)하도록 하였다.[148] 이와 같이 '지하선거'는 남한 당국의 감시를 피해 비밀리에 많은 주민의 서명을 모아야 하는 작업이었다. 선발된 전권위원 가운데는 남한 출신 정치·군사 간부 양성소인 강동정치학원생 200여명이 파견되었다는 증언도 있다.[149] 이들이 '지하선거'에 중요한 역할을 담당했고, 이후 해주인민대표자 대회도 주도했다는 것이다.

남쪽에서 인민대표자대회 대의원 선거 개시 일자는 7월 15일이었지만, 다른 증

---

146) 「朝鮮民主主義人民共和國 最高人民會議 南朝鮮 代議員 選擧規定」, 5쪽.
147) 〈조선최고인민회의 선거결과 보고〉 ЦАМО, ф. 172, оп. 614633, д. 19, л. 32-33.
148) 「朝鮮民主主義人民共和國 最高人民會議 南朝鮮 代議員 選擧規定」, 5쪽.
149) 중앙일보 특별취재반, 『비록 조선민주주의 인민공화국』(하), 중앙일보사, 1993, 376쪽.

언에 따르면, 7월 20일경에 시작되어 8월 10일까지 진행되었다고 한다.[150] 이미 언급한대로, 선거 방식은 각지의 '전권대표'가 유권자 서명 날인을 받는 방식이었다. 공식 기록으로는 남한 전체 유권자 8,681,746명 가운데 77.5%인 6,732,407명이 남조선 인민대표자대회 대표 선거 투표(서명 날인)에 참여하였다고 한다.[151] 이 수치를 그대로 따른다면 '지하선거'의 주민 참여율은 높은 편이었으나 실상을 정확히 확인하기는 어렵다. 슈티코프의 기록을 보면, 7월 26일 현재 서울지역에서 60만 명의 선거권자 중 11만 명의 서명이 모였고, 인천지역에서는 10만 1천 명 중 2만 9천 명이 서명에 참여하였다.[152] 분명한 것은 남한 당국의 엄중한 감시 상황 속에서 공산 측이 의도한 선거 방식은 일관된 방향에서 진행되지 못했다고 볼 수 있다.

'지하선거'의 구체적인 실행 과정은 구체적으로 파악하기는 어렵기 때문에 단편적인 자료에 의존할 수밖에 없다.[153] 남한 경찰이 파악한 선거 진행 방식으로는 추천된 입후보자가 입후보한 지역에서 5만 명 이상의 추천장을 받아 이를 8월 25일 내로 북조선에 있는 선거지도위원회에 제출하면 선거에 당선되는 것이었는데, 추천장은 대체로 연판장 같은 형식으로 성명과 주소를 날인하였다.[154] 미군 보고서에 따르면, 후보자의 이름은 그의 신분이 일급비밀로 간주되었기 때문에 투표 과정에서 드러나지 않았으며, 당원들에게 후보자 명단을 보여 주고 후보자를 진정한 조선의 대표로 인정한다는 확인서에 서명을 요구하는 것도 하나의 방법이었다.[155] 후보자는 당내에 영향력이 있거나 당의

150) 박병엽/유영구 · 정창현 『조선민주주의인민공화국의 탄생』, 서울: 선인, 2010, 355쪽.

151) 〈조선최고인민회의 선거결과 보고〉 ЦАМО, ф. 172, оп. 614633, д. 19, л. 35; "해주시에서 개최된 남조선인민대표자 대회 속기록(1948.8.21.~26)." ЦАМО, ф. 172, оп. 614633, д. 19, л. 170.

152) 〈슈티코프 일기〉 1948.7.30.

153) 남조선 '지하선거'의 준비와 실행 과정에 관한 자료와 구체적 통계는 여전히 발굴되지 않고 있다. 아마도 북한 내에 일부가 남아 있을 것으로 추측된다.

154) "左翼地下選擧 首都廳서 發表." 『東亞日報』 1948년 8월 19일.

155) G-2 Periodic Reports XXIV Corps, Aug-Oct 1948, No. 898, 1948.7.30.

권리와 이익을 대표하는 1인씩을 각 선거구마다 내세워 찬반투표하는 방식을 취하기도 했다.[156)]

분명한 것은 남한 '지하선거'가 모든 지역에서 일률적인 방식으로 진행된 것은 아니었다는 점이다. 북한 당간부 출신인 박병엽의 기술에 의하면, 좌익의 활동이 비교적 활발한 지역에서는 밤에 주민들을 한곳에 모아 넣고 전권위원들이 선거에 대한 해설을 한 뒤 인민대표자 대의원후보를 소개하고 투표용지를 나눠주고 투표함에 용지를 넣는 식의 반(半)공개적 방식을 사용했다고 한다.[157)] 반면 반공개가 불가능한 지역에서는 연판장을 돌려 서명 받는 식이었는데, 여기에는 인공헌법 실시, 최고인민회의 대의원 선거와 해당 지역의 후보자를 지지한다는 내용이 적혀 있었다. 이런 경우 다른 명목으로 주민들을 모이게 한 경우가 많았다. 집회가 불가능한 경우 전권위원들이 연판장을 들고 가가호호 방문하여 서명과 날인을 받는 방식으로 진행되었다. 남한 당국의 감시를 피해 '전권위원'들이 투표(서명) 작업을 정상적으로 받기는 어려웠을 것이다. 따라서 '지하선거'는 예정된 절차가 순조롭게 진행된 경우는 많지 않았을 것이고 대리 서명 등 편법적인 방식이 난립했을 것으로 여겨진다.

모든 선거 결과물, 즉 투표용지나 연판장 등은 군·구선거위원회에 수합되어 북쪽 황해도 해주로 발송되었다. 반면 미군정과 남한 당국의 지하선거에 대한 대처는 요란하지 않게 진행되었다. 심지어 남한 언론의 '지하선거' 상황에 대한 보도도 매우 인색하였다. 언론사별로 몇 차례 관련자 체포 소식 등을 중심으로 단편적인 지면을 할애하는 데 그쳤을 뿐이다. 이는 남한 정부 수립과 시기적으로 겹친 상황에서 남한 내 북한 정권의 구축 모습을 노골적으로 드러내어 정치적 혼돈을 조성할 필요가 없다는 판단이 개입되었기 때문으로 해석된다.

---

156) G-2 Periodic Reports XXIV Corps, Aug-Oct 1948, No. 900, 1948.8.2.

157) 박병엽/유영구·정창현『조선민주주의인민공화국의 탄생』, 서울: 선인, 2010, 352~355쪽.

하지만 비합법적 상황에서 실시된 '지하선거'는 남한 당국에 의한 가혹한 제재의 대상이 되었다. 경찰조직은 전국에 걸쳐 선거 관련자들을 적발, 체포하는데 앞장섰는데, 경무부장 조병옥의 발표에 의하면 8월 20일 현재 총검거자 수는 1,379명에 달했다.[158] 지하선거 가담자에 대한 적발과 체포는 8월 말에까지도 지속적으로 이루어졌다. 7월 15일~8월 10일 선거용지 12,986매(등록인원 191,028명)가 남한 당국에 의해 압수되었다.[159] 8월 24일에는 조선민주애국청년동맹 경기도 위원장 심혁래(沈爀來) 등 2인이 지하선거 등록용지(선거용지) 10,653매(등록인원 111,798명)를 가지고 마포강에서 이북으로 수송하려다 발각되어 체포되었다.[160]

남한 당국이 '지하선거'를 부정한 것은 당연한 수순이었다. 대통령 이승만은 '남한 시민 중에서 600만 명이 전향하여 하등의 법적근거도 가지지 않는 정부에 재차 투표하였다는 것은 우리들 시민으로서는 도저히 믿을 수 없는 일'[161]이라며 선거 실시를 황당무계한 것으로 간주하였다.

'지하 선거'에서는 남조선인민대표자대회 대표자로 1,080명이 뽑혔다. 이 가운데 811명은 정당·사회단체 대표이며, 269명은 무소속이었다. 여성대표는 65명이 피선되었다.[162] 이들 전체의 인적 사항은 확인되지 않지만 입북하여 최고인민회의대의원에 피선된 360명의 소속 및 명단을 찾아볼 수 있다.[163] 서울에서 피선된 주요 인사들로는 영등포: 박헌영 외 7인, 용산: 허헌 외 7인, 종로: 유영준 외 13인, 마포: 허성택 외 7인, 서대문: 박준영 외 7인, 동대문: 이주하·

---

158) "趙炳玉 氏談, 地下選擧關係千餘名檢擧." 『京鄕新聞』 1948년 8월 25일.

159) "해주시에서 개최된 남조선인민대표자 대회 속기록(1948.8.21.~26)." ЦАМО, ф. 172, оп. 614633, д. 19, л. 205.

160) "地下選擧名簿 越北直前押收." 『京鄕新聞』 1948년 8월 27일.

161) "南韓人의 參加說." 『京鄕新聞』 1948년 9월 5일.

162) "남조선 인민대표자 대회에서." Правда, 27.VIII.1948.

163) "남조선 인민대표자대회(1948.8.25.)에서 선출된 조선최고인민회의 남조선 대의원 명단." ЦАМО, ф. 172, оп. 614633, д. 19, л. 219-228. 조선최고인민회의 남조선 대의원의 명단은 부록 〈별표 3〉 참조.

이극로 외 8인, 중구: 홍명희 외 7인, 성동: 김원봉 외 7인으로 확인된다.[164]

피선된 인사들은 8월 21일 해주에서 개막된 남조선인민대표자대회에 참석하기 위해 비합법적으로 38도선을 넘어갔다. 1,080명 가운데 남한 당국의 제재로 인해 78명이 대회에 참석하지 못했는데, 그중 42명은 체포 투옥되었고, 몇몇 대표는 오는 도중에 사망하였다.[165] 이에 따라 대회에는 1,002명만이 참석하였다.

대회 개막과 박헌영의 보고는 해주와 평양 라디오 방송으로 중계되었다. 박헌영은 남조선대표자대회 대의원 선거 결과 보고를 통해 이승만, 김성수, 이범석 등이 '우리 인민을 미제국주의자들에게 팔아넘기고 미국의 식민지 정책을 실시하도록 하였'고 남한 '국회에는 단 하나의 애국정당이나 사회단체도 참가하지 않았'다고 하는 등 분단의 책임을 우익세력들에게 넘겼다.[166] 3일간 지속된 대회에서 연단에 나선 다수의 발언자들은 박헌영의 보고에 전적인 지지를 보냈고, 상당수는 김일성을 수립되는 북한국가의 수반으로 치켜세우거나 감사를 표시하였다. 대회는 조선최고인민회의 선거 및 조선통일정부 수립에 관한 제2차 남북제정당사회단체지도자협의회의 결정을 만장일치로 찬성하였다.

남조선 대의원 선거 규정에 따르면, 최고인민회의 대의원 입후보자는 남조선인민대표자대회 대표자로 피선된 정당·사회단체 지도자들과 남조선인민대표자대회에 참가한 대표자들이 공동으로 추천하도록 하였다.[167] 추천된 입후보자들은 대표자들의 과반수 투표를 받으면 당선되고, 과반수 투표를 받지 못할 경우 새로운 입후보자를 추천하도록 하였다. 말하자면, 입후보자는 사실상 각 정당·사회단체간의 배분에 따라 해당 조직의 지도부에 의해 결정되는 구도였다.

---

164) "수도경찰청, 남한 지하선거에 대한 조사 결과를 발표."『獨立新報』1948년 8월 19일; G-2 Periodic Reports XXIV Corps, Aug-Oct 1948, No. 900, 1948.8.2., No. 917, 1948.8.21.

165) "조선최고인민회의 선거." Правда, 30.Ⅷ.1948.

166) "해주시에서 개최된 남조선인민대표자 대회 속기록(1948.8.21.~26)." ЦАМО, ф. 172, оп. 614633, д. 19, л. 153, 159.

167) 「朝鮮民主主義人民共和國 最高人民會議 南朝鮮 代議員 選擧規定」, SA 2008, SeriesWAR 200602250, 6쪽.

이에 따라 대회 대표들은 남조선 각도별로 조선최고인민회의 대의원 후보 명부를 논의하였으며, 8월 25일 최고인민회의 남조선 후보 명부와 대의원들에 대한 비밀투표를 실시하여 대의원 360명을 선출하였다. 그러나 대의원 선출 과정에서 약간의 잡음이 있었다. 8월 23일 오후 회의에서 민주한독당 권태석(權泰錫)과 근로대중당 강순(姜舜) 등 두 지도급 인사들의 선출에 대해 반대 의견이 제기되었다. 권태석은 친일 분자로서 파견되었다는 의심을 받았고, 강순은 만주에서 일본군부대에 복무했다는 것이다.[168] 다음 날 권태석은 대의원 후보에서 제외되었다. 그와 함께 근로인민당 후보 김모(金某)는 '일제하에서 조선인들의 일본군 지원을 선동하고 농민들에게 곡물을 강제 징수한' 혐의가 제기되었다.[169] 그를 옹호하기 위해 3명의 대표자들이 연단에 섰으나 투표 결과 그 또한 대의원 후보에서 탈락하였다.

8월 25일 선거는 대표자 1,001명[170]이 대의원 후보자 360명 각자에게 찬반투표를 하는 방식이었다. 대부분의 후보들은 절대 다수의 찬성표를 획득하였으나 가까스로 후보에 포함된 강순은 반대표를 무려 340표나 얻었다. 그 외에도 김일청(민주한독당, 108표), 김승모(근로대중당, 342표), 김유태(근로대중당, 310표), 이영(근로인민당, 156표), 최성환(근로인민당, 159), 탁창혁(근로대중당, 100표), 한상묵(근로대중당, 189표) 등도 세 자리 수 반대표를 받았다.[171] 100% 찬성표를 얻은 후보들이 적지 않았음에도 불구하고 박헌영은 반대표를 13표나 얻었다. 하지만 일부 남로당 지도자들은 그에 대한 100% 찬성투표를 보여 주고자 이 사실에 대해 침묵하였다.[172]

---

168) "해주시에서 개최된 남조선인민대표자 대회 속기록(1948.8.21.~26)." ЦАМО, ф. 172, оп. 614633, д. 19, л. 216.

169) 위의 자료, л. 217.

170) 대회 기간 중 대표자 1인이 병원에서 병사하여 투표에는 1,001명이 참가하였다.

171) "남조선 인민대표자대회(1948.8.25.)에서 선출된 조선최고인민회의 남조선 대의원 명단." ЦАМО, ф. 172, оп. 614633, д. 19, л. 219-228.

172) "해주시에서 개최된 남조선인민대표자 대회 속기록(1948.8.21.~26)." ЦАМО, ф. 172, оп. 614633, д. 19, л. 218.

남조선인민대표자대회에 참가한 정당단체와 선출된 대의원의 분포는 〈표 6-9〉와 같다.

〈표 6-9〉 남조선인민대표자대회 대표들과 선출된 최고인민회의 남측 대의원의 정당단체별 분류

번호	단체명	대표*	정치 성향	선출 인원(%)	대회 참가 실제 인원	최고인민회의 대의원 수(%)
1	남로당	허헌 · 박헌영	좌	137(12.69)	117	55(15.3)
2	민주독립당	홍명희	중도	53(4.91)	47	10(2.8)
3	근로인민당	이영	중도	62(5.74)	55	20(5.5)
4	인민공화당	김원봉	좌	68(6.29)	64	20(5.5)
5	노동조합전국평의회	허성택	좌	66(6.11)	57	27(7.5)
6	전국농민동맹	이구훈	좌	70(6.48)	64	28(7.8)
7	문화단체총연맹	-	좌	24(2.22)	24	6(1.7)
8	남조선민주여성동맹	유영준	좌	30(2.78)	30	9(2.5)
9	민주애국청년동맹	곽기섭	좌	23(2.13)	20	7(1.9)
10	전국유교연맹	김응섭	좌	18(1.67)	18	6(1.7)
11	기독교민주동맹	김창준	좌	18(1.67)	17	7(1.9)
12	사회민주당	-	중도	43(3.96)	40	11(3.1)
13	신진당	김충규	중도	31(2.87)	29	11(3.1)
14	민중동맹	나승규	중도	20(1.85)	17	8(2.2)
15	민주한독당	김일청	우	35(3.24)	35	20(5.5)
16	근로대중당	강순	우	19(1.76)	19	7(1.9)
17	남조선청우당	김병제	우	7(0.65)	7	5(1.3)
18	학병거부자동맹	-	우	4(0.37)	4	2(0.6)
19	건민회	이극로	우	7(0.65)	7	6(1.6)
20	민족자주여성동맹	-	우	2(0.18)	2	1(0.3)
21	민족자주연맹	-	우	30(2.78)	30	6(1.6)
22	민족대동회	-	우	6(0.56)	6	2(0.6)
23	건국청년회	-	우	6(0.56)	6	2(0.6)
24	호국청년회	-	우	6(0.56)	6	1(0.3)
25	불교연맹	-	우	7(0.65)	7	2(0.6)
26	불교청년동맹	-	우	6(0.56)	6	2(0.6)
27	조선농민당	-	우	6(0.56)	6	1(0.3)
28	한국독립당	-	우	7(0.65)	7	3(0.8)
29	애국부녀동맹	-	우	-	-	1(0.3)
30	무소속	-	-	269(24.98)	255(25.45)	74(20.6)
	총계	-	-	1,080(100)	1,002(100)	360(100)

※ ' * ' 정당 · 사회단체 대표는 대회에 참석한 인사들만 기록하였다. 대표가 기입이 안 된 것은 참석하지 못한 경우이다.
〈출처〉『北韓關係史料集 6』(1988), 150~151쪽; 〈조선최고인민회의 선거 결과 보고〉, ЦАМО, ф. 172, оп. 614633, д. 19, л. 36-41, 45-46.

위 표에 나타나듯이 북한체제 수립에 참가한 남쪽의 정당·사회단체 수는 총 29개였다. 반면 무소속 출신이 25%나 되는 점이 특기할 만하다. 이들은 주로 남로당과 연계된 인사들일 것이다. 남북연석회의 참가 정당·사회단체 수에 비해 그 규모가 축소된 것은 보다 엄격한 사회정치적 분위기도 원인이 되었지만 북한 정부 수립은 분단 극복을 위한 연대적 상황이었던 남북연석회의와는 달리 또 하나의 분단 정부 수립이라는 인식이 크게 작용하였을 것이다. 29개 정당·사회단체 중 좌익: 9개, 중도파: 5개, 우익: 15개로 우익이 가장 많은 수를 차지하였다. 그러나 정작 대의원 수로 나누어보면, 좌익이 165명(45.83%), 중도파: 60명(16.66%), 우익: 61명(16.94), 무소속: 74명(20.57%)으로 구별되었다. 남로당을 중심으로 한 좌익이 과반수를 넘지 않은 것은 계층별 세력 균형을 보여주기 위한 종전의 정책적 기조를 그대로 유지하는 것이었다.

대표가 참가하지 않은 정당·사회단체 가운데는 조직 차원의 승인을 얻지 못하고 개별적으로 참여한 경우들도 있었다. 김규식의 민족자주연맹이 대표적이라 할 수 있다.[173] 또한 남쪽의 중도파와 우익 출신 일부 인사들은 공산 측의 정부 수립 진로에 전적인 동의를 하고서 북행을 선택한 것은 아니었다. 오히려 그들 가운데는 공산 측의 방침에 배치되는 주장을 개진하기도 하였다.

이를테면, 동료들과 함께 북으로 가는 도중에 이를 포기한 사회민주당 당수 여운홍(呂運弘)은 태극기 대신 인공기로 바꾸는 것은 옳지 않으며, 조선의 경제 체제는 계획경제를 채택해야 하지만 정치형태는 미국식 민주주의 형태가 되어야 한다고 하였다.[174] 정치적 대안으로서 북을 선뜻 선택하기 어려운 그의 정치적 입장이 드러나는 지점이었다. 근로대중당 당수 강순(姜舜)은 북쪽 사람들이 4월 연석회의에서 적극성을 보이지 않았다고 지적한 다음, 김일성이 김구에게 대통령직을 제의하면 통일정부가 세워질 수 있다고 김구가 자신에게 말했다면서, 김일성이 통일정부 수립을 제기하지 않았기 때문에 김구와 김규식을 평양으

173) G-2 Periodic Reports XXIV Corps, Aug-Oct 1948, No. 895.
174) "북조선에 도착한 남쪽 일부 대표자들의 분위기에 대하여." ф. 172, оп. 614633, д. 15, л. 17.

로 부르는 것은 어려울 것이라고 하였다.[175]

이처럼 북행을 선택한 인사들의 견해도 다양한 계층 분포만큼이나 복잡성을 띠었다. 더구나 중간파와 일부 우파 정치세력들이 정치적으로 북을 선택한 것은 남쪽에 남은 당원들의 처지를 매우 곤란한 지경으로 몰아넣었다. 1949년 말에 이르러 근로대중당, 민중동맹, 민족대동회의, 사회민주당, 근로인민당, 건민회 등은 자신들의 정치노선을 포기하고 북으로 간 인사들의 소환을 촉구하는 성명을 내지 않을 수 없었다.

최고인민회의 북측 선거

최고인민회의 남측 대의원을 선출하기 위한 일련의 과정과 함께 북측 선거 실시도 본 궤도에 오르게 되었다. 북조선인민회의 상임위원회는 선거사업을 지도하기 위해 북로당 부위원장 주영하가 이끄는 17인으로 구성된 중앙선거위원회를 조직하였다. 이들 17인 가운데 11인이 북로당 소속이며, 무소속이 4인, 민주당과 천도교청우당은 각각 1인에 불과했다. 이 선거에서 북로당의 주도성은 이전보다도 한층 강화되었다.

7월 12일부터 30일까지 각 도와 시·면 인민위원회들에 의해 구선거위원회 212개와 분구선거위원회 8,327개가 조직되어 선거사업을 담당하였다.[176] 슈티코프는 소련 군인들이 선거사업에 개입하거나 부정적인 호기심을 드러내서는 안 되며, 선거구를 다니거나 선거일에 거리에 나서도 안 된다는 것을 지시하였다.[177] 조선인 스스로 정부 수립을 주도해가고 있다는 것을 보여 주려는 의도를 반영한 것이다.

---

[175] 위의 문서, л. 18.
[176] 〈조선최고인민회의 선거결과 보고〉 ЦАМО, ф. 172, оп. 614633, д. 19, л. 8.
[177] 〈슈티코프 일기〉 1948. 8.3.

〈표 6-10〉 조선최고인민회의 북측선거 중앙선거위원회 위원 명단

번호	성명	소속	당적
1	주영하	북로당	북로당
2	홍기주	조선민주당	민주당
3	박윤길	천도교청우당	천도교청우당
4	강양욱	북조선기독교도연맹	무소속
5	최두석(Чой Дю Сек)	북조선직업총동맹	북로당
6	현칠종	북조선농민동맹	북로당
7	이영섭	북조선민주청년동맹	북로당
8	최봉수	강원도인민위원장	북로당
9	박정애	북조선민주여성동맹	북로당
10	한효삼	함남인민위원장	북로당
11	이기영	북조선문학예술총연맹	무소속
12	김태영(Ким Тхя Ен)	북조선인민회의	무소속
13	김웅기	황해도 인민위원장	북로당
14	장해우	북조선검찰소장	북로당
15	이주봉	북인위 내무국	북로당
16	최용달	북인위 사법국	북로당
17	김세율	북조선불교연합회	무소속

〈출처〉〈조선최고인민회의 선거 결과 보고〉, ЦАМО, ф. 172, оп. 614633, д. 19, л. 76.

북민전 소속 정당·사회단체는 구성원들에게 북민전이 추천한 후보자들에 대한 지지를 유도하고 전체 유권자의 선거 참여를 독려하는 지침을 부여받았다. 7월 19~25일 선전원 준비교육이 실시되었고, 이 교육을 이수한 382,000명이 선전활동에 투입되었다.[178] 각지에서 선전원들은 군중대회, 보고회, 강연회, 좌담회, 호별 방문 등 각종 방식을 통해 선거 선전 활동을 실행에 옮겼다.

선전 활동에 신문과 잡지 등 출판물과 라디오방송도 집중적으로 활용되었다. 이 매체들은 남한 5·10선거의 '반동성'을 선전·전파하는 데 힘썼다. 특히 이 선거가 절대다수의 남한 정당·사회단체가 보이코트한 것인데 반해 최고인민회의 선거는 남북대표자들로 조선중앙정부를 수립하는 것이라고 강조하였다.[179] 그러나 '중앙정부'가 자신의 대표성을 어떤 식으로 표현할 것인지에 대

---

178) 〈조선최고인민회의 선거결과 보고〉 ЦАМО, ф. 172, оп. 614633, д. 19, л. 18-19.

179) 구체적인 내용에 대해서는 『朝鮮最高人民會議 選擧宣傳 提綱(宣傳員들에게 주는 資料)』, SA 2009 I, SeriesWAR200700660 Item #115을 참조할 것.

한 설명은 제시되지 못했다. 또한 공산 측은 외견상 '중앙정부'의 구성을 드러내는 것 이외에 이 정부의 대내외적인 위상과 역할에 대해 어떠한 설명도 하지 않았다.

최고인민회의 북측 대의원 후보의 추천권은 북인위에 등록된 정당·사회단체를 비롯하여 생산기업, 운수직장, 사무기관, 종업원회의 및 리(농촌)의 농민회의, 군인회의 등에게 부여되었다.[180] 정당·사회단체는 공동후보를 추천할 권리를 명시함으로써 이 선거에서도 소속 단체별로 독자적인 입후보는 사실상 어렵게 되었다. 7월 24일 북조선민전 중앙위원회 제32차회의에서는 각 당의 입후보자 추천비율을 북로당 45%, 북조선민주당 15%, 천도교청우당 15%, 무소속 25%로 각각 확정하였다.[181] 1946년 도시군인민위원회 선거와 비교해 볼 때, 무소속이 50%에서 25%로 대폭 감소했다. 더구나 아래서 보겠지만 실제 선거 결과로는 20%에도 미치지 못했다. 반면 북로당 입후보자의 비율은 거의 과반에 육박할 만큼 비약적인 증가세를 보였다. 남북의 세력과 결합하는 과정에서 북로당이 자신의 주도권을 유지하려는 의도가 강하게 작용했다고 볼 수 있다.

남조선인민대표자대회 선거일인 8월 25일, 조선최고인민회의 북측 선거가 같은 날 실시되었다. 앞선 남측 대의원 선거와 마찬가지로 인구 5만 명당 대의원 1명이 배정되었다. 총 212개 선거구에서 212명의 대의원을 선출하는 선거에는 228명이 출마하였다. 이 가운데 212명은 북조선민전에서 추천한 후보가 212명이며, 나머지 16명은 선거자 집회에서 추천된 인사들이었다.[182] 이들 16명 중 1명은 등록 후에 북조선민전이 추천한 상대 후보가 강력했던 관계로 입후보를 포기한 것으로 알려졌다.[183] 그리하여 모두 15개 선거구에서 복수 후

---

180) 『조선민주주의인민공화국 최고인민회의 대의원 선거에 관한 규정』, NARA, RG242, SA 2012 Series, 10~11쪽.
181) 정리근, 『력사적인 4월남북련석회의』, 평양: 과학백과사전종합출판사, 1988, 249쪽.
182) 〈조선최고인민회의 선거결과 보고〉 ЦАМО, ф. 172, оп. 614633, д. 19, л. 44, 82.
183) 위의 문서, л. 10.

보가 출마하게 되었다. 이전 도시군인민위원회 선거(1946년 11월)와 면리인민위원회 선거(1947년 2~3월)와 마찬가지로 복수 후보가 등장한 것은 각 정당 · 사회단체로 구성된 북조선민전의 일부 단위에서 의견이 일치하지 않았던 것이 원인이었다.

투표방법은 선거자가 선거표를 쥐고 투표함에 접근하여 각 함에 손을 넣되 후보자 찬성 시 백함에, 반대 시에는 흑함에 선거표를 넣는 기존의 방식이었다. 그리하여 북한의 총 유권자 4,526,065명 가운데 99.97%에 해당하는 4,524,932명이 투표에 참여했고, 이 중 4,456,621명(98.49%)이 선출된 대의원들에게 찬성투표를 던졌다. 반대투표는 53,607명(1.19%)에 그쳤다. 이 수치가 말하는 대로 공산 측은 이전 선거와 마찬가지로 선거 사업에 총력을 기울였음을 보여 주고 있다. 선거권이 박탈된 자는 총 4,413명이었는데, 그중 친일분자가 303명, 정신병자 4,073명, 재판소 판결에 의한 자가 37명이었다.[184] 상대적으로 친일분자의 수가 매우 적다는 것을 알 수 있는데, 이는 두 가지 측면을 가리킨다. 첫째는 그때까지 북한의 친일 청산 기준이 꽤 탄력적으로 적용되었다는 것이며, 둘째는 친일 혐의를 가진 자들의 상당수가 이미 북한 땅에서 벗어나 월남했다는 점이 그것이다.

선거 결과 총 212명의 북측 대의원이 선출되었다.[185] 김일성과 김두봉은 각각 제23호(평남 강동군)와 제7호(평양시) 선거구에서 선출되었다. 227명의 후보 가운데 제12호 선거구를 제외하고 모두 북조선민전에서 추천한 인사들이 뽑혔다.[186] 평남 대동군 제12호 선거구의 무소속 여성 후보 전정일은 북조선 민전 추천후보인 고모(高某)을 누르고 당선되었다.[187] 선거자 집회에서 추천된 15명

184) "1948년 8월 25일 조선 최고인민회의 선거시 북조선 내 선거권 박탈자 수 통계." РГАСПИ, ф. 17. оп. 128, д. 61, л. 81.

185) 선출된 대의원 명단은 부록 〈별표 4〉을 참조할 것.

186) 허가이, 『조선민주주의 인민공화국 최고인민회의 선거 총화와 당 단체들의 당면 과업』, 29~30쪽.

187) 〈조선최고인민회의 선거결과 보고〉 ЦАМО, ф. 172, оп. 614633, д. 19, л. 93.

후보 가운데 전정일을 제외하고는 전원 낙선한 셈이다.

〈표 6–11〉 조선 최고인민회의 북측 선거(1948.8.25.) 선출 대의원 통계

도	대의원수	정당별				사회성분별								여성	낙선자
		북로당	민주당	청우당	무소속	노동자	농민	사무원	인테리	상인	기업가	수공업자	종교인		
평양	10	5	2	-	3	3	1	1	3	1	-	1	-	2	1
평남	33	16	5	8	4	7	11	10	1	-	-		4	4	2
평북	42	19	7	8	8	7	13	16	2	-	3		1	7	2
함남	37	17	7	7	6	8	11	5	5	4	3	1	-	6	2
함북	23	11	3	3	6	9	5	4	1	-	2	1	1	4	2
황해	39	19	7	5	8	7	16	7	4	1	1	1	2	6	2
강원	28	15	4	4	5	10	7	5	2	1	1	1	4	4	4
총계	212	102	35	35	40	51	64	48	18	7	10	5	9	33	15
비율		48.5	16.4	16.4	18.7	24.24	30.18	22.58	8.47	3.29	4.71	2.85	4.23	15.58	

〈출처〉 ЦАМО, ф. 172, оп. 614633, д. 19, л. 91.

선거 결과는 처음 계획과 거의 유사하게 나왔다. 1946년 도시군인민위원회 선거와 비교해 보면, 정당별 대의원 구성에서 북로당이 31.8%에서 48.5%로 거의 과반을 차지할 만큼 비약적으로 증가하였다. 이로써 북로당은 남쪽 세력이 가세한 주권기관에서도 지도적 지위를 유지할 수 있게 되었다. 민주당과 청우당의 대의원 비율도 각각 10%와 7.3%에서 두 당 모두 16.4%로 증가한 반면, 무소속은 50.7%에서 18.7%로 대폭 감소되었다. 이것은 이 기간 동안 각 정당들이 당원의 증가에 힘을 쏟았고, 정당 중심의 정치적 기반이 확립되었음을 보여준다. 대의원의 사회성분별 비중에서는 노동자의 비율이 크게 늘어났고, 반대로 농민이 줄어드는 등 노동자, 농민, 사무원이 각각 균형적으로 배치되었음을 알 수 있다. 소수에 불과하지만 상인과 기업가, 수공업자 등 유산계층 출신 대의원들이 변함없이 선출된 것은 지속적인 통일전선을 유지하기 위한 불가피한 조치였을 것이다.

북로당 차원에서 다수 당단체들이 선거준비 사업에 늦게 착수하거나 상급당의 지시를 제대로 이행하지 못한 점, 유권자들에 대한 정확한 통계사업을 협조

하지 못한 결과 상당수 유권자의 수를 누락한 점, 선전사업이 범위와 활동에 비해 내용이 빈약한 점 등이 선거 진행 과정의 결함으로 지적되었다.[188] 결함은 선거 자체의 문제제기가 아닌 선거 실시의 기술적 문제에 관한 것이었다.

그러나 최고인민회의 북측 선거는 이전 선거와는 다른 차원에서 문제들이 제기되었다. 표면상 통일정부 수립이라는 명분을 내세웠음에도 분단이 현실화된 상황에서 다른 목소리가 나오는 것은 당연한 일이었다. 우선 상층 차원에서 선거에 대한 불만은 천도교청우당에서 터져 나왔다. 목전의 남북 선거가 사실상 전 조선의 선거로 부를 수 없다는 것인데, 북에서는 자유롭게 진행되는 반면 남에서는 지하에서 비밀리에 실시되는 것 때문이라는 것이다. 당 일각에서는 조선민주주의인민공화국의 창설은 전쟁으로만 가능하며, 조선 통일의 지연에 대한 책임의 일부는 북조선에도 있다고 하였다.[189]

천도교청우당 내의 기본적인 불만은 대의원 후보자의 다수가 북로당원들로 구성된 점에 있었다. 당중앙위원회 정치국장 김윤걸(金允杰) 등은 단일후보 추천을 반대하고 정당·사회단체의 독자적인 후보 추천을 주장하였다.[190] 이에 김달현과 김정주로 대표되는 당 지도부는 이들의 요구를 억누르기 위해 힘썼으나 자신들이 요구한 35명의 후보가 배정되지 않은데 대해 반발하였다.[191] 그 뒤로도 독자적인 후보 추천 문제는 사그라지지 않았다. 심지어 8월 4일 청우당 중앙위원회는 헌법 실시, 새 국기 채택, 선거, 추천된 후보, 단일후보 추천제 등의 찬성과 반대에 대해 무당층의 반응을 수집하라는 비밀 지시를 도·시·군당위원회에 내렸다.[192] 이들 문제에 대한 여론 동향에 따라 청우당이 입장 선택을 할 수 있다는 의도가 내포되었다. 하지만 공산 측이 통일전선의 약화를 가져올

---

188) 허가이, 『조선민주주의 인민공화국 최고인민회의 선거 총화와 당 단체들의 당면 과업』, 33~38쪽.
189) "48.8.25 선거 직전 북조선 청우당에서 일어난 문제." ЦАМО, ф. 172, оп. 614633, д. 15, л. 11.
190) 〈조선최고인민회의 선거결과 보고〉 ЦАМО, ф. 172, оп. 614633, д. 19, л. 30.
191) "48.8.25 선거 직전 북조선 청우당에서 일어난 문제." ф. 172, оп. 614633, д. 15, л. 12.
192) 위의 문서, л. 14.

수 있는 독자적인 후보 추천을 수용하기란 거의 불가능했다. 다만 1946년 도시·군인민위원회 선거에서처럼 일부 선거구에서 복수 후보를 인정하는 것으로 타협책을 선택하였다. 하지만 일부 지역에서 선거를 둘러싼 청우당원들의 반발은 다양한 형태를 띠었다. 공산 측이 천도교청우당과의 관계 증진에 쓴 노력에 비해 성과를 얻는 데는 매우 힘겨웠다.

청우당 내부의 불협화음은 공산 측이 지속적으로 인식하고 있었던 문제였으며, 이 때문에 향후에도 당 내부 갈등이 확대될 것이라는 전망을 하였다.[193] 이그나티예프는 천도교 내의 대립관계의 연원 및 구파의 테러 활동 연루에 대해 지적하고, 청우당 기관의 숙정에 더 많은 사업과 지원이 필요하다고 언급하였다.[194]

공산 측은 8·25선거에 대한 반대세력들의 반발이 그 이전 선거에 비해 현저 약화되었을 뿐 아니라, 기독교인과 불교도 등 종교인들이 선거 과정에 적극 참여했다고 평가하였다.[195] 이는 기독교도연맹과 불교연합회 등 종교단체 지도조직이 북민전의 노선에 더욱 근접한 상황과 밀접한 관련을 가졌다. 특히 1946년 11월 도시군인민위원회 선거 시기에 취한 종교인들의 반대 입장이 이번에는 그 반대로 나타났다는 데 주목하였다.

이러한 평가의 근저에는 반대세력들이 점차 약화된 데다 남한 단독선거가 끼친 반작용이 크게 영향을 미쳤다고 볼 수 있다. 그러나 선거 과정에서 반대 세력들은 남한 국회가 유엔의 결정과 유엔한국위원회의 감시하에 선출되었기 때문에 합법적이며, 최고인민회의 선거는 유엔의 인정을 받지 못할 것이기에 필요하지 않다거나 이 또한 남한 5·10선거처럼 분단 선거라는 주장을 전파하였다.[196]

이와 함께 두 분단정부 수립 후 남북 간 내전과 미·소 간 전쟁 발발에 대한

193) "이바노프,. 천도교청우당에 대한 간략 조회(1948.1)." ф. 127, оп. 468007с, д. 4, л. 10.
194) "이그나티예프가 슈티코프에게, 청우당 구파 활동의 강화 및 이에 대한 당중앙위원회의 태도에 관한 정보." ф. 172, оп. 614632, д. 48, л. 146-147.
195) 허가이,『조선민주주의 인민공화국 최고인민회의 선거 총화와 당 단체들의 당면 과업』, 28~29쪽;〈조선최고인민회의 선거결과 보고〉 ЦАМО, ф. 172, оп. 614633, д. 19, л. 26.
196)〈조선최고인민회의 선거결과 보고〉 ЦАМО, ф. 172, оп. 614633, д. 19, л. 27.

소문도 유포되었다. 선거 반대에 대한 가장 일반적인 표현 방식으로는 삐라 살포를 들 수 있는데, 확인된 바에 의하면 선거운동 기간 동안 대략 15~20개의 거주지 및 도시에서 삐라들이 발견되었다.[197) 또한 투표하지 않고 선거표를 가지고 나오도록 유도하는 선전도 있었다. 이처럼 최고인민회의 선거 과정에서 비록 분산적이긴 하지만 청우당의 반발을 비롯하여 반대세력의 저항은 지속되었다.

그럼에도 북한은 최고인민회의 선거를 조선의 '민주역량'이 미국의 조종하에 있는 남조선 '반동세력'에 거둔 빛나는 승리로 자찬하였다.[198) 특히 남·북 노동당이 중심역할을 수행하면서 중간정당과 일부 우파정당들까지도 끌어들인 데 대해 큰 의미를 부여하였다.

5. 북한 정부의 수립과 소련군 철수

북한 정부 구성

1948년 9월, 8·25선거 결과로 선출된 북측 대의원 212명과 남측에서 선출된 360명, 총 572명의 대의원으로 조선최고인민회의가 구성되었다. 공산 측은 최고주권기관으로서 조선최고인민회의를 '통일입법기관'으로 불렀다. 이를 토대로 등장하는 북한 정부가 분단정부가 아닌 '통일적 정부'라는 것을 당차게 강조한 것이었다. 최고인민회의 선거는 조선의 통일과 통일독립민주국가 창설을 위한 투쟁에서 인민의 정치적 통일과 단결의 새로운 시위이며, 이 선거에서 나타난 전 조선인민의 전례 없는 정치적 적극성은 자기 조국의 통일과 독립을 위한 조선 인민의 굽힘 없는 투쟁의 명확한 증거였다는 것이다.[199)

---

197) 위의 문서, л. 28.
198) 허가이,『조선민주주의 인민공화국 최고인민회의 선거 총화와 당 단체들의 당면 과업』, 15쪽.
199) "조선최고인민회의 선거." Правда, 30.Ⅷ.1948.

〈표 6-12〉 조선최고인민회의 대의원(572명)의 소속 단체

번호	단체명	소속	인원	비율(%)
1	북로당	북	102	17.9
2	북조선민주당	북	35	6.1
3	북조선청우당	북	35	6.1
4	남로당	남	55	9.6
5	인민공화당	남	20	3.5
6	노동조합전국평의회	남	27	4.8
7	전국농민동맹	남	28	4.9
8	민주애국청년동맹	남	7	1.2
9	남조선민주여성동맹	남	9	1.6
10	문화단체총연맹	남	6	1.1
11	전국유교연맹	남	6	1.1
12	기독교민주동맹	남	7	1.2
13	근로인민당	남	20	3.5
14	사회민주당	남	11	2.0
15	신진당	남	11	2.0
16	민주독립당	남	10	1.8
17	민중동맹	남	8	1.4
18	민주한독당	남	20	3.5
19	근로대중당	남	7	1.2
20	건민회	남	6	1.1
21	남조선청우당	남	5	0.9
22	민족대동회	남	2	0.3
23	호국청년회	남	1	0.1
24	한국독립당	남	3	0.5
25	민족자주연맹	남	6	1.1
26	건국청년회	남	2	0.3
27	학병거부자동맹	남	2	0.3
28	불교연맹	남	2	0.3
29	불교청년동맹	남	2	0.3
30	민족자주여성동맹	남	1	0.1
31	애국부녀동맹	남	1	0.1
32	조선농민당	남	1	0.1
33	무소속		114 남/74 북/40	20.0

〈출처〉 〈조선최고인민회의 선거 결과 보고〉, ЦАМО, ф. 172, оп. 614633, д. 19, л. 47-48.

최고인민회의 대의원은 정당별, 계층별 대표성을 안배하여 선출되었으며, 남북 모두 합쳐서 32개 정당 · 사회단체로 구성되었다. 북쪽에서는 북로당을 선두

로 조선민주당, 북조선청우당 등 3개 정당 소속과 무소속만이 선출되었는데, 이는 처음부터 사회단체에는 피선거권을 부여하지 않은 것과 관련이 있다. 반면 남쪽 대의원들이 속한 정당·사회단체 수는 무려 29개에 달하였다. 여기에는 남측과 북측의 선출 조건 및 방식의 차이가 전제되었지만 그밖에 통일정부를 표방하려는 공산 측의 입장에서는 이를 보장해줄 다수 조직의 참여가 필요했을 것이다. 전체 대의원 572명 가운데 노동당원은 남북 모두 합해 157명에 불과하였으나 실제로 좌파단체에 숨겨진 이들까지 추가하면 그 수치는 그보다 훨씬 상회한다고 볼 수 있다. 남·북 노동당의 핵심 인물들은 예외 없이 모두 대의원으로 선출되었다.

9월 2일 조선최고인민회의 제1차회의가 평양에서 개막되었다. 슈티코프도 여기에 참관하였다.[200] 여기에서 최고인민회의 의장은 허헌(남로당 위원장)이, 부의장으로는 김달현(북조선청우당 위원장)과 이영(남조선 근로인민당 부위원장)이 각각 선출되었다. 회의는 조선 헌법 승인, 최고인민회의 상임위원회 선거, 조선 정부 조직, 최고재판소 선거 등 의사일정을 확정하였고, 저녁 회의에서는 49명으로 구성된 헌법위원회(위원장 김두봉)를 구성하였다.[201] 헌법위원회는 북조선인민회의 제5차회의의 결정에 의해 이미 북한 지역에 실시하고 있던 헌법을 토대로 헌법안을 작성할 임무를 부여받았다.

9월 4일 조선최고인민회의는 자격심사위원회의 선거 결과에 대한 보고를 청취하고 이를 승인하였다. 이에 따르면, 전체 572명 대의원은 노동자 120명, 농민 194명, 사무원 152명, 수공업자 7명, 상인 22명, 기업가 29명, 문화일꾼 3명,

---

200) 〈슈티코프 일기〉 1948.9.2.

201) 헌법위원 명단은 다음과 같다. 위원장 김두봉, 위원 김일성, 허헌, 최용건, 박헌영, 김달현, 홍명희, 최경덕, 김원봉, 이영섬, 이영, 강진건, 이용, 박정애, 이극로, 이기영, 허성택, 강양욱, 이구훈, 최금복, 김병제, 강인규, 유영준, 한효삼, 장권, 김응기, 이병남, 최용달, 송금애, 장해우, 김수일, 최윤옥, 김달삼, 원홍구, 윤행중, 태성수, 김순남, 김기주, 고창남, 전성일, 정운영, 홍기황, 김상철, 강순, 김일청, 홍승국, 나승규, 김창준, 조희영. 北朝鮮勞動黨中央本部 宣傳煽動部 編, 『조선민주주의인민공화국 최고인민회의 제1차회의 문헌집』, 평양: 勞動黨出版社, 1948, 322~323쪽.

기타, 15명으로 구성되었다.[202] 그중 여성대의원은 69명이었다. 이와 같은 구성은 노동자, 농민, 사무원이 주축이며, 통일전선의 차원에서 계급적 포용성을 보여 주기 위해 유산계층 출신 인사들을 포함시키고, 우파를 비롯한 광범위한 세력이 참가했음을 시위하고자 한 의도에 부합했다.

대의원의 일제 시기 항일 및 '반미' 투쟁 경력은 공산 측이 강조하고자 한 핵심 사항이었다. 248명의 대의원은 민족해방투쟁에 참여로 체포와 투옥 경력이 있고, 287명은 손에 무기를 들고 일제와 싸우거나 지하활동에 참여하였다고 강조하였다. 또한 158명은 조선 분단 정책과 남조선 식민지 노예화에 반대한 투쟁에서 억압과 박해를 당했는데, 이 가운데 147명은 미군 법정에서 형을 선고받았다고 하였다.[203] 조선최고인민회의가 '조선의 진정한 인민적 입법권력 기관'이라는 표현에 정당성을 부여하기 위해 필요한 요소들이었다.

9월 6일 최고인민회의 제3일 회의에서 김두봉은 헌법위원회 위원장으로서 '조선민주주의인민공화국 헌법에 관하여'라는 제하의 연설을 하였다. 그는 1947년 11월 헌법제정을 추진한 근본 이유로서 ①북조선민주개혁의 법적인 견고화, ②통일적 민주주의조선 국가의 수립 촉진, ③기본법을 제정하여 전체 조선인민을 무장시키고 이 원칙을 전 영토에 실시 등을 들었다.[204]

헌법위원회는 조선헌법안의 기초로 북조선인민회의가 작성한 헌법 전문을 채택할 것을 제의하였고, 이는 최고인민회의에 의해 만장일치로 채택되었다. 회의에서는 헌법안 가운데 조선최고인민회의 상임위원회 위원 수의 확대(17명으로), 최고인민회의 개회 요건(대의원 과반수 출석), 내각 성원(수상, 부수상, 상)의 선서문, 내각 또는 상에 대한 대의원의 질의권, 헌법 수정 절차(대의원 총수 2/3의 찬성) 등에 대한 수정과 보충이 이루어졌다.[205] 9월 8일 최고인민회의 제1차회의(제5일)은 헌법안을 통과시켰다. 1947년 11월 북조선인민회의 제3차회

---

202) "最高人民會議第一次會議 第二日." 『조선신문』 1948년 9월 5일.
203) "조선최고인민회의 회의 개막." Правда, 4.Ⅸ.1948.
204) 金枓奉 "朝鮮民主主義人民共和國憲法에 關하여." 『조선신문』 1948년 9월 7일.
205) 위의 신문.

의에서 헌법 제정이 제기된 이후 초안 작성과 토의·수정을 거쳐 1948년 7월 먼저 북조선에서 실시된 헌법이 일부 수정 후 공표된 것이다.

헌법 통과 후 김두봉을 위원장으로 하고 홍남표와 홍기주를 각각 부위원장으로 한 21인으로 구성된 최고인민회의 상임위원회가 결성되었다. 이들은 조선인민의 '가장 우수한 대표'임이 강조되었다.[206] 최고인민회의는 북인위의 정권과 권한을 최고인민회의에 위양 접수하는 결정서를 채택하였고, 내각수상으로 김일성을 선출하였다.

9월 9일 조선최고인민회의는 내각수상 김일성의 위임에 따라 조직된 정부 구성을 역시 만장일치로 승인하였다. 김일성을 수반으로 한 내각이 결성됨으로써 북한 정부가 공식적으로 수립되었다. 김일성은 임시인위 위원장 취임 이래 각종 개혁의 진두지휘하면서 정치적·대중적 권위를 축적하였고, 이를 기반으로 남로당 지도자 박헌영을 제치고 북한 정부의 수반에 오르게 되었다.

〈표 6-13〉 김일성의 정치적 입지 변화

연월일	사건	개요
1945년 9월 19일	김일성의 귀국	소련 함선 푸가쵸프호를 타고 빨치산 출신 대원 60여 명과 함께 원산항 입항
10월 1일	조선공산당 북부분국 창설 결정	북측 공산주의자들의 독자적 활동에 대한 필요성에 따른 것이나 오기섭, 정달헌 등 국내계 일부가 반대
10월 13일	서북5도당 책임자 및 열성자 대회	조선공산당 북부분국 설치 결정. '서울 중앙'에 직속된 형태로서 분국 책임자는 김용범이 나섰으나 실질적인 지도는 김일성이 수행
11월	행정10국 설치	'임시민간자치위원회'를 대신한 기구. 조만식의 위원장직 취임 거부로 불완전한 행정기구로 기능. 김일성은 참여하지 않음
12월 17~18일	분국 제3차 확대집행위원회 개최	북조선 공산당 지도자로 김일성의 공식 등장. '서울 중앙'으로부터의 독립성 강화 계기
12월 27일	모스크바 삼상회의 결정 발표	결정 직후 반탁 입장을 견지한 조만식의 탈락과 북한 내 김일성의 대표성 부각
1946년 2월 8일	북조선 임시인민위원회 결성	김일성, 북한 행정 권력기관의 최고지도자로 등장
3월 5일	미소공동위원회 개최(서울)	소련, 여운형을 수상으로, 김일성을 국방상으로 한 조선(한국)임시정부 내각구성안을 마련

206) "조선인민의 력사의 새단계." 『조선신문』 1948년 9월 11일.

8월 28일	북조선로동당 창립대회 개최	조선 혁명의 '총참모부'로 규정, 북로당 지도자로 김일성의 등극
1947년 2월 22일	북조선인민위원회 발족	북한 권력기관의 '임시적' 성격이 빠지고, 정권기관에 '적법성'을 부여
1948년 1월	남·북노동당 지도부 설치 구상	슈티코프, 박헌영을 수위로 한 남·북노동당 중앙위원회를 평양에 설치할 것을 스탈린에 제의
1948년 8월	남북 조선로동당 연합중앙위원회 설치	김일성, 위원장으로 선출되어 박헌영과의 경쟁에서 최고지도자로 등장

북한 정부 수립 결정 이후 당·정의 주요 정책은 김일성과 박헌영의 주도하에 입안되었다. 입안된 정책은 이전과 마찬가지로 슈티코프와 레베데프 등 소련군 지도부와 긴밀한 협의를 거쳐 확정되는 수순을 밟았다. 북한 내각 인선은 다양한 세력의 안배를 고려해야 했기에 다소 복잡했다.[207] 이 과정에서 모스크바 지도부가 내놓은 권고안은 북한 정부 조각에서 남한 출신 각료 수를 늘일 것을 제기하였다.[208] 그러나 앞서 헌법안 작성 과정에서처럼 소련 지도부의 권고는 크게 반영된 것 같지 않았다. 김일성과 박헌영이 공동으로 제기한 내각 구성 초안이 일부 변동되었지만 남한 출신의 수적 구성은 달리 확대되지는 않았기 때문이다.

내각의 구성은 정치적 세력관계에 따른 배분을 우선하였다. 각 성(省)의 책임자는 전문성을 고려한 측면도 있지만 그보다는 각 당파와 세력 간의 타협의 산물임은 부인할 수는 없다. 구체적으로 북한 내각은 북로당과 남로당을 중심으로 하여 남북의 비공산계 정당의 지분을 보장하였다. 부수상은 박헌영과 민주독립당 당수 홍명희, 북로당의 김책 등 3인이 선출되었다. 하지만 내각의 인선을 둘러싸고 남·북 노동당 각 계파는 치열한 경쟁을 거쳤고 일부 갈등마저 유발했던 것으로 알려졌다.[209] 앞서 8월 3일 김일성과 만난 슈티코프는 내각 인선 문제에 대해 자신의 견해를 표명하지 않았는데,[210] 그만큼 소련 측도 인선

207) 〈슈티코프 일기〉 1948.8.27., 1948.8.30.; 〈레베데프 일기〉 1948.8.8., 8.30.

208) 〈슈티코프 일기〉 1948.9.9.

209) 중앙일보 특별취재반, 『비록 조선민주주의 인민공화국』 하, 중앙일보사, 1993, 391~401쪽; 김광운, 앞의 책, 674쪽.

문제에 개입하기가 쉽지 않았다.

북한 초대 내각 구성은 다음 〈표 6-14〉에서 확인할 수 있다.

〈표 6-14〉 북한 내각의 조직 구성

직책	성명	활동지역	소속	정치성향211)	주요 경력
수상	김일성*	북	북로당	좌	동북항일연군 제2방면군장, 조선공산당 북부분국 책임비서, 북인위(임시인위) 위원장, 북로당 부위원장
부수상	박헌영	남	남로당	좌	경성콤그룹 지도, 조선공산당 당수, 남로당 부위원장
부수상	홍명희	남	민주독립당	중우	작가, 민주독립당 당수, 조선문학가동맹 위원장
부수상	김책*	북	북로당	좌	동북항일연군 제3군 정치부 주임, 평양학원 원장, 북인위 부위원장
국가계획위원장	정준택*	북	북로당	좌	광산회사 근무(조선, 만주), 행정10국 산업국장, 광산지배인, 북인위 기획국장
민족보위상	최용건*	북	민주당	좌	항일연군 제2로군 참모장, 민주당 위원장, 임시인위 보안국장
국가검열상	김원봉	남	인민공화당	중좌	조선민족혁명당 당수, 남민전(공동)의장, 민족혁명당(인민공화당) 당수
내무상	박일우*	북	북로당	좌	조선혁명군정학교 부교장, 분국(북로당) 간부부장, 임시인위 보안국장, 북인위 내무국장, 북로당 정치위원
외무상(겸임)	박헌영	남	-	-	-
산업상(겸임)	김책	북	-	-	-
농림상	박문규	남	남로당	좌	경제전문가, 건준 기획부장, 인공 중앙위원, 남민전 선전부장, 남로당 중앙위원
상업상	장시우*	북	북로당	좌	항일혁명가, 북조선 소비조합위원장, 임시인위(북인위) 상업국장
교통상	주영하	북	북로당	좌	원산시 인민위원회 위원장, 북로당 정치위원, 북로당 부위원장
재정상	최창익*	북	북로당	좌	임시인위 농림국 부국장, 신민당 부위원장. 북인위 인민검열국장. 북로당 정치위원
교육상	백남운	남	근로인민당	중좌	경제학자, 남조선신민당위원장, 근로인민당(부)위원장

210) 〈슈티코프 일기〉 1948.8.3.

체신상	**김정주***	북	천도교청우당	중	천도교청년당 중앙위원(일제 시기), 영변군 인민위원회 위원장, 청우당 부위원장, 북인위 총무부장
사법상	이승엽	남	남로당	좌	경성콤그룹 가담, 조공 중앙위원 겸 정치국원
문화선전상	**허정숙***	북	북로당	좌	팔로군 선동원, 북로당 간부부장, 북인위 선전부장
로동상	허성택	남	남로당	좌	청진 농민동맹 가담, 전평 의장, 남민전 부의장, 남로당 중앙위원
보건상	이병남	남	남민전	중	경성대학의학부 교수, 남민전중앙위원
도시경영상	이용	남	신진당	중	항일활동 후 농업 종사(1932~1945), 남민전 중앙 위원, 신진당 위원장
무임소상	이극로	남	건민회	중우	조선어학회 간사장, 민족자주연맹 정치위원, 건민회 위원장
최고재판소장	김익선*	북	북로당	좌	북로당 군당 부위원장, 평남 재판소장
최고검사총장	장해우*	북	북로당	좌	함남 검찰소장, 북조선검찰소장

※ ' * ' 표시는 북인위 출신임.
〈출처〉〈북조선 정치활동가에 대한 평정〉 ЦАМО, ф. 142, оп. 540936, д. 1, л. 1-51.

위 표에 나타난 내각의 상(相)급 이상은 모두 20명이다. 출신 지역을 놓고 보면, 남과 북이 각각 10명씩인데, 이는 남·북 노동당 양측이 남과 북의 세력 균형을 위해 합의한 것이다.[212] 그러나 당 소속으로 분류해 보면, 북로당이 8명, 남로당이 4명을 차지하였다. 김일성이 이끈 북로당이 박헌영의 남로당보다 정치적 주도권에서 우위에 있었음을 확인할 수 있다. 당파별 분류에 따르면, 공산계(남·북 노동당)가 12명으로 다수를 점했다. 나머지 8명은 비공산계 소속이었는데, 이 가운데 남쪽 출신이 5명이었다. 북로당이 거의 독점적 지위를 차지했던 북인위와는 달리 비공산계 출신들의 약진이 두드러졌음을 확인할 수 있다. 이와 같은 배치는 당시 이론적으로 제시된 '인민민주주의혁명' 단계에 부응한 것이기도 하지만 실질적으로는 북한 정부에 '통일적 중앙정부'의 위상을 부여하고자 함이었다.

211) 정치 성향은 김일성, 박헌영처럼 분명한 경우를 제외하면 소속만으로 판단하기 어려운 경우도 존재한다. 이런 경우 과거 경력, 소속 정당, 활동 내역 등을 종합하여 판정하였다.
212) "주 북한 소련 대사관 1등서기관 V. A. 바슈케비치와 조선로동당 중앙위원회 서기 박창옥의 대담록(1953.4.4.)." АВПР, ф. 0102, оп. 9, п. 44, д. 9, л. 12.

공산 측은 좌파가 주도한 통일전선 형태를 정부의 기본 구성 틀로 정한 이상 자신의 정책에 전적으로 동조하는 세력만으로 정부를 조직하기는 불가능하였다. 하지만 북한 정부는 스스로를 전국적 대표성을 갖는 중앙정부로 표명하고자 하였기에 그러한 '이질성'을 감내할 수밖에 없었다. 내각 구성은 남과 북 출신의 세력 균형을 반영하였으나 상황은 이미 북한 지역에 확고히 뿌리를 내린 북로당에 유리하게 전개될 수밖에 없었다.

일제 시기 소련과의 직접적인 연계를 살펴보면, 소련군 88보병여단 소속이었던 김일성, 김책, 최용건과 소련에서 수학한 박헌영(레닌당학교), 허성택(동방노력자공산대학), 장시우(소련당학교/블라디보스토크) 등 모두 6명이다. 수많은 공산주의자들이 소련 체류 경력을 가진 것에 비하면 그것이 각료 임명에 그다지 영향을 주지 못했음을 알 수 있다.

주목해야 할 점은 북 출신 내각 성원은 교통상 주영하를 제외하고 북인위 출신들로 재기용된 사실이다. 이것은 북인위가 실질적인 정부의 기능을 수행해온 점에서 업무의 연속성을 담보하는 것이었다. 남로당 소속을 제외한 비공산계 남쪽 출신들의 등용은 '통일정부'의 위상을 부여하는 데 주요한 역할을 하였다. 이들은 이념상 공산주의자는 아니었으나 과거 투쟁경력이나 로동당의 통일전선 정책에 협조한 것이 계기가 되어 내각에 들어갈 수 있었다.

이를테면, 부수상에 임명된 민주독립당 당수 홍명희는 1948년 4월 남북제정당사회단체연석회의 이후 공산 측의 체류 설득과 북한 내 활동 필요에 대한 스스로의 판단에 따라 북에 남았다.[213] 그는 특히 중도 우익정당과 사회단체들을 북쪽으로 끌어오는 데 중요한 역할을 하였다. 보건상 이병남은 해방 후 남조선민주주의민족전선 서울시위원회 위원장으로 있으면서 여러 차례 투옥 경험을 가진 의사 출신인사였다.[214] 도시경영상에 임명된 신진당 당수 이용(李鏞)은 중

---

[213] 홍명희의 북한 내 잔류 이유에 대해서는 강영주, 『벽초 홍명희 연구』, 창작과 비평사, 1999, 556~567쪽 참조.

[214] "조선민주주의인민공화국 보건상 이병남에 대한 평정." ЦАМО, ф. 142, оп. 540936, д. 1, л. 35-36.

국에서 무장투쟁에 참가하였고, 그의 당은 중도적이나, 원칙적 문제에 대해 노
동당의 정치노선을 지지하였다.[215]

　이렇듯 북한의 내각은 남·북 노동당의 주도하에 통일전선 세력이 연합하여
성립되었다. 남·북 노동당의 지배적 위상이 확립된 가운데 여기에 동조적인
분파들이 합세한 것이었다. 그러나 정치적 세력관계에 의한 권력배분은 모든
지도 성원들의 '단일성'을 보장해 주진 않았다. 다시 말해서 이들 중 일부는 공
산 측의 확실한 신뢰를 받지 못한 경우도 있었다. 그 실례로 로동당 지도부의
견해를 반영한 소련 민정국의 인물 평정에 나타난 각료 2인을 살펴보자.

김정주(체신상):

　북조선의 민주제도에 대해 긍정적인 태도를 보이고 있으나, 정권기관의 책임
적 지위에 노동당원들이 우위를 점하고 있는 사실에 불만을 표시하고 있다. 자기
당이 집권당이 되는 것을 지향하고 있다. 당내 우익진영이 강화되거나 혹은 계급
투쟁의 정세가 변화될 때에는 당내 우익적 경향 쪽으로 동요할 수도 있다.[216]

이극로(무임소상):

　이극로는 민족주의적 성향이 지배적이며, 그는 조선에서 민족주의자로서 유
명하다. 정치적 태도에서는 확고하지 못하며, 정세가 변화될 때에는 우익 쪽에
가담할 수도 있을 것이다. 현재에는 좌익진영에 가담하고 있으며, 그 노선을 지
지하고 있다.[217]

　이 두 사람은 다른 내각 성원들과 마찬가지로 소련의 정책을 옹호하고 미국
에 반대하는 입장에 서 있지만 장차 정치적으로 동요할 가능성도 있으므로 각
별한 주의가 요구된다는 것이다. 비록 정치적으로 이러한 평가를 받은 인물이

215) "조선민주주의인민공화국 도시경영상 이용에 대한 평정." ЦАМО, ф. 142, оп. 540936, д.
　　1, л. 37-38.
216) "조선민주주의인민공화국 체신상 김정주에 대한 평정." ЦАМО, ф. 142, оп. 540936, д.
　　1, л. 40-41.
217) "조선민주주의인민공화국 무임소상 이극로에 대한 평정." ЦАМО, ф. 142, оп. 540936, д.
　　1, л. 46.

이 두 명에 불과하지만 내각 구성에서의 세력별 안배가 빚어낸 불가피한 상황에서 나온 것이라 할 수 있다.

내각과 별도로 사법기관으로 김익선이 이끄는 15인으로 구성된 최고재판소와 장해우가 최고검사총장으로 임명된 최고검찰소가 각각 구성되었다. 김익선과 장해우 모두 북로당 소속이었다.

주권기관인 최고인민회의 상임위원회 역시 내각 구성과 마찬가지로 지역별, 정당별 안배를 맞추는 인선이 이루어졌다. 대다수의 위원들은 남·북 노동당을 중심으로 한 인접한 정당 출신들이며, 일제 시기 투쟁 경력자들이 주류를 이루었다. 구체적으로 21명의 구성원 가운데 남과 북의 출신 비율은 12 : 9로서 남쪽이 우위를 보였는데, 이는 남쪽의 우세한 최고인민회의 대의원 수의 비율을 반영한 것이다. 남·북 노동당이 모두 9명으로 다수를 차지하였고, 나머지 12명은 각 정당·사회단체 가운데 대표적 인사들로 구성하였다.

하지만 이들 개별 인사들 가운데 상당수는 소련 측의 평가에서 의혹의 눈길을 피할 수 없었다. 최고인민회의 상임위원회 위원장 김두봉은 이전부터 공산 측의 노선에 완전히 밀착되지 않은 틈새를 여러 군데에서 보여준 바 있다. 그는 다양한 정치가들과의 친분 때문에 '격렬하고 험난한 투쟁시기에 우익 측으로 동요할 가능성도 배제할 수 없다'는 소련 측의 평가를 받았다.[218] 그는 단순한 북한 지도부의 일원이 아니라 북한 최고 권력기관인 북로당의 위원장이었다. 비록 그의 사상이 공산주의라기보다는 좌파 민족주의에 가까웠고 북로당의 실질적인 지도자가 김일성이었다 하더라도 그의 위상을 폄하하는 그러한 평가는 의외였다. 이것은 북로당 지도부가 완전한 동질성을 유지할 만큼 마르크스-레닌주의자들의 결합체가 되지 못했음을 보여 주는 것이다.

---

218) "조선민주주의인민공화국 최고인민회의 상임위원장 김두봉에 대한 평정." ЦАМО, ф. 142, оп. 540936, д. 1, л. 52-54.

〈표 6-15〉 최고인민회의 상임위원회 간부 구성

직책	성명	지역	소속	정치 성향[219]	주요 경력
상임위원회 위원장	김두봉	북	북로당	좌	한글학자, 조선독립동맹 주석, 신민당 당수, 북로당 위원장, 북조선인민회의 상임위원장
상임위원회 부위원장	홍기주	북	조선민주당	중좌	목사, 평남인민위원회 위원장, 민주당중 앙위원회 부위원장, 북인위 부위원장
상임위원회 부위원장	홍남표	남	남로당	좌	조선공산당 중앙위원, 남민전 부의장,
상임위원회 서기장	강양욱	북	조선민주당	중좌	목사, 임시인위 서기장, 북조선인민회 의 상임위원회 서기장
상임위원	이기영	북	조소문화 협회	중좌	작가, 강원도 인민위원회 교육부장, 임 시인위 위원, 조소문화협회 위원장
상임위원	박정애	북	북로당	좌	조공 북부분국 부인(婦人)부장, 북조 선민주여성동맹 위원장, 임시인위 위 원, 북로당 부녀부장
상임위원	나승규	남	민중동맹	중좌	민중동맹 조직부장·총무부장
상임위원	유영준	남	남로당	좌	남조선민주여성동맹위원장, 남로당 중 앙위원
상임위원	조운	남	조선문학가동맹	중좌	시인, 영광군인민위원회 위원장, 조선 문학가동맹 중앙위원
상임위원	강순	남	근로대중당	중우	근로대중당 위원장, 남조선과도정부 입법위원
상임위원	성주식	남	인민공화당	중좌	조선의용대, 대한민국임시정부 국무위 원, 남민전 보선의장(補選議長), 반일 운동자원호회 위원장, 인민공화당 부 위원장,
상임위원	김병제	남	남조선청우당	우	국민총력천도교연맹 이사, 남조선청우 당 당수
상임위원	이능종	남	민주독립당	중좌	남로당 프락치 활동, 민주독립당 중앙 위원
상임위원	장순명	북	북로당	좌	북로당 함북도 위원장, 북로당 검열위 원회 부위원장
상임위원	구재수	남	남로당	좌	조선민족혁명당원, 남조선신민당 간부, 남로당 정치위원
상임위원	이구훈	남	남로당	좌	조선농민총동맹 위원장
상임위원	장권	남	사회민주당	중좌	인민당 중앙위원, 남민전 중앙위원, 민 족자주연맹 상임위원, 사회민주당 부 위원장
상임위원	김창준	남	기독교민주연맹	중좌	목사, 기독교민주연맹 위원장, 남민전 부위원장,
상임위원	박윤길	북	천도교청우당	우	천도교청우당 부위원장
상임위원	최경덕	북	북로당	좌	북조선노동총동맹 위원장
상임위원	강진건	북	북로당	좌	북조선 농민동맹 위원장

〈출처〉〈북조선 정치활동가에 대한 평정〉 ЦАМО, ф. 142, оп. 540936, д. 1, л. 52-79.

〈그림 6-1〉 북한 국가 기구도

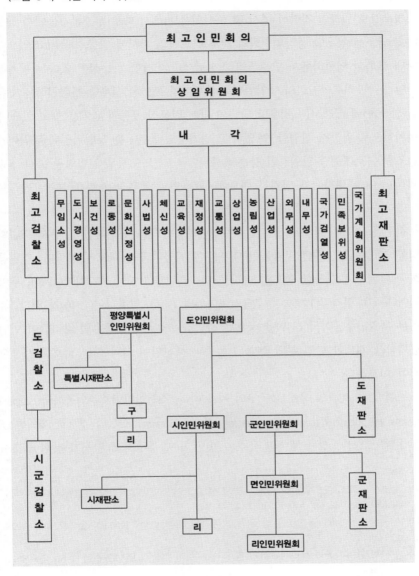

219) 정치 성향은 김일성, 박헌영처럼 분명한 경우를 제외하면 소속만으로 판단하기 어려운 경우도 존재한다. 이런 경우 과거 경력, 소속 정당, 활동 내역 등을 종합하여 판정하였다.

제6장 정부 수립의 여정 523

해방 직후부터 공산당과 연대 활동을 해온 최고인민회의 부위원장이자 천도교청우장 위원장인 김달현 역시 당 노선의 실천에서 때로 우경분자들에게 양보하고 남조선 청우당 중앙위원회와 천도교 교단의 지시에 귀를 기울이고 있으며 당내 우파의 영향하에서 민주주의 건설로부터 이탈할 가능성이 있다는 평가를 받았다.[220] 최고인민회의 상임위원회 위원이자 북조선 청우당 부위원장은 박윤길(朴允吉)에 대해서는 '청우당 당내의 과거 반동적 운동과 관계를 맺고 있으며, 정치적으로 완전히 신임할 수 없다'고 평가하였다.[221] 동 상임위원회 위원이자 남조선 근로대중당 위원장인 강순(姜舜)은 남조선과도정부 입법의원 출신 전력에 비추어 폐쇄적이고 정치적 면모에 대해 면밀한 관찰이 필요하다는 지적을 받았다.[222]

북한은 자신의 국호로 '조선민주주의인민공화국'을 선택하였다. 당시 소련의 영향하에 있던 동유럽 국가들이 대부분 '인민공화국'을 국호에 붙였다. 인민공화국을 국호로 사용한 동유럽 나라들로는 폴란드(1952), 불가리아(1946), 루마니아(1947), 헝가리(1949), 유고슬라비아연방(1946), 알바니아(1946)가 있다. 동독은 독일민주공화국(1949)을 국호로 하였다. 거의 모든 동유럽 나라들이 인민공화국을 채택한 반면 분단국이 된 동독과 북한만이 그와 다른 국호를 사용한 점이 이채롭다.

소련 측은 북한의 국호를 동구의 예를 따라 '조선인민민주주의공화국(Корейская Народно-Демократическая Респубрика)'으로 할 것으로 제의한 것 같다.[223] 그러나 정작 채택된 국호는 '인민'과 '민주주의'의 순서가 바뀌어 조선

220) "북조선 청우당 중앙위원회 위원장 겸 조선 최고인민회의 부위원장 김달현에 대한 평정." ЦАМО, ф. 142, оп. 540936, д. 1, л. 80-82.

221) "조선최고인민회의 상임위원회 위원 박윤길에 대한 평정." ЦАМО, ф. 142, оп. 540936, д. 1, л. 77.

222) "조선 최고인민회의 상임위원회 위원 강순에 대한 평정." ЦАМО, ф. 142, оп. 540936, д. 1, л. 68.

223) 김국후, 『비록 평양의 소련군정』, 서울: 한울: 2008, 236쪽. 북한의 국호는 철자법상 러시아어로 '민주주의인민공화국'이 아니라 '인민민주주의공화국(Корейская Народно-Демократическая Республика)'으로 표기된다. 따라서 국호는 전적으로 소련이 아닌

민주주의인민공화국으로 결정되었다. 북한 지도부가 국호의 선택에서 자신의 의견을 관철시킴으로써 독자성을 유지하려한 것으로 볼 수 있다. 물론 1946년 하반기부터 '민주주의인민공화국'이란 명칭을 쓰기 시작한 것으로 볼 때[224) 국호는 새롭게 결정된 것은 아니었고, 익숙한 명칭을 그대로 수용한 것을 알 수 있다.

9월 10일 김일성은 '조선민주주의인민공화국 정부의 정강'을 발표하였다. 김일성 측이 작성하고 슈티코프 측이 검토·수정한 이 정강은 '통일된 민주주의 자주독립국가를 급속히 건설하기 위하여 전력을 다할 것이며, 국토의 완정과 민족의 통일을 보장하는 가장 절박한 조건으로 되는 양군 동시철거에 대한 소련 정부의 제의를 실천하기 위하여 전력을 다할 것'을 선언하였다.[225) 같은 날 최고인민회의는 미·소 정부에 보내는 요청서에서 미·소 양군의 동시 철거를, 특히 미국에 대해 '소련군이 조선에서 철거함과 동시에 자기군대를 조선에서 즉시 철거할 데 동의할 것을' 요구하였다.[226)

김일성은 자신의 정부에 대하여 '통일적 조선중앙정부'임을 강조하였다.[227) 이 명칭은 남한과 통일이 되더라도 북한 정부가 전국적인 대표성을 갖는다는 점을 분명히 한 것을 볼 수 있다. 말하자면, '전국적인 선거'를 통해 수립된 정부이기 때문에 통일 문제는 남쪽을 '흡수'함으로써 해결될 수 있는 것이었다. 그런데 동일한 시기에 소련은 북한 정부를 '통일적 정부'로 불렀지만 여기

조선 측에서 제기한 것임을 알 수 있다. 북한 측 주장에 따르면, 북한 국호는 김일성이 '인민'이나 '민주주의'를 빼자는 주장을 물리치고 채택한 것으로 나와 있다. "국호에 깃든 사연." 『조선중앙통신』 2008년 9월 8일.

224) 1946년 9월 9일 북로당 평남당단체열성자회의가 김일성에게 보낸 편지의 말미에는 '민주주의 인민공화국 수립만세!'라는 구호가 쓰여 있다. 『로동신문』 1946년 9월 12일. 또한 1947년 11월 초 북인위 선전부는 『조선민주주의인민공화국 수립의 길』이라는 국호를 단 김일성 연설문집을 발행하기도 했다. 金日成, 『朝鮮民主主義人民共和國 樹立의 길』, 北朝鮮人民委員會 宣傳部, 1947.

225) "조선민주주의인민공화국 정부의 정강." 『근로자』 9호, 1948, 권두면.

226) "쏘련 정부와 북미합중국 정부에 보내는 조선최고인민회의 요청서." 『조선신문』 1948년 9월 12일.

227) 이를테면, 정부 수립 당시 김일성은 매 연설마다 이 표현을 여러 차례 사용하였다.

에 주된 강조점을 두지는 않았다. 소련 지도부 내부 문건에서나 공식적인 대중매체에는 이 표현이 거의 쓰이지 않아 북·소 간의 미세한 입장 차이를 드러냈다.

9월 13일자 『프라우다』는 북한 정부 수립과 관련하여 '조선인민의 삶에서 중요한 역사적 사건'이라는 장문의 해설기사를 게재하였는데, 이 글은 최고인민회의 구성과 남북조선에서의 선거 과정을 재차 소개하면서 최고인민회의의 선거와 헌법 확정, 인민민주주의 정부의 조직을 조선 인민의 통일의 도정에서 중요한 사건으로 간주하였다.[228] 즉, 북한 정부는 '통일 정부'라기보다는 통일의 주도체로 인식한 것이다. 또한 김일성이 이끄는 정부는 전 조선인민의 광범한 근로대중의 애정과 지지에 의거하고 있다는 말로 그의 리더십에 전폭적인 지지를 보냈지만 '중앙정부'라는 표현은 등장하지 않았다. 소련이 한반도 문제의 직접 당사자인 북한보다는 아무래도 제3자의 입장에서 보다 현실적인 태도를 취한 것으로 볼 수 있다.

소련군 철수와 북·소관계

북한 정부 수립 후에도 북한 국내외 정책에 대한 소련의 개입과 역할은 지속되었다. 물론 개입의 방식과 정도는 정부 수립 이전과는 달라질 수밖에 없었지만 그 영향력에는 변함이 없었다. 특히 대외관계에서 북한이 가장 당면한 과제는 북·소 간 국교 수립이었다. 북·소 수교는 새삼스러울 것이 없으나 국가 대 국가의 관계 수립은 해방 후 3년간 북·소관계의 결정체로서 의미를 부여할 수 있었다. 북한 정부가 수립된 지 1달 후인 1948년 10월 7일 소련공산당 정치국은 다음과 같은 소련 외무성의 제의를 승인하였다.

---

[228] Правда, 13.IX.1948. 같은 기사는 '소비에트 인민과 사회는 조선인민민주주의 정부의 창설을 전 조선인민의 통일을 향한 도정에서 중요한 조치로서 환영한다'는 재차 통일을 향한 목표 제시로 끝맺고 있다.

1. 소련 정부에 외교관계 수립을 제의하도록 조선 정부에 제안할 것.(중략)
2. 유엔총회에서 조선 문제의 논의에 조선민주주의인민공화국 대표자들의 참석 기회를 허용하도록 트루그베 리에 요청하는 것을 조선 정부에 제의할 것.(중략)
3. 조선 외무상이 조선민주주의인민공화국과의 정상관계를 지지하고자 하는 다른 나라들과 외교 및 경제관계를 수립하려는 조선 정부의 희망에 관한 성명을 발표하도록 조선인들에게 권고할 것.
4. (알바니아를 제외한) 인민민주주의나라들 및 몽골인민공화국과 외교관계를 수립하도록 제의할 것을 조선인들에게 권고할 것.
5. 주조선 소련대사로 슈티코프 동지를 임명할 것. 소련 대사관에서 슈티코프 동지의 고문으로 툰킨 동지를 임명할 것.[229]

위 정치국 결정은 사전에 북한 측과 합의한 내용이었기에, 이튿날 곧바로 김일성은 스탈린에게 북·소 간 수교를 공식 제의하는 서한을 발송하였다.[230] 북·소 수교 이외에 위 결정은 적지 않은 의미를 가지고 있다. 남북 정부 수립 이전에 소련은 공산 측에 불리한 조건이었던 유엔의 개입을 통한 한반도 문제 해결을 결사적으로 막고자 하였다. 하지만 그러한 전략이 실패로 확인된 이상 한반도 문제에서 유엔은 더 이상 배타적인 장소가 될 수만은 없었다. 소련으로서는 미·소 간 교섭의 기회와 장이 사라진 마당에 이제 유엔을 한반도 문제 논의의 유일한 장으로 인정하는 길로 들어섰다. 또한 소련은 북한의 국가적 위상을 보장하기 위한 방편으로 동유럽 및 몽골과의 외교관계 수립을 적극 주선하였다. 아직 사회주의 진영이 등장하기 전이었기에 북한을 지지할 외부적 기반은 미약한 상황이었다. 이들 '동맹국가' 사이의 연대와 협력을 강화함으로써 궁극적으로 소련의 입지를 강화시키는 효과도 분명했다.

소련공산당 정치국은 슈티코프에게 대사직을 맡겼다. 외무상 몰로토프의 권유에 그는 건강상의 이유로 이 직을 고사했지만 다른 대안은 존재하지 않았

229) "소련 외무성의 문제(1948.10.7), 1948년 7월 30일~10월 25일 정치국 결정, 의사록 No. 65." РГАСПИ, ф. 17, оп. 162, д. 39, л. 106-107.
230) 『근로자』 제10호(20), 1948, 권두면.

다.[231] 말할 것도 없이 그는 북한과 한반도에서 소련의 국익을 가장 잘 이해하고 보장할 적임자였다. 더욱이 김일성과 박헌영 등 북한 최고 지도부는 자신이 가장 잘 아는 상대였다. 소련은 그를 주북 소련대사직과 더불어 소련 무력성 간부직(군사고문직)을 겸임하도록 결정하였다.[232] 북한의 군사 문제까지도 그가 관여할 것을 결정한 것이다.

공산 측은 한반도에서 미·소 양군 동시 철수를 통해 한반도 문제의 해결을 도모하였으나 이것이 실현되지 않은 이상 소련군의 주둔에 변화를 가져와야 했다. 사실 소련군이 한반도 내 장기 주둔을 계획한 증거는 발견하기 어렵다. 오히려 1945년 말에 이미 소련 지도부는 자국군대의 철수를 염두에 두는 문건을 작성하기도 하였다.[233] 소련이 1947년 9월 이래로 미·소 양군 동시철수를 내세운 것은 무엇보다도 자국 군대의 북한 내 장기 주둔의 의사가 없었기 때문이라고 할 수 있다. 양군 철수 주장은 소련의 정치적, 명분적 우위 확보와 더불어 한반도 내 세력관계로 볼 때 소련에 '우호적인' 정부 수립에 현실적으로 다가갈 수 있는 방안이었다.

소련으로서는 한 가지 제의로 몇 가지 이득을 동시에 챙길 수 있는 치밀한 수읽기였던 셈이다. 무엇보다도 자국 군대를 철수함으로써 자국이 조선인민의 자결권을 옹호하고 있다는 인상을 심어주고, 미국과의 관계에서 도덕적 우월성을 과시하는 등의 효과를 계산하였다. 다른 한편으로 미국에 양군 철수를 제의한 상황에서 선제적인 조치를 취할 필요가 있었다. 그러나 소련군 철수 결정을 내린 보다 근본적인 요인은 한반도의 전략적 가치가 막대한 주둔 비용을 들여

231) 〈슈티코프 일기〉 1948.10.2.

232) "슈티코프에 대하여(1948.11.12), 1948년 10월 31일~1949년 1월 11일 정치국 결정, 의사록 No. 66." РГАСПИ, ф. 17, оп. 3, д. 1073, л. 9.

233) 1945년 12월 25일 소련군 총정치국장 쉬킨의 보고에는 '현 시기에 우리는 조선에서 우리 군대를 철거할 경우 우리의 국가적 이익을 보장할 수 있는…'이라는 구절이 있다. "쉬킨이 로조프스키에게. 북조선 정치 상황에 대한 보고(1945.12.25.)." АВПР, ф. 013, оп. 7, п. 4, Д. 46, л. 12-13. 소련군의 장기 주둔 의사가 없었던 것은 자국 내 사정, 대미관계를 비롯한 한반도 주변의 국제관계, 한반도의 전략적 가치 등 다양한 요인에 대한 판단의 결과였을 것이다.

가면서까지 머무를 필요가 없다는 현실주의적 판단이었다. 소련과 인접한 동유럽과는 달리 극동의 한반도는 우선적 이해관계 대상 지역으로 간주되기는 어려웠다.

1948년 5월 초 제25군사령관 코로트코프 중장은 미·소 양국에 보내는 남북 연석회의의 호소문에 대한 소련 정부의 답변을 김두봉에게 전달하였다. 이 서한에서 소련은 나라를 통일하고 독립민주주의 국가를 수립하고자 하는 조선인민의 염원을 공감하면서 '예전과 같이 소련 정부는 조선에서 미국 군대가 동시에 철수하는 것과 더불어 즉각적인 군대 철거를 실행할 준비가 되어 있다'고 하였다.[234] 그는 자신의 참모부와 함께 소련으로 떠났고 메르쿠로프 소장이 남은 군대를 이끌게 되었다.

분단 정부 수립 직후 미·소 양군의 동시 철수 문제는 새로운 국면을 맞이하였다. 이미 미국 측이 이 제의를 거부한 이상 소련은 단독 철수 방침을 굳히고 있었다. 군대 철수 의지는 소련 측으로부터 나왔으나 형식적 주도권은 북한 측이 행사하였다. 9월 10일 북한 최고인민회의는 조선으로부터 미·소 양군의 동시 철거에 대한 요청을 담은 미·소 양국 정부에 대한 서한을 채택하였다. 9월 18일 소련최고회의 상임위원회는 이에 대해 1948년 12월 말까지 북조선에서 소련군 철거를 완료할 것을 소련 내각회의에 명령을 내렸고, 후자는 다음과 같이 결정하였다.

1. 북조선 영토에 남아 있는 소련 군대를 소련 영토로 철거할 것.
2. 소련무력성으로 하여금 북조선에서 소련 군대의 철거는 올해 10월 후반기 이전에 착수하여 1949년 1월 1일까지 완료하도록 할 것.[235]

소련군 철수 결정은 미국 측의 조치와 관계없이 취해진 일방적인 결정이었

---

234) "조선에서 외국군대의 철수에 대하여." Правда, 8. V. 1948.

235) "조선에서 소련군 철수에 관한 소련 외무성의 보도." Правда, 20. IX. 1948; "조선에서 군대 철거에 관한 조선최고인민회의 서한에 대한 소련최고회의 상임위원회의 답신." Правда, 21. IX. 1948.

다. 소련 최고회의 상임위원회는 실질적인 기대를 하지는 않았겠지만 미국 정부가 남조선에서 위의 기간 내에 미군 철수에 동의해 주리라는 기대를 표명하였다. 9월 20일 조선 최고인민회의 상임위원회 회의가 열려 소련 측의 군대 철수 결정을 논의하고 이에 대한 감사 서한을 채택하였다.[236]

소련군 철수와 함께 군무원들의 철수도 결정되었다. 1948년 9월 15일 현재 북한에는 소련 민정국 80명, 92개 경무사령부 성원 1,154명, 북조선적십자 소비에트병원 의사 186명, 조선어 편집부 39명, 라디오 편집부 5명 등 도합 1,464명의 군무원들이 각기 업무에 종사하였다.[237] 북한에서 필요로 한 일부 인원을 제외한 대다수는 군대와 더불어 철수하도록 하였다.

소련 군대의 북한 철수 결정은 소련의 대외관계에서 매우 비중 있는 사건이었다. 『프라우다』는 북한, 미국, 중국, 체코슬로바키아, 오스트리아 등에서 이 결정에 대한 반응을 상당한 지면을 할애하여 보도하였으며, '이 결정은 미 정부를 궁지에 몰아넣을 것이며, 미국은 미군의 즉각적인 남한 철수가 전국을 공산주의 지배로 이끌 수 있다는 데 두려워하고 있다'고 미국 측 속내를 들여다보았다.[238]

10월 중순경부터 소련군의 본격적인 철수가 개시되었다. 북한 내 소련 군대 철수는 몇 차례로 나누어 진행되었고, 1948년 12월 말에 완료되었다. 비록 소련군의 단독 철수는 자국의 정치·군사적 이해와 판단에 따른 것이었지만 소련은 이를 통해 아직 남한으로부터 미군 철수를 주저하고 있던 미국을 비난하면서 자신의 정치·도덕적 우월성을 확인시키고자 하였고, 그것을 대내외에 선전하는 데 기세를 올렸다. 하지만 소련군의 철수는 한반도에 대한 전략적 가치가 동유럽에 비해 상대적으로 낮게 평가되었다는 것을 확인해 주었다.

---

[236] "슈티코프가 조린에게(1948.9.22.). 북조선으로부터의 정보." АВПР, ф. 102, оп. 8, п. 6, д. 5, л. 25.

[237] "1948년 9월 15일 현재 북조선 영토 내 다양한 조직에 속한 소련군 군무원 수에 관한 조회." ЦАМО, ф. 40, оп. 178427, д. 90, л. 137-138.

[238] "조선에서 군대 철거에 관한 소련 정부의 결정에 대한 반응." Правда, 24.IX.1948.

북한 지도부는 소련 측의 일방적인 철군 결정에 김일성이 스탈린에 감사의 서한을 보내는 등 표면적으로 화답하였지만[239] 남쪽에 미군이 주둔한 상황에서 내적인 불안감을 가질 수밖에 없었다. 슈티코프에 따르면, 소련 정부의 철군 결정은 김일성과 박헌영에게는 예기치 않은 일이었으며, 애초 그들은 미군이 남한에서 철수할 경우에만 소련군도 철수하리라 확신했다.[240]

뿐만 아니라 소련군의 일방적인 철군 결정은 사회적으로 미군의 대북 침공이 있을지 모른다는 불안을 불러일으켰다. 이때 김일성 지도부는 소련군 철수 후의 군사적 난관을 메우기 위해 북·소 간의 친선 및 상호원조조약과 경제·문화 교류협정 체결, 소련의 차관 제공 등을 기대하였다. 특히 북·소 친선 및 상호원조조약은 체약 일방이 무력침공을 당하거나 전쟁상태에 놓이게 되면 체약 상대국이 모든 힘을 다하여 지체 없이 군사 및 원조를 제공한다는 군사동맹조약의 성격인 것이다. 그러나 소련은 동유럽 국가들과는 달리 북한과의 조약 체결을 거부하였다. 표면적으로 미국 측의 가능한 반발을 예상한 것도 있었지만 보다 기본적인 것은 동구와 북한 간의 전략적 비중의 차이였다.

북한이 소련군 철수의 공백을 인민군의 급격한 증강으로 보완하고자 한 것은 당연한 수순이었다. 가령, 1948년 12월 9일 슈티코프는 스탈린에게 새로운 부대(1개 사단, 1개 보병여단, 1개 경비여단)들을 창설하고, 탱크연대와 항공연대에 완전 편제에 이르기까지 군수기재를 보충해 달라는 김일성의 요청을 전달하기도 하였다.[241]

1948년 12월에 개최된 북로당 제4차회의는 북조선 건설에서 소련이 기여한 역할에 대한 칭송으로 채워진 행사였다. 김두봉은 해방 후 3년간에 걸친 소련의 해방적 역할과 원조에 대해 분야별로 열거하면서 소련군의 철수는 '소련만이 우리 민족의 자주독립과 동등권을 존중'한다고 치켜 올렸으며, 아울러 미군의 철

239) 김일성의 감사 서한은 다음에 나와 있다. 『김일성선집』 제2권, 평양: 조선로동당출판사, 1954, 277~280쪽.

240) "슈티코프가 스탈린에게(1948.11.20.)." ЦАМО-А, ф. 19, оп. 560, д. 8, л. 128.

241) ЦАМО, "제2차세계대전 후 북조선에 대한 소련의 군사원조."(미발간 논문) c. 1.

퇴를 강경하게 요구하고 국토완정과 조국통일을 보장하기 위한 투쟁에 나설 것을 촉구하였다.[242) 동 회의 결정서는 북조선이 자주독립을 보장하는 민주기지로 되고 공화국의 튼튼한 터전이 된 것은 소련 군대의 원조 결과로 간주하면서 소련군만이 조선인민의 해방자이자 원조자라고 명명하였다.[243)

다만 북로당 제4차회의에서 김일성은 아무런 발표도 하지 않았다. 모든 당 회의에 그가 나서 연설을 하는 것은 관례로 되어 있지만 이때 김두봉이 그를 대신한 것이 흥미롭다. 대소 관계에서 자신의 독자성을 보여 주고자 하는 욕구의 일환은 아니었을까. 그렇기 때문에 소련군의 철수를 주의제로 다룬 당 회의에 굳이 최고지도자가 나설 필요성은 느끼지 않았을 것이다.

하지만 김일성은 소련과의 관계를 강화하고 각종 원조를 획득하기 위해 조속히 모스크바를 방문하고자 하였다. 1948년 12월 말 소련 정치국은 이듬해 2~3월로 예정된 북한 대표단의 모스크바 방문 요청을 수용하면서 양국 간 협의 의제로 조소 통상 확대, 소련의 기술적 원조 제공, 문화교류 강화 등의 의제를 제의하였다.[244) 협의 의제에는 북한이 가장 중요하게 고려했던 군사원조 및 대남 군사행동에 관한 사안은 명기되지 않았다. 그것은 당시 스탈린이 이 문제의 제기를 원하지 않았기 때문이기도 했지만 시기적으로 정치국 결정에 담길만한 사안이 되기는 어려웠다. 대신에 소련 정치국은 북한 측의 요청에 따라 소련 금속공업성, 수송기계제작성, 교통성, 국가계획위원회에서 각각 1명씩의 경험 있는 전문가를 선발하여 북한의 해당 성(省)에 상(相)의 고문으로 파견하도록 하였다.[245)

242) 김두봉, "북조선로동당 중앙위원회 제4차회의에서의 북조선민주 건설의 성과와 그에 있어서의 위대한 소련의 원조에 대한 보고."『근로자』제12호, 1948, 13~24쪽.
243) "북조선민주건설의 성과와 그에 있어서의 위대한 소련의 원조에 대한 북조선로동당 중앙위원회 제4차회의 결정서."『근로자』제12호, 1948, 26쪽.
244) "슈티코프 동지를 위한 전연방공산당(볼) 중앙위원회 훈령안(1948.12.22.)." 1948년 10월 31일~1949년 1월 11일 정치국 결정, 의사록 №. 66, 첨부1, РГАСПИ, ф. 17, оп. 3, д. 1073, л. 115.
245) "소련내각회의 결정: 조선문제(1948.12.22). 1948년 10월 31일~1949년 1월 11일 정치국 결정, 의사록 №. 66, 첨부2." РГАСПИ, ф. 17, оп. 3, д. 1073, л. 116.

또한 소련 무력상(불가닌)의 책임하에 소련 민정부 부서 책임자들인 라자레프(대좌), 일라톱스키(대좌), 카디셰프(중좌), 네우메이코프(대위)를 북한 내각(체신성, 재정성, 농림성, 상업성)의 전문가(고문)로 남도록 하였고, 소련 국가안전상(아바쿠모프)의 책임하에 북한 내무상 고문으로 보쟈긴(대좌)을 임명하였다. 고문으로 남은 소련 장교들은 해방 직후부터 소련군 민정기관에서 해당업무를 맡았던 인물들로 이미 북한 지도층과는 매우 긴밀한 관계를 유지하고 있었다. 슈티코프의 소련 대사 임명에서 나타난 바와 같이 민정국 군인 전문가들을 남게 한 것은 대북 원조의 지속성이라는 측면 이외에 북한 정부에 대한 소련의 영향력을 유지하는 데 남다른 의미가 있다고 할 수 있다.

소련은 1949년 3월 17일 모스크바를 방문한 김일성이 이끈 북한 대표단과 경제문화협조에 관한 협정, 교역 및 지불에 관한 협정 등 일련의 협정 체결을 통해 북한에 대한 신용 및 기술원조 등의 제공을 공식화하였다.[246] 특히 교역 및 지불에 관한 협정으로 소련은 북한에 이전과 다른 차원의 무기 및 군사장비를 공급할 수 있게 되었다. 이때 북한은 탱크여단, 항공사단, 포병부대 등을 조직하기 위한 대규모 군수기재의 지원을 요청하였고, 이에 소련은 북한의 쌀 3만 톤과 기타 상품을 교환 조건으로 이를 수락하였다.[247]

무장 면에서 북한 정규군의 모양새는 이때를 계기로 비로소 갖추어지게 되었다. 정부 수립 후 군사력의 지속적인 증강을 도모한 북한 지도부는 기존 부대의 확대와 새로운 부대 창설에 소요되는 군수기재들을 소련으로부터 구입하는데 북한의 물품만으로는 더 이상 충당할 수는 없었다. 이에 대한 대안으로 김일성 측은 소련과의 신용거래를 희망하여 그 길을 트게 되었다. 협상에 의한 단일 정부 수립이 좌절되자 무력에 의한 통일 방식으로 대남정책을 전환하기 위한 조치였다.

---

[246] Известия, 22.Ⅲ.1949.

[247] "슈티코프가 스탈린에게(1949.5.1.)." АПРФ, ф. 3, оп. 65, д. 3, л. 31-40.

결론

해방 3년 동안 진행된 북한 국가 건설 과정을 살핀 이 책은 북한 지도부와 소련을 공동의 행위 주체로 삼아 논지를 전개하였다. 기존의 연구가 이 두 주체를 분리하거나 또는 단순한 '주종관계'로 간주해왔던 것과는 다소 다른 접근법을 취한 것이다. 북한 지도부과 소련은 사안에 따라 각기 다른 이해관계를 가지고 있었지만 큰 틀의 정치적 지향과 목표는 거의 일치했다고 볼 수 있다. 다만 해방 이전 소련의 대한반도 정책 구상과 소련군의 한반도 진출, 미·소 간의 협상 등과 같은 북·소의 공동 주체에서 벗어나는 소련의 독자적인 행위에도 주의를 돌릴 필요가 있다. 이는 해방 전후 조선 정치세력들의 활동도 마찬가지이다.

한반도는 강대국 간의 각축장이었던 만큼 전후에 어느 열강도 독점적 지위를 차지하고자 서두르지 않았다. 소련은 한반도의 문제가 소련 단독으로 해결이 불가하며 미국을 위시한 연합국과의 공조, 즉 신탁통치안 속에서 해결하는 방안을 지지하였다. 이를 통해 한반도 관련 이권을 확보하고 장차 자국에 '우호적인' 정부 수립에 목표를 두었다. 더욱이 스탈린은 자국의 독자적 입장을 견지하면서 미국이 의도한 신탁통치와는 다소 의미를 달리하는 '후견'이란 용어를 사용하였다. 알타회담 이후에는 후견제의 특성이 드러나고, 조선에 우호적 정부 수립이라는 목표도 점차 분명해지게 되었다.

조선에 대한 신탁통치는 전후 미국과 타협할 수 있는 가장 가능성 있는 정책이었으나 일본을 몰아낸 후 외국군대의 한반도 주둔 문제에 대한 입장에는 다소의 혼선이 존재하였다. 처음 스탈린은 한반도에 외국군 주둔에 반대 입장을 분명히 하였지만 그 가능성은 열어놓고 있었다. 스탈린이 미국의 한반도 분할 점령에 이의를 제기하지 않은 것은 무엇보다도 일본의 분할 점령에 대한 미국의 거부가 가장 큰 영향을 미쳤다고 볼 수 있다. 또한 대일 작전 지역에 한반도가 포함되었기 때문에 일본의 항복 후 군대 주둔이 불가피한 선택이 된 것도 하나의 이유가 되었다.

1945년 8월 9일 소련의 대일전 참전은 극동에서 일본의 위협을 제거하고 한편으로 1904~5년 노일전쟁에서 참패한 이후 만주와 조선에서 잃어버린 러시아의 기득권을 되찾기 위한 절호의 기회였다. 소련은 조선에서 전투를 통해 적지 않은 희생을 치른 붉은군대가 '조선의 해방자'라는 주장을 해방 정국에서 널리 확산시켰다. 물론 소련의 주장과 달리 8·15해방은 미국과 소련 가운데 어느 한쪽의 공헌이라기보다는 양자 모두가 나란히 승리한 결과였으며, 미군이나 소련군 가운데 어느 일방에 의한 해방은 아니었다.

소련은 한반도가 자국의 안보에 위협이 되는 다른 열강의 영향권에 들지 않도록 자국에 '우호적인' 정부를 수립하는 것을 목표로 하였고, 이를 위해 남한에도 영향을 미치는 소련군의 정책적·조직적 구조를 마련하고자 하였다. 그러나 소련은 처음 남한의 정세 및 세력동향에 대해 제대로 된 정보망조차도 신속히 갖추지 못했다. 서울 주재 소련총영사관은 일찍부터 박헌영의 조공과 소통하였지만 소련군 당국이 이들과 전략적 협력관계를 개시하기까지 얼마간의 시간이 소요되었다.

소련군 제25군 사령부는 북한의 대민정책을 집행하기 위한 기구들을 설치하였지만 대민사업에 직접 나서는 것을 삼갔다. 주민 자치는 각지에서 주민들에 의해 자발적으로 수립되거나 소련군의 관여하에 결성된 인민위원회들이 맡았다. 대신에 소련군 지도부는 그들의 업무를 지원하고 지도·통제하는 일을 집행하였다. 소련의 대북한 정책의 근간이 된 스탈린의 훈령(1945.9.20.)은 북한 지역에 소비에트 유형의 권력을 수립하지 말고 광범한 반일 블록을 기반으로 '부르주아민주주의 권력(정권)'을 수립하는 것이었다. 이에 따라 각 인민위원회 내에서는 공산주의자들과 민족주의자들 간의 연립체제가 유지되었다. 소련의 입장에서 '부르주아민주주의' 노선은 공산당의 주도하에 보다 광범한 계층 연합을 달성하여 '친소적' 기반을 강화시키려는 것이기도 했다. 이로부터 공산당을 기반으로 하면서 한편으로는 조만식으로 대변되는 민족주의자들과의 협력을 적극 지원·고무하였다.

소련이 북한에 군정(軍政)을 설치하지 않고 민정(民政) 실시를 표방한 것은 직접 통치 방식인 군정을 실시한 동부독일과는 다른 접근을 하겠다는 의미였다. 철저한 점령 정책을 통해 무장해제와 중립화·민주화를 가속해야 하는 독일과는 달리 식민지 상태에서 해방되어 소련의 우호국가로 전환되리라 기대되는 조선에 대한 군정 실시는 고려의 대상이 아니었다. 소련으로서는 전반적으로 좌파세력이 우세한 한반도 정치지형에서 자국 군대를 전면에 내세운 통치 방식을 고집할 필요가 없었다. '약소민족의 해방'이라는 구호는 소련의 오랜 주장이기도 했지만 조선 인민에게 권력을 이양하는 것은 소련이 미국보다도 '조선의 자주독립'을 위해 애쓴다는 인상을 심어주는 일이기도 했다.

이러한 소련에 대해 식민지 시기부터 조선 공산주의 세력은 사회주의 모국으로, 미래 조선이 추구해야 할 모델로 간주하였고, 그로부터 지속적인 지원과 지도를 받았다. 이 때문에 1930년 대 이후 일제의 가혹한 통치하에서 물리적 단절이 있었으나 해방 직후 양자의 관계 복원은 어떠한 어색함도 없이 자연스럽게 이뤄질 수 있었다. 일제 말기 공산주의자 가운데 소련과 직접적인 관계를 유지한 세력은 만주에서 항일유격대로 활동하다가 1940년에 소련으로 들어간 김일성그룹이 유일했다.

소련 극동지방으로부터 조·중 유격대 출신들은 만주 파견 활동을 진행하였고, 김일성 자신도 몇 차례에 걸쳐 소부대를 이끌고 만주로 진출하였다. 그러나 1942년 7월 극동에서 소련군88독립보병여단 결성 후 조·중대원들의 만주 파견은 줄어들었고, 주로 군사훈련과 학습을 통해 미래를 대비하였다. 88여단은

1945년 8월 대일전 개전과 더불어 참전을 기대하였음에도 소련군 지휘부의 불허로 인해 좌절되었다. 다만 오백룡을 비롯한 88여단 출신 일부 정찰대원들이 북조선 항구에 대한 소련육전대의 상륙작전을 지원하였다.

빨치산그룹 이외에 장차 북한 지역의 정치세력으로 등장할 조직들은 일제 시기 각자 치열한 투쟁을 치르고 있었다. 경성콤그룹은 일제 말기의 가혹한 억압 분위기에서 지하활동을 지속하였다. 박헌영은 고립분산적인 환경에서도 파벌투쟁으로 얼룩진 조선공산주의운동의 구심적 역할을 자임했다. 훗날 연안계로 불리며 중국공산당과 더불어 항일투쟁을 전개한 조선의용군과 조선독립동맹은 결전의 날을 기다리면서 세력을 넓혀갔다. 그렇지만 연안계의 지도세력들은 다른 조직들과는 달리 단일한 지휘계통 속에 단합되지 못하고 다소 분열된 양상을 띠었다. 조선 국내의 민족주의세력은 평양을 위시한 서북지방의 기독교계와 북한 지역을 주요 기반으로 한 천도교계가 존재했다. 조만식은 기독교계의 민족주의를 대표한 인물로서 일본 식민지 시기 내내 민족주의적 행보를 견지했다. 그는 자신의 일부 동료들의 변절 속에서도 타협하지 않은 편에 속했다. 조직적으로 큰 세력을 이룬 천도교는 국내에서 반일투쟁에 선봉에 섰으나 신·구파로 분열되고, 특히 1930년대 이후 주류는 친일노선을 걷게 되었다.

해방이 되자 가장 적극적인 움직임을 보인 세력은 남북 공히 공산주의자들이었다. 해방 전 김일성의 빨치산그룹과 박헌영의 경성콤그룹 간에는 비밀리에 합작을 모색하려는 시도가 있었다. 이러한 인연으로 박헌영 측은 재건된 조선공산당에 김일성을 박헌영에 이어 사실상 2인자의 자리에 배치하였다. 박헌영의 조공은 정세관을 비롯하여 부르주아민주주의 혁명 노선 등 전략전술 문제를 놓고 소련 측과 거의 일치된 입장을 가지고 있었다. 따라서 소련군 지도부가 재건파 조공과의 협력관계를 맺는 일은 사실상 초읽기 상태였지만 재건파 조공에 관한 정보 부족, 장안파와의 파벌 투쟁, 인민공화국 문제 등이 겹치면서 잠시나마 판단을 미뤘다. 이후 재건파 조공이 '전 조선공산주의 조직의 유일한 지도기관'으로 인정되면서 박헌영 측과 소련군 지도부의 협력 관계는 보다 밀도 있게 이어졌다. 소련의 '우호적' 대상은 북한지역에 머물지 않고 전 한반도였던 까닭에 박헌영의 위치는 김일성과 견주어 그 중요성이 뒤지지 않았다. 반면 소련 군 지도부는 이영의 장안파 공산당의 행동과 노선에 대해서 비판적인 입장을 견지했다. 소련군 당국이 남한의 모든 좌익세력들에 대해 일정한 영향력을 행사했을지라도 그들에 대한 상시적인 '통제'가 가능한 것은 아니었다. 더욱이 해방 직후 남한에서 이승만과 김구 등 반소적 인물들이 포함된 인민공화국(인공)의 결성은 소련과 김일성 지도부에게는 당혹스러운 것이었다. 소련 측이 인공 문제에 대해 내놓고 부정적인 태도를 표출하지 않은 것은 조공을 곤란한 상태로 몰아넣지 않고, 이때까지 남한 내 문제에 대한 불간섭 입장을 지키고자 했기 때문이었다. 한국문제에 대한 모스크바 결정이 있기까지 북한 내에서조차 인공 지지에 대한 언급이 나온 것은 결코 우연이 아니었다.

김일성은 1930년대 만주에서의 항일무장투쟁을 통한 경력에 힘입어 해방 당시 상당한 대중적 명성을 지니고 있었다. 다른 한편으로 소련 측은 그의 후견 역할을 충분히 수행해 줌으로써 그의 정치적 성장을 지원하였다. 이 같은 요인들은 김일성이 자연스럽게 북한의 정치 무대에서 주도권을 장악하는 데 도움을 주었다. 다른 한편으로 그의 정치적 입지는 북한은 물론이고 한반도 차원의 정세 변동과 연관되었다. 귀국 초기부터 그는 북한의 최고 지도자로 부상된 것은 아니었으며, 이를 위해서는 얼마간 정치적 경험과 지도력을 연마할 시간이 필요했다.

1945년 10월 나중에 북조선공산당으로 자연스럽게 개명되는 조선공산당 북부분국은 명칭 그대로 서울의 조공 중앙에 직속된 기관으로 출범하였다. 하지만 공산당의 활동이 유리한 북한 지역에서 분국의 전체적인 위상은 점차 높아질 수밖에 없었다. 공산 측의 건국 방향은 광범위한 세력을 묶는 통일전선의 결성에 있었으며, 여기에 조만식그룹과의 협력은 매우 중요한 의미가 부여되었다. 조만식이 주도한 조선민주당의 창당에 최용건과 김책 등 김일성의 최측근들이 가담한 사실이 이를 직접적으로 확인해 주었다. 조만식 역시 좌익이 우위인 북쪽에서 우익세력의 기반을 닦으려는 의지를 보였다. 민·공 협력은 소작료율과 같은 쟁점에서 양측 간의 정책적 차이가 불거지기도 했으나 그런대로 유지되었다. 최초의 중앙행정기관으로 등장한 행정10국은 좌우 세력이 협력을 시도했던 행정 집행기구로서 기능하였다. 하지만 분국의 출범에도 북한 공산당의 조직질서는 제대로 잡히지 않았고 지도력에도 다소 혼선이 빚어졌다. 더구나 11월 신의주 학생사건은 공산당의 위상에 적지 않은 손상을 주었다. 12월 분국 제3차 확대집행위원회를 계기로 김일성이 공산주의자로서 북한 정치의 전면에 나서 정국의 주도권을 쥐게 된 것은 이러한 난관을 타개하려는 조치였다. 이때 모스크바에서는 미·영·소 3국 외상이 모여 한국문제를 포함한 전후 여러 국가에 관련한 논의를 진행하였다.

1945년 12월 모스크바 3상회의 결정은 한반도의 운명을 가른 변곡점이었다. 처음 소련은 가장 예민했던 신탁통치 실시 문제에 대해 한반도 현지 정서를 고려하여 다소 소극적인 입장을 취했으나 자신이 주도한 '조선민주주의임시정부' 수립안을 이끌어내기 위해 미국과 타협하지 않을 수 없었다. 다만 소련이 모스크바 3상회의에서 미국이 제기한 신탁통치를 수용하면서도 이를 '원조와 협력'을 의미하는 후견(opeka)으로 바꿔 부른 것은 단순한 개념의 교체가 아니었다. 그것은 조선에 대한 강대국의 직접통치로부터 임시정부를 감독하는 '간접적 통치' 방식을 의미하는 것으로서 원래의 신탁통치라는 뜻이 소련식 '후견'으로 변환한 것이었다. 소련 측이 '후견'을 내세운 것은 신탁통치를 주장한 미국과 타협하고 동시에 한국민의 반탁정서를 배척하지 않은 결과로 볼 수 있다. 처음 모스크바 결정의 의미를 제대로 이해하지 못한 조선공산당을 비롯한 좌익세력은 이에 거부감을 드러냈고, 김일성 역시 아쉬움을 표시할 정도였다. 미국 측이 소련안을 수용한 것은 여전히 불가사의한 측면이 있으나 이의 실천 방안을 놓고 미국 내에서 갈등이 유발되리라는 예상은 쉽게 할 수 있었다.

모스크바 결정으로 불거진 좌우 대립의 국면은 미국과 소련이 각자의 지역에서 펼친 정책의 변화로 이어졌다. 한반도 정세 변화의 소용돌이 속에서 조만식의 행보는 북한 정치구도에 결정적인 영향을 끼쳤다. 공산 측의 집요한 설득에도 불구하고 그가 모스크바 결정을 지지하지 않은 이유를 정확히 이해하기는 쉽지 않지만 분명한 것은 남쪽 우익세력 및 미군정과의 원만한 관계와 함께 자신의 막역지우인 송진우가 모스크바 결정에 애매모호한 태도를 취하다 피살된 사건이 그의 결심에 영향을 주었으리라 점이다. 그의 퇴장은 결과적으로 북한의 정치 지형을 좌파 중심의 구도로 완전히 탈바꿈시키는 계기로 작용하였다. 곧바로 소련과 공산당 지도부는 반탁세력들을 친일파와 더불어 '반민주주의자'로 지칭하고 척결 대상으로 삼았다. 조만식그룹의 몰락은 북한 정치지형에서 그를 지지하는 상당수 민족주의 세력의 이탈을 가져옴으로써 공산 측이 지향한 민족통일전선의 범위를 현저히 축소시키는 결과를 가져왔다. 북쪽에서는 좌익의 헤게모니를 지형을 확고히 할 수 있는 계기가 형성되었지만 남쪽에서는 좌우 대립을 악화시키는 데 일조했다고 볼 수 있다.

최용건이 당수가 된 조선민주당은 당상층부를 친공세력이 장악함으로써 사실상 공산당에 대한 견제세력으로서의 역할을 상실하였다. 한편으로 정국의 혼란은 연안파가 정치세력으로 등장하게 된 계기를 마련해 주었다. 귀국한 연안계 인사들이 얼마간의 관망 끝에 북조선신민당을 조직함으로써 복수의 좌파정당이 출현하게 된 것이다. 또한 천도교세력은 천도교청우당을 결성하여 공산당과 협력관계를 유지하였지만 때때로 경쟁과 대결을 통해 정치적 독자성을 유지하고자 하였다.

모스크바결정 이후 정치 환경은 모든 분야의 변화를 초래하였다. 북한 최초의 중앙권력기관인 북조선임시인민위원회는 정세 변화와 더불어 공산 측의 구상이 맞아 떨어진 결과로 탄생하였다. 소련군 지도부는 북한의 효율적인 관리를 위해 이전부터 정권의 중앙화를 추구하였는데, 이는 북조선 일각에서 모스크바결정을 북한에서 먼저 실행에 옮겨 조선임시정부 수립으로 연결하려는 시도와 서로 일치하였다. 1946년 2월 김일성은 북한 최초의 중앙권력기관인 북조선임시인민위원회(임시인위)의 위원장에 취임하면서 명실공히 북한의 1인자로 등장하였다.

임시인위가 구성되면서 북조선 행정10국은 소련군사령부·민정부 소속에서 임시인위의 기관으로 이전하였다. 각종 법령과 시책은 대부분 임시인위의 명의로 발표되었고, 이를 통해 임시인위가 대민 통치의 주체임을 확인해 주었다. 반면 임시인위의 각 국(局)은 '북조선임시인민위원회와 소련군사령부에서 발포한 모든 법령과 결정을 실시할 것'을 의무로 하였는데, 이는 소련군사령부의 지도적 기능을 법적으로 규정한 것이다. 그 지도의 주체는 소련 민정부였다. 소련의 대북정책상 공식 기조는 권력을 인민위원회에 이양하고 자신은 조선의 발전에 원조와 지원을 제공해 준다는 것이었다. 실제로 경제와 행정분야에서는 이 방침이 점차로 실천되었다. 하지만 정치 분야에서는 정세변동 및 미·소 간의 협상 등과 맞물리면서 북한 정치세력을 계속해서 지도·통제하였다. 한편으로 북한 엘리트들의 부족한 정치·행정적 경험은 소련의 지원을 받아 보충·습득하였다. 소련의 지원은 전문적인 소련계 한인들의 유입, 전문교육기관의 개설 지원, 조선인들의 소련 유학 등으로 이루어졌다.

임시인위의 조직 후 첫 번째 주요 사업은 북한의 기존 질서를 뒤흔든 토지개혁의 실시였다. 1946년 3월 토지개혁은 변화된 정세 속에서 북한을 정치·경제적으로 강화하려는 '민주근거지'론이 기본 바탕이 되었다. 토지개혁이 그 성격상 전국적 국가 수립과 더불어 진행되는 것이 마땅함에도 불구하고 북한 지역에서 먼저 실시한 것은 역으로 국가 수립의 예비적 토대와 대중적 지지 기반을 확고히 하려는 의도였다.

북한 측과 소련군 지도부가 공동으로 작성한 '북조선 토지개혁에 대한 법령' 초안은 소련공산당 중앙위원회에 의해 최종 확정되었으나 북조선임시인민위원회와 농민동맹은 법령안을 수정할 권한을 가졌다. 북한의 주요 정책 사안에서 보여지듯이 토지개혁 법령도 전형적으로 북한공산당과 소련군 지도부, 그리고 소련 정부의 합작품이었다. 토지개혁 방안은 동유럽의 경험을 참고로 한 소련 외무성안과 조선 측의 입장을 토대로 만들어진 군부안이 제시되었지만, 모스크바 지도부는 최종적으로 군부안에 손을 들어주었다. 다만 북한과 소련군 지도부의 토지국유화 주장은 수용되지 않은 대신 몰수 토지를 농민의 소유로 넘기는 것으로 대체되었다. 소련군이 주둔하고 있던 동유럽에서조차 토지국유화가 실행되지 않은 점을 상기한다면 '부르주아민주주의 혁명' 단계에 머문 북한에서 사회주의적 개혁 이행은 시기상조로 인식되었을 것이다. 그럼에도 북한과 소련군 지도부는 스스로의 입장을 반영한 소작제 철폐를 기본으로 하는 자신의 토지개혁안을 통과시켰다. 역설적으로 북한의 토지개혁은 소련군이 진주한 동유럽 지역보다도 훨씬 더 급진성을 띠었다.

토지개혁의 시행으로 지주제와 소작제가 철폐되고, 소작농이 자작농으로 전환됨으로써 농촌뿐 아니라 전체 사회의 근간이 뒤바뀌는 질서의 대변동이 초래되었다. 여기에는 개혁의 집행자와 수혜자가 한 축을 이루었고, 다른 축에는 피해자와 반대세력이 서 있었다. 토지를 받은 농민들과 그 지지세력들은 새 질서의 옹호자가 되었지만 토지를 빼앗긴 지주와 우익세력들은 반소반공세력의 기반을 충원해 주는 역할을 담당하였다.

북한 국가 건설 과정에서 무력의 조직은 매우 중시되었다. 그것은 일제하 북한 지도부의 주도세력들이 무장투쟁을 통해 해방의 목표를 추구한 것과도 연관이 있었으며, 권력의 뿌리로서 공통된 인식을 가졌기 때문이다. 대남관계를 의식하여 임시인위에 군사 관련 부서가 설치되지 못했으나 김일성은 무력의 체계적인 조직을 위해 각종 군수기재를 비롯한 지속적인 원조를 소련 측에 요구함으로써 일찍부터 군사력의 강화에 집중하였다. 여기에 소련은 군사고문단을 설치하고 북한 무력의 체계적인 양성을 지원하였다.

미·소 양국 간 냉전의 그림자가 유럽으로부터 짙게 드리우던 상황에서 한반도는 분명 이 두 강대국의 세계전략으로부터 자유로울 수는 없었으며, 막 타오르기 시작한 미·소 갈등의 시연장으로 등장하였다. 한반도 문제를 단순히 미·소 양국의 하위 전략 부문으로 보는 것은 이 두 나라에게 한반도가 지닌 전략적 가치를 무시하는 것이다.

스탈린 지도부는 모스크바3상회의 결정의 실행에 강한 집착을 보였으며, 이를 이행하기 위한 미소공위에서 '조선임시정부 수립'을 총전략으로 삼았다. 물론 소련의 방침은 좌파세력의 우위 보장을 전제로 하였다. 이는 3회에 걸쳐 하달된 미소공위 소련대표단 훈령에서 확인되는데, 소련의 대미 교섭 정책은 사안에 따라 완고해지기도 했지만 전반적으로 본질적인 변화를 보이지는 않았다. 말하자면, 제2차와 제3차 훈령은 앞선 제1차 훈령을 보완하거나 일부만을 수정한 것이었다. 다만 여러 논제에서 훈령 초안들과 본 훈령의 논조 차이는 정책입안자와 결정자 사이의 견해가 예상보다 항상 일치하지 않았음을 보여준다.

소련 측이 마련한 조선(한국)임시정부의 정강은 서구 민주주의적 제도를 바탕으로 하고 일부 사회주의적 요소와 결합되었다. 이것은 미국과의 성공적인 협상을 고려한 것이기도 하지만 당시 조선의 혁명을 부르주아 민주주의 단계로 설정한 것과 더 관련이 있었다. 또한 소련은 미소공위 훈령에서 조선임시정부 수립과 관련된 문제에 집중했을 뿐 정작 신탁통치 실시 문제에 대해서는 거의 언급을 하지 않았다. 그 이유는 신탁통치(후견)가 임시정부에 대한 원조와 지원을 의미하는 것이므로 임시정부 수립 이후의 단순한 절차 문제로 간주했기 때문일 것이다. 하지만 소련으로서는 처음 자신이 반대했던 신탁통치에 찬성하는 이유가 모스크바 결정의 규정 때문이라고 했듯이 스스로 신탁통치의 딜레마에 빠졌다.

1946년 미소공위에서 모스크바 결정에 반대하는 정당·사회단체의 협의 참가에 반대한 소련 측 입장의 이면에는 실상 이승만과 김구를 중심으로 한 우파 중심세력에 대한 거부감이 짙게 깔려 있었다. 소련이 임시정부 수상과 부수상으로 각각 천거한 여운형과 김규식은 미국이 반대하지 않고 합의할 수 있는 인물들이었다. 소련은 이들의 발탁을 통해 어떻게든 조선임시정부 수립 문제를 해결하려는 입장을 지속적으로 견지하였다. 그러나 공산 측의 임시정부 내각 명단안은 미·소 양측의 타협 가능성을 염두에 두고 만들어졌음에도 대체로 좌파 중심으로 편성하였다.

미국은 조선의 경제적 통합을 선행하고, 특히 북조선임시인민위원회와 남조선민주의원을 통합하는 방식으로 임시정부 수립문제를 해결하려 하였다. 소련이 미국의 이 구상에 응하지 않은 것은 경제적 통합이 미국 자본의 확장을 도모한 것이며, 임시인위-민주의원 결합 방식은 남조선 좌익을 배제하는 것으로 간주하였기 때문이다. 무엇보다 정당·사회단체와 협의하에 임시정부 수립을 규정한 모스크바 결정에 집착을 보인 소련으로서는 그에 배치되는 제안을 수용하기는 어려웠다.

한반도 문제를 둘러싼 미·소관계의 양상은 상대적으로 소련이 우위를 점하고 있었다. 소련의 지원하에 북한의 좌파세력은 민주개혁을 통해 확실한 입지를 굳혔고, 조직력이 미약했던 우파세력은 탁치정국과 토지개혁을 거치면서 자신의 기반을 점차 상실하게 되었다. 남한에서는 비록 미군정의 탄압에 약화되기는 했어도 좌파세력의 영향력 또한 무시할 수 없는 것이었다.

사실 모스크바 결정에 따른 조선임시정부 수립은 당시로서는 한반도의 분단을 막을 유일한 길이었는지 모른다. 그리고 이 주장을 줄기차게 옹호한 소련은 미소공위에서 반탁 정당 및 인사들의 협상 참여를 철저하게 배제하려 하였고, 당연히 자신의 입장을 대변해줄 세력을 중심에 세우고자 했던 것이다. 반탁세력을 배척한 표면적인 명분은 모스크바 결정을 반대하는 세력에게 어떻게 그 결정에 따라 수립되는 정부에 참여할 자격을 줄 수 있는가에 있었다. 그러나 실질적으로는 반소·반공적인 반탁세력이 장차 소련에 적대적인 태도를 취할 것이라는 우려가 크게 작용하였다. 더구나 우익세력은 조직적 역량은 미약했지만 그 중심에 이승만, 김구와 같은 명망 있는 인물들이 미군정의 후원하에 대중적 영향력을 가지고 있었다. 소련 지도부는 우익세력이 정치적 헤게모니를 획득했을 경우 반소국가의 탄생을 우려하였기 때문에 가능한 정치적 협의에서 배제하고 싶었을 것이다. 이것은 미국 측이 남한의 좌익에 대한 탄압을 강화하고, 이와 반대로 우익의 성장을 도운 정책과 외견상 일치하는 부분이다.

1946년 제1차 미소공동위원회 사업은 애초부터 미·소 양측의 첨예한 의견 대립으로 어떠한 성과도 거두지 못하였다. 소련은 한국임시정부 수립에 대한 집착에도 불구하고 반탁세력을 무조건적으로 수용하는 데 강한 거부감을 보였다. 다시 말해서 좌익세력이 우세하지 않은 단일 임시정부 수립은 회피해야만 했다.

제1차미소공위 결렬 후 공산 측은 북한 '민주근거지' 강화에 초점을 둔 정책 시행에 방향을 돌렸다. 노동법령과 남녀평등권법령의 공표는 토지개혁의 후속으로 시행된 사회개혁의 연장선이었다. 산업국유화법령은 일제가 남기고 간 주요 산업시설을 소련군 관리에서 임시인위 소유로 넘김으로써 장차 산업의 사회주의적 발전 방향의 기틀을 형성했다. 정치·경제·사회문화의 모든 분야에서 기존의 질서를 뒤바꾸는 변화의 흐름이 이어졌다. 임시인위 명의의 각종 개혁 조치들은 북조선 '민주근거지론'에 바탕을 두고 취해졌다. 바로 북한을 정치·경제적으로 강화하여 전 한반도 차원의 국가 수립에서 좌파의 주도권을 장악하겠다는 의도의 발현이었다. 그 변화의 조치들은 김일성의 이름과 결부되어 진행되었고, 그는 이러한 정세 흐름의 가장 큰 수혜자가 되었다.

역설적이게도 제1차 미소공위의 결렬 이후 김일성의 정치적 기반은 현저히 확대되었다. 다만 그의 최종적인 지위는 충분하리만큼 가변성이 있었다. 기존의 일반화된 가설로 제기된 것이 박헌영은 소련 외무성이, 김일성은 소련 군부가 지지했으나 1946년 7월 김일성-박헌영의 모스크바 방문 시 스탈린이 김일성을 '최고 지도자'로 점지하였다는 것이다. 이 주장대로라면 권력을 둘러싼 남북의 공산당(노동당) 내 분위기는 확실히 정리되었을 것이지만 실상은 그렇지 못했다. 이후 권력을 둘러싼 남·북로동당 간 미묘한 신경전은 특히 김일성과 박헌영 사이의 입지가 확실하게 결정되지 않은 채 1년 이상을 지속되었다. 그런 와중에 북로당의 탄생(1946.8)은 국가 건설을 이끌 지도체계의 구축이라는 점에서 북한 정치사에서 커다란 획을 긋는 사건이었다. 여기서 소련은 단순한 조력자의 역할에 머물지 않았다. 스탈린의 창당 권유, 합당 일정안 구성, 강령 및 규약안 작성 및 수정, 상하부 단위 회의 지도 등 소련의 개입 범위는 전 과정을 망라하였다.

북로당 창설은 스탈린이 김일성·박헌영과의 대담에서 권유한 것이 계기가 되어 진행되었다. 또한 미소공위의 결렬로 인해 미·소와 좌우세력의 대립이 심화됨에 따라 좌익진영의 단결을 도모해야 할 필요성과 공산당과 신민당의 지방조직들 간의 권력을 놓고 벌어진 분규 등 국내적 요인들도 이를 추동하였다. 양당의 합당은 북조선공산당과 북조선신민당의 단계별 과업과 목표가 일치한 것을 내세워 민족통일전선을 확대·강화하는 것을 주요 명분으로 하였고, 이를 통해 임시정부 수립에 있어서 좌파의 주도권을 잡는 것을 실질적인 목표로 삼았다. 합당은 형식상 당 대 당의 통합 형태를 취했지만 당세가 훨씬 큰 공산당 측이 주도권을 가졌다. 이 점에 있어서 신민당 지도부의 가시적인 불만 사항은 감지되지 않았다. 그들 다수는 통합에 공감한 데다가 통합 '지분'도 만족할 만큼 확보했다. 더구나 대다수는 공산주의자 출신이었기 때문에 신민당이 아니었다면 공산당에 입당했을 터였다. 문제는 신민당 창당 시 입당한 하부단위의 상당수가 공산당과 거리를 둔 일부 인텔리와 소부르주아계층들이었다는 점이다. 당연히 그들은 합당에 대한 불만과 불안감을 적지 않게 느꼈다.

합당의 목적 가운데 하나가 대중적 좌파정당의 창설이었다는 것을 주목할 필요가 있다. 이를 입증하는 근거는 공산당이 지향하는 고유의 이념성이 연성화되고, 사회주의적 방향을 구체화하지 않는 내용의 강령이었다. 이 강령은 근로대중의 인입을 통해 북로당의 당세를 확장하기 위한 것이었을 뿐 아니라 좌파의 주도권을 잡기 위한 무기였던 것이다. 그럼에도 창당대회에서 이승만과 김구는 친일파 민족반역자의 두목으로 간주될 만큼 우파와의 이질성도 이미 깊어진 상태였다. 한반도 내 좌우세력이 협상을 통해 국가 수립문제를 해결할 희망은 그만큼 약화되었다.

원래의 계획으로는 남쪽 3개 좌파정당들의 합당도 북로당 창당과 동시에 추진할 예정이었으나 일부 좌파세력의 반대와 미군정의 공산당 탄압으로 지연되었다. 남조선노동당(남로당)으로의 합당은 북로당 창당 3개월 후인 1946년 11월에 이르러서 성사되었다. 이것은 스탈린의 권위만으로 남한의 모든 좌파 세력들을 하나로 묶는 것이 불가능했음을 뜻한다. 한편으로는 북로당 창당이 소련 지도부와의 긴밀한 관계 속에서 이루어진 반면 정작 소련 내에서는 언론보도로 볼 때 별다른 주목을 끈 사건은 아니었다.

북조선로동당은 창당 후 북한사회의 정치세력 내에서 '독점적' 지배력을 확대·강화시키는 방향으로 선회한다. 이 같은 전환은 한반도 상황이 미·소와 좌우익 간의 급격한 대립 상태로 변해가면서 내부적 단결이 강하게 요구된 시점과 맞물린다. 북로당은 이미 확고히 자리 잡은 '민주근거지' 노선에 따라 사회경제의 개혁적 방향을 추구하면서 동시에 친일파·민족반역자를 징벌하고 반탁세력을 '반민주주의자'로 공격하는 등 진영 논리를 강화하였다. 다시 말해서, 북로당은 '민주개혁' 등 전환적 조치를 통해 대중을 체제 내로 끌어들이고 '반소반공 세력'들에 대해서는 물리력과 각종 수단을 동원하여 격리 내지는 제재를 가하는 양면적 방식을 이용하였다.

그럼에도 이전과는 다른 공산주의자들의 위상 강화는 천도교청우당과 같은 우당으로부터 상당한 반발을 초래하기도 하였다. 천도교청우당이 공산 측의 영향권에서 벗어나기는 어려웠지만 당 지도부의 일부와 지방당은 끊임없이 독자적인 노선을 관철하고 자기 당의 영향력을 확대하기 위한 시도를 멈추지 않았다. 민주당의 경우도 일부 지방당에서의 반공적인 요소는 지속적으로 유지되었다. 또한 북로당의 독점적 지위 확립은 오히려 미군정과 남측 우익세력의 반공적이고 분단 지향적인 자세를 확고히 하는 데 도움을 주는 모양새가 되었다. 이것은 공산 측의 의도와는 달리 세력통합의 측면에서 매우 불리한 상황으로 치닫는 효과를 낳았다고 볼 수 있다.

북로당의 탄생으로 당의 입지 강화가 이루어지고 난 뒤 곧이어 정권기관의 강화를 위한 조처가 예정되고 있었다. 1946년 11월 북한 최초의 직접선거로서 시행된 도시군인민위원회 선거는 권력기관의 임시적 성격을 해소함으로써 개혁법령에 적법성을 부여하고 권력의 합법적 권위를 부여하기 위한 목적을 지녔다. 선거는 처음에는 간선도 고려되었으나 최종적으로 주민 직선 방식이 채택되었다. 선거 방식은 소련군이 주둔한 동유럽 국가들의 선거와 비교에서 큰 차이를 보였다. 알려진 대로 동유럽의 선거는 정당 간 경쟁의 원칙하에서 실시되었다. 반면 북한의 선거는 정당 간 '협력' 선거, 북민전에 의한 단일후보 추천 방식, 곧 소비에트 선거방식을 따랐다. 후보는 2명씩 출마한 54개 선거구를 제외하고 총3,459개 선거구에서 각 선거구당 1명씩 선출되었다. 각 정당 및 사회단체 대회와 기업소, 마을, 기관에서 선발된 후보들은 북민전의 공동 후보로 간주되었다.

투표 형태로서 흑백투표 방식은 처음에는 고려사항이 아니었다. 공산 측은 이를 높은 문맹률을 배려한 조치라고 했지만 표면적인 이유였을 뿐이다. 좌파 우위의 조선임시정부 수립이 공산 측의 목표이고, 이것이 미·소 합의에 의해서만 실현될 수 있었다는 것을 감안하면 북한 지역을 좌파 세력의 '근거지'로 조성하는 것은 위의 목표 달성에서 절대적인 요건이 되었다고 말할 수 있다. 후보자 간 경쟁을 보장한 선거는 정당 간의 분열을 조성하고 좌파의 주도권을 장악하는 데 걸림돌이 될 것이었다. 또 다른 이유는 선거에 참여하는 정당들 간의 세력관계를 들 수 있는데, 민주당과 천도교청우당이 북로당과 경쟁 상대가 되기에는 세력이 미약했고, 독자적인 집권의욕은 일부에서만 존재했을 뿐이다. 흑백투표의 실시는 압도적인 찬성투표를 보여 주어 권력의 '정당성'을 보장하고자 하는 의도 이외에는 달리 이유가 없었다.

도시군인민위원회 선거는 다음 단계의 정치적 변화를 예고하였다. 북한 지도부는 주민을 대상으로 한 대중적 사상개조 운동인 건국사상총동원운동을 발기하여 전체 구성원들의 내부적 결속력을 더욱 강화하는 데 초점을 맞췄다. 이어서 선거 결과를 기반으로 북조선 정권기관의 선출을 완료하고자 도시군인민위원회대회를 열었다. 1947년 2월에 개최된 도시군인민위원회대회는 임시인위가 발포한 모든 법령들을 법적으로 승인하였고, 대의원 237명으로 북한 최초의 의회격인 북조선인민회의를 구성하였다. 북조선인민회의는 도시군인민위원회대회 대표 5명당 1명꼴로 선출된 대의원으로 구성됨으로써 주민의 직접 투표가 아닌 간선의 형태를 띤 셈이었다. 임시인위는 도시군인민위원회 선거를 통해 북조선인민위원회로 재조직되면서 북조선 지도부의 법적 정당성 강화를 도모하였다.

임시인위가 취한 정책적 조치의 '정당성'도 뒤늦게 확인하였다. 북인위는 '조선에 민주주의 임시정부가 수립되기까지 북조선 인민정권의 최고집행기관'으로 규정되었고, 북인위 산하 기관들이 소련군사령부에 복종한다는 법률상 조항도 삭제되었다. 한편으로 북인위의 기능 가운데는 소련 정부기관과 공식적인 협정 체결도 포함되었는데, 이를 통해 소련 정부와 북한 간에 여러 분야에 걸친 무역거래가 성립되었다. 북인위가 사실상 정부적 기능을 수행한 주요 증거였다.

북한 내부를 강고히 하는 조치는 결국 미·소 협상에서 좌파의 주도권 확보

여부와 관련되었다. 한반도 분단을 막는 유일한 방안으로 미·소 간의 협상만
이 남아 있었고 공위사업 재개에 대한 내외의 압력이 높아갔다. 마샬과 몰로토
프의 서신 교환으로 공위재개에 대한 돌파구가 마련되었으나 양측의 근본적 입
장차가 해소된 것은 아니었다. 소련 측이 주장한 모스크바 결정에 반대하는 정
당이나 그룹과 협의를 배제하겠다는 것은 반탁 운동을 주도한 남한 우익 진영
을 임시정부에 참여시키지 않겠다는 것을 의미했다. 그럼에도 제2차공위 재개
를 앞두고 미·소양측은 공동성명 제5호가 규정한 청원서에 서명을 전제로 반
탁세력과 협의를 수용하겠다는 양보안을 다시 확인하였다. 소련 지도부는 공위
재개의 당위성과 여론을 명분으로 이를 받아들였다. 이로써 반탁 운동을 주도
한 이승만, 김구 등 대표적인 우익 인사들이 공위 참가를 위한 청원서에 서명했
을 경우 이들의 임시정부 참여를 막을 명분은 사라지게 되었다. 물론 그러한
일은 발생하지 않았다. 그들은 끝내 청원서에 서명하지 않았을 뿐 아니라 모스
크바 결정에 찬성을 표시하지 않았기 때문이다.

제1차공위에 대비하여 공산 측이 임시정부 수반으로 천거된 여운형의 자리는
김일성으로 자연스럽게 대체되었다. 그가 1946년 이후 일련의 민주개혁을 통해
최고지도자로서의 위상을 굳힌 결과였다. 한편 북한 내 일각에서는 북한의 민
주개혁을 취소할 바에는 분단의 유지가 더 바람직하다는 견해가 나오기도 했지
만 대다수는 모스크바 결정 이행을 위한 미소공위의 재개를 희망하였다.

제2차 공위는 출발부터 난항의 연속이었다. 이번에도 미·소는 반탁단체 협
의 참여 여부로 이견을 좁히지 못했고, 막판에는 참여단체의 선정 문제도 합의
를 보지 못했다. 미·소 양측의 목적은 각자 자기세력의 압도적 우위를 보장하
는 데 있었다. 미국과 소련 모두 자신에 우호적인 세력이 우세한 비율로 임시정
부를 차지해야 한다는 입장에서 물러서지 않았기 때문에 타협의 여지는 그만큼
적었다. 소련의 경우 남북 동수의 참여 비율을 견지했지만 이를 뜯어보면 좌우
비율이 거의 3 : 1로 계산되었다. 소련의 입장에서는 많은 것을 양보해도 좌파
우위를 실현할 가능성이 높았지만 소련대표단이 과단성 있게 이를 밀어붙이기
에는 한계가 있었다.

1947년 제2차 미소공위에서 미·소 간 합의에 의한 한국임시정부의 수립 실패는 어떻게 보면 당연한 귀결이었다. 미국의 단독정부 수립 구상을 미리 인지하고 있던 소련은 합의에 의한 타결이 실패할 것에 대비하여 미·소 양군 철수 제의를 통해 한국문제의 해결을 모색하였다. 이는 일찍이 소련 측이 구상하였던 방안이었으며, 소련과 미국이 동시에 떠날 경우 조선정부 구성에 관한 문제를 조선인 스스로의 결정으로 넘기고, 한반도에 친소정부 수립이 가능하다는 자신감에서 나온 주장이었다. 소련은 미국이 미·소 양군 철퇴안을 수용할 것이라는 가능성을 염두에 두고 제의했다기보다는 외국군대의 주둔에 대한 한국민의 불만을 해소하여 자기의 명분과 도덕적 우월성을 갖추기 위한 목적이 더욱 강했다고 볼 수 있다.

북한은 좌파가 완전히 장악하고 있고, 남한 역시 여전히 강력한 좌파의 기반이 유지된 상황에서 미국이 소련의 양군 철수 제의를 순순히 수용할 것으로 볼 여지는 없었다. 미국이 소련의 제의를 수용하지 않은 표면적인 이유는 양군 철수 시 한반도가 무정부 상태가 될 것이라는 주장에 근거하였다. 하지만 실제로는 외군군대가 없는 상황에서 우파세력이 주도권을 쥘 수 있다는 확신이 없었기 때문이었을 것이다. 소련이 이러한 점까지 고려하면서 미·소 양군 철수 제의를 내놓은 것인지는 확실치 않지만 정작 분단의 방지를 우선적 목표로 삼았다면 이는 적절한 방안이 아닐 수도 있었다. 미·소 양군의 철수 구상이 즉흥적인 것은 아니었음에도 그 실현 가능성은 매우 희박했다고 할 수 있다. 소련은 미·소 양군 철수 후 조선인민 스스로에 의한 국가 수립을 주장하였는데, 그것은 친소정부 수립의 또 다른 가능성이 이 방식에 있다고 보았기 때문이었다. 반면 이 목표가 실현되지 않을 경우 북한에 '통일적' 정부를 세우는 것이 자연스러운 수순이 될 것이었다.

한때 슈티코프는 미국의 제안을 고려하여 인구비례에 의한 남북총선거의 수용을 검토했지만 이 방안이 확실히 자기편에 유리한 결과를 가져올 것인가에 대해 확신을 가지지는 못한 것 같다. 따라서 남한이 단독정부 수립으로 나아가자 그 뒤를 이어 북한도 동일한 전철을 밟게 되었다. 북한에 분단정부가 수립되는 데 대해 소련 측과 북한 지도부는 공통적으로 만족하지 못했지만 양자의 기본적인 입장에는 다소간의 차이가 있었다. 즉 '전체'가 아니라면 우선 '반쪽' 지역의 확보는 모두에게 차선이었지만 이를 극복하려는 의지 정도는 소련이 훨씬 약했다고 볼 수 있다.

1948년 2월 유엔 소총회가 남한에서 선거 실시와 분단정부 창설을 재가한 결의안을 채택하자 공산 측의 선택은 이 선거를 저지하는 것과 아울러 북한에 자기 정부를 수립하는 준비에 박차를 가했다. 북한과 소련군 지도부는 남한 대표들이 참여한 '전국적 대표성'을 가진 인민위원회대회를 통해 헌법을 확정하고 '통일정부'를 수립할 의향을 제기하였다. 하지만 크렘린은 남한보다 앞선 정치 일정 제시에 거부감을 표시하였다. 4월 남북연석회의를 앞두고 소련 공산당 정치국은 북과 남의 대표자들로 이루어진 임시정부 수립 방안을 제시함으로써 2단계 정부 수립 절차를 모색했다. 현지 군 지도부는 이 방침에 맞추어 정책 수립을 시도하였으나 크렘린은 연석회의 진행 중에 급히 북한 정부의 위상을 임시적이고 과도적인 것으로부터 '통일적' 성격으로 전환시키는 행보를 보였다. 아마도 2단계 방안이 급변하는 정세에 걸맞지 않은 것으로 판단했을 것이다.

1948년 4월 남북제정당사회단체연석회의는 단독선거와 분단정부 수립 저지라는 공통분모를 통해 남북의 반단정세력이 일시적으로 연대한 사건이었다. 공산 측은 이 회의를 소집하여 자기 주도의 통일정부 수립을 위한 조건을 만들고, 이것이 불가능하게 될 경우 남쪽보다 '우위에 선' 정부 수립을 시도하려 하였다. 더구나 남쪽의 좌익과 중도뿐 아니라 탁치를 둘러싸고 그동안 대척점에 섰던 상당수 우익들마저 반단정에 나선 상황이었다. 공산 측은 여기에 만족하지 않고 남쪽의 상징적인 두 인물인 김구와 김규식을 자기편으로 이끄는 데 큰 공을 들였다. 이 작업은 그들이 연석회의에 참가함으로써 일정한 성공을 거두는 듯 보였으나 결과적으로는 그들이 어느 정부에도 참여하지 않는 채 중립지대에 남음으로써 공산 측의 희망은 꺾이고 말았다.

공산 측이 정세의 흐름에 대한 통찰력을 가졌다면 연석회의를 통해 분단을 저지하고 자기 주도의 통일정부를 수립하는 구상이 실현될 것이라고는 예측하지 않았을 것이다. 그보다는 정당성 확보 측면에서 우위를 유지한 채 북한 정부 수립을 위한 준비와 절차를 진행할 터였다. 5월 10일 남한 단독선거가 치러짐으로써 북한 역시 정부 수립을 대한 명분과 구실을 획득하였다. 더욱이 남한 단독 선거에 소수의 우익 정당·사회단체만이 참가한 사실은 공산 측의 비난에 논리적 근거를 제공해 주었다.

공산 측은 일시적으로 수립되는 북한 정부에 어떠한 성격을 부여할 것인지 고민하였다. 앞서와 같이 장차 통일정부 수립에 대비하여 '임시적' 정부가 들어서야 한다는 입장이 한때 있었지만 결국에는 '통일적' 정부로서의 위상을 갖추는 방향으로 정해졌다. 공산 측은 통일을 이루고 북조선의 '민주적' 성과를 수호할 수 있는 유일한 방법이 헌법 채택 및 최고인민회의 선거를 통한 조선민주주의인민공화국 선포라고 강조하였다.

북한 헌법은 광범위한 계층의 통일전선에 입각한 비사회주의적 색채를 가지도록 유도되었다. 이에 따라 헌법에 개인소유와 신앙의 자유 등 '자본주의적' 내용이 명문화되었다. 소련공산당 중앙위원회 정치국은 북한 헌법 제2조 주권 소재, 제6조 토지소유 범위, 제14조 신앙의 자유 등 3가지 사항에 대해 수정을 요구하였고, 북한 측은 이를 반영하였다. 반면 11개 항목에 대한 소련공산당 대외정책위원회의 수정 권고는 대부분 수용되지 않았는데, 이는 현지 북한과 소련군 지도부의 입장이 강력히 반영된 결과였다.

북한 정부 수립을 위한 가장 중요한 절차는 남북한에서 전국적인 선거 실시였다. 공산 지도부는 남한 '지하선거'라는 일종의 편법을 동원하여 남쪽 대표자를 선발하여 자기의 목표를 실현시키고자 하였다. 남로당이 주도가 되어 진행한 남한 '지하선거'에 남한 전체 유권자의 77.5%가 참여하였다고 밝히고 있지만 이 수치를 그대로 믿기는 어렵다. 무엇보다도 남한 당국의 엄중한 감시 상황 속에서 선거는 반(半)공개적 방식이거나 연판장을 돌려 서명을 받는 변칙적인 방법이 동원되었다. 더욱이 후보자의 이름이 공개되지 않은 경우도 있었다. 요컨대, 남한 '지하선거'는 전국적인 선거 실시와 '통일적인' 정부 수립이라는 명분을 얻기 위해 무리하게 진행된 정치 행위였던 셈이다. 그럼에도 공산 측은 남한

'지하선거'를 미국의 팽창정책에 대한 인민의 항의의 표시이며, 5.10선거 결과로 탄생한 남한 국회와 이승만 정부를 인민들이 거부한다는 것으로 해석하였다.

반면 북한에서의 최고인민회의 선거는 별다른 장애 없이 진행되었다. 이미 1946년 도·시·군인민위원회 선거와 1947년 면·리(동) 선거 경험을 한 상태에서 천도교청우당 내의 일부 잡음 등을 제외하곤 상·하부 모두에서 별다른 반발은 발생하지 않았고, 북한 내 반대세력들의 활동으로 난처한 상황이 연출될 여지는 없었다. 공산 측은 남북의 선거를 통해 뽑힌 512명의 대의원으로 구성된 조선최고인민회의를 '통일입법기관'으로 불렀다. 이를 토대로 등장하는 북한 정부가 분단 정부가 아닌 '통일적 정부'라는 것을 주장하고자 했다. 특히 남한 지하선거의 실시는 이 주장에 힘을 실어주었다.

공산 측이 좌파 주도의 통일정부를 줄곧 추구한 것은 의심이 여지가 없다. 하지만 이의 실현이 불가능하게 되고 북한 단독정부가 눈앞에 다가왔을 때 이 정부의 위상을 전국적 대표성을 갖는 것으로 규정하려 하였다. 한반도에 좌파 지배를 허용할 수 없었던 미국이 남북 분단을 선택하자 북한 역시 동일한 길을 걷게 되었다. 공산 측으로서는 김일성이 이끄는 북한 정부가 전 조선의 근로대중의 지지를 받고 있다고 강조한 것은 당연한 수순이었다. 또한 북한 정부의 '정당성'은 남쪽의 지지자들이 적극 참여한 것으로써 보강하고자 하였다.

소련의 남북한 정부 수립에 대한 인식은 북한 지도부의 그것과 본질적 차이는 거의 없었다. '남한 = 괴뢰정부, 북한 = 통일정부'라는 북한 측의 태도는 고스란히 소련의 입장이 되었던 것이다. 다만 소련이 공식 매체를 통해 북한 측이 주장한 '통일적 중앙정부'가 아닌 '통일적 정부'로 부른 것은 남북 당사자보다는 이해관계가 덜한 제3자적 입장에 있었기 때문으로 해석된다. 물론 영토와 국민의 분리 속에서 형식적 요건의 충족만으로 정치적 정당성과 실재성을 획득할 수 없었음은 명백했다.

남한 정부 수립에 뒤이어 북한 정권이 등장하면서 한반도의 법적인 분단은 일단 완결되었다. 한반도 분단은 미·소 간 이해관계의 작용에 의한 것이면서 동시에 한민족 내부 분열이 탄생시킨 결과물이었다. 말하자면, 북한 국가의 형성은 소련과 북한 공산주의자들의 '고립적' 행위로 이루어진 것은 아니었다. 거기에는 시시각각 변모하는 한반도 내외의 정세변화와 상호 세력관계가 투영되었다.

북한 정부 수립이 예정되면서 지도부의 서열과 권력 배분을 정하는 문제는 겉으로 드러나는 것 못지않게 심각한 사안이었다. 북한 권력체계는 남로당을 비롯한 남쪽의 좌우세력을 수용하여 구성된 까닭에 다소간의 갈등적 상황이 조성될 가능성이 높았다. 이는 1946년 후반기 박헌영의 남로당 지도부가 북한에 이전함으로써 출발하였다. 이후 남·북로동당 통합 지도부 구성 문제가 대두되었지만 그 실현은 양측의 이해관계로 인해 상당 기간 지연되었다. 남로당 지도부는 대체로 명망과 경력에서 앞선 인사들이 많았던 까닭에 북로당과 보이지 않는 알력이 형성되었다. 더구나 소련의 대북정책 입안과 집행을 책임진 슈티코프는 남북노동당 통합중앙위원회 위원장으로 박헌영을 천거하였다. 물론 이미 북한에서 확고한 기반을 가진 김일성을 박헌영으로 대체한다는 것은 세력관계의 측면에서도 실현되기 어려운 일이었다. 김일성과 박헌영의 관계는 협력을 바탕으로 한 경쟁관계로 규정지을 수 있는데, 그 사이에서 슈티코프가 이끄는 소련군 지도부는 매개적 역할을 수행하였다. 일찍부터 남과 북 공산당과 소련 지도부는 '삼각 협력체계'를 구축해 놓았던 것이다. 이를 토대로 남로당과 북로당은 각각 남과 북의 혁명을 지도하는 역할을 맡았으나 점차 남로당이 약화되면서 북로당이 남쪽의 사업에 개입하기 시작하였다.

그럼에도 남북노동당 간의 정치적 경쟁은 눈에 띄지 않게 치열하게 전개되었다. 300~400명의 남쪽 출신 당원들은 권력 기관 내에서 지도적 지위를 점유했고, 특히 1949년 6월 남·북로동당 합당 시 당 지도부 계파별 구성에서 다수를 차지하였다. 박헌영은 최고지도자로서 김일성의 권위를 인정했지만 주요 정책 결정은 대부분 김일성-박헌영의 공동명의로 이루어졌다. 국가수립부터 한국전 초창기에 이르기까지 북한은 김일성-박헌영의 공동 권력체계를 유지했다고 볼 수 있다. 이에 따라 김일성의 입지가 당내에서 도전 받을 가능성은 상당 기간 지속되었다. 그럼에도 김일성은 귀국 직후 대중적 이미지 각인, 탁치정국을 통한 조만식의 퇴장, 한국(조선)임시정부 수립 좌절, 박헌영과의 경쟁 승리 등과 같은 계기적 경로를 거쳐 최고 권력자로 등장하였다. 그의 등극에는 다양한 주·객관적 요인들이 작용하였음을 보여 주고 있다.

가정컨대, 1946년 미소공동위원회가 성공리에 타협에 이르러 한국(조선)임시정부의 수립이 가능했다면 한반도의 권력구도는 전혀 다른 상황으로 전개되었을 것이다. 소련이 추천한 여운형이 수상으로 낙점되었을 수 있고, 조선공산당은 김일성보다 박헌영이 지도자로 남아 있었을 가능성이 높았다. 다시 말해서, 통일임시정부가 수립되었을 경우, 한반도의 권력구도와 그 향방은 전혀 다른 양상을 보였을 것이다. 역설적이지만 김일성의 정치적 입지는 분단의 조건에서 한층 견고해지게 되었다.

해방 3년간 북한의 국가 형성 과정에서 모스크바 지도부는 정책 결정의 정점에 있었다. 주요 정책의 결정은 최종적으로 크렘린의 승인하에서 이루어졌다. 당시 한반도의 운명이 미·소 간 협상 하에 달렸음을 본다면 소련 지도부의 역할이 절대적이었다고 할 수 있다. 물론 이 역할은 한반도 정세와 여론의 동향에 따라 북한 지도부와 긴밀한 협의 속에서 발현되었다. 다만 모스크바3상회의 결정이나 미소공동위원회 전략 등 대외관계와 교섭은 이 같은 방향에서 어느 정도 예외로 적용되었다고 볼 수 있다. 대외관계는 한반도−북한 내부라는 현지의 입장을 고려할 공간과도 떨어져 있을뿐더러 직접적인 자국의 이해관계와 부딪치는 지점이기 때문이다.

소련이 한반도에서 추구한 목표는 자국에 '우호적인' 정부 수립이었다. 이 노선은 냉전 시기만이 아니라 그 이후에도 통용되어 온 '한반도 공산화'와는 분명히 선을 긋는 발상이었다. 소련의 대한반도 정책 수행은 당시 동유럽 국가들에서의 경험이 주요하게 작용하였지만 소련군이 점령한 지역의 성격에 따라 통치 방식과 영향력 행사의 정도는 차이가 있었다. 소련이 처음부터 북한만의 사회주의 정권 수립을 추구했다면 '부르주아민주주의 노선'이나 '민공 연합'과 같은 복잡한 절차가 필요하지 않았을 것이다. 북한 지역에서 소련군의 통제력이라면 어떠한 권력기관의 수립도 가능했기 때문이다. 해방 후 조선의 발전 단계에서 사회주의건설은 이론적으로도 배치되는 논리라는 것은 언급할 필요도 없다. 소련은 모스크바 결정에 따른 조선임시정부가 중도적이라 하더라도 반소·반공적 성격을 띠지 않는 한 이를 허용하겠다는 입장이었다. 조선임시정부를 공산당이 주도하는 것보다는 소련에 거부감을 가지지 않는 친소 세력의 배치에 보다 관심을 가지고 있었던 것이다. 물론 소련이 장기적으로는 한반도뿐 아니라 전세계가 사회주의로 이행해야 한다는 목표를 가졌음을 부정할 수는 없다. 이 책에서는 별로 다루지 않았지만 소련이 당 선전선동부를 중심으로 소비에트 이데올로기를 보급하기 위해 북한에서 수많은 문헌 출판을 지원하고, 한글 일간지인 『조선신문』 등을 발행한 것도 결국 한반도가 소련 체제를 지향하기 위한 조처였을 것이다. 단지 이것은 당면 전략이라기보다는 장기적 목표 지점이었다.

여기서 소련 측과 공산주의자들로 대표되는 북한 지도부 입장이 얼마만큼 일치되고 또는 상충되었는가를 확인하는 것은 양자 관계의 성격을 밝히는 데 도움을 줄 것이다. 해방 후 양측의 관계를 보여 주는 수많은 증거들은 대체로 그들이 대체로 협력적·비모순적 관계를 유지했음을 말하고 있다. 이는 양자의 이해관계가 많은 부분 일치했음을 보여 주는 것이기도 하다. 이를테면 소련이 한반도에 친소우호국가를 수립하는 것을 목표로 하고 있었다면 북한 지도부의 입장도 여기에 크게 벗어나는 것은 아니었다. 그렇지만 정세의 변화와 발전에 대한 소련과 북한 양측의 입장은 공통적 이익과 모순성이 공존했다. 즉, 양자의 이해관계는 상호 일치하는 측면이 많았지만 '민족적' 관점에서 배타적인 면도 컸다. 예를 들면, 1946년 11월 3일에 실시된 도시군인민위원회의 선거와 이듬해 2월 북조선임시인민위원회에 '적법성'을 부여한 북조선인민위원회의 탄생은 북한과 소련 모두에게 북한의 '민주기지'를 강화시켜 전 한반도의 좌파 주도권을 확보하기 위한 조치로 해석될 수 있다. 그러나 소련의 입장은 이것이 자국의 이해관계를 굳건히 해주는 안전판으로 보는 측면이 더욱 두드러졌다고 할 수 있다. 더 나아가 소련의 대한반도─북한 정책에서 제1의 목표는 자국에 우호적인 좌파 주도의 정부 수립이었으나 그 정부가 '반쪽'이라 하더라도 타협 내지는 용인할 수 있는 것이었다. 반면 북한 측은 불가피하게 '반쪽'이 선택되더라도 이를 완전한 '하나'를 위한 과정으로 바라보았다.

중앙과 지방의 당과 정권기관들이 소련군 지도부와 정책상의 갈등적 요소가 없었다는 것은 불가능하다. 오히려 모든 단위에서 정책 집행을 수행하는 북한 측 간부들이 소련 측에 대해 다소의 불만이 있었다는 것은 충분히 확인할 수 있다. 다만 이를 처리하는 방식은 모순이 드러나지 않게 표면화시키지 않는 모습을 취했을 뿐이었다.

해방 3년간 북·소관계의 전형을 보여 주는 것은 김일성과 슈티코프의 관계일 것이다. 김일성은 북한의 최고지도자로서, 슈티코프는 소련의 대한반도 정책 집행자로서 수위에 선 인물들이었다. 김일성은 슈티코프와 협력적 관계를 맺었으면서도 때론 그의 지도를 받았다. 소련의 대한반도－북한 정책은 사실상 슈티코프의 판단이 가장 큰 영향력을 미쳤다고 해도 과언이 아니다. 하지만 그가 자신의 권한을 남용한다는 인상을 주지 않기 위해 매사에 신중한 접근을 취한 흔적은 적지 않았다. 때로는 국가이익의 관점에서 소련이 아닌 조선 측의 이해를 대변함으로써 모스크바 지도부로부터 비판을 당하기도 했다. 그는 김일성과 정책적 협의를 진행하고, 소련의 요구 사항을 전달하며, 조선 측의 요구를 수용하는 동반자적 관계를 형성하였다.

김일성에게 슈티코프의 존재는 다소 복잡한 상대였던 것 같다. 나중에 회고록을 통해 김일성은 자신과 수많은 사안을 논의하고 교감을 나눈 슈티코프보다도 몇 차례 만남에 그친 연해주군관구 사령관 메레츠코프에 대해 훨씬 많은 회상을 남겼다. 이는 슈티코프와 북한 지도부가 불편한 관계를 유지했다는 것을 결코 의미하지는 않는다. 오히려 해방 이후 5년간 슈티코프의 막강한 영향력을 잊고 싶은 김일성의 마음을 반영한 것은 아니었을까 한다. 한국전쟁 이후 주체노선에 쏠려 있는 그의 입장에서는 충분히 품을 수 있는 정서였을 것이다.[1]

---

[1] 한국전쟁이 한창이던 1950년 10월 소련대사로서 슈티코프는 유엔군의 인천상륙작전을 저지하지 못한 책임을 지고 철직되어 귀국 길에 올랐다. 그 후 다른 소련군 성원들과는 달리 그가 1964년 사망할 때까지 북한을 다시 방문한 흔적을 발견하기는 어렵다.

소련의 대한반도-북한 정책
관련 기관 및 인적 구성

소련의 대한반도-북한 정책 관련 기관 및 인적 구성

1. 소련의 대한반도 정책 관련 조직 구조

제2차세계대전 종전 이전 소련은 전후의 효율적인 대한반도 정책을 준비하는 데 필요한 전문 인력과 담당 기구가 부족한 상황이었다. 식민지 조선과는 국가 간의 공식관계가 성립되어 있지 않았고, 전시 상황에서 조선 문제에 눈을 돌릴 여유가 없었기 때문이었다. 또한 1937년 소련령 극동 거주 한인들의 강제 이주와 함께 코민테른(Komintern), 외무성, 군대 및 각 정보기관에서 일했던 한인들의 숙청이 전문가 부족의 원인이 되었다.[1] 이로 인해 해당 시기 소련 정부의 대한정책 기구는 따로 완비된 구조와 기능을 갖출 수 없었고, 종전 직후에도 한반도 정책을 수립하고 현지 점령 정책을 집행하는 데 상당한 난관이 따를 수밖에 없었다.

종전 이전 소련 측이 확보한 대조선 정보 출처는 주서울 총영사관과 주일본 대사관 등 공식 계통 이외에 국가안전인민위원부 소속 요원들과 조·소 국경지

---

[1] 1937년 강제이주 시기 극동에서만 소비에트 일꾼, 군인, 의사, 교사, 작가, 구적위군 빨치산 등으로 구성된 한인 열성분자 2,500명 이상이 일제의 '간첩혐의'로 체포되었다. Пак Б. Д. Корейцы в Советской России(1917 - конец 30-х годов). Москва-Иркутск, 1995, c. 227-228.

대에서 활동한 극동전선군 소속 정찰부대를 통해 이루어졌다. 극동전선군 정치기관에서는 1940년 여름부터 대일전에 대비하여 일본·중국·몽골·조선 전문가들이 투입되어 요원들에게 각국의 정치, 경제, 역사, 언어 등을 학습시켰다.[2]

제2차세계대전이 종결되자 소련은 전시체제에서 탈피한 새로운 질서를 구축하기 위해 일부 권력기관을 개편하였다. 우선 전쟁 기간 소련의 국가, 군사, 경제적 지도에 있어 일체의 권력을 쥐고 국가·군사기관, 당, 노동조합, 공청조직들의 활동을 통합시켰던 국가방위위원회(ГКО)[3]가 종전 후인 1945년 9월 4일 폐지되고 위의 기능을 전연방(볼셰비키)공산당 중앙위원회(ЦК ВКП(б); 이하 당 중앙위원회)[4]가 회복하였다. 정부기구들은 이보다 늦은 1946년 3월에 재조직되는데, 예를 들면, 국가권력의 최고 집행기관인 인민위원회의(СНК)는 내각회의(СМ)로, 외무인민위원부(НКИД)는 외무성(МИД)으로, 방위인민위원부(НКО)는 무력성(МВС)으로 개편되었다.

대한반도 정책과 관련하여 당중앙위원회 기관들은 하부 기구의 정책입안 내용을 면밀히 검토하고 정책 결정에 이르는 과정을 책임졌다. 이 과정은 무력성과 그 산하 정치기관 및 외무성 부서들로부터 긴밀한 보고체계를 유지하는 가운데 이루어졌다. 그런데 이들 기구의 수뇌부는 통상 당중앙위원회 고위 간부를 겸임하였기 때문에 정책기관 간의 역할 설정은 정책담당자의 위상에 따라 규정받는 경우도 적지 않았다.

종전과 더불어 전시체제의 국가비상 기구들은 그 기능을 정지했지만 해방 후 북한에 진주한 군부가 주둔 정책을 집행해야 하는 상황이었다. 이와 관련하여

---

2) Оружием слова. Статьи и воспоминания советских востоковедов 1941-1945 гг. М., 1985, с. 137.

3) 이 기관은 독일의 침략에 대항하여 총력을 동원할 목적으로 1941년 6월 30일 당중앙위원회, 최고회의 간부회, 인민위원회의의 공동 결정으로 성립되었다. История Коммунистической партии Советского Союза, М., 1982, с. 451-452. 국가방위위원회는 의장으로 I. V. 스탈린이, 위원들로는 V. M. 몰로토프(부의장), K. E. 보로쉴로프, G. M. 말렌코프가 있었으며 나중에 N. A. 불가닌, N. A. 보즈네센스키, L. M. 카가노비치, A. I. 미코얀이 합류하였다. 이들은 전후에도 모두 소련권력의 핵심부가 되었다.

4) 1952년 제19차 당대회에서 전연방(볼셰비키)공산당은 소련공산당으로 개칭되었다.

주목할 것은 점령지역에서 정책을 입안하고 집행했던 주체는 단순한 군인 출신이 아니라는 점이다. 제2차세계대전이 발발하자 전연방(볼셰비키)공산당 소속 수많은 당원들은 각 전선에 배치되었다. 이들 중 상당수 당중앙위원회 위원과 후보위원, 그리고 구성공화국·변방·주(州)의 당중앙위원회 비서 등 간부급들은 각급 군 단위의 군사회의 위원이나 정치기관의 장으로 파견되었다. 각급 군의 정치기관을 채운 인사들도 당원으로서 상당수가 해당 소속분야의 전문가들이 들어갔다. 이들은 종전 후 소련의 점령지역 업무를 수행한 주역이자 '군복 입은' 당원·정치가들이었다. 실제로 현지 군부의 보고체계는 군 계통(무력성)뿐 아니라 당중앙위원회 관련 부서나 외무성 등 당·정부기관으로 이어졌다. 따라서 해방 후 소련의 대한반도 정책을 논하는 데 있어서 군부와 민간기관을 대별해서 나누는 것은 큰 의미를 가진다고 볼 수 없다.

소련 지도부에서 주둔군 단위로 이어지는 대한반도-북한의 정책 라인은 공산당과 정부 그리고 군부가 모두 상호 유기적으로 연관된 구조적 성격을 띠었다. 먼저 모스크바 지도부로 불릴 수 있는 기관들은 당중앙위원회 정치국과 서기국 산하 대외정책부, 선전선동국, 그리고 정부기관으로서 외무성(제2(1)극동부)과 무력성(총참모부, 총정치국)을 들 수 있다. 모스크바 지도부를 정점으로 하여 연해주군관구 군사회의가 정책 집행의 지도권을 행사하였고 그 하부 단위인 제25군 군사회의와 민정기관이 집행을 담당하였다.

정책의 입안 과정은 통상 현지(북한)에서의 입안과 모스크바 지도부의 자체 입안으로 구분될 수 있다. 후자의 경우는 통상적으로 국제회의나 외교에서 한국문제를 다룰 때 성립되었다. 주요 문제에 대한 최종 결정 과정에는 당중앙위원회 정치국을 비롯하여 외무성과 무력성 등 각 단위 기관들이 각자의 고유한 권한을 가지고 정책 수준별로 참여하였다.

극동군 이하 군 단위에서는 각 군 군사회의, 정치국(정치부) 그리고 정치국 산하의 정치7국(7부, 7과)이 대한반도-북한 정책에 관계한 기관들이었다.

소련군 정치기구의 구성과 주요 기능은 다음 표에서 설명된다.

〈표 1〉 소련군 정치기관의 구성과 기능

기구 명칭	역할 기능	편제	비고
소련무력 총정치국	소련군 내의 최고 정치기관이자 지도적 당기관이며 당중앙위원회 부서로서 활동. 당중앙위원회를 대신하여 소련군 내의 당·정치 사업 수행	선전·선동국, 당사업조직국, 간부국, 공청사업부, 군사사회학연구부, 기타 부서 등으로 구성. 조직편제상으로는 무력성 예하 기관	각 군 정치기관에 지도적 지침과 활동 방향 제시
군사회의	군대 건설, 전투 조직, 군의 통제·준비·보장 등 원칙적인 문제들의 논의나 결정을 위한 집단적 군지도기관. 군의 당·정치 사업을 지도	소련군(소련군 전체가 아닌 그 구성군. 예: 소련극동군), 군관구(또는 함대), 집단군, 군, 소함대 등에 소재. 군사회의 의장은 해당 군사령관	전시에 소련최고회의간부회가 포고한 지역에서 국가권력기관의 모든 기능을 가짐
정치기관	소련군 내의 지도적 당기관. 군대의 상태와 정치사업 문제 등에 관해 해당 군사회의 및 상급 군 정치기관에 보고.	소련군(군사회의 설명과 동일), 군관구, 집단군, 방공구, 함대 단위의 정치국과 군, 소함대, 병단 및 독립 부대, 군관구 참모부 단위의 정치부로 나누어짐. 국방성(무력성)과 소련군 총정치국, 해군함대에 의해 설치됨	극동군 총사령부와 연해주군관구에는 정치국 단위로, 제25군 사령부에는 정치부 단위로 존재

위 표의 설명은 주로 군 내부의 사업에 한정된 것이지만 점령지역의 범위에 들어서면서 그 기능은 대주민 차원에서 확대되었다. 전후 연해주군관구 군사회의와 산하 제25군사령부 군사회의는 대북한정책 집행의 주도적 역할을 담당한 기관들이었다. 이 두 기관은 상위 기구인 외무성과 무력성, 그리고 당중앙위원회와의 보고 계통을 유지한 채 일본군의 무장해제 및 소속 부대의 일상적 지휘뿐 아니라 북한지역 민간통치 사업에 대한 책임도 맡게 되었다. 다시 말해서 모스크바 상부 기구의 지휘하에 정보의 수집과 보고, 북한의 민정 지도와 감독, 정책 입안과 집행 업무를 담당하였다. 군사회의의 사업집행에는 소속 군 정치기관과 제25군 예하 민정기관(이후 민정국)에 대한 지도적 책임을 수반하였다. 다만 1947년 1월 각급 군의 군사회의가 사령관 산하의 자문기관으로 개편되면서 군사회의의 기능은 분산되었다.[5] 제25군 예하 민정기관(민정부, 민정국)은 북한의 당·정·군 기관과 직접 연계 속에서 지도적 역할을 수행한 기관으로서 소련의 대북한 정책입안

---

[5] Советская Военная Энциклопедия, Т. 2. М., 1976, с. 274.

에서 가장 핵심적 구실을 한 기관이다. 각 도·시·군에 설치된 경무사령부는 민정기관의 지휘하에 인민위원회 등 지역 권력기관들을 지도하였다.

대일 전쟁이 개시된 직후인 1945년 8월 10일 극동군총사령부 정치국은 예하 정치기관에 일본점령(식민)지역 주민들을 상대로 선전과 '민주적' 인사 발탁 등 광범위한 정치사업을 실시할 것을 지시하는 '훈령'을 내렸다.[6] 이와 관련하여 각급 군 정치국(또는 정치부) 소속 제7국(또는 7부, 7과)의 역할은 주목의 대상이 된다. 이 기관들은 소련군이 점령한 영토에서 적군(敵軍)과 주민을 대상으로 선전활동을 책임지던 부서[7]로서 특별선전국(부, 과)으로도 불리며 각종 정보수집과 대민 활동에 중요한 역할을 수행하였다. 대북한 활동과 관련해서는 소련군 총정치국 정치7국과 연해주군관구 정치국 정치7부, 제25군 정치부와 정치7과는 동일한 명령계통 속에서 민정국과 더불어 한반도(북한)의 상황을 관장하는 기관이었다. 정치국(정치부) 제7국(7부, 7과)의 실무적 활동은 민정부와 더불어 정책 입안 및 집행 과정에서 빼놓을 수 없다.

소련의 대한반도 관련 정보 보고 체계는 중복된 내용이라 하더라도 특정한 기관들이 단일한 조직계통 선상에서 조직된 것이 아니라 여러 기관들 간의 복잡한 유기적 연관 속에서 구성되었다. 아래로부터의 계통을 세분해 보면, ①제25군 군사회의·민정국 → 연해주군관구 군사회의, ②민정국·제25군 고문기관·주서울 소련총영사관 → 외무성 제2(1)극동부, ③제25군 정치부 → 연해주군관구 정치국(극동군총사령부 정치국) → 소련군 총정치국 등 3개 라인으로 나누어질 수 있다. 여기서 다시 나중의 기관들은 걸러진 정보를 당중앙위원회 담당 부서 및 외무성과 무력성의 담당 부상들에게 보고하고 필요한 정책 건의를 아울러 수행하였다. 물론 이 같은 분류는 도식적으로 적용된 것만은 아니었는데, 이를테면, 연해주군관구 군사회의는 당중앙위원회의 부서로 기능하였고, 제25군 고문기관은 외무성 부상들에게 보고 및 정책 건의 체계를 유지하였다.

---

6) Оружием слова. Статьи и воспоминания советских востоковедов 1941-1945 гг. М., 1985, с. 163-164.

7) Ланьков А. Н. Северная Корея: вчера и сегодня. М., 1995, с. 160-161.

2. 당 중앙위원회 및 내각기관

당 중앙위원회 기관

당 중앙위원회 내에서 한반도 문제에 관여한 부서들로는 당정치국, 당서기국 그리고 당서기국 산하 대외정책부와 선전선동국으로 대별될 수 있다. 그 가운데 당정치국은 당중앙위원회 총회 사이 기간 동안 정치·조직 문제를 결정하는 기관이며 명실상부한 소련의 최고 권력기구였다. 먼저 당정치국 내에서 소련의 대한정책이 어떻게 결정됐는지를 이해하기 위해서는 그 작동 구조를 살펴볼 필요가 있다.

당정치국은 공식적으로 당중앙위원회 회의 사이 기간 동안 당 사업 지도를 위해 당 중앙위원회가 선출한 당 지도기관이었다.[8] 이 기관은 명실상부한 소련의 최고 의사결정기관으로 기능하였지만 일당체제의 권력 구조상 매우 은밀한 모습을 띠고 있었다. 당정치국의 권한은 간부, 군사, 국가안보를 비롯한 대외정책 등 국가의 주요 문제에 대한 정책 결정을 담당하였다. 이 점에서 주로 경제 문제를 다뤘던 내각회의(각료회의)와는 차별성을 지녔다.

당정치국의 모든 정책 결정은 통상 정기·비밀·특별 회의를 거치는 방식으로 진행되었다. 정기회의의 결과를 담은 의사록에는 회의 참가자, 논의된 문제, '결정' 등이 포함되었다. 그러나 비밀·특별회의에서는 의사록이 거의 작성되지 않았고, 여기서 채택된 결정은 회의 참가자들을 표기하지 않고 '정치국 결정'이라는 표제하에 정기회의 의사록의 부록 형태로 기록되었다. 또한 당정치국의 결정은 회의를 거치지 않고 정치국원들의 조회를 통해 채택되는 경우가 많았는데, 이렇게 해서 내려진 '결정'은 '정치국원의 조회로 채택된 결정'라는 표제로 정치국 정기회의 의사록의 부록에 기입되었다.[9] 1945~48년간 당정치국의 결정은 1945년

---

[8] 1917년 10월 무장 봉기에 대한 정치적 지도를 위해 레닌을 수반으로 하여 처음 탄생한 당정치국은 1919년 제9차 당대회부터 상설 기관이 되었다. 1952~1966년 소련공산당 중앙위원회 상임간부회로 명칭을 변경하였지만 이후 부활하여 1991년 소비에트 연방이 해체될 때까지 존속하였다.

930건, 1946년 1,094건, 1947년 1,020건, 1948년 841건에 이르고 있다.[10] 이들 수치는 독소전쟁 이전과 비교하여 눈에 띄게 축소되었다. 이 기간 한반도 관련 결정은 1945년 1건, 1946년 4건, 1947년 6건, 1948년 17건 등 도합 28건에 불과했다.[11] 결정 가운데는 '조선 헌법문제' 등 핵심적인 사안도 있으나 보통은 다소 평범한 사안에 국한되었다. 따라서 다수의 주요 사안들은 정치국 '결정'을 거치지 않고 스탈린과 몰로토프 등 최고위층의 승인을 통해 결정되었다고 말할 수 있다.

정치국원 중 대한반도 정책에 가장 비중이 큰 몇몇 인물을 중심으로 살펴보자. 우선 I. V. 스탈린을 최우선적으로 말하지 않을 수 없다.[12] 소련의 모든 대내외 정책은 그의 절대적 권한 내에서 결정·집행되었다. 한반도 문제에 대한 스탈린의 관심과 개입 범위는 예상보다도 광범위했다. 소련의 대북한정책의 기조가 되는 1945년 9월 20일자 '훈령'이 그의 명의로 발송되면서부터 그는 중간단계를 생략하고 북한 민정지도 총책임자인 연해주군관구 군사회의 위원 슈티코프와 암호전문을 주고받았다. 그는 곧 한반도 정책 결정의 총괄적인 지휘자였다.

외무상 V. M. 몰로토프는 스탈린 다음 가는 대한반도 정책의 최고 정책결정자였다. 그는 당정치국원과 당서기를 겸임하면서 동시에 각종 대외 관련 정보를 총괄하는 외무성의 수장으로 사실상 당시 소련의 제2인자로 자리하였다.[13]

9) Хлевнюк О. В. Политбюро. механизмы политической власти в 1930-е годы, М, 1996, с. 287.

10) Политбюро ЦК РКП(б)-ВКП(б). Повестки дня заседаний 1919-1952. Каталог, Т. 3(1940-1952), М., 2001, с. 371-545.

11) Политбюро ЦК РКП(б)-ВКП(б). Повестки дня заседаний 1919-1952. Каталог, Т. 3(1940-1952), М., 2001; РГАСПИ, ф. 17, оп, 162, д. 38, 39를 종합하여 작성함.

12) 이 시기 스탈린이 보유한 주요 직책들로는 당중앙위원회 총서기(1922~1953), 당정치국원 (1919~52), 인민위원회의(1946년부터 내각회의) 의장(1941.5~1953), 국가방위위원회 의장 (1941.6.30.~1945.9.4.), 국방인민위원/무력성장관(1941.7.19~1947), 소련군 최고 총사령관 (1941.8.8.~1953) 등을 들 수 있다. 그는 내각회의 의장을 겸임하였음에도 불구하고 회의 에는 거의 참석하지 않았다.

13) 몰로토프가 겸임하던 주요 직책으로는 당중앙위원회 정치국원(1926~52), 인민위원회의 제1부의장(1941~46), 내각회의 부의장(1946~53), 제1부의장(1953~57), 국가방위위원회 부 의장(1941~1945), 외무장관(1939~49, 1953~56) 등이 있다.

외무성의 관계부문 부상들과 군의 정책 건의는 대체로 몰로토프의 판단을 거쳐 확정되거나 당정치국이나 내각회의의 결정안으로 제기되었다. 이 과정에서 사안에 따라서는 스탈린 및 다른 지도부와 협의를 거쳤을 것이다. 그러나 북한의 토지개혁(1946.3)과 화폐개혁(1947.12)과 같은 주요 정책 결정은 그를 거쳐 최종 확정된 것도 적지 않아 보인다.[14] 동시에 그는 해방 후 한반도의 장래를 다룬 모스크바3상회의에서 한국문제 결정을 도출해 냈고 이후 미소공동위원회 소련대표단과 유엔의 소련대표 활동을 사실상 총지휘하였다. 미국과의 협상을 통해 한반도 문제 해결을 모색한 상황에서 그는 소련의 전략과 전술을 직접 감독한 실질적인 책임자였다. 이처럼 미·소관계와 국제무대에서 몰로토프의 위치와 역할을 보면 그가 한반도 운명의 주요 결정자가 된 것은 틀림없다.

당중앙위원회 이념문제 담당 서기 A. A. 쥬다노프는 주로 당의 선전·선동과 관계된 업무를 관장하였다. 다른 정치국원들과는 달리 그는 각료직을 맡지 않고 당사업에 주력했는데, 대북한정책에 대해서는 주로 선전의 조직화와 간부 양성, 문화 관련 사업, 언론·출판 사업 등에 관계하였다. 말하자면, 북한 내 소비에트 이데올로기 및 각종 문화 사업은 그의 전반적 지도하에 이루어졌다. 대독전쟁 시기 소련군의 물품 공급조직에 대한 통제를 맡았던 A. I. 미코얀은 대외통상성(MBT) 장관과 내각회의 부의장을 겸임했던 관계로 대북한 무역관련 사항의 결정권을 행사했다. 또한 경제학자인 N. A. 보즈네센스키는 파시즘과 식민지 해방지역에서 인민경제를 복구·지도하는 역할관계로 북한 경제 문제의 결정에 개입하였다.

당서기국은 당의 모든 행정업무를 관장하고 정치국의 정책결정을 집행하는 기능을 가진 기관이었다. 또한 정치국 회의에 부쳐질 의제들을 자체의 '결정'을 통해 사전에 심의·검토하는 통로이기도 했다. 스탈린을 총서기로 한 당서기국의 진용에서 한반도 문제에 관여한 서기들로는 A. A. 안드레예프(1946년 3월 해임), A. A. 쥬다노프, G. M. 말렌코프(1946년 5월 해임, 1948년 7월 복직),

---

[14] "로조프스키가 몰로토프에게(1946.3.1.)." АВПР, ф. 018, оп. 8, п. 6, д. 81, л. 1-3; "말리크가 몰로토프에게(1947.9.10.)." ф. 06, оп. 9, п. 59, д. 885, л. 6-8.

M. A. 수슬로프(1947년 5월 선출)등이 있었다.[15]

당서기국 산하 대외정책부와 선전선동국은 당의 대한반도 정책을 직접 담당한 기관이었다. 먼저 당대외정책부는 국제공산주의운동의 상황에 관한 정보를 수집·분석하고 외국에서 소련의 선전을 조직화하는 기능을 수행하였다. 한반도와 관련한 이 기관의 임무는 각 군(軍)과 외무성의 담당부서로부터 각종 정보와 보고를 취합하여 정책 판단을 수행하는 데 있었다. 대외정책부장 M. A. 수슬로프[16]는 주로 정부기관과 상급 군 정치기관의 보고와 건의를 접수하고 개별 정책 사안에 대해서는 결정적 권한을 행사하였다. 예를 들어 그는 1946년 6월 허가이, 이동화, 기석복 등 소련계 고려인 간부급 13명과 이와 별도로 '평양학원' 등의 교원으로 채용된 50명을 북조선공산당의 관리로 옮겨 달라는 김일성의 요청을 처리한 바 있다.[17] 이후 그는 당서기로 전임하면서 대한정책을 당 차원에서 조직·지도하는 데 핵심적 위치에 섰다.

당선전선동국은 이데올로기 사업의 형식과 방법을 세우고, 당중앙위원회와 소련 정부의 과학, 문화, 교육 문제에 대한 결정과 지시의 집행을 준비·조직하는 데 참여하였다. 북한과 관련한 이 부서의 주요 사업으로는 소련문헌을 번역·출간하여 보급하는 것, 즉 소련의 제도를 북한에 소개·도입하는 일이었다. 이 부서는 뒤에 문화성 장관을 지내게 되는 G. F. 알렉산드로프가 이끌었다.

대한반도 정책에 관여한 당중앙위 간부들로는 A. S. 파뉴쉬킨, S. M. 코발료

---

15) 나머지 서기들로는 A. S. 쉐르바코프, A. A 쿠즈네초프(1946년 3월 선출), G. M. 포포프(1946년 3월 선출), N. S. 파톨리체프(1946년 5월 선출, 1947년 5월 해임)를 들 수 있다. Состав руководящих органов Центрального комитета партии - Политбюро (Президидума), Оргбюро, Секретариата ЦК (1919-1990 гг.). Известия ЦК КПСС, 1990, №. 7, с. 76.

16) 1946년 3월 당중앙위원회 대외정책부장을 맡기 이전에는 리투아니아 당을 지도했다. 1947년 5월 당중앙위원회 서기로 선출되고 이후 당기관지 『프라우다』 편집장(1949~1950)을 역임하기도 했다.

17) "쉬킨이 수슬로프에게(1946.6.6.)." РГАСПИ, ф. 17, оп. 128, д. 55, л. 5; "쉬킨이 수슬로프에게(1946.6.18.)." РГАСПИ, ф. 17, оп. 128 д. 205, л. 72. 김일성의 이 요청은 소련군 총정치국장 쉬킨의 건의를 통해 전달되었다. 쉬킨이 수슬로프에게 '귀하의 결정을 통보해줄 것을 요청'한 것으로 보아 수슬로프가 이 문제를 결정한 것으로 보인다.

프(당중앙위원회 부장), L. S. 바라노프(당중앙위원회 대외정책위원회 부부장), S. 샤틸로프 등을 들 수 있다. 당중앙위 산하에는 중국, 일본, 한국문제를 취급한 전군준비태평양과(과장: E. 코발료프)가 있었는데, 이 부서는 입수한 자료를 토대로 당중앙위 서기국과 산하 부서의 지침을 위한 개요나 보고 그리고 당중앙위 정보국의 『공보』에 실린 논문을 작성하는 일을 수행하였다.

〈그림 1〉 소련의 대한반도(북한) 정책 지휘도(1946년)

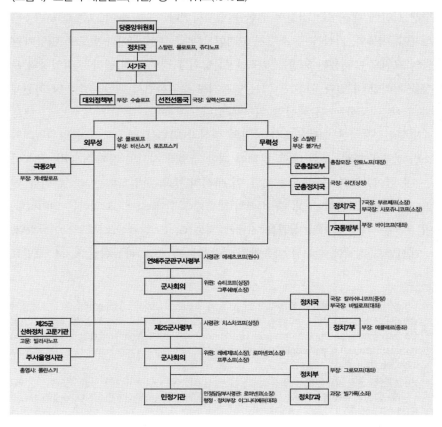

〈표 2〉 대한반도 정책 관련 당중앙위원회 주요 간부 구성

성명	주요 직책	주요 역할 내역
I. V. 스탈린	당정치국원, 내각회의 의장, 무력성 장관	대한반도 정책의 최고 결정자
V. M. 몰로토프	당정치국원, 내각회의 부의장, 외무성 장관	한반도 문제에 관한 국제회의와 미·소 교섭을 주도하고 주요 사안에 대한 결정권 행사
A. A. 쥬다노프	당정치국원, 당서기	대북한 이데올로기 작업을 총체적으로 지도
N. A. 불가닌	당정치국 후보위원, 무력성 차관	군무 관련 문제를 중심으로 대북한 정책 결정에 영향력 행사
M. A. 수슬로프	당중앙위 대외정책부장, 당서기(1947.5)	정부기관과 상급 군 정치기관의 보고와 건의를 접수하고 정책 판단 수행

외무성과 무력성[18]

소련의 정부기관들은 각기 해당 업무에 따라 대한반도 정책과 관련을 맺었다. 하지만 정치부문을 비롯한 대부분의 업무는 외무성과 무력성이 직접 관계를 가졌다. 특히 외무성은 제반의 정책사안에 대한 현지의 보고와 건의가 집중되는 기관이었다.

소련 외무성이 식민지 조선과 관계를 갖게 된 것은 소·일국교 수립이 이루어진 1925년부터인데, 이때 서울에 설치된 소련 총영사관은 조선의 상황과 각종 정보를 분석·종합하여 외무인민위원부 제2극동부와 도쿄 주재 주일대사관에 정기적으로 보고하였다. 해방 후 소련의 대한정책을 다룬 주무기구 가운데 외무성은 가장 광범위하고도 다양한 문제들을 취급하였다.

외무성의 주요 기능 가운데 하나는 한반도 관련 대외정책을 입안하는 것이었다. 전후 한국문제 처리의 주요 계기들로 작용한 일련의 미·소 간 교섭과 국제회의, 즉 모스크바삼상회의, 미소공동위원회, 유엔회의 등에서 소련의 입장과

---

18) 1946년 2월 방위인민위원부와 해군함대 인민위원부를 기반으로 연방공화국무력통합인민위원부가 창설되고, 46년 3월에는 국가통치기관 체계에 성(省)이 도입되면서 무력성으로 개편되었다. 1950년 2월 25일 무력성은 다시 육군성과 해군성으로 분리되었다가 1953년 3월에 다시 국방성으로 통합되었다. Советская Военная Энциклопедия. Т. 5, М., 1971, с. 295.

방침은 주로 외무성의 정책입안에 의해서 실질적으로 구성되었다. 물론 여기에는 각종 회의에서 소련대표단을 지휘한 외무성 장·차관급(상相과 부상副相)의 역할이 막중하였다. 그들은 각자의 비서부로부터 보좌를 받았고 여기서 모든 보고서가 검토되고 일부 정책 입안 및 결정안이 작성되었다. 이밖에도 외무성은 대외무역성이나 재정성 같은 여타 정부 기구와 제반 문제에 대한 공동의 정책 협의를 진행하고 연해주군관구나 주북한 소련 민정부[19]과 연락을 맺어 주는 기능도 수행하였다.

외무상은 앞서 언급한 몰로토프였다. 그를 보좌한 몇몇 차관급 인사들을 살펴보자. 먼저 외무성고위 인사 가운데 한국문제에 큰 영향력을 행사한 인물은 외무인민위원부 부인민위원(외무성 부상) S. A. 로조프스키를 들 수 있다. 그는 하부 기구에서 올라오는 각종 정보보고와 정책 건의 및 그 처리 방안을 관장하였다. 또한 소련 정보국 부국장 직을 겸임하면서 소련언론에 한국문제를 다루는 책임을 졌다. 1946년 전반 소련공산당 기관지 『프라우다』와 소련 정부 기관지 『이즈베스티야』 등에 실린 다수의 한국 관련 글들은 그의 지도하에 게재되었다. 그가 1946년 중반경 외무부상 직을 사임하고부터는 다른 외무부상인 A. Ya. 비신스키[20]와 Ya. A. 말리크[21]가 그의 역할을 대체하였다. 비신스키는 일찍이 얄타·포츠담 회담 그리고 모스크바 3상회의에서 소련 측 대표단의 일원으로 참여하면서 한국문제에 인연을 맺었다. 그는 제1부상으로서 몰로토프에게 전달된 정책 건의를 위임받아 처리하기도 했다. 말리크는 해방 이전 주일본 대사를 역임하면서 일찍이 한반도와 연관을 가졌고, 전후 일본 처리문제에 있어서

---

19) 민정부는 당시 조선인들이 주북한 소련 민정기관을 불렀던 명칭이다. 이 기구의 소련식 표기는 '민정국'이다. 이 명칭은 1947년 이 기구는 공식적으로 주북조선 소련민정국(Управление Советской гражданской администрации в Северной Корее)으로 개칭되었다. 하지만 이 기관의 한글 명칭은 '민정부', '민정기관', '민정국' 등 어느 것을 써도 별로 상관이 없다.

20) 외무인민위원부 제1부인민위원(1940~46), 외무성 부상(1946~49), 외무상(1949~53), 외무성 제1부상 겸 유엔 소련 상임대표(1953~54).

21) 주일본 소련대사(1942~45), 극동회의 정치고문(1945~46), 외무성 부상(1946~53), 유엔 소련 상임대표 및 유엔안보리 소련대표(1948~52).

소련의 이익 관철을 위해 앞장서면서 한반도 문제에도 개입하였다. 로조프스키가 사임한 후부터 현지나 다른 부처에서 외무성으로 전달되는 보고는 상당 부분 말리크에게 집중되었고 외무성의 대한정책 입안에 있어 가장 핵심적인 구실을 하였다. 그는 특히 한국문제가 유엔으로 이관된 1947년 이후에는 주유엔 소련대표로서 국제무대에서 소련의 대한정책 실행을 주도하였다. 이밖에 한반도 정책에 관여한 다른 외무부상들로는 F. T. 구세프와 V. A. 조린을 들 수 있다. 이들 외무부상은 주요 결정 사안의 경우 하부단위에서 정책 건의안을 받아 자체 판단을 거친 후 다시 몰로토프 장관이나 당중앙위원회 주무기관에 판단 및 결정을 요청하는 보고를 하는 것이 관례였다.

전후 시점에서 소련 내에 한국문제 전문가는 거의 없었던 관계로 한반도 관련 사항은 일본 문제 전문가들이 담당하였다. 해방 직후 외무성의 한국문제 담당 부서는 일본 및 여타 아시아 국가 문제를 전담하던 제2극동부였다. 제2극동부장은 D. A. 쥬코프였고, 부부장은 E. G. 자브로딘이었다. 1945년 10월부터는 N. I. 게네랄로프가 새로운 책임자로 임명되었다. 1946년 말 한국문제 담당 부서는 한국이 일본보다는 중국과 더욱 관계가 확대 될 것이라는 정책 판단 아래 중국과 몽고 담당 부서인 제1극동부로 이전되었다.[22] 이 부서의 책임자는 제2차 미소공동위원회 소련대표단의 일원으로도 참가하는 G. I. 툰킨[23]이었다. 그는 미소공위에서 분과위원장을 맡았고, 소련 정부의 방침을 북한 주둔 제25군 사령부에 지시하는 통로 역할을 맡기도 했다.

소련 외무성 제1(2)극동부는 주북한 소련민정국과 제25군 산하 정치고문기관으로부터 각종 정보보고와 자문요청, 정책건의 등을 수용하고 정리하는 역할을 맡아 수행하였다. 또한 자체의 정세판단을 근거로 각종보고와 정책 건의 및 그

22) Петухов В.И. У источников борьбы за единство и независимость Кореи. М., 1987, c. 83.

23) 소련외교관 겸 국제법 전문가. 주이란 영사(1941~42), 주캐나다 대사관 참사관(1942~44), 외무성 제1극동부 부장(1945~48), 주북한 대사관 참사관, 공사(1948~50) 역임. Дипломатический словарь. Т. 3, c. 486-487.

초안을 작성하여 상부(주로 외무성 상·부상)에 제출하였다. 이 부서 소속의 실무 전문가 가운데는 서기관 V. I. 페투호프의 역할을 그냥 지나치기는 어렵다. 그는 한반도 문제에 관한 주요 정책 문건의 작성자로서 미소공동위원회를 비롯한 미·소 협상에 참여한 한반도 문제의 최고 전문가의 일원이었다.[24]

서울에는 외무성의 지휘를 받는 총영사관이 1946년 여름 미국 측과의 갈등으로 폐쇄될 때까지 남한의 전반적 정세와 미군의 정책에 대한 소련 측 정보 수집의 중요한 통로로 기능하였다. 총영사 A. S. 폴랸스키는 전반적인 총영사관 업무를 지휘했으며, 부영사 A. I. 샤브신은 각종 정세 및 상황 보고, 조선지도자들과의 연계 및 교류를 맡았다. 샤브신은 1939년부터 주서울 소련영사관에 근무했으며 슈티코프가 '조선에 대해 그보다 더 잘 아는 사람을 알지 못한다'고 할만큼 최고의 '조선통'이었다.[25]

1945년 9월 북한에 주둔한 제25군 사령부 산하에는 일본문제 전문가 G. M. 발라사노프가 이끄는 조선문제 정치고문기관이 설치되었다. 1946년 4월 4일에는 내각회의의 조치에 따라 13명의 정치고문기관 구성원이 확정되었다.[26] 이 기관은 조직편제상 제25군사령부 소속이었지만 실제로는 외무성의 직접적인 지휘를 받았다. 발라사노프는 전 한반도 상황을 분석하고 이를 토대로 정책 건의를 수행하였지만, 남한의 상황 분석과 문화 관련 부문에도 많은 역량을 쏟았다. 주서울 소련총영사관이 폐쇄되면서 1946년 가을부터 부영사 샤브신이 부고

---

[24] 그는 당시 소련 신문에 게재된 한국문제에 관해 V. 스몰렌스키란 필명으로 기고를 하였다. 한국전 이후에는 1954년 제네바 외상회의, 유엔 총회 회의에 참여하여 한국문제를 다루었다. 그가 쓴 У источников борьбы за единство и независимость Кореи(조선의 통일과 독립을 위한 투쟁의 기원에서)은 해방 후 소련의 한반도 정책 연구에서 중요한 자료로 꼽히고 있다.

[25] Шабшина Ф. И. В колониальной Корее(1940-1945) 식민지 조선에서(1940~1945). Записки и размышления очевидца. М., 1992, c. 278. 이 책의 저자이자 러시아 한국학계의 권위자인 파냐 샤브쉬나는 그의 아내이다. 페투호프도 샤브신을 가리켜 조선의 역사·민속·관습·문화에 통달하였으며, 그가 '조선의 진보적인 정치·사회 활동가들과 광범한 연계를 가진 것은 실천적인 사업을 위해 특별한 가치가 있었다'고 회고하였다. Петухов В. И. 위의 책, c. 55.

[26] "조선문제 정치고문그룹의 직위표." ГАРФ, ф. 5446, оп. 48а, д. 172, л. 15-16.

문으로 이 기관에 합류하였다. 특별히 정치문제와 관련해서 정치고문기관은 민정국과 긴밀한 연계를 유지하였고, 조직의 주요 업무는 남북한의 정치 상황과 남한 주둔 미군의 조치 등을 고찰·분석하며, 자기의 견해와 구상을 외무성과 연해주군관구에 보고하는 데 있었다.

〈표 3〉 대한반도 정책 관련 외무성의 주요부서 및 간부 구성

부서	책임자	업무
상	V. M. 몰로토프	〈표 2〉 참조
부상	A. Ya. 비신스키	제1부상. 사안별 정책 조정
	S. A. 로조프스키	해방 직후 소련 외무성의 대한반도 정책 입안 주도. 특히, 한국문제에 대한 소련의 여론을 환기시키는 데 주도적 역할
	Ya. A. 말리크	로조프스키의 정책 조정 업무 계승. 1948년부터 유엔에서 대한정책 실행을 주도
제2극동부	N. I. 게네랄로프	1946말 이전까지 주북한 소련민정국과 제25군 산하 고문기관으로부터 각종 정보보고와 정책건의 등을 토대로 정책 초안 작성
제1극동부	G. I. 툰킨	제2극동부의 기능 이동(1946년 말 이후)
제25군 정치고문기관	G. M. 발라사노프	외무성 상부기관과 연해주군관구에 남북한 정세 보고 및 정책 입안
주서울 총영사관	A. S. 폴랸스키	해방 초 남한에 대한 각종 정세보고

소련군의 북한 주둔에 따라 그 지휘부인 무력성은 정책 집행에서 직접적인 지휘를 책임졌다. 무력성은 현지 소련군의 군령과 군무를 관장하였으나 그 기능은 여기에 국한된 것은 아니었다. 스탈린 자신이 무력상을 겸임하였고 부상 불가닌은 당 중앙위원회 정치국 후보위원 직에 있으면서 대북한 정책 결정에 권한을 행사하는 위치에 있었다. 소련군 총정치국이나 연해주군관구의 정치기관 등이 작성한 정치보고 가운데 상당수는 불가닌에게도 전달되었다.

군 단위 정책집행 기구의 구성과 개편은 무력성과 산하 총참모부의 업무에 해당하였다. 예를 들면, 1945년 10월 주 북한 민정기관의 설치에 따른 직제 부여는 방위인민위원(무력상)인 스탈린의 명령에 따라 이루어졌고 1947년 민정국으로의 확대·개편은 무력성 부상 불가닌의 명령에 따라 실시되었다.[27] 불가닌은 1946년 8월 북한에서 3개의 보안간부훈련소 설치에 즈음하여 장성급 3명, 장교 343명

으로 구성된 소련군 고문단을 둘 것을 허가하기도 했다.[28] 제2차대전 기간 중에는 연합국 간의 회담 과정에서 군사 관련 제의나 보고, 자료 등을 준비했던 총참모부도 정책 결정에 부분적으로 참여하였다. 가령, 북한의 기본질서의 구도가 담긴 1945년 9월 20일자 '훈령'은 스탈린과 총참모장 A. I. 안토노프 대장의 명의로 작성되었으며, 모스크바3상회의 결정에 따라 1946년 초에 열린 미소양군대표자회담에 대비한 소련대표단 '훈령' 역시도 안토노프의 명의로 발송되었다.[29]

군 최고 정치기관으로서 소련 무력 총정치국(ГлавПУ ВС СССР)[30]은 극동군 총사령부·연해주군관구 정치기관의 보고를 토대로 독자적인 정책 판단 및 입안 업무를 수행하였다. 앞서 언급한 대로 이 기관은 조직 편제상으로는 무력성 소속이었으나 실제로는 당중앙위원회 부서로 활동하였다. 총정치국의 보고와 정책 건의는 대체로 외무성과 무력성의 상과 부상, 그리고 당중앙위원회에 전달되었다. 당중앙위원회 부서들과는 상시적인 보고 및 협의체계가 구축돼 있었다. 총정치국 내의 정책계통은 총정치국장을 정점으로 총정치국 → 제7국 → 제7국 동방부로 이어졌다. 1946년 초 소련군 총정치국장으로 I. V. 쉬킨 상장이 오르는데, 그는 대일 전쟁 직전 중앙아시아 치타에 본부를 둔 극동군총사령부에서 군사회의 위원 겸 정치국장으로 임명되면서부터 한국문제에 관여하게 되었다. 대일전 이후 예하 정치기관들은 대민 활동의 지침을 담은 그의 훈령에 의거해 활동하였다. 그는 군 정치기관의 수장으로서 당중앙이나 외무성·무력성 최고위 간부들과 더불어 한반도에 대한 정책적 변화를 이끌 만한 위치에 있었다. 예를 들면, 조선공산당 총서기 박헌영이 1946년 3~12월 사이 조선공산당에 재

27) 〈북조선 소비에트 민정국 사업결과 보고(1945~1948년). 제1권 정치부문〉, АВПР, ф. 0480, оп. 4, п. 14, д. 46, л. 7-9.

28) ЦАМО, ф. 40, оп. 178427, д. 90, л. 121-132. 군사고문단 수는 1948년 3월 16일자 총참모부의 훈령에 따라 195명으로 축소되었다.

29) АВПР, ф. 06, оп. 8, п. 39, д. 634, л. 2-6 참조. 물론 이 '훈령'은 스탈린과 몰로토프의 확인을 거쳤다. 안토노프의 후임으로 1946년 3월 극동군 총사령관 A. M. 바실렙스키가 총참모장이 되었다.

30) 이 기관은 1946년 2월 당중앙위원회 결정에 따라 노농적군 총정치국(ГлавПУ РККА)과 해군함대 총정치국(ГлавПУ ВМФ)이 통합하여 탄생되었다.

정지원을 슈티코프에게 요청했을 때 쉬킨은 이를 지지하여 불가닌에게 몰로토프(내각회의 부의장 자격)의 최종 결정을 위한 공문을 보내기도 했다.[31] 일련의 문제에 있어서는 그 자신이 직접 챙겼는데, 이를테면 북한에서 제25군 정치기관이 발행한 국·한문『조선신문』의 창간은 그의 지시하에 이루어졌다.[32]

소련군 총정치국 제7국장은 M. I. 부르쩨프 소장, 부국장은 B. 사포즈니코프 소장이었다. 그들은 자신들 명의로 된 많은 보고서를 당중앙위원회 부서 등 상부기관에 제출하였으며, 정책 입안 과정에도 적극 참여하였다. 이를테면, 그들은 제1차 미소공동위원회 소련대표단의 훈령 초안을 외무성 제2극동부장 게네랄로프와 공동으로 작성하였다.[33] 또한 부르쩨프는 연해주군관구 군사회의 위원 T. F. 슈티코프의 초안을 참조하여 1946년 3월 모스크바3상회의 결정에 따라 수립될 '한국임시정부' 내각후보 명단 안 작성에 개입하기도 했다.[34] 사포쥬니코프는 해방 후 북한에 직접 파견되어 정보활동에 종사하기도 하였고, 총정치국 내에서 한반도 관련 업무에 가장 깊이 관여한 인물이었다. 제7국동방부의 책임자로는 바이코프 대좌가 활동하였다.

〈표 4〉 대한반도 정책 관련 무력성과 군 지도부 구성

직책	성명	주요 역할
무력상	I. V. 스탈린	〈표 2〉 참조
무력부상	N. A. 불가닌	〈표 2〉 참조
군총참모부 참모장	A. I. 안토노프	군무와 관계된 문제의 결정 참여
군총정치국장	I. V. 쉬킨	연해주군관구 정치국 등 산하 정치기관 지도. 주요 정책 입안
군총정치국 제7국장	M. I. 부르쩨프	연해주군관구 정치기관 등의 정보보고 등을 기초로 당중앙위 등 상부기구에 정책 입안
군총정치국 제7국 부국장	V. 사포쥬니코프	당중앙위를 위시한 상부기관에 대한 주요 정보보고 및 정책 입안. 군총정치국 내의 '한반도 최고 전문가'

31) "쉬킨이 불가닌에게(1946.3.28.)." ЦАМО, ф. 32, оп. 11473, д. 45, л. 124-125. 이때 박헌영이 요청한 지원금 액수는 1천 5백 50만 원 규모였다.

32) ЦАМО, ф. 32, оп. 795436С, д. 13, л. 376а.

33) "메레츠코프와 슈티코프에게." ЦАМО-А, ф. 19, оп. 267, д. 8, л. 87-97.

34) "부르쩨프가 파뉴쉬킨에게(1946.3.15)." РГАСПИ, ф. 17, оп. 128, д. 61, л. 1-14.

3. 군지도 기관

연해주군관구

제2차세계대전이 끝나면서 1945년 9월 3일 전시 편제의 제1극동전선군은 연해주군관구로 개칭되었다. 9월 20일자 스탈린의 훈령이 '북조선 민정사업의 지도는 연해주군관구 군사회의가 실행할 것'[35]을 지시했지만 연해주군관구에 의한 북한 민정의 지휘는 실질적으로 제25군이 북한에 주둔한 때부터 실시되었다. 러시아 극동 보로쉴로프(현 우수리스크)에 위치한 연해주군관구는 북한주둔 제25군에 대한 군사상 지휘뿐 아니라 모스크바 지도부의 대북한 정책을 제25군 군사회의와 민정기관에 하달하고 이들의 보고 및 정책 건의를 취합하여 자체 안을 작성한 다음 상부에 보고하는 구조를 갖추었다. 연해주군관구 사령부는 군 명령계통에 따라 A. M. 바실렙스키 원수가 이끈 극동군총사령부의 지휘를 받았다. 그러나 대한반도 정책 문제에 이르러서 극동군총사령부가 연해주군관구와 예하군을 직접 지휘한 흔적을 발견하기는 어렵다. 다만 각군 소속 정치기관끼리의 정보보고 체계가 구축되어 있어 현지상황 보고와 동향파악이 이루어졌기 때문에 극동군 총사령부 정치기관도 하부의 보고를 토대로 독자적인 정세판단과 정책 건의를 진행하였다. 특히 1946년 초 소련군 총정치국장이 되는 극동군 총사령부 군사회의 위원 겸 정치국장 쉬킨의 역할은 나름대로 의미 있는 것이었다. 그가 직책을 옮긴 후에도 자신의 이전 역할을 고스란히 떠안았기 때문이다.

연해주군관구 사령부는 한반도 문제와 관련해서는 모스크바의 직접적인 지도를 받았다. 사령관은 바로 전 제1극동전선군을 이끌고 대일 전쟁을 수행한 K. A. 메레츠코프 원수이고 군사회의 위원은 T. F. 슈티코프 상장이었다.[36] 전

---

35) "스탈린과 안토노프가 바실렙스키 원수, 연해주군관구 군사회의, 제25군 군사회의에게." ЦАМО, ф. 148, оп. 3763, д. 111, 92~93쪽. 1944년 5월 소련은 대외 군사작전의 확대와 관련하여 각 전선군 군사회의 협의회를 구성하고 소련군의 '해방적 사명'과 관계된 군사회의와 정치기관의 과업을 논의케 하였다. Советская Военная Энциклопедия. Т. 2, 1976, М., с. 274.

자가 전형적인 군인이었다면 후자는 이력이 보여 주듯 군인이라기보다는 직업적인 정치가이자 당관료라고 할 수 있다.

메레츠코프는 군사령관으로서 군무를 통솔하였지만 한반도 문제와 북한의 민정에 대해서도 일정하게 개입하였다. 군사회의 의장으로서 일체의 업무를 파악해야하는 위치이기도 했지만 실제로도 제25군 군사회의나 정치기관이 보낸 보고서나 연해주군관구 군사회의의 명령에는 그와 슈티코프의 명의가 따르는 것이 통례였다. 1947년 6월 메레츠코프가 이임하자 S. S. 비류조프 상장이 새 사령관으로 취임하였다.

그러나 여기서는 슈티코프의 위치와 역할을 상세히 살필 필요가 있다. 그는 제2차대전 시기 정치군인으로 여러 전선을 거치면서 혁혁한 공을 세웠으며,[37] 대일본 전쟁이 개시되자 극동에 뛰어들어 일본군 격파에 앞장섰다. 전후 만주와 북한 지역을 장악하게 된 소련 지도부는 그를 이 지역 통치 관리의 책임자로 선임하였다.

소련의 절대 권력자 스탈린과의 면담 횟수는 당시 소련의 정계 실력자를 판가름하는 중요한 기준이 될 것이었다. 1943~1950년 슈티코프는 매년 평균 2회 이상씩 스탈린과 면담을 가졌다.[38] 소련의 고위급 인사가 아닌 한 이 정도의

---

36) 슈티코프는 1929년 입당한 후 1936~38년 공장 당위원회 부서기, 서기, 지역소비에트 대표, 비보르그 지구당 위원회 제1서기를 거쳐 1938년에 레닌그라드주당 제2서기에 오르는 등 당 사업에 능력을 발휘했다. 그는 소련 – 핀란드 전쟁시기(1939~40년)에 군에 들어가 제7군 군 사회의 위원을 맡고, 제2차세계대전 중에는 레닌그라드(1942~43년) · 볼호프(1943~44년) · 카렐(1944년) 전선군 군사회의 위원, 연해주집단군(1945.4~8) · 제1극동전선군(1945.8~10) 군사회의 위원, 연해주군관구 군사회의 위원(1945~47년) · 정치담당 부사령관(1947~48년) 등 정치부문 사업을 담당했다. 북한정권 수립 이후에는 주 북한 특명전권대사(1948~51년)로 부임했고 이후 당중앙위원(1956~61년)이 되었다. Советская Военная Энциклопедия. Т. 8, М., 1980, с. 544; За мир на земле Кореи. Воспоминания и статьи, с. 105-106.

37) 이에 대해 메레츠코프는 이렇게 쓰고 있다. '그는 누구보다도 인민의 복수자(빨치산)들과의 접촉을 잘해냈다. 그가 당 레닌그라드주위원회 서기로 복무할 때 주 내에서 그는 잘 알려진 인물이었으며, 그 또한 많은 사람을 알고 있었다. 이것이 그를 도운 것이다. Мерецков К. А. На службе народу/인민에의 복무/. М. 1969, с. 331.

38) 슈티코프의 연도별 스탈린 면담 횟수는 다음과 같다. 1943년: 3회, 1944년: 7회, 1945년: 3회, 1946년: 2회, 1947년: 1회, 1948년: 2회, 1949년: 2회, 1950년: 2회. На приеме у Сталина. М., 2010, с. 739.

면담 기록은 그의 위상이 단순한 정책 집행자가 아님을 입증해 주는 것이었다.[39]

슈티코프는 모스크바 당국의 대북한 정책결정을 집행하는 데 그치지 않고 대한반도 정책 입안의 핵심적 역할을 수행하였다. 그는 스탈린, 몰로토프, 쥬다노프 등 모스크바 최고 정책결정자들과 직접 교섭하는 통로를 가지고 있었다. 특히 쥬다노프와의 긴밀한 관계로 인해 모스크바 지도부와의 연계는 비공식성을 띠기도 했다.[40] 그의 명의로 된 보고 및 정책 건의(입안)은 보통 외무성과 무력성의 상과 부상, 그리고 당중앙위원회에 전달되었다. 한반도 관련 당정치국과 내각회의 결정 초안들은 그에 의해 작성되는 경우 많았다. 즉 한반도 정책 입안은 그의 손을 거치지 않고는 이루어지지 않은 셈이었다.

슈티코프는 한반도 운명의 토론장이 된 미소공동위원회 소련 대표단 단장으로 서울과 평양을 오가면서 미·소 간의 교섭에 있어서도 막대한 권한을 행사했다. 때로는 김일성을 포함한 북한 좌익지도자들은 그와 회동하여 주요 정책 문제를 협의하고 사안에 따라 그의 지시를 받기도 하였다. 슈티코프의 영향력의 범위는 북한뿐 아니라 남한 좌파세력을 망라하였다. 그는 한반도 좌파에게는 소련의 '대표자'였던 셈이다. 군사회의가 해소되는 1947년 1월 이후에도 정치부문 부사령관으로 취임하여 이전의 임무를 고스란히 이어받았다. 그는 북한 정권 수립 후에는 주북한 초대 소련대사로 부임하였다. 한국전 개전을 전후한 시기에 평양–모스크바의 연결 라인은 전적으로 그를 통해 이루어질 정도로 전쟁의 결정 과정에 깊숙이 개입하였다.

---

[39] 북한체제의 형성과 건설 과정에서 나타난 슈티코프의 역할에 대해서는 소련 민정국장을 역임한 레베데프의 언급에서 가장 잘 표현되고 있다. '새로운 인민적 조선을 건설하는 데 있어서 조선의 친우들에게 직접적인 원조를 제공하고 조선의 동지들에게 소비에트 당 사업의 개인적인 풍부한 경험을 나누어주며 모든 정열과 불굴의 의지를 가지고 조선인민의 이익을 수호한 사람을 말하라고 한다면 나는 맨 먼저 테렌티 포미치를 들고 싶다. 당시 그가 조선에 있건, 연해주군관구에 있건 또는 모스크바에 있건 간에 그의 참여 없이 북조선에서 이루어진 조치란 하나도 없다.' Освобождение Кореи. Воспоминания и статьи. М., 1976, с. 79.

[40] Ланьков А. Н. Северная Корея: вчера и сегодня. М., 1995, с. 72. 쥬다노프는 레닌그라드봉쇄 시기에 레닌그라드 주당 제1서기로서 제2서기인 슈티코프와 함께 생사고락을 같이했다.

한편 슈티코프의 업무는 상당 부분 I. V. 그랍초프 대좌의 보좌를 통해 이루어졌다. 다년간 군정치사업과 언론활동에 종사한 그는 주로 슈티코프 명의의 문서들을 작성하는 역할을 부여받았는데, 이 점에서 슈티코프는 그에게 적지 않은 신뢰를 보냈다.[41] 다른 군사회의 위원 K. S. 그루쉐비 소장은 한국문제에 적극 가담하지는 않았지만 슈티코프가 부재할 경우 대행 역을 수행하기도 했다.[42]

〈표 5〉 연해주군관구의 대한반도(북한)정책 담당 지휘부 구성

부서	직책	성명	계급	후임
사령부	사령관	K. A. 메레츠코프	원수	S. S.비류조프(상장, 1947년 6월)
군사회의	위원	T. F. 슈티코프 K. S. 그루쉐비	상장 소장	
정치국	국장	P. P. 칼라쉬니코프	소장(1946년 이후 중장)	N. 소르킨(중장), F. 두봅스키(소장)
	부국장	바빌로프	대좌	K. 이바노프(대좌).
정치국 제7부	제7부장	G. K. 메클레르	중좌	I. B. 마르모르쉬테인(소좌, 이후 중좌)

일반적으로 연해주군관구 군사회의는 제25군 사령부과 그 산하기관들을 훈령, 결정, 명령 등의 지시 방식을 통해 지도하였다. 이것들은 모스크바 지도부의 결정 사항이나 자체의 방침을 하달할 때 사용하는 방식이었다.

연해주군관구 정치국은 동 군사회의와 긴밀한 연계를 갖는 한편, 소련군 총정치국의 지도를 받으면서 독자적인 체계를 유지하였다. 이 기관은 역으로 제25군 정치기관을 지도하고 이로부터 각종 보고를 접수하여 이를 토대로 상부기관(소련군 총정치국과 극동군 정치기관)과 연결을 가졌다. 그 산하 정치국 제7부는 이미 대일 전쟁 직전 자체의 임무로서 한국어로 된 각종 선전·선동문의 제작을 전담하기도 했다. 정치7부의 계통 라인은 일반적으로 제25군 정치부 제7과의 보고를

---

41) Петухов В. И. 앞의 책, c. 85. 한국전쟁이 진행 중이던 1951년 크랍초프는 소련공산당 중앙위원회의 지원을 받아 자신의 한국문제 연구 경험을 토대로 Агрессия американского империализма в Корее(1945-1951 гг.) /조선에서의 미제국주의의 침략(1945~51년)/을 발간하기도 했다.

42) 예를 들면 ЦАМО, ф. 379, оп. 532092, д. 2, л. 109-115에 나타난 보고 문건 참조.

종합, 정리하여 총정치국 제7국에 재차 보고하는 것이 통상적이었다.

〈그림 2〉 소련군의 대북한 정책집행도(1947년)

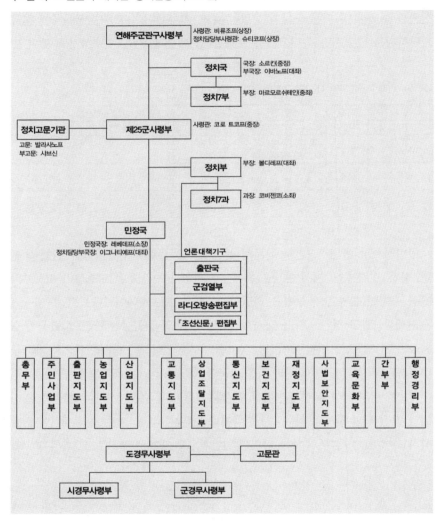

연해주군관구 정치국장은 처음 K. 칼라쉬니코프 중장이었으며, 1946년 중반

이후에는 일찍이 제2극동전선군 참모부 정찰부장으로서 88독립보병여단의 결성에 개입했던 N. 소르킨 중장이, 1948년경에는 F. 두봅스키 소장이 각각 임명되었다. 정치국 제7부장 G. K. 메클레르는 해방 직후 북한에 들어와 현지 정세 파악과 김일성 동행 업무를 수행한 바 있다. 1946년 후반경 이 직위는 I. 마르모르쉬테인 중좌에게 맡겨졌다.

제25군사령부 및 민정부(민정국)

제1극동전선군(연해주군관구 전신) 소속 제25군은 대일 전쟁 시작되면서 태평양 함대와 공조하에 북한 진출 임무를 부여받았고 전투가 종결된 후에도 1948년 12월까지 주둔군으로 남게 되었다.[43] 소련의 북한 내 정책집행과 제반 사업의 현지 지도는 연해주군관구 군사회의의 지휘하에 평양에 소재한 제25군 군사회의를 통해 이루어졌다. 제25군 군사회의는 의장으로 사령관인 I. M. 치스차코프(근위상장)가, 위원으로는 N. G. 레베데프(소장), A. A. 로마넨코(소장), I. S. 프루소프(소장: 제2위원)가 포진해 있었다. 치스차코프는 제25군을 총지휘하는 위치에 있었지만 단순히 군무만을 관장한 것은 아니었다. 그는 민정기관이 설치될 때까지 임시로 군령권을 제25군 부사령관 P. F. 라구틴(소장)에게 넘기고 행정사업을 지휘하였다.[44] 또한 이후 제25군의 대민 포고령이 그의 명의로 발동되었고 사안에 따라 보고를 접수하는 등 초기 민정 업무에도 상당 정도 개입하였다. 1947년 4월 그의 보직은 새 사령관으로 부임한 G. P. 코로트코프(중장)에게 이양되었다. 하지만 군령권을 행사한 제25군사령관들의 민정 사업에 대한 역할과 책임은 제한적이었다. 이들은 상부에서 전달한 대민 포고나 성명, 또는 보고문건 등을 형식상 자신들의 명의로 발표하거나 전달하기도 하였으나 실제로는 대민 업무에 대한 관여는 크지 않았다. 아래에서 살펴보겠지만 로

---

[43] 제25군 참모부 및 모든 야전군 지휘부는 사실상 1948년 5월에 소련으로 철수하였다.
[44] Чистяков И. М. Служим Отчизне. М., 1985, с. 282.

마넨코와 레베데프는 제25군의 민정업무를 책임지고 집행하였고, 프루소프는
일부 민정 업무에도 개입하였다. 그들은 또한 해방 직후부터 군 후방부장과 더
불어 일제가 남긴 물품, 재산 등을 관리하고 군을 부양하는 책임을 졌다. 1947
년 1월 제25군 군사회의도 역시 해소되지만 그 구성원들이 맡은 역할과 임무는
그대로 이어졌다고 할 수 있다. 그 이후부터는 민정국과 정치기관의 기능이 보
다 강화되었다.

〈표 6〉 제25군 사령부 지휘부 구성(대민 관련)

부서	직책	성명	계급	후임
사령부	사령관	I. M. 치스차코프	근위상장	G. P. 코로트코프(중장, 1947.4), 메르쿨로프(소장, 1948.6)
군사회의	위원	I. M. 치스차코프(의장), N. G. 레베데프, A. A. 로마넨코, I. S. 프루소프		
참모부	참모장	A. A. 펜콥스키	중장	G. I. 샤닌(소장, 1946년)
민정기관 (민정부)	행정·정치부장 (부국장)	A. M. 이그나티예프	대좌	
정치부	부장	A. G. 그로모프	대좌	A. 볼디레프(대좌, 1947.7)
정치부 제7과	제7과장	빌가록	소좌	V. V. 코비젠코(소좌)

〈표 6〉의 제25군 사령부 대민 지휘부에 참모장을 포함시킨 것은 그 직책의
성격상 주로 군무를 담당하였지만 민정부문의 사업에도 직·간접적인 개입이
이루어졌기 때문이다.

제25군이 북한 내에서 실시한 각종 조치나 방책은 연해주군관구와 마찬가지
로 제25군 군사회의(또는 사령관)에 의해 발포되는 훈령, 결정, 명령 등을 통해
실시되었다. 이들 결정은 연해주군관구의 결정 사항을 재차 발포하거나, 가능한
범주에서 제25군 군사회의의 정책적 판단에 따라 작성되었다.[45]

제25군 사령부 예하에는 정치부와 직속 대민 담당 기관인 정치7과,『朝鮮新
聞』편집부, 라디오편집부, 신문보도부 등의 부서를 두었다. 해방 초 제25군 정

---

45) 〈제25군 군사회의 결정(1946.)〉. ЦАМО, ф. 379, оп. 532092С, д. 1, л. 1-59 참조.

치부 정치7과와 예하 사단 정치과는 연해주군관구 정치7부의 지휘하에 포로심문, 대중시위(집회) 조직, 대민 선전활동에 종사하였다.[46] 이후 정치부와 정치7과의 활동은 대체로 아래의 민정기관(민정국)과 긴밀한 공조하에 진행되었다. 상급 정치기관과 총정치국에게로 전달되는 각종 정보의 주요 원천 가운데 하나는 바로 제25군 정치부였다. 제25군 정치부의 과업 중에는 '평양학원'이나 '중앙보안간부학교」'와 같은 간부양성 기관에 대한 지도와 소련문헌의 한국어 번역 사업도 들어 있었다.

제25군 정치부장 A. G. 그로모프[47]는 제25군 군사회의와 밀접한 연계를 가지고 관련 사업을 집행하였다. 정치부 예하 제7과는 빌가록(소좌)이 이끌다가 얼마 후 코비젠코(소좌)로 교체되었다. 정치부의 선전·선동 사업에는 소련계 고려인 장교들도 주요 구성원으로 활동하였다.[48]

소련군 사령부는 대민 업무의 효율성을 도모하기 위해 이를 담당할 민정기구를 설치하였다. 1945년 9월경 제25군사령관 치스차코프는 이 기구의 필요성에 관한 자신의 구상을 연해주군관구 사령관 메레츠코프에게 보고하였고,[49] 10월 3일 제25군사령부 산하에 소련 민정기관이 탄생하였다. 11월 말에는 약 50명의 장교들로 구성된 기관을 지휘하는 민정담당부사령관 직제가 공식적으로 도입되었다.[50] 이 기관의 설치 목적은 '일제에 의해 파괴된 경제를 복구하고 정상적인 생활 기반을 조성하며 조선인민 자신의 국가권력 수립에 방조하는 문제 등을 담당하는'[51] 것으로 규정하였다. 설립 당시 이 기관은 러시아어 명칭으로는 '민

---

46) "적군과 주민에 대한 사업(1945.9.14.)." ЦАМО, ф. 234, оп. 3225, д. 28, л. 42-59.

47) 그로모프는 1927년 적군에 입대하여 청년 지휘관 학교의 전사와 생도를 거쳐 중대 정치 지도원, 연대 위원(코미사르), 사단·군단 정치부장 및 위원을 역임하였다. 1943년 8월에 는 제25군 정치부장으로 임명되었고 해방 직후부터 1947년 7월까지 북한에서 활동하였 다. Освобождение Кореи, с. 91.

48) 해방 직후에 정치7과에만 소련계 고려인 장교 5명이 배치되었다. "적군과 주민에 대한 사 업(1945.9.14.)." ЦАМО, ф. 234, оп. 3225, д. 28, л. 53.

49) Чистяков И.М. Служим Отчизне. М., 1985, с. 283.

50) 〈북조선 소비에트 민정부의 3개년 사업결과 보고(1945.8~1948.11). 제1권(정치분야), 1948〉, АВПР, ф. 0480, оп. 4, п. 14, д. 46, л. 7.

정기관' 또는 '소비에트 민정'이라 불렸지만 한국어로는 '민정부(民政部)'로 표기되었다. 이 기관은 1947년 '주북조선 소비에트 민정국'으로 확대·정비되지만 이후에도 한국어로는 민정부로 통칭되는 경우가 많았다. 민정기관에 대한 지도는 제25군 군사회의가 담당했으나 실질적으로는 연해주군관구 군사회의가 더 직접적인 영향력을 행사하였다. 민정담당부사령관은 연해주군관구 군사회의의 명령에 따라 제25군 군사회의 위원 A. A. 로마넨코[52]가 임명되었다. 1945년 9월 중순 평양에 도착한 그는 초기부터 민정업무를 책임지다가 이 직위에는 그해 12월 3일에 가서야 공식적으로 취임하였다.[53] 그의 역할은 슈티코프의 지도하에 북한의 정치, 경제, 사회의 각 부문, 즉 민정에 대한 실무적인 지휘에 있었다. 그와 함께 제35군 정치부장 출신으로서 민정기관 행정·정치부장이 된 A. M. 이그나티예프를 주목할 필요가 있다. 그는 인민위원회 및 정당·사회단체 지도부와의 접촉 및 협력관계에 대해 책임졌는데, 소련 측을 대표하여 북한 지도자들과의 일차적 접촉과 협의는 그에게 맡겨진 주요 임무였다.[54]

민정기관 내에 설치된 부서와 담당 책임자들은 다음 〈표 7〉과 같다.

---

51) За мир на земле Кореи. Воспоминания и статьи, с. 15-16.

52) 로마넨코는 대일 전쟁 전에는 연해주집단군 군사회의 위원으로 있다가 전쟁 개시를 앞두고 제1극동전선군으로 개편되자 제35군 군사회의 위원으로 임명되었다. Во имя дружбы с народом Кореи. Воспоминания и статьи. М., 1965, с. 35-36. 1945년 9월 중순 그는 제25군으로 파견되어 1947년 봄까지 북한 내 민정업무를 지도하였다. 이후 1948년 6월 15일자 소련 정치국 결정에 따라 서남방공군관구 정치담당 부사령관에 임명되었다. "A. A. 로마넨코에 대하여(1948.6.15). 1948년 5월 28일~1948년 7월 27일 전연방공산당(볼)중앙위원회 정치국 결정, 의사록 No. 64." РГАСПИ, ф. 17, оп. 3, д. 1071, л. 17. 약 6개월 후 그는 다시 돈바스 지역 방공군 정치담당 부사령관에 임명되었다. "A. A. 로마넨코에 대하여(1948.12.4). 1948년 10월 31일~1949년 1월 11일 전연방공산당(볼)중앙위원회 정치국 결정, 의사록 No. 66." РГАСПИ, ф. 17, оп.3, д. 1073, л. 35.

53) "제25군에 보내는 연해주군관구의 명령(1945.12.10.)." ЦАМО, ф. 379, оп. 11034, д. 22, л. 140.

54) Освобождение Кореи, с. 101; СССР и Корея, с. 138. 이그나티예프는 1948년 12월 북한에서 소련군이 철수한 이후에도 소련대사관에 남아 참사관으로 일했으나 한국전쟁이 한창이던 1950년 겨울 미군 전투기의 기총사격에 의해 사망하였다.

<표 7> 제25군 사령부 민정기관 부서와 책임자 명단

부서	책임자	계급	비고
민정담당 부사령관	A. A. 로마넨코	소장	35군 군사회의 위원
행정·정치부	A. M. 이그나티예프	대좌	35군 정치부장
산업부	T. I. 코르쿨렌코	대좌	
재정부	A. T. 일라톱스키	중좌	재무 전문가
상업·조달부	I. S. 네우메이코프	대위	
농림부	I. I. 카디쉐프	소좌	농업성 직원
통신부	G. R. 라자레프	대좌	군 통신부장
교통부	N. I. 돌기흐	중좌	군 교통부장
보건부	A. I. 로트블루트	소좌	의사, 제25군 위생부장
재판·검찰부	B. V. 쉐티닌	소좌	법학 전공자
보안·검열 지도부	N. Ya. 자그루진	대좌	

※Во имя дружбы с народом Кореи. Воспоминания и статьи(с . 35-36)와 Освобождение Кореи(с . 247)를 기초로 작성

위 표에서 드러난 바와 같이 각 부서의 책임자는 해당 부문의 군 전문요원들로 이루어졌다. 그들은 연해주군관구 산하 다른 부대에서 선발, 파견되었거나 제25군 소속 장교들로 구성되었다. 이 부서들 가운데 행정·정치부는 북한 당·정 체계 전반에 대해 지도·자문하였으며, 사법·검찰부는 법률과 사법체계, 보안·검열 지도부는 무력과 경찰부문 등을 지도하였다. 나머지 부서도 각기 명칭에 따라 산업, 재정, 농업 및 기타 부문에 대한 지도 체계를 갖추었다. 민정기관의 정치사업 분야는 제25군 정치부, 특히 제7과의 업무와 중첩되는 경우가 많아 혼선을 빚기도 했다. 이에 따라 군 지도부는 군 정치7과의 이 분야 업무를 점차 민정기관에 이양하기 시작하였다.

북한의 행정·경제 기구의 규모와 사업이 확대되면서 민정기관의 조직 규모와 체계를 확장시킬 필요성이 제기되었다. 이에 따라 민정기관은 1947년 5월 주북한 소련 민정국으로 확대·개편되었다. 몇몇 부서가 새로 만들어지고 기존 책임자들도 일부 바뀌었다. 우선 민정국장으로는 1947년 가을 다른 임무를 부여받고 소련으로 돌아간 로마넨코를 대신하여 N. G. 레베데프 소장이 임명되었다[55]. 해방 후 3년간 슈티코프와 긴밀한 협력관계를 유지한 그는 제1, 2차 미소공동위원회 회의에는 소련대표단의 일원으로도 참가하여 실무 작업에서 핵심적

역할을 담당하였다. 레베데프는 민정국장으로 취임하기 이전에도 북조선5도 인민위원회 대표자대회(1945.10)와 북조선임시인민위원회 수립 과정(1946.2)에 적극 개입한 바 있다. 또한 김일성, 김두봉 등 북한 지도부와 빈번하게 협의를 갖고 소련의 입장을 전달하는 등 1948년 12월 소련군이 철수할 때까지 북한정권 수립 과정에서 실무적 지휘 능력을 발휘하였다. 정치담당부국장에는 행정·정치부를 맡았던 이그나티예프가 직함을 바꾸어 재배치되었다.

민정국의 조직 규모는 총 13개 부서에 요원수 74~80명가량으로 확대·보강되었다. 아래에서 언급할 각도 경무사령부 고문관을 제외한 민정국의 부서와 그 구성원들을 살펴보면 〈표 8〉에 나타난 바와 같다.[56]

〈표 8〉 주북한 소련 민정국의 조직표

부서	책임자	계급	구성(계급)	인원
민정국장	N. G. 레베데프	소장	민정국장 부관: A. S. 카디쉬니코프(상위)	
정치담당부국장	A. M. 이그나티예프	대좌	부국장 대행: I. V. 푸찐(중위)	
총무부	A. M. 이그나티예프	대좌	베스팔로프, 코발료프	
주민사업부	A. A. 스쿠츠키	중좌	선전·선동부문 선임교관: V. A. 케셀례프(중좌), 정보부문 선임교관: V. V. 시르바체프(중좌), 정당·사회단체지도부문 선임교관 겸 주민사업부 부부장: V. P. 베스팔리(소좌), 교관: P. K. 세보프(중좌) 외 4인	9
출판지도부	N. L. 네이마르크	소좌	선임교관(검열관): S. 말고진(대위), 교관(검열관): 이호구, A. V. 강	4

55) 레베데프는 1920년부터 적군에 가담하여 폴란드 반혁명군과의 전투에 참가한 바 있고, 1934년 군사정치아카데미를 졸업하였다. 상이한 시기에 부대 정치지도원 및 위원(코미사르), 사단 정치부장, 여러 군 교육기관의 지도원 등을 역임하였다. 서부 우크라이나 원정과 핀란드 '반혁명군'과의 전투에 참가하였고, 대독전쟁이 발발하자 키예프특별군관구 참모부에 있다가 극동으로 배속되었다. Шабшина Ф. И. Южная Корея 1945-1946. Записки очевидца. М., 1974, с. 219; Петухов В. И. 위의 책, с. 89. 레베데프의 주북조선 소련민정국장 직위가 공식 확정된 것은 1년이 훨씬 더 지난 1948년 9월 11일에야 이루어졌다. 그 이유는 행정절차상의 문제일 것으로 추측된다. Из протокола № 376 заседания Секретариата ЦК ВКП(б), пункт 206, - об утверждении Лебедева Н.Г начальником Управления Советской гражданской администрации в Северной Корее, РГАСПИ. ф. 17, оп. 116, д. 376, л. 45.

56) 이 구성은 1947년 5월 26일 소련내각회의 산하 국가정원위원회에 의해 확정되었다.

농업지도부	I. I. 카디쉐프	중좌	선임교관: I. Ya. 마카로프(대위), 교관: I. D. 사라플쩨프(상위) 외 2인	5
산업지도부	S. P. 로지오노프	중좌	선임교관: B. A. 아드노레트코프(소좌), 교관: A. I. 쉬슐랸니코프(대위) 외 2인	5
교통지도부	I. E. 돌기흐	공병 중좌	선임교관 I. D. 튜멘쩨프(중좌), 교관: A. S. 카쥴린(상위)	3
상업조달지도부	I. S. 네우메이코프	대위	교관: S. V. 샤포렌코(대위), P. S. 오도키옌코(상위)	3
통신지도부	G. S. 라자레프	대좌	교관: P. A. 클류크빈(대위), A. I. 쉔드리코프(공병대위)	3
보건지도부	V. S. 자베르쉰스키	중좌	교관: L. V. 제니소프(소좌) 외 1인	3
재정지도부	A. T. 일라톱스키	대좌	교관: V. G. 토마쉡스키(대위), P. R. 제니센코(상위)	3
사법·보안지도부	N. Ya. 자그루진	대좌	선임교관: 미상, 교관: V. V. 티슈크(소좌)	3
교육문화부	P. S. 막심축	소좌	중고등교육부문 선임교관: I. P. 고를로프(대위), 초등교육부문 교관: V. V. 크냐제프(대위)	3
간부부	K. O. 아바세예프	중좌	교관: V. G. 필립포프(대위)	2
행정경리부	V. M. 마트베예프	중좌	부부장: V. F. 페트로프(소좌), 암호부 장교: A. M. 레핀(대위), 비밀사무담당: I. N. 에레민(중위), 사무·경리관: A. S. 압크센티예프(상위), 통역관: S. S. 쩨가이(상위), D. I. 박, V. M. 신	22

<출처> Освобождение Кореи, с. 258-260; "주북조선 소련민정국 편제 명부." ЦАМО, ф. 142, оп. 432240, д. 9, лл. 428-431; 〈북조선 소비에트 민정부의 3개년 사업결과 보고(1945.8~1948.11). 제1권(정치분야), 1948〉, АВПР, ф. 0480, оп. 4, п. 14, д. 46, л. 9-10을 종합하여 작성.

이전과 대비하여 가장 특징적인 것은 정치담당부국장 직과 주민사업부를 신설하여 인민위원회와 정당·사회단체에 대한 정치적 업무를 조직적으로 강화시킨 점이다. 북한 정치활동가들과의 실무적 접촉은 주민사업부의 주요 소관이었다. 정치담당부국장 이그나티예프는 총무부장을 겸직하면서 민정국의 전반적인 업무를 실무적으로 관장하는 위치에서 활동하였다. 간부부의 신설은 북한의 민족간부 양성 사업을 체계적으로 지원하는 것을 의미하며, 행정경리부의 설치는 민정국의 조직적 완성도가 더해진 결과였다. 이전 민정기관 부서 책임자 가운데 쉐티닌이 제외된 것은 미소공동위원회에 참여한 것과 관련이 있는 것으로 보이며, 코르쿨렌코의 경우 북조선 산업담당 고문관으로 전임되어 북한의 산업복구와 생산 및 민정국의 경제 관련 부서들을 실질적으로 지도하였다.

한편 출판지도부 신설은 북한 언론 매체에 대한 체계적인 통제와 지도를 기하려는 의도였다. 이 업무는 연해주군관구 정치국 및 제25군 정치부 소속 언론 대책 기관들과 공조하에 이루어졌다. 관련 기관들의 명칭과 구성은 〈표 9〉와 같다.

〈표 9〉 군 정치기관의 언론 부서

부서 명칭	책임자	계급	부서 인원
출판국	카둘린	중좌	15
군검열부	콘드라쭉	중좌	16
라디오방송편집부	그루지닌	중좌	7
『朝鮮新聞』 편집부	부디킨	대좌	44

〈출처〉〈북조선 소비에트 민정부의 3개년 사업결과 보고(1945.8~1948.11). 제1권(정치분야), 1948〉, АВПР, ф. 0480, оп. 4, п. 14, д. 46, л. 11.

출판국은 대민 교육과 선전을 위한 각종 문헌 출판을 담당하였고, 군검열부는 북한에서 출간되는 각종 신문과 잡지 등 출판물에 대한 검열을 실시하였다. 라디오방송 편집부와 『朝鮮新聞』 편집부는 한국어 라디오방송과 신문 발행을 통한 직접적인 대민 선전활동을 담당하였다. 이들 부서의 활동은 사실상 주북조선 소련 민정국의 지도하에서 이루어졌다.

민정국의 기능과 성격에 관련하여 한 가지 주목할 사항은 이 기관이 남한에 설치된 미군정청과는 달리 일반주민들과 직접적인 연계를 가진 대주민 통치기관이 아니라는 점이다. 민정국은 정치적 측면에서 공산당을 비롯한 각 정당과 사회단체에 필요한 발전 방향을 제시하였고, 행정·경제적 측면에서 행정기구인 인민위원회에 각종 자문과 지도를 실행하는 기구였다. 민정국의 사업은 인민위원회 및 정당·사회단체와 연관성을 가지고 진행되었으며 대주민 사업은 이들 조직을 통해 간접적으로 진행되었다고 할 수 있다.

민정국이 상부기관(연해주군관구)에 제출하는 보고서에는 경제 상황(산업, 농업, 교통, 상업, 재정, 물가 등), 정치 상황(인민위원회 및 정당·사회단체 사업과 상호관계, 정치지도자와 주민의 동향, 정치적 제반 조치 등), 문화·예술

부문의 상태, 민정국과 경무사령부의 활동과 업무, 남한의 정세 등 모든 분야가 망라되었다. 이들 보고서는 소련 지도부 수준의 정책 결정에 필요한 정보와 자료이기도 했다. 민정국의 직접적인 보고 라인은 연해주군관구뿐 아니라 소련 외무성도 포함되었다. 또한 상급 정치기관은 민정국의 자료를 기초로 하여 모스크바 지도부를 포함한 상위 기구에 보고할 문건들을 새로이 작성하였다.

경무사령부

소련군은 북한지역을 접수하자마자 질서 유지와 주민들의 정상 생활 유지, 그리고 소련군에 식량, 연료, 기타 물자의 원활한 보급을 꾀할 수 있도록 각 지방에 경무사령부를 설치하였다. 각 지역에서의 전권은 지방 권력(정권)이 수립될 때까지 소련군 사령부가 임명한 군 경무관이 가진다고 선포되었다.[57] 경무사령부 설치는 지역을 통제하고, 연해주군관구 및 제25군 사령부, 그리고 산하 군사회의의 지시와 명령을 집행하기 위한 것이기도 했다. 경무사령부는 북한 도·시·군 단위로 조직되었는데, 1945년 9월 28일경에는 모두 54곳에 설치되었다.[58]

해방 초 경무사령부의 주요 임무는 크게 다음 세 가지 영역으로 분류될 수 있다. 첫째, 지역의 질서 유지, 주민의 정상 생활 회복, 일본군 무기 및 전리품 등의 관리와 보존, 둘째, 반소·반적군(赤軍) 선전활동 적발, 지역 주민 가운데서 협력자의 물색,[59] 셋째, 지역 행정 문제와 관련하여 지방자치기관과 각종 문제에 대한 협의 진행, 소련의 정책을 선전·해설 등이다. 경무관에게는 임무 수행과 관련하여 법률적 효력을 갖는 '명령'과 '처분' 발동권이 부여되었다.[60]

---

57) Оружием слова, с. 165.

58) Освободительная миссия Советских вооруженных сил во второй мировой войне. М., 1974, с. 442.

59) 협력자의 발탁은 ①이전 권력에 의해 억압당한 자(정치범, 보호관찰자 등) ②이전 체제에 협력하지 않은 민주 인사 ③적군(赤軍)의 대일 전투에 협력한 유격대원 등을 기준으로 하였다. 〈군경무관을 위한 간략한 편람〉, ЦАМО, ф. 32, оп. 11318, д. 196, л. 100.

이후 경무사령부는 북한 전역으로 확장되어 6개 도, 85개 군, 7개 시(평양, 진남포, 청진, 함흥, 신의주, 해주, 원산)에 설치가 완료되었다. 그러나 1948년 중반에는 모두 92개소가 있는 것으로 보아 시 단위가 도경무사령부로 통합된 것으로 보인다.[61]

각 경무사령부는 도·시·군 단위의 규모에 따라 조직과 구성원이 배치되는 양상을 띄었다. 1948년 3월 16일 현재 각 경무사령부에 배치된 총인원은 소속 경비대를 포함하여 1,262명에 이르렀다. 이를 계급별로 보면 장교 337명, 하사관 175명, 사병 750명이다.[62] 도·시·군 경무사령부의 조직편제는 〈표 10〉과 같다.

〈표 10〉 경무사령부 조직편제

단위	조직 구성	인원
도경무사령부	경무관, 정치담당부경무관, 전투부대담당 부경무관, 경무관 고문 2인, 교관 2인, 급식소장, 사무장, 통역원 등	총 22명 외 경비소대
군경무사령부	경무관, 정치담당부경무관, 전투담당 고문, 통역원, 사무원 등	총 6명 외 경비소대(이후 분대로 축소됨)
시경무사령부	(업무의 성격과 조건에 따라 구성됨)	

〈출처〉 〈북조선 소비에트 민정부의 3개년 사업결과 보고(1945.8~1948.11). 제1권(정치분야), АВПР, ф. 0480, оп. 4, п. 14, д. 46, л. 4-5.

6개도 중심도시에서 조직된 도 경무사령부는 해당 도의 시·군 경무사령부를 지휘·통솔하는 권한을 가졌다. 군 이하 면·리 단위의 경무사령부는 조직되지 않고 최하부 정책 집행 단위인 군 경무사령부가 이들 지역에 요원들을 파견하여 정세를 파악하고, 요구사항에 대해 조사하였다.

해방 직후 경무사령부는 제25군 사령부의 명령에 따라 과업을 수행하다가 곧

---

[60] 〈군경무관을 위한 간략한 편람〉, ЦАМО, ф. 32, оп. 11318, д. 196, л. 94.

[61] "1948년 9월 15일 현재 북조선 영토에서 다양한 조직에 속한 소련군 군속 인원에 관한 조회." ЦАМО, ф. 40, оп. 178427, д. 90, л. 137-138.

[62] ЦАМО, ф. 40, оп. 178427, д. 90, л. 121-132.

이어 민정기관이 설치되자 그 직속으로 편입되어 활동하였다. 각 경무사령부의 책임자들은 통상 대민 정치사업과 정당·사회단체에 대한 지도 경험이 거의 없었는데, 이는 소련군이 한반도 진주 시 전투를 치르거나 전투대형을 유지하면서 들어온 부대 지휘관들이 경무사령부를 책임진 데에 원인이 있었다. 이에 대한 대책으로 제25군 사령부는 사단 정치부장과 군정치기관 요원들 가운데 도경무사령부 고문관을 임명하였다. 도 고문관은 사실상 도별 경무사령부 사업을 이끌었고, 지방 인민위원회와 정당·사회단체를 지도하는 등 정치사업에 대한 책임을 맡았다. 이러한 이유 때문에 그들은 이후 소련군사령부 도 대표 또는 소련민정국 고문관이란 명칭으로 불렸다. 〈표 11〉은 해방 이래 3년간 존속했던 각 도별 경부사령부의 지휘부를 여러 자료를 종합하여 작성한 것이다. 다만 이들 구성원들의 정확한 재직 시기는 확인되지 않고 있다.

〈표 11〉 각도 경무사령부 지휘부 구성

도별 \ 직위	고문관	경무관	정치담당부경무관
평안남도	비고르키(중좌), 후임: V. F. 코롤료프(대좌), N. I. 아가르코프(중좌)	무르진(대좌), 후임: 얌니고프(대좌)	둘킨(중좌)
평안북도	그라포프(대좌) 후임: I. F. 모스칼렌코(대좌)	기르코(중좌), 후임: 표도로프(소좌)	I. F. 모스칼렌코(중좌)
함경남도	A. 세묘노프(중좌), 후임: L. F. 데민(대좌)	스쿠바(중좌)	
함경북도	L. P. 구레비치(중좌)	쿠드랴브쩨프(중좌)	
황해도	I. F. 코뉴호프(중좌, 이후 대좌)	노긴(중좌)	A. F. 쩰리코프(대위), 후임: 피가르스키(소좌)
강원도	A. 솔로비예프(중좌), 후임: 샤로프(중좌), 스쿠츠키(중좌), V. I. 쿠추모프(대좌)	울리야노프(중좌), 후임: 아가르코프(소좌)	부가예프(소좌), 후임: 폴루힌(중좌), 로진스키(소좌)

〈출처〉 "주북조선 소련민정국 편제 명부." ЦАМО, ф. 142, оп. 432240, д. 9, лл. 428-431; Освобождение Кореи, с. 99-100.

도경무사령부는 시·군경무사령부에서 올라오는 각종 보고를 취합하거나 도 차원의 상황과 사업에 대해 민정국과 제25군 고문기관에 보고하였다. 위 표에 나타난 고문관, 경무관, 정치담당 부경무관이 보고의 주체들이었다. 이들이 정기적으로 올린 보고 내용을 대별해 보면, '지역 주민의 민심동향', '인민위원회와 정당·사회단체의 현황 및 활동', '농업 및 산업 상황', '경무사령부의 사업 보고' 등을 나누어질 수 있다. 이와는 별도로 토지개혁, 북로당 지구당 결성, 인민위원회 선거 등 북한전역에서 벌어진 사업과 관련해서도 그 과정 및 결과에 대해 체계적으로 상세한 보고가 진행되었다. 이러한 업무 진행은 시·군 경무사령부와의 계통적 질서를 바탕으로 이루어졌음은 물론이다. 이와 같이 경무사령부는 군 하부단위로서 제25군 군사회의와 민정국의 지시를 집행하고 대민 정책 방향을 예고하는 각종 정보 보고를 상부에 제공하는 업무를 실행에 옮겼다.

〈별표 1〉 주북조선 소련민정국 편제표

번호	직위	장령 및 군관	하사관 및 병사	통역	고용원	총원
Ⅰ. 민정국 사령부						
1	민정국장	1	-	-	-	
2	정치고문관	1	-	-	-	
3	제1부국장	1	-	-	-	
4	경제담당 부국장	1	-	-	-	
5	대행	3 7	- -	- -	- -	7
Ⅱ. 민정국 참모부						
1	참모장	1	-	-	-	
2	비서	1	-	-	-	
a. 실무기획과(Оперативное-плановое отделение)						
3	실무기획과장	1	-	-	-	
4	경제계획작성자	1	-	-	-	
5	경제보고자	1	-	-	-	
6	사무원	1	-	-	-	
7	제도사	-	1	-	-	
8	속기타이피스트	-	-	-	1	
9	서기(писарь)	-	1	-	-	
b. 통역서기부						
10	서기부장	1	-	-	-	
11	통역관	- 7	- 2	10 10	- 1	20
Ⅲ. 정치고문기관						
1	도 대표	6	-	-	-	
2	보고자(정치, 경제, 법률 담당)	6	-	-	-	
3	서기	1	-	-	-	
4	제도서기	-	1	-	-	
5	통역	- 13	- 1	1 1	- -	15
Ⅳ. 간부부						
1	간부부장	1	-	-	-	
2	선임지도원	2	-	-	-	
3	사무원	1	-	-	-	
4	통역	- 4	- -	1 1	- -	5
Ⅴ. 농업부						
1	농업부장	1	-	-	-	
2	경작담당보고자	1	-	-	-	
3	축산담당보고자	1	-	-	-	
4	임업담당보고자	1	-	-	-	
5	관개담당보고자	1	-	-	-	

6	원예담당보고자	1	-	-	-	
7	경제보고자	1	-	-	-	
8	사무원	1	-	-	-	
9	통역	- 8	- -	1 1	- -	9
Ⅵ. 산업부						
1	산업부장	1	-	-	-	
2	유색금속산업담당보고자	1	-	-	-	
3	전기동력담당보고자	1	-	-	-	
4	석탄산업담당보고자	1	-	-	-	
5	화학산업담당보고자	1	-	-	-	
6	철광금속담당보고자	1	-	-	-	
7	사무원	1	-	-	-	
8	통역	- 8	- -	1 1	- -	9
Ⅶ. 교통부						
1	교통부장	1	-	-	-	
2	기관차 및 차량수리공장담당보고자	1	-	-	-	
3	견인담당보고자	1	-	-	-	
4	통신담당보고자	1	-	-	-	
5	철도담당보고자	1	-	-	-	
6	도로운수담당보고자	1	-	-	-	
7	하천운수담당보고자	1	-	-	-	
8	재정담당보고자	1	-	-	-	
9	사무원	1	-	-	-	
10	통역	- 9	- -	1 1	- -	10
Ⅷ. 선전부						
1	선전부장	1	-	-	-	
a. 선전선동과						
2	선전선동과장	1	-	-	-	
3	보고자	2	-	-	-	
b. 출판검열과						
4	출판검열과장	1	-	-	-	
5	출판담당보고자	1	-	-	-	
6	라디오담당보고자	1	-	-	-	
7	검열관	6	-	-	-	
c. 민주정당 및 직업단체 지도과						
8	민주정당 및 직업단체 지도과장	1	-	-	-	
9	보고자	3	-	-	-	
d. 정보과						
10	정보과장	1	-	-	-	
11	정보지도원	1	-	-	-	
12	사무원	1	-	-	-	
13	타이피스트	-	-	-	1	

14	통역	- 20	- -	2 2	- 1	23
IX. 교육부						
1	교육부장	1	-	-	-	
2	초중등학교담당 보고자	1	-	-	-	
3	직업교육담당보고자	1	-	-	-	
4	문화계몽기관담당보고자	1	-	-	-	
5	학습, 교재 및 프로그램 담당 보고자	1	-	-	-	
6	사무원	1	-	-	-	
7	통역	- 6	- -	1 1	- -	- 7
X. 상업조달부						
1	상업조달부장	1	-	-	-	
2	공산품담당보고자	1	-	-	-	
3	조달담당보고자	1	-	-	-	
4	공급담당보고자	1	-	-	-	
5	식품담당보고자	1	-	-	-	
6	사무원	1	-	-	-	
7	통역	- 6	- -	1 1	- -	- 7
XI. 통신부						
1	통신부장	1	-	-	-	
2	유무선담당보고자	1	-	-	-	
3	우편담당보고자	1	-	-	-	
4	사무원	1	-	-	-	
5	통역	- 4	- -	1 1	- -	5
XII. 인력부(отдел рабочей силы)						
1	인력부장	1	-	-	-	
2	경리주문담당보고자	3	-	-	-	
3	통역	- 4	- -	1 1	- -	5
XIII. 보건부						
1	보건부장	1	-	-	-	
2	조달담당보고자	1	-	-	-	
3	예방담당보고자	1	-	-	-	
4	치료담당보고자	1	-	-	-	
5	통역	- 4	- -	1 1	- -	5
XIV. 법무부						
1	법무부장	1	-	-	-	
2	소송담당보고자	1	-	-	-	
3	검찰담당보고자	1	-	-	-	
4	통역	- 3	- -	1 1	- -	4

	XV. 재정부					
1	재정부장	1	-	-	-	
2	은행담당보고자	1	-	-	-	
3	예산담당보고자	1	-	-	-	
4	조세담당보고자	1	-	-	-	
5	재정 및 신용담당보고자	1	-	-	-	
6	통역	- 5	- -	1 1	- -	6
	XVI. 경무사령부					
1	경무사령부부장	1	-	-	-	
2	지도원	6	-	-	-	
3	사무원	1	-	-	-	
4	통역	-	-	1	-	
5	서기(писарь)	- 8	1 1	- 1	- -	10
	XVII. 총무부					
1	총무부장	1	-	-	-	
2	기밀과장	1	-	-	-	
3	서기(писарь)	-	1	-	-	
4	총사무장	1	-	-	-	
5	서기(писарь)	-	2	-	-	
6	통역	-	-	1	-	
	a. 타자부서					
7	선임타이피스트	-	-	1	-	
8	타이피스트	- 3	- 3	4 6	- -	- 12
	XVIII. 행정경리부					
1	행정경리부장	1	-	-	-	
2	사무원	1	-	-	-	
3	재정부장	1	-	-	-	
4	서기(писарь)	-	3	-	-	
5	환경원	-	-	-	6	
6	난방화부	- 3	- 3	- -	4 10	16
	XIX. 검열반					
1	검열반장	1	-	-	-	
2	도담당 검열관	4	-	-	-	
3	통역	- 5	- -	1 1	- -	6
	XX. 차량수리소					
1	차량수리소장	1	-	-	-	
2	기술담당고문	1	-	-	-	
3	철공	-	3	-	-	
4	운전사	-	18	-	-	

5	당번운전병	- 2	3 24	- -	- -	26
	총원	129	34	32	12	207

※1946.2.17. 로마넨코.
〈출처〉 ЦАМО, ф. 172, оп. 614631, д. 38, л. 51-56.

〈별표 2〉 주북조선 소련민정국 도 전권대표기관 편제표

번호	직위	장령 및 군관	하사 및 병사	통역	고용원	총원
1	도전권대표	1	-	-	-	
2	대행	1	-	-	-	
3	통역	- 2	- -	1 1	-	3
	농업과					
1	농업과장	1	-	-	-	
2	경작담당보고자	1	-	-	-	
3	축산담당보고자	1	-	-	-	
4	관개담당보고자	1	-	-	-	
5	서기	- 4	1 1	- -	- -	5
	상업운수과					
1	상업운수과장	1	-	-	-	
2	상업담당보고자	2	-	-	-	
3	철도운수담당보고자	1	-	-	-	
4	서기	- 4	1 1	- -	- -	5
	선전과					
1	선전과장	1	-	-	-	
2	선전담당보고자	1	-	-	-	
3	출판담당보고자	1	-	-	-	
4	정당 및 사회단체담당보고자	1	-	-	-	
5	검열관	2	-	-	-	
6	서기	- 6	1 1	- -	- -	7
	보건과					
1	보건과장	1	-	-	-	
2	치료담당보고자	1	-	-	-	
3	조달담당보고자	1 3	- -	- -	- -	3
	교육과					
1	교육과장	1	-	-	-	
2	학원담당보고자	1	-	-	-	
3	문화계몽기관담당보고자	1	-	-	-	
4	서기	- 3	1 1	- -	- -	4
	총무부서					
1	총무부서장	1	-	-	-	
2	통역	-	-	7	-	
3	사무원	1	-	-	-	
4	타이피스트	-	-	-	1	

5	제도사	-	1	-	-	
6	운전사	-	4	-	-	
7	환경원	-	-	-	2	
8	난방화부	- 2	- 5	- 7	1 4	18
	총원	24	9	8	4	45

※1946.2. 로마넨코.
〈출처〉 ЦАМО, ф. 172, оп. 614631, д. 38, л. 57-58.

〈별표 3〉 조선 최고인민회의 대의원 명단(1948.9)

북측 대의원 명단

선거구	지역	성명	소속정당	사회성분
1	평양	김상철	북로당	노동자
2	평양	홍기황	민주당	기업가
3	평양	원홍구	민주당	인텔리
4	평양	최승희	무소속	인텔리
5	평양	김성학	북로당	노동자
6	평양	김기주	무소속	노동자
7	평양	김두봉	북로당	인텔리
8	평양	김선길	무소속	노동자
9	평양	박창식	북로당	사무원
평안남도				
10	진남포	안신호	북로당	사무원
11	진남포	최금복	북로당	노동자
12	대동	전정일	-	-
13	대동	황일보	청우당	농민
14	대동	강양욱	민주당	사무원
15	순천	강인규	무소속	농민
16	순천	최월성	북로당	농민
17	순천	박춘언	북로당	노동자
18	맹산	김태봉	청우당	농민
19	양덕	김정주	청우당	사무원
20	성천	김명석	청우당	사무원
21	성천	최숙량	북로당	노동자
22	강동	리동영	민주당	노동자
23	강동	김일성	북로당	사무원
24	중화	박상순	무소속	사무원
25	중화	장시우	북로당	사무원
26	중화	김만수	청우당	농민
27	용강	허가이	북로당	사무원
28	용강	엄영관	청우당	농민
29	용강	김재욱	북로당	사무원
30	강서	홍면후	민주당	사무원
31	강서	차지훈	청우당	농민
32	강서	문의석	북로당	노동자
33	평원	리주연	북로당	사무원
34	평원	홍기주	민주당	사무원
35	평원	채기욱	민주당	농민
36	안주	김황일	북로당	사무원
37	안주	김기남	북로당	사무원
38	개천	최광	무소속	사무원
39	개천	김세율	무소속	사무원

40	덕천	최윤옥	북로당	사무원
41	영원	김낙도	청우당	농민
42	영원	리룡전	북로당	사무원
평안북도				
43	신의주	리유민	북로당	사무원
44	신의주	최응녀	민주당	기업가
45	신의주	백봉선	무소속	노동자
46	의주	리진숙	북로당	노동자
47	의주	최경덕	북로당	사무원
48	의주	백옥녀	민주당	기업가
49	구성	허신	무소속	인텔리
50	구성	원천준	청우당	농민
51	태천	김득란	북로당	농민
52	운산	리히봉	북로당	노동자
53	희천	석태룡	무소속	농민
54	희천	김성옥	청우당	사무원
55	영변	김윤걸	청우당	사무원
56	영변	박창옥	북로당	사무원
57	영변	고준택	민주당	사무원
58	박천	김룡국	북로당	수공업자
59	박천	정준택	북로당	사무원
60	정주	전찬배	청우당	사무원
61	정주	리강국	북로당	사무원
62	정주	오호석	무소속	농민
63	정주	조영	북로당	사무원
64	선천	조태우	무소속	노동자
65	선천	전영욱	청우당	농민
66	철산	박일영	북로당	사무원
67	철산	김보패	무소속	농민
68	용천	리병제	북로당	사무원
69	용천	리봉년	청우당	농민
70	용천	안영길	무소속	농민
71	용천	방학세	북로당	사무원
72	삭주	리지찬	북로당	사무원
73	삭주	한춘녀	북로당	노동자
74	창성	김응률	민주당	종교인
75	벽동	박윤길	청우당	사무원
76	초산	문치화	청우당	농민
77	초산	오기섭	북로당	사무원
78	위원	강인걸	민주당	농민
79	강계	최용건	민주당	사무원
80	강계	남일	북로당	사무원
81	강계	김복진	북로당	노동자
82	강계	김길수	무소속	노동자
83	자성	림정순	북로당	농민

84	후창	김성률	민주당	상인
황해도				
85	해주	조재한	민주당	기업가
86	해주	김형건	북로당	노동자
87	사리원	옥영자	북로당	인텔리
88	송림	김승현	북로당	노동자
89	벽성	리창규	청우당	농민
90	벽성	김한일	민주당	상인
91	벽성	채백히	북로당	농민
92	연백	박일우	북로당	사무원
93	금천	계동선	북로당	노동자
94	금천	김호순	청우당	농민
95	장풍	최창익	북로당	사무원
96	신계	김일	북로당	사무원
97	평산	박정애	북로당	노동자
98	평산	림풍원	무소속	종교인
99	서흥	박훈일	북로당	사무원
100	서흥	황태열	민주당	농민
101	수안	김영완	청우당	종교인
102	수안	리석숭	북로당	노동자
103	곡산	김재록	청우당	농민
104	곡산	태성수	북로당	인텔리
105	황주	전윤도	청우당	농민
106	황주	오태영	무소속	농민
107	봉산	김순일	북로당	노동자
108	봉산	김유영	민주당	농민
109	재령	송봉욱	북로당	사무원
110	재령	김제원	북로당	농민
111	재령	최산화	무소속	노동자
112	신천	최선비	무소속	농민
113	신천	김책	북로당	사무원
114	신천	정신현	무소속	농민
115	안악	김웅기	북로당	사무원
116	안악	권녕주	민주당	인텔리
117	안악	김필주	무소속	농민
118	은률	리문환	무소속	인테리
119	은률	김창록	무소속	농민
120	송화	오신남	북로당	농민
121	송화	리식	민주당	사무원
122	장연	김명리	북로당	농민
123	장연	정성언	민주당	사무원
강원도				
124	원산	전숙자	북로당	노동자
125	원산	서병수	무소속	인텔리
126	원산	강준삼	북로당	노동자

127	문천	박근모	청우당	농민
128	문천	송태준	북로당	노동자
129	안변	리종권	북로당	농민
130	안변	한영규	무소속	종교인
131	회양	리숙녀	무소속	농민
132	회양	리기영	무소속	인텔리
133	평강	원만수	청우당	사무원
134	평강	리서운	무소속	농민
135	이천	김병주	청우당	농민
136	이천	최봉수	북로당	노동자
137	연천	리보열	청우당	농민
138	연천	김한중	북로당	노동자
139	철원	한일무	북로당	노동자
140	철원	림택	민주당	사무원
141	철원	김만중	북로당	농민
142	김화	리병호	북로당	노동자
143	김화	조금성	민주당	농민
144	화천	윤히구	북로당	노동자
145	양구	정일룡	북로당	노동자
146	인제	허정숙	북로당	사무원
147	양양	최용달	북로당	사무원
148	개성	리용덕	민주당	상인
149	개성	권병철	북로당	노동자
150	통천	김찬	북로당	사무원
151	통천	한장호	민주당	기업가
	함경남도			
152	함흥	리술진	민주당	기업가
153	함흥	신용복	북로당	인텔리
154	함흥	김수현	무소속	수공업자
155	함흥	리재영	북로당	인텔리
156	함흥	김열	북로당	농민
157	함흥	최선자	북로당	노동자
158	함흥	함도겸	북로당	노동자
159	함주	주만술	북로당	농민
160	함주	리면홍	무소속	농민
161	함주	김달현	청우당	인텔리
162	정평	리영섬	북로당	농민
163	정평	한양을	청우당	농민
164	영흥	최기남	민주당	농민
165	영흥	한효삼	북로당	사무원
166	영흥	최기배	무소속	농민
167	고원	김덕흥	청우당	농민
168	고원	윤상만	북로당	농민
169	홍원	김업돌	무소속	농민
170	홍원	고광한	북로당	농민

171	북청	안시도	청우당	농민
172	북청	주녕하	북로당	농민
173	북청	박시윤	민주당	기업가
174	북청	최관용	북로당	농민
175	북청	김학종	청우당	농민
176	이원	김한웅	민주당	상인
177	단천	리창하	북로당	노동자
178	단천	오재영	민주당	상인
179	단천	주황섭	청우당	사무원
180	신흥	리흥렬	민주당	사무원
181	신흥	주창선	무소속	농민
182	장진	박성옥	민주당	상인
183	풍산	리동화	북로당	인텔리
184	풍산	김욱빈	청우당	상인
185	삼수	리봉남	북로당	노동자
186	갑산	한설야	북로당	인텔리
187	혜산	장해우	북로당	사무원
188	혜산	오옥별	무소속	노동자
함경북도				
189	청진	리진근	북로당	노동자
190	청진	리숙경	무소속	사무원
191	청진	김현극	청우당	농민
192	라남	리청송	무소속	노동자
193	나진	허만수	북로당	노동자
194	성진	고히만	북로당	사무원
195	학성	박용한	청우당	사무원
196	학성	강진건	북로당	농민
197	길주	김태련	북로당	노동자
198	길주	리봉년	민주당	사무원
199	명천	김광준	무소속	기업가
200	명천	김도성	민주당	노동자
201	명천	김민산	북로당	노동자
202	경성	현승갑	청우당	농민
203	경성	김란주화	무소속	농민
204	부령	박보옥	민주당	농민
205	회령	김영수	북로당	사무원
206	무산	김정순	무소속	노동자
207	무산	리종완	북로당	인텔리
208	종성	장순명	북로당	노동자
209	온성	허남히	무소속	사무원
210	경원	박영성	북로당	노동자
211	경흥	전중학	북로당	노동자
212	경흥	강건	북로당	농민

〈출처〉『朝鮮中央年鑑 1950년판』, 평양: 朝鮮中央通信社, 1950, 12~15쪽; "조선최고인민회의 북측 대의원선거 후보별 선거 결과." ЦАМО, ф. 172, оп. 614633, д. 19, л. 93-99.

남측 대의원 명단

	성명	소속 정당
1	강규찬	무소속
2	강문석	남로당
3	강성재	문화단체총연맹
4	강순	근로대중당
5	강신우	민주독립당
6	강영순	전국농민동맹
7	강응진	근로인민당
8	강윤원	전국유교연맹
9	강철	전국농민동맹
10	고경인	전국농민동맹
11	고석환	민족자주연맹
12	고진희	무소속
13	고창남	민주애국청년동맹
14	고철우	근로인민당
15	곽주석	인민공화당
16	구재수	남로당
17	권오직	남로당
18	권은해	무소속
19	권태봉	무소속
20	길원팔	남로당
21	길진섭	무소속
22	김계림	남로당
23	김광수	남로당
24	김기도	무소속
25	김기수	무소속
26	김기양	근로인민당
27	김기택	호국청년회
28	김낙진	민중동맹
29	김남천	문화단체총연맹
30	김달삼	무소속
31	김동일	무소속
32	김명환	무소속
33	김무삼	민주독립당
34	김문환	남로당
35	김백동	남로당
36	김백설(Ким Вяк Сер)	인민공화당
37	김병문	건민회
38	김병제	남조선천도교청우당
39	김병재	무소속
40	김봉선	남로당
41	김삼룡	남로당
42	김상순	민주한독당

43	김상주	무소속
44	김상혁	남로당
45	김선초	무소속
46	김성규	민중동맹
47	김수일	노동조합전국평의회
48	김순남	무소속
49	김숭모	근로대중당
50	김시겸	민주한독당
51	김시엽	노동조합전국평의회
52	김연필	남조선천도교청우당
53	김영섭	민주독립당
54	김영은	신진당
55	김영재	남로당
56	김원형	남로당
57	김오성	남로당
58	김온	남로당
59	김완근	전국농민동맹
60	김용담	불교연맹
61	김용욱	학병거부자동맹
62	김용원	전국농민동맹
63	김용호	민족자주연맹
64	김용하	전국농민동맹
65	김욱	기독교민주동맹
66	김원봉	인민공화당
67	김유태	근로대중당
68	김은한	무소속
69	김이수	민주한독당
70	김이순	사회민주당
71	김인배	근로인민당
72	김일선	남조선천도교청우당
73	김일청	민주한독당
74	김재용	한국독립당
75	김재율	문화단체총연맹
76	김점권	남로당
77	김정애	노동조합전국평의회
78	김진호	민주한독당
79	김창준	기독교민주동맹
80	김창한	무소속
81	김철수	신진당
82	김철호	건국청년회
83	김충규	신진당
84	김탁	인민공화당
85	김태성	기독교민주동맹
86	김태자	민주애국청년동맹
87	김태홍	건민회

88	김해천	불교청년동맹
89	김형태	인민공화당
90	김호영	근로대중당
91	김홍기	건민회
92	김효원	사회민주당
93	나윤출	무소속
94	노명환	남로당
95	노석귀	노동조합전국평의회
96	나승규	민중동맹
97	노진한	전국농민동맹
98	마종화	민주독립당
99	맹두은	근로인민당
100	문동용	남로당
101	문두재	노동조합전국평의회
102	문민운	근로대중당
103	문상직	전국농민동맹
104	문옥순	무소속
105	문흥기	사회민주당
106	민기원	무소속
107	민혁조	남로당
108	박건병	노동조합전국평의회
109	박기호	사회민주당
110	박문규	남로당
111	박문순	남조선민주여성동맹
112	박병직	민주독립당
113	박복조	전국농민동맹
114	박봉우	노동조합전국평의회
115	박상준	전국농민동맹
116	박세영	노동조합전국평의회
117	박승극	무소속
118	박은성	민족자주여성동맹
119	박일원(Пак Ир Вон)	민주독립당
120	박재섭	신진당
121	박정현	민족자주연맹
122	박종태	노동조합전국평의회
123	박준영	무소속
124	박진홍	남조선민주여성동맹
125	박찬모	무소속
126	박창구	건민회
127	박철	기독교민주동맹
128	박치호	신진당
129	박치화	무소속
130	박필환	민족자주연맹
131	박헌영	남로당
132	박훈섭(Пак Хун Себ)	남로당

133	배형한	전국농민동맹
134	백낙영	남조선천도교청우당
135	백남운	근로인민당
136	백병익	북로당
137	변기창	사회민주당
138	서갑순	전국농민동맹
139	서창섭	인민공화당
140	선동기	북로당
141	설병호	기독교민주동맹
142	성대경	근로인민당
143	성주식	인민공화당
144	손두환	무소속
145	손종열	전국농민동맹
146	송규환	사회민주당
147	송금애	남로당
148	송명헌	남로당
149	송성철	남로당
150	송언필	남로당
151	송을수	전국농민동맹
152	송재현	민주애국청년동맹
153	송종근	무소속
154	송준호	민족자주연맹
155	송희태(Сон Хи Тхя)	민주독립당
156	신남철	무소속
157	신백현	민주한독당
158	신상동	인민공화당
159	신상훈	민중동맹
160	신홍례	남로당
161	신순직	한국독립당
162	신진우	민주독립당
163	신현우	인민공화당
164	안기성	전국농민동
165	안세훈	남로당
166	안영묵	전국농민동맹
167	안영일	문화단체총연맹
168	안희남	무소속
169	양보현	노동조합전국평의회
170	양원모	남로당
171	양홍주	남로당
172	여운철	남로당
173	염의현	학병거부자동맹
174	염정권	인민공화당
175	오기옥	민주애국청년동맹
176	오영	남로당
177	오재일	무소속

178	오재홍	무소속
179	오철주	남로당
180	옥문환	무소속
181	우봉운	민족자주여성동맹
182	원호순	무소속
183	유금봉	남조선민주여성동맹
184	유기섭	민주독립당
185	유동열	무소속
186	유명석	무소속
187	유석균	무소속
188	유영윤	기독교민주동맹
189	유영준	남조선민주여성동맹
190	유용상	민족자주연맹
191	유진영	전국유교연맹
192	유해붕	사회민주당
193	유형규	무소속
194	윤병관	남로당
195	윤상열	무소속
196	윤수	신진당
197	윤용준	신진당
198	윤린영	무소속
199	윤재봉	남로당
200	윤증우	인민공화당
201	윤행중	무소속
202	윤형식	무소속
203	이강무	건국청년회
204	이경동	전국농민동맹
205	이관술	남로당
206	이구훈	전국농민동맹
207	이규희	인민공화당
208	이극로	건민회
209	이근우	남로당
210	이기석	남로당
211	이기환	무소속
212	이능종	민주한독당
213	이동근	무소속
214	이동선	근로인민당
215	이동탁	사회민주당
216	이두산	무소속
217	이두원	민중동맹
218	이만규	근로인민당
219	이민용	남로당
220	이병남	무소속
221	이병노	무소속
222	이병일	기독교민주동맹

223	이병희	인민공화당
224	이복기	남로당
225	이상갑	무소속
226	이상인	무소속
227	이상준	남로당
228	이상준	민주독립당
229	이상호	무소속
230	이상훈	남로당
231	이서향	무소속
232	이석보	남조선천도교청우당
233	이석하	전국농민동맹
234	이선재	노동조합전국평의회
235	이성백	노동조합전국평의회
236	이승엽	남로당
237	이여성	근로인민당
238	이영	근로인민당
239	이영주	전국유교연맹
240	이영준	근로인민당
241	이용	신진당
242	이용선	민족자주연맹
243	이욱	신진당
244	이원일	전국유교연맹
245	이인규	노동조합전국평의회
246	이인동	노동조합전국평의회
247	이의재(Ли И Де)	남조선민주여성동맹
248	이재영	남로당
249	이재향	사회민주당
250	이점순	남조선민주여성동맹
251	이정구	근로인민당
252	이정숙	노동조합전국평의회
253	이정열	전국농민동맹
254	이종만	무소속
255	이종명	노동조합전국평의회
256	이주하	남로당
257	이은우	근로인민당
258	이진	신진당
259	이창빈	신진당
260	이창수	전국농민동맹
261	이춘수	남조선민주여성동맹
262	이칠성	무소속
263	이태성	인민공화당
264	이환기	민주애국청년동맹
265	이해수	노동조합전국평의회
266	이혁영	조선농민당
267	이호재	민주애국청년동맹

268	이훈	민주한독당
269	이홍연	전국농민동맹
270	임동욱	근로인민당
271	임상순	무소속
272	임재영	불교청년동맹
273	장권	사회민주당
274	장기욱	무소속
275	장기용	민주독립당
276	장상봉	불교연맹
277	장우욱	무소속
278	장준	전국농민동맹
279	장철	근로인민당
280	장하명	전국농민동맹
281	전갑순	무소속
282	전병기	남로당
283	전봉화	민주독립당
284	전영기	무소속
285	정길성	무소속
286	정남조	무소속
287	정대석	무소속
288	정노식	무소속
289	정백	근로인민당
290	정세열	민주독립당
291	정세호	인민공화당
292	정연태	전국농민동맹
293	정운영	무소속
294	정인석	민주한독당
295	정인출	무소속
296	정재선	전국유교연맹
297	정재철	노동조합전국평의회
298	정종식	민주한독당
299	정주경	노동조합전국평의회
300	정주하	남조선천도교청우당
301	정진섭	무소속
302	정철	민중동맹
303	정칠성	남조선민주여성동맹
304	조동석	노동조합전국평의회
305	조범구	무소속
306	조복례	남로당
307	조복애	무소속
308	조성규	인민공화당
309	조영래	남로당
310	조용세	사회민주당
311	조우방	인민공화당
312	조운	무소속

313	조원숙	남조선민주여성동맹
314	조중곤	전국농민동맹
315	조태옥	민중동맹
316	조희영	민주애국청년동맹
317	주진황	무소속
318	주해	민주한독당
319	채준석	무소속
320	천성옥	전국농민동맹
321	최석순	무소속
322	최선규	남로당
323	최성환	근로인민당
324	최원택	남로당
325	최익한	근로인민당
326	최인	인민공화당
327	최준영	민중동맹
328	최한식	한국독립당
329	최한철	전국농민동맹
330	탁창혁	근로대중당
331	하만호	민주독립당
332	하영숙	무소속
333	하필원	무소속
334	한경수	노동조합전국평의회
335	한상묵	근로대중당
336	한일수	인민공화당
337	한정우(Хан Ден У)	건민회
338	한종수	인민공화당
339	한창교	민주독립당
340	함세덕	문화단체총연맹
341	함익록	근로인민당
342	허성택	노동조합전국평의회
343	허준	무소속
344	허하백	무소속
345	허헌	남로당
346	현보열	노동조합전국평의회
347	현훈	노동조합전국평의회
348	홍광준	전국농민동맹
349	홍기문	민주독립당
350	홍남표	남로당
351	홍면옥	남로당
352	홍명희	민주독립당
353	홍선우	전국농민동맹
354	홍승국	전국유교연맹
355	홍증식	문화단체총연맹
356	홍진	민족대동회
357	홍철희	민주독립당

358	황욱	민중동맹
359	황운봉	남로당
360	황태성	인민공화당

※『조선중앙년감』의 명단은 66인이 미확인 상태이며,『남로당연구』는 전체 명단은 있으나 오류가 적지 않다. 위 명단은 국문과 러시아 자료를 대조하여 정리하였다. 다만 6명은 확인이 안 되어 러시아어표기와 병기하였다.

〈출처〉『朝鮮中央年監鑑 1950년판』, 평양: 朝鮮中央通信社, 1950, 12~15쪽;「남조선 인민대표자대회 (1948.8.25.)에서 선출된 조선최고인민회의 남조선 대의원 명단」ЦАМО, ф. 172, оп. 614633, д. 19, л. 219-228; 김남식,『남로당연구 I 』, 돌베개, 1984, 530~531쪽; "자료38. 조선최고인 민회의 대의원선거 결과에 관한 남조선인민대표자대회 주석단 보도."『北韓關係史料集』28, 국사편찬위원회, 165~168쪽.

〈별표 4〉 소련공산당 중앙위원회 정치국의 한반도 관련 「결정」 목록(1945~1948)

일자	문서 번호	결정 명칭	주요 내용	분류
1945.09.18	의사록 No. 46, 제325항	북조선 주민을 위한 「조선신문」 발행에 대하여	북한 주둔 소련군이 한글로 된 대민 신문을 발행하는 것을 허가	선전선동 관련
1946.05.22	의사록 No. 52, 제61항	전연방공산당(볼) 중앙위원회 대외정책부의(대조선) 문제	우즈베키스탄과 카자흐스탄에 거주하는 고려인 당원 및 청년동맹원 200명을 조선 파견을 위해 선발할 것을 허가함	재소한인 관련
1946.07.26	의사록 No. 52, 제330항	조선에 대한 소미공동위원회 회의 소련 대표단 훈령에 대하여	제1차미소공동위원회 회의 결렬 후 소련 대표단에 보내는 지침	미소공위 관련
1946.09.10	의사록 No. 55, 제9항	전연방공산당(볼) 중앙위원회 대외정책부의(대북조선) 문제	고려인 전문가 37명을 자신의 관리로 보내달라는 북조선 임시인민위원회의 요청을 충족시킬 것	재소한인 관련
1946.12.11	의사록 No. 55, 제284항	북조선 학교와 고등교육기관에서의 러시아어 학습 지원 대책에 대하여	카자흐스탄과 우즈베키스탄에서 북조선 파견, 고려인 러시아어 교사 양성, 러시아어교재 및 학습서 출판 지원 등	재소한인 및 교육 관련
1947.05.08	의사록 No. 58, 제45항	G. I. 툰킨 동지에 대하여	조선에 대한 미소공동위원회 소련 대표로 툰킨의 임명을 확정함	미소공위 및 인사 관련
1947.05.20	의사록 No. 58, 제78항	(미국과 조선에 대한) 외무성의 문제	제2차 미소공동위원회 회의에 임하는 소련 대표단에 보내는 협상 지침을 담은 훈령	미소공위 관련
1947.07.21	의사록 No. 59, 제65항	소련 고등교육기관에 북조선 공민 출신 대학생 및 대학원생의 입학에 대하여	1947~1948년 조선의 대학생 120명, 대학원생 20명을 소련 고등교육기관에 입학시키고자 하는 북조선 임시인민위원회의 요청을 수용할 것	북조선 교육 관련
1947.09.27	의사록 No. 59, 제246항	(북조선에 대한) 중앙위원회 대외정책부의 문제/러시아어교원들의 북조선 파견에 대하여	고려인 러시아어 교원 34명(가족을 포함하여 모두 107명)을 북조선에 정직(定職) 파견하려는 슈티코프의 요청을 승인	재소한인 및 북조선 교육 관련
1947.09.27	의사록 No. 59, 제256항	(조선에 대한) 소련외무성의 문제	조선 부대 포병사령관 무정(武亭)이 치료를 위해 소련(연해주)에 입국하는 것을 허가	북조선인 입국 관련
1947.10.24	의사록 No. 59, 제313항	(북조선에 대한) 소련외무성의 문제	북조선인민위원회 위원장 김일성이 치료를 위해 소련(연해주 보로쉴로프시)에 입국하는 것을 허가	북조선인 입국 관련
1948.02.03	의사록 No. 62, 제21항	(북조선에 대한) 소련외무성의 문제	1948년 2월 6일 북조선최고회의 회의 소집 동의, 민족보위국 창설 허가	북한 정부 수립 관련
1948.02.28	의사록 No. 62, 제86항	김일의 치료에 대하여	김일(金一)이 치료를 위해 소련(블라디보스토크)에 입국하는 것을 허가	북조선인 입국 관련

1948.03.02	의사록 №. 62, 제92항	러시아어 교원들의 북조선 파견에 대하여	고려인 러시아어 교원 22명(가족을 포함하여 모두 63명)을 북조선에 정직(定職) 파견하려는 슈티코프의 요청을 승인	재소한인 관련
1948.04.05	의사록 №. 63, 제26항	북조선인민위원회 임시통상대표단에 대하여	모스크바 주재 북조선 통상대부 조직 문제	조소교류 관련
1948.04.12	의사록 №. 63, 제38항	(북조선에 대한) 소련외무성의 문제/김일성 동지를 위한 조언	남북연석회의에 대한 소련 지도부의 입장과 방침을 김일성에게 전달	북한 정부 수립 관련
1948.04.19	의사록 №. 63, 제63항	타스(TACC) 통신 평양 지국 개설 허가에 대하여	남북한의 상황에 대한 소련 사회의 인식 제고를 위해 타스 통신 평양 지국 개설을 허가함	선전선동 관련
1948.04.24	의사록 №. 63, 제89항	조선 헌법 문제에 대하여	북한 헌법안에 대한 의견 및 수정 요구 사항	북한 정부 수립 관련
1948.07.27	의사록 №. 64, 제160항	조선로동당 지도일꾼들의 학교 조직에 대하여	전연방공산당(볼) 산하에 조선로동당 지도일꾼 35명을 수강생으로 하는 2년 과정의 모스크바 소재 당학교 조직에 대한 슈티코프의 제의를 수용함	북조선 교육 관련
1948.07.30	의사록 №. 65, 제4항	(북조선에 대한) 소련 외무성과 보건성의 문제	조선사회활동가이자 시인인 오장환을 톰스크 시에서 병원 치료를 위해 수용할 것을 소련 보건성에 위임할 것. 비용은 북조선인민위원회가 부담할 것	북조선인 입국 관련
1948.10.07	의사록 №. 65, 제230항	소련외무성의 문제	조선 정부에 소련과의 외교관계 수립 제의 및 다른 나라들과의 외교관계 수립 조언, T. F. 슈티코프를 조선민주주의인민공화국 주재 소련 대사로, G. I. 툰킨을 소련대사관 고문으로 임명할 것	외교 및 인사 관련
1948.10.25	의사록 №. 65, 제292항	전연방레닌공산청년동맹 중앙위원회의 문제	북조선민주청년동맹 제3차 대회에 소련 청년 대표단의 파견에 대하여	조소교류 관련
1948.11.12	의사록 №. 66, 제36항	T. F. 슈티코프 동지에 대하여	북한 주재 대사로 임명된 슈티코프가 군 직위를 유지한 채 무력성 간부로 남아 있을 것	인사 관련
1948.11.19	의사록 №. 66, 제72항	책자 『소련과 조선문제』에 대하여	이 책자를 러시아어, 영어, 프랑스어로 발행하여 유엔총회에서 조선문제 논의 시 활용을 위해 파리로 발송할 것	선전선동 관련
1948.11.24	의사록 №. 66, 제102항	(조선에 대한) 외무성의 문제	아시아극동경제위원회에 북한의 가입제의를 제출하지 않기로 함	외교 관련
1948.11.25	의사록 №. 66, 제108항	유엔한국임시위원단에 대하여	유엔한국임시위원단 폐지 결의안을 승인하고, 소련 대표단은 이를 유엔총회의 심의에 회부할 것	외교 관련

1948.12.02	의사록 No. 66, 제125항	소련군 장성, 군관, 고용일꾼들에게 소련훈장 및 메달 수여에 대하여	주북조선 소련민정 군무원 및 고용일꾼에게 훈장 및 메달 수여에 대한 소련최고회의 상임간부회 결정안 승인	훈장 수여 관련
1948.12.22	의사록 No. 66, 제237항	조선 문제	조선 정부 대표단의 모스크바 방문에 관한 훈령, 조선 내각 산하의 소련 전문가에 관한 소련내각회의 결정안 등을 확정하고, 소련군 군관들에 대한 조선의 훈장 수여에 동의할 것	조소교류 관련

〈출처〉 Политбюро ЦК РКП(б)-ВКП(б). Повестки дня заседаний 1919-1952. Каталог/ 러시아공산당(볼) - 전연방공산당(볼) 중앙위원회 정치국. 의사일정. 카탈로그/Т. 3(1940~ 1952), М., 2001; РГАСПИ, ф. 17, оп, 3, д. 1070; оп. 162, д. 38, 39를 종합하여 작성함.

〈자료집〉

강만길 · 성대경 엮음, 『한국사회주의운동인명사전』, 서울: 창작과비평사, 1996.

金南植 · 李庭植 · 韓洪九 역음, 『韓國現代史資料叢書 13』, 돌베개, 1988.

『黨의 政治路線及 黨事業總結과 決定,. 黨文獻集(1)』, 正路社出版部, 1946.

『北朝鮮法令集』, 평양: 北朝鮮人民委員會 司法局, 1947.

北朝鮮人民會議常任議員會, 『北朝鮮人民會議 第一次會議會議錄』, 평양: 勞動新聞社, 1947.

北朝鮮人民會議常任委員會, 『北朝鮮人民會議 第三次會議會議錄』, 평양: 朝鮮人民出版
社, 1948.

『北韓關係史料集』, 1(1982), 5(1987), 6(1988), 7(1989), 8(1989), 11(1991), 19(1994),
21(1995), 23(1996), 28(1997), 국사편찬위원회.

『北韓民主統一運動史(平安南道, 平安北道, 黃海道, 咸鏡南道, 咸鏡北道外 篇』, 北韓硏
究所, 1990.

『쏘米共同委員會에 關한 諸般資料集(增補版)』, 평양: 北朝鮮中央民戰 書記局, 1947.

『쉬띄꼬프 일기 1946~1948』, 국사편찬위원회, 2004.

『全朝鮮諸政黨社會團體 代表者聯席會議 文獻集』, 평양: 北朝鮮人民委員會 宣傳局, 1948.

『全國人民委員會代表者大會議事錄』, 全國人民委員會 代表者大會 書記部, 1946.

『朝鮮共産黨文件資料集(1945~46)』, 한림대학교 아시아문화연구소, 1993.

『조선대백과사전』, 제1~29권, 평양: 백과사전출판사, 1995~2001.

조선로동당 중앙위원회, 『결정집(1946.~1951.11 당중앙위원회)』.

조선로동당 중앙위원회, 『결정집(1946.9~1948.3 북조선로동당 중앙상무위원회)』.

『조선중앙년감 1949』, 평양: 朝鮮中央通信社, 1949.

『朝鮮中央年監 1950년판』, 평양: 朝鮮中央通信社, 1950.

『朝鮮共産黨文件資料集(1945~46)』, 한림대학교 아시아문화연구소, 1993.

『해방 후 10년 일지(1945~1955)』, 평양: 조선중앙통신사, 1955.

FRUS Diplomatic Papers, 1945, General: political and economic matters. Vol. II,
　　　　Moscow conference of foreign ministers, December 16-26, 1945. Washington
　　　　DC: GPO, 1967.

FRUS, The Conference at Cairo and Teheran, 1943. Washington, D.C.: U.S. Government
　　　　Printing Office, 1961.

FRUS, 1946, Vol. VIII, The Far East, Washington DC: GPO, 1971.

Handbook of Far Eastern conference discussions: treatment of political questions
　　　　relating to the Far East at multilateral meetings of foreign ministers and heads
　　　　of government 1943-1949. Research Project no. 62, November 1949.

Biographies of Soviet Korean Leaders. http://www.loc.gov/rr/asian/SovietKorean.html.

RG 554 Records of General Headquarters, Far East Command, Supreme Commander
　　　　Allied Powers, and United Nations Command, *G-2 Periodic Reports XXIV
　　　　Corps, Aug-Oct 1948.*

Большая советская энциклопедия. Т. 5 (1971), 12 (1973) М..

ВКП(б), Коминтерн и Корея 1918-1941, М., 2007.

Гриф секретности снят. Потери Вооруженных Сил СССР в войнах, боевых
　　　　действиях и военных конфлитах. Статистическое исследование.
　　　　М., 1993.

Дипломатический Словарь. Т. 1-3, М., 1985-1986.

Дневник Лебедева(레베데프 일기) 1947.7-1948.12.

Дневник Штыкова(슈티코프 일기) 1946.9-1948.9.(『쉬띄꼬프 일기 1946~1948』, 국
　　　　사편찬위원회, 2004).

И. Сталин. Сочинения 15(часть 3), Ноябрь 1944-Сентябрь 1945. М.. 2010; 16 (часть 1), Сентябрь 1945-Декабрь 1948. М., 2011.

Коминтерн и Корея 1918-1941. М., 2007.

Людские потери СССР в Великой отечественной войне. СПб., 1995.

На приеме у Сталина. Тетради (журналы) записей лиц, приятых И. В. Сталиным(1924-1953 гг.). М., 2010.

Отношение Советского Союза с народной Кореей 1945-1980. Документы и материалы. М., 1981.

Политбюро ЦК РКП(б)-ВКП(б). Повестки дня заседаний 1919-1952. Каталог. Т. 3(1940-1952), М., 2001.

Русско-китайские отношения в X Xвеке. Документы и материалы. Т. IV. М., 2000.

Советско-американские отношения 1939-1945. Документы. М., 2004.

Советская военная энциклопедия. Т. 1-8, М., 1976-1980.

Состав руководящихся органов Центрального комитета партии - Политбюро (Президидума), Оргбюро, Секретариата ЦК (1919-1990 гг.). Известия ЦК КПСС, 1990, №. 7.

Энциклопедия корейцев России. 140 лет в России. М., 2003.

『東北地區革命歷史文件匯集 甲(61)』, 中央黨案館·遼寧省黨案館·吉林省黨案館·黑龍江省黨案館, 1990.

『東北地區革命歷史文件匯集(1942~1945.7)』, 中央黨案館·遼寧省黨案館·吉林省黨案館·黑龍江省黨案館, 1992.

外務省アシア局, 『北朝鮮人名錄』世界ジャーナル社, 1967.

〈단행본〉

강만길, 『조선민족혁명당과 통일전선』, 서울: 和平社, 1991.

강영주, 『벽초 홍명희 연구』 서울: 창작과 비평사, 1999.

古堂기념사업회,『민족의 영원한 스승 고당 조만식 전기. "북한 일천만 동포와 생사를 같이 하겠소"』, 서울: 기파랑, 2010.

김광운,『북한정치사연구Ⅰ. 건당·건국·건군의 역사』, 서울: 선인. 2003.

_____,『통일독립의 현대사』, 서울: 지성사, 1995.

김국후,『비록 평양의 소련군정』, 서울: 한울: 2008.

金基兆,『38線 分割의 歷史』, 서울: 東山出版社, 1994.

김남식,『남로당연구Ⅰ』, 돌베개, 1984.

김남식 외,『解放前後史의 認識 5』, 서울: 한길사, 1989.

김성보,『남북한 경제구조의 기원과 전개: 북한농업체제의 형성을 중심으로』, 역사비평사, 2000.

金良善,『韓國基督敎解放十年史』大韓예수敎長老總會 宗敎敎育部, 1956.

김정인,『천도교 근대 민족운동 연구』, 서울: 한울, 2009.

김종범·김동운,『해방전후의 조선진상』, 서울: 돌베개, 1983.

김창순,『북한 15년사: 1945.8~1961.1』, 서울: 지문각, 1961.

金昌順,『北韓 十五年史』, 서울: 知文閣, 1961.

도진순,『한국민족주의와 남북관계: 이승만·김구 시대의 정치사』, 서울대학교 출판부, 1997.

民主主義民族戰線 編,『朝鮮解放年報』, 서울: 文友印書館, 1946.

박명림,『한국전쟁의 발발과 기원』Ⅰ·Ⅱ, 서울: 나남출판, 1996.

박병엽/유영구·정창현『조선민주주의인민공화국의 탄생』, 서울: 선인, 2010.

방기중,『일제하 지식인의 파시즘체제 인식과 대응』, 서울: 혜안, 2005.

방인후,『북한「조선노동당」의 형성과 발전』, 고려대학교 출판부, 1967.

백학순,『북한 권력의 역사: 사상·정체성·구조』, 서울: 한울, 2010.

베른트 슈퇴버/최승환 옮김,『냉전이란 무엇인가. 극단의 시대 1945~1991』, 서울: 역사비평사, 2008.

서대숙/현대사연구회 옮김,『한국공산주의운동사연구』, 서울: 禾多, 1985.

서동만,『북조선사회주의체제성립사(1945~1961)』. 서울: 선인, 2005.

서중석,『한국현대민족운동연구: 해방후 민족국가건설운동과 통일전선』, 서울: 역사비평사, 1993.

시모토마이 노부오 지음, 이종국 옮김,『모스크바와 김일성: 냉전기의 북한 1945~1961』, 서울: 논형, 2012.

신복룡·김원덕 편역,『한국분단보고서』(하권), 서울: 풀빛, 1992.

신복룡,『한국분단사연구 1943~1953』, 서울: 한울아카데미, 2001.

신주백,『만주지역 한인의 민족운동사(1920~45)』, 서울: 아세아문화사, 1999.

염인호,『조선의용군의 독립운동』, 서울: 나남출판, 2003.

와다 하루끼/남기정 옮김,『와다 하루끼의 북한 현대사』, 파주: 창비, 2014.

와다 하루끼/이종석 옮김,『김일성과 만주항일전쟁』, 서울: 창작과 비평사, 1992.

吳泳鎭,『蘇軍政下의 北韓』. 국토통일원, 1983.

『옳은 路線을 爲하야』, 서울: 우리文化社, 1945.

李萬珪,『呂運亨先生鬪爭史』, 1947, 서울: 民主文化社

이신철,『북한 민족주의운동 연구: 1948~1961, 월북·납북인들과 통일운동』, 서울: 역사
　　　비평사, 2008

『이정 박헌영전집』제2권, 서울: 역사비평사, 2004.

이종석,『북한-중국관계 1945~2000』, 서울: 중심, 2001.

＿＿＿,『조선노동당연구』, 서울: 역사비평사, 1995.

이주철,『조선로동당 당원조직 연구 1945~1960』, 서울: 선인, 2008.

『일제하 사회주의운동사』, 서울: 한길사, 1991.

임경석,『박헌영연보 1900~1956. 박헌영의 생애』, 서울: 여강출판사, 2003.

＿＿＿,『이정 박헌영 일대기』서울: 역사비평사, 2004.

林隱,『金日成正傳』. 서울: 沃村文化社, 1989.

임형진,『동학의 정치사상: 천도교 청우당을 중심으로』, 서울: 도서출판 모시는사람들,
　　　2004.

張福成,『朝鮮共産黨派爭史』, 大陸出版社, 1949(복간: 돌베개, 1983).

張浚翼,『北韓人民軍隊史』, 서울: 瑞文堂, 1991.

정병준,『우남 이승만 연구』, 서울: 역사비평사, 2005.

정용욱,『해방 전후 미국의 대한정책』, 서울대학교출판부, 2003.

정창현,『인물로 본 북한현대사』, 서울: 민연, 2002.

趙靈巖,『古堂 曺晩植』. 政治新聞社, 1953.

중앙일보 특별취재반,『비록 조선민주주의 인민공화국』(상·하), 중앙일보사, 1992·1993.

찰스 암스트롱/김연철·이정우,『북조선 탄생』, 파주: 서해문집, 2006.

韓根祖,『古堂 曺晩植』, 서울: 태극출판사, 1970.

김남식 외,『해방전후사의 인식 5』, 서울: 한길사, 1989.

洪聖俊,『古堂 曺晩植』, 서울: 平南民報社, 1966.

A. 기토비차 · B. 볼소프/최학송 역,『1946년 북조선의 가을』, 서울: 글누림, 2006.

『강사선전원들에게 주는 참고 자료Ⅱ』, 조선민주주의인민공화국 문화선전성, 발행연도
　　미상.

『講義敎材. 天道敎靑友黨論』, SA 2010, SeriesWAR200800216 Item #100.

『조선로동당 투쟁사에 대한 강의 속기 4』, 1957.

『김일성 동지 회고록: 세기와 더불어』(계승본) 제8권, 평양: 조선로동당출판사, 1998.

『김일성선집』 제1, 2권, 평양: 조선로동당출판사, 1955.

『김일성장군의 략전』, 조선로동당중앙위원회 선전선동부, 1952.

『김일성저작집』 제2권, 평양: 조선로동당출판사, 1979.

『김일성전집』 제3권(1992), 6권(1993), 7권(1993), 평양: 조선로동당출판사.

김일성,『세기와 더불어』 제3(1992), 4(1993), 8(1998)권, 평양: 조선로동당출판사.

＿＿＿,『인민공화국수립의 길: 중요보고집』, 평양: 북조선인민위원회 선전부, 1947.

＿＿＿,『조국의 통일독립과 민주화를 위하여(1)』, 평양: 국립인민출판사, 1949.

＿＿＿,『朝鮮民主主義人民共和國 樹立의 길』, 北朝鮮人民委員會 宣傳部, 1947.

김일 외,『붉은 해발아래 창조와 건설의 40년(1945.8~1950.6)』 제1권, 평양: 조선로동당
　　출판사, 1981.

『당건설(강의요강)』, SA 2008, SeriesWAR200602111.

『黨의 政治路線 及 黨事業總結과 決定. 黨文獻集 1』, SA 2012 Series.

리영환 외,『민족단합의 전기를 마련한 4월 남북련석회의』, 평양: 과학백과사전종합출
　　판사, 1998.

北朝鮮勞動黨中央本部 宣傳煽動部 編,『조선민주주의인민공화국 최고인민회의 제1차
　　회의 문헌집』, 평양: 勞動黨出版社, 1948.

北朝鮮人民委員會宣傳局 編,『朝鮮民主主義人民共和國 臨時憲法草案』, 평양: 朝鮮人民
　　出版社, 1948,

北朝鮮 中央民戰書記局 編,『民主建國에 있어서 北朝鮮民戰의 役割』, 평양: 朝鮮出版
　　社, 1947.

『北朝鮮 土地改革의 歷史的 意義와 그의 첫 成果』, SA 2006, SeriesWAR200601447 Item
　　#40.

조국통일민주주의전선 중앙상무위원회 서기국 편, 『민주건국에 있어서 북조선민전의 역할』, 평양: 조선민보사, 1949.

『위대한 수령 김일성동지략전』, 평양: 조선로동당출판사, 2003.

『위대한 수령 김일성 동지의 불멸의 혁명업적』 제9권, 평양: 조선로동당출판사, 1998.

『인민공화국수립의 길: 중요보고집』, 평양: 북조선인민위원회 선전부, 1947.

『第二次全黨大會文獻集』, 평양: 이하 미상.

정리근, 『력사적인 4월남북련석회의』, 평양: 과학백과사전종합출판사, 1988.

『정치상학교재 50-1』 민족보위성문화훈련국, 1950.1, SA 2013, Box 1, Item 6.4.

『조국의 통일 독립과 민주화를 위하여(1)』, 평양: 국립인민출판사, 1949.

『조선대백과사전』, 평양: 백과사전출판사, 제1권(1995), 제4권(1996), 제10권(1999), 제27권(2001).

『조선로동당략사』, 평양: 조선로동당출판사, 1979.

『조선로동당력사교재』, 평양: 조선로동당출판사, 1964.

『조선로동당 투쟁사에 대한 강의 속기』 4, 조선로동당중앙당학교, 1957.

『朝鮮民族解放鬪爭史』, 평양: 김일성종합대학, 1949.

『조선민주주의인민공화국 최고인민회의 대의원 선거에 관한 규정』, SA 2012 Series.

『朝鮮民主主義人民共和國 最高人民會議 南朝鮮 代議員 選舉規定』, SA 2008, SeriesWAR 200602250.

『조선전사』 제22, 제23, 제24권, 평양: 과학, 백과사전 출판사, 1981.

『朝鮮最高人民會議 選舉宣傳 提綱(宣傳員들에게 주는 資料)』, SA 2009 I, SeriesWAR 200700660 Item #115.

『조선통사』, 평양: 과학원력사연구소, 1958.

한석봉, 『인민정권건설경험』. 평양: 사회과학출판사, 1986.

『항일빨찌산참가자들의 회상기』 제4권, 평양: 조선로동당출판사, 1968.

『해방후 조선』, 조선로동당 중앙당학교 조선력사 까페드라, SA 2010, SeriesWAR200703005 Item #123.

허가이, 『조선민주주의 인민공화국 최고인민회의 선거 총화와 당 단체들의 당면 과업』, SA 2008, SeriesWAR200602221.

허영욱, 『나의 아버지 허헌』, 평양: 평양출판사, 2015.

Andrei Lankov, *From Stalin to Kim Il Sung: The Formation of North Korea, 1945-1960*, New Brunswick: Rutgers University Press, 2003.

Bruce Commings, *The origins of the Korean War, Vol. 1: liberation and the emergence of sepatate regimes, 1945-1947*, Princeton, N. J.: Princeton University Press, 1981(김주환 譯, 『한국전쟁의 기원: 해방과 단정의 수립: 1945~1947』 上·下, 서울: 靑史, 1986).

_____, *The Origins of the Korean War, Vol. 2: The Roaring of the Cataract, 1947-1950*, Princeton, N. J.: Princeton University Press, 1990.

Charles K. Armstrong, *The North Korean Revolution, 1945-1950*, Ithaca: Cornell University Press. 2003(찰스 암스트롱/김연철·이정우 옮김, 『북조선 탄생』, 서해문집, 2006).

Dae-Sook Suh, *Kim Il Sung - The North Korean Leader*, New York: Columbia University Press, 1988(서주석 옮김, 『북한의 지도자 김일성』, 서울: 청계연구소, 1989).

Erik Van Ree, *Socialism in one zone, Stalin's policy in Korea, 1945-1947*, Oxford, 1989.

Harry S. Truman, *Memoirs by Harry S. Truman: 1945 Year of Decisions. vol. I*, Garden City NY: Doubleday, 1955.

Harry S. Truman, *Memoirs by Harry S. Truman: Years of Trial and Hope. vol. 2*, Garden City NY: Doubleday, 1956.

Milovan Djilas, *Conversation with Stalin*. New York: Harcourt, Brace & World, Inc., 1962.

Robert A. Scalapino & Chong-Sik Lee, *Communism in Korea - Part 1: The Movement*, Berkeley and Los Angeles: University of California Press, 1972(한홍구 옮김, 『한국 공산주의 운동사』 2, 돌베개, 1986).

Внешняя политика Советского Союза в период Отечественной войны. Т. 3. М., 1947.

Внотченко, Л. Н. Победа на Дальнем Востоке. М., 1966.

Во имя дружбы с народом Кореи. Воспоминания и статьи. М., 1965.

За мир на земле Кореи. Воспоминания и статьи. М., 1985.

Истоия второй мировой войны 1939-1945. Т. 11, М., 1980.

История дипломатии. Т. 4, М., 1975.

История Коммунистической партии Советского Союза. М., 1982.

История Северо-Восточного Китая XVII-XX вв. Т. 2, Владивосток, 1989.

Капица М.С. На разных параллелях. Записки дипломата. М., 1996.

Корея: расчленение, война, объединение, М., 1995.

Коржихина Т. П. Советское государство и его учреждения : ноябрь 1917 г. - декабрь 1991 г. М., 1995.

Нерушимаяя дружиба. М., 1971.

Ланьков А. Н. Северная Корея : вчера и сегодня. М., 1995.

Мерецков К. А. На службе народу. М. 1969.

Оружием слова. Статьи и воспоминания советских востоковедов 1941-1945 гг. М., 1985.

Освободительная миссия Советских вооруженных сил во второй мировой войне. М., 1974.

Освобождение Кореи. Воспоминания и статьи. М., 1976.

Пак. Б. Д. СССР, Коминтерн и Корейское освободительное движение 1918-1925. М., 2006.

Петухов В.И. У источников борьбы за единство и независимость Кореи. М., 1987.

Русско-китайские отношения в X X веке. Документы и материалы. Т. IV. М., 2000.

Семиряга М. И. Как мы управляли Германией. М., 1995.

Славинский Б. Н. Пакт о нейтралитете между СССР и Японией: Дипломатическая история 1941-1945 гг. М., 1995.

Советский Союз на Международных конференциях периода Великой Отечественной войны 1941-1945 гг. Тегеранская конференция. Т. 2. М., 1984.

Советский Союз на международных конференциях периода Великой отечественной войны 1941-1945 гг. Крымская конференция. Т. 4. М., 1984.

Советский фактор в восточной Европе. 1944-1953. Т. 1, М., 1999.

СССР и Корея. М., 1988.

Хлевнюк О. В. Политбюро. механизмы политической власти в 1930-е годы. М., 1996.

Шабшина Ф. И. В колониальной Корее(1940-1945). Записки и размышления очевидца. М., 1992(김명호 옮김, 『식민지 조선에서』, 서울: 한울, 1996).

_____, История Корейского коммунистического движения(1918-1945 гг). М., 1988.

_____, Очерки новейшей истории Кореи(1945-1953 гг.). М., 1958.

_____, Южная Корея 1945-1946. Записки очевидца. М., 1974(김명호 옮김, 『1945년 남한에서』, 서울: 한울, 1996).

Штеменко С. М. Генеральный штаб в годы войны. М., 1975.

Чистяков И. М. Служим Отчизне. М., 1985.

周保中, 『東北抗日遊擊日記』, 北京: 人民出版社, 1991.

李圭泰, 『米ソの朝鮮占領政策と南北分斷體制の形成過程』, 東京: 信山社, 1997.

日本外務省アシア局, 『北朝鮮人名錄』 출판사 불명, 1967.

和田春樹, 『金日成と滿洲抗日戰爭』, 東京: 平凡社, 1992(이종석 옮김, 『김일성과 만주 항일전쟁』, 창작과 비평사, 1992).

〈논문〉

기광서, 「북한무력형성과 북소관계」, 『中蘇研究』 제28권 제3호, 2004.

_____, 「북한정부 수립 문제와 최고인민회의 선거」, 『평화연구』 제25권 2호, 2017.

_____, 「소련공산당 정치국의 대한반도 관련 「결정」과 북한정부의 성격 구상(1945~1948년)」, 『東方學志』 제144집, 2008.

_____, 「소련군의 대일전 참전과 러시아에서 본 광복의 의의 및 평가」, 『軍史』 제96호, 2015.

_____, 「소련군의 북한진주와 '부르주아민주주의' 노선」, 『통일문제연구』 제20권 제1호(통권 제20호), 2005.

_____, 「소련의 남북한 정부수립에 대한 인식: 1948년도『프라우다』관련 기사를 중심으로」,『史叢』제67호, 2008.

_____, 「소련의 대한반도: 북한정책 관련 기구 및 인물 분석(해방~1948.12)」,『현대북한연구』창간호, 1998.

_____, 「해방 전 소련의 대한반도 정책구상과 조선 정치세력에 대한 입장」,『슬라브研究』제30권 4호, 2014.

_____, 「해방 직후 조선공산당에 대한 소련의 입장」,『역사비평』통권 65호, 2003.

_____, 「해방 후 북한 중앙정권기관의 형성과 변화(1945~1948년)」,『평화연구』제19권 2호, 2011.

_____, 「해방 후 소련의 대한반도정책과 스티코프의 활동」,『中蘇研究』, 제26권 1호, 2002.

_____, 「해방 후 김일성의 정치적 부상과 집권과정」,『역사와 현실』제48호, 2003.

_____, 「훈령으로 본 소련의 미소공동위원회 전략」,『역사문제연구』제24호, 2010.

_____, 「2000년대 이후 북한사 연구의 성과와 문제」,『역사와 현실』제97호, 2015.

_____, 「1940년대 전반 소련군 88독립보병여단 내 김일성그룹의 동향」,『역사와 현실』제28호, 1998.

_____, 「8·15 해방에서의 소련군 참전 요인과 북한의 인식」,『북한연구학회보』제9권 제1호, 2005.

김광운, 「소련의 대북한정책과 공산당 중앙지도기관의 결성」,『역사와 현실』22호, 1996.

金道鍾, 「해방 후 소련영사관의 활동과 철수과정: 조선공산당, 소련영사관, 美軍政의 관계를 중심으로」,『社會科學論叢』第14輯, 서울: 명지대사회과학연구소, 1998.

김무용, 「해방 후 조선공산당의 노선과 조선인민공화국, 1945.8~1945.12」,『韓國史學報』통권 제9호, 2000.

김선호, "조선인민군연구: 창설과정과 통일전선." 경희대학교 사학과 박사학위논문, 2016.

_____, 「해방직후 조선민주당의 창당과 변화: 민족통일정선운동을 중심으로」,『역사와 현실』제61호, 2006.

김성보, 「북한 정치 엘리트의 충원과정과 경력 분석: 정권기관 간부를 중심으로(1945~1950)」,『동북아연구』제3권, 경남대학교 극동문제연구소, 1997.

＿＿＿，「소련의 대한정책과 북한에서의 분단질서 형성」，『분단 50년과 통일시대의 과제』, 역사비평사, 1995.

＿＿＿，「1946년 여름 슈티코프 보고서와 북한의 국가 토대 형성」，『역사비평』 통권 112호, 2015.

김용복, 「해방직후 북한 인민위원회의 조직과 활동」，『解放前後史의 認識 5』, 서울: 한길사, 1989.

김재용, 「미국의 대북 첩보활동과 소련의 28선 봉쇄: 남북 분단체제 형성을 촉진한 1946년 미소갈등」，『역사비평』 통권 113호, 2015.

김재웅, 「해방 후 북한의 친일파와 일제유산 척결」，『한국근현대사연구』 제66호, 2013.

김형성 · 조재현, 「북한헌법의 변화의 특징과 전망」，『成均館法學』 제24권 제2호, 2012.

남광규, 「미소공위와 미소의 조선임시정부 수립대책」，『國際政治論叢』 제47집 3호, 2007.

서동만, 「'조선공산당북조선분국' 10월 10일 창설 주장에 대하여」，『역사비평』 30호, 1995.

신복룡, 「해방 정국에서의 박헌영(朴憲永)과 김일성(金日成)의 갈등」，『社會科學論叢』 제24집, 2000.

辛珠柏, 「滿洲抗日遊擊運動 勢力의 動向(1940~1945.10)과 韓人」，『韓國史硏究』 제98호, 1997.

양호민, 「한반도는 이렇게 분열되다」，『한반도 분단의 재인식(1945~1950)』, 서울: 나남, 1993.

와다 하루끼, 「소련의 대북한 정책 1945~1946」，『분단전후의 현대사』, 서울: 일월서각, 1983.

柳吉在., 「北韓의 國家建設과 人民委員會의 役割, 1945~1947」, 고려대학교 정치외교학과 박사학위논문, 1995.

예대열, 「해방 이후 북한 노동조합 성격논쟁과 노동정책 특질」，『역사와 현실』 제70호, 2008.

우동수, 「조선공산당 재건운동과 코민테른: 동방노력자공산대학 졸업자의 활동을 중심으로」，『일제하 사회주의운동사』, 서울: 한길사, 1991.

우동현, 「1945~1950년 재북 소련계조선인의 활동과 성격」, 서울대 국사학과 석사학위논문, 2016.

유관지, 「강량욱(康良煜)연구」，『한국기독교역사연구소소식』 제72호, 2005.

유리 바닌, 「한국의 해방: 러시아의 시각」, 『현대북한연구』 제3권 제2호, 2000.

유성철, 「나의 증언」, 『證言 金日成을 말한다』, 한국일보사, 1991.

윤경섭, 「1947~1948년 북한의 정부수립 문제와 남북연석회의」, 『史林』 제21호, 2004.

_____, 「1948年 北韓憲法의 制定背景과 그 成立」, 성균관대학교 석사학위 논문, 1996.

이미경, 「전후 소련의 한반도 정책과 분단체제 형성」, 『한국정치외교사논총』 제23집 제 1호, 2001.

이애숙, 「반파시즘 인민전선론: 일제 말기 경성콤그룹을 중심으로」, 『일제하 지식인의 파시즘체제 인식과 대응』, 서울: 혜안, 2005.

이완범, 「북한 점령 소련군의 성격: 1945. 8. 9~1948. 12. 2」, 『國史館論叢』 第25輯, 국 사편찬위원회, 1991.

_____, 「蘇聯의 對日戰 參戰과 38線 受諾, 1942~1945」, 『정치외교사논총』 제14집, 1996.

이재훈, 「解放前後 蘇聯 極東政策을 통해 본 蘇聯의 韓國認識과 對韓政策」, 『史林』 제 20호, 2003.

_____, 「해방 직후 북한 민족주의세력에 대한 소련의 인식과 정책」, 『역사비평』 제70 호, 2005.

이종석, 「국공내전시기 북한·중국 관계(1)」, 『전략연구』 제4권 3호, 1997,

_____, 「북조선공산당과 조선신민당의 북조선로동당으로의 '합동'에 관한 연구」, 『國 史館論叢』, 제54집, 1994.

_____, 「북한지도집단과 항일무장투쟁」, 『해방전후사의 인식 5』, 서울: 한길사, 1989.

임경석, 「국내 공산주의운동의 전개과정과 그 전술(1937~45」, 『일제하 사회주의운동 사』, 서울: 한길사, 1991.

張世胤, 「조선의용대의 조직편성과 구성원」, 『한국근현대사연구』 제11집, 1999.

_____, 「해방 전후시기 만주지역 조선의용군과 동북항일연군의 동향」, 『한국근현대사 연구』 제42집, 2007.

전현수, 「소련군의 북한 진주와 대북한정책」, 『한국독립운동사연구』 제9집, 1995.

_____, 「해방 직후 북한의 국가예산(1945~1948)」, 『韓國史學報』 제28호, 2007.

_____, 「1947년 북조선 면·리 인민위원회 선거」, 『사학연구』 제115호, 2014.

정성임, 「소련의 대북한 전략적 인식의 변화와 점령 정책: 1945~1948년 점령 기간을 중심으로」, 『현대북한연구』 제2권 제2호, 1999.

정영태, 「일제말 미군정기 반공이데올로기의 형성」, 『역사비평』 통권 16호, 1992.

정용욱, 「조선공산당 내 '대회파'의 형성과정」, 『國史館論叢』 제70집, 1996.

조수룡, 「1945~1950년 북한의 사회주의적 노동관과 직업동맹의 노동통제」, 『역사와 현
　　　실』 제77호, 2010.

최완규, 「조선인민군의 형성과 발전」, 『북한체제의 수립과정(1945~1948)』, 경남대학교
　　　극동문제연구소, 1991.

한상도, 「조선의용군의 위상과 동방 각민족 반파시스트대동맹의 관계」, 『역사와 현실』
　　　제44호, 2002.

韓相禱, 「화북조선독립동맹과 중국공산당」, 『歷史學報』 第174輯, 2002.

F. 샤브시나 꿀리꼬바, 「소련의 여류 역사학자가 만난 박헌영」, 『역사비평』 23호, 1993.

Ванин Ю. В. Окочание второй мировой войны и Корея. - "Проблемы Дальнего
　　　Востока." No. 6, М., 1995.

В. Раппопорт, Партизанское движение в районах Северной Кореи, - "Тихий
　　　океан" No. 2, М., 1937.

Ки Кван Со. Формирование политической системы в Северной Корее и
　　　роль СССР(1945-1947 гг.), Кан. диссер. М., 1997.

Пак В. К., Становление Трудовой партии Кореи. 1945-1950 гг. Кан. диссер.
　　　М., 1967.

Петухов В. И. СССР - освободитель Кореи и ее надежный союзник. - "Проблемы
　　　Дальнего востока." No. 2, М., 1985.

Славинский Б. Н. Зачем Соединенные Штаты сбросили атомные бомы на
　　　Хиросиму и Нагасаки? - "Проблемы Дальнего Востока." No. 5, М.,
　　　1995.

ЦАМО, Ким Ир Сен - причины выбора?, 1995.

ЦАМО, Сталинский СПЕЦНАЗ - 88-я отдельная стрелковая бригада, 1995.

Щетинин Б. В. Возникновение народных комитетов в Северной Корее. -
　　　"Советское государство и право." No.4. М., 1947.

喬樹貴, 「在艱苦的年代里」, 『延邊歷史研究』 1, 1986.

王一知, 「八一五前夜的東北抗日聯軍」, 『遼瀋決戰』 上, 人民出版社, 1988.

彭施魯, 「在蘇聯北野營的五年」, 『黑龍江黨史資料』 第10輯, 1987.

胡淑英,「東北抗日蘇軍敎導旅始末」,『黑龍江黨史資料』第10輯, 1987.

〈신문 및 잡지〉

『강원로동신문』,『京鄕新聞』,『東亞日報』,『레닌기치』,『로동신문』,『每日申報』,『서울신문』,『옳다』,『自由新聞』,『正路』,『朝鮮新聞』,『朝鮮日報』,『조선중앙통신』,『中央新聞』, Известия, Правда,『建設』,『근로자』, Восток, Проблемы Дальнего Востока

〈러시아 문서보관소 자료〉

러시아국립사회정치사문서보관소(РГАСПИ)

- ф. 17, оп. 128 소련공산당 중앙위원회(1898, 1903~1991) 국제정보부(1944~1950)
- д. 47, 조선의 상황 보고 등
- д. 54, 총정치국의 서신 등
- д. 55, 쉬킨이 수슬로프에 보낸 서신
- д. 61, 〈남북정치인 약력〉
- д. 81, 1946년 소련공산당과 외무성간의 교신 등
- д. 86, 1946년 조선 관련 전연방 대외문화교류협회(ВОКС) 보고
- д. 94, 당 중앙위원회 정보국 회보(조선 관련)
- д. 205, 1946~47년 조선의 정당·사회단체, 소련공산당내 서신 등
- д. 266, "조선의 상황에 대하여"
- д. 392, 북한의 상황에 관한 고위급 서신 등
- д. 394, 당중앙위원회 정보국 회보: 대외정책 문제
- д. 615, 〈1948년 4월 19~23일 남북제정당사회단체 연석회의 결과 자료〉
- д. 616, 〈1948년 6월 29일~7월 5일 남북정당사회단체지도자협의회 회의록〉
- д. 617, 〈1948년 9월 6(?)일 조선최고인민회의 선거 총결자료〉
- д. 699, 전연방 대외문화교류협회(ВОКС) 관련 등
- д. 888-889, 몰로토프에 보낸 서신

д. 998, 조선공산당원 수, 조선임시정부 구성에 관한 스프코프의 제안

д. 1004, 1946년 당중앙위원회 대외정책국 태평양과의 활동 관련

д. 1173, 북조선 임시헌법안에 관한 의견 및 결론

д. 1119, 〈1947년 북조선 정치 관련 보고서〉

러시아연방대외정책문서보관소(АВПР РФ)

■ ф. 06 외무인민위원(외무상) 몰로토프 비서부(1939~1949)

оп. 8, п. 39, д. 638, 미소공위 보고, 미소공위에 관한 전소연방공산당(볼셰비키) 중앙
    위원회의 결정 등

оп. 8, п. 40, д. 639, 슈티코프 서신, 미소양군대표자회담 결과 보고

оп. 9, п. 58, д. 875, 제2차미소공위 결과 보고

оп. 9, п. 59, Д. 883-887, 미소공위에 관한 소련신문들의 보도, 스탈린에 보내는 서신,
    조소무역, 북조선 화폐개혁 등

■ ф. 07 비신스키(외무 부인민위원/부상) 비서부(1940~1949)

оп. 11, п. 18, д. 280, 미소공위 사업(미소공위 훈령 등)

оп. 12, п. 25, д. 319, 미소공위 훈령 등

оп. 21, п. 22, д. 316, 조선헌법 문제 등

оп. 21, п. 22, д. 319, 조선과 만주문제에 대한 조회 등

Ф. 013 로조프스키(외무 부인민위원/부상) 비서부(1939~1946)

оп. 7, П. 4, Д. 46 북조선의 정치 상황 등

■ ф. 018 말리크(외무 부인민위원/부상) 비서부(1946~1948)

оп. 1, п. 2, д. ко-122, 그로미코가 몰로토프에 보낸 서신

оп. 8, п. 6, Д. 8, 조소주식회사 설립 건

оп. 8, п. 6, д. 80, 로조프스키와 몰로토프에 보내는 서신(경제 관련)

оп. 9, П. 17, Д. 64, 미소공위 재개 관련

оп. 9, п. 17, д. 65, 조소협정 관련 말리크 서신 등

■ ф. 0102 조선 보고부

оп. 1, п. 1, д. 3, 박헌영이 하지, 아놀드, 이승만과 한 대담

оп. 1, п. 1, д. 5, 외무성 부상의 훈령안

оп. 1, п. 1, д. 10, 조선의 발전소 배치도

оп. 1, п. 1, д. 16, 만주 생산 기지 조직 문제에 관한 조회

оп. 6, п. 2, д. 1, 로조프스키가 미대사에 보낸 서신

оп. 6, п. 2, д. 2, 미대사가 외무성에 보낸 서신

оп. 6, п. 2, д. 3, 발란사노프가 말리크에 보낸 서신(번스와 김일성 대담 등)

оп. 6, п. 2, д. 6, 1946년 11월 27일 남조선 신문자료

оп. 6, п. 2, д. 9, 모스크바삼상회의에서 공포된 각 항에 대한 결정, 슈티코프의 전문

оп. 6, п. 2, д. 10, 쉬킨이 로조프스키에게

оп. 6, п. 2, д. 13, 정당사회단체 정보

оп. 8, п. 6, д. 1, 김일성에게 보낸 서신 등(1948.9~10)

оп. 8, п. 6, д. 5, 〈말리크 동지에게, 북조선으로부터의 정보〉

■ Ф. 0430 1945년 모스크바 외무상 회담

оп. 1. п. 2, д. 11, 삼상회의 미소의 제의 등

оп. 1. п. 2, д. 13, 삼상회의 소련 측 수정안 등

оп. 2. п. 5, д. 18, 스탈린-루스벨트 대담, 조선에 관한 소련의 제의 등

■ Ф. 0431 런던 외무상회의 제1차회기

оп. 1, П. 8, Д. 52 대일 문제, 삼국외상회담에서의 조선문제 등

■ ф. 0480 북한주재 소련민정국(1945~1948)

оп. 2. п. 1, д. 1, 북조선 토지개혁 결과보고

оп. 2. п. 1, д. 2, л. 1-74. 〈1946년 북조선 정치 상황에 대하여〉

оп. 2. п. 1, д. 4, л. 1-27. 〈1946년 1월 15~30일 산업부 사업에 관한 조회〉

оп. 2. п. 1, д. 6, л. 1-60 〈1946년 5월 1일 현재 주 북조선 소련민정 사업 보고〉

оп. 2. п. 2, д. 7, л. 1-179. 〈1946년 6월 1일 현재 북조선의 정치, 경제 상황 보고〉

оп. 2. п. ?, д. 5, л. 1-31. 〈1946년 2월 현재 북조선 경제 현황〉

оп. 3. п. 2, д. 1, л. 1-257. 〈북조선인민위원회에 대한 교신〉

оп. 3. п. ?, д. 3, л. 1-55. 〈1946~47년 북조선 종교관련 제 보고서〉

оп. 3. п. 3, д. 6, л. 1-56. 1947년 북조선 개신교를 비롯한 종교 상황

оп. 3. п. ?, д. 7, л. 1-32. 〈북조선 읍 및 리인민위원회 선거결과 보고서〉

оп. 3. п. 4, д. 9, л. 1-100. 〈북조선 정치, 경제 상황에 대한 보고(1947.5.1.)〉

оп. 3. п. 4, д. 10, л. 1-131. 〈북조선 정치, 경제 상황에 대한 보고(1947.9.27)〉

оп. 3. п. 4, д. 11, л. 1-146. 〈북조선 정치, 경제 상황에 대한 보고(1947.3.28)〉

оп. 4. п. 14, д. 46, л. 1-346. 〈북조선 민정부 보고서: 정치편(1945.8~1948.11)〉

оп. 4. п. 14, д. 47, л. 1-236. 〈북조선 민정부 보고서: 경제편(1945.8~1948.11)〉

оп. 4. п. 5, д. 4, л. 4-16, 25-29. 〈1947년 각 지방 인민위원회들의 활동 보고서, 소련 파견 기술자 내역, 반민행위정책 관련 보고〉

러시아연방국방성중앙문서보관소(ЦАМО РФ)

■ ф. 2 방위인민위원부(국방부) 사무국

оп. 12378, д. 1, 88여단 해산에 관한 조회

оп. 17582, д. 2, 소르킨에 보낸 추비린의 서신(1945.9.2)

оп. 19121, д. 2, 바실리옙스키에 보낸 보고, 경무관 선발

■ ф.19

оп. 267, д. 8, 제1차 미소공동위원회 남북한 민주정당 및 사회단체와의 협의질서에 관하여

оп. 560, д. 8, л. 1-48 〈1948년 3월 5일, 슈티코프 대장이 불가닌에 보내는 남북한의 정치경제적 정세에 관한 보고〉

■ ф. 25a 제25군

оп. 166654, д. 1, л. 1-86 1946~47년 조선 현황 관련 문서(토지개혁, 군사, 정치, 사회 등)

оп. 532092, д. 1, 1946년 제25군 군사소비에트 법령

■ ф. 32 노농적위군 총정치국

оп. 11318, д. 196, л. 1-281 〈조선: 장교를 위한 편람〉, 〈군경무사령관을 위한 편람〉 제1극동방면군 정치국 총정치국 당정치사업 경험총결부, 보고 첨부문서: 만주 및 조선의 敵軍과 주민에게 주는 전단, 플랭카드, 슬로건(1945년 10월 18일에 서 1945년 10월 18일까지)

оп. 11542, д. 235 북조선 사회, 정치, 경제 상황에 대한 보고

оп. 11542, д. 241 1947년 북조선 인민경제발전 통제수치 보고

оп. 11542, д. 361 북조선 민주당 관련 등

■ ф. 127 서부특별군관구국
оп. 468007, д. 4, л. 1-255 〈소련국방성 극동군 정치국, 1948년 No. 136, 조선의 군사정
　　　　치 상황 문제에 대한 참고 및 정보자료들(1948년 1월 29일~1948년 12월 16일)〉

■ ф. 142 연해주군관구 군사회의 비서부
оп. 107494, д. 3, л. 1-5 〈연해주군관구 군사회의 결정〉
оп. 106479, д. 1, л. 1-4 〈연해주군관구 군사회의 결정〉
оп. 106601, д. 1, л. 1-53 〈소련 정부와 최고군사회의의 주요 지시〉
оп. 432210C, д. 9, л. 1-386 〈연해주군관구 사령부 서기, 경제적 정치적 문제에 대한
　　　　북조선 및 중국과의 왕복문서들〉
оп. 432241c, д. 3, л. 1-154 〈조선문제에 대한 교신〉
оп. 432210C, д. 11, л. 1-53 북조선인민위원회 특별회의에서 헌법안에 대한 헌법위원
　　　　회 의장 김두봉의 보고
оп. 540934, д. 1, л. 1-284 미소공위 관계, 북소 간의 교역, 북한의 산업현황, 김일성과
　　　　비류조프 간의 전신, 서울의 신문보도
оп. 540934, д. 2, л. 1-313 〈1947년 1월~4월 조선문제 관련 연해주군관구 군사소비에
　　　　트 전문〉
оп. 540934, д. 4, л. 1-279 〈1947년 조선문제 관련 전문〉
оп. 540934, д. 5, л. 1-177 〈1947년 조선문제 관련 전문〉
оп. 540936, д. 1, л. 1-83 〈1948년 12월, 레베제프, "북조선 정치활동가 평가서"〉

■ ф. 172 연해주군관구 사령관 비서부
оп. 614630, д. 1, л. 1-6 〈1945년 치스차코프와 하지 장군사이의 교신〉
оп. 614630, д. 2, л. 1-10 〈1945년 조선인민정부(인공) 수립 서울 대회에 관한 자료〉
оп. 614630, д. 7, л. 1-43 〈1945~1946년 북조선임시인민위원회 결정〉
оп. 614630, д. 8, л. 1-80 〈하얼빈 시, 길림성의 산업기업과 광뚱과 북조선의 농업에
　　　　관한 조회 및 목록〉
оп. 614630, д. 9, л. 1-63 〈1945년 북조선 임시도인민위원회 대표자회의 결과 보고〉
оп. 614630, д. 10, л. 1-31 〈1945년 북조선 상업 및 농업 자료〉
оп. 614631, д. 8, л. 1-38 〈1946년 8월 남조선으로부터의 정보〉

оп. 614631, д. 9, л. 1-22 〈1946년 9월 남조선으로부터의 정보〉

оп. 614631, д. 10, л. 1-43 〈1946년 11월 남조선으로부터의 정보〉

оп. 614631, д. 11, л. 1-38 〈1946년 12월 남조선으로부터의 정보〉

оп. 614631, д. 12, л. 1-165 〈구두정보보고〉

оп. 614631, д. 13, л. 1-71 〈미소공동위원회 보고〉

оп. 614631, д. 14, л. 1-86 〈미소공동위원회 보고〉

оп. 614631, д. 15, л. 1-109 〈북조선임시인민위원회 결정과 기타 선거자료〉

оп. 614631, д. 17, л. 1-269 〈1946년 남조선에 관하여〉

оп. 614631, д. 17a, л. 1-165 〈1946년 남조선 정세를 특징짓는 문서〉

оп. 614631, д. 18, л. 1-70 〈1946년 북조선 정당 및 사회단체 목록과 평정, 개별 문제
　　　에 대한 그들의 결정〉

оп. 614631, д. 19, л. 1-154 〈1946년 북조선 도시군인민위원회 선거 준비 및 과정에
　　　관한 보고〉

оп. 614631, д. 20, л. 1-98 〈1946년 북조선 도시군인민위원회 선거 결과 보고〉

оп. 614631, д. 21, л. 1-19 〈1946년 북조선 주민의 정치 동향을 특징짓는 문서〉

оп. 614631, д. 23, л. 1-27 〈소련공산당 중앙위원회 문서 및 보고〉

оп. 614631, д. 24, л. 1-48 〈1946년 5월 1일자 북조선 경제와 정치 상황에 관한 보고〉

оп. 614631, д. 25, л. 1-188 〈북조선 정당에 관한 조회 및 보고〉

оп. 614631, д. 26, л. 1-55 〈북조선 민정 간부부에 들어온 다양한 자료들〉

оп. 614631, д. 27, л. 1-55 〈북조선의 인민교육〉

оп. 614631, д. 28, л. 1-111 〈북조선 산업, 농업, 재정에 관한 조회〉

оп. 614631, д. 29, л. 1-72 〈1946년 민주개혁에 관한 북조선임시인민위원회의 결정〉

оп. 614631, д. 30, л. 1-164 〈1946년 북조선 주둔 소련군 사령관과 남조선 주둔 미군
　　　사령관 사의의 교신〉

оп. 614631, д. 31, л. 1-36 〈1946년 조소문화협회에 관한 교신〉

оп. 614631, д. 32, л. 1-43 〈1946년 북조선 보건 자료〉

оп. 614631, д. 33, л. 1-130 〈1946년 도시군인민위원회 선거 준비와 진행에 관한 조회
　　　및 보고〉

оп. 614631, д. 34, л. 1-34 〈면리 선거 상황과 재판소, 검찰소에 관한 자료〉

оп. 614631, д. 35, л. 1-34 〈1946년 보건 및 소비조합 자료〉

оп. 614631, д. 36, л. 1-17 〈북조선 정당 및 사회단체 강령〉

оп. 614631, д. 37, л. 1-87 〈북조선 민정에 들어온 다양한 자료들과 경무사령부 배치도〉

оп. 614631, д. 38, л. 1-120 〈1946년 북조선에 관한 다양한 자료〉

оп. 614631, д. 39, л. 1-76 〈북조선 경제, 정치 상황에 관하여〉

оп. 614631, д. 42, л. 1-27 〈남조선 정당, 사회단체 목록〉

оп. 614631, д. 43, л. 1-133 〈1946년 남북한 정당, 사회단체 목록〉

оп. 614631, д. 44, л. 1-68 〈북조선 주둔 소련군 사령부와 남조선 주둔 미군사령부 대표자 회의 사업 결과 보고〉

оп. 614631, д. 45, л. 1-46 〈1946년 북조선 주둔 소련군 사령부와 남조선 주둔 미군사령부 대표자 회의 상업 결과 보고〉

оп. 614631, д. 46, л. 1-168 〈1946년 소미공동위원회 대표단의 금액 계산〉

оп. 614631, д. 57, л. 1-176 〈1946년 남동 유럽의 선거와 민주개혁에 관한 자료〉

оп. 614631, д. 58, л. 1-82 〈다양한 정치 자료〉

оп. 614632, д. 2, л. 1-257 〈1947년 5월 21일~9월 18일 소미공동위원회 속기록〉

оп. 614632, д. 5, л. 1-69 〈공위와 협의 참가 성명을 낸 북남조선 정당, 사회단체 목록〉

оп. 614632, д. 7, л. 1-69 〈북남조선의 경제, 정치 상황〉

оп. 614632, д. 8, л. 1-35 〈1947년 6월 15일 현재 북조선 사회, 정치, 경제 상황에 관한 조회〉

оп. 614632, д. 9, л. 1-66 〈산업, 농업, 재정 상태에 관한 조회〉

оп. 614632, д. 10, л. 1-28 〈1947년 북조선 인민경제발전 계획의 주요 지표〉

оп. 614632, д. 11, л. 1-44 〈1947년 북조선 인민경제발전 계획에 관한 보고〉

оп. 614632, д. 12, л. 1-96 〈북조선 주둔 소련군 사령관과 남조선 주둔 미군사령관 사의의 교신〉

оп. 614632, д. 13, л. 1-116 〈북조선 정치, 경제 상황에 관한 보고〉

оп. 614632, д. 14, л. 1-41 〈북조선 각 도의 경제, 정치 상황〉

оп. 614632, д. 15, л. 1-16 〈소미공동위원회 소련대표단의 정원〉

оп. 614632, д. 16, л. 1-32 〈1947년 북조선 농업 발전에 관한 조치 계획〉

оп. 614632, д. 17, л. 1-116 〈조선 내각의 규정, 구조, 정원안〉

оп. 614632, д. 18, л. 1-196 〈남조선 정당 및 조직, 개인의 서신, 청원, 성명〉

оп. 614632, д. 19, л. 1-111 〈1947년 북남조선의 경제, 정치 상황에 관한 보고와 기타 자료〉

оп. 614632, д. 21, л. 1-134 〈북조선 정치, 경제 상황에 관한 보고〉

оп. 614632, д. 22, л. 1-35 〈북조선 정치 상황에 관한 보고〉

оп. 614632, д. 23, л. 1-42 〈북조선 주민의 정치도덕적 상태에 관한 보고〉

оп. 614632, д. 24, л. 1-160 〈1947년 조선 사회정치활동 간부들에 관한 문서〉

оп. 614632, д. 25, л. 1-286 〈지도적 당 간부 및 전문기술인력에 대한 간략한 평정〉

оп. 614632, д. 26, л. 1-24 〈남조선 정치활동가에 관한 평정〉

оп. 614632, д. 27, л. 1-47 〈북조선 정당사회단체에 대한 간략한 평정 및 그들의 주요
　　　　결정〉

оп. 614632, д. 28, л. 1-11 〈1947년 2월 3일 현재 북조선 면리인민위원회 선거 준비
　　　　진행에 관한 조회〉

оп. 614632, д. 29, л. 1-35 〈북조선 인민위원회대회 준비 및 진행에 관한 문서〉

оп. 614632, д. 30, л. 1-69 〈1947년 북조선 인민교육에 관한 문서〉

оп. 614632, д. 32, л. 1-71 〈민정부의 조선 출판물 검열 사업에 관한 자료〉

оп. 614632, д. 43, л. 1-59 북조선인민회의 및 통일전선 관련 자료

оп. 614632, д. 46, л. 1-34 〈북조선 화폐개혁 결과 보고〉

оп. 614632, д. 47, л. 1-56 〈1947년 조선 군부대 상황 자료〉

оп. 614632, д. 48, л. 1-195 〈북조선 민정부과 제39군으로부터 입수한 다양한 자료〉

оп. 614632, д. 49, л. 1-25 〈군부대 내 다양한 교신, 군 과업 및 결함에 관한 보고〉

оп. 614633, д. 2, л. 1-13 〈북조선 청우당 상황에 관한 조회〉

оп. 614633, д. 3, л. 1-23 〈1948년 스탈린과 몰로토프에 보낸 보고 사본〉

оп. 614633, д. 4, л. 1-36 〈1949~1950년 북조선인민경제 부흥 및 발전 2개년 계획안
　　　　구성에 대한 지시〉

оп. 614633, д. 5, л. 1-34 〈북남조선 정당사회단체 대표자 연석회의 결과 보고〉

оп. 614633, д. 6, л. 1-55 〈1948년 6월 북조선 경제, 정치 상황 보고 및 조선최고인민
　　　　회의 선거 자료〉

оп. 614633, д. 7, л. 1-86 〈1948년 북조선 인민경제 부흥 및 발전 계획 보고〉

оп. 614633, д. 10, л. 1-171 〈1948년 6월 북조선 중앙신문 개관〉

оп. 614633, д. 11, л. 1-71 〈1948년 남조선 상황에 관한 문서〉

оп. 614633, д. 12, л. 1-27 〈남조선 단독선거 준비에 관한 자료, 민족회의 활동과 주민
　　　　의 정치적 동향〉

оп. 614633, д. 13, л. 1-7 〈인쇄소 '고즈낙(Гознак)'의 인쇄 주문 실행에 관한 보고〉

оп. 614633, д. 14 л. 1-19 〈남조선 인민에 대한 지도 위원회의 호소 및 스탈린 동지에
　　　　게 보내는 조선 인민의 편지〉

оп. 614633, д. 15, л. 1-23 〈김일성에게 보내는 김규식의 서한 및 남북제정당사회단체
　　　　지도자 연석회의에 참석한 남조선 대표자들의 동향〉

оп. 614633, д. 17, л. 1-161 〈1948년 4월 19~23일 북남조선 제정당사회단체 연석회의 결과〉

оп. 614633, д. 18, л. 1-128 〈남조선 1948년 5·10선거 자료〉

оп. 614633, д. 19, л. 1-244 〈1948년 8월 25일 조선최고인민회의 선거결과〉

оп. 614633, д. 20, л. 1-16 〈북조선 소비에트민정부 소속 소련공산당원의 사건 자료〉

оп. 614633, д. 21, л. 1-280 〈1948년 남조선 라디오 청취록〉

оп. 614634, д. 2, л. 1-36 조선에서 활동과 관련된 소련인들

■ ф. 379 제25군사령관 비서부

оп. 11019, д. 8, л. 1-66 〈1945년 8월 9~19일간 제25군의 전투작전 기록〉

оп. 11019, д. 9, л. 1-36 〈1945년 8월 9~19일간 제25군의 전투작전 기록 부록〉

оп. 11019, д. 28, л. 1-200 〈제25군의 일본군 괴멸 작전 보고〉

оп. 11038, д. 24, л. 1-67 전리품, 군수물자의 이용, 규정, 처리

оп. 107036, д. 2, л. 1-379 〈1948년 3~6월 북조선에서의 사업에 관한 군경무관의 정치 보고〉

оп. 107036, д. 7, л. 1-522 〈1947년 12월~1948년 2월 북조선에서의 사업에 관한 군경 무관의 정치 보고〉

оп. 107037, д. 3, л. 1-454 〈1947년 6~11월 북조선에서의 사업에 관한 군경무관의 정 치 보고〉

оп. 107037, д. 7, л. 1-393 〈1947년 6~8월 북조선에서의 군경무관의 사업에 관한 보고〉

оп. 147583, д. 1, л. 1-448 〈북조선 민정 사업에 관해 제25군 사령부에 부내는 보고〉

оп. 166654, д. 1, л. 1-111 〈조선 내부 문제에 대한 교신〉

оп. 167036, д. 2, л. 1-363 〈북조선의 사업에 관한 소련군경무사령관의 정세 보고〉

оп. 167036, д. 7, л. 1-495 〈북조선의 사업에 관한 소련군경무사령관의 정세 보고 (1948)〉

оп. 167037, д. 3, л. 1-435 〈북조선의 사업에 관한 소련군경무사령관의 보고(1947)〉

оп. 167037, д. 7, л. 1-386 〈북조선의 사업에 관한 소련군경무사령관의 보고(1947)〉

оп. 473072, д. 1, л. 1-570 〈특수선전에 관한 교신(1946)〉

оп. 473072, д. 2, л. 1-467 〈특수선전에 관한 교신(1946)〉

оп. 532092c, д. 1, л. 1-51, 〈1946년 제25군 군사소비에트 제 법령〉

оп. 532092c, д. 2, л. 1-115, 〈1946년 No.002, 연해주군관구 군사회의 결정 및 지시. 25군 군사회의의 보고와 조회(1946년 1월 17일~1946년 8월 6일까지)〉

оп. 578927, д. 1, л. 1-281 〈북조선 군경무관 사업 보고〉

оп. 578927, д. 2, л. 1-426 〈특수선전에 대한 교신〉

оп. 578927, д. 3, л. 1-504 일본주민 및 포로, 남북한 정당, 사회단체 인적 통계, 25군 정치부 7과장 보고, 민족 간부 양성 학원 관련, 면리인민위원회 선거, 민주당 2차 대회, 각도 민경사령부 보고

- ф. УСГАСК 주북조선 소련민정

оп. 102038, д. 1, л. 1-256 〈1946년 북조선 소비에트 민정부, 군경무사령부 보고문서 (1946년 1월1일~12월 31일)〉

оп. 102038, д. 2, л. 1-420 〈1946년 북조선 소비에트 민정부, 북조선 주민의 동향에 관한 보고 및 조회(1946년 1월1일부터 1946년 12월 31일까지)〉

оп. 102038, д. 3, л. 1-227 경무사령부 보고(도시군인민위원회 선거), 25군사령부의 선 거 보고

оп. 102038, д. 4, л. 1-228 도시군인민위원회 선거

оп. 102038, д. 8, л. 1-294 산업국유화 관계

оп. 106546с, д. 1, л. 1-310 1946년 각 지방 경무사령부 보고서, 북조선 상황 등

оп. 106546, д. 3, л. 1-307 〈북조선 주둔 소련군 경무사령부들의 보고서(46.05.11~ 08.05)〉

оп. 106546, д. 4, л. 1-321 〈북조선 주둔 소련군 경무사령부들의 보고서(46.08.03 ~10.03)〉

оп. 106546, д. 7, л. 1-75, 〈북조선 소비에트 민정부, 1946년, No. 00167, 각 도 군 정당 사회단체 인민위원회 대표자회의 자료(1946년 2월 16일~1946년 2월 16일)〉

оп. 106546, д. 8, л. 1-91 〈1946년 11월 북조선 도시군인민위원회 선거 상황 및 결과 보고〉

оп. 106547, д. 10, л. 1-359 〈북조선 소비에트민정부, 1947년, 문서철 No.0027, 면 리 인민위원회 자료(1947년 1월 1일~1947년 12월 31일)〉

оп. 343253E, д. 2, л. 1-43 〈1945년 북조선주둔 소비에트민정부, 사법국왕복문서(1945 년 11월 1일부터 1945년 12월 31일까지)〉

оп. 343253, д. 2, л. 1-260 경무사령부 보고(지역 정세, 권력기관, 경제상태 및 복구문 제, 소 범법행위)〉

оп. 343253, д. 3, л. 1-54 〈북조선 소비에트민정부, No. 018, 보안국 문서(1945년 11월 1일~1945년 12월 31일)〉

оп. 343253, д. 9, л. 1-230 〈북조선 소비에트민정부, No. 033, 군경무사령부 보고문서
    (1945년 11월 17일~1945년 12월 12일)〉

оп. 432240c, д. 9, л. 1-421 〈1947~48년 경제, 정치문제와 관련한 북조선 및 중국과의
    서신〉

оп. 432375c, д. 1, л. 1-66 〈1948년 북조선인민회의 제4차회의 보고〉

оп. 433847c, д. 1, л. 1-223 〈조선의 정치, 경제 상황(1945.11.1~1946.1.15)〉

оп. 433847c, д. 2, л. 1-132 농업과 식량조달 관련, 5도인민대표자연합회의, 민주청년
    동맹 상황, 조선민주당 창립

출처

이 책에서 사용된 필자의 논문은 다음과 같다.

⟨서론⟩

* 「2000년대 이후 북한사 연구의 성과와 문제」, 『역사와 현실』(제97호, 2015).

⟨제1장⟩

* 「해방 전 소련의 대한반도 정책구상과 조선 정치세력에 대한 입장」, 『슬라브硏究』(제 30권 4호, 2014).
* 「1940년대 전반 소련군 88독립보병여단 내 김일성그룹의 동향」, 『역사와 현실』(제28 호, 1998).

⟨제2장⟩

* 「8 · 15 해방에서의 소련군 참전 요인과 북한의 인식」, 『북한연구학회보』(제9권 제1 호, 2005).
* 「소련군의 대일전 참전과 러시아에서 본 광복의 의의 및 평가」, 『軍史』(제96호, 2015).
* 「소련군의 북한진주와 '부르주아민주주의' 노선」, 『통일문제연구』(제20권 제1호, 2005).
* 「해방 직후 조선공산당에 대한 소련의 입장」, 『역사비평』(통권 65호, 2003).
* 「북한무력형성과 북소관계」, 『中蘇硏究』(제28권 제3호, 2004).

* 「해방 후 북한 중앙정권기관의 형성과 변화(1945~1948년)」, 『평화연구』(제19권 2호, 2011).
* 「해방 후 소련의 대한반도정책과 스티코프의 활동」, 『中蘇硏究』(제26권 1호, 2002).
* 「해방 후 김일성의 정치적 부상과 집권과정」, 『역사와 현실』(제48호, 2003).

〈제3장〉

* 「해방 후 북한 중앙정권기관의 형성과 변화(1945~1948년)」, 『평화연구』(제19권 2호, 2011).
* 「해방 후 소련의 대한반도정책과 스티코프의 활동」, 『中蘇硏究』(제26권 1호, 2002).
* 「해방 후 김일성의 정치적 부상과 집권과정」, 『역사와 현실』(제48호, 2003).

〈제4장〉

* 「해방 후 북한 중앙정권기관의 형성과 변화(1945~1948년)」, 『평화연구』(제19권 2호, 2011).
* 「해방 후 소련의 대한반도정책과 스티코프의 활동」, 『中蘇硏究』(제26권 1호, 2002).
* 「훈령으로 본 소련의 미소공동위원회 전략」, 『역사문제연구』(제24호, 2010).

〈제5장〉

* 「해방 후 김일성의 정치적 부상과 집권과정」, 『역사와 현실』(제48호, 2003).
* 「훈령으로 본 소련의 미소공동위원회 전략」, 『역사문제연구』(제24호, 2010).
* 「소련공산당 정치국의 대한반도 관련 '결정'과 북한정부의 성격 구상(1945~1948년)」, 『東方學志』(제144집, 2008).

〈제6장〉

* 「북한무력형성과 북소관계」, 『中蘇硏究』(제28권 제3호, 2004).
* 「해방 후 북한 중앙정권기관의 형성과 변화(1945~1948년)」, 『평화연구』(제19권 2호, 2011).
* 「소련공산당 정치국의 대한반도 관련 '결정'과 북한정부의 성격 구상(1945~1948년)」, 『東方學志』(제144집, 2008).

* 「소련의 남북한 정부수립에 대한 인식: 1948년도 『프라우다』 관련 기사를 중심으로」,
  『史叢』(제67호, 2008).
* 「북한정부 수립 문제와 최고인민회의 선거」, 『평화연구』(제25권 2호, 2017).

〈보론〉

* 「소련의 대한반도: 북한정책 관련 기구 및 인물 분석(해방~1948.12)」, 『현대북한연구』
  (창간호, 1998).

ㄱ

강건 78, 81, 88, 146, 454, 608

강문석 145, 609

강상호 88

강순 489, 495, 501, 502, 503, 522,
    524, 609

강승제 494

강양욱 246, 247, 252, 255, 257, 258,
    269, 275, 353, 358, 464, 474,
    484, 489, 505, 522, 604

강영근 256

강위룡 146

강인규 474, 604

강진 90, 145, 382, 384, 385

강진건 252, 255, 267, 337, 358, 417,
    423, 454, 464, 473, 489, 522, 608

게네랄로프 285, 575, 577, 579

고경인 489, 609

고관옥 465

고창남 609

고희만 367, 399

곽기섭 502

구레비치 595

구세프 575

구재수 522, 609

권오직 90, 144, 145, 609

그라포프 595

그랍초프 583

그로모프 125, 131, 586, 587

그루쉐비 583

그루지닌 592

기르코 595

기석복 325, 326, 454, 571

김 메포지 326

김 아나톨리 87

김 알렉산드르 안드레예비치 326

김 알렉세이 87

김 파벨 87, 326

김건형 96

김경석 82, 87, 454

김경태 495

김고망 453, 455

김광수 96, 609

김광협 78, 146, 453

김교영 336, 338, 453

김구 93, 95, 100, 101, 102, 186, 187,
    200, 202, 233, 234, 235, 240,
    248, 273, 291, 292, 298, 299,
    318, 335, 383, 384, 402, 416,
    421, 422, 441, 458, 460, 463,
    465, 466, 467, 468, 469, 470,
    471, 479, 486, 488, 503, 541,
    546, 547, 549, 552, 554

김규식 93, 233, 289, 290, 299, 332,
    402, 403, 458, 460, 463, 465,
    466, 467, 468, 469, 470, 479,
    486, 488, 503, 546, 554

김근 145

김기전 98

김기주 604

김달삼 609

김달현 98, 99, 358, 397, 423, 427,
    464, 467, 484, 489, 509, 513,
    524, 607

김대봉 174, 211

김덕영 256

김동원 96, 97, 248

김두봉 93, 94, 95, 239, 249, 252,
    255, 258, 269, 289, 332, 334,
    335, 336, 337, 358, 383, 397,
    401, 403, 404, 417, 427, 436,
    441, 452, 453, 460, 464, 467,
    468, 469, 472, 473, 475, 481,
    482, 484, 486, 489, 507, 513,
    514, 515, 521, 522, 529, 531, 532,
    590, 604

김려필 337

김명 211

김민산 93, 334, 337, 454, 608

김병연 96, 97, 183, 248

김병제 465, 489, 490, 495, 502,
    522, 609

김보애 96

김복기 90

김봉률 87

김봉준 96

김삼룡 90, 91, 144, 145, 609

김상철 453, 455, 604

김상혁 144, 610

김성규 465, 610

김성수 97, 152, 292, 318, 421, 441,
    467, 500

김성업 96, 97

김세율 424, 464, 489, 505, 604

김세일 93

김수일 610

김순남 610

김승모 501

김승화 311, 325, 398, 454

김시겸 465, 610

김시환 474

김여필 250

김열 325, 337, 343, 364, 398, 399,
　　454, 455, 607

김영기 96

김영수 364, 398, 399, 423, 454, 474,
　　608

김영제 423

김영태 326, 337

김용범 90, 92, 145, 147, 148, 149,
　　153, 154, 155, 156, 161, 170, 171,
　　172, 175, 176, 209, 211, 252, 324,
　　325, 343, 358, 515

김우찬 423

김욱진 252, 338, 358, 473

김웅 454

김원봉 93, 94, 101, 102, 465, 467,
　　489, 494, 495, 500, 502, 517, 610

김원준 423

김원철 423

김월송 338

김유태 501, 610

김윤걸 509, 605

김윤동 474

김응기 90, 92, 155, 173, 454, 474,
　　505, 606

김응섭 465, 494, 502

김의환 250

김익선 518, 521

김일 81, 82, 87, 148, 174, 175, 211,
　　337, 606, 618

김일성 30, 31, 32, 33, 36, 37, 38,
　　44, 46, 50, 70, 71, 72, 73, 74, 75,
　　76, 78, 82, 83, 87, 88, 100, 134,
　　135, 142, 143, 144, 145, 146, 147,
　　149, 150, 151, 152, 154, 156, 157,
　　161, 170, 171, 172, 174, 175, 176,
　　177, 178, 180, 181, 182, 183, 185,
　　187, 189, 190, 191, 192, 193, 197,
　　199, 200, 203, 205, 206, 207,
　　208, 209, 210, 211, 212, 213, 236,
　　240, 244, 245, 247, 253, 254,
　　255, 257, 258, 261, 268, 269,
　　271, 272, 275, 277, 288, 289,
　　290, 293, 310, 312, 313, 324,
　　325, 326, 327, 328, 329, 331,
　　332, 334, 335, 336, 337, 339,
　　346, 349, 351, 353, 354, 358,
　　361, 362, 363, 364, 365, 367,
　　369, 382, 383, 384, 390, 391,
　　392, 397, 399, 400, 401, 402,
　　403, 404, 405, 414, 418, 423,
　　437, 441, 443, 444, 445, 447,
　　448, 449, 450, 451, 452, 455,
　　456, 457, 459, 460, 461, 463,
　　467, 468, 469, 471, 473, 476,

478, 489, 490, 491, 492, 493, 500, 503, 515, 516, 517, 518, 519, 521, 525, 526, 528, 531, 532, 533, 539, 540, 541, 542, 543, 548, 557, 560, 585, 590, 604, 618, 619

김일수 92

김일청 465, 489, 495, 501, 502, 610

김일호 423, 464, 489

김재욱 337, 364, 399, 453, 604

김점권 144, 145, 610

김정복 423

김정주 250, 252, 368, 474, 509, 518, 520, 604

김주경 474

김증동 88

김지명 88

김직형 453, 455

김진연 484

김찬 325, 399, 454, 607

김찬종 97

김창만 93, 210, 324, 336, 337, 338

김창봉 146

김창준 460, 465, 489, 494, 502, 522, 610

김창하 464

김책 72, 74, 78, 82, 87, 88, 148, 173, 175, 182, 183, 246, 336, 337, 338, 364, 367, 445, 451, 452, 453, 516, 517, 519, 541, 606

김청암 87

김충규 489, 495, 502, 610

김태연 454, 455

김택영 325, 474

김한중 454, 607

김해진 465

김혁 423

김혁봉 423

김형근 423

김형선 144, 145

김호 250

김황일 453, 604

김휘 144, 155, 172

ㄴ

나승규 465, 489, 502, 522, 611

나웅 424

남일 367, 398, 605

네우메이코프 175, 397, 533, 589, 591

네이마르크 590

노긴 595

노민 424

노비첸코 275

노진설 97

ㄷ

데민 595

도용호 126

돌기흐   589, 591
두봅스키   583, 585
둘킨   595

ㄹ

라구틴   585
라자레프   533, 589, 591
레메스코   114
레베데프   36, 45, 49, 147, 152, 158,
    163, 254, 285, 298, 308, 309,
    344, 347, 348, 349, 381, 385,
    386, 387, 389, 420, 429, 438,
    458, 461, 471, 516, 585, 586,
    589, 590
로마넨코   159, 194, 197, 212, 264,
    304, 315, 327, 349, 359, 361,
    371, 381, 383, 444, 585, 586,
    588, 589
로조프스키   48, 266, 267, 314, 574,
    575, 577
로지오노프   591
로진스키   595
로트블루트   589
루닌   123
루즈벨트   56, 57, 61, 62, 65, 66, 101,
    111, 317
류쉔코   75, 77
류영준   460
리 바실리 티모페에비치   326

ㅁ

마르모르쉬테인   583, 585
마샬   406, 426, 427, 552
마슬로프   206, 235, 254, 316, 364
마이스키   58, 59
마트베예프   591
막심축   591
말렌코프   202, 329, 570
말리크   48, 59, 163, 227, 228, 363,
    370, 477, 482, 574, 575, 577
맥아더   67, 301, 305, 317, 388
메레츠코프   83, 108, 113, 136, 266,
    267, 312, 386, 389, 560, 581,
    583, 587
메르쿨로프   586
메클레르   125, 240, 583, 585
명희조   250, 338
모스칼렌코   595
모택동   329
몰로토프   48, 58, 65, 66, 67, 107,
    112, 223, 225, 226, 284, 303,
    307, 314, 348, 365, 380, 391,
    406, 415, 426, 427, 451, 475,
    527, 552, 569, 570, 573, 574,
    575, 577, 579, 582
무르진   595
무정(김무정)   93, 94, 95, 145, 147,
    156, 157, 211, 245, 249, 252, 256,
    271, 289, 324, 325, 337, 338,
    453, 456, 618

문갑송 145
문일 87, 326, 367
문태화 474
문회표 423
미코얀 329, 570
민병균 474
밀로반 질라스 132

ㅂ

바빌로프 125, 201, 583
바실렙스키 67, 68, 85, 108, 113, 131, 580
바이코프 579
박 니콜라이 326
박 이반 아르카디에비치 326, 367
박경실 465
박광희 144, 145
박금철 454
박길남 87
박동초 367, 398
박무 454
박문규 289, 517, 611
박상순 424, 604
박성규 258
박성철 88
박수갑 252
박순봉 423
박영빈 311
박영성 454, 608

박윤길 473, 505, 522, 524, 605
박인호 98, 251
박일순 252
박일우 94, 95, 258, 336, 337, 338, 361, 367, 397, 446, 452, 453, 517, 606
박정애 149, 153, 156, 172, 175, 176, 211, 252, 256, 324, 336, 337, 358, 423, 453, 464, 474, 489, 505, 522, 606
박종순 423
박준영 499, 611
박창빈 145
박창섭 211
박창식 326, 337, 399, 453, 604
박창옥 399, 416, 453, 605
박팔양 181
박헌영 36, 44, 90, 91, 92, 135, 137, 138, 139, 140, 141, 142, 143, 144, 145, 147, 150, 154, 155, 156, 167, 169, 170, 176, 193, 194, 196, 197, 200, 201, 202, 204, 205, 212, 213, 233, 245, 263, 264, 272, 288, 289, 310, 327, 328, 331, 332, 341, 345, 346, 360, 368, 379, 380, 381, 382, 383, 384, 392, 399, 400, 401, 402, 403, 404, 405, 456, 457, 465, 467, 489, 490, 492, 493, 494, 499, 500, 501, 502, 515, 516, 517, 518,

519, 528, 531, 538, 540, 541,
548, 557, 558, 611

박현숙 183

박효삼 94, 311, 336, 337, 453

박훈일 337, 454, 455, 606

발란사노프 164

방수영 255, 257

방우영 489

방우용 255

방학세 325, 364, 398, 454, 605

백남운 250, 382, 384, 385, 460,
465, 467, 517, 612

백석 424

번스(Arthur C. Bunce) 384, 402, 403

번스(James F. Byrnes) 225, 226, 232,
233

베닝호프 231

베리야 329

베스팔리 397, 590

베프리코프 283

보쟈긴 533

보즈네센스키 570

볼디레프 586

부가예프 595

부디킨 592

부르쩨프 285, 579

불가닌 380, 443, 533, 573, 577, 579

브라운 425

비고르키 595

비류조프 386, 388, 450, 581, 583

비신스키 574, 577

빌가록 122, 586, 587

ㅅ

사또 113

사마르첸코 78

사포쥬니코프 125, 579

샤닌 586

샤로프 595

샤브쉬나 50, 310

샤브신 91, 138, 139, 140, 198, 310,
329, 330, 459, 576

샤틸로프 572

샤포즈니코프 269

서완석 144, 145

서중석 90, 92, 145

서철 87

석동수 146

선우담 424

성주식 522, 612

세묘노프 595

소르킨 77, 85, 382, 383, 583, 585

소콜로프 290

손과 62, 63

손문 62

손병희 98

손일수 465

솔로비예프 595

송금애 513, 612

송봉욱 368, 606

송자문 64, 65, 110, 118

송제준 453, 455

송진우 97, 152, 241, 543

수슬로프 571, 573

쉐르바코프 571

쉐티닌 165, 361, 589, 591

쉬린스키 78, 88

쉬킨 194, 202, 212, 213, 252, 578, 579, 580

슈티코프 36, 49, 83, 108, 113, 121, 125, 134, 136, 142, 143, 147, 150, 151, 159, 176, 178, 180, 190, 191, 192, 194, 196, 205, 207, 208, 241, 265, 266, 267, 268, 271, 272, 281, 282, 284, 285, 288, 297, 298, 299, 301, 303, 304, 305, 306, 307, 308, 309, 310, 317, 326, 327, 329, 330, 332, 346, 348, 349, 351, 359, 360, 361, 370, 371, 380, 381, 383, 384, 385, 386, 387, 388, 389, 390, 391, 392, 393, 394, 395, 396, 400, 401, 402, 403, 404, 405, 414, 415, 420, 425, 426, 427, 428, 429, 430, 431, 432, 439, 440, 443, 444, 446, 447, 451, 458, 459, 461, 470, 471, 475, 476, 477, 481, 492, 493, 497, 504, 513, 516, 525, 527, 531, 533, 553, 557, 560, 569, 576, 579, 580, 581, 582, 583, 588, 589, 618, 619

스미르노프 444

스베레둑 311

스즈달레프 314

스쿠바 595

스쿠츠키 590, 595

스크보르초프 62

스탈린 35, 56, 57, 59, 62, 64, 65, 66, 68, 69, 91, 107, 108, 110, 111, 112, 113, 116, 117, 118, 122, 124, 131, 132, 133, 134, 135, 136, 138, 142, 147, 153, 179, 212, 213, 225, 229, 244, 245, 284, 285, 300, 307, 310, 328, 329, 330, 331, 346, 380, 383, 390, 391, 392, 394, 399, 400, 403, 405, 482, 485, 516, 527, 531, 532, 537, 538, 545, 548, 549, 569, 570, 573, 577, 578, 579, 580, 581, 582

슬라트콥스키 389

신익희 93

심태산 79

심혁래 499

ㅇ

아가르코프 595

아노힌 187

아놀드 204, 281, 284, 299, 301, 302, 382

아바세예프 591

아바쿠모프 533

아파나센코 76, 80

안기성 289, 465, 612

안길 71, 78, 81, 82, 87, 88, 148, 337

안드레예프 570

안병기 423

안신호 474, 604

안영섭 465

안재홍 44, 292, 298

안토노프 282, 578, 579

알렉산드로프 571

얌니고프 595

양민산 250

양영순 92, 174, 211

엄기봉 367, 399

엄항섭 467

여운형 97, 103, 126, 199, 289, 290, 291, 292, 332, 346, 382, 383, 384, 385, 402, 403, 405, 418, 515, 546, 552, 558

여운홍 465, 467, 503

오기섭 44, 90, 130, 145, 147, 148, 154, 155, 161, 170, 171, 172, 174, 175, 176, 180, 211, 245, 258, 289, 324, 325, 334, 335, 336, 338, 361, 367, 453, 455, 456, 457, 515, 605

오백룡 114, 540

오영진 182, 183

오윤선 96, 97, 183, 248

오진우 88

오학수 96

왕신림 75, 77

왕약비 62

우봉운 465, 613

울리야노프 595

원홍구 513, 604

위증민 74

유계준 96

유도순 367, 399

유마셰프 113

유성철 87

유영준 465, 467, 489, 499, 502, 522, 613

윤공흠 93, 337

윤기영 166, 168, 181, 256, 258

윤상남 172, 174, 211

윤창복 342

윤행중 513, 613

이강국 367, 368, 416, 427

이강무 465, 613

이관술 90, 91, 144, 145, 613

이구훈 494, 502, 513, 522, 613

이권무 454

이그나티예프 159, 238, 248, 264, 359, 361, 384, 396, 397, 417, 427, 510, 586, 588, 589, 590, 591

이극로   465, 489, 495, 500, 502,
    513, 518, 520, 613
이근섭 424
이금순 467
이기영   256, 358, 464, 474, 489,
    505, 513, 522
이남산 423
이능종 522, 613
이돈화 98
이동영 252, 358, 367, 368
이동화 87, 173, 175, 325, 367, 399,
    454, 464, 571
이면상 424
이몽 128
이문환 181, 256, 257, 258, 268, 367
이바노프 583
이병남 513, 518, 519, 613
이병섭 465
이병우 465
이병제 367, 424, 489
이복기 144, 614
이봉수   166, 256, 258, 268, 358,
    362, 367, 368, 369, 397
이봉호 342
이북명 453, 455
이송운 454
이순근 166, 167, 255, 258, 270, 338,
    358, 367, 368, 453
이순금 90, 144, 145
이승만 32, 34, 95, 100, 101, 102, 151,
    185, 200, 201, 203, 204, 205,
    248, 273, 291, 292, 298, 299,
    318, 335, 383, 384, 402, 416,
    421, 422, 441, 442, 459, 467,
    470, 488, 490, 499, 500, 541,
    546, 547, 549, 552, 556
이승엽 92, 144, 145, 495, 518, 614
이영 92, 137, 139, 141, 143, 193, 194,
    195, 196, 197, 346, 468, 489,
    490, 494, 501, 502, 513, 541, 614
이영석 489
이영섬 513
이영섭 464, 489, 505
이영호 87
이용   465, 513, 518, 519, 614
이용수 423
이유민 250, 454
이유필 169
이윤영 126, 182, 183, 184, 241, 242
이인동 90, 144, 145, 614
이재유 90
이정우 419, 423
이정윤 92
이제학 96
이조린(장수전) 78, 86
이종권 474
이종익 338, 453
이종인 87
이종현 126, 183
이주봉 155, 173, 505

이주상 144, 145

이주연 126, 258, 358, 474

이주하 144, 145, 147, 173, 209, 499, 614

이중근 454, 455

이청송 87

이청원 258, 474

이춘암 250

이현상 90, 91, 144, 145

이호림 464, 489

이희준 454

일라톱스키 396, 533, 589, 591

임춘추 87, 88, 342

임해 338, 454

임화 465, 489

ㅈ

자그루진 189, 340, 474, 589, 591

자베르쉰스키 591

자브로딘 68, 575

자하로프 123

장 니콜라이 니키포로비치 326

장개석 63, 66, 102, 117

장권 489, 494, 513, 522, 615

장상봉 465, 615

장순명 90, 211, 337, 454, 522, 608

장시우 172, 211, 258, 271, 324, 337, 358, 361, 362, 367, 453, 517, 519, 604

장종식 166, 256, 258, 338, 358, 368, 424

장지민 250

장철 343, 399, 454, 615

장해우 358, 416, 453, 505, 513, 518, 521, 608

전광 82

전봉준 97

전성일 513

전성화 338

전정일 507, 508, 604

전학준 87

정달헌 90, 92, 130, 154, 170, 173, 211, 245, 456, 474, 515

정두현 338, 453

정백 137, 139, 195, 615

정상진 146

정운영 465, 513, 615

정이형 465

정일룡 454, 607

정재달 90, 92, 155, 173

정준택 166, 167, 181, 257, 367, 368, 369, 453, 517, 605

정진석 465

정진태 258

정학준 87

젤레즈노프 159, 325, 327

조남오 423

조두원 90, 384

조린 575

조만식　44, 95, 96, 97, 103, 126, 128,
　　129, 136, 149, 151, 152, 153, 160,
　　161, 164, 167, 180, 181, 182, 183,
　　184, 185, 186, 202, 212, 213, 240,
　　241, 242, 243, 244, 246, 247,
　　248, 249, 252, 256, 257, 273,
　　274, 291, 304, 333, 402, 417,
　　419, 515, 539, 540, 541, 542,
　　558
조병옥　292, 499
조복례　145, 615
조봉녀　494
조소앙　44, 93, 102, 233, 421, 460,
　　465, 467
조송파　166
조영　454, 455, 605
조영열　166, 168, 258
조운　522, 615
조희연　494
조희영　513, 616
주덕　85
주보중　72, 74, 75, 77, 78, 82, 83, 84,
　　85, 86, 88, 145
주영하　90, 335, 336, 337, 452, 453,
　　504, 505, 517, 519
주자북　144
주황섭　367, 608
쥬다노프　83, 329, 570, 573, 582
쥬코프　68, 330, 575
즈베레프　392

지창규　96, 126
진반수　250, 454
쩰리코프　595

ㅊ

차라프킨　285, 298, 420
처칠　56, 57, 65, 317
최 표도르　87
최경덕　92, 155, 173, 201, 211, 337,
　　358, 397, 454, 456, 464, 473,
　　489, 513, 522, 605
최공집　342
최금복　474, 513, 604
최린　98, 99
최봉수　474, 505, 607
최성환　501, 616
최숙량　455, 604
최영　250
최용건　72, 74, 78, 79, 82, 145, 147,
　　148, 166, 167, 174, 183, 184, 189,
　　246, 247, 252, 256, 258, 275,
　　289, 290, 304, 339, 351, 358,
　　397, 419, 427, 445, 451, 464,
　　467, 468, 473, 489, 513, 517,
　　519, 541, 543, 605
최용달　162, 167, 255, 258, 358, 367,
　　427, 456, 505, 513, 607
최용진　87
최원택　144, 145, 616

최윤옥 513, 605

최응석 424

최익한 139, 195, 196, 197, 616

최재린 454, 455

최제우 97

최창석 424

최창익 93, 94, 95, 145, 147, 249,
250, 252, 289, 333, 336, 337,
339, 342, 367, 452, 453, 517,
606

최춘국 87, 149

최현 71, 78, 81, 82, 87

추비린 84, 86, 88

추코프 240, 273, 274, 312, 313

치스차코프 113, 118, 124, 126, 146,
158, 161, 162, 163, 164, 171, 182,
188, 241, 254, 265, 315, 317, 363,
365, 389, 406, 447, 585, 586,
587

ㅋ

카가노비치 564

카둘린 592

카디쉐프 589, 591

카이로회담 56, 57, 59, 234

칼라시니코프 141, 142, 202, 235

코뉴호프 595

코로트코프 389, 396, 448, 529, 585,
586

코르닐로프 238, 248, 316

코르쿨렌코 285, 298, 315, 420, 589,
591

코발료프 E. 572

코발료프 S. M. 571

코비젠코 125, 361, 586, 587

콘트라튝 238

쿠드랴브쩨프 595

쿠즈네초프 571

쿠추모프 146, 595

ㅌ

탁창혁 501, 616

태성수 146, 326, 336, 337, 338, 454,
474, 513, 606

툰킨 420, 527, 575, 577, 618, 619

트루만 66

티토 132

ㅍ

파뉴쉬킨 571

파블로프 397

파톨리체프 571

페투호프 50, 213, 441, 576

펜콥스키 113, 586

포포프 571

폴랸스키 122, 201, 576, 577

폴루힌 595

표도로프 595

푸르카예프 82, 85
풍중운 72
프루소프 585, 586
피가르스키 595

ㅎ

하지 299, 301, 302, 305, 306, 317
한국모 423, 427
한근조 96, 126, 182, 242
한길수 101, 102
한동찬 166, 168, 181, 256, 258, 360, 361
한면수 427, 474
한무 250
한병옥 367
한빈 93, 94, 249, 338
한상묵 501, 616
한설야 337, 367, 424, 454, 608
한일무 337, 364, 398, 399, 454, 455, 456, 607
한주협 423
한최욱 342
한효삼 505, 513, 607
한희진 166, 168, 181, 256, 258, 289, 360
함상훈 292
해리만 67, 222, 226
허가이 211, 325, 326, 336, 337, 340, 399, 452, 453, 571, 604

허남희 258, 358, 361, 367
허성택 90, 144, 145, 384, 385, 465, 467, 489, 494, 499, 502, 513, 518, 519, 616
허정숙 93, 210, 249, 258, 324, 337, 338, 367, 454, 456, 518, 607
허진 423
허헌 289, 291, 383, 401, 404, 460, 465, 467, 468, 499, 502, 513, 616
허현보 144, 155, 173, 174
허형식 72, 78, 82
현준혁 124, 126, 128, 129, 140, 153, 273
현창형 252, 256
현칠종 90, 252, 505
홍국진 423
홍기주 96, 126, 256, 257, 358, 364, 367, 473, 505, 515, 522, 604
홍기황 256, 257, 268, 269, 358, 513, 604
홍남표 145, 289, 515, 522, 616
홍덕유 145
홍명희 460, 465, 467, 468, 486, 489, 490, 494, 500, 502, 513, 516, 517, 519, 616
홍승국 513, 616
황진남 291
흐루시초프 111